ZHONGHUA RENMIN GONGHEGUO
XINGSHI SUSONGFA
XIUGAI YU SHIYONG

中华人民共和国
刑事诉讼法
修改与适用

主　编　王爱立
副主编　李寿伟　雷建斌
　　　　周加海　王建平　李文胜

中国民主法制出版社

图书在版编目(CIP)数据

《中华人民共和国刑事诉讼法》修改与适用/王爱立主编. —北京:中国民主法制出版社,2018.12

ISBN 978-7-5162-1927-0

Ⅰ.①中… Ⅱ.①王… Ⅲ.①刑事诉讼法—法律适用—中国 Ⅳ.①D925.205

中国版本图书馆 CIP 数据核字(2018)第 255525 号

图书出品人:刘海涛
出 版 统 筹:乔先彪
策 划 编 辑:陈　曦
责 任 编 辑:逯卫光　贾萌萌　许泽荣　姜园园

书名/《中华人民共和国刑事诉讼法》修改与适用
ZHONGHUARENMINGONGHEGUOXINGSHISUSONGFAXIUGAIYUSHIYONG
作者/王爱立　主编

出版·发行/中国民主法制出版社
地址/北京市丰台区右安门外玉林里 7 号(100069)
电话/(010)63055259(总编室)　63057714(发行部)
传真/(010)63056975　63056983
http:// www.npcpub.com
E-mail:mzfz@ npcpub.com
经销/新华书店
开本/16 开　710 毫米×1000 毫米
印张/36.75　**字数/**526 千字
版本/2019 年 1 月第 1 版　2019 年 1 月第 1 次印刷
印刷/北京天宇万达印刷有限公司

书号/ISBN 978-7-5162-1927-0
定价/128.00 元

本书编委会

主　编

王爱立（全国人大常委会法工委刑法室主任）

副主编

李寿伟（全国人大监察和司法委员会司法室主任）

周加海（最高人民法院研究室副主任）

王建平（最高人民检察院法律政策研究室副主任）

李文胜（中华人民共和国公安部法制局副局长）

雷建斌（全国人大常委会法工委刑法室副主任）

撰稿人

许永安　黄　永　王　宁　张义健　黄　星　陈远鑫

林卫星　伊繁伟　马　曼　张金勇　董　晴

前　言

2018年10月26日，全国人民代表大会常务委员会第六次会议通过了《关于修改〈中华人民共和国刑事诉讼法〉的决定》。

这次刑事诉讼法修改，坚持深入学习贯彻习近平新时代中国特色社会主义思想和党的十九大精神，紧紧围绕推进全面深化改革、全面依法治国、全面从严治党、全面建成小康社会，坚决贯彻落实党中央关于深化国家监察体制改革、建立刑事缺席审判制度、实行认罪认罚从宽制度和速裁程序的决策部署，进一步完善中国特色刑事诉讼制度，深化司法体制改革，推进国家治理体系和治理能力现代化，是对我国刑事诉讼法的一次重大修改。

为便于司法机关和广大人民群众在学习修改后的刑事诉讼法的过程中准确理解和把握刑事诉讼法修改的精神和条文的具体含义，使修改后的刑事诉讼法得以准确贯彻实施，全国人大常委会法制工作委员会从事刑事立法工作的同志编写了《〈中华人民共和国刑事诉讼法〉修改与适用》一书。本书由全国人大常委会法制工作委员会刑法室主任王爱立同志担任主编。全国人大监察和司法委员会司法室主任李寿伟同志、最高人民法院研究室副主任周加海同志、最高人民检察院法律政策研究室副主任王建平同志、中华人民共和国公安部法制局副局长李文胜同志、全国人大常委会法制工作委员会刑法室副主任雷建斌同志担任副主编，参与本书编写的还有许永安、黄永、王宁、张义健、黄星、陈远鑫、林卫星、伊繁伟、马曼、张金勇、董晴等同志。

本书对刑事诉讼法规定的修改与适用进行了逐条阐释，对刑事诉讼法条文的历次修改给予提示，介绍历次修改的背景，并对条文理解和适用等进行详细介绍。希望本书的出版能够对大家学习修改后的刑事诉讼法有所帮助。

编　者

2018年11月

目　　录

第一部分　修改与解读

第二部分　理解与适用

第一部分
修改与解读

我国刑事诉讼制度的又一次重要改革和完善

王爱立[①]

2018年10月26日，十三届全国人大常委会第六次会议通过了《关于修改〈中华人民共和国刑事诉讼法〉的决定》（以下简称《决定》），这是全国人大及其常委会对我国刑事诉讼法第三次作出修改。这次修改是贯彻落实党中央深化国家监察体制改革、反腐败追逃追赃、深化司法体制改革等方面的重大决策部署，对进一步完善中国特色刑事诉讼制度，深化司法体制改革，加强反腐败法律制度建设，推进国家治理体系和治理能力现代化具有重要意义。

一、修改刑事诉讼法的必要性、工作过程和指导思想

党的十八大以来，以习近平同志为核心的党中央协调推进“四个全面”战略布局，在深化国家监察体制改革、反腐败追逃追赃、深化司法体制改革等方面作出了一系列重大决策部署，取得了重大成果和进展。从刑事诉讼制度来看，应当及时调整跟进。一是为保障国家监察体制改革顺利进行，需要完善监察与刑事诉讼的衔接机制；二是为加强境外追逃工作力度和手段，需要建立刑事缺席审判制度；三是总结认罪认罚从宽制度、速裁程序试点工作经验，需要将可复制、可推广的行之有效做法上升为法律规范，在全国范围内实行。从上述三个方面，有针对性地对刑事诉讼法作出修改补充是必要的。

全国人大常委会法工委密切关注有关司法改革试点工作进展情况，及时总结试点经验；深入研究有关诉讼理论，借鉴国外法律规定和有益做法；广泛开展调研，深入听取各方面对修改刑事诉讼法的意见；加强沟通协调，会同中央纪委、中央政法委、最高人民法院、最高人民检察院、外交部、公安部、国家安全部、司法部等有关方面在工作层面反复共同研究，并多次听取有关专家学者的意见，在各方面基本形成共识的基础上，形成了《中华人民共和国刑事诉讼法（修正草案）》。2018年4月25日，十三届全国人大常委会第二次会议对《中华人民共和国刑事

① 全国人大常委会法制工作委员会刑法室主任。

诉讼法(修正草案)》进行了初次审议。会后,全国人大宪法和法律委、全国人大常委会法工委广泛征求各地方、部门、单位的意见,两次在中国人大网全文公布草案征求社会公众意见,赴地方广泛开展调研,了解实践情况,听取意见。根据常委会组成人员的审议意见和各方面的意见,对草案进一步修改完善。8 月下旬,十三届全国人大常委会第五次会议对草案进行了二次审议。10 月下旬,十三届全国人大常委会第六次会议对草案进行了第三次审议,并于 10 月 26 日表决通过实施。

这次修改刑事诉讼法的指导思想是:深入学习贯彻习近平新时代中国特色社会主义思想和党的十九大精神,紧紧围绕推进全面深化改革、全面依法治国、全面从严治党,坚决贯彻落实党中央关于深化国家监察体制改革、建立刑事缺席审判制度、实行认罪认罚从宽制度和速裁程序的决策部署,进一步完善中国特色刑事诉讼制度,深化司法体制改革,推进国家治理体系和治理能力现代化。

修改工作遵循以下原则:一是坚持法治思维,维护司法公正,遵循诉讼规律。二是坚持问题导向,总结实践经验,以立法形式巩固和推广实践证明行之有效的改革成果。三是注意处理好刑事诉讼法与监察法、刑法、律师法、公证法等法律的衔接,维护法律体系内部协调统一。四是坚持立足国情和实际,合理借鉴国外相关制度有益经验。

二、《决定》的主要内容

《决定》共 26 条,涉及修改刑事诉讼法 18 个条文,在刑事诉讼法中新增加 18 条规定。包括以下主要内容:

(一)完善与监察法的衔接机制,调整人民检察院侦查职权

2018 年 3 月,十三届全国人大一次会议审议通过了宪法修正案和监察法。为做好与监察法的衔接,《决定》对刑事诉讼法作了以下修改补充:

1. 关于调整人民检察院的侦查职权。删去人民检察院对贪污贿赂等案件行使侦查权的规定,保留人民检察院在诉讼活动法律监督中发现的司法工作人员利用职权实施的非法拘禁、刑讯逼供、非法搜查等侵犯公民权利、损害司法公正的犯罪的侦查权。保留人民检察院对这部分案件的侦查职权,是考虑到人民检察院依法对刑事、民事、行政诉讼活动实行法律监督,对诉讼活动中司法工作人员利用职权实施的侵犯公民权利、损害司法公正的犯罪,人民检察院在履行法律监督职责中比较容易发现。由其立案侦查,有利于及时依法惩治这类犯罪,维护公民诉讼权利和各项权利,维护司法的公正和权威。保留人民检察院对这类犯罪的侦查权,也有利于维护检察机关法律监督的刚性,确保监督效果。同时,还保留了人民检察院的“机动侦查权”。

2. 相应调整有关程序规定中涉及人民检察院职权的规定。根据 2012 年刑

事诉讼法的规定，特别重大贿赂犯罪案件，在侦查期间辩护律师会见在押的犯罪嫌疑人，应当经侦查机关许可；侦查阶段在住处执行可能有碍侦查的，经上一级人民检察院批准，可以在指定的居所执行监视居住。人民检察院在立案后，对于重大的贪污、贿赂犯罪案件以及利用职权实施的严重侵犯公民人身权利的重大犯罪案件，根据侦查犯罪的需要，经过严格的批准手续，可以采取技术侦查措施，按照规定交有关机关执行。根据监察法和修改后的刑事诉讼法第十九条的规定，人民检察院不再行使对贪污贿赂犯罪案件的侦查权，因此，相应删去上述规定中有关贪污贿赂犯罪的内容。

3. 对人民检察院审查起诉监察机关移送的案件、留置措施与刑事强制措施之间的衔接机制作出规定。明确人民检察院对于监察机关移送起诉的案件，依照刑事诉讼法和监察法的有关规定进行审查；认为需要补充核实的，应当退回监察机关补充调查，必要时可以自行补充侦查。同时规定，在监察机关将案件移送人民检察院以后，对于监察机关在调查阶段已经采取了留置措施的案件，人民检察院应当对犯罪嫌疑人先行拘留，留置措施自动解除，人民检察院应当在十日以内作出是否逮捕、取保候审或者监视居住的决定。在特殊情况下，决定的时间可以延长。人民检察院决定采取强制措施的期间不计入审查起诉期限。

（二）建立刑事缺席审判制度

党的十八大以来，反腐败国际追逃追赃工作取得重大进展，得到人民群众的广泛拥护。根据中央统一部署，从 2014 年开始，全国人大常委会法工委会同有关部门，对在我国建立刑事缺席审判制度的必要性进行了深入研究。经过认真研究和利弊权衡，立法机关认为，建立刑事缺席审判制度，可以推动司法机关积极履职，丰富工作手段，促进国际追逃追赃工作；对一些案件进行缺席审判，可以使一些案件得到及时处理，及时固定证据，避免因为时间过长导致证人记忆减退、实物证据灭失等情况发生；可以对外逃犯罪分子及时作出法律上的否定性评价，彰显法治权威，维护国家和社会公共利益。从外国的规定来看，大多数国家法律都规定了一定条件下的刑事缺席审判制度，多数国家也接受外国依据刑事缺席判决提出引渡或者遣返的请求，国际人权公约和国际刑事审判组织也不绝对排除在严格保障被告人权利的前提下进行缺席审判。2012 年修改刑事诉讼法，增加规定了犯罪嫌疑人、被告人逃匿、死亡案件违法所得没收程序，就是在被告人缺席的情况下，对其违法所得及其他涉案财产予以没收。在经过充分研究论证，借鉴外国合理经验，总结违法所得没收程序实施情况的基础上，《决定》在刑事诉讼法第五编特别程序中增设缺席审判程序一章，主要规定以下内容：

1. 建立缺席审判程序，明确缺席审判的案件范围。一是明确可以缺席审判的案件包括两类：贪污贿赂犯罪案件；需要及时进行审判的严重危害国家安全犯罪、恐怖活动犯罪案件，这类案件如需要进行缺席审判，须经最高人民检察院核准。二是犯罪嫌疑人、被告人在境外。对于犯罪嫌疑人逃匿的案件,不能确定在境外的,不适用缺席审判程序。三是人民检察院移送缺席审判案件,应当符合"犯罪事实已经查清,证据确实、充分,依法应当追究刑事责任"的条件。四是人民法院要对人民检察院的起诉进行审查,对于起诉书中有明确的指控犯罪事实,符合缺席审判程序适用条件的,决定开庭审判。这样规定,既适应了反腐败追逃追赃和惩治严重危害国家安全、恐怖活动犯罪的需要,又对缺席审判的适用从案件范围和核准程序上作了较为严格的限制。

2. 规定犯罪嫌疑人、被告人在境外的缺席审判的具体程序。一是明确由中级人民法院审判。包括犯罪地、被告人离境前居住地或者最高人民法院指定的中级人民法院。二是明确传票和起诉书副本应当送达被告人。规定人民法院通过司法协助方式或者被告人所在地法律允许的其他方式,将传票和起诉书副本送达被告人。没有送达的,不能进行缺席审判。三是规定被告人未按要求到案的,人民法院应当开庭审理,依法作出判决,并对违法所得及其他涉案财产作出处理。

3. 充分保障被告人的诉讼权利。一是明确缺席审判的案件,要有辩护人提供辩护。并对委托辩护和提供法律援助作出规定。二是赋予被告人的近亲属上诉权。三是规定了重新审判。包括两种情形:在审理过程中,被告人自动投案或者被抓获的,人民法院应当重新审判;罪犯在判决、裁定发生法律效力后到案的,在交付执行刑罚前,人民法院应当告知罪犯有权对判决、裁定提出异议。罪犯提出异议的,人民法院应当重新审理。这样规定,给予了缺席审判的被告人更加充分的程序保障,不违反刑事诉讼的公正审判和程序参与原则,也符合国际上通行的司法准则的要求。

4. 根据司法实践情况和需求,增加对被告人患有严重疾病中止审理和被告人死亡案件可以缺席审判的规定。

(三)完善刑事案件认罪认罚从宽制度和增加速裁程序

党的十八届四中全会提出,完善刑事诉讼中认罪认罚从宽制度。2014 年 6 月,全国人大常委会作出《关于授权最高人民法院、最高人民检察院在部分地区开展刑事案件速裁程序试点工作的决定》。2016 年 9 月,又作出《关于授权最高人民法院、最高人民检察院在部分地区开展刑事案件认罪认罚从宽制度试点工作的决定》,速裁程序试点纳入新的试点继续进行。认罪认罚从宽制度试点工作将于 2018 年 11 月期满。总结认罪认罚从宽制度和速裁程序试点工作中行之有效的做法,《决定》对刑事诉讼法作以下修改补充:

1. 在刑事诉讼法第一编第一章中明确刑事案件认罪认罚可以依法从宽处理的原则,作为统领性规定。即犯罪嫌疑人、被告人自愿如实供述自己的罪行,承认指控的犯罪事实,愿意接受处罚的,可以依法从宽处理。

2. 完善刑事案件认罪认罚从宽的程序规定。包括侦查机关告知诉讼权利和将认罪情况记录在案;人民检察院在审查起诉阶段就案件处理听取意见,犯罪嫌疑人认罪认罚的,签署认罪认罚具结书;人民检察院提出量刑建议和人民法院如何采纳量刑建议;人民法院审查认罪认罚自愿性和具结书真实性、合法性等。并规定,犯罪嫌疑人认罪认罚,有重大立功或者案件涉及国家重大利益的,经最高人民检察院核准,可以撤销案件或者不起诉。

3. 增加速裁程序。一是明确速裁程序的适用范围。适用于基层人民法院管辖的可能判处三年有期徒刑以下刑罚、被告人认罪认罚,民事赔偿问题已经解决的案件。二是简化了速裁程序的法庭审理。规定速裁程序不受刑事诉讼法规定的送达期限的限制,一般不进行法庭调查、法庭辩论,但应当听取辩护人的意见和被告人的最后陈述意见;应当当庭宣判。三是规定相对于简易程序更快的办案期限。四是明确不宜适用速裁程序的,可以转化为普通程序或者简易程序审理。

4. 加强对当事人的权利保障。明确诉讼权利告知,规定公安机关、人民检察院、人民法院都应当告知犯罪嫌疑人、被告人有关诉讼权利和认罪认罚的法律规定;建立值班律师制度,规定法律援助机构可以在人民法院、看守所等场所派驻值班律师。犯罪嫌疑人、被告人没有委托辩护人,法律援助机构没有指派律师为其提供辩护的,由值班律师为犯罪嫌疑人、被告人提供法律咨询、程序选择建议、申请变更强制措施、对案件处理提出意见等法律帮助,明确办案机关应当为值班律师履行职责提供便利;明确将认罪认罚作为采取强制措施时判断社会危险性的考虑因素等。

(四)与已经制定或者修改的法律衔接,作出相应修改

1. 与全国人大常委会已经通过的刑法修正案(九)衔接,对有关被判处死刑缓期执行的罪犯重新犯罪的处理和被判处财产刑的刑罚执行程序作出相应修改。

2. 律师法、公证法等法律根据建立终身禁止从事法律职业制度的要求作了修改,规定被开除公职和被吊销律师、公证员执业证书的人,不得担任辩护人,但系犯罪嫌疑人、被告人的监护人、近亲属的除外。刑事诉讼法增加了相应规定。

3. 人民陪审员法规定,人民陪审员参与审判案件时,由审判员和人民陪审员共三人或者七人组成合议庭进行。与人民陪审员法的规定衔接,刑事诉讼法作出相应修改。

4. 2018 年 6 月,十三届全国人大常委会第三次会议通过的《关于中国海警局行使海上维权执法职权的决定》规定,中国海警局履行海上维权执法职责、执行打击海上违法犯罪活动、维护海上治安和安全保卫等任务,行使法律规定的公安机关相应执法职权,同时要求在条件成熟时修改有关法律。为与《决定》衔接,在刑事诉讼法附则中增加规定,中国海警局履行海上维权执法职责,对海上发生的刑事案件行使侦查权,以明确中国海警局的侦查主体地位,并规定中国海警局办理刑事案件,适用刑事诉讼法的有关规定。

三、认真学习、正确执行修改后的刑事诉讼法

法律的生命力在于实施,法律的权威也在于实施。这次修改刑事诉讼法,进一步完善和发展了中国特色刑事诉讼制度。司法机关和有关部门要认真学习、严格执行修改后的刑事诉讼法,既依法惩罚犯罪,保护人民,维护社会主义法治,又尊重和保障人权,保护公民的人身权利、财产权利、民主权利和其他权利,努力让人民群众在每一个司法案件中感受到公平正义。

一是要认真学习修改后的刑事诉讼法。要提高认识,从贯彻落实中央重大决策部署,推进"四个全面"战略布局的高度充分领会这次修改刑事诉讼法的重要意义;正确解读每一处修改的含义,理解有关条文修改前后的变化,以正确掌握修改后的刑事诉讼法。

二是要做好配套规定的制定工作。包括对与修改后的刑事诉讼法规定相冲突的司法解释及时进行修改,对新设立的诉讼程序需要作出具体规定的,及时制定司法解释等规定,做好培训和法律文书格式调整等。

三是及时解决执行中发现的问题。对于执行修改后的刑事诉讼法过程中新出现的问题,要及时研究、及时解决。

关于刑事诉讼法修改中的检察机关相关问题

王建平[①]

2018年10月26日,第十三届全国人大常委会第六次会议审议通过了《关于修改〈中华人民共和国刑事诉讼法〉的决定》。这次刑事诉讼法修改,充分体现了习近平总书记新时代中国特色社会主义思想和党的十九大精神,坚持了中国特色社会主义法治理念,落实了党中央贯彻全面从严治党、推进监察体制改革、深化司法体制改革的重大部署,及时总结固定了试点改革经验,回应了当下司法实践中需要迫切解决的问题,是中国特色刑事诉讼制度的重大完善。检察机关是刑事诉讼的重要参与者,也是贯彻落实刑事诉讼法的重要主体,本文从检察机关工作视角就刑事诉讼法相关条文修改背景及要点作如下介绍。

一、完善与监察法的衔接机制,调整人民检察院侦查职权

(一)关于检察机关侦查权范围的调整

推进国家监察体制改革,是以习近平同志为核心的党中央着力协调推进"四个全面"战略布局的重大举措,是一项重大的政治体制改革,对推进国家治理体系和治理能力现代化,有着重大现实意义和战略意义。中央部署监察体制改革以来,各级检察机关坚决拥护、积极配合,全力保障改革顺利推进。随着监察体制改革的推进,检察机关原有的反贪、反渎、预防的机构、人员、职能转隶到监察机关,检察机关是否还应保留一定的侦查权,成为亟待解决的问题。

在《全国人民代表大会常务委员会关于在北京市、山西省、浙江省开展国家监察体制改革试点工作的决定》和《全国人民代表大会常务委员会关于在全国各地推开国家监察体制改革试点工作的决定》中,对于检察机关的侦查权作了这样的规定:"在试点工作中,暂时调整或者暂时停止适用《中华人民共和国行政监察法》,《中华人民共和国刑事诉讼法》第三条、第十八条、第一百四十八条以及第二编第二章第十一节关于检察机关对直接受理的案件进行侦查的有关规定,……"

---

① 最高人民检察院法律政策研究室副主任。

对于刑事诉讼法关于检察机关侦查权的条文,上述两个决定采用“暂时调整或者暂时停止适用”的表述,但是没有明确检察机关今后是不是都不再行使侦查权。

最高人民检察院对此问题高度重视,进行了深入研究论证。我们认为,由检察机关继续行使对诉讼活动实行法律监督中发现的司法工作人员利用职权实施的侵犯公民权利、损害司法公正的犯罪的侦查权,是检察机关维护司法公正和保障诉讼正常进行的必要手段。

第一,检察机关保留必要的侦查权,是其有效履行法律监督职能的重要途径和方式。由于上述职务犯罪发生在诉讼过程中,对其及时立案侦查,是检察机关开展诉讼监督,有效纠正违法行为、维护司法公正、保障法律正确实施的必要措施。目前,检察机关法律监督职能发挥不够充分的主要原因就是监督偏软、缺乏刚性。检察机关提出的纠正违法意见、检察建议等,不具备强制执行效力,被监督对象可以采纳,也可以不采纳,因此,实际监督效果有限。如果完全取消检察机关的职务犯罪侦查权,检察机关的法律监督职能将进一步失去刚性。只有保留部分与法律监督工作密切相关的职务犯罪侦查权,才能有效提升法律监督的刚性和威慑力,确保监督取得实效。

第二,检察机关保留必要的侦查权,有利于节约办案资源,提高追诉犯罪的效率。对上述案件的侦查和对诉讼中违法行为的调查核实往往同步进行,检察机关在对诉讼活动进行监督的同时对上述犯罪进行侦查,既能保证正在进行的诉讼活动在法定期限内得以顺利完成,也有利于节约办案资源和提高查办效率。例如,人民检察院可以在审查证据合法性、排除非法证据的过程中对刑讯逼供、暴力取证犯罪进行侦查;可以在诉讼监督的过程中,及时收集司法机关工作人员徇私枉法、枉法裁判、执行判决、裁定失职和滥用职权等犯罪行为的证据;在对监狱、看守所执法监督过程中发现私放在押人员,失职致使在押人员脱逃,徇私舞弊减刑、假释、暂予监外执行等情形的,可以在调查核实和纠正违法的同时,完成对相关犯罪的侦查取证。

第三,检察机关保留必要的侦查权,有利于保持中国检察制度发展的历史传承性。从世界各国和有关地区的立法例来看,作为刑事追诉机关,拥有侦查权是检察机关普遍的本质特征之一。我国自近代建立检察制度以来,检察机关的职能也都包含有侦查权。检察机关保留必要的侦查权,有利于保持中国检察制度的历史传承性,有利于中国特色社会主义检察制度的发展。

修改后的刑事诉讼法对检察机关自侦案件的范围作出了新的规定,即“人民检察院在对诉讼活动实行法律监督中发现的司法工作人员利用职权实施的非法拘禁、刑讯逼供、非法搜查等侵犯公民权利、损害司法公正的犯罪,可以由人民检察院立案侦查。”

(二)关于机动侦查权

所谓“机动侦查权”,是指法律赋予检察机关在其认为履行法律监督职责确有需要时,可以经过严格批准程序,依法对平常不具有侦查管辖权的刑事案件进行立案侦查。修改前的表述为:“对于国家机关工作人员利用职权实施的其他重大的犯罪案件,需要由人民检察院直接受理的时候,经省级以上人民检察院决定,可以由人民检察院立案侦查。”修改后的表述为:“对于公安机关管辖的国家机关工作人员利用职权实施的重大犯罪案件,需要由人民检察院直接受理的时候,经省级以上人民检察院决定,可以由人民检察院立案侦查。”在内容上没有大的变化,主要是明确了检察机关行使机动侦查权的对象是公安机关管辖的案件。

在修改刑事诉讼法过程中,对于是否保留检察机关的机动侦查权也存在一些不同认识。我们认为,在刑事诉讼法中有必要保留人民检察院的机动侦查权。主要理由是:

第一,人民检察院行使机动侦查权,是实现有效法律监督的重要手段。我国宪法将人民检察院定位为法律监督机关,赋予其法律监督职能,而检察机关的机动侦查权则是实现法律监督职能的利器,特别是在立案监督方面,赋予检察机关在公安机关不立案侦查或者消极侦查时自行立案侦查的选择权,是纠正有案不立、以罚代刑现象的有力保障,将大大提高立案监督的实效。

第二,人民检察院行使机动侦查权,能够保证侦查活动的客观公正,确保国家机关工作人员利用职权实施重大犯罪依法受到惩处,国家和人民利益得到有效维护。机动侦查权的对象主要是公安机关不便立案侦查的案件,如有些案件可能涉及公安人员,这时如果由公安机关立案侦查可能会被群众提出质疑,由作为法律监督机关的人民检察院立案侦查,效果可能更好,有利于保证侦查活动的客观性和公信力。

第三,现有程序能够保证人民检察院行使机动侦查权不越位。根据刑事诉讼法的规定,人民检察院对国家机关工作人员利用职权实施的其他重大犯罪案件立案侦查,要经省(自治区、直辖市)人民检察院或者最高人民检察院决定,能够有效防止任意扩大人民检察院直接受理立案侦查案件的范围。

(三)关于检察机关对监察机关移送案件的审查

如何做好监察机关与检察机关的衔接工作,是此次修改刑事诉讼法的重要内容之一。监察机关办理的案件,在移送检察机关审查起诉之前,处于监察调查阶段,适用监察法的规定;在移送检察机关审查起诉之后,进入刑事诉讼程序,适用刑事诉讼法的规定。监察法就相关衔接程序作了一些规定。在刑事诉讼法中,也需要就监察机关移送起诉、检察机关审查起诉以及对犯罪嫌疑人采取强制措施等程序作出相应规定,实现监察法与刑事诉讼法的有效衔接、监察机关与检察机关的有效衔接。

按照监察法的规定,监察机关移送检察机关审查起诉的案件,应当做到“对涉嫌职务犯罪的,监察机关经调查认为犯罪事实清楚,证据确实、充分”,这与检察机关提起公诉和人民法院作出有罪判决的标准是一致的。所谓“证据确实、充分”,

一是定罪量刑的事实都有证据证明，是指作为认定被调查人犯罪、犯何种罪，包括犯罪构成要件和影响量刑的各种情节，都要有监察机关经法定程序收集的证据证明。这是构成"证据确实、充分"的基础要件。二是据以定案的证据均经法定程序查证属实，是指监察机关按照法律规定的程序，对作为定案根据的证据进行查证后，确认其属实。这是从"证据确实"的角度来对证明标准加以规范。三是综合全案证据，对所认定事实已排除合理怀疑，这是指办案人员在每一证据均查证属实的基础上，经过对该证据的综合审查，运用知识、逻辑、经验进行推理、判断，对认定的案件事实达到排除合理怀疑的程度。所谓"合理怀疑"，是指建立在一定的理由之上，有合理根据的怀疑，那些没有根据的任意猜测、怀疑或者推测，不能算"合理怀疑"。

人民检察院对于监察机关移送起诉的案件，应当依照刑事诉讼法和监察法的有关规定进行审查。审查的内容包括：犯罪嫌疑人身份状况是否清楚，包括姓名、性别、国籍、出生年月日、职业和单位等，单位犯罪的，单位的相关情况是否清楚；犯罪事实、情节是否清楚，实施犯罪的时间、地点、手段、犯罪事实、危害后果是否明确；认定犯罪性质和罪名的意见是否正确，有无法定的从重、从轻、减轻或者免除处罚的情节及酌定从重、从轻情节，共同犯罪案件的犯罪嫌疑人在犯罪活动中的责任的认定是否恰当；证明犯罪事实的证据材料包括采取技术调查措施的决定书及证据材料是否随案移送，证明相关财产系违法所得的证据材料是否随案移送，不宜移送的证据的清单、复制件、照片或者其他证明文件是否随案移送；证据是否确实、充分，是否依法收集，有无应当排除非法证据的情形；调查的各种手续和文书是否完备；有无遗漏罪行和其他应当追究刑事责任的人；是否属于不应当追究刑事责任的；有无附带民事诉讼，对于国家财产、集体财产遭受损失的，是否需要由人民检察院提起附带民事诉讼；涉案财物是否查封、扣押、冻结并妥善保管，清单是否齐备，对被害人合法财产的返还和对违禁品或者不宜长期保存的物品的处理是否妥当，移送的证明文件是否完备等。

人民检察院对监察机关移送起诉案件的审查期限与对公安机关移送起诉案件的审查期限是一致的，都应当在一个月以内作出决定，重大、复杂的案件，可以延长十五日；犯罪嫌疑人认罪认罚，符合速裁程序适用条件的，应当在十日以内作出决定，对可能判处的有期徒刑超过一年的，可以延长至十五日。人民检察院审查起诉的案件，改变管辖的，从改变后的人民检察院收到案件之日起计算审查起诉期限。

对监察机关移送的案件，检察机关经审查后认为犯罪事实不清、证据不足，需要补充核实的，应当退回监察机关补充调查，必要时可以自行侦查。"退回监察机关补充调查"是指对那些犯罪事实不清、证据不足，可能影响对犯罪嫌疑人定罪量刑的案件，将案件退回监察机关，由监察机关自行补充调查；"可以自行侦查"是指案件只是有部分证据需要查证，由检察机关查证更为便利、更有效率、更有利于查清案件事实的案件，由人民检察院自己补充侦查。

关于退回补充调查的次数、时间，监察法规定，对于补充调查的案件，应当在一个月内补充调查完毕。补充调查以二次为限。刑事诉讼法对此没有再作规定。另外，监察法和刑事诉讼法都没有规定，对于补充调查完毕的案件，如何计算审查起诉期限的问题。我们认为，应当参照刑事诉讼法第一百七十五条关于补充侦查的规定来计算审查起诉期限，即补充调查完毕移送人民检察院后，人民检察院重新计算审查起诉期限。

（四）关于强制措施的衔接

对于监察机关移送起诉的已采取留置措施的案件，人民检察院应当对已犯罪嫌疑人先行拘留。对于监察机关在调查阶段采取留置措施的案件，在移送检察机关后，检察机关需要一定的时间审查决定是否采取强制措施以及采取何种强制措施，并与监察机关办理交接手续。在刑事诉讼法修改之前，相关法律对此没有规定。在监察改革试点过程中，试点地区通常的做法是借用监察机关的留置时间，即监察机关在留置期限届满一定时间以前移送案件，或者要求检察机关提前介入进行审查。这种做法是在法律没有修改前的临时性措施，在法律上有必要给检察机关审查决定采取强制措施专门规定一个环节，既可以防止被调查人脱管，也可以避免占用监察机关的留置时间。因此，修改后的刑事诉讼法明确规定，“对于监察机关移送起诉的已采取留置措施的案件，人民检察院应当对已犯罪嫌疑人先行拘留。”这一规定，参考了刑事诉讼法第七十一条第四款和第七十七条第二款关于违反取保候审、监视居住的规定，需要逮捕犯罪嫌疑人、被告人，可以先行拘留的规定。刑事诉讼法第七十一条第三款规定：“对违反取保候审规定，需要予以逮捕的，可以对犯罪嫌疑人、被告人先行拘留。”刑事诉讼法第七十七条第二款规定：“被监视居住的犯罪嫌疑人、被告人违反前款规定，情节严重的，可以予以逮捕；需要予以逮捕的，可以对犯罪嫌疑人、被告人先行拘留。”上述两款规定，都是因为逮捕要履行严格的审批手续，需要一定的时间，为防止犯罪嫌疑人、被告人继续实施危害社会安全、逃避刑事追究、阻碍刑事诉讼顺利进行的行为，增加了对违反取保候审、监视居住规定需要予以逮捕的犯罪嫌疑人、被告人可以先行拘留的规定。“对于监察机关移送起诉的已采取留置措施的案件，人民检察院应当对已犯罪嫌疑人先行拘留”的规定，在立法的考虑上，与上述两款规定是一致的，都是在采取进一步强制措施之前，为了防止犯罪嫌疑人继续实施危害社会安全、逃避刑事追究、阻碍刑事诉讼顺利进行的行为，而采取的紧急强制措施。需要先行拘留的，应当根据刑事诉讼法关于拘留的有关规定作出决定，由公安机关执行。检察机关对犯罪嫌疑人先行拘留的，“留置措施自动解除”。

关于审查决定的期间，一般应当在十日以内作出决定，考虑到一些重大、复杂案件存在一些“特殊情况”,难以在十日以内作出决定的,可以延长一至四日。这十四天就是先行拘留的总期限,不得超过。另外,按照刑事诉讼法的规定,检察机关的审查起诉时间一般为一个月,从实践来看已经非常紧张。如果审查决定采取强制措施的时间再占去十天至十四天,将影响检察机关在法律规定的期限内有效完成审查起诉的各项工作。修改后的刑事诉讼法在本条中明确规定,“人民检察院决定采取强制措施的期间不计入审查起诉期限。”

二、关于缺席审判制度

1. 关于缺席审判的适用范围

根据修正后刑事诉讼法第五编第三章的相关规定,缺席审判适用的案件范围包括三种:第一种情况是贪污贿赂犯罪案件,以及需要及时进行审判,经最高人民检察院核准的严重危害国家安全犯罪、恐怖活动犯罪案件,因犯罪嫌疑人、被告人在境外的;第二种情况是因被告人患有严重疾病无法出庭,中止审理超过六个月,被告人仍无法出庭,被告人及其法定代理人、近亲属申请或者同意恢复审理的;第三种情况是被告人死亡,有证据证明被告人无罪,人民法院经缺席审理确认无罪的。后两种情况的缺席审判,实际上是一种排除审判障碍的方式,即普通审判程序在运作中遭遇客观障碍(被告人患有严重疾病、无法出庭或被告人死亡),丧失审判要件,导致庭审无法正常进行,为排除这种审判障碍,只能选择在被告人不在场的情况下继续审判。因此,其性质上属于普通程序的一个环节,系普通程序处置审判障碍时的一项诉讼措施。此次刑事诉讼法修改增加的缺席审判制度,主要指第一种情况。

2. 关于适用缺席审判的具体程序

为了确保缺席审判制度的正确实施,修正后的刑事诉讼法对犯罪嫌疑人、被告人潜逃境外的缺席审判的具体程序等作了严格的限制:

一是在管辖上,明确由犯罪地、被告人离境前居住地或者最高人民法院指定的“中级”人民法院组成合议庭进行审理。此外,这里的“犯罪地”即包括犯罪预备地、犯罪行为实施地,也包括犯罪结果发生地和销赃地。此外,为便于文书送达、被告人及其近亲属参与诉讼,增加了离境前居住地管辖,这里的居住地包括被告人户籍所在地或者常住地。

二是规定人民法院通过司法协助方式或者被告人所在地法律允许的其他方式,将传票和检察机关的起诉书副本送达被告人。首先,送达是在庭审环节,主体为人民法院,不包括监察机关、侦查机关和检察机关。但需要注意的是,为确保送达的有效性,在侦查和起诉环节,相关部门应当注重对犯罪嫌疑人、被告人下落信息的搜集。其次,送达方式包括通过司法协助送达、通过外交途径送达或者被告人所在地法律允许的其他方式。最后,接受送达人只能是被告人本人,不包括其近亲属或者辩护人。

三是规定送达传票和起诉书副本后，被告人未按要求到案的，人民法院应当开庭审理，依法作出判决，并对违法所得及其他涉案财产作出处理。

3. 关于保障被告人的诉讼权利

在刑事审判中，被告人在场是常态，缺席审判是例外。为充分保障被告人的诉讼权利，修正后的刑事诉讼法从六个方面作出了规定：

一是对委托辩护和提供法律援助作出规定。“被告人有权委托辩护人，被告人的近亲属可以代为委托辩护人。被告人及其近亲属没有委托辩护人的，人民法院应当通知法律援助机构指派律师为其提供辩护”。

二是赋予被告人及其近亲属上诉权。“被告人或者其近亲属不服判决的，有权向上一级人民法院上诉”“辩护人经被告人或者其近亲属同意，可以提出上诉。”

三是规定了重新审理的情形。“在审理过程中，被告人自动投案或者被抓获的，人民法院应当重新审理。”在征求意见过程中，对于“重新审理”的含义，有观点提出，此处的重新审理是指按照审判监督程序还是一审程序审理不明确，而且不能一有异议就启动，应当有一定的限制条件。我们认为，从法理而言，赋予被告人缺席审判到庭后重新审理的权利，主要是为了体现缺席审判的程序正义，缺席审判是在被告人不在庭的情况下作出的特殊处理，并不否认被告人在普通诉讼程序中应当享有的权利，一旦被告人到庭，整个诉讼应当“恢复原状”。因此，这里的“重新审理”是指按照一审程序进行审理，不同于按照审判监督程序进行的“重新审判”，不需要满足审判监督程序规定的再审条件。

四是规定了罪犯异议权。“罪犯在判决、裁定发生法律效力后到案的，人民法院应当将罪犯交付执行刑罚。交付执行刑罚前，人民法院应当告知罪犯有权对判决、裁定提出异议。罪犯对判决、裁定提出异议的，人民法院应当重新审理。”

五是规定了检察机关的抗诉权。对于缺席审判的判决，人民检察院认为确有错误的，应当向上一级人民法院提出抗诉。

六是规定了纠错机制。即依照生效判决、裁定对罪犯的财产进行的处理确有错误的，应当予以返还、赔偿。

这些制度设计，不违反刑事诉讼的公正审判和程序参与原则，也符合国际上通行的司法准则的要求，有利于充分保障被告人的权利。

三、关于认罪认罚从宽制度

2014 年 6 月全国人大常委会作出决定，授权“两高”在北京等 18 个城市开展刑事案件速裁程序试点；2016 年 9 月又作出决定，授权“两高”在这 18 个城市开展刑事案件认罪认罚从宽制度试点，扩大范围后的速裁程序试点纳入新的试点继续进行。从试点到 2018 年 10 月，试点地区适用认罪认罚从宽制度起诉的案件数，占同期起诉刑事案件总数的 50% 左右，其中绝大部分是检察机关建议适用，审查起诉平均用时缩短至二十六天，人民法院十五日内审结的占 80% 多；适用速裁程序审结的占 70% 左右，其中当庭宣判率达 95%；适用简易程序审结的占 25% 左右；当庭宣判率为 79.8%。

1. 关于适用范围

修改后的刑事诉讼法第十五条规定，“犯罪嫌疑人、被告人自愿如实供述自己的罪行，承认指控的犯罪事实，愿意接受处罚的，可以依法从宽处理。”第一百七十四条第一款还规定，“犯罪嫌疑人自愿认罪，同意量刑建议和程序适用的，应当在辩护人或者值班律师在场的情况下签署认罪认罚具结书”。这两条对认罪认罚从宽制度的适用范围和条件作出了规定。也就是说，只要符合上述规定，对认罪认罚从宽制度适用罪名和可能判处的刑罚，法律没有限定，包括重罪案件、职务犯罪案件以及共同犯罪案件，只要认罪认罚的，均可以依法从宽处理。

2. 关于如何理解“认罪”

根据修改后刑事诉讼法的规定，“认罪”是指“犯罪嫌疑人、被告人自愿如实供述自己的罪行，承认指控的犯罪事实”，具体可以根据刑法关于自首、坦白中的“如实供述自己的罪行”来把握。而何为“如实供述”，相关司法解释如《关于处理自首和立功具体应用法律若干问题的解释》《关于处理自首和立功若干具体问题的意见》中已有较为明确的规定，可以参照把握。实践中，认罪的内涵较为宽泛、情况也比较复杂，一定要结合具体案情来把握。比如，承认指控的主要犯罪事实，仅对个别细节提出异议的，或者对犯罪事实没有异议，仅对罪名认定提出异议的，都不影响“认罪”的认定。

3. 关于如何理解“认罚”

从修改后刑事诉讼法的规定看，“认罚”是指犯罪嫌疑人、被告人愿意接受处罚，具体就是同意量刑建议，签署具结书，即对检察机关建议判处的刑罚种类、幅度及刑罚执行方式没有异议。“认罚”直接体现了悔罪态度和悔罪表现，是适用认罪认罚从宽制度的前提条件。以往我们办理刑事案件对“认罪”关注较多，对“认罚”关注相对较少，认罪认罚从宽制度确立后，“认罚”就成为在决定是否从宽以及如何从宽时应当考虑的重要因素。如果犯罪嫌疑人、被告人只“认罪”不“认罚”，或者表面上“认罚”，背地里却串供、毁灭证据或者隐匿、转移财产，不赔偿损失，则不能适用认罪认罚从宽制度。需要注意的是，认罪认罚从宽制度中犯罪嫌疑人、被告人享有程序选择权，若犯罪嫌疑人不同意适用速裁程序、简易程序的，不影响“认罪”“认罚”的认定。

4. 如何理解“从宽”

实体从宽是对认罪认罚的激励，也是这一制度的重要价值。对“从宽”，一定要全面理解。

一是依法从宽。办理认罪认罚案件，应当遵循刑法、刑事诉讼法的基本原则，从宽情节的把握可以依照刑法、刑事诉讼法和有关司法解释关于自首、坦白、自愿认罪、真诚悔罪、取得谅解、达成和解等法定、酌定从宽情节的规定，依法决定是否从宽、怎么从宽、从宽的幅度。对于减轻、免除处罚，必须于法有据，不具备法定减轻处罚情节的，应当在法定刑幅度以内提出从轻处罚的量刑建议，对其中犯罪情节轻微不需要判处刑罚的，可以依法作出不起诉决定。

二是一般应当从宽。认罪认罚从宽，同刑法第六十七条规定的自首一样，都是“可以”从宽，这里的“可以”暗含了从宽的导向性，不是可有可无，而是没有特殊理由的，都应当体现法律规定和政策精神，从宽处罚。特别是对民间矛盾引发的犯罪、真诚悔罪并取得谅解、达成和解、不会严重影响群众安全感的，应当考虑从宽。

三是不能一味从宽。是否从宽以及从宽幅度，应当根据犯罪的事实、性质、情节和对社会的危害程度，综合考虑认罪认罚的具体情况，依法确定，确保宽严有据、罚当其罪，避免片面从严和一味从宽两种偏差，避免案件处理显失公平。对犯罪性质恶劣、犯罪手段残忍、危害后果严重的犯罪分子，虽认罪认罚但不足以从轻处罚的，应依法予以严惩。

5. 关于认罪认罚从宽与社会危险性判断

修改后的刑事诉讼法第八十一条第二款规定，“批准或者决定逮捕，应当将犯罪嫌疑人、被告人涉嫌犯罪的性质、情节，认罪认罚等情况，作为是否可能发生社会危险性的考虑因素。”犯罪嫌疑人、被告人自愿认罪认罚，表明其对自身行为的认识和悔罪的态度，相较于不认罪情形，显然社会危险性明显降低。因此，对于认罪认罚案件，应当将犯罪嫌疑人、被告人认罪认罚作为其是否具有社会危险性的重要考虑因素，经审查没有社会危险性的犯罪嫌疑人、被告人，一般不适用逮捕羁押措施，已经逮捕的，应当变更为取保候审、监视居住。

6. 关于如何把握量刑建议

犯罪嫌疑人同意量刑建议，是适用认罪认罚从宽制度的必要条件，而人民法院依法作出判决时，一般也应当采纳人民检察院的量刑建议。这不仅将提出量刑建议作为办理认罪认罚案件的必经环节，而且对检察机关提高量刑建议的准确性提出了很高的要求。这里，需要把握以下几点：

一是关于量刑建议内容。根据修改后刑事诉讼法第一百七十六条的规定，量刑建议一般应当包括主刑、附加刑，并明确刑罚执行方式。也就是说，我们不仅要对主刑提出建议，还要对附加刑提出建议，特别是附加刑中的财产刑，作为“认罚”的重要组成部分，直接体现着犯罪嫌疑人的悔罪态度，直接影响着从宽的后果，必须予以关注。

二是关于量刑建议的提出方式。对认罪认罚案件，检察机关一般应当提出明确具体的量刑建议并充分听取犯罪嫌疑人及其辩护律师的意见，建议判处财产刑的，一般应当提出明确的数额。当然，考虑到案件情况千差万别，以及认罪认罚从宽制度适用案件范围宽，检察机关需要积累量刑建议经验，与法院也有一个磨合沟通、统一量刑标准的过程，因此，根据案件实际情况，也可以提出一定幅度内的量刑建议。各地检察机关应当加强对刑法相关量刑规定和量刑指导意见的学习培训，加强对量刑标准的研究，熟练掌握量刑起点、量刑基准和量刑方法步骤，同时加大科技投入，通过人工智能、大数据的运用，推动提升检察机关量刑建议的精准度。

三是客观公正提出量刑建议。要秉持检察官的客观公正义务，克服单纯追诉立场，既要重视不利于被告人的量刑情节，也要重视有利于被告人的量刑情节，确保量刑建议的客观性。要全面收集量刑证据和信息，既要重视自首、立功等法定情节，也要重视和解、赔偿、被害人过错等酌定情节，确保量刑信息掌握的完整性。

7. 关于值班律师制度

一是关于值班律师的设置。基于我国当前刑事辩护率不够高，一些案件犯罪嫌疑人、被告人尚无法获得律师的帮助，导致辩护权无法有效行使的问题，从速裁程序试点开始，建立了法律援助值班律师制度。实践证明，这一制度对认罪认罚从宽制度试点和速裁程序有效运行发挥了重要作用。修改后的刑事诉讼法第三十六条规定，法律援助机构可以在人民法院、看守所等场所派驻值班律师。最高人民检察院认为，根据上述规定，“等场所”是可以包含检察机关的，不妨碍各地检察机关根据实际工作需要联系法律援助机构派驻或者安排值班律师，实际上在认罪认罚从宽制度试点中，许多地方已经对在检察机关安排值班律师进行了探索。全国人大常委会法工委同意我们的意见。

二是关于值班律师的定位。关于值班律师制度的定位，存在不同观点。我们认为，不宜将值班律师与辩护律师等同。应急性是值班律师制度的最大特点，并且其参与刑事诉讼的方式上不同于委托的律师和一般法律援助律师。值班律师既不是当事人自己委托的律师，也不是法律援助机构通常针对特定个案指派的法律援助律师，而是由法律援助机构统一安排到看守所、人民检察院或者人民法院，采用值班方式，随时为当事人提供法律服务的律师。从修改后的刑事诉讼法的规定来看，值班律师既没有主动会见犯罪嫌疑人的权利，也没有查阅、摘抄、复制案卷材料的权利。而且，从目前值班律师的力量来看，将其直接等同于“辩护”律师实现在所有认罪认罚案件中的诉讼过程全覆盖尚不现实。因此，我们认为，修改后刑事诉讼法的上述表述与相关规范性文件中的定位一致，而且也符合目前的司法实践。检察机关应当严格按照法律规定及时通知值班律师为犯罪嫌疑人提供法律咨询、程序选择、申请变更强制措施等法律帮助，确保犯罪嫌疑人在获得及时、充分、有效法律帮助的前提下自愿认罪认罚。需要说明的是,目前上海、杭州等地检察机关正在探索值班律师从"权利配置型"向"强制辩护型"转型,促使律师实质参与不断深化。对此,我们鼓励有条件的地方,可以探索值班律师转任辩护人机制,对犯罪嫌疑人认罪认罚未聘请辩护人的案件,通知法律援助中心为犯罪嫌疑人指定辩护人,更加充分地保障犯罪嫌疑人的合法权利。

三是关于值班律师的权利。关于会见权,《关于修改〈中华人民共和国刑事诉讼法〉的决定》第四条第二款规定"人民法院、人民检察院、看守所应当告知犯罪嫌疑人、被告人有权约见值班律师,并为犯罪嫌疑人、被告人约见值班律师提供便利。"即犯罪嫌疑人可以约见值班律师,但对值班律师能否主动会见犯罪嫌疑人、被告人未予以明确。这主要是考虑到值班律师不同于辩护律师。后者的工作模式是接受委托或者指派后主动为犯罪嫌疑人提供服务,参与整个案件诉讼过程,而值班律师是以固定的时间和地点被动等待被追诉人的咨询,而非追踪、参与整个诉讼过程。关于阅卷权,修改后的刑事诉讼法要求"人民检察院应当提前为值班律师了解案件有关情况提供必要的便利"。我们认为,由于与辩护律师的定位有所区别,刑事诉讼法未写明值班律师具有阅卷权,而是赋予了人民检察院自由裁量权,决定通过何种方式为值班律师了解案件有关情况提供便利。当然,在有条件的地方,或者针对案件的具体情况,检察机关也可以允许值班律师通过查阅、摘抄、复制案卷材料的方式了解案件有关情况。修改后的刑事诉讼法实施后,关于值班律师相关权利的具体操作,还有待各地检察机关在严格遵守刑事诉讼法的前提下予以探索。

8. 关于认罪认罚从宽的程序性保障

保障犯罪嫌疑人、被告人在自愿的前提下认罪认罚,是认罪认罚从宽制度能否取得实效的关键。对这一问题,社会各界高度关注。修改后的刑事诉讼法第三十六条、第一百二十条、第一百七十三条、第一百九十条对此作出了规定。

一是获得有效法律帮助。公检法三机关都有义务保障犯罪嫌疑人、被告人及时获得有效法律帮助。审查起诉阶段,犯罪嫌疑人认罪认罚的,检察机关应当告知其享有的诉讼权利和认罪认罚导致的后果,对其没有辩护人的,应当通知值班律师为其提供法律咨询、程序选择、申请变更强制措施等法律帮助。符合应当指定辩护条件的,依法通知法律援助机构指派律师为其提供辩护。

二是听取意见。犯罪嫌疑人认罪认罚的,检察机关应当就相关事项,包括涉嫌的犯罪事实、罪名及适用的法律规定;从轻、减轻或者免除处罚等从宽处罚的建议;认罪认罚后案件处理适用的程序等,听取犯罪嫌疑人及其辩护人或者值班律师的意见。

三是认罪认罚自愿性审查。审查起诉阶段,检察机关应对侦查阶段认罪认罚自愿性进行审查。如果犯罪嫌疑人或者其辩护人提出在侦查阶段认罪认罚非系自愿,检察机关可以重新就认罪认罚事项与犯罪嫌疑人及其辩护人进行沟通,记录在案并附卷。若经审查,认定侦查机关采取刑讯逼供等非法手段强迫犯罪嫌疑人违背意愿认罪认罚的,则认罪认罚的供述应当作为非法证据予以排除。

9. 关于被害人权益保障

尊重和保障刑事被害人的合法权益,对于减少社会对抗、修复被损害的社会关系、化解矛盾,意义重大,也将直接影响认罪认罚从宽制度的实际效果。修改后的刑事诉讼法将听取被害人及其诉讼代理人意见作为人民检察院办理认罪认罚案件的必经程序。对于犯罪嫌疑人认罪认罚,但没有赔礼道歉、退赃退赔、赔偿损失,未能与被害人达成调解或者和解协议取得谅解的,检察机关在考虑如何从宽时要有所区别。同时,对因被告人确无赔偿能力不能满足被害人不合理要求,而未能达成和解协议的,不影响认罪认罚从宽制度的适用。要特别注意,各级检察机关在案件处理上不能受被害人意志所左右,防止出现被害人"漫天要价",判断和处理案件必须严格依法,必须体现公平正义。

10. 关于特殊案件的认罪认罚

修改后的刑事诉讼法第一百八十二条第一款规定:"犯罪嫌疑人自愿如实供述涉嫌犯罪的事实,有重大立功或者案件涉及国家重大利益的,经最高人民检察院核准,公安机关可以撤销案件,人民检察院可以作出不起诉决定,也可以对涉嫌数罪中的一项或者多项不起诉。"这实际上是创设了两种新的制度,一是特殊案件的撤销案件,二是特殊案件的不起诉。对此,总的原则是"严格控制,慎重适用,防止滥用"。下一步,最高人民检察院将出台专门规定予以规范,细化适用条件和程序。需要注意的是,各地在理解和执行这一规定时,不能与一般认罪认罚案件的不起诉相混淆。对符合条件的认罪认罚案件作出不起诉处理,是实体从宽的重要体现,也是审前分流的重要方式。对认罪认罚后属于没有争议、不需要判处刑罚的轻微刑事案件,各地检察机关均可依法作出不起诉决定;对认罪认罚后仍达不到法定证明标准的案件,各地检察机关要敢于担当,依法作出不起诉决定,防止"一诉了之""带病起诉"。

11. 关于速裁程序

修改后的刑事诉讼法明确速裁程序的适用范围是"基层人民法院管辖的可能判处三年以下刑罚的案件,案件事实清楚,证据确实、充分,被告人认罪认罚并同意适用速裁程序的"。从试点情况来看,从2016年11月至2017年11月底,适用速裁程序审结的案件量占比为68.5%,从2016年12月底到2018年4月,适用速裁程序审结的案件量占比为66.80%。可以说,通过速裁程序充分体现了认罪认罚案件的效率价值。需要说明的是,《关于在部分地区开展刑事案件认罪认罚从宽制度试点工作的办法》中,未将未成年人排除在速裁程序适用范围外。在刑事诉讼法修改过程中,我们根据各地检察机关实践向立法机关提出,未成年人刑事案件具有专门的关护帮教、法庭教育环节，集中审理、集中宣判的形式无法充分体现帮教效果，且易造成交叉感染，因此，未成年人认罪认罚刑事案件不宜适用速裁程序。立法机关采纳了我们的建议。

12. 关于证明标准

在认罪认罚从宽制度设计之初，有观点提出，对于犯罪嫌疑人“认罪”案件应当放松原先“事实清楚、证据确实充分”的证据要求。否则“认罪”的事实价值与效率价值难以体现，并且参考国外立法例，也仅仅是作了事实方面的要求，未就证据提出具体要求，如《美国联邦刑事诉讼规则》第十一条第三项要求法官应当对“答辩的事实基础进行审查”。我们认为，现行刑事诉讼法提出的“事实清楚、证据确实充分”的证明标准适用于所有刑事案件，不宜将认罪认罚案件排除在外。如果将认罪认罚案件的证明标准作降格处理，有可能导致有些案件以“认罪”为名不再对案件真象予以查证，不利于保证案件质量。此外，从司法实践看，绝大多数案件都是犯罪嫌疑人对于事实没有争议的案件，即使办案机关快速处理，也可以达到“事实清楚、证据确实充分”的程度，因此也没有降低此类案件证明标准的必要。检察机关在办理认罪认罚案件中，应当严格按照法律规定的证据裁判要求，坚持法定证明标准，全面收集、固定、审查和认定证据。即使犯罪嫌疑人认罪认罚，但如果没有其他证据，或者认为“事实不清、证据不足”的，应当坚持“疑罪从无”原则，依法作出不起诉决定。

第二部分

理解与适用

第一编　总　　则

第一章　任务和基本原则

第一条　为了保证刑法的正确实施，惩罚犯罪，保护人民，保障国家安全和社会公共安全，维护社会主义社会秩序，根据宪法，制定本法。

【修改提示】

本条是1979年刑事诉讼法的规定，1996年作过修改，2012年、2018年修改刑事诉讼法未作修改。

【背景解读】

1996年3月17日第八届全国人民代表大会第四次会议通过了《关于修改〈中华人民共和国刑事诉讼法〉的决定》对本条作了修改。1979年刑事诉讼法第一条曾明确规定了立法的指导思想，即"以马克思列宁主义毛泽东思想为指针"。马列主义毛泽东思想是指导我们事业的理论基础，是制定党的路线、方针政策和国家法律的指导思想。制定刑事诉讼法也不例外，也应当"以马克思列宁主义毛泽东思想为指针"。1979年制定的刑事诉讼法之所以写了指导思想，是由于当时我国宪法尚未修改，坚持四项基本原则的内容尚未规定在宪法之中，因此，在第一条开宗明义地规定"以马克思列宁主义毛泽东思想为指针"具有重大的政治意义。我国宪法于1982年已作了修改，坚持四项基本原则已规定在宪法之中。制定刑事诉讼法的根据是宪法，既然宪法已包含了原条文规定的指导思想等内容，本条已规定"根据宪法，制定本法"，因此，1996年修改刑事诉讼法时，对该条作了必要的修改。

【理解与适用】

本条是关于刑事诉讼法立法目的和根据的规定。

立法目的也是立法宗旨。本条规定，保证刑法的正确实施，是制定刑事诉讼法的主要目的。刑法是规定犯罪和用刑罚方法惩罚犯罪的法律，刑法的任务，是用刑罚同一切犯罪行为作斗争，以保卫国家安全，保卫人民民主专政的政权和社会主义制度,保护国有财产和劳动群众集体所有的财产,保护公民私人所有的财产,保护公民的人身权利、民主权利和其他权利,维护社会秩序、经济秩序,保障社会主义建设事业的顺利进行。刑法是实体法,刑事诉讼法是程序法,实体法需要由程序法保障才能正确实施,刑法的任务需要通过程序法规范的诉讼程序才能得以实现。要保证正确运用刑法打击犯罪,保护人民,就需要制定刑事诉讼法。这样,才能依照法定程序保证刑法的正确实施,使犯罪的人得到应有的惩处,达到惩罚犯罪,保护人民,保障国家安全和社会公共安全,维护社会主义社会秩序的目的。

宪法是制定刑事诉讼法的根据。宪法是国家根本大法,具有最高的法律效力,制定法律、行政法规以及地方性法规,都得以宪法为根据,制定刑事诉讼法也必须以宪法为根据。制定(包括修改)刑事诉讼法以宪法为依据,包括两方面内容:一是对于刑事诉讼程序的规定,必须遵循和贯彻宪法规定的原则,如社会主义制度是中华人民共和国的根本制度,国家维护社会主义法治的统一和尊严,任何组织或者个人都不得有超越宪法和法律的特权,国家尊重和保障人权等,通过刑事诉讼法对于刑事诉讼行为的规范,体现宪法的原则和精神;对于宪法有关刑事诉讼程序的明确规定,如人民法院、人民检察院独立行使审判权和独立行使检察权,公安机关、人民法院、人民检察院在办理刑事案件中分工负责、互相配合、互相制约等,要通过在刑事诉讼法作出具体规定予以落实。二是刑事诉讼法的任务、原则、制度以及具体规范都不得与宪法的原则和规定相抵触。

第二条　中华人民共和国刑事诉讼法的任务,是保证准确、及时地查明犯罪事实,正确应用法律,惩罚犯罪分子,保障无罪的人不受刑事追究,教育公民自觉遵守法律,积极同犯罪行为作斗争,维护社会主义法制,尊重和保障人权,保护公民的人身权利、财产权利、民主权利和其他权利,保障社会主义建设事业的顺利进行。

【修改提示】

本条是 1979 年刑事诉讼法的规定,1996 年、2012 年作过修改,2018 年刑事诉讼法未作修改。

【背景解读】

1979 年的刑事诉讼法第二条规定了刑事诉讼法的任务,1996 年修改刑事诉讼法时,本条基本上维持了原刑事诉讼法第二条的内容。根据 1988 年宪法关于保护私营经济的合法权利和利益的修改补充规定,为了更好地体现保护公民的合法财产，在原条文中的保护公民的人身权利之后增加“财产权利”。根据对宪法序言第七自然段后两句的修改规定的精神，将原条文“保障社会主义革命和社会主义建设事业的顺利进行”改为“保障社会主义建设事业的顺利进行”。2012年3月14日第十一届全国人民代表大会第五次会议通过的关于修改刑事诉讼法的决定对本条进一步作了修改，增加了“尊重和保障人权”的规定，具有重大的意义。“尊重和保障人权”是我国宪法确立的重要原则。1996年刑事诉讼法在程序设置和具体规定中都贯彻了这一原则，在2012年修改刑事诉讼法中也全面贯彻落实了这一原则。考虑到刑事诉讼制度关系到公民人身自由等基本权利，将“尊重和保障人权”的原则明确写入刑事诉讼法，更有利于充分体现我国司法制度的社会主义性质，有利于进一步体现我国对尊重和保障人权的重视，也有利于在刑事诉讼程序中更好地贯彻落实这一宪法原则，因此，2012年修改刑事诉讼法时在本条增加了这一规定。

【理解与适用】

本条是关于刑事诉讼法任务的规定。

本条规定的刑事诉讼法的任务可分为三方面内容来理解：

一是保证准确、及时地查明犯罪事实，正确应用法律，惩罚犯罪分子，保障无罪的人不受刑事追究。刑事诉讼的首要任务就是对发现的犯罪行为或者犯罪嫌疑人，人民法院、人民检察院和公安机关依照法律程序收集、调取证据，查出犯罪嫌疑人，查清犯罪事实。刑事诉讼法就是规定哪些机关、哪些人有权进行调查取证工作，以及调查取证时应遵循的原则，从程序上规定如何讯问犯罪嫌疑人、询问证人，以及如何进行勘验、检查、扣押物证、书证等，以实现准确、及时地查清犯罪事实。准确、及时地查明犯罪事实是正确应用法律，惩罚犯罪，保障无罪的人不受刑事追究的前提和重要基础。其中的“准确”“及时”都很重要，但“准确”是核心，即对犯罪的事实认定应准确，对实施犯罪行为的人要查准，不能把事实认定错了，冤枉了好人。如果搞错了，再及时也是没有意义的，及时应当建立在准确的基础上。但及时也很重要，如果时间拖得很长，时过境迁，就很难收集证据，不利于查清犯罪事实。保证“正确应用法律，惩罚犯罪分子，保障无罪的人不受刑事追究”，是在查明犯罪事实基础上得以实现的刑事诉讼法的基本任务。正确应用法律是指依照刑事诉讼法的规定在查清犯罪事实的基础上，正确适用刑法和其他法律对犯罪分子定罪判刑，使其受到应有的惩罚。能否做到正确应用法律，除了要保证准确无误地查明犯罪事实以外，还要设置和遵循保证公正司法的具体诉讼程序，如审查批准逮捕、审查起诉、审判程序、审判监督程序等。只有严格依照刑事诉讼程序办案，保证程序公正，才能做到不枉不纵，保证刑法的正确执行，有效地惩罚犯罪，保护公民的合法权益，保障无罪的人不受追究。保障无罪的人不受追究是刑事诉讼法保护公民合法权利的重要体现，与正确应用法律惩罚犯罪是一个问题的两个方面。如果不能保障无罪的人不受刑事追究，就谈不上正确应用法律，也不能准确地惩罚犯罪。因此，公检法机关在追究犯罪时，必须对保障无罪的人不受追究予以高度重视。

二是教育公民自觉遵守法律，积极同犯罪行为作斗争。刑事诉讼法的这个任务主要是通过立案、侦查、提起公诉和审判活动来实现的。通过这些刑事诉讼活动使公民认识到什么是犯罪，犯罪的危害性以及应负的法律责任，从而增强公民的法治观念，提高守法以及同犯罪行为作斗争的自觉性，以达到预防和减少犯罪的目的。

三是维护社会主义法治，尊重和保障人权，保护公民的人身权利、财产权利、民主权利和其他权利，保障社会主义建设事业的顺利进行。这是刑事诉讼法的根本任务，或者说是总任务。这一根本任务是在“保证准确、及时地查明犯罪事实，正确应用法律，惩罚犯罪分子，保障无罪的人不受刑事追究，教育公民自觉遵守法律，积极同犯罪行为作斗争”的基础上得以实现和完成的；也可以说，保证准确、及时地查明犯罪事实，正确应用法律，惩罚犯罪分子，保障无罪的人不受刑事追究，是为了维护社会主义法治，尊重和保障人权，保护公民的人身权利、财产权利、民主权利和其他权利，保障社会主义建设事业的顺利进行。这一总任务鲜明地体现了我国刑事诉讼法的社会主义特征，既是刑事诉讼法立法和修改的出发点和落脚点，也是对刑事诉讼法执法的总要求。

第三条　对刑事案件的侦查、拘留、执行逮捕、预审，由公安机关负责。检察、批准逮捕、检察机关直接受理的案件的侦查、提起公诉，由人民检察院负责。审判由人民法院负责。除法律特别规定的以外，其他任何机关、团体和个人都无权行使这些权力。

人民法院、人民检察院和公安机关进行刑事诉讼，必须严格遵守本法和其他法律的有关规定。

【修改提示】

本条是1979年刑事诉讼法的规定，1996年作过修改，2012年、2018年修改刑事诉讼法未作修改。

【背景解读】

1996年3月17日第八届全国人民代表大会第四次会议通过的《关于修改〈中华人民共和国刑事诉讼法〉的决定》对本条作了修改。根据宪法确定的人民法院、人民检察院和公安机关办理刑事案件,应当分工负责的原则,1979 年的刑事诉讼法第三条对公检法三机关各自的职责作了具体的分工。刑事诉讼法实施以来的实践证明,这一款的规定是基本可行的,但原来的规定不够完善,主要是:公安机关执行逮捕的职责没有明确规定;检察权包括侦查的规定的含义不明确;根据惩罚犯罪的需要,法律规定国家安全机关对于危害国家安全的犯罪案件可以行使侦查权,军队保卫部门对军人的犯罪案件,以及监狱对犯人在狱内的犯罪案件也可以行使侦查权,原来的规定已不能完全适应新的情况。因此,1996 年修改刑事诉讼法,对本条第一款作了修改,使公检法三机关的职责分工更加明确、清晰。2012 年、2018 年刑事诉讼法修改时对本条规定未作修改。

【理解与适用】

本条是关于分工负责原则和公检法机关在刑事诉讼中具体分工的规定。

本条共分为两款。第一款是关于公安机关、人民检察院和人民法院的职责分工的规定。根据宪法确定的人民法院、人民检察院和公安机关办理刑事案件应当分工负责的原则,本款对公检法三机关各自的职责作了具体的分工。根据本款规定,对刑事案件的侦查、拘留、执行逮捕、预审,由公安机关负责。检察、批准逮捕、检察机关直接受理的案件的侦查、提起公诉,由人民检察院负责。审判由人民法院负责。公检法三机关分工的目的,是为了明确职责,互相配合,保证准确有效地执行法律,惩罚犯罪,保护人民。这一规定体现了以下原则:一是刑事案件的侦查权、检察权、审判权分别由公检法机关专门行使,除法律特别规定的以外,其他任何机关、团体和个人都无权行使这些权力。法律的特别规定,主要是指本法第四条、第三百零八条的规定。根据上述规定,国家安全机关办理危害国家安全的刑事案件,行使与公安机关相同的职权;军队保卫部门对军队内部发生的刑事案件行使侦查权;中国海警局履行海上维权执法职责,对海上发生的刑事案件行使侦查权;对罪犯在监狱内犯罪的案件由监狱进行侦查。二是公检法三机关只能在法律规定的职责范围内进行诉讼活动,而不能超越职责或者互相代替。

第二款是关于人民法院、人民检察院和公安机关在各自职责范围内进行刑事诉讼必须严格遵守本法和其他法律的规定。本条规定是对公检法机关进行刑事诉讼的严格要求,也称为依法进行刑事诉讼的原则,是刑事诉讼法的重要原则。根据本条规定,人民法院审判一审或者二审案件、依照审判监督程序重新审判案件,人民检察院行使检察权、批准逮捕、提起公诉,对直接受理的案件进行侦查,公安机关进行侦查、执行逮捕、预审等一系列诉讼活动,都必须严格遵守本法和其他法律的规定,即必须严格依照本法规定的具体要求和程序以及其他法律,如人民法院组织法、人民检察院组织法、法官法、检察官法、人民警察法中的有关规定办理，不得违背法律，不得滥用法律赋予的职权侵犯公民的合法权益。严格执法，依法进行刑事诉讼活动是保证公正司法的要求，体现了社会主义的法治原则。

第四条　国家安全机关依照法律规定，办理危害国家安全的刑事案件，行使与公安机关相同的职权。

【修改提示】

本条是1996年修改刑事诉讼法时增加的规定，2012年、2018年修改刑事诉讼法未作修改。

【背景解读】

本条是1996年修改刑事诉讼法时增加的规定。1979年制定刑事诉讼法时，国家安全部还未设立。根据斗争形势的需要，为了更好地防范和制止危害国家安全的犯罪活动，第六届全国人民代表大会第一次会议决定设立国家安全部。第六届全国人大常委会第二次会议于1983年9月2日通过了《关于国家安全机关行使公安机关的侦查、拘留、预审和执行逮捕的职权的决定》，规定国家安全机关承担原由公安机关主管的间谍、特务案件的侦查工作，是国家公安机关的性质，因而国家安全机关可以行使宪法和法律规定的公安机关的侦查、拘留、预审和执行逮捕的职权。1993年2月22日第七届全国人大常委会第三十次会议通过了《中华人民共和国国家安全法》，对国家安全机关在维护国家安全工作中的职责和权力、对办理危害国家安全犯罪案件的范围作了明确规定。1996年修改刑事诉讼法，将全国人大常委会《关于国家安全机关行使公安机关的侦查、拘留、预审和执行逮捕的职权的决定》的内容，经研究修改纳入刑事诉讼法，增加了本条规定。

【理解与适用】

本条是关于国家安全机关在刑事诉讼中行使职权的规定。

本条规定主要包含了以下两个方面的内容：

一是国家安全机关管辖的案件范围是危害国家安全的案件。国家安全机关管辖的案件可以分为两种情况：(1)与间谍行为有关的案件。反间谍法第三条规定，国家安全机关是反间谍工作的主管机关。根据这一规定，涉及间谍行为的案件由国家安全机关管辖。按照反间谍法第三十八条规定，间谍行为具体包括：①间谍组织及其代理人实施或者指使、资助他人实施，或者境内外机构、组织、个人与其相勾结实施的危害中华人民共和国国家安全的活动；②参加间谍组织或者接受间谍组织及其代理人的任务的；③间谍组织及其代理人以外的其他境外机构、组织、个人实施或者指使、资助他人实施，或者境内机构、组织、个人与其相勾结实施的窃取、刺探、收买或者非法提供国家秘密或者情报，或者策动、引诱、收买国家工作人员叛变的活动；④为敌人指示攻击目标的；⑤进行其他间谍活动的。(2)其他危害国家安全的案件。反间谍法第三十九条还规定，国家安全机关依照法律、行政法规和国家有关规定，履行防范、制止和惩治间谍行为以外的其他危害国家安全行为的职责。根据这一规定和刑法、刑事诉讼法以及其他有关国家规定，国家安全机关还承担对其他一些危害国家安全犯罪行为的侦查职能和其他职责。如防范、制止和打击境外机构、组织、个人实施或者指使、资助他人实施的，或者境内外机构、组织、个人相勾结实施的，间谍行为以外的其他危害中华人民共和国国家安全的行为。

二是国家安全机关依照管辖范围办理刑事案件，行使与公安机关相同的职权。即有权行使法律赋予公安机关在侦查刑事案件中的职权和手段，如拘留、执行逮捕，讯问犯罪嫌疑人、询问证人、搜查、扣押与犯罪有关的物品、鉴定、勘验、检查等职权。

在理解和执行本条规定时主要应当注意两点：一是执行这一条规定时，应当注意国家安全机关与公安机关在办理危害国家安全的刑事案件中要按照国家规定的职权划分，各司其职，密切配合，共同维护国家安全。二是本条规定的国家安全机关管辖的“危害国家安全的刑事案件”主要是指刑法第一章规定的危害国家安全罪中规定的犯罪，但在刑法其他章节中规定的犯罪如果涉及国家安全，依照规定应当由国家安全机关负责侦查的，也属于本条规定的国家安全机关办理的“危害国家安全的刑事案件”。

第五条　人民法院依照法律规定独立行使审判权，人民检察院依照法律规定独立行使检察权，不受行政机关、社会团体和个人的干涉。

【修改提示】

本条是1996年修改刑事诉讼法时增加的规定，2012年、2018年修改刑事诉讼法未作修改。

【背景解读】

本条是1996年修改刑事诉讼法时增加的规定。人民法院依法独立行使审判权，人民检察院依法独立行使检察权，不受任何行政机关、社会团体和个人的干涉，是1982年宪法确定的一项重要的司法原则。人民法院组织法、人民检察院组织法都分别规定了这一原则，而1979年制定的刑事诉讼法对此没有规定。1996年修改刑事诉讼法时，在总则中增加了这一条规定，使宪法确定的原则在刑事诉讼法中得到了体现。这一原则在当前和今后对于维护社会主义法制的统一和尊严，有着十分重要的意义。

【理解与适用】

本条是关于人民法院独立行使审判权、人民检察院独立行使检察权的规定。

本条主要内容有以下几个方面：

1. 独立行使审判权和检察权是指由人民法院独立行使审判权，由人民检察院独立行使检察权，而不是由法官和检察官个人独立行使审判权和检察权。

2. 独立行使审判权和检察权的前提必须是依法，也就是说，在独立行使审判权、检察权时必须依照法律规定的权限、程序和规范进行，而不能脱离法律规范。

3. 对于任何依仗权势以言代法、以权压法，非法干涉办案活动的行为，都有权抵制，依法行使审判权、检察权不受任何行政机关、社会团体和个人的干涉。

4. 人民法院、人民检察院独立行使审判权、检察权，并不意味着独立于党的领导之外，也不意味着不受监督。党的领导是做好司法工作的根本保证，党的领导是方针政策的领导，而不是包办代替办理具体案件，同时人民法院、人民检察院还要受同级人民代表大会及其常委会的监督。

执行这一规定时应注意正确处理法官与法院、检察官与检察院的关系，独立行使审判权、检察权与党的领导的关系以及与同级人大及其常委会的关系。特别是要注意依法办案，越是独立行使审判权、检察权，就越要坚持严格依法办案。

第六条　人民法院、人民检察院和公安机关进行刑事诉讼，必须依靠群众，必须以事实为根据，以法律为准绳。对于一切公民，在适用法律上一律平等，在法律面前，不允许有任何特权。

【修改提示】

本条是1979年刑事诉讼法的规定，1996年、2012年、2018年修改刑事诉讼法均未作修改。

【背景解读】

刑事诉讼法的基本原则，统率刑事诉讼法的所有规定，对于刑事诉讼立法和司法活动都有重要的指导意义。本条对刑事诉讼的三条重要原则作了规定。

【理解与适用】

本条是关于依靠群众,以事实为根据、以法律为准绳,对一切公民在适用法律上一律平等的原则的规定。

本条规定了我国刑事诉讼应当遵守的以下原则:

1. 依靠群众的原则。这一原则是党的群众路线在刑事诉讼中的具体体现。群众路线是我们党和国家一切工作的根本路线,也是司法工作的根本路线。依靠群众,就是办理刑事案件要相信群众,深入群众调查研究,发动群众向公检法机关提供破案线索,提供证实犯罪的情况。具体地讲,就是要到群众中去,深入调查研究,了解具体的案件情况,查明犯罪事实,做到客观公正,不冤枉一个好人,也不放纵一个犯罪分子;要了解群众和社会对案件的反映,宣传有关法律规定,正确适用法律惩罚犯罪,保护人民,达到社会效果和法律效果的统一;切实把实现好、维护好、发展好最广大人民的根本利益作为办理刑事案件的出发点和落脚点。依靠群众,就是要求公检法机关办案,应当实行公检法专门机关与群众相结合的办法。依靠群众作为刑事诉讼的一项基本原则在本条作了规定,在本法其他条文中对如何依靠群众还作了具体规定,如第五十二条规定的"必须保证一切与案件有关或者了解案情的公民,有客观地充分地提供证据的条件,除特殊情况外,可以吸收他们协助调查",第八十四条、第一百一十条分别规定了任何公民都有权扭送现行犯和控告、举报犯罪,等等,这些规定充分体现了刑事诉讼依靠群众的原则。

2. 以事实为根据,以法律为准绳是办理刑事案件的基本原则之一。其中的"以事实为根据"是我国长期以来刑事诉讼的一条重要经验,是正确惩罚犯罪,防止错案,保障无罪的人不受追究的重要原则。一个人是否犯罪,是罪轻还是罪重,都要以事实为根据,对事实情况既不夸大、也不缩小,做到客观公正,不因案件的不同、当事人的不同而不同。所谓"事实",是指人民法院、人民检察院、公安机关进行刑事诉讼,追究犯罪,必须以客观存在的、经过调查属实的、有证据证明的事实为根据,而不是靠主观想象、推测和怀疑。"以法律为准绳",是指人民法院、人民检察院和公安机关办理刑事案件,必须以法律为标准。这里所说的法律,既包括刑法以及对刑法所作的修改补充规定和修正案,也包括刑事诉讼法和其他法律中的有关规定,如人民法院组织法、人民检察院组织法、监狱法等法律中的有关规定。处理刑事案件,从程序上讲,对于是否立案侦查、对犯罪嫌疑人是否要采取强制措施以及如何收集、调取证据,是否移送起诉,是否开庭审判,等等,都必须依照刑事诉讼法的规定进行,不得违背程序方面的规定;从实体上看,被告人该不该定罪,定什么罪以及如何处刑,都必须以刑法为标准,正确定罪量刑。

以事实为根据,以法律为准绳,是正确处理案件不可分割的两个方面,二者互相联系,缺一不可。事实是前提,是基础和根据,法律是标准、尺度。只有把二者结合起来，作为一个重要原则贯彻执行，才能保证刑事诉讼的正确进行，才能完成刑事诉讼的任务。

3. 一切公民在适用法律上一律平等，这是宪法确定的法治原则在刑事诉讼中的具体体现。这一原则是指人民法院、人民检察院、公安机关在刑事诉讼中，对一切公民，不分民族、种族、职业、出身、性别、宗教信仰、教育程度、财产情况、职位高低和功劳大小，都应一律平等地适用法律，不允许有任何的特权。平等地适用法律是指任何人触犯了刑法，都应受到追究，并承担相应刑事责任，而不能有任何例外；在刑事诉讼中，任何人的诉讼权利和其他合法权益都同样受到国家法律的保护，而不能因人而异。任何人都不能有超越法律之外的特权，这也是维护司法公正的基本要求。在刑事诉讼中只有严格依法办事，才能维护和实现这一法治原则。

第七条　人民法院、人民检察院和公安机关进行刑事诉讼，应当分工负责，互相配合，互相制约，以保证准确有效地执行法律。

【修改提示】

本条是1979年刑事诉讼法的规定，1996年、2012年、2018年修改刑事诉讼法均未作修改。

【背景解读】

办理刑事案件，公检法三机关应当分工负责，互相配合，互相制约，这是宪法确定的刑事诉讼的基本原则。刑事诉讼法依据宪法的规定，不仅在本条规定了这个原则，而且在刑事诉讼程序的设置和具体规范中都充分体现了这一原则，作了许多具体规定，是我国多年来司法实践经验的总结。

【理解与适用】

本条是关于公检法机关分工负责，互相配合，互相制约原则的规定。

本条主要有以下几层含义：

1. 公检法三机关的分工负责，是指职责分工和案件管辖分工。本法第三条规定了三机关办理刑事案件的职责分工，即对刑事案件的侦查、拘留、执行逮捕、预审，由公安机关负责；检察、批准逮捕、对检察机关直接受理的案件的侦查、提起公诉，由人民检察院负责；审判由人民法院负责。第十九条规定了案件管辖分工，即刑事案件的侦查由公安机关进行，法律另有规定的除外。人民检察院在对诉讼活动实行法律监督中发现的司法工作人员利用职权实施的非法拘禁、刑讯逼供、非法搜查等侵犯公民权利、损害司法公正的犯罪，可以由人民检察院立案侦查。对于公安机关管辖的国家机关工作人员利用职权实施的重大犯罪案件，需要由人民检察院直接受理的时候，经省级以上人民检察院决定，可以由人民检察院立案侦查。自诉案件，由人民法院直接受理。公检法三机关在刑事诉讼活动中，应当依照法律规定的分工，在各自的职责范围内，各司其职，各负其责，既不能包办代替，越权行事，也不能互相推诿，不负责任。

2. 公检法三机关的互相配合，是指公检法三机关在查明案件真实情况，正确适用法律追究犯罪，实现公平正义方面有着共同的目标，要按照法律规定，在正确履行各自职责的基础上，互相支持，共同完成惩罚犯罪和保护人民的任务。而不能违反法律规定，各行其是，互不通气，甚至互相扯皮。

3. 公检法三机关的互相制约，是指公检法三机关在刑事诉讼中，为防止和及时纠正可能发生的错误，通过程序上的制约，以保证案件质量，正确应用法律惩罚犯罪。互相制约在本法中许多具体程序的设置上均有体现，如人民法院、人民检察院决定逮捕犯罪嫌疑人、被告人的，由公安机关执行；公安机关侦查的案件需要逮捕犯罪嫌疑人的，要经人民检察院批准才能逮捕，对于不批准逮捕的，公安机关就应当放人。公安机关移送起诉的案件，人民检察院作出不起诉的决定，公安机关认为不起诉决定是错误的，有权要求人民检察院复议或者复核。人民检察院发现公安机关侦查活动有违法行为时，有权提出纠正意见；发现人民法院的判决有错误的，有权提出抗诉，等等。

分工负责、互相配合、互相制约是密切相关，缺一不可的。分工负责是前提，没有分工负责，就谈不上配合和制约。配合和制约是公检法三机关依法行使职权，顺利进行刑事诉讼，正确处理案件，防止和减少错案发生的保证。分工负责、互相配合、互相制约的最终目的都是为了实现公平正义。只有这样，才能达到准确有效地执行法律，惩罚犯罪，保护人民的目的。

需要指出的是，根据刑事诉讼法的有关规定，国家安全机关依照法律规定办理危害国家安全的刑事案件，行使与公安机关相同的职权，军队保卫部门对军队内部发生的刑事案件行使侦查权，对罪犯在监狱内犯罪的案件由监狱进行侦查。上述部门在行使侦查职权时，同样要遵循本条规定的原则。

第八条　人民检察院依法对刑事诉讼实行法律监督。

【修改提示】

本条是 1996 年修改刑事诉讼法时增加的规定，2012 年、2018 年修改刑事诉讼法未作修改。

【背景解读】

我国宪法明确规定人民检察院是国家的法律监督机关。根据这一规定，为了进一步强化人民检察院在刑事诉讼中的法律监督职能，维护司法公正，1996 年修改刑事诉讼法时，在总则中增加了这一规定。

【理解与适用】

本条是关于人民检察院的法律监督职责的规定。

人民检察院对刑事诉讼实行法律监督是我国重要的司法制度，这项制度对于保证准确及时惩罚犯罪、保障无罪的人不受刑事追究，尊重和保障人权，推进司法公正，都具有重要意义。对刑事诉讼实行法律监督的前提是必须依法。依法就是依照刑事诉讼法和其他法律的规定，对刑事诉讼活动实行法律监督。关于如何进行法律监督，1979 年刑事诉讼法作了具体规定，如人民检察院对人民法院一审判决认为有错误的，对发生法律效力的判决认为有错误的，均可提出抗诉等。为了进一步发挥法律监督职能，1996 年修改刑事诉讼法时还增加了许多新的规定，如人民检察院认为公安机关对该立案侦查而不立案侦查的，有权要求公安机关说明不立案的理由，认为不立案理由不能成立的，应当通知公安机关立案，公安机关接到通知后就应当立案；人民检察院批准逮捕后，公安机关对于逮捕的执行情况要及时通知人民检察院；人民检察院提起的抗诉案件，第二审人民法院必须开庭审理，人民检察院应当派员出席法庭；人民检察院发现侦查活动、审判活动程序违法，减刑、假释不当的，都可以提出纠正意见等。2012 年修改刑事诉讼法时，按照中央司法体制和工作机制改革关于加强对权力监督制约的要求，根据各方面提出的意见，进一步加强了人民检察院的法律监督，完善了相关的程序。如规定了人民检察院对辩护人、诉讼代理人认为有关司法机关及其工作人员阻碍其依法行使诉讼权利的申诉或者控告，应当及时审查并通知有关机关予以纠正；人民检察院接到报案、控告、举报或者发现侦查人员以非法方法收集证据的，应当调查核实，提出纠正意见，对构成犯罪的，依法追究刑事责任；人民检察院应当对犯罪嫌疑人、被告人被逮捕后羁押的必要性进行审查，对不需要继续羁押的，应当建议释放或者变更强制措施；最高人民检察院在最高人民法院复核死刑案件过程中，可以向最高人民法院提出意见，最高人民法院应当将死刑复核结果通报最高人民检察院；人民检察院对罪犯暂予监外执行的决定和减刑、假释的裁定可以在决定前向有关机关提出书面意见；人民检察院对强制医疗的决定和执行实行监督，等等。这些规定都为检察机关履行好监督职责提供了进一步明确的法律依据，也是对检察机关履行法律监督职责提出了更高的要求，以保证刑事诉讼活动的顺利进行，达到惩罚犯罪、保护人民的目的。

第九条　各民族公民都有用本民族语言文字进行诉讼的权利。人民法院、人民检察院和公安机关对于不通晓当地通用的语言文字的诉讼参与人，应当为他们翻译。

在少数民族聚居或者多民族杂居的地区，应当用当地通用的语言进行审讯，用当地通用的文字发布判决书、布告和其他文件。

【修改提示】

本条是1979年刑事诉讼法的规定，1996年、2012年、2018年修改刑事诉讼法均未作修改。

【背景解读】

我国是一个统一的多民族国家。包括汉族在内共有五十六个民族。在我国，所有民族，不论人数多少，各民族在政治上、经济上、法律上一律平等，都有使用本民族语言文字表达意愿的自由，这是我们党和国家一贯坚持的民族政策的体现，并在宪法里作了明确规定。各民族公民有权运用本民族语言文字进行刑事诉讼，是民族平等原则在刑事诉讼中的重要体现。同时，各民族公民使用本民族语言文字进行刑事诉讼，有利于保障各民族的诉讼参与人能够平等地享受和充分地行使各项诉讼权利，有利于全面查清案情，正确处理案件，保证诉讼活动的顺利进行，有利于更好地进行法治宣传教育，增强法治观念，提高各民族公民同犯罪作斗争的自觉性。

【理解与适用】

本条是关于我国公民有权运用本民族语言文字进行刑事诉讼的基本原则的规定。

本条分为两款。第一款是关于各民族公民都有用本民族语言文字进行刑事诉讼的权利的规定。其主要内容是：

1. 使用本民族的语言文字进行诉讼，是法律规定的各民族的诉讼参与人享有的诉讼权利，司法机关在刑事诉讼中应当为他们行使这项权利提供必要的便利和帮助。

2. 对于不通晓当地通用的语言文字的诉讼参加人，人民法院、人民检察院和公安机关应当为他们提供翻译。各民族有权用本民族语言进行诉讼是民族平等的重要体现，各民族公民在刑事诉讼中虽可以使用本民族的语言文字，但当他不通晓当地通用的语言文字时，就应当有翻译人员为他们进行口头的和文字的翻译，这是公检法机关应尽的义务。“通用的语言文字”是指当地的国家权力机关和行政机关行使权力和履行职务时正式使用的语言文字。通用的语言文字可能是一种,也可能是多种。

本条第二款是关于在少数民族聚居或者多民族杂居的地区,用什么语言、文字审讯,发布判决书、布告的规定。在少数民族聚居或者多民族杂居地区存在多种民族语言的情况下,在刑事诉讼各个阶段讯问犯罪嫌疑人、被告人应当使用当地通用的语言发布判决书、布告和送达传票、通知等文件,也应当使用当地通用的文字。

第十条　人民法院审判案件,实行两审终审制。

【修改提示】

本条是1979年刑事诉讼法的规定,1996年、2012年、2018年修改刑事诉讼法均未作修改。

【背景解读】

两审终审制是我国长期司法实践经验的总结。这一制度既有利于案件的及时审结,防止久拖不决,影响惩罚犯罪分子,影响司法公正,又可以保证上级人民法院对下级人民法院的审判行使监督职权,发现错误及时纠正。因此,本条对这一重要制度作了规定。

【理解与适用】

本条是关于人民法院审判案件实行两审终审制的规定。

两审终审制是人民法院审判案件的一项重要制度。根据这一制度,在一般情况下,一个案件经过两级人民法院审判即告审判终结,判决和裁定即发生法律效力。具体而言,审判第一审案件所作出的判决和裁定,在法律规定的期限内,被告人不服提出上诉,或者人民检察院认为判决裁定有错误提出抗诉的,上一级人民法院对上诉、抗诉案件应当进行审判,第二审人民法院作出的判决和裁定,就是终审的判决和裁定,是发生法律效力的判决和裁定。第一审案件的判决和裁定,如果在上诉期限内被告人不上诉、人民检察院不抗诉,也是发生法律效力的判决和裁定。作为例外的情况,最高人民法院审判的第一审案件的判决和裁定,即是终审的判决和裁定。对于发生法律效力的判决和裁定,如果被告人仍不服的,不能再上诉,只能提出申诉;需要特别说明的是,对于死刑案件的判决,不论是经过一审还是二审,都要由最高人民法院经过死刑复核程序予以核准才发生法律效力,这一程序是专门为死刑案件所设置的特殊程序,体现了慎重适用、严格控制死刑的政策。对于发生法律效力的判决和裁定，人民检察院认为有错误的，只能按照审判监督程序提出抗诉，但不能停止判决和裁定的执行。

第十一条　人民法院审判案件，除本法另有规定的以外，一律公开进行。被告人有权获得辩护，人民法院有义务保证被告人获得辩护。

【修改提示】

本条是1979年刑事诉讼法的规定，1996年、2012年、2018年修改刑事诉讼法均未作修改。

【背景解读】

公开审判是我国一项重要的诉讼制度，是社会主义民主在审判制度上的体现。实行公开审判，一是有利于广大群众对审判工作进行监督，促进法院改进工作，严格司法，正确应用法律处理案件；二是当事人可以在公开的法庭上进行辩论、质证，有利于维护他们的诉讼权利，也有利于准确地查明事实，正确应用法律惩罚犯罪；三是有利于对广大群众进行法治宣传教育，提高法律意识，增强法治观念，积极同各种犯罪行为作斗争。辩护权是被告人的一项基本诉讼权利。被告人有权获得辩护，是我国宪法确定的诉讼制度，刑事诉讼法的规定是宪法确定的诉讼制度的具体化。认真实行辩护制度，有利于办案人员客观全面地查明事实，分析案情，准确惩罚犯罪，也有利于保障无罪的人不受刑事追究。人民法院、人民检察院、公安机关必须保障犯罪嫌疑人、被告人行使辩护权，不得以任何借口限制和剥夺。因此，本条对刑事诉讼中这两个重要制度作了规定。

【理解与适用】

本条是关于公开审判制度和被告人享有辩护权的规定。

本条规定了以下两个方面的内容：

1. 关于公开审判制度。公开审判，是指除本法另有规定的以外，人民法院审判第一审案件和宣告判决都应当向社会公开。也就是说，人民法院在开庭审判前，应先期公布案由、被告人姓名、开庭的时间和地点，以便群众参加旁听和新闻记者采访、报导审判的有关情况。在开庭审判时，除本法另有规定的以外，应当公开进行，允许群众参加旁听和新闻记者采访、报道。“本法另有规定的”，是指本法第一百八十八条、第二百八十五条规定的不公开审理的三类案件，即对于涉及有关国家秘密或者个人隐私的案件，不公开审理；对于涉及商业秘密的案件，当事人申请不公开审理的，可以不公开审理；对于审判的时候被告人不满十八周岁的案件,不公开审理。对于无论是公开审理的一审案件,还是不公开审理的一审案件,宣判都必须向社会公开。

2. 关于辩护制度。辩护是指被告人针对被指控的犯罪进行申辩,提出说明自己无罪、罪轻或者减轻、免除其刑事责任的材料和意见,以维护自己的合法权益。辩护权可以由被告人自己行使,也可以委托他人行使。当一个人被怀疑犯罪,从立案侦查、审查起诉到审判的各个诉讼阶段,犯罪嫌疑人、被告人自己都可以行使辩护权。如果委托律师或者委托其他人为自己进行辩护,依照刑事诉讼法原来的规定,只能在人民法院开庭七日以前才可以委托辩护人。为了更好地保护被告人的合法权益,1996 年修改刑事诉讼法,规定在案件侦查终结移送审查起诉时,律师作为辩护人可以介入诉讼,可以查阅、摘抄、复制本案的诉讼文书、技术性鉴定材料,可以同在押的犯罪嫌疑人会见和通信。同时还增加规定,犯罪嫌疑人在被侦查机关第一次讯问后或者采取强制措施之日起,可以聘请律师为其提供法律咨询、代理申诉、控告,向犯罪嫌疑人了解案件有关情况,向侦查机关了解犯罪嫌疑人涉嫌的罪名。辩护律师自法院受理案件之日起,可以查阅、摘抄、复制本案所指控的犯罪事实的材料,等等。同时还规定,公诉人出庭的公诉案件,被告人因经济困难或者其他原因没有委托辩护人的,人民法院可以为他们指定辩护人;被告人是盲、聋、哑或者未成年人而没有委托辩护人的,被告人可能被判处死刑而没有委托辩护人的,人民法院有义务为他们指定辩护人。2012 年修改刑事诉讼法,为加强对犯罪嫌疑人、被告人辩护权等诉讼权利和其他合法权利的保护,明确规定了犯罪嫌疑人在侦查阶段可以委托律师作为辩护人;犯罪嫌疑人、被告人在押的,也可以由其监护人、近亲属代为委托辩护人;犯罪嫌疑人、被告人在押期间要求委托辩护人的,人民法院、人民检察院和公安机关应当及时转达其要求;完善了律师会见的程序;扩大了法律援助的适用范围,规定在侦查、审查起诉和审判阶段都应为法律规定的有关当事人提供法律援助。以上这些规定,对于切实保障被告人的辩护权具有重要意义。

第十二条　未经人民法院依法判决,对任何人都不得确定有罪。

【修改提示】

本条是 1996 年修改刑事诉讼法时增加的规定,2012 年、2018 年修改刑事诉讼法未作修改。

【背景解读】

1996 年修改刑事诉讼法过程中,立法机关经过深入和慎重的研究,在坚持以事实为根据、以法律为准绳这一基本原则的同时，规定了未经人民法院依法判决，对任何人都不得确定有罪的原则。这一原则吸收了无罪推定原则的合理成分，是在对刑事诉讼执行的经验教训总结基础上提出的。根据这一原则，在相关条文中相应作出了具体规定：一是对任何人的定罪权只属于人民法院，取消了免予起诉制度；二是明确了控方承担举证责任，同时进一步完善了辩护制度；三是明确规定人民法院必须依据事实和法律作出判决，对证据不足、不能认定被告人有罪的，应当作出证据不足，指控罪名不能成立的无罪判决，等等。刑事诉讼法规定的这一原则和相关规定，有利于贯彻以事实为根据，以法律为准绳的原则，有利于克服办案人员的先入为主、主观臆断的错误做法和刑讯逼供等严重侵犯犯罪嫌疑人人身权利的现象，有利于维护犯罪嫌疑人、被告人的诉讼权利和其他合法权利，保证无罪的人不受刑事追究，有利于查清犯罪事实，正确运用法律惩罚犯罪，维护公民的合法权益。这是我国社会主义民主和法治建设的一大进步，是我国刑事诉讼制度和司法制度的重大改革。

【理解与适用】

本条是关于未经人民法院判决不得确定任何人有罪的规定。

根据本条规定，未经人民法院依法判决，对任何人都不得确定有罪。人民法院是国家的审判机关，不经人民法院依法判决，任何机关、团体和个人都无权对他人确定有罪。其中"依法判决"是指人民法院依照刑事诉讼法规定的审判程序和诉讼制度，依照刑法以及有关刑法的修改补充决定、修正案作出有罪或者无罪判决，包括以下含义：一是这一判决必须是人民法院依据事实和法律规定作出的；二是这一判决必须是依照法律规定的程序作出的；三是这一判决是指已经发生法律效力的判决。这里规定的"有罪"，包括定罪并判处刑罚，也包括定罪但免予刑事处罚。"不能确定有罪"是指不能从法律上对其定罪，不能作为罪犯对待，即使现场抓获人赃俱在，也要经过法定的程序根据事实和法律由人民法院定罪处罚。刑事诉讼法还规定在人民检察院向人民法院提起公诉以前，将被指控实施犯罪的人称为犯罪嫌疑人，起诉到法院以后称为被告人。犯罪嫌疑人、被告人不是罪犯，只是涉嫌犯罪。经人民法院审判，对于证据不足，不能认定被告人有罪的，应当作出证据不足、指控的犯罪不能成立的无罪判决。

第十三条　人民法院审判案件，依照本法实行人民陪审员陪审的制度。

【修改提示】

本条是1979年刑事诉讼法的规定，1996年、2012年、2018年修改刑事诉讼法未作修改。

【背景解读】

人民陪审员参与人民法院审判案件，是人民参与审判工作，发挥国家主人翁作用的重要形式，也是人民法院的审判工作贯彻群众路线，接受群众监督的具体体现。

为了完善人民陪审员制度，保障公民依法参加审判活动，促进司法公正，2004年8月28日第十届全国人大常委会第十一次会议通过了《关于完善人民陪审员制度的决定》，对人民法院实行陪审制度作了具体规定。2018年4月27日，十三届全国人民代表大会常务委员会第二次会议通过了《中华人民共和国人民陪审员法》，将《关于完善人民陪审员制度的决定》中的内容，在作必要的修改完善后纳入了该法。根据人民陪审员法的规定，人民陪审员依法参加人民法院的审判活动，除法律另有规定外，同法官有同等权利。人民法院审判第一审刑事、民事、行政案件，对于涉及群体利益、公共利益的，人民群众广泛关注或者其他社会影响较大的，案情复杂或者有其他情形，需要由人民陪审员参加审判的，由人民陪审员和法官组成合议庭进行。第一审刑事案件被告人、民事案件原告或者被告、行政案件原告申请由人民陪审员参加合议庭审判的，人民法院可以决定由人民陪审员和法官组成合议庭审判。人民陪审员和法官组成合议庭审判案件，由法官担任审判长，可以组成三人合议庭，也可以由法官三人与人民陪审员四人组成七人合议庭。此外，该法还对担任人民陪审员的条件，人民陪审员的名额确定，人民陪审员的选任、任期、权利义务、退出与惩戒、培训、待遇等作了规定。

【理解与适用】

本条是关于人民法院审判案件实行陪审制度的规定。

根据本条规定，人民法院审判案件，依照本法实行人民陪审员陪审的制度。本法第一百八十三条对陪审员参加审判作了规定。即除基层人民法院适用简易程序的案件可以由审判员一人独任审判外，基层人民法院、中级人民法院审判第一审案件，应当由审判员三人或者由审判员和人民陪审员共三人或者七人组成合议庭进行。高级人民法院审判第一审案件，应当由审判员三人至七人或者由审判员和人民陪审员共三人或者七人组成合议庭进行。最高人民法院审判第一审案件，应当由审判员三人至七人组成合议庭进行。

第十四条　人民法院、人民检察院和公安机关应当保障犯罪嫌疑人、被告人和其他诉讼参与人依法享有的辩护权和其他诉讼权利。

诉讼参与人对于审判人员、检察人员和侦查人员侵犯公民诉讼权利和人身侮辱的行为，有权提出控告。

【修改提示】

本条是1979年刑事诉讼法的规定,1996年、2012年作过修改,2018年刑事诉讼法未作修改。

【背景解读】

保障诉讼参与人依法享有的诉讼权利是我国刑事诉讼中的一项重要的基本原则。因此,本条对保障诉讼参与人诉讼权利的原则作了规定,并对诉讼参与人的控告权作了有针对性的规定。2012年3月14日第十一届全国人民代表大会第五次会议通过的《关于修改〈中华人民共和国刑事诉讼法〉的决定》对本条作了两处修改:一是在诉讼参与人和诉讼权利的规定中明确写出犯罪嫌疑人、被告人的辩护权。二是将原第二款关于保障犯罪的未成年人的诉讼权利的规定移至本法特别程序中。具体而言,在第一款中增加了保障"犯罪嫌疑人、被告人"依法享有的"辩护权"的内容。这样修改,主要是要进一步强调在刑事诉讼的每一个阶段,司法机关都要保障当事人的诉讼权利,更具有针对性。在当事人依法享有的各项诉讼权利之中,能及时获得辩护权作为诉讼权利中的一项重要内容明确加以规定,具有重要意义。同时,2012年修改刑事诉讼法,在本法第五编特别程序中专门规定了未成年人刑事案件诉讼程序一章,将原来散见于本法中有关未成年人刑事案件的相关程序规定,都统一到这一章中作出明确的规定,因此在这里就删去了原第二款的规定。

【理解与适用】

本条是关于保障诉讼参与人诉讼权利原则的规定。

本条共分为两款。第一款是关于人民法院、人民检察院和公安机关在刑事诉讼活动中,应当保障犯罪嫌疑人、被告人和其他诉讼参与人依法享有的辩护权和其他诉讼权利的规定。诉讼参与人是指当事人、法定代理人、诉讼代理人、辩护人、证人、鉴定人和翻译人员。由于诉讼参与人在刑事诉讼活动中,参与诉讼的目的和要求以及所处的诉讼地位不同,他们依法享有的诉讼权利也各不相同。如犯罪嫌疑人、被告人参加诉讼是为了维护自己的合法权益,案件的处理与其有直接的利害关系。因此,法律赋予其较为广泛的权利,如申请回避、辩护、拒绝回答与本案无关的问题、阅读侦查讯问笔录、庭审笔录、在法庭的最后陈述权、上诉权,等等。辩护律师参加诉讼,目的是为犯罪嫌疑人、被告人提供法律帮助。2012年修改刑事诉讼法,将犯罪嫌疑人委托辩护人的权利,从原来的检察院起诉阶段,提前到了侦查阶段,就是为了更好地保障犯罪嫌疑人的辩护权。为了保障犯罪嫌疑人的合法权益,辩护律师在侦查期间可以为犯罪嫌疑人提供法律帮助,代理申诉、控告,申请变更强制措施,向侦查机关了解犯罪嫌疑人涉嫌的罪名和案件有关情况,提出意见。辩护律师和其他辩护人,从审查起诉阶段开始,可以查阅、摘抄、复制本案的案卷材料,可以同在押的犯罪嫌疑人会见和通信,有权收集与本案有关的证据,提出犯罪嫌疑人、被告人无罪、罪轻或者减轻、免除处罚的材料和意见,等等。证人参加诉讼是履行作证义务,法律只赋予其与作证义务相应的权利,如认为因在诉讼中作证,其本人或者近亲属的人身安全面临危险的,向人民法院、人民检察院、公安机关请求予以保护等。对于不同的诉讼参与人依法享有的各项诉讼权利,人民法院、人民检察院和公安机关在刑事诉讼中,应当切实予以保障,这是公检法三机关应尽的义务,不得以任何借口进行限制或者剥夺。

第二款是关于诉讼参与人在什么情况下有权提出控告的规定。诉讼参与人对于审判人员、检察人员和侦查人员以限制、剥夺等形式侵犯公民依法享有的诉讼权利和对其进行人身侮辱的行为,有权提出控告。对于控告,任何人不得阻止。如果查证属实,应当严肃处理,构成犯罪的,应当依法追究其刑事责任。

第十五条[①] **犯罪嫌疑人、被告人自愿如实供述自己的罪行,承认指控的犯罪事实,愿意接受处罚的,可以依法从宽处理。**

【修改提示】

本条是2018年修改刑事诉讼法新增加的规定。

【背景解读】

我国刑事法律一直坚持贯彻宽严相济的刑事政策。宽严相济刑事政策是我国的基本刑事政策,贯穿于刑事立法、司法和刑罚执行的全过程,是惩办与宽大相结合政策在新时期的继承、发展和完善,是司法机关惩罚犯罪,预防犯罪,保护人民,保障人权,正确实施国家法律的指南。贯彻宽严相济刑事政策有一系列总体要求。比如,要根据犯罪的具体情况,实行区别对待,该宽则宽,当严则严,宽严适当,罚当其罪;打击和孤立极少数,教育、感化和挽救大多数,最大限度地减少社会对立面,促进社会和谐稳定,维护国家长治久安。要正确把握宽与严的关系,切实做到宽严并用。既要注意克服重刑主义思想影响,防止片面从严,也要避免受轻刑化思想影响,一味从宽。必须坚持严格依法办案,切实贯彻落实罪刑法定原则、

---

① 根据2018年10月26日第十三届全国人民代表大会常务委员会第六次会议通过的《关于修改〈中华人民共和国刑事诉讼法〉的决定》增加。

罪刑相适应原则和法律面前人人平等原则，依照法律规定准确定罪量刑。从宽和从严都必须依照法律规定进行，做到宽严有据，罚当其罪，等等。宽严相济刑事政策同时还要求，要根据经济社会的发展和治安形势的变化，尤其要根据犯罪情况的变化，在法律规定的范围内，适时调整从宽和从严的对象、范围和力度。要全面、客观把握不同时期、不同地区的经济社会状况和社会治安形势，充分考虑人民群众的安全感以及惩治犯罪的实际需要，注重从严打击严重危害国家安全、社会治安和人民群众利益的犯罪。对于犯罪性质尚不严重，情节较轻和社会危害性较小的犯罪，以及被告人认罪、悔罪，从宽处罚更有利于社会和谐稳定的，依法可以从宽处理。

认罪认罚从宽制度是宽严相济刑事政策的一个重要方面，包括在实体上和程序上从宽两个方面。刑法中对认罪认罚从宽作了一系列规定，但刑事诉讼法中一直没有明确规定。党的十八届四中全会提出，完善刑事诉讼中认罪认罚从宽制度。在刑事诉讼法中规定认罪认罚从宽制度，经过了深入细致的试点工作。2014年6月27日，全国人大常委会通过了《关于授权最高人民法院、最高人民检察院在部分地区开展刑事案件速裁程序试点工作的决定》，为合理配置司法资源，提高审理案件的质量和效率，维护当事人的合法权益，授权最高人民法院、最高人民检察院在北京、天津、福州、厦门等十八个城市开展程序试点工作。速裁程序试点的主要内容是对事实清楚、证据充分，被告人自愿认罪，当事人对适用法律没有争议的危险驾驶、交通肇事、盗窃、诈骗、抢夺、伤害、寻衅滋事等情节较轻，依法可能判处一年以下有期徒刑、拘役、管制的案件，或者依法单处罚金的案件，进一步简化刑事诉讼法规定的相关诉讼程序。2016年9月3日，第十二届全国人大常委会第二十二次会议又通过了《关于授权最高人民法院、最高人民检察院在部分地区开展刑事案件认罪认罚从宽制度试点工作的决定》，在上述十八个城市进行试点。试点的主要内容是对犯罪嫌疑人、被告人自愿如实供述自己的罪行，对指控的犯罪事实没有异议，同意人民检察院量刑建议并签署具结书的案件，可以依法从宽处理。原来进行的速裁程序试点工作，纳入认罪认罚从宽制度试点工作继续进行。2016年11月16日，为确保试点工作依法有序开展，最高人民法院、最高人民检察院、公安部、国家安全部、司法部出台了《关于在部分地区开展刑事案件认罪认罚从宽制度试点工作的办法》。试点以来，各试点地区探索了一批行之有效的做法，积累了不少有益的经验。试点以来的情况和我国长期的司法实践都表明，完善认罪认罚从宽制度，有利于合理配置司法资源，确保无罪的人不受刑事追究，维护当事人的合法权益，促进司法公正。认罪认罚从宽制度更强调犯罪人的认罪悔罪态度，更有利于其教育改造，实现预防再犯罪的刑罚目的；建立速裁程序有利于实现案件的繁简分流，有助于简案快审、难案精审，节约司法资源，有利于提高重大案件的审判质量和效果，确保无罪的人不受刑事追究，有罪的人受到公正处罚。各方面意见认为，有必要将试点中形成的成功经验做法通过立法上升为法律规范，在全国范围内实行。2018 年修改刑事诉讼法，根据试点经验和各方面意见，在刑事诉讼法中对认罪认罚从宽制度作了系统规定，从而将这一制度在刑事诉讼法中明确下来。

【理解与适用】

本条是关于认罪认罚从宽原则的规定。

本条可以从以下几个方面理解：

首先，认罪认罚从宽制度既是实体法上的制度，也是诉讼法上的制度。宽严相济刑事政策在实体法上，通过在量刑、刑罚执行等方面规定一系列从宽措施，促进犯罪嫌疑人、被告人以及被判刑人自愿认罪认罚，有利于其悔罪和改造，消除社会矛盾。刑法坚持罪责刑相适应原则，规定对于犯罪分子决定刑罚的时候，应当根据犯罪的事实、性质、情节和对社会的危害程度，依法判处刑罚。在此基础上，对于有认罪认罚表现的犯罪嫌疑人、被告人，刑法也规定了一系列从宽处理的制度。比如，犯罪以后自动投案，如实供述自己的罪行的犯罪分子，可以从轻或者减轻处罚。犯罪较轻的，可以免除处罚。犯罪分子有揭发他人犯罪行为，查证属实的，或者提供重要线索，从而得以侦破其他案件等立功表现的，可以从轻或者减轻处罚；有重大立功表现的，可以减轻或者免除处罚。根据刑法规定，对于认罪认罚的犯罪分子，结合考虑其悔罪表现、是否有再犯罪的危险等方面的因素进行考量，还可以适用缓刑、减刑或者假释等制度。这些都是认罪认罚从宽在实体法上的体现。刑法一直坚持和贯彻这些原则精神，历次修改刑法，很多内容都体现了这些要求。比如，2011 年 2 月通过的刑法修正案（八），一方面根据新形势下惩治犯罪，保障社会秩序的需要，作了一系列趋严的修正，如增加七个新罪，扩大十个罪的构成要件范围，提高、增重八个罪的法定刑，扩大特别累犯的范围，提高无期徒刑犯减刑、假释需要实际执行的年限等。另一方面也作了不少趋宽的修正，如取消十三个罪的死刑，对已满 75 周岁的老年人犯罪从宽处理，对未成年人犯罪、怀孕的妇女犯罪进一步从宽处理，对假释需要实际执行的年限作出例外规定，对于犯罪分子不具有自首情节但是如实供述自己的罪行的可以从轻处罚等。刑法修正案（九）在刑法修正案（八）的基础上，又取消九个罪的死刑，并进一步提高对死缓罪犯执行死刑的门槛等。

认罪认罚另一方面体现在程序上，即在能够保障诉讼顺利进行的情况下，尽量对犯罪嫌疑人、被告人采取更为轻缓的强制措施和程序处理措施，适用更为便利的诉讼程序，使刑事诉讼过程尽量对包括被告人在内的当事人的各种权利造成较小的影响，使案件能够尽快得到处理，避免当事人及其他人的合法权利长期处于未定状态。比如，刑事诉讼法规定，对于采取取保候审措施不致发生社会危险性的，可以取保候审。对于患有严重疾病、生活不能自理的犯罪嫌疑人、被告人，怀孕或者哺乳自己婴儿的妇女等特殊情况的，可以监视居住。对于犯罪情节轻微，依法不需要判处刑罚或者可以免除刑罚的，人民检察院可以作出不起诉决定。对于法律规定的一些特定案件，犯罪嫌疑人、被告人真诚悔罪，通过向被告人赔偿损失、赔礼道歉等方式获得被害人谅解，被害人自愿和解的，可以从宽处理等。2018 年修改刑事诉讼法，就是将认罪认罚从宽原则在总则中明确出来，为具体程序规定中的认罪认罚从宽各项程序措施提供基本依据。同时，对认罪认罚案件，在强制措施、量刑建议、审判程序、办案期限等方面，作了一系列完善性的规定。

其次，认罪认罚从宽制度包括“认罪”和“认罚”两个方面的内容。所谓“认罪”，是指犯罪嫌疑人、被告人自愿如实供述自己的罪行，承认指控的犯罪事实。犯罪嫌疑人、被告人认罪，必须是一种积极主动的认罪，也就是说，必须自己如实供述自己的罪行，或者对侦查机关已经掌握并指出的犯罪事实，明确主动表示承认。对于实践中不供述自己的罪行，既不承认也不否认侦查机关已经掌握并指出其犯罪事实的，一般不宜认定为构成认罪认罚从宽制度中的“认罪”。所谓“认罚”，是指明确表示愿意接受司法机关给予的刑罚等处罚。在以往的司法实践中，也存在犯罪嫌疑人、被告人的“认罚”，也就是悔罪、愿意接受处罚。认罪认罚从宽制度的“认罚”有所不同，一般是指犯罪嫌疑人、被告人对司法机关根据其犯罪事实、情节，认罪、悔罪，赔偿或者和解等情况所给出的刑罚表示明确接受，特别是接受人民检察院提出的包括主刑、附加刑以及是否适用缓刑等的具体的量刑建议。根据新修改的刑事诉讼法，人民检察院甚至可以就具体量刑建议与犯罪嫌疑人及其辩护人进行“协商”，也就是在提出量刑建议时，要听取犯罪嫌疑人及其辩护人、值班律师等的意见。在听取意见过程中，犯罪嫌疑人及其辩护人、值班律师不仅可以表示是否接受，还可以根据案件情况要求人民检察院适当调整具体的量刑建议。刑事诉讼法第一百七十四条规定，犯罪嫌疑人自愿认罪，同意量刑建议和程序适用的，应当在辩护人或者值班律师在场的情况下签署认罪认罚具结书。同时规定了犯罪嫌疑人是盲、聋、哑人，或者是尚未完全丧失辨认或者控制自己行为能力的精神病人的；未成年犯罪嫌疑人的法定代理人、辩护人对未成年人认罪认罚有异议的；以及其他不需要签署认罪认罚具结书的情形。对于具有这些情形，犯罪嫌疑人、被告人虽然不需要签署认罪认罚具结书，但由于其真诚认罪认罚，仍然需要依法适用认罪认罚从宽的有关规定。

最后，对于认罪认罚的犯罪嫌疑人、被告人，可以依法从宽处理。这里的从宽处理，一方面是指在实体上的从宽。从实体法的规定来说，自首、坦白等都具有认罪的性质，因此，对于具有这些情节的，都应当根据刑法的规定，确定是否需要从宽处罚以及从宽的具体幅度。由于犯罪嫌疑人、被告人认罪认罚，特别是在人民检察院提出量刑建议后，同意人民检察院的量刑建议的，由于其认罪认罚的情节更为突出，在遵循罪责刑相适应原则的基础上，对其从宽的幅度可以比一般的自首、坦白更大一些，以表示对其认罪认罚的鼓励。

另一方面从宽还包括程序上的从宽，也就是对认罪认罚的犯罪嫌疑人、被告人适用轻缓的强制措施，作出轻缓的程序性处理，或者适用更为便利的诉讼程序。比如，根据刑事诉讼法第八十一条的规定，批准或者决定逮捕，应当将犯罪嫌疑人、被告人涉嫌犯罪的性质、情节，认罪认罚等情况，作为是否可能发生社会危险性的考虑因素。对于认罪认罚情节突出，没有社会危险性的罪犯，就可以采取取保候审、监视居住措施。在程序处理上，可以依法采取撤销案件、不起诉等处理；人民检察院可以向人民法院提出使用缓刑的建议等；人民法院可以适用速裁程序审理案件，提高诉讼效率，避免给当事人形成讼累。

在实践中适用认罪认罚从宽制度，需要注意以下几个方面的问题：

一是要适用认罪认罚从宽制度，必须有“认罪”和“认罚”两个方面的态度和行为。有认罪或者认罚一个方面的因素，是可以根据刑法和刑事诉讼法规定从宽处罚的，但不构成本条规定的认罪认罚从宽原则中的“认罪认罚”。比如，有的犯罪嫌疑人、被告人在被侦查机关抓获后，不供认自己的罪行，但也不否认侦查机关指出的犯罪事实；有的犯罪嫌疑人、被告人主动投案自首，如实交代自己的罪行，也愿意接受处罚，但是对检察机关提出的具体的量刑建议不置可否。这些情况都不构成这里规定的认罪认罚。但是司法机关仍然要根据具体情况，对其自首、坦白、自愿悔罪等情节予以确认，并根据刑法的有关规定从轻、减轻甚至免除处罚。

二是本条规定在总则中，是关于认罪认罚从宽制度的总括性、统领性规定，认罪认罚从宽制度还包括一系列具体程序规定。比如，侦查机关、人民检察院在询问犯罪嫌疑人时，人民法院在开庭审判时，要告知犯罪嫌疑人、被告人关于认罪认罚从宽处理的法律规定；侦查机关、人民检察院要将犯罪嫌疑人认罪认罚情况记录在案，并随案移送；人民检察院在审查起诉阶段就案件处理听取意见，犯罪嫌疑人认罪认罚的要签署具结书；人民检察院应当提出量刑建议，人民法院一般应当采纳量刑建议；人民法院应当审查认罪认罚的自愿性和具结书的真实性、合法性等。公安机关、人民检察院、人民法院在适用认罪认罚从宽制度处理案件时，不仅要在处理上注意正确把握“从宽”的问题，还要注意在具体的程序实用上遵守刑事诉讼法的规定，以规范认罪认罚的使用，切实保护当事人的合法权益，使案件得到公正高效的处理。

三是适用认罪认罚从宽制度仍然要遵循刑法、刑事诉讼法的基本原则。不可否认，在适用认罪认罚从宽制度办理刑事案件过程中，司法机关和犯罪嫌疑人、被告人及其辩护人对认定案件事实和量刑上会有一些“协商”，这是借鉴了英美法系国家辩诉交易制度的一些积极因素。但从本质上来说，我国的认罪认罚从宽制度与辩诉交易制度存在本质的区别。刑事诉讼法规定,人民法院、人民检察院和公安机关办理刑事案件,必须以事实为依据,以法律为准绳。刑事诉讼要坚持以证据作为认定事实的基础,依照法律规定收集、固定、审查和认定证据。刑法要求在定罪和量刑上要坚持对任何人犯罪,在适用法律上一律平等,不允许任何人有法律之上的特权;坚持罪责刑相适应,根据犯罪的事实、性质、情节、后果,依照法律规定提出量刑建议,准确裁量刑罚,确保刑罚轻重与犯罪分子所犯罪行和应当承担的刑事责任相适应。

人民法院、人民检察院和公安机关在刑事诉讼过程中,一方面需要确保认罪认罚制度的实施,在诉讼过程中依法告知当事人认罪认罚的法律规定,使其了解到认罪认罚可以从宽处罚这一法律精神,鼓励其认罪认罚,并将其认罪认罚的情况记录在案,并随案移送。对于已经认罪认罚的犯罪嫌疑人、被告人,要在充分考虑其认罪认罚情况的基础上,结合其犯罪的事实、情节等,依法采取宽缓的强制措施,适用简易程序、速裁程序等更便利其诉讼的程序,提出从宽处理的量刑建议,依照从宽量刑等。另一方面也要严格以事实为依据、以法律为准绳,对于犯罪嫌疑人、被告人认罪认罚的,公安机关、人民检察院、人民法院仍然要按照事实清楚、证据确实充分的要求,收集、固定、审查和使用证据,特别是人民法院在审判过程中,无论是适用普通程序、简易程序还是速裁程序,都还要对认罪认罚的自愿性和认罪认罚具结书的真实性、合法性进行审查,防止出现在事实不清,证据不足的情况下草草结案,犯罪嫌疑人、被告人借承认较轻犯罪逃避对其较重犯罪的追究等情形,避免放纵犯罪。所以,认罪认罚从宽一方面是在事实清楚、证据确实充分的基础上的从宽,不是就案件的事实认定进行"交易",不是"和稀泥";另一方面还是要在法律规定规定的范围内从宽,也就是从轻、减轻或者免除处罚,而不是就量刑"讨价还价"无边退让。只有这样,才能真正实现既充分保障犯罪嫌疑人、被告人诉讼权利,又提高诉讼效率,合理配置资源;既保障无罪的人不受追究,又使有罪的人得到公正惩罚,真正实现司法公正和司法效率的统一,维护法治的威严和司法的权威。

第十六条 有下列情形之一的,不追究刑事责任,已经追究的,应当撤销案件,或者不起诉,或者终止审理,或者宣告无罪:

(一)情节显著轻微、危害不大,不认为是犯罪的;

(二)犯罪已过追诉时效期限的;

(三)经特赦令免除刑罚的;

(四)依照刑法告诉才处理的犯罪,没有告诉或者撤回告诉的;

(五)犯罪嫌疑人、被告人死亡的;

(六)其他法律规定免予追究刑事责任的。

【修改提示】

本条是1979年刑事诉讼法的规定,1996年作过修改,2012年、2018年修改刑事诉讼法对本条未作修改。

【背景解读】

在刑事诉讼中,有时会遇到不应当再继续追究刑事责任或者不能再继续追究刑事责任的情形,因此,有必要在法律中对不追究刑事责任的情形和出现这种情形时的处理作出明确规定。1996年修改刑事诉讼法时对1979年刑事诉讼法关于本条的规定作了修改,主要是将"有下列情形之一的,不追究刑事责任,已经追究的,应当撤销案件,或者不起诉,或者宣告无罪"的规定,修改为"有下列情形之一的,不追究刑事责任,已经追究的,应当撤销案件,或者不起诉,或者终止审理,或者宣告无罪",并将第六项修改为"(六)其他法律规定免予追究刑事责任的"。2012年和2018年修改刑事诉讼法,对本条未作变动。

【理解与适用】

本条是关于法定不追究刑事责任的规定。

根据本条规定,对于已经追究的刑事案件,遇有本条规定的六种情形之一的,应当根据不同情况,分别作出不同的处理,即应当撤销案件,或者不起诉,或者终止审理,或者宣告无罪。这六种情形是:

1. 情节显著轻微,危害不大,不认为是犯罪的。这是指根据刑法的规定不构成犯罪,不应当追究刑事责任的一种情形。

2. 犯罪已过追诉时效期限的。是指行为人的行为已构成犯罪,但根据刑法第八十七条、第八十八条和第八十九条的规定,已过了追诉时效期限的。对于超过追诉时效的案件,除最高人民检察院依照刑法第八十七条第四项的规定核准追诉的以外,不能再追究刑事责任。

3. 经特赦令免除刑罚的。是指行为人确实犯了罪,但遇有国家发布特赦令,免除了某些犯罪分子的刑罚。特赦令是指根据我国宪法第六十七条和第八十条的规定,国家主席根据全国人民代表大会常务委员会的决定,发布特赦令,以免除特定的正在服刑的罪犯全部或部分刑罚的特赦命令。在这种情况下,如果对犯罪分子尚未追究或者正在追究刑事责任的,就可以根据特赦令不再追究。

4. 依照刑法告诉才处理的犯罪,没有告诉或者撤回告诉的。是指根据刑法规定,对于侮辱罪、诽谤罪、暴力干涉他人婚姻自由罪、虐待罪和侵占罪,只有被害人提出控告的,才能依法予以追究。如果被害人没有告诉,或者告诉后又撤回告诉的,不应再追究。但是如果被害人因受强制、威吓而无法告诉的,人民检察院和被害人的近亲属也可以告诉,对于这种情况,应当依法追究。

5. 犯罪嫌疑人、被告人死亡的。是指根据我国刑法规定,只对实施犯罪的人才能治罪,不能株连他人。犯罪嫌疑人、被告人既然死亡了,没有科刑的对象,再追究其刑事责任就没有实际意义,所以就不必继续追究。其中这一项中的"犯罪嫌疑人"是1996年修改刑事诉讼法时增加的内容,主要是当时修改刑事诉讼法时,涉嫌犯罪的人在被起诉到法院之前,都称犯罪嫌疑人,所以增加规定了这一内容。

6. 其他法律规定免予追究刑事责任的。是指刑法或者其他有刑事处罚规定的法律中有关免予追究刑事责任的规定。对于依照其他法律规定免予追究刑事责任的,不应再追究。

人民法院、人民检察院和公安机关在刑事诉讼中,遇到上述六种情形之一,要分别作出如下处理:

1. 在侦查阶段发现和出现以上六种情形中的任何一种,都应当由公安机关或者人民检察院作出撤销案件的决定。

2. 案件移送人民检察院审查起诉时,如果发现和出现以上六种情形中的任何一种情况,都应当作出不起诉的决定。

3. 案件如果在人民法院审判阶段发现和出现的,应分别情况处理。如对于情节显著轻微、危害不大,不认为是犯罪的,应当作出判决,宣告无罪。对于被告人死亡的,应当作出终止审理的决定。这几种处理案件的方式中,终止审理是新增加的内容,主要是对于被告人死亡的,用这种方法处理比较适当,没有必要再审理判刑。

第十七条　对于外国人犯罪应当追究刑事责任的,适用本法的规定。

对于享有外交特权和豁免权的外国人犯罪应当追究刑事责任的,通过外交途径解决。

【修改提示】

本条是1979年刑事诉讼法的规定,1996年、2012年、2018年修改刑事诉讼法均未作修改。

【背景解读】

随着我国对外开放和中外交流的日益扩大,外国人来华的人数大量增加,外国人在我国境内犯罪的情况也逐渐增多;同时,我国公民出境的人数也大量增加,许多中国企业也在境外大量开展业务,国际上也仍然存在针对我国的敌对分子,外国人在我国境外对我们国家和公民实施犯罪的情况也时有发生。因此,刑事诉讼法对外国人犯罪如何追究刑事责任作出规定非常必要。

【理解与适用】

本条是关于外国人犯罪适用本法规定的原则的规定。

本条共分为两款。第一款是关于外国人犯罪应当追究刑事责任适用我国刑事诉讼法的规定。这是国家主权原则在刑事诉讼中的体现。这里所说的"外国人"，是指具有外国国籍、无国籍和国籍不明的人。"外国人犯罪"，是指外国人在我国领域内犯我国刑法规定的各种罪和在我国领域外对我们国家和公民实施的按照刑法规定的最低法定刑为三年以上有期徒刑的犯罪。对于外国人犯罪应当追究刑事责任的，应由我国司法机关受理，依照我国刑事诉讼法规定的程序追究其刑事责任。

第二款是关于对享有外交特权和豁免权的外国人犯罪如何处理的规定。其中规定的"外交特权和豁免权"，是指一个国家为了保证和便利驻在本国的外交代表、外交代表机关以及外交人员执行职务，而给予他们的一种特殊权利和待遇。这是各国按照平等、相互尊重主权的原则，根据国际惯例和国际公约、协议和国家法律的有关规定，互相给予驻本国的外交代表和外交官的特殊权利。根据我国外交特权与豁免条例的有关规定，这种特殊权利和豁免权包括：使馆馆舍不受侵犯；免纳捐税；使馆的档案和文件不受侵犯；人身不受侵犯，不受逮捕或者拘留；寓所不受侵犯，并受保护；刑事管辖豁免；没有以证人身份作证的义务；民事管辖、行政管辖豁免，等等。享有外交特权和豁免权的外国人主要是指以下几种人：(1)外国驻中国的外交代表以及与其共同生活的不是中国公民的配偶及未成年子女；(2)途经中国的外国驻第三国的外交代表和与其共同生活的配偶及未成年子女；(3)来中国访问的外国国家元首、政府首脑、外交部长及其他具有同等身份的官员；(4)来中国参加联合国及其专门机构召开的国际会议的外国代表、临时来中国的联合国及其专门机构的官员和专家、联合国及其专门机构驻中国的代表机构和人员等。对于享有外交特权和豁免权的外国人犯罪，应当追究刑事责任的，通过外交途径解决，这是保证国与国之间的正常交往所必需的。对这些犯罪，一般采取宣布其为"不受欢迎的人"，令其限期出境，或宣布驱逐出境，并建议派出国依照他们国家的法律进行处理等方式加以解决。

第十八条　根据中华人民共和国缔结或者参加的国际条约，或者按照互惠原则，我国司法机关和外国司法机关可以相互请求刑事司法协助。

【修改提示】

本条是1996年修改刑事诉讼法时增加的规定，2012年、2018年修改刑事诉讼法未作修改。

【背景解读】

本条是1996年修改刑事诉讼法时增加的规定。在当时修改刑事诉讼法时，考虑到我国已参加了有关国际公约，在承担义务的范围内担负着同国际犯罪作斗争的任务，还分别与波兰、蒙古、罗马尼亚、俄罗斯联邦、白俄罗斯共和国、乌克兰、古巴、土耳其、加拿大、保加利亚共和国等十几个国家签订了刑事司法协助双边条约。在认真总结多年来执行刑事司法协助的经验基础上，增加了本条规定。该规定有利于加强我国与外国在刑事诉讼方面的司法协助与合作，有利于打击犯罪。2018年，第十三届全国人民代表大会常务委员会第六次会议通过了国际刑事司法协助法，对于中华人民共和国和外国在刑事案件调查、侦查、起诉、审判和执行等活动中相互提供协助作了全面系统规定。

【理解与适用】

本条是关于刑事司法协助的规定。

本条规定的内容主要有以下几个方面：

1. 进行刑事司法协助的根据是我国缔结、参加的国际条约或者互惠原则。与我国缔结双边条约或者共同参加规定刑事司法协助内容的国际条约的国家，和我国即具有刑事司法协助关系。刑事司法协助条约的签订是建立在互相尊重主权、平等互惠基础之上的。如果要同没有与我国签订刑事司法协助条约，或者没有共同参加规定刑事司法协助内容的国际公约的国家进行司法协助时，也应当按照互惠原则，相互之间给予对等的司法协助。2018年全国人大常委会第六次会议通过了国际刑事司法协助法，该法第四条规定，中华人民共和国和外国按照平等互惠原则开展国际刑事司法协助。根据该法第三条的规定，中华人民共和国和外国之间开展刑事司法协助，依照本法进行。执行外国提出的刑事司法协助请求，适用该法、刑事诉讼法及其他相关法律的规定。对于请求书的签署机关、请求书及所附材料的语言文字、有关办理期限和具体程序等事项，在不违反中华人民共和国法律的基本原则的情况下，可以按照刑事司法协助条约规定或者双方协商办理。

2. 刑事司法协助是不同国家的司法机关之间，根据自己国家缔结或者参加的国际条约或者互惠原则，彼此相互协作，为对方代为一定诉讼方面的行为。刑事司法协助的请求由我国的司法机关和外国司法机关提出。刑事司法协助的具体内容，有双边条约的，条约内有具体规定，如与加拿大签订的《关于刑事司法协助的条约》规定的刑事司法协助主要内容有代为送达文书、代为调查取证、允许请求国人员在调查取证时在场、被请求国提供在押人员或其他人员作证、对证人和鉴定人的保护、进行搜查和扣押、移交赃款赃物、领事官员直接送达文书和调查取证、通报刑事诉讼结果、提供犯罪记录等。对此，国际刑事司法协助法也有相应规定，如该法第十条规定，向外国的刑事司法协助请求书，应当依照刑事司法协助条约的规定提出；没有条约或者条约没有规定的，可以参照该法第十三条的规定提出；被请求国有特殊要求的，在不违反中华人民共和国法律的基本原则的情况下，可以按照被请求国的特殊要求提出。

第二章　管　辖

第十九条[①]　刑事案件的侦查由公安机关进行，法律另有规定的除外。

人民检察院在对诉讼活动实行法律监督中发现的司法工作人员利用职权实施的非法拘禁、刑讯逼供、非法搜查等侵犯公民权利、损害司法公正的犯罪，可以由人民检察院立案侦查。对于公安机关管辖的国家机关工作人员利用职权实施的重大犯罪案件，需要由人民检察院直接受理的时候，经省级以上人民检察院决定，可以由人民检察院立案侦查。

自诉案件，由人民法院直接受理。

【修改提示】

本条是1979年刑事诉讼法的规定，1996年作过修改，2012年未作修改。2018年修改刑事诉讼法对本条作了修改，调整了人民检察院立案侦查案件的范围：一是删去了有关人民检察院对贪污贿赂等案件行使立案侦查权的规定，保留人民检察院在对诉讼活动实行法律监督中发现的司法工作人员利用职权实施的侵犯公民权利、损害司法公正的犯罪的立案侦查权。二是将原规定的“对于国家机关工作人员利用职权实施的其他重大的犯罪案件”，需要由人民检察院直接受理的时候，经省级以上人民检察院决定，可以由人民检察院立案侦查，明确为“公安机关管辖的国家机关工作人员利用职权实施的重大犯罪案件”。

---

①　根据2018年10月26日第十三届全国人民代表大会常务委员会第六次会议通过的《关于修改〈中华人民共和国刑事诉讼法〉的决定》修改。修改前的刑事诉讼法条文是：“刑事案件的侦查由公安机关进行，法律另有规定的除外。

贪污贿赂犯罪，国家工作人员的渎职犯罪，国家机关工作人员利用职权实施的非法拘禁、刑讯逼供、报复陷害、非法搜查的侵犯公民人身权利的犯罪以及侵犯公民民主权利的犯罪，由人民检察院立案侦查。对于国家机关工作人员利用职权实施的其他重大的犯罪案件，需要由人民检察院直接受理的时候，经省级以上人民检察院决定，可以由人民检察院立案侦查。

自诉案件，由人民法院直接受理。”

【背景解读】

在1996年修改刑事诉讼法时，本条对于检察机关立案侦查的案件范围进行了重大调整。1979年刑事诉讼法规定，贪污罪、侵犯公民民主权利罪、渎职罪以及人民检察院认为需要自己直接受理的其他案件，由人民检察院立案侦查。在实践中，检察机关自行侦查案件的范围过宽，尤其是“认为需要自己直接受理的其他案件”的规定，表述比较笼统，缺乏客观标准，容易发生歧义。立法的原意是指某些个别案件，如地方政府负责人利用职权走私案等，但实践中各地理解不一，有的地方检察机关行使侦查权的范围掌握得较宽。因此，在1996年修改刑事诉讼法时，根据公检法三机关分工负责、互相制约的原则，对人民检察院的自侦案件的范围进行了修改和调整，并进一步予以明确。从司法实践看，本条的规定，基本符合当时惩治犯罪和保障公民权利的需要。因此，2012年修改刑事诉讼法，本条没有变动。

2018年3月20日第十三届全国人民代表大会第一次会议通过了《中华人民共和国监察法》。根据监察法的规定，监察委员会对涉嫌贪污贿赂、失职渎职等职务违法和职务犯罪进行调查，因此，需要对刑事诉讼法涉及人民检察院侦查职权行使的有关规定作出相应调整。修改后，检察机关立案侦查的案件包括：在对诉讼活动实行法律监督中发现的司法工作人员利用职权实施的非法拘禁、刑讯逼供、非法搜查等侵犯公民权利、损害司法公正的犯罪，以及公安机关管辖的国家机关工作人员利用职权实施的重大犯罪案件，需要由人民检察院直接受理的个别案件。

【理解与适用】

本条是关于公安机关、人民检察院和人民法院案件管辖分工的规定。

本条分为三款。第一款是关于刑事案件的侦查，由公安机关进行的规定。对刑事案件进行侦查是公安机关的重要职责，因此，除法律另有规定的以外，所有刑事案件的侦查工作，都应由公安机关负责。其中“法律另有规定的”，主要是指本条第二款、本法第四条、第二百九十条的规定和监察法的有关规定。

第二款是关于人民检察院自侦案件范围的规定。根据本款的规定，人民检察院立案侦查的案件主要是两大类：

1. 检察机关在对诉讼活动实行法律监督中发现的司法工作人员利用职权实施的非法拘禁、刑讯逼供、非法搜查等侵犯公民权利、损害司法公正的犯罪。检察机关是国家法律监督机关，依法对诉讼活动实行法律监督是检察机关的重要职责。这里的司法工作人员，根据刑法第九十四条的规定，是指有侦查、检察、审判、监管职责的工作人员。这里的诉讼活动包括侦查、审判、执行的全过程。从实践看，主要在侦查阶段可能涉及的罪名包括：非法拘禁罪（刑法第二百三十八条）、非法搜查罪（刑法第二百四十五条）、刑讯逼供罪（刑法第二百四十七条）、暴力取证罪（刑法第二百四十七条）等，其中非法拘禁、刑讯逼供、非法搜查是修改前就明确规定的罪名。审判阶段可能涉及的罪名包括：徇私枉法罪（刑法第三百九十九条第一款）、民事、行政枉法裁判罪（刑法第三百九十九条第二款）等，涵盖了刑事诉讼、民事诉讼、行政诉讼。对于监管、执行过程中可能涉及的罪名包括：虐待被监管人罪（刑法第二百四十八条）、执行判决、裁定失职罪（刑法第三百九十九条第三款）、执行判决、裁定滥用职权罪（刑法第三百九十九条第三款）、私放在押人员罪（刑法第四百条）、失职致使在押人员脱逃罪（刑法第四百条第二款）、徇私舞弊减刑、假释、暂予监外执行罪（刑法第四百零一条）等。此外，发生在司法活动中的司法工作人员玩忽职守罪、滥用职权罪（刑法第三百九十七条）也属于本条所说的"对诉讼活动实行法律监督中"发现的司法工作人员利用职权实施的侵犯公民权利、损害司法公正的犯罪。这些犯罪有的单纯是由于执法不严格、司法不规范、违反法定程序或者适用法律错误等原因造成的，虽然具有一定的腐败属性，但主要与人民检察院实行法律监督职权密切相关。总而言之，这些犯罪不是典型的"腐败型"犯罪，对这些在诉讼监督中发现的司法人员不严格执法、违背司法公正，侵犯当事人权利的犯罪，由检察机关行使侦查权，不仅有利于检察机关有效履行法律监督职能，维护司法公正和保障诉讼正常进行，也有利于监察机关集中精力"反腐败"，保证深化国家监察体制改革目标的实现，符合监察机关和检察机关的定位。

2. 对于公安机关管辖的国家机关工作人员利用职权实施的重大犯罪案件，需要由人民检察院直接受理的时候，经省级以上人民检察院决定，可以由人民检察院立案侦查。这一规定也是检察机关行使监督权的体现，有利于加强检察机关对公安机关立案侦查活动的监督，当公安机关应当立案拒不立案或者虽然立案但怠于侦查时，检察机关可以依法立案侦查。2012 年刑事诉讼法第十八条中规定，"对于国家机关工作人员利用职权实施的其他重大的犯罪案件，需要由人民检察院直接受理的时候，经省级以上人民检察院决定，可以由人民检察院立案侦查"。2018 年修改刑事诉讼法时，根据监察体制改革的精神作了文字修改，将案件范围明确为"公安机关管辖的国家机关工作人员利用职权实施的重大犯罪案件"。这样规定，一是与修改前人民检察院的"机动侦查权"的案件范围是一致的，即公安机关管辖的国家机关工作人员利用职务实施的重大犯罪案件，如国家机关工作人员利用职务实施的杀人、强奸等重大犯罪案件。其中"重大犯罪案件"指的是个案，而且是公安机关不便立案侦查，由人民检察院立案侦查更为适宜的个别案件，二是要经省（自治区、直辖市）人民检察院或者最高人民检察院决定，才可以由人民检察院立案侦查。

需要注意的是，本款规定的两类案件“可以由人民检察院立案侦查”，不排除监察机关直接调查的可能。另外，检察机关在查办这些可能与“腐败型”犯罪有牵连的案件时，如果发现涉嫌“腐败型”职务犯罪线索的，应当及时将“腐败型”职务犯罪线索移送监察机关。

第三款是关于自诉案件，由人民法院直接受理的规定。这里所说的自诉案件，是指本法第二百一十条规定的三类案件，即（1）告诉才处理的案件；（2）被害人有证据证明的轻微刑事案件；（3）被害人有证据证明对被告人侵犯自己人身、财产权利的行为应当依法追究刑事责任，而公安机关或者人民检察院不予追究被告人刑事责任的案件。根据本款规定，对于自诉案件，由人民法院直接受理。

第二十条　基层人民法院管辖第一审普通刑事案件，但是依照本法由上级人民法院管辖的除外。

【修改提示】

本条是1979年刑事诉讼法的规定，1996年、2012年、2018年修改刑事诉讼法均未作修改。

【背景解读】

基层人民法院管辖第一审刑事案件，有利于就地调查，正确及时处理案件，因此，刑事诉讼法首先规定了基层人民法院对第一审刑事案件的管辖范围，并将大量的普通刑事案件规定由基层人民法院管辖。

【理解与适用】

本条是关于基层人民法院第一审管辖范围的规定。

根据本条规定，第一审普通刑事案件除本法规定由上级人民法院管辖以外，均由基层人民法院管辖。基层人民法院管辖的“普通刑事案件”，是指除危害国家安全、恐怖活动案件和可能判处无期徒刑以上重刑的案件以外的其他刑事案件。这里所说的基层人民法院，是指人民法院组织法中规定的县人民法院、不设区的市人民法院，自治县人民法院和市辖区人民法院。基层人民法院根据地区、人口和案件情况，可以设立若干人民法庭。人民法庭是基层人民法院的组成部分，它的判决和裁定就是基层人民法院的判决和裁定。这样有利于及时审结刑事案件，顺利完成基层人民法院承担的刑事审判任务。

第二十一条　中级人民法院管辖下列第一审刑事案件：

（一）危害国家安全、恐怖活动案件；

（二）可能判处无期徒刑、死刑的案件。

【修改提示】

本条是 1979 年刑事诉讼法的规定，1996 年、2012 年作过修改，2018 年刑事诉讼法未作修改。

【背景解读】

2012 年 3 月 14 日第十一届全国人民代表大会第五次会议通过的《关于修改〈中华人民共和国刑事诉讼法〉的决定》对本条作了三处修改：一是删去第一项中关于“反革命案件”的规定，二是增加了“恐怖犯罪案件”的规定，三是删去“外国人犯罪的刑事案件”的规定。

在 1979 年制定刑法时，在当时的历史情况下，“反革命”作为政治概念被沿用，刑法规定了“反革命罪”，这一规定适应了当时的政治形势的需要，对于维护国家和社会政治的稳定，提供了法律保障。1996 年修改刑事诉讼法时，考虑到国家安全法中已对“危害国家安全”的行为作了界定，本法第四条也明确规定了国家安全机关依照法律规定“办理危害国家安全的刑事案件”，同时也考虑到与刑法修改相衔接，因此，在这里保留“反革命案件”的同时，增加规定中级人民法院管辖“危害国家安全案件”。1997 年修订刑法时，考虑到我们国家已经从革命时期进入集中力量进行社会主义现代化建设的历史新时期，宪法确定了中国共产党对国家事务的领导作用，从国家体制和保卫国家整体利益考虑，从法律角度来看，对危害中华人民共和国的犯罪行为，规定适用危害国家安全罪比适用反革命罪更为合适，因此，将刑法分则反革命罪一章改为危害国家安全罪，对一些犯罪作了更加明确、具体的规定，对反革命罪原来的规定中实际属于普通刑事犯罪性质的，规定按普通刑事犯罪追究。随着政治和经济形势的发展，2012 年修改刑事诉讼法，相应删去了“反革命案件”的规定。同时，随着形势的变化，恐怖活动已经成为影响世界和平与发展的重要因素，我国也面临着恐怖活动的现实威胁。考虑到这类案件社会危害性较大，案件的情节也比较复杂，规定由中级人民法院作为一审管辖较为适宜。这样也有利于更好地打击这类犯罪。1996 年刑事诉讼法规定的中级人民法院管辖的刑事案件中还包括“外国人犯罪的刑事案件”。由于我国当时处于改革开放初期，来我国的外国人为数不多，外国人犯罪的刑事案件也比较少，另外考虑到当时涉外案件敏感性强，出于慎重考虑，原来规定外国人犯罪的刑事案件统一由中级人民法院管辖。随着我国改革开放的不断扩大和来我国的外国人数量增多,加上基层法院办案能力的不断提高,将外国人犯罪的刑事案件放在基层人民法院管辖条件已经成熟。因此,2012 年修改刑事诉讼法,在中级人民法院管辖的案件中,删去了“外国人犯罪的刑事案件”的规定。

【理解与适用】

本条是关于中级人民法院第一审刑事案件管辖范围的规定。

根据本条规定,中级人民法院管辖的刑事案件有以下两类:(1)危害国家安全、恐怖活动案件。这里所规定的“危害国家安全”案件,主要是指刑法分则第一章规定的危害国家安全罪。“恐怖活动案件”,根据全国人大常委会关于加强反恐怖工作有关问题的决定第二条的规定,是指以制造社会恐慌、危害公共安全或者胁迫国家机关、国际组织为目的,采取暴力、破坏、恐吓等手段,造成或者意图造成人员伤亡、重大财产损失、公共设施损坏、社会秩序混乱等严重社会危害的行为,以及煽动、资助或者以其他方式协助实施上述活动,构成犯罪的刑事案件。(2)可能判处无期徒刑、死刑的案件。这类案件是指除危害国家安全案件和恐怖活动案件以外,依照我国刑法规定,可能判处无期徒刑或者死刑的刑事案件。上述案件,都是性质比较严重,案情重大或者影响较大,处罚较重的刑事案件,在审理时需要更加慎重。因此,刑事诉讼法列举这两类案件由中级人民法院进行第一审。

本条规定的中级人民法院,是指在省、自治区内按地区设立的中级人民法院,在直辖市内设立的中级人民法院,省、自治区辖市的中级人民法院和自治州中级人民法院。

第二十二条　高级人民法院管辖的第一审刑事案件,是全省(自治区、直辖市)性的重大刑事案件。

【修改提示】

本条是 1979 年刑事诉讼法的规定,1996 年作过修改,2012 年、2018 年修改刑事诉讼法均未作修改。

【背景解读】

高级人民法院承担着审判对中级人民法院一审判决、裁定不服提出的上诉、抗诉案件,核准死刑缓期执行的案件,并监督全省(自治区、直辖市)范围内的下级人民法院的审判工作等任务,因此,高级人民法院管辖的第一审案件不宜过多。

同时,对于全省(自治区、直辖市)性的重大刑事案件,虽然数量不多,但都是在全省(自治区、直辖市)范围内涉及面广、有重大影响的案件,由高级人民法院管辖,更有利于保证办案质量。1996 年修改刑事诉讼法时将原第十六条规定中的“全省(直辖市、自治区)”,修改为“全省(自治区、直辖市)”。

【理解与适用】

本条是关于高级人民法院第一审刑事案件管辖范围的规定。

本条规定的高级人民法院是地方各级人民法院中最高一级的法院,包括省高级人民法院、自治区高级人民法院和直辖市高级人民法院。根据本条规定,只有全省(自治区、直辖市)性的重大刑事案件,由高级人民法院管辖。

第二十三条　最高人民法院管辖的第一审刑事案件,是全国性的重大刑事案件。

【修改提示】

本条是 1979 年刑事诉讼法的规定,1996 年、2012 年、2018 年修改刑事诉讼法均未作修改。

【背景解读】

最高人民法院是国家的最高审判机关,它承担着审判对高级人民法院的一审判决、裁定不服提出的上诉、抗诉案件,核准死刑案件,对于在审判过程中如何具体应用法律的问题进行解释,监督地方各级人民法院的审判工作等任务,以保证全国司法的统一。因此,刑事诉讼法只将为数不多,但涉及国家和人民根本利益,在国内或者国际上有重大影响的重大刑事案件,规定由最高人民法院进行一审管辖。

【理解与适用】

本条是关于最高人民法院第一审刑事案件管辖范围的规定。

根据本条规定,只有全国性的重大刑事案件,才由最高人民法院负责一审。全国性的重大刑事案件,是指在全国范围内涉及面广、影响大的重大案件。最高人民法院审判案件,所作出的判决、裁定就是终审的判决、裁定。也就是说,对于最高人民法院审判的第一审刑事案件,不可能因为上诉或者抗诉而引起第二审程序。

第二十四条 上级人民法院在必要的时候,可以审判下级人民法院管辖的第一审刑事案件;下级人民法院认为案情重大、复杂需要由上级人民法院审判的第一审刑事案件,可以请求移送上一级人民法院审判。

【修改提示】

本条是1979年刑事诉讼法的规定,1996年作过修改,2012年、2018年修改刑事诉讼法未作修改。

【背景解读】

1979年刑事诉讼法对于上级人民法院决定改变管辖规定了两种情况:一是可以审判下级人民法院管辖的第一审刑事案件,二是把自己管辖的第一审刑事案件交由下级人民法院审判。对于其中的第二种情况,1996年修改刑事诉讼法时,考虑到除基层人民法院以外的上级人民法院各自管辖的第一审刑事案件,都是根据案件的性质,对社会的危害大小以及影响面的大小等具体情况划分管辖范围的,而且各自管辖的案件数量并不多。为确保办案质量,避免在实践中将可能判处无期徒刑、死刑的案件移交基层人民法院审判,上级人民法院不应当再将自己管辖的第一审刑事案件交由下级人民法院审判,因此,1996年修改刑事诉讼法时,将1979年刑事诉讼法中的这一规定删去。2012年修改刑事诉讼法对本条未作变动。

【理解与适用】

本条是关于上下级人民法院变更管辖权的规定。

根据本条规定,人民法院对于属于自己管辖的第一审刑事案件,在必要的时候,可以改变案件管辖。变更管辖有以下两种情况:

1. 上级人民法院决定审判下级人民法院管辖的第一审刑事案件。这一规定是指当上级人民法院发现下级人民法院审判的第一审刑事案件,案情重大、复杂或者案件涉及面广、影响大,由上级人民法院审判更为适宜,更能有效地威慑犯罪、教育群众、提高审判质量和效果的时候,可以审判下级人民法院管辖的第一审刑事案件。

2. 下级人民法院请求移送上级人民法院审判的第一审刑事案件。这一类案件是指下级人民法院发现案件是依法应当由上级人民法院审判的第一审刑事案件,或者是属于自己管辖的案件,但由于案情重大、复杂、涉及案犯多、地区广,或者案件影响重大,下级人民法院审理有困难,需要由上级人民法院审判的时候,可以请求移送上一级人民法院审判。

第二十五条　刑事案件由犯罪地的人民法院管辖。如果由被告人居住地的人民法院审判更为适宜的，可以由被告人居住地的人民法院管辖。

【修改提示】

本条是 1979 年刑事诉讼法的规定，1996 年、2012 年、2018 年修改刑事诉讼法均未作修改。

【背景解读】

基层人民法院之间和中级人民法院之间的第一审案件管辖分工，主要是通过地域管辖来实现的。地域管辖对于确定管辖的法院，从而相应地确定负责侦查和审查起诉的公安机关、检察机关，具有十分重要的意义。因此，刑事诉讼法本条对此作了规定。

【理解与适用】

本条是关于地域管辖的规定。

本条规定的地域管辖，是指不同地区的同级人民法院之间对第一审刑事案件管辖权的分工。刑事案件由犯罪地的人民法院管辖。这是划分地域管辖的一般原则。这样规定，有利于及时收集证据，查明案情，有利于诉讼参与人就近参加诉讼，并便于群众参加旁听案件。这里所说的犯罪地，既包括犯罪预备地、犯罪行为实施地，也包括犯罪结果发生地和销赃地。

但是，如果由被告人居住地的人民法院审判更为适宜的，可以由被告人居住地的人民法院管辖。这一规定，体现了我国刑事诉讼法原则性与灵活性相结合和从实际出发的精神。刑事案件原则上由犯罪地的人民法院管辖，但如果被告人在居住地民愤大或者影响大，或者可能判处缓刑，需要由居住地监督改造的等特殊情况，由被告人居住地的人民法院审判，更有利于震慑犯罪分子，有利于进行法治宣传教育，更便利诉讼时，可以交由被告人居住地的人民法院进行审判。其中所说的居住地，是指被告人的户籍所在地和常住地。在改革开放、人口大流动的今天，许多人的居住地与户籍所在地是不一致的，因此，不能把居住地仅仅理解为户籍所在地。

第二十六条　几个同级人民法院都有权管辖的案件，由最初受理的人民法院审判。在必要的时候，可以移送主要犯罪地的人民法院审判。

【修改提示】

本条是 1979 年刑事诉讼法的规定，1996 年、2012 年、2018 年修改刑事诉讼法均未作修改。

【背景解读】

本条规定实际上是对地域管辖规定的一种补充。由于我国地域辽阔,案件情况复杂,有些犯罪分子是流窜作案、多次作案、结伙作案,涉及地区广,同一个案件,按照地域管辖的原则,会使几个同级人民法院都有管辖权。为了避免有管辖权的同级人民法院对案件发生争办或互相推诿的情况,影响案件及时处理,或者造成审判工作重复,浪费财力、人力,因此,本条对几个同级人民法院都有管辖权时如何处理作出明确规定。

【理解与适用】

本条是关于几个同级人民法院都有管辖权的案件处理的规定。

根据本条规定,对几个同级人民法院都有管辖权的案件,由最初受理的人民法院审判。这是因为最初受理的人民法院已经进行了一些工作,了解案情,由其继续审理,有利于及时结案。但是,在必要的时候,也可以移送主要犯罪地的人民法院管辖。其中"必要的时候",主要是指最初受理的人民法院不是主要犯罪地,如果由主要犯罪地人民法院管辖,对全面查清案件事实、正确处理案件、震慑犯罪分子和进行法治宣传教育更为有利时,可以由最初受理案件的人民法院将案件移送主要犯罪地的人民法院审理。

第二十七条　上级人民法院可以指定下级人民法院审判管辖不明的案件,也可以指定下级人民法院将案件移送其他人民法院审判。

【修改提示】

本条是1979年刑事诉讼法的规定,1996年、2012年、2018年修改刑事诉讼法均未作修改。

【背景解读】

刑事诉讼法虽然对于各级法院管辖案件的范围作出了明确规定,但是实际执行中情况是非常复杂的,往往会因为对案件的性质和事实的认定以及适用法律有不同的认识和理解,对案件应由哪个法院管辖产生分歧,或者由于一些情况法律没有具体规定而造成管辖不明,以致出现相互推诿或者两个法院都要受理的情形。同时,也存在极少数案件由于案情或者案件当事人的特殊情况,不宜由当地或者受理该案件的法院管辖的情况,在这种情况下,上级法院也可以将案件指定其他法院管辖。

【理解与适用】

本条是关于人民法院指定管辖的规定。

根据本条规定,上级人民法院可以指定下级人民法院审判管辖不明的案件,即上级人民法院在案件管辖不明的情况下,有权指定下级人民法院审理该案件。其中"上级人民法院"主要是指上一级人民法院。"管辖不明的案件"主要是指以下两种情况:一是该案件的管辖在法律中没有明确规定;二是对该案件应由谁管辖存在争议。根据宪法和人民法院组织法的规定,上下级人民法院是监督关系,而不是领导关系,本条规定上级人民法院可以指定下级人民法院审判管辖不明的案件,是一种法律上的授权。同时,本条也规定,上级人民法院也可以指定下级人民法院将案件移送其他人民法院审判,即上级人民法院根据案件的具体情况,确定某一案件应由哪个法院管辖后,可以指令已受理该案的法院将案件移送指定受理的人民法院进行审判。

本条在执行中应注意以下两个问题:一个是上级人民法院对于管辖不明的案件确定管辖,要按照刑事诉讼法关于管辖的原则执行,这种确定应更有利于公正审判和对犯罪的打击。另一个是下级人民法院要服从上级人民法院的指定,而不能从本地区的局部利益出发来认识问题,对于上级人民法院已经决定移送其他人民法院受理的案件,应当及时移送。

第二十八条　专门人民法院案件的管辖另行规定。

【修改提示】

本条是1979年刑事诉讼法的规定,1996年、2012年、2018年修改刑事诉讼法均未作修改。

【背景解读】

专门人民法院是指根据实际情况和审理案件的特殊需要成立的审理特定的人员或者特定种类案件的人民法院。目前,在我国依照法律规定设立的专门人民法院有军事法院和海事法院。本法并未具体规定专门人民法院管辖的案件范围。

【理解与适用】

本条是关于专门人民法院案件管辖的规定。

根据本条规定,专门人民法院的管辖另行规定,既包括专门人民法院对案件的管辖范围另行由法律规定,也包括在法律没有规定时由最高人民法院通过司法解释来规定。目前,法律对军事法院的管辖还没有专门的规定,军事法院的管辖范围主要在有关司法解释中予以明确。关于海事法院的管辖,全国人大常委会《关于在沿海港口城市设立海事法院的决定》规定:“海事法院管辖第一审海事案件和海商案件,不受理刑事案件和其他民事案件。”

第三章 回 避

第二十九条 审判人员、检察人员、侦查人员有下列情形之一的,应当自行回避,当事人及其法定代理人也有权要求他们回避:

(一)是本案的当事人或者是当事人的近亲属的;

(二)本人或者他的近亲属和本案有利害关系的;

(三)担任过本案的证人、鉴定人、辩护人、诉讼代理人的;

(四)与本案当事人有其他关系,可能影响公正处理案件的。

【修改提示】

本条是1979年刑事诉讼法的规定,1996年、2012年、2018年修改刑事诉讼法均未作修改。

【背景解读】

回避制度是国家司法活动中一个非常重要的制度。对于属于案件当事人、与案件有利害关系或者与案件有其他关系可能影响案件公正处理的,有关工作人员应当自行回避,即不再参与办理这一案件,当事人也有权申请回避。为了保证刑事诉讼活动能够客观、公正地进行,刑事诉讼法对回避制度作出明确规定。

【理解与适用】

本条是关于审判人员、检察人员、侦查人员应当回避的情形的规定。

这里规定的“回避”是指审判人员、检察人员、侦查人员和法律规定的其他人员遇有法律规定的情形,应当不再参加审判、检察、侦查或者其他诉讼活动的制度。本条规定的“审判人员、检察人员、侦查人员”,是指参加本案的审判、检察、侦查工作的人民法院的院长、副院长、审判委员会委员、审判员,人民检察院的检察长、副检察长、检察委员会委员、检察员,公安机关的负责人、侦查人员

(包括刑侦人员和预审人员等)。根据人民法院组织法、人民陪审员法的规定,人民法院审理案件时,在法律规定的情形下,可以由法官和人民陪审员组成合议庭进行。因此,人民陪审员参加刑事案件审判时,也属于本法规定的审判人员,适用审判人员回避的法律规定。"自行回避",是指审判人员、检察人员、侦查人员知道自己具有应当回避的情形的,应当自己向所在机关提出回避的申请。"当事人及其法定代理人也有权要求他们回避",是指审判人员、检察人员、侦查人员明知自己应当回避而不自行回避或者不知道、不认为自己具有应当回避的情形,因而没有自行回避的,被害人、自诉人、犯罪嫌疑人、被告人、附带民事诉讼的原告人、被告人和他们的法定代理人有权要求他们回避。申请回避是法律赋予当事人及其法定代理人的诉讼权利,办案人员在办理案件中首先要向当事人及其法定代理人告知这一项权利,任何人都不能剥夺当事人及其法定代理人申请回避的权利。

本条共规定了四种应当回避的情形:

1. 审判人员、检察人员、侦查人员是本案的当事人或者是当事人的近亲属的。这种情形是指审判人员、检察人员、侦查人员是本案的被害人、自诉人、犯罪嫌疑人、被告人、附带民事诉讼的原告人、被告人或者是他们的夫、妻、父、母、子、女、同胞兄弟姊妹。

2. 本人或者他的近亲属和本案有利害关系。是指审判人员、检察人员、侦查人员或者他们的近亲属虽不是本案当事人,但本案的处理涉及他们的重大利益。

3. 担任过本案的证人、鉴定人、辩护人、诉讼代理人。是指在本案中担任过证人、鉴定人、辩护人、诉讼代理人的人,既不能同时,也不能在以后的办案阶段再担任审判人员、检察人员、侦查人员,以避免出现不公正办案的情况。

4. 与本案当事人有其他关系,可能影响公正处理案件。"其他关系"主要是指以下几种情况:是当事人的朋友,是当事人的亲戚,与当事人有过恩怨,与当事人有借贷关系,等等。"可能影响公正处理案件的",是与当事人有"其他关系",应当回避的必要条件。审判人员、检察人员、侦查人员与当事人有"其他关系",只有在可能影响公正处理案件的情况下适用回避。比如,审判人员是当事人的近亲属,应当无条件回避,但如果审判人员与当事人是一种远亲的关系,则要看其是否可能影响公正处理案件才能决定回避与否。

第三十条　审判人员、检察人员、侦查人员不得接受当事人及其委托的人的请客送礼,不得违反规定会见当事人及其委托的人。

审判人员、检察人员、侦查人员违反前款规定的,应当依法追究法律责任。当事人及其法定代理人有权要求他们回避。

【修改提示】

本条是1996年修改刑事诉讼法时增加的规定,2012年、2018年修改刑事诉讼法未作修改。

【背景解读】

在刑事诉讼过程中,我国绝大多数司法工作人员能够廉洁自律,公正处理案件,但也存在个别审判人员、检察人员、侦查人员接受当事人及其委托的人的请客送礼,徇私枉法的情况。他们收受当事人的贿赂或者请客吃饭,对该追究刑事责任的不追究,对该判处重刑的判处轻刑,或者是将不该追究刑事责任的追究刑事责任,轻罪重判,亵渎法律的尊严,为司法人员的形象抹黑,严重地侵犯了公民的合法权利。为了杜绝这种行为,我国刑法规定了受贿罪、枉法裁判罪,《中华人民共和国法官法》《中华人民共和国检察官法》都明确规定了法官、检察官不得私自会见当事人及其代理人,接受当事人及其代理人的请客送礼。《中华人民共和国人民警察法》也规定人民警察不得接受当事人及其代理人的请客送礼。本条的规定与上述法律规定的目的是一致的,都是为了严禁这种行为,保障刑事诉讼的正常进行,保证刑事案件的公正处理。经过司法实践,本条的规定在整肃司法队伍,督促司法人员秉公办案方面,起到了一定的规范作用,因此,2012年、2018年修改刑事诉讼法对本条均未作变动。

【理解与适用】

本条是关于禁止审判人员、检察人员、侦查人员接受当事人请客送礼和违反规定会见的规定。

本条分为两款。第一款是关于禁止审判人员、检察人员、侦查人员接受当事人及其委托的人的请客送礼和违反规定会见当事人及其委托的人的规定。"不得接受当事人及其委托的人的请客送礼",是指不得接受当事人和当事人委托的任何人的请客,包括吃饭、在营业性娱乐场所消费娱乐等,不得接受当事人和当事人委托的人以任何形式送的礼物。"不得违反规定会见当事人及其委托的人",是指审判人员、检察人员、侦查人员在办理案件过程中,不得因私而私自会见当事人及其委托的人。也就是说不得违反刑事诉讼法的规定,在刑事诉讼法规定的讯问犯罪嫌疑人、被告人、询问被害人、证人等程序之外,会见当事人及其委托的人。这样规定主要是为了防止办案人员接受当事人及其委托的人的说情以及为当事人提供他不应知道的案件情况等。

第二款是关于审判人员、检察人员、侦查人员违反本条第一款规定的法律后果。“依法追究法律责任”，是指行为人的行为构成受贿、徇私舞弊、枉法裁判罪的，应当依法追究刑事责任；对于尚不够刑事处罚的，应当依照法官法、检察官法、人民警察法的规定，予以处分。“当事人及其法定代理人有权要求他们回避”，是指对于办案人员有本条第一款规定行为的，当事人及其法定代理人有权以此为理由提出要求他们回避的申请。

第三十一条　审判人员、检察人员、侦查人员的回避，应当分别由院长、检察长、公安机关负责人决定；院长的回避，由本院审判委员会决定；检察长和公安机关负责人的回避，由同级人民检察院检察委员会决定。

对侦查人员的回避作出决定前，侦查人员不能停止对案件的侦查。

对驳回申请回避的决定，当事人及其法定代理人可以申请复议一次。

【修改提示】

本条是1979年刑事诉讼法的规定，1996年、2012年、2018年修改刑事诉讼法均未作修改。

【背景解读】

为了对审判人员、检察人员、侦查人员的回避问题作出慎重决定，既要切实保障当事人的诉讼权利，也要防止不必要的程序上的拖延，影响办案效率，本条对回避的决定程序作了规定。

【理解与适用】

本条是关于回避决定程序的规定。

本条分为三款。第一款是关于审判人员、检察人员、侦查人员的回避以及公检法负责人的回避应当由谁决定的规定。本款规定的对回避的决定，既包括对审判人员、检察人员、侦查人员自行提出回避的申请所作的决定，也包括对当事人及其法定代理人要求审判人员、检察人员、侦查人员回避的申请所作出的决定。其中“院长的回避，由本院审判委员会决定”，是指人民法院院长自行申请回避、当事人及其法定代理人要求法院院长回避，应经审判委员会讨论，按照多数人的意见作出决定。“检察长和公安机关负责人的回避，由同级人民检察院检察委员会决定”，其中规定对公安机关负责人的回避由同级人民检察院检察委员会决定，主要是考虑公安机关属于行政系统，实行首长负责制，公安机关负责人的回避不能由他本人决定；同时作为法律监督机关，人民检察院有权对公安机关的侦查活动，包括回避是否合法实行监督。

由同级人民检察院检察委员会决定公安机关负责人是否回避，既有利于保证案件公正处理，保护公民的合法权利，也是人民检察院对侦查活动实行法律监督的具体体现。

第二款是关于侦查人员在作出回避决定前，不能停止侦查的规定。这样规定主要是为了保证侦查活动的及时顺利进行，防止犯罪嫌疑人逃跑和证据的灭失，这是根据侦查活动的特点和办理刑事案件的需要规定的。

第三款是关于当事人及其法定代理人对于驳回申请的决定申请复议的规定。其中"驳回申请的决定"，是指对于回避有决定权的机关认为当事人及其法定代理人要求回避的申请，不符合本法第二十九条、第三十条规定的回避条件，对要求回避的申请予以驳回的决定。对于驳回回避申请的决定，当事人及其法定代理人可以向原决定机关申请复议一次，申请复议时，申请人可以重申过去提出的理由，也可以增加新的理由。

第三十二条　本章关于回避的规定适用于书记员、翻译人员和鉴定人。

辩护人、诉讼代理人可以依照本章的规定要求回避、申请复议。

【修改提示】

本条是1979年刑事诉讼法的规定，1996年未作修改，2012年作过修改，2018年修改刑事诉讼法未作修改。

【背景解读】

在实践中，由于许多犯罪嫌疑人在押，对有关司法人员情况的了解受到了一定的限制，不能保障要求回避的权利的行使。举例说明一下，如本法第三十条规定审判人员、检察人员、侦查人员不得接受当事人及其委托的人的请客送礼，不得违反规定会见当事人及其委托的人。并规定，违反了上述规定，当事人及其法定代理人有权要求他们回避。如果一方当事人作为犯罪嫌疑人被司法机关采取了强制措施而在押，对于司法人员违反规定会见另一方当事人或者有接受请客送礼的行为，就很难知晓，如果没有相应的规定，第三十条的这一规定也就形同虚设。2012年修改刑事诉讼法新增加第二款的规定，正是从充分保障当事人的合法权益和确保案件能公正地审理的角度去加以设置和完善的。因为即使当事人在押，他的辩护律师和诉讼代理人的行为能力并没有受到限制，能对司法人员的情况和是否具有违反规定会见另一方当事人或者接受请客送礼的行为有所洞察和了解。为进一步保护当事人的合法权利，发挥律师在刑事诉讼中的作用，2012年修改刑事诉讼法增加规定，辩护人、诉讼代理人就可以依照本章的规定要求有关人员回避或者就有关回避的问题申请复议。

【理解与适用】

本条是关于回避的规定适用于书记员、翻译人员、鉴定人和辩护人、诉讼代理人可以要求回避、申请复议的规定。

本条分为两款。根据第一款的规定，书记员、翻译人员和鉴定人也要依法实行回避制度。主要是考虑这三种工作也都关系到案件的正确处理，实行回避制度有利于维护司法公正，防止在办案过程中出现徇私舞弊的现象。其中规定的"书记员、翻译人员"，是指在侦查、检察、审判工作中担任记录和翻译工作的人员。"鉴定人"，是指为了查明案件情况，需要解决案件中某些专门性问题的时候，侦查机关、检察机关、审判机关指派或者聘请进行鉴定工作的有专门知识的人。"本章关于回避的规定适用于书记员、翻译人员和鉴定人"，就是规定书记员、翻译人员和鉴定人对于有本法第二十九条规定情形之一的，也应当自行回避，当事人及其法定代理人也有权要求他们回避。书记员、翻译人员、鉴定人也不得接受当事人及其委托的人的请客送礼，不得违反规定会见当事人及其委托的人。如果书记员、翻译人员、鉴定人有上述违反法律规定行为的，依法追究法律责任，当事人及其法定代理人有权要求他们回避。关于自行回避和要求回避的申请的决定程序和申请复议程序依照本法第三十一条的规定进行。实际执行中，翻译人员、鉴定人可能是侦查、检察、审判机关聘请的人，而不属于上述机关的工作人员，但对这些人的回避应当由聘请他们的机关决定。

根据第二款的规定，辩护人、诉讼代理人可以依照本章的规定要求回避、申请复议。这里规定的"辩护人"，是指在整个刑事诉讼过程中给犯罪嫌疑人、被告人提供法律帮助的人。根据本法第三十三条的规定，律师、人民团体或者犯罪嫌疑人、被告人所在的单位推荐的人和犯罪嫌疑人、被告人的监护人、亲友都可以被委托为辩护人。"诉讼代理人"，主要是指根据本法第一百零八条规定的，公诉案件的被害人及其法定代理人或者近亲属、自诉案件的自诉人及其法定代理人委托代为参加诉讼的人和附带民事诉讼的当事人及其法定代理人委托代为参加诉讼的人。"可以依照本章的规定要求回避、申请复议"，是指辩护人、诉讼代理人可以依照本章关于回避的各项规定，在诉讼的各个阶段要求有关司法人员回避，根据第三十一条第三款的规定，对于驳回申请回避的决定，还可以申请复议一次。

第四章　辩护与代理

第三十三条[①]　犯罪嫌疑人、被告人除自己行使辩护权以外，还可以委托一至二人作为辩护人。下列的人可以被委托为辩护人：

（一）律师；

（二）人民团体或者犯罪嫌疑人、被告人所在单位推荐的人；

（三）犯罪嫌疑人、被告人的监护人、亲友。

正在被执行刑罚或者依法被剥夺、限制人身自由的人，不得担任辩护人。

被开除公职和被吊销律师、公证员执业证书的人，不得担任辩护人，但系犯罪嫌疑人、被告人的监护人、近亲属的除外。

【修改提示】

本条是1979年刑事诉讼法的规定，1996年作过修改、2012年未作修改，2018年10月26日第十三届全国人大常委会第六次会议通过的关于修改刑事诉讼法的决定，对该条增加一款为："被开除公职和被吊销律师、公证员执业证书的人，不得担任辩护人，但系犯罪嫌疑人、被告人的监护人、近亲属的除外。"

【背景解读】

被告人有权获得辩护是宪法赋予的一项诉讼权利，辩护制度则是刑事诉讼法的一项重要制度，对于保证案件得到公正准确的处理，维护犯罪嫌疑人、被告人的诉讼权利和其他合法权益，具有十分重要的意义。犯罪嫌疑人、被告人享有辩护权，既包括他自己进行辩护，也包括委托辩护人为其进行辩护。本条对犯罪嫌疑人、被告人自行辩护和委托辩护作了规定，并明确规定哪些人可以接受委托担任辩护人、哪些人不得担任辩护人。1979年刑事诉讼法就对被告人委托辩护人作

---

① 根据2018年10月26日第十三届全国人民代表大会常务委员会第六次会议通过的《关于修改〈中华人民共和国刑事诉讼法〉的决定》修改。修改前的刑事诉讼法条文是："犯罪嫌疑人、被告人除自己行使辩护权以外，还可以委托一至二人作为辩护人。下列的人可以被委托为辩护人：

（一）律师；

（二）人民团体或者犯罪嫌疑人、被告人所在单位推荐的人；

（三）犯罪嫌疑人、被告人的监护人、亲友。

正在被执行刑罚或者依法被剥夺、限制人身自由的人，不得担任辩护人。"

了规定。1996 年修改刑事诉讼法时，对本条的规定作了修改完善。主要修改内容为：一是根据法律服务市场的实际情况，将原来规定的"经人民法院许可的公民"可以担任辩护人的规定删去；二是增加规定正在被执行刑罚或者依法被剥夺、限制人身自由的人，不得担任辩护人；三是增加犯罪嫌疑人、被告人的亲友可以担任辩护人；四是在称谓上增加了"犯罪嫌疑人"的表述。2012 年修改刑事诉讼法时，对本条的规定未作修改。近年来，实践中出现一些被吊销律师执业证书的人员，继续以各种名义从事法律服务活动，扰乱法律服务的秩序，损害当事人合法权益，损害法律权威，应当依法予以禁止。同时，随着司法体制改革不断深入推进，国家逐步建立统一的法律职业资格准入制度，被吊销公证员执业证书的人员，也不宜从事律师等职业。同时，担任辩护人的人员应当模范遵守法律，对于因违法违纪被开除公职的人员，也不宜再去担任辩护人，对此，本次修改刑事诉讼法，在第三十三条中增加了一款上述人员不得担任辩护人的规定。另外，考虑到如果上述人员是犯罪嫌疑人、被告人的监护人、近亲属的，而犯罪嫌疑人、被告人愿意委托其作为辩护人的，也是可以的，法律又对此作了例外的规定。

【理解与适用】

本条是关于犯罪嫌疑人、被告人可以委托哪些人作为辩护人的规定。

本条共三款，规定了四层意思：

1. 犯罪嫌疑人、被告人除有权自行辩护外，还有权委托法律规定的其他人为自己辩护，这种委托权是辩护权中一个不可分割的部分。

2. 明确了犯罪嫌疑人、被告人可以委托的辩护人的人数，即每个犯罪嫌疑人、被告人只能委托一人或二人担任辩护人。在共同犯罪案件中，不同的犯罪嫌疑人、被告人可以分别聘请一人或二人作为自己的辩护人。这样规定，主要是加强可操作性，防止司法实践中有的司法机关限制犯罪嫌疑人、被告人充分行使辩护权只许请一个辩护人的情况，也避免出现有的犯罪嫌疑人、被告人委托比较多的辩护人，给刑事诉讼活动造成困难的问题。"一至二人"是根据保障犯罪嫌疑人、被告人充分行使辩护权，保障刑事诉讼活动顺利进行的实际需要确定的。

3. 规定了犯罪嫌疑人、被告人可以聘请以下三种人担任辩护人：(1)律师，是指依法取得律师执业证书，接受委托或者指定，为当事人提供法律服务的执业人员；(2)人民团体或者犯罪嫌疑人、被告人所在单位推荐的人；(3)犯罪嫌疑人、被告人的监护人、亲友。"监护人"是指承担对未成年人、精神病人的人身、财产以及其他合法权利进行监督、保护职责的人，如未成年人的父母、精神病患者的配偶等。"亲友"的含义比较广泛，是指犯罪嫌疑人、被告人的亲属和朋友，这里的亲属不仅指近亲属，也包括其他亲属。规定"亲友"可以作为辩护人，主要是考虑到这些人与委托人有一定关系，是犯罪嫌疑人、被告人信赖的人。

4. 规定了不得担任辩护人的两种情形：（1）正在被执行刑罚或者依法被剥夺、限制人身自由的人，不得担任辩护人；（2）被开除公职和被吊销律师、公证员执业证书的人，不得担任辩护人，但系犯罪嫌疑人、被告人的监护人、近亲属的除外。其中“正在被执行刑罚”的人，是指经人民法院的生效判决判处死刑缓期执行的和被判处无期徒刑、有期徒刑、拘役、管制、剥夺政治权利的人以及判处罚金未缴纳的人。“依法被剥夺、限制人身自由的人”，是指依照法律对其采取拘留、逮捕、监视居住、取保候审的刑事强制措施和依照法律被治安拘留、强制隔离戒毒等人身自由被剥夺或者受到限制的人。需要指出的是，这里规定的是“正在”被执行刑罚或者被剥夺、限制人身自由的人，曾经被判处刑罚或者治安拘留等处罚已执行完毕，或者采取刑事强制措施已被解除的不在此限。“被开除公职的人”是指因各种违法违纪行为，开除所担任公职的人。“被吊销律师、公证员执业证书的人”是指因违反《中华人民共和国律师法》《中华人民共和国公证法》等规定，被主管部门吊销律师执业证书、公证员执业证书的人。

第三十四条　犯罪嫌疑人自被侦查机关第一次讯问或者采取强制措施之日起，有权委托辩护人；在侦查期间，只能委托律师作为辩护人。被告人有权随时委托辩护人。

侦查机关在第一次讯问犯罪嫌疑人或者对犯罪嫌疑人采取强制措施的时候，应当告知犯罪嫌疑人有权委托辩护人。人民检察院自收到移送审查起诉的案件材料之日起三日以内，应当告知犯罪嫌疑人有权委托辩护人。人民法院自受理案件之日起三日以内，应当告知被告人有权委托辩护人。犯罪嫌疑人、被告人在押期间要求委托辩护人的，人民法院、人民检察院和公安机关应当及时转达其要求。

犯罪嫌疑人、被告人在押的，也可以由其监护人、近亲属代为委托辩护人。

辩护人接受犯罪嫌疑人、被告人委托后，应当及时告知办理案件的机关。

【修改提示】

本条是1996年修改刑事诉讼法时增加的规定，2012年作过修改，2018年修改刑事诉讼法未作修改。

【背景解读】

1979年刑事诉讼法只在审判阶段规定被告人可以委托辩护人。根据该法第一百一十条的规定，人民法院决定开庭审判后，应当将人民检察院的起诉书副本至迟在开庭七日以前送达被告人，并且告知被告人可以委托辩护人。这一规定在司法实践中存在以下两个方面的问题：一是律师或者其他辩护人在七天的时间内难以为庭审中行使辩护职能做好充分准备，辩护律师往往连仔细阅卷都来不及，更难以调查取证，全面了解案情，影响辩护权的充分行使。二是律师介入刑事诉讼的时间过晚，不利于对犯罪嫌疑人、被告人在诉讼中合法权利的保护。因此，1996 年修改刑事诉讼法时，各方面一致认为，充分发挥律师的作用，切实保障诉讼参与人的诉讼权利和其他合法权利，是加强民主法治建设的需要，也是社会发展的趋势，应当将委托辩护人的时间提前。经过反复研究，根据当时我国的实际情况，1996 年修改后的刑事诉讼法将犯罪嫌疑人有权委托辩护人的时间提前到审查起诉阶段，并规定犯罪嫌疑人在侦查阶段可以聘请律师提供法律帮助。

2012 年修改刑事诉讼法，在征求意见过程中，许多方面提出，犯罪嫌疑人、被告人在整个诉讼过程中均享有辩护权，也应当有权委托辩护人，建议将侦查阶段提供法律帮助的律师身份修改为辩护人。为进一步明确律师在侦查阶段的法律地位，更好地发挥其作用，本条将犯罪嫌疑人在侦查阶段只能聘请律师提供法律帮助的规定修改为，犯罪嫌疑人自被侦查机关第一次讯问或者采取强制措施之日起，有权委托律师作为辩护人，并相应增加了侦查机关在第一次讯问犯罪嫌疑人或者对犯罪嫌疑人采取强制措施的时候告知犯罪嫌疑人有权委托辩护人的规定。同时，从实践情况看，犯罪嫌疑人、被告人在押的，在委托辩护人过程中存在一些困难和不便。为便利在押的犯罪嫌疑人、被告人委托辩护人，更好地维护其辩护权利，这次修改刑事诉讼法，一是增加规定，犯罪嫌疑人、被告人在押期间要求委托辩护人的，人民法院、人民检察院和公安机关应当及时转达其要求。二是考虑到即使犯罪嫌疑人、被告人可以通过司法机关向其委托的人员或者律师事务所等转达委托辩护人的请求，但由于人身自由受到限制，在挑选辩护人、办理有关委托手续等方面都有不便，实践中很多是由其监护人或者近亲属代为委托辩护人，代为委托的辩护人在会见犯罪嫌疑人、被告人时，再补办有关委托手续对委托关系予以确认。总结实践情况，本条增加了犯罪嫌疑人、被告人在押的，也可以由其监护人、近亲属代为委托辩护人的规定。此外，考虑到辩护人要履行职责，如接受委托后向侦查机关了解犯罪嫌疑人涉嫌的罪名等，需要先向办案机关提交有关委托手续，而办案机关如果有某些事项需要通知辩护人或者听取辩护人意见，也需要掌握有关委托辩护人的情况，本条增加了辩护人接受委托后应当及时告知办案机关的规定。这一规定属于工作中的衔接性规定。

【理解与适用】

本条是关于犯罪嫌疑人、被告人委托辩护人的程序的规定。

本条共分为四款。第一款是关于犯罪嫌疑人、被告人何时有权委托辩护人的规定。本款共规定了两种情况：(1)犯罪嫌疑人自被侦查机关第一次讯问或者采取强制措施之日起，有权委托辩护人；在侦查期间，只能委托律师作为辩护人。本款规定的“侦查机关”，包括公安机关、人民检察院以及其他依照刑事诉讼法的规定行使侦查权的机关。“第一次讯问”，是指立案后的第一次讯问。侦查机关根据已掌握的事实材料，认为有犯罪事实需要追究刑事责任，决定立案的，可以对犯罪嫌疑人进行讯问。从被第一次讯问之日起，犯罪嫌疑人在任何时候都有权委托辩护人。“采取强制措施”，是指采取各种强制措施，包括拘传、取保候审、监视居住、拘留和逮捕。从被采取强制措施之日起，犯罪嫌疑人在任何时候都有权委托辩护人。这样规定，主要是考虑，对于犯罪嫌疑人、被告人来说，被侦查机关第一次讯问或者采取强制措施，是其进入刑事诉讼的开始。从这时起，犯罪嫌疑人、被告人就有权委托辩护人。但根据本款规定，犯罪嫌疑人在侦查阶段和审查起诉阶段，可以委托作为辩护人的人员范围有所不同。在侦查期间，犯罪嫌疑人只能委托律师作为辩护人。律师是依法取得律师执业证书，接受委托或者指定，为当事人提供法律服务的执业人员。律师执业，要接受司法行政机关的监督和指导。由于在侦查期间，对案件的专门调查工作正在进行当中，将委托辩护人的人员范围限于律师比较稳妥。这样规定，既能满足犯罪嫌疑人适当的获得法律帮助的要求，也不致妨碍侦查活动的依法有序进行。在审查起诉期间，犯罪嫌疑人则依照本法第三十三条的规定，既可以委托律师作为辩护人，也可以委托人民团体或者犯罪嫌疑人所在单位推荐的人、犯罪嫌疑人的监护人、亲友作为辩护人。（2）被告人有权随时委托辩护人。这里所规定的“被告人”，既包括公诉案件的被告人，也包括自诉案件的被告人。“有权随时委托辩护人”，是指在人民法院受理刑事案件后，被告人在审判阶段随时有权委托辩护人。

第二款是关于侦查机关、人民检察院、人民法院应当告知犯罪嫌疑人、被告人有权委托辩护人和及时转达委托辩护人要求的规定。本款规定了两层意思。一是侦查机关在第一次讯问犯罪嫌疑人或者对犯罪嫌疑人采取强制措施的时候，应当告知犯罪嫌疑人有权委托辩护人。人民检察院自收到移送审查起诉的案件材料之日起三日以内，应当告知犯罪嫌疑人有权委托辩护人。人民法院自受理案件之日起三日以内，应当告知被告人有权委托辩护人。这一规定是侦查机关、人民检察院和人民法院的法定义务，也是保护犯罪嫌疑人、被告人辩护权的重要内容。这里规定的“三日以内”，是人民检察院、人民法院告知犯罪嫌疑人、被告人有权委托辩护人的法定期间。“受理案件”，既包括人民法院受理公诉案件，也包括受理自诉案件。人民检察院收到移送审查起诉的案件材料和人民法院受理案件后，应当及时安排在三日以内告知犯罪嫌疑人、被告人有权委托辩护人。需要注意的是，侦查机关、人民检察院和人民法院在对犯罪嫌疑人、被告人进行告知时，如果发现犯罪嫌疑人、被告人符合本法第三十五条规定的条件的，应当及时通知法律援助机构指派律师为其提供辩护。二是犯罪嫌疑人、被告人在押期间要求委托辩护人的，人民法院、人民检察院和公安机关应当及时转达其要求。这里所规定的“在押期间”，是指犯罪嫌疑人、被告人被依法拘留或者逮捕后被羁押的期间。犯罪嫌疑人、被告人在押期间要求委托辩护人的，不论是在人民法院、人民检察院和公安机关在告知其有权委托辩护人时提出的，还是在其他时间提出的，人民法院、人民检察院和公安机关应当及时向犯罪嫌疑人、被告人的监护人、近亲属、其想委托的人或者有关律师事务所、律师协会等转达其要求。

第三款是关于犯罪嫌疑人、被告人在押的，也可以由其监护人、近亲属代为委托辩护人的规定。本款规定适用于犯罪嫌疑人、被告人在押的情形，即犯罪嫌疑人、被告人被依法拘留或者逮捕后被羁押的情形。这里所规定的“监护人”，是指对未成年人、精神病人的人身、财产以及其他合法权益承担监督、保护职责的人，如未成年人的父母、精神病人的配偶等。“近亲属”，依照本法第一百零八条第六项的规定，是指夫、妻、父、母、子、女、同胞兄弟姊妹。根据本款规定，监护人、近亲属代为委托辩护人的，侦查机关、人民检察院、人民法院应当允许，不得阻碍其代为委托辩护人。

第四款是关于辩护人接受犯罪嫌疑人、被告人委托后，应当及时告知办理案件的机关的规定。这里所规定的“告知”，是指辩护人在接受委托后，将接受委托的有关情况告知办案机关，提交有关委托手续。“办理案件的机关”，是指辩护人接受委托时办理该案件的侦查机关、人民检察院或者人民法院。侦查机关、人民检察院和人民法院收到有关委托手续后，应当记录在案并随案移送。犯罪嫌疑人、被告人另行委托辩护人的，新接受委托的辩护人也应当依照本款规定将接受委托的情况告知办案机关。

第三十五条　犯罪嫌疑人、被告人因经济困难或者其他原因没有委托辩护人的，本人及其近亲属可以向法律援助机构提出申请。对符合法律援助条件的，法律援助机构应当指派律师为其提供辩护。

犯罪嫌疑人、被告人是盲、聋、哑人，或者是尚未完全丧失辨认或者控制自己行为能力的精神病人，没有委托辩护人的，人民法院、人民检察院和公安机关应当通知法律援助机构指派律师为其提供辩护。

犯罪嫌疑人、被告人可能被判处无期徒刑、死刑，没有委托辩护人的，人民法院、人民检察院和公安机关应当通知法律援助机构指派律师为其提供辩护。

【修改提示】

本条是1979年刑事诉讼法的规定，1996年、2012年作过修改，2018年刑事诉讼法未作修改。

【背景解读】

辩护权是犯罪嫌疑人、被告人最重要的诉讼权利。依法保障犯罪嫌疑人、被告人的辩护权，对于保证案件得到公正准确的处理，维护犯罪嫌疑人、被告人的诉讼权利和其他合法权益，具有十分重要的意义。但在实践中，有些犯罪嫌疑人、被告人因为经济困难等原因而没有委托辩护人；有些犯罪嫌疑人、被告人因为残疾等原因自行辩护存在困难，而又没有委托辩护人；还有些犯罪嫌疑人、被告人涉嫌特别严重的犯罪，但也由于各种原因而没有委托辩护人。为了使案件当事人在经济困难或者某些特殊情况下处理法律事务能够得到律师的帮助，1979 年刑事诉讼法就建立了法律援助制度。该法第二十七条规定，公诉人出庭公诉的案件，被告人没有委托辩护人的，人民法院可以为他指定辩护人。被告人是聋、哑或者未成年人而没有委托辩护人的，人民法院应当为他指定辩护人。1996 年修改刑事诉讼法时，进一步扩大了法律援助的适用范围，明确人民法院可以指定辩护的是被告人因经济困难或者其他原因没有委托辩护人的情形，增加规定对可能被判处死刑而没有委托辩护人的被告人，人民法院应当指定辩护，并明确指定辩护的律师是承担法律援助义务的律师，从而确立了法律援助制度。2012 年修改刑事诉讼法时，为进一步保障犯罪嫌疑人、被告人的辩护权和其他权利，发挥辩护律师在刑事诉讼中的作用，在 1996 年修改刑事诉讼法扩大法律援助适用范围的基础上，又进一步扩大了法律援助在刑事诉讼中的适用。一是将审判阶段提供法律援助修改为在侦查、起诉、审判阶段均提供法律援助；二是进一步扩大了法律援助的对象范围，增加规定对尚未完全丧失辨认或者控制自己行为能力的精神病人，以及可能被判处无期徒刑的犯罪嫌疑人、被告人，也应当提供法律援助。此外，2003 年 7 月国务院发布的《法律援助条例》对法律援助机构的设立及法律援助的申请、审查和实施程序作了规定。2012 年修改刑事诉讼法，总结实践经验并结合法律援助条例的有关规定，适当调整了的办理程序。考虑到法律援助条例规定了因经济困难或者其他原因应当提供法律援助的具体条件，并规定由法律援助机构进行审查，且承担法律援助义务的律师统一由法律援助机构进行管理，由人民法院认定因经济困难或者其他原因没有委托辩护人的是否符合法律援助条件，以及指定具体的法律援助律师存在一定的困难，实践中人民法院也是通过法律援助机构来完成指定辩护的，因此，2012 年修改刑事诉讼法，将人民法院“指定辩护”修改为向法律援助机构提出申请或者由人民法院、人民检察院和公安机关通知法律援助机构指派律师提供辩护。

【理解与适用】

本条是关于刑事法律援助的规定。

本条共分为三款。第一款是关于因经济困难或者其他原因申请法律援助的规定。这里所说的“法律援助”，是由国家、社会来承担对犯罪嫌疑人、被告人在法律上的帮助，当他们需要辩护人，而由于种种原因未委托辩护人时，如果符合法律援助条件，则无偿地为其提供律师的帮助。对于被告人因经济困难或者其他原因没有委托辩护人，无论是公诉案件还是自诉案件，向法律援助机构提出申请并符合法律援助条件的，都应当为其提供法律援助。本款的规定包括以下几个方面的内容：(1)本款的适用范围是犯罪嫌疑人、被告人因经济困难或者其他原因没有委托辩护人的情形。即犯罪嫌疑人、被告人因经济上的原因，请不起律师，或者因经济困难以外的其他原因，如无人替他担任辩护人等，因此未委托辩护人。这一规定体现了国家对于经济困难的人的法律援助，任何被告人都享有委托辩护人的权利，该权利不应因其贫困而被放弃。需要注意的是，可以委托辩护人而自动放弃这一权利的，不属于本款规定可以提供法律援助的范围。(2)本款规定的申请法律援助的主体是“本人及其近亲属”。这里所规定的“本人”，是指因经济困难或者其他原因没有委托辩护人的犯罪嫌疑人、被告人本人。“近亲属”，依照本法第一百零八条第六项的规定，是指该犯罪嫌疑人、被告人的夫、妻、父、母、子、女、同胞兄弟姊妹。(3)本款规定的法律援助申请的受理和审查机构是法律援助机构，即直辖市、设区的市或者县级人民政府司法行政部门根据需要确定的，负责受理、审查法律援助申请，指派或者安排人员为符合法律援助条件的公民提供法律援助的机构。(4)对符合法律援助条件的，法律援助机构应当指派律师提供辩护。根据这一规定，犯罪嫌疑人、被告人及其近亲属根据本款规定向法律援助机构提出申请的，法律援助机构应当受理并进行审查，对符合法律援助条件的，应当指派律师为其提供辩护。这是法律援助机构的法定义务。

第二款是关于对犯罪嫌疑人、被告人是盲、聋、哑或者是尚未完全丧失辨认或者控制自己行为能力的精神病人，没有委托辩护人的，应当为其提供法律援助的规定。本款的规定既适用于公诉案件，也适用于自诉案件。其中“盲”是指双目失明，“聋”是指两耳失聪。“尚未完全丧失辨认或者控制自己行为能力的精神病人”，依照刑法第十八条的规定，这些人犯罪的，应当负刑事责任，但是可以从轻或者减轻处罚。规定对上述犯罪嫌疑人、被告人提供法律援助，主要是考虑，犯罪嫌疑人、被告人是盲、聋、哑或者是尚未完全丧失辨认或者控制自己行为能力的精神病人的，因其生理上的缺陷，可能会造成其法律知识的欠缺和对外界事物认识的偏差，而且在庭审中对证据的识别以及辩护都存在障碍，因而应当有辩护律师维护他的合法权利。本款规定适用于侦查、审查起诉和审判阶段，义务主体包括人民法院、人民检察院、公安机关和法律援助机构。对于犯罪嫌疑人、被告人是盲、聋、哑或者是尚未完全丧失辨认或者控制自己行为能力的精神病人，没有委托辩护人的，在侦查、审查起诉和审判阶段，公安机关、人民检察院和人民法院都应当通知法律援助机构，由法律援助机构指派律师为其提供辩护。

第三款是关于犯罪嫌疑人、被告人可能被判处无期徒刑、死刑，没有委托辩护人的，应当为其提供法律援助的规定。死刑是刑罚中最重的刑罚，我国历来主张对适用死刑要慎重，因为人死不能复生，判决一旦生效执行，即使发现错误也难以挽回。无期徒刑也是很重的刑罚，会在很长时间内剥夺罪犯的人身自由。所以在刑事诉讼过程中，必须保证让这些犯罪嫌疑人、被告人充分行使辩护权。这是对重刑犯的辩护权的特殊保护，同时也体现了立足现阶段国情循序渐进的原则。这里所规定的"可能被判处死刑"，既包括可能被判处死刑立即执行，也包括可能被判处死刑缓期执行。需要指出的是，这里规定的是"可能"被判处无期徒刑、死刑，是人民法院、人民检察院和公安机关根据案件的事实和证据情况得出的一种可能性的判断，而不是定论。对于在刑事诉讼过程中一旦发现根据案情犯罪嫌疑人、被告人可能被判处无期徒刑、死刑，未委托辩护人的，就应当立即依照本款规定为犯罪嫌疑人、被告人提供法律援助。本款规定适用于侦查、审查起诉和审判阶段，义务主体包括人民法院、人民检察院、公安机关和法律援助机构。对于犯罪嫌疑人、被告人可能被判处无期徒刑、死刑，没有委托辩护人的，在侦查、审查起诉和审判阶段，公安机关、人民检察院和人民法院都应当通知法律援助机构，由法律援助机构指派律师为其提供辩护。

第三十六条[①] **法律援助机构可以在人民法院、看守所等场所派驻值班律师。犯罪嫌疑人、被告人没有委托辩护人，法律援助机构没有指派律师为其提供辩护的，由值班律师为犯罪嫌疑人、被告人提供法律咨询、程序选择建议、申请变更强制措施、对案件处理提出意见等法律帮助。**

人民法院、人民检察院、看守所应当告知犯罪嫌疑人、被告人有权约见值班律师，并为犯罪嫌疑人、被告人约见值班律师提供便利。

【修改提示】

本条是2018年修改刑事诉讼法增加的规定。

【背景解读】

刑事诉讼既要保证准确、及时地查明犯罪事实，正确应用法律，惩罚犯罪分子，也要保障无罪的人不受刑事追究，尊重和保障人权，保护包括犯罪嫌疑人、被

① 根据2018年10月26日第十三届全国人民代表大会常务委员会《关于修改〈中华人民共和国刑事诉讼法〉的决定》增加。

告人在内的公民的人身权利、财产权利、民主权利和其他权利。依法保障犯罪嫌疑人、被告人包括辩护权在内的诉讼权利，是保证案件公正准确处理，实现刑事诉讼法确定的任务宗旨的一个重要方面。特别是在刑事诉讼的开始阶段，能够为犯罪嫌疑人提供必要的法律帮助，使他们正确理解自己涉嫌犯罪的性质和有关法律规定，知悉相应的法律后果，缓解恐惧、焦虑、对抗等不良情绪，理性对待刑事追诉，不仅有利于保护犯罪嫌疑人、被告人的合法权益，也有利于促使犯罪嫌疑人配合司法机关的诉讼活动，甚至认罪悔罪，从而获得从宽处理。另一方面，也可以规范人民法院、人民检察院、公安机关的诉讼活动，保障准确及时查明犯罪事实，保障司法公正，提高诉讼效率，实现惩治犯罪和保障人权、公正和效率的统一。对此，刑事诉讼法作了一系列具体规定。比如，刑事诉讼法规定，人民法院、人民检察院和公安机关应当保障犯罪嫌疑人、被告人和其他诉讼参与人依法享有的辩护权和其他诉讼权利。犯罪嫌疑人、被告人可以委托律师为自己辩护。除了委托辩护之外，国家也建立法律援助制度，对于符合条件的犯罪嫌疑人、被告人，指定律师为其提供辩护。这些制度，对于维护犯罪嫌疑人、被告人的诉讼权利和各项权利，保障案件的公正处理，具有重大的意义。

在历次修改完善刑事诉讼法过程中，一直注重不断扩大犯罪嫌疑人、被告人获得辩护的范围。比如，2012 年修改刑事诉讼法时，将犯罪嫌疑人聘请律师提供辩护的诉讼阶段从审查起诉阶段提前到侦查阶段等。但是由于各方面原因制约，实践中律师参与刑事诉讼的比例尚不够高，无法保障所有案件的犯罪嫌疑人、被告人从诉讼开始均能获得律师辩护。为了提高刑事诉讼中律师的参与度，不断深化的司法体制改革在这方面采取了一系列的举措，值班律师制度就是其中一项重要内容。2014 年，中央深化体制改革领导小组正式将“在法院、看守所设置法律援助值班律师办公室”列为司法体制改革的重要内容，将法律援助值班律师制度纳入国家司法体制改革的整体框架之中。此后，最高人民法院、最高人民检察院、公安部、国家安全部、司法部于 2017 年 8 月印发的《关于开展法律援助值班律师工作的意见》、2016 年 11 月印发的《关于在部分地区开展刑事案件认罪认罚从宽制度试点工作的办法》都明确规定了值班律师制度。上述意见和授权决定均明确规定，办理认罪认罚案件，应当保障犯罪嫌疑人、被告人获得有效法律帮助，确保其了解认罪认罚的性质和法律后果，自愿认罪认罚。法律援助机构可以根据人民法院、看守所实际工作需要，通过设立法律援助工作站派驻值班律师、及时安排值班律师等形式提供法律帮助。人民法院、看守所应当为值班律师开展工作提供便利工作场所和必要办公设施，简化会见程序，保障值班律师依法履行职责。犯罪嫌疑人、被告人自愿认罪认罚，没有辩护人的，人民法院、人民检察院、公安机关应当通知值班律师为其提供法律咨询、程序选择、申请变更强制措施等法律帮助。人民法院、人民检察院、公安机关应当告知犯罪嫌疑人、被告人申请法律援助的权利。符合应当通知辩护条件的，依法通知法律援助机构指派律师为其提供辩护。除此之外，根据《关于开展法律援助值班律师工作的意见》规定，法律援助值班律师还可以引导和帮助犯罪嫌疑人、刑事被告人及其近亲属申请法律援助，转交申请材料；对刑讯逼供、非法取证情形代理申诉、控告等。

值班律师制度也借鉴了域外的一些成功经验做法。为了给犯罪嫌疑人提供法律帮助，英国、日本、澳大利亚、加拿大等很多国家也建立值班律师制度。值班律师的职责，一般是为犯罪嫌疑人、被告人免费提供必要而最低限度的法律帮助。律师值班的方式包括在羁押场所派驻法律援助律师或者公职律师值班，或者为羁押场所提供律师名单和联系电话，以随时为被逮捕并被羁押的犯罪嫌疑人提供法律咨询服务，或者为出庭受审但没有律师为其提供辩护的被告人提供法律咨询服务等。

在 2018 年研究修改刑事诉讼法过程中，各方面提出，为了充分发挥值班律师在刑事诉讼中的职能作用，依法保障犯罪嫌疑人、被告人诉讼权利，促进司法公正，与以审判为中心的刑事诉讼制度改革、认罪认罚从宽制度改革试点等中央司法改革文件衔接配套，建议将各地工作实践中形成的行之有效的经验做法上升为制度规范，在全国推行。2018 年修改刑事诉讼法，总结实践经验，并合理借鉴外国的做法，增加了值班律师的规定。

【理解与适用】

本条共分为两款。第一款是在人民法院、看守所等场所派驻值班律师以及值班律师职责的规定。本款规定可以从以下几个方面理解。一是值班律师的派驻，由法律援助机构负责。根据最高人民法院、最高人民检察院、公安部、国家安全部、司法部《关于开展法律援助值班律师工作的意见》的规定，可以担任值班律师的包括社会律师和法律援助值班律师，由法律援助机构综合社会律师和法律援助机构律师政治素质、职业道德水准、业务能力、执业年限等确定人选，建立法律援助值班律师名册。有条件的地方可以组建法律援助值班律师库。值班法律援助机构要将值班律师名册或者信息送交或者告知人民法院、人民检察院、公安机关及看守所，便于在犯罪嫌疑人、被告人需要法律帮助时可以及时通知值班律师。

二是派驻值班律师的场所包括人民法院、看守所等场所。一般来说，看守所作为关押犯罪嫌疑人的场所，人民法院作为开庭审判的场所，是需要值班律师的。人民检察院等部门在进行刑事诉讼过程中，有的案件也需要值班律师参与，比如，在审查起诉案件中犯罪嫌疑人认罪认罚的，在签署具结书时，如果犯罪嫌疑人没有委托辩护人，就需要值班律师在场。对于在哪些场所派驻值班律师，可由法律援助机构与人民法院、人民检察院、公安机关、看守所根据诉讼的需要确定，本款规定了“等场所”，有利于有关部门在具体工作中把握。

三是“派驻”和“值班”的形式是多样的，可以根据具体情况确定，比如，可以在人民法院、看守所等设立法律援助工作站或者值班律师办公室，每天或定期派值班律师到场工作，也可以建立值班律师通讯录，在犯罪嫌疑人、被告人需要服务时及时安排值班律师提供服务。本款规定“可以”派驻，是考虑到各地律师资源分配不均衡，有的地区有充足的律师资源，能满足派驻律师每天值班的要求，但也有的地方由于律师资源不足，无法派值班律师每天到场所现场值班，且有的西部地区由于人口稀少，刑事案件数量也较少，并不是每天都有犯罪嫌疑人、被告人需要提供法律帮助。因此，具体如何派驻、如何值班，可以由法律援助机构根据人民法院、看守所法律援助工作站法律咨询需求量和当地律师资源状况合理安排。值班律师可以相对固定专人或者轮流值班，也就是“派驻”，便于在犯罪嫌疑人提出约见值班律师的要求时及时安排；在律师资源短缺地区，可以探索采取现场值班和电话、网络值班结合的方式。

四是值班律师为犯罪嫌疑人提供法律帮助的条件是犯罪嫌疑人、被告人没有委托辩护人，或者法律援助机构没有指派律师为其提供辩护的。一般来说，法律援助值班律师是一种“急诊律师”，主要是在犯罪嫌疑人、被告人没有辩护人的情况下，作为委托或者指定辩护人的补充，尽快为其提供必要的法律帮助，弥补犯罪嫌疑人、被告人没有辩护人的缺陷。由于辩护律师提供的服务范围更为广泛和完备，而且相对于值班律师的临时帮助，其辩护服务包括整个诉讼过程，对于犯罪嫌疑人、被告人已经委托了辩护人的，或者因为符合法律援助条件，法律援助机构已经指定律师为其提供辩护的，就可以不再由值班律师为其提供法律帮助了。

五是值班律师的职责，是为犯罪嫌疑人、被告人提供法律咨询、程序选择建议、申请变更强制措施、对案件处理提出意见等法律帮助。提供法律咨询，包括介绍刑法和刑事诉讼法等法律规定，使其正确理解自己涉嫌犯罪的性质和法律后果，知道有关的诉讼程序。程序选择建议，是指对于采取何种诉讼程序处理案件，在向犯罪嫌疑人、被告人说明程序的法律规定和法律结果的基础上，向犯罪嫌疑人、被告人提出选择意见。比如，根据本法规定的认罪认罚从宽制度，对于犯罪嫌疑人认罪认罚的案件，有的是可以采取速裁程序进行审理的，这样既可以尽快结束诉讼，也可以使被告人获得尽量对其有利的处理结果。在人民检察院、人民法院提出适用速裁程序审理时，律师就可以建议犯罪嫌疑人、被告人同意适用速裁程序。“申请变更强制措施”，即犯罪嫌疑人被采取强制措施的，辩护律师可以为其向有关司法机关申请予以变更，如犯罪嫌疑人被拘留、逮捕的，辩护律师可以申请将拘留、逮捕变更为取保候审、监视居住，犯罪嫌疑人被监视居住的，辩护律师可以申请将监视居住变更为取保候审等。“对案件处理提出意见”包括对犯罪嫌疑人、被告人如何进行刑事诉讼，在诉讼中如何供述等程序问题提出意见，也包括对是否构成犯罪，是否有自首、立功、坦白等情节，人民检察院的量刑建议中的主刑、附加刑以及是否适用缓刑等问题，为犯罪嫌疑人、被告人向人民法院、人民检察院、公安机关提出处理意见。

第二款是关于人民法院、人民检察院、看守所应当告知犯罪嫌疑人、被告人有权约见值班律师，以及为犯罪嫌疑人、被告人约见值班律师提供便利的规定。在刑事诉讼中，值班律师是帮助犯罪嫌疑人、被告人获得法律帮助，有效应对刑事诉讼的一个重要途径。但由于缺乏法律知识等原因，犯罪嫌疑人、被告人可能不知道其可以请求值班律师提供法律帮助的法律规定。因此，刑事诉讼法规定人民法院、人民检察院、看守所负有告知的职责，并规定要为他们约见值班律师提供便利。所谓的"提供便利"，包括在犯罪嫌疑人、被告人提出约见值班律师的要求时，及时为他们提供值班律师名册、联系方式；及时将犯罪嫌疑人、被告人的约见要求转告值班律师等；在人民法院、看守所等场所内为约见提供必要的场地、设施。

第三十七条　辩护人的责任是根据事实和法律，提出犯罪嫌疑人、被告人无罪、罪轻或者减轻、免除其刑事责任的材料和意见，维护犯罪嫌疑人、被告人的诉讼权利和其他合法权益。

【修改提示】

本条是1979年刑事诉讼法的规定，1996年、2012年作过修改，2018年修改刑事诉讼法未作修改。

【背景解读】

辩护权是宪法赋予公民的一项诉讼权利，辩护制度是刑事诉讼法的一项重要制度。在实践中，犯罪嫌疑人、被告人主要是通过辩护人来行使辩护权的。因此，对辩护人的责任作出明确规定和要求，保证辩护人依法履行职责，对于辩护制度的完善和发展，保证诉讼的正常进行，保障犯罪嫌疑人、被告人的诉讼权利和其他合法权益，具有重要的作用。1996年刑事诉讼法第三十五条规定，辩护人的责任是根据事实和法律，提出证明犯罪嫌疑人、被告人无罪、罪轻或者减轻、免除其刑事责任的材料和意见，维护犯罪嫌疑人、被告人的合法权益。近年来，一些全国人大代表、专家学者和律师多次提出，辩护人在刑事诉讼中，不仅要维护犯罪嫌疑人、被告人的实体权利，依法为其争取无罪判决或者从宽处理，还要维护犯罪嫌疑人、被告人程序性的诉讼权利，保障诉讼活动的公平、公正，建议在刑事诉讼法中对此予以明确。还有的意见提出，辩护人提出"证明"犯罪嫌疑人、被告人无罪等的材料和意见的规定，可能被理解为辩护人要承担犯罪嫌疑人、被告人无罪的证明责任，建议对这一表述进行调整。2012 年修改刑事诉讼法，本条明确了辩护人维护犯罪嫌疑人、被告人诉讼权利的职责，删去了有关规定中的“证明”。

【理解与适用】

本条是关于辩护人的责任的规定。

本条从三个方面规定了辩护人的责任：

1. 辩护人维护犯罪嫌疑人、被告人的合法权益应当根据事实和法律。“根据事实和法律”，是指要实事求是，以案件的实际情况和法律的规定作为辩护的依据。这是辩护人为犯罪嫌疑人、被告人进行辩护，维护其合法权益的行为准则和根据。

2. 辩护人通过提出犯罪嫌疑人、被告人无罪、罪轻或者减轻、免除其刑事责任的材料和意见，来维护犯罪嫌疑人、被告人的合法权益。这是辩护人进行的主要工作，也是辩护人维护犯罪嫌疑人、被告人合法权益的正确途径。“提出犯罪嫌疑人、被告人无罪、罪轻或者减轻、免除其刑事责任的材料和意见”，是指辩护人经过了解案情和对案件进行调查，提出犯罪嫌疑人、被告人没有犯罪行为、其行为不构成犯罪或者虽然构成犯罪，但罪行较轻的材料，提出对于犯罪嫌疑人应当依照刑法判决无罪、从轻处罚、减轻处罚或者免除处罚的理由和证据，如被告人属于未成年人、有自首、立功表现等，并根据掌握的事实、证据，依据法律规定发表辩护意见。

3. 辩护人辩护的目的是维护犯罪嫌疑人、被告人的诉讼权利和其他合法权益。这是辩护人的职责所在，是法律赋予辩护人的义务。“诉讼权利”是指刑事诉讼法和其他法律规定的，犯罪嫌疑人、被告人在刑事诉讼中享有的程序性的权利，如使用本民族语言文字进行诉讼的权利，申请回避的权利，拒绝回答与本案无关的问题的权利，申请变更强制措施的权利，申请通知新的证人到庭的权利，进行法庭辩论和最后陈述的权利，上诉的权利等。明确辩护人维护犯罪嫌疑人、被告人诉讼权利的责任，有利于更好地保障和促进辩护人依法履行辩护职责，保护犯罪嫌疑人、被告人的合法权益，维护司法公正。辩护人应当积极维护犯罪嫌疑人、被告人的诉讼权利和其他合法权益，发现有办案机关侵犯犯罪嫌疑人、被告人的诉讼权利和其他合法权益的情形时，应当依法提出意见或者代理申诉、控告。

需要说明的是，本条规定的辩护人的“责任”，是从辩护人的职责或者执业要求角度，主要是相对于其委托人或法律援助对象而规定的。根据本法的有关规定，公诉案件中被告人有罪的证明责任由人民检察院承担。因此，只要人民检察院或者自诉人提出的被告人有罪的证据不能达到确实、充分的程度，依法就不能认定被告人有罪。辩护人在诉讼中的工作，主要是对犯罪指控和人民检察院、自诉人的举证进行辩解和反驳，并不承担犯罪嫌疑人、被告人无罪的举证责任。

第三十八条　辩护律师在侦查期间可以为犯罪嫌疑人提供法律帮助；代理申诉、控告；申请变更强制措施；向侦查机关了解犯罪嫌疑人涉嫌的罪名和案件有关情况，提出意见。

【修改提示】

2012 年修改刑事诉讼法增加了本条规定，2018 年修改刑事诉讼法未作修改。

【背景解读】

根据 1979 年刑事诉讼法的规定，律师在审判阶段才参加刑事诉讼。1996 年修改刑事诉讼法，将犯罪嫌疑人有权委托辩护人的时间提前到审查起诉阶段，并规定犯罪嫌疑人在侦查阶段可以聘请律师提供法律帮助。该法第九十六条规定，犯罪嫌疑人在被侦查机关第一次讯问后或者采取强制措施之日起，可以聘请律师为其提供法律咨询、代理申诉、控告。犯罪嫌疑人被逮捕的，聘请的律师可以为其申请取保候审。受委托的律师有权向侦查机关了解犯罪嫌疑人涉嫌的罪名，可以会见在押的犯罪嫌疑人，向犯罪嫌疑人了解有关案件情况。2012 年修改刑事诉讼法，为进一步明确律师在侦查阶段的法律地位，更好地发挥其作用，将犯罪嫌疑人在侦查阶段只能聘请律师提供法律帮助的规定修改为，犯罪嫌疑人自被侦查机关第一次讯问或者采取强制措施之日起，有权委托律师作为辩护人。根据各方面的意见，总结实践情况，在本条中相应地规定了辩护律师在侦查期间的职责，将 1996 年刑事诉讼法第九十六条中的相关规定移至本条，并根据律师在侦查阶段的法律地位的变化，进一步完善和强化了辩护律师在侦查期间的作用，增加辩护律师向侦查机关了解案件有关情况和提出意见的权利。

【理解与适用】

本条是关于辩护律师在侦查期间的职责和权限的规定。

本条从以下四个方面规定了辩护律师在侦查期间的职责：

1. 辩护律师在侦查期间可以为犯罪嫌疑人提供法律帮助。这里规定的“辩护律师”，是指犯罪嫌疑人自被侦查机关第一次讯问或者采取强制措施之日起委托作为辩护人的律师。根据本法第三十三条第一款的规定，犯罪嫌疑人在侦查期间，只能委托律师作为辩护人。因此，本条规定的主体仅限于辩护律师。辩护律师在侦查期间的第一项职责是“为犯罪嫌疑人提供法律帮助”。这里所规定的法律帮助，是指为犯罪嫌疑人提供法律咨询或者其他犯罪嫌疑人需要的法律帮助。其中提供法律咨询，主要是指帮助犯罪嫌疑人了解有关法律规定，向犯罪嫌疑人解释有关法律问题。提供法律帮助不限于回答犯罪嫌疑人提出的法律问题，对与犯罪嫌疑人有关的法律事务，不论其是否向辩护律师提出，辩护律师都有责任提供帮助，如对犯罪嫌疑人进行法治教育，教育犯罪嫌疑人如实供述，争取得到从轻处理，介绍有关刑事政策和法律规定，让其了解有关法律责任规定，讲解有关法律程序，告知其享有的各项诉讼权利等。

2. 辩护律师可以代理申诉、控告。辩护律师在侦查期间的第二项职责是“代理申诉、控告”。这里所规定的“代理申诉、控告”，主要是指代理犯罪嫌疑人对侦查人员及其他有关人员侵犯犯罪嫌疑人合法权利的行为等提出申诉、控告。代理申诉、控告是以犯罪嫌疑人的名义代为行使申诉、控告的权利，而不是律师本身的权利。因此，辩护律师代理申诉、控告，须经犯罪嫌疑人的委托。需要注意的是，本条是关于辩护律师在侦查期间的职责规定。根据本法第三十七条关于辩护人“维护犯罪嫌疑人、被告人的诉讼权利和其他合法权益”的责任的规定，辩护人在其他诉讼阶段也可以代理犯罪嫌疑人、被告人行使申诉、控告的权利。

3. 辩护律师可以申请变更强制措施。辩护律师在侦查期间的第三项职责是“申请变更强制措施”。即犯罪嫌疑人被采取强制措施的，辩护律师可以为其向有关司法机关申请予以变更，如犯罪嫌疑人被拘留、逮捕的，辩护律师可以申请将拘留、逮捕变更为取保候审、监视居住，犯罪嫌疑人被监视居住的，辩护律师可以申请将监视居住变更为取保候审等。申请变更强制措施，辩护律师可以以自己的名义进行，不需要经犯罪嫌疑人的委托。需要注意的是，本条是关于辩护律师在侦查期间的职责规定。根据本法第九十七条的规定，辩护人在其他诉讼阶段，也有权申请变更强制措施。同时，辩护律师在侦查期间申请变更强制措施的，公安机关收到申请后，应当在三日以内作出决定，不同意变更强制措施的，应当告知申请人，并说明不同意的理由。

4. 辩护律师可以向侦查机关了解犯罪嫌疑人涉嫌的罪名和案件有关情况，提出意见。辩护律师在侦查期间的第四项职责是“向侦查机关了解犯罪嫌疑人涉嫌的罪名和案件有关情况，提出意见”。这里所规定的“了解犯罪嫌疑人涉嫌的罪名”，是指向侦查机关了解犯罪嫌疑人有何种犯罪嫌疑，即侦查机关立案侦查的罪名，侦查机关应当告知。“了解案件有关情况”，主要是指向侦查机关了解案件的性质、案情的轻重以及对案件侦查的有关情况，包括有关证据情况等。在不影响侦查顺利进行的前提下，侦查机关应当尽量向辩护律师告知案件的有关情况。“提出意见”，主要是指依照本法第一百六十一条的规定，辩护律师在案件侦查终结前，有权要求侦查机关听取其意见，或者向侦查机关提出书面意见。提出意见既包括对案件事实和证据提出意见，也包括对侦查活动是否合法等提出意见。辩护律师提出要求的，侦查机关应当听取其意见，并记录在案。辩护律师提出书面意见的，应当附卷。

第三十九条[①]　**辩护律师可以同在押的犯罪嫌疑人、被告人会见和通信。其他辩护人经人民法院、人民检察院许可，也可以同在押的犯罪嫌疑人、被告人会见和通信。**

辩护律师持律师执业证书、律师事务所证明和委托书或者法律援助公函要求会见在押的犯罪嫌疑人、被告人的，看守所应当及时安排会见，至迟不得超过四十八小时。

危害国家安全犯罪、恐怖活动犯罪案件，在侦查期间辩护律师会见在押的犯罪嫌疑人，应当经侦查机关许可。上述案件，侦查机关应当事先通知看守所。

辩护律师会见在押的犯罪嫌疑人、被告人，可以了解案件有关情况，提供法律咨询等；自案件移送审查起诉之日起，可以向犯罪嫌疑人、被告人核实有关证据。辩护律师会见犯罪嫌疑人、被告人时不被监听。

辩护律师同被监视居住的犯罪嫌疑人、被告人会见、通信，适用第一款、第三款、第四款的规定。

【修改提示】

本条是1979年刑事诉讼法的规定，1996年、2012年作过修改。2018年修改刑事诉讼法对本条作了一处修改，将“危害国家安全犯罪、恐怖活动犯罪、特别重大贿赂犯罪案件”修改为“危害国家安全犯罪、恐怖活动犯罪案件”，删去了“特别重大贿赂犯罪案件”。

---

① 根据2018年10月26日第十三届全国人民代表大会常务委员会第六次会议通过的《关于修改〈中华人民共和国刑事诉讼法〉的决定》修改。修改前的刑事诉讼法条文是：“辩护律师可以同在押的犯罪嫌疑人、被告人会见和通信。其他辩护人经人民法院、人民检察院许可，也可以同在押的犯罪嫌疑人、被告人会见和通信。

辩护律师持律师执业证书、律师事务所证明和委托书或者法律援助公函要求会见在押的犯罪嫌疑人、被告人的，看守所应当及时安排会见，至迟不得超过四十八小时。

危害国家安全犯罪、恐怖活动犯罪、特别重大贿赂犯罪案件，在侦查期间辩护律师会见在押的犯罪嫌疑人，应当经侦查机关许可。上述案件，侦查机关应当事先通知看守所。

辩护律师会见在押的犯罪嫌疑人、被告人，可以了解案件有关情况，提供法律咨询等；自案件移送审查起诉之日起，可以向犯罪嫌疑人、被告人核实有关证据。辩护律师会见犯罪嫌疑人、被告人时不被监听。

辩护律师同被监视居住的犯罪嫌疑人、被告人会见、通信，适用第一款、第三款、第四款的规定。”

【背景解读】

辩护人会见在押的犯罪嫌疑人、被告人，是辩护人履行职责的需要。通过会见在押的犯罪嫌疑人、被告人，辩护人可以为犯罪嫌疑人提供法律帮助，了解案情，并根据案情和案件的证据情况等准备辩护意见，同时，辩护人也可以了解犯罪嫌疑人、被告人对案件的辩护意见和其诉讼权利是否存在受到侵犯的情况等。因此，辩护人会见在押的犯罪嫌疑人、被告人，是辩护人履行其职责的重要的基础性的工作，对于提高辩护质量和保证案件的公正处理，都具有重要的意义。1979 年的刑事诉讼法就对辩护人在审判阶段会见在押的被告人作了规定。1996 年修改刑事诉讼法时，由于修改后的刑事诉讼法将委托辩护人的时间提前到审查起诉阶段，并规定犯罪嫌疑人在侦查阶段可以聘请律师为其提供法律帮助。相应地，1996 年刑事诉讼法在第三十六条中增加规定，辩护人在审查起诉阶段也可以同在押的犯罪嫌疑人会见和通信。在第九十六条中增加规定，受委托的律师可以会见在押的犯罪嫌疑人，向犯罪嫌疑人了解有关案件情况。律师会见在押的犯罪嫌疑人，侦查机关根据案件情况和需要可以派员在场。涉及国家秘密的案件，律师会见在押的犯罪嫌疑人，应当经侦查机关批准。

2007 年修订的律师法在第三十三条中对律师会见犯罪嫌疑人、被告人作了规定，规定犯罪嫌疑人被侦查机关第一次讯问或者采取强制措施之日起，受委托的律师凭律师执业证书、律师事务所证明和委托书或者法律援助公函，有权会见犯罪嫌疑人、被告人并了解有关案件情况。律师会见犯罪嫌疑人、被告人，不被监听。

2012 年修改刑事诉讼法时，对辩护人同在押的犯罪嫌疑人、被告人会见和通信的规定作了三个方面的修改完善。一是由于修改后的刑事诉讼法已将犯罪嫌疑人在侦查期间可以聘请律师提供法律帮助改为可以委托律师作为辩护人，因此，对于辩护人在侦查、审查起诉和审判阶段同在押的犯罪嫌疑人、被告人会见和通信的问题，统一在本条中作了规定。二是妥善处理好同修订后的律师法的相关规定的衔接问题。在研究起草和征求意见的过程中，经同有关方面反复研究认为，在刑事诉讼法中应当吸收律师法的相关规定，但对于极少数案件，从维护国家安全、公共安全的实际情况考虑，律师在侦查阶段会见犯罪嫌疑人，事先经侦查机关许可是必要的。因此，修改后的刑事诉讼法吸收了律师法关于律师凭律师执业证书、律师事务所证明和委托书或者法律援助公函，有权会见犯罪嫌疑人、被告人和辩护律师会见犯罪嫌疑人、被告人时不被监听的规定，并将 1996 年刑事诉讼法第九十六条关于涉及国家秘密的案件，律师会见在押的犯罪嫌疑人，应当经侦查机关批准的规定修改为，危害国家安全犯罪、恐怖活动犯罪、特别重大贿赂犯罪案件，在侦查期间辩护律师会见在押的犯罪嫌疑人，应当经侦查机关许可。三是进一步完善了辩护人同在押的犯罪嫌疑人、被告人会见的程序性规定。1996 年刑事诉讼法第九十六条规定，涉及国家秘密的案件，律师会见在押的犯罪嫌疑人，应当经侦查机关批准，律师会见在押的犯罪嫌疑人，侦查机关根据案件情况和需要可以派员在场，根据上述规定，律师会见在押的犯罪嫌疑人，需要由侦查机关予以安排。2012 年修改刑事诉讼法时，规定律师会见在押的犯罪嫌疑人、被告人，由看守所直接安排；对于律师会见须经许可的案件，侦查机关应当事先通知看守所。为了防止看守所拖延安排时间，还规定看守所安排会见，至迟不得超过四十八小时。同时，对辩护律师会见在押的犯罪嫌疑人、被告人时的职责作了具体规定，增加规定自案件移送审查起诉之日起，辩护律师可以向犯罪嫌疑人、被告人核实有关证据。

2018 年修改刑事诉讼法对本条作了一处修改，将“危害国家安全犯罪、恐怖活动犯罪、特别重大贿赂犯罪案件”修改为“危害国家安全犯罪、恐怖活动犯罪案件”，删去了“特别重大贿赂犯罪案件”。

【理解与适用】

本条是关于辩护人同在押的犯罪嫌疑人、被告人会见和通信的规定。

本条共分为五款。第一款是关于辩护律师和其他辩护人同在押的犯罪嫌疑人、被告人会见和通信的一般性规定。根据本款规定，辩护律师可以同在押的犯罪嫌疑人、被告人会见和通信。其他辩护人经人民法院、人民检察院许可，也可以同在押的犯罪嫌疑人、被告人会见和通信。规定辩护人可以与在押的犯罪嫌疑人、被告人会见和通信，其目的是为了方便辩护人听取犯罪嫌疑人对案件的陈述和辩解，了解有关案件情况，听取犯罪嫌疑人对案件应当如何辩护的意见，同时，辩护人也可以对犯罪嫌疑人提供法律咨询和进行法治教育等。根据本款规定，辩护律师与其他辩护人在行使这些权利时有一点明确的区别，就是辩护律师接受犯罪嫌疑人、被告人的委托或者接受法律援助机构的指派后，除本条第三款规定的危害国家安全犯罪、恐怖活动犯罪，辩护律师在侦查期间会见在押的犯罪嫌疑人须经侦查机关许可外，对于其他犯罪案件和在审查起诉、审判阶段，辩护律师同在押的犯罪嫌疑人、被告人会见和通信均不需要经过许可，而其他辩护人同在押的犯罪嫌疑人、被告人会见和通信则需要经过人民法院、人民检察院的许可。具体来说，其他辩护人在审查起诉阶段同在押的犯罪嫌疑人会见和通信，应当经人民检察院许可；在审判阶段同在押的被告人会见和通信，应当经人民法院许可。作这个区分，主要是考虑根据律师法的规定，律师是依法取得律师执业证书，接受委托或者指定，为当事人提供法律服务的执业人员，接受司法行政部门的监督、指导，且一般与本案无其他利害关系，而其他辩护人则可能是犯罪嫌疑人的监护人、近亲属，是否能同在押的犯罪嫌疑人、被告人会见和通信，需要由人民法院、人民检察院根据案情和辩护人的情况决定。许可与否的标准，一般地讲主要是看案件的情况，对于案件中同案犯都已归案，证据清楚、确实，犯罪嫌疑人也供认不讳的，应当让其他辩护人行使上述权利。只有对于让辩护人会见犯罪嫌疑人可能造成串供或者其他同案犯逃跑等情况的，才有必要限制，但这种限制不是都一律禁止，也可以推迟会见、通信的时间。只要对诉讼程序的正常进行没有妨碍的，人民法院、人民检察院就应当予以许可。

第二款是关于辩护律师同在押的犯罪嫌疑人、被告人会见的要求和安排程序的规定。关于这一程序，本款共规定了三个方面的内容：(1)辩护律师会见在押的犯罪嫌疑人、被告人，应当向看守所提出会见的要求。看守所是专门的刑事羁押机关，负责羁押被拘留、逮捕的犯罪嫌疑人、被告人。(2)辩护律师要求会见的，应当办理相应的会见手续，出示有关证件，主要是律师执业证书、律师事务所证明和委托书或者法律援助公函。其中对于当事人委托的辩护律师，需要出示的是“委托书”，即犯罪嫌疑人、被告人或者其监护人、近亲属出具的委托律师作为辩护人的委托文件；对于法律援助机构指派的辩护律师，需要出示的是由法律援助机构出具的“法律援助公函”。(3)看守所应当及时安排会见，至迟不得超过四十八小时。一般来说，辩护律师提出会见要求后，除了因侦查人员正在讯问、没有会见场所等特殊情况外，看守所应当立即安排会见，不得故意拖延安排，而且不论在哪种情况下，都应当在四十八小时以内安排。

第三款是关于特定案件辩护律师会见在押的犯罪嫌疑人需经侦查机关许可的规定。本款规定的辩护律师会见须经侦查许可的案件包括两类：(1)危害国家安全犯罪。主要是指刑法分则第一章规定的危害国家安全罪和刑法分则其他章节中规定的危害国家安全的犯罪，如泄露国家重要秘密的犯罪等。(2)恐怖活动犯罪。根据2015年12月全国人大常委会通过的《中华人民共和国反恐怖主义法》第三条的规定，恐怖活动是指恐怖主义性质的下列行为：①组织、策划、准备实施、实施造成或者意图造成人员伤亡、重大财产损失、公共设施损坏、社会秩序混乱等严重社会危害的活动的；②宣扬恐怖主义，煽动实施恐怖活动，或者非法持有宣扬恐怖主义的物品，强制他人在公共场所穿戴宣扬恐怖主义的服饰、标志的；③组织、领导、参加恐怖活动组织的；④为恐怖活动组织、恐怖活动人员、实施恐怖活动或者恐怖活动培训提供信息、资金、物资、劳务、技术、场所等支持、协助、便利的；⑤其他恐怖活动。恐怖活动犯罪主要是指实施上述活动，构成犯罪的行为，包括组织、领导和参加恐怖活动组织罪，帮助恐怖活动罪，准备实施恐怖活动罪，宣扬恐怖主义、极端主义、煽动实施恐怖活动罪，利用极端主义破坏法律实施罪，强制穿戴宣扬恐怖主义、极端主义服饰、标志罪，非法持有宣扬恐怖主义、极端主义物品罪，投放虚假危险物质罪，编造、故意传播虚假恐怖信息罪，以及以制造社会恐慌、危害公共安全或者胁迫国家机关、国际组织为目的而实施的放火、爆炸、投放危险物质、破坏交通工具、破坏电力设备、劫持航空器等恐怖活动犯罪。根据本款规定,对于上述案件,在侦查期间辩护律师会见在押的犯罪嫌疑人,应当经侦查机关许可。侦查机关应当根据案情和侦查工作的进展情况,对辩护律师提出会见要求的,既可以立即许可会见,也可以经过一段时间后再许可会见,在特殊情况下也可以不许可会见。本款还同时规定,上述案件,侦查机关应当事先通知看守所。这样规定,主要是因为看守所不是负责案件侦查的部门,对于案件是否属于上述两类犯罪案件不一定清楚。根据这一规定,侦查机关在拘留、逮捕上述两类案件的犯罪嫌疑人后,应当在送交看守所羁押的同时将这一情况通知看守所,在侦查过程中发现犯罪嫌疑人还涉嫌上述两类案件时,也应当及时通知看守所。看守所接到通知后,对于上述两类案件,在辩护律师要求会见时,如果辩护律师没有得到侦查机关的许可,看守所不得安排会见。

第四款是关于辩护律师同在押的犯罪嫌疑人、被告人会见时的职责及会见不被监听的规定。关于辩护律师在会见时的职责,根据本款规定,辩护律师在会见在押的犯罪嫌疑人、被告人时可以行使以下职责:(1)了解案件有关情况,主要是听取犯罪嫌疑人、被告人对案件的陈述和辩解,判断其案件的性质和情节,从而确定辩护意见的主要方向。(2)提供法律咨询,主要是指帮助犯罪嫌疑人了解有关法律规定,向犯罪嫌疑人解释有关法律问题,让其了解有关法律规定,讲解有关法律程序,告知其享有的各项诉讼权利等。(3)提供其他适当的法律帮助,如了解犯罪嫌疑人、被告人是否有其诉讼权利和其他合法权益受到侵害的情形,是否需要代理申诉、控告,以及对犯罪嫌疑人进行法治教育,教育犯罪嫌疑人如实供述,争取得到从轻处理等。(4)自案件移送审查起诉之日起,可以向犯罪嫌疑人、被告人核实有关证据。本法第四十条规定,辩护律师自人民检察院对案件审查起诉之日起,可以查阅、摘抄、复制本案的案卷材料。为了更好地准备辩护,包括向人民检察院提出辩护意见和在法庭上行使辩护职能,进行质证等,辩护律师均需要对其查阅、摘抄、复制的有关证据材料及自行调查收集的有关证据材料向犯罪嫌疑人、被告人进行核实,以确定证据材料的可靠性。之所以规定辩护律师从审查起诉阶段才可以向犯罪嫌疑人、被告人核实有关证据,主要是考虑这时案件已经侦查终结,案件事实已经查清,主要证据已经固定,辩护律师核实证据不致影响侦查活动的正常进行。除了辩护律师在会见时的职责以外,本款还吸收2007年修订后的律师法第三十三条的规定,明确辩护律师会见犯罪嫌疑人、被告人时不被监听。这样规定主要是考虑,如果侦查机关在律师会见时可以听到其谈话内容,就会使犯罪嫌疑人、被告人顾虑重重,不敢对律师讲案件的真实情况。为保障辩护权的充分行使,应当使辩护律师与犯罪嫌疑人、被告人之间的谈话在保密的状态下进行,其谈话内容不能为第三方知悉。根据本款规定,辩护律师会见犯罪嫌疑人、被告人时不被监听,包括有关机关不得派员在场,不得通过任何方式监听律师会见时的谈话内容，也不得对律师会见进行秘密录音。需要注意的是，本款规定并不禁止有关机关基于安全上的考虑，对律师会见犯罪嫌疑人、被告人的过程进行必要的监视，但这种监视不能影响律师与犯罪嫌疑人、被告人谈话内容的保密性。

第五款是关于辩护律师同被监视居住的犯罪嫌疑人、被告人会见和通信的规定。1996 年刑事诉讼法只对辩护律师会见在押的犯罪嫌疑人、被告人作了规定，对于未被羁押的犯罪嫌疑人、被告人，由于其人身自由未受到限制，辩护律师可以随时与其会见。2012 年修改的刑事诉讼法，适当调整了监视居住措施的定位，对监视居住的监督管理更加严格，如规定：被监视居住的犯罪嫌疑人、被告人未经执行机关批准不得会见他人或者通信；还规定：执行机关在侦查期间，可以对被监视居住的犯罪嫌疑人的通信进行监控。因此，有必要对辩护律师如何同被监视居住的犯罪嫌疑人、被告人会见和通信作出明确规定。根据本款规定，辩护律师同被监视居住的犯罪嫌疑人、被告人会见、通信，适用第一款、第三款、第四款的规定。也就是说，辩护律师可以同被监视居住的犯罪嫌疑人、被告人会见和通信；除危害国家安全犯罪、恐怖活动犯罪案件，在侦查期间辩护律师会见被监视居住的犯罪嫌疑人，应当经侦查机关许可以外，辩护律师会见被监视居住的犯罪嫌疑人、被告人不需经有关机关许可或者批准；辩护律师会见被监视居住的犯罪嫌疑人、被告人，可以了解有关案件情况，提供法律咨询等；自案件移送审查起诉之日起，可以向犯罪嫌疑人、被告人核实有关证据。辩护律师会见被监视居住的犯罪嫌疑人、被告人时不被监听。

第四十条　辩护律师自人民检察院对案件审查起诉之日起，可以查阅、摘抄、复制本案的案卷材料。其他辩护人经人民法院、人民检察院许可，也可以查阅、摘抄、复制上述材料。

【修改提示】

本条是 1979 年刑事诉讼法的规定，1996 年、2012 年作过修改，2018 年修改刑事诉讼法未作修改。

【背景解读】

辩护人查阅、摘抄、复制有关案卷材料，是辩护人履行职责的需要。通过查阅、摘抄、复制有关案卷材料，辩护人可以全面了解案件情况，对案件证据进行审查，从而发现对犯罪嫌疑人、被告人的指控中可能存在的疑点和问题，有效地形成辩护方向和辩护意见。保障辩护人的阅卷权，对于提高辩护质量和保证案件的公正处理，具有重要的意义。1979 年的刑事诉讼法就对辩护人在审判阶段查阅本案材料，了解案情作了规定。1996 年修改刑事诉讼法时，由于修改后的刑事诉讼法将委托辩护人的时间提前到审查起诉阶段。相应地，1996 年修改的刑事诉讼法在第三十六条中增加规定，辩护律师在审查起诉阶段可以查阅、摘抄、复制本案的诉讼文书、技术性鉴定材料，其他辩护人经人民检察院许可，也可以查阅、摘抄、复制上述材料，并将审判阶段的“查阅本案材料，了解案情”修改为“查阅、摘抄、复制本案所指控的犯罪事实的材料”。律师法规定，受委托的律师自案件审查起诉之日起，有权查阅、摘抄和复制与案件有关的诉讼文书及案卷材料。受委托的律师自案件被人民法院受理之日起，有权查阅、摘抄和复制与案件有关的所有材料。2012 年修改刑事诉讼法，吸收律师法的规定，对辩护人阅卷的规定作了修改完善，规定辩护律师自人民检察院对案件审查起诉之日起，可以查阅、摘抄、复制本案的案卷材料。其他辩护人经人民法院、人民检察院许可，也可以查阅、摘抄、复制上述材料。

【理解与适用】

本条是关于辩护人阅卷的规定。

本条从以下四个方面对辩护人阅卷的权利作了规定：(1)辩护人有权阅卷的起始时间是人民检察院对案件审查起诉之日。即辩护人在审查起诉和审判阶段均有权阅卷。(2)辩护人阅卷的具体方法包括查阅、摘抄、复制。(3)辩护人阅卷的范围是本案的案卷材料。即侦查机关移送人民检察院和人民检察院移送人民法院的案卷中的各种材料，包括其中的证明犯罪嫌疑人、被告人是否有罪、犯罪情节轻重的所有证据材料、诉讼文书等。(4)其他辩护人经人民法院、人民检察院许可，也可以查阅、摘抄、复制本案的案卷材料。具体来说，其他辩护人阅卷，在审查起诉阶段应当经人民检察院许可，在审判阶段应当经人民法院许可。对辩护律师和其他辩护人作不同的规定，主要是考虑根据律师法的规定，律师是依法取得律师执业证书，接受委托或者指定，为当事人提供法律服务的执业人员，接受司法行政部门的监督、指导，且一般与本案无其他利害关系，而其他辩护人则可能是犯罪嫌疑人的监护人、近亲属，是否能查阅、摘抄、复制本案的案卷材料，需要由人民法院、人民检察院根据案情和辩护人的情况决定。许可与否的标准，一般地讲主要是看案件的情况，对于案件中同案犯都已归案，证据清楚、确实，犯罪嫌疑人也供认不讳的，应当让其他辩护人行使上述权利。只有对于让辩护人阅卷可能造成串供或者其他妨碍诉讼的情况的，才有必要限制，但这种限制不是都一律禁止，也可以是推迟阅卷的时间。只要对诉讼程序的正常进行没有妨碍的，人民法院、人民检察院就应当予以许可。

第四十一条　辩护人认为在侦查、审查起诉期间公安机关、人民检察院收集的证明犯罪嫌疑人、被告人无罪或者罪轻的证据材料未提交的，有权申请人民检察院、人民法院调取。

【修改提示】

2012 年修改刑事诉讼法增加了本条规定，2018 年修改刑事诉讼法未作修改。

【背景解读】

1996 年修改的刑事诉讼法，对律师参加刑事诉讼的时间和人民检察院提起公诉时的案卷移送规定作了修改。1996 年刑事诉讼法规定辩护人在审判阶段可以查阅、摘抄、复制本案所指控的犯罪事实的材料，同时规定人民检察院在提起公诉时，只向人民法院移送证据目录、证人名单和主要证据复印件或者照片。这样，律师在开庭前到人民法院是看不到全部案卷的。针对这一问题，为更好地保障辩护人履行其职责，保护犯罪嫌疑人、被告人的合法权利，最高人民法院、最高人民检察院、公安部、国家安全部、司法部和全国人大常委会法工委在联合制定的《关于刑事诉讼法实施中若干问题的规定》第十三条中规定，在法庭审理过程中，辩护律师在提供被告人无罪或者罪轻的证据时，认为在侦查、审查起诉过程中侦查机关、人民检察院收集的证明被告人无罪或者罪轻的证据材料需要在法庭上出示的，可以申请人民法院向人民检察院调取该证据材料，并可以到人民法院查阅、摘抄、复制该证据材料。2012 年修改刑事诉讼法时，将辩护人在审查起诉阶段的阅卷范围扩大为本案的案卷材料，同时，考虑到辩护人在会见犯罪嫌疑人、被告人，阅卷和对案件进行调查的过程中，均有可能发现侦查机关、人民检察院收集的无罪或者罪轻的证据因为未被采信或者其他原因没有随案移送的情况，实践中还存在需要向公安机关调取有关证据的情况，因此，对上述规定作了修改完善后在刑事诉讼法中加以规定。

【理解与适用】

本条是关于辩护人申请调取无罪或者罪轻证据的规定。

根据本条规定，辩护人认为在侦查、审查起诉期间公安机关、人民检察院收集的证明犯罪嫌疑人、被告人无罪或者罪轻的证据材料未提交的，有权申请人民检察院、人民法院调取。本条共规定了两种情形：（1）辩护人认为在侦查期间公安机关收集的证明犯罪嫌疑人、被告人无罪或者罪轻的证据材料未提交的，有权申请人民检察院向公安机关调取。这里所规定的“无罪或者罪轻的证据材料”，既包括某个单独的可能证明犯罪嫌疑人无罪或者罪轻的证据，也包括某些相矛盾的证据材料中可能证明犯罪嫌疑人无罪或者罪轻的证据，如一个案件中有多个目击证人，有的目击证人的证言是证明犯罪嫌疑人有罪或者罪重的，有的目击证人的证言是证明犯罪嫌疑人无罪或者罪轻的，再比如，一个证人前后提供过多次证言，有的证言是证明犯罪嫌疑人有罪或者罪重的，有的证言是证明犯罪嫌疑人无罪或者罪轻的。这里所规定的“未提交”，是指公安机关因为未采信或者其他原因，没有将证明犯罪嫌疑人无罪或者罪轻的证据放在案卷中并随案移送到人民检察院。(2)辩护人在审判阶段认为在审查起诉期间人民检察院收集的证明被告人无罪或者罪轻的证据材料未提交的，有权申请人民法院向人民检察院调取。人民检察院在审查起诉过程中，对于案件需要补充侦查的，可以退回公安机关补充侦查，也可以自行侦查。这里所规定的“人民检察院收集”，主要是指人民检察院在自行侦查过程中收集证据的情形。这里所规定的“未提交”，是指人民检察院没有将自行收集的证明犯罪嫌疑人、被告人无罪或者罪轻的证据放在案卷中并随案移送到人民法院。在执行中需要注意的是，根据刑事诉讼法的有关规定，审判人员、检察人员、侦查人员必须依照法定程序，收集能够证实犯罪嫌疑人、被告人有罪或者无罪、犯罪情节轻重的各种证据。对于与案件有关的全部证据，均应当全面、客观地放在案卷中并随案移送，以供下一个诉讼环节对这些证据再进行查证或者审查，在起诉意见书、起诉书或者判决中有时还要对一些不采信的重要证据材料作出说明。同时，对于辩护人申请调取无罪或者罪轻的证据材料的，收到申请的人民法院或者人民检察院应当充分考虑辩护人的要求，尊重辩护人的权利，对于可能存在辩护人申请调取证据的情形，影响案件处理的，应当予以调取；对于辩护人提出的申请没有根据或者与认定案件确实没有关联，决定不予调取的，应当向律师说明理由。人民法院、人民检察院决定调取有关证据材料的，收集证据的人民检察院、公安机关应当予以配合，不能以种种理由拒绝提供。

第四十二条　辩护人收集的有关犯罪嫌疑人不在犯罪现场、未达到刑事责任年龄、属于依法不负刑事责任的精神病人的证据，应当及时告知公安机关、人民检察院。

【修改提示】

2012 年修改刑事诉讼法增加了本条规定，2018 年修改刑事诉讼法未作修改。

【背景解读】

在 2012 年研究修改刑事诉讼法的过程中，有不少意见建议在刑事诉讼法中设立证据开示制度。证据开示，也称为证据展示，是在庭审前控辩双方获取案件信息、展示证据的一种诉讼制度。实行这一制度，有利于保障被告人的辩护权利，有利于提高诉讼效率，也有利于查明案情，保证案件质量。证据开示与阅卷制度名称不同，主要在英美法系和大陆法系国家中分别使用，但从性质和目标上看，二者可以统称为证据开示制度，阅卷是证据开示的一种方法。从主要国家的情况看，证据开示经历了一个从单向开示向双方开示的发展过程。我国 1979 年即规定了辩护人的阅卷制度，1996 年和 2012 年修改的刑事诉讼法，两次对辩护人的阅卷制度作了修改完善。同时，2012 年修改刑事诉讼法时，根据各方面的意见，又增加了辩护人将有关无罪证据告知公安机关、人民检察院的规定。增加这一规定，主要是考虑，如果律师掌握了犯罪嫌疑人无罪的确实证据，却为了所谓辩护效果故意压住来搞“证据突袭”，既损害了其委托人的合法权益，不将其及时解脱出来，违反律师的职业要求，也不利于司法机关及时纠正错案，改变侦查方向，损害公正司法。

【理解与适用】

本条是关于辩护人将有关无罪证据告知公安机关、人民检察院的规定。

根据本条规定，辩护人收集的有关犯罪嫌疑人不在犯罪现场、未达到刑事责任年龄、属于依法不负刑事责任的精神病人的证据，应当及时告知公安机关、人民检察院。这里所规定的“辩护人收集”，包括犯罪嫌疑人及其近亲属或者其他人向辩护人提供的有关证据材料，以及辩护人依照本法第四十三条规定向有关单位和个人收集的证据材料。“犯罪嫌疑人不在犯罪现场”，是指当犯罪行为发生时，有证据证明犯罪嫌疑人在犯罪现场以外的其他地方，从而不可能在犯罪现场实施犯罪行为。在这种情况下，如果侦查机关将犯罪嫌疑人在犯罪现场实施犯罪行为作为侦查方向，则很有可能形成错案，犯罪分子是另有其人。“未达到刑事责任年龄”，是指对于故意杀人、故意伤害致人重伤或者死亡、强奸、抢劫、贩卖毒品、放火、爆炸、投毒犯罪案件，有证据证明犯罪嫌疑人不满十四周岁，对于其他犯罪案件，有证据证明犯罪嫌疑人不满十六周岁。根据刑法第十七条的有关规定，在这种情况下，犯罪嫌疑人是不负刑事责任的，公安机关应当撤销案件，已移送审查起诉的，人民检察院应当作出不起诉的决定。“属于依法不负刑事责任的精神病人”，是指经过鉴定证明，犯罪嫌疑人是在不能辨认或者不能控制自己行为的时候造成危害结果的。根据刑法第十八条的有关规定，在这种情况下，犯罪嫌疑人也不负刑事责任。需要注意的是，根据刑法第十八条的规定，精神病人造成危害结果依法不负刑事责任的，在必要的时候，由政府强制医疗。这次修改刑事诉讼法，增加规定了依法不负刑事责任的精神病人的强制医疗程序。因此，对于犯罪嫌疑人属于不负刑事责任的精神病人的，如果符合强制医疗条件，公安机关在撤销刑事案件的同时,应当写出强制医疗意见书,移送人民检察院。人民检察院发现符合强制医疗条件的,应当向人民法院提出强制医疗的申请,由人民法院作出是否强制医疗的决定。这里规定的“及时告知”,是指辩护人收集到上述三类证据的,应当尽快将有关情况告知办理案件的公安机关、人民检察院,也可以直接将有关证据交给公安机关、人民检察院。从本条关于“犯罪嫌疑人”和“公安机关、人民检察院”的表述上看,本条主要适用于辩护人在侦查阶段和审查起诉阶段收集到上述三类证据的情形。对于辩护人在审判阶段收集到上述三类证据的,根据刑事诉讼法关于审判程序的规定,辩护人可以直接在法庭上出示,也可以申请人民法院通知有关证人出庭或者调取有关证据。

第四十三条　辩护律师经证人或者其他有关单位和个人同意,可以向他们收集与本案有关的材料,也可以申请人民检察院、人民法院收集、调取证据,或者申请人民法院通知证人出庭作证。

辩护律师经人民检察院或者人民法院许可,并且经被害人或者其近亲属、被害人提供的证人同意,可以向他们收集与本案有关的材料。

【修改提示】

本条是1996年修改刑事诉讼法时增加的规定,2012年、2018年修改刑事诉讼法未作修改。

【背景解读】

辩护律师依法履行辩护职责,除可以通过阅卷和会见犯罪嫌疑人、被告人了解有关案件情况外,还可以通过调查取证,收集有利于犯罪嫌疑人、被告人的证据,并根据收集的证据进行辩护,从而维护犯罪嫌疑人、被告人的合法权利,使案件得到公正处理。这样也有利于法庭在核实清楚案件事实的基础上,正确作出判决。所以,刑事诉讼法规定了辩护律师的调查取证权。规定辩护律师的调查取证权不仅是从法律上赋予了辩护律师职权,而且也给辩护人履行职责提出了更高的要求,体现和落实了保护犯罪嫌疑人、被告人的辩护权和其他合法权益的原则。

【理解与适用】

本条是关于辩护律师收集证据的规定。

本条分为两款。第一款是关于辩护律师可以向有关单位和个人调查取证的规定。“辩护律师经证人或者其他有关单位和个人同意,可以向他们收集与本案有关的材料”,是指接受犯罪嫌疑人、被告人委托或者承担法律援助任务的律师，为了辩护的需要，经证人或者其他有关单位、个人同意，向他们收集证实犯罪嫌疑人、被告人是否犯罪、罪重还是罪轻的物证、书证、视听资料、电子数据等证据和证人证言。本条规定的收集证据材料的权利仅限于律师，这是考虑调查、收集证据的工作涉及被调查的公民的权利，律师是有组织、有职业纪律，并有法律约束的执业人员，而其他辩护人则可能是犯罪嫌疑人、被告人的父母、子女、亲友，如果赋予调查取证权，缺乏必要的约束，易造成对被调查的公民权利的侵害。“可以申请人民检察院、人民法院收集、调取证据”，是指辩护律师在调查取证过程中，收集证据被拒绝或者无法收集某项证据时，可以申请人民检察院、人民法院依法收集、调取证据。“申请人民法院通知证人出庭作证”，是指可以申请人民法院向证人发出出庭作证通知。人民法院接受申请通知证人出庭作证的，证人应当出庭作证。

第二款是关于辩护律师向被害人、被害人近亲属、被害人提供的证人收集证据程序的规定。根据本款规定，辩护律师可以向被害人、被害人近亲属、被害人提供的证人收集证据，但必须受以下两方面条件的限制：一是要经人民检察院或者人民法院的许可。即在侦查、审查起诉阶段应经人民检察院的许可，在审判阶段要经人民法院的许可。人民检察院和人民法院是否许可，主要应当考虑辩护律师的调查取证是否会给被害人或者有关人员造成伤害，是否会影响案件的公正办理。二是要经被害人、被害人近亲属、被害人提供的证人同意。之所以规定上述两个方面的条件限制，主要是为了保障被害人的合法权利，被害人是刑事案件的直接受害者，不应当在刑事诉讼中再次受到伤害。

第四十四条　辩护人或者其他任何人，不得帮助犯罪嫌疑人、被告人隐匿、毁灭、伪造证据或者串供，不得威胁、引诱证人作伪证以及进行其他干扰司法机关诉讼活动的行为。

违反前款规定的，应当依法追究法律责任，辩护人涉嫌犯罪的，应当由办理辩护人所承办案件的侦查机关以外的侦查机关办理。辩护人是律师的，应当及时通知其所在的律师事务所或者所属的律师协会。

【修改提示】

本条是 1996 年修改刑事诉讼法时增加的规定，2012 年作过修改，2018 年修改刑事诉讼法未作修改。

【背景解读】

1996 年刑事诉讼法第三十八条规定了辩护律师和其他辩护人不得进行妨害

证据等干扰司法机关诉讼活动的行为和对有关违法行为追究法律责任。在研究修改刑事诉讼法的过程中，一些全国人大代表、律师和专家学者提出，所有参与刑事诉讼的人员，都不得进行妨害证据等干扰司法机关诉讼活动的行为，本条规定的义务主体不应只限于"辩护律师和其他辩护人"。本条规定的辩护人不得"威胁、引诱证人改变证言"的规定不够准确，证人改变证言，可能是把不真实的证言改变为真实的，不应当一律加以禁止。刑法第三百零六条关于辩护人伪证罪的规定也是禁止辩护人"威胁、引诱证人违背事实改变证言"。经过认真研究，这次修改刑事诉讼法，将本条规定的义务主体修改为"辩护人或者其他任何人"，删去了不得威胁、引诱证人改变证言的规定。同时，为避免实践中可能发生个别侦查机关以辩护人涉嫌伪证罪为由，随意对辩护人立案侦查和采取强制措施，侵犯辩护人合法权益，也影响原案犯罪嫌疑人、被告人辩护权行使的情况，2012 年修改刑事诉讼法时，还对追究辩护人伪证罪的程序作出了特别规定。

【理解与适用】

本条是关于辩护人或者其他人在刑事诉讼中禁止的行为和相应法律责任的规定。

本条分为两款。第一款是关于辩护人或者其他任何人不得妨害作证和进行其他干扰司法机关诉讼活动的行为的禁止性规定。参与刑事诉讼或与刑事诉讼有关系的辩护人和其他人，如果违反法律规定、职业道德，帮助被告人隐匿、毁灭、伪造证据或者串供，干扰证人作证等，将会影响司法机关对证据的收集、审查判断和对案件的公正处理，本款对这些行为作出了禁止性规定。本款规定的义务主体是"辩护人或者其他任何人"，包括辩护律师和其他辩护人，以及其他任何参与刑事诉讼或者和刑事诉讼有关系的人。本款规定禁止了六种行为：(1)帮助犯罪嫌疑人、被告人隐匿证据。是指帮助犯罪嫌疑人、被告人将司法机关尚未掌握的证据隐藏起来。(2)帮助犯罪嫌疑人、被告人毁灭证据。"毁灭"是指将证据烧毁、涂抹、砸碎、撕碎、抛弃或者使用其他方法让其灭失或者不能再作为证据使用。(3)帮助犯罪嫌疑人、被告人伪造证据。是指帮助犯罪嫌疑人、被告人制作虚假的物证、书证等，如补开假的单据、证明、涂改账目，甚至伪造是他人犯罪的物证、书证等。(4)帮助犯罪嫌疑人、被告人串供。是指帮助犯罪嫌疑人、被告人与同案人或者证人建立"攻守同盟"，串通口径应对办案机关侦查。(5)威胁、引诱证人作伪证。是指采取以暴力或者其他方式胁迫、以利益引诱等手段指使证人提供虚假证言，包括让了解案件情况的人不按照事实真象作证，以及让不了解案件情况的人提供虚假的证言。(6)其他干扰司法机关诉讼活动的行为。是指其他影响司法机关诉讼活动正常进行，影响案件公正处理的行为。如利用权力给办案人员施加压力，威胁自诉人撤回自诉等。

第二款是对违反第一款规定的行为追究法律责任和追究辩护人伪证罪特别程序的规定。本款首先规定，对违反第一款规定的行为，即进行六种被禁止的活动的行为，应当追究法律责任。主要包括两个方面内容：一是对于构成伪证罪等犯罪的行为，依法追究刑事责任；二是对于尚不够刑事处罚的，应依照有关法律的规定追究行政责任，如依照律师法的有关规定取消律师执业资格，依照治安管理处罚法的有关规定给予治安管理处罚等。本款对于追究辩护人伪证罪的特别规定有两个方面：一是关于案件管辖，本款规定辩护人涉嫌犯罪的，应当由办理辩护人所承办案件的侦查机关以外的侦查机关办理。这里所说的"辩护人涉嫌犯罪"，是指辩护人在履行辩护职责的过程中涉嫌本条第一款的行为构成犯罪，而不包括辩护人涉嫌其他犯罪。"辩护人所承办案件的侦查机关以外的侦查机关办理"，是指侦查辩护人所承办案件的侦查机关，不能再侦查辩护人涉嫌犯罪的案件，应当由异地的侦查机关进行侦查。具体来说，如果辩护人涉嫌本条第一款的行为可能构成刑法第三百零六条规定的律师伪证罪的，则由异地的公安机关进行侦查；可能构成行贿或者其他犯罪的，则由异地的人民检察院或者其他侦查机关办理。具体由哪一个侦查机关进行侦查，应当由上级侦查机关依照有关规定指定。这样的规定，有利于防止侦查机关滥用律师伪证罪的规定，随意对辩护人立案侦查和采取强制措施，使辩护人能更加放心大胆地依法履行辩护职责，维护犯罪嫌疑人、被告人的合法权益。二是规定追究辩护律师刑事责任的，应当及时通知其所在的律师事务所或者所属的律师协会。这一规定只适用于被追究的辩护人是律师的情况。通知的主体是办理辩护律师犯罪案件的机关。通知的时间是在启动追究辩护律师刑事责任的程序之后"及时"通知。通知的对象是辩护律师所在的律师事务所或者所属的律师协会。这样的规定，有利于被追究刑事责任的辩护律师维护其合法权益，也便于有关律师事务所或律师协会了解其律师涉案情况。

第四十五条　在审判过程中，被告人可以拒绝辩护人继续为他辩护，也可以另行委托辩护人辩护。

【修改提示】

本条是1979年刑事诉讼法的规定，1996年、2012年、2018年修改刑事诉讼法均未作修改。

【背景解读】

被告人与辩护人之间是委托关系，辩护人是受被告人委托而履行辩护职责的，被告人有权终止这种委托，拒绝辩护人的辩护或者另行委托辩护人。本条对被告人的这一权利作了明确规定。

【理解与适用】

本条是关于被告人拒绝辩护和另行委托辩护人的规定。

本条规定的权利主体是被告人，规定的诉讼阶段是审判过程中。本条规定了审判过程中被告人两个方面的权利：(1)被告人可以拒绝辩护人继续为他辩护。对于委托辩护而言，这就是终止委托。另外，被告人对于法律援助机构依照法律规定为他指派的辩护律师，也可以拒绝他继续为自己辩护。被告人拒绝辩护可能是认为辩护人的辩护对自己不利或者是违背了自己的意愿，愿意自己进行辩护或者另行委托辩护人；也可能是被告人对指控的犯罪已经承认，不需要辩护人再为自己辩护等。(2)被告人可以更换辩护人。即被告人认为辩护人辩护不力或不同意辩护人的辩护，可以拒绝辩护人为他辩护，再另行委托其他辩护人为他辩护。人民法院在审判过程中，对于被告人自愿拒绝辩护或者要求另行委托辩护人辩护的，应当准许并按照有关司法解释的规定处理。

第四十六条　公诉案件的被害人及其法定代理人或者近亲属，附带民事诉讼的当事人及其法定代理人，自案件移送审查起诉之日起，有权委托诉讼代理人。自诉案件的自诉人及其法定代理人，附带民事诉讼的当事人及其法定代理人，有权随时委托诉讼代理人。

人民检察院自收到移送审查起诉的案件材料之日起三日以内，应当告知被害人及其法定代理人或者其近亲属、附带民事诉讼的当事人及其法定代理人有权委托诉讼代理人。人民法院自受理自诉案件之日起三日以内，应当告知自诉人及其法定代理人、附带民事诉讼的当事人及其法定代理人有权委托诉讼代理人。

【修改提示】

本条是1996年修改刑事诉讼法时增加的规定，2012年、2018年修改刑事诉讼法未作修改。

【背景解读】

在刑事诉讼中，除犯罪嫌疑人、被告人可以委托辩护人以外，被害人、自诉人、附带民事诉讼的当事人也有权委托诉讼代理人，为其提供法律帮助，维护其诉讼权利和其他合法权益。本条对有关人员委托诉讼代理人的权利和人民检察院、人民法院的有关告知义务作了规定，体现了对当事人权利的尊重和保护。

【理解与适用】

本条是关于被害人等有关人员有权委托诉讼代理人的规定。

本条分为两款。第一款是关于被害人等有关人员自何时起有权委托诉讼代理人的规定。根据本款规定,下列人员有权委托诉讼代理人:(1)公诉案件的被害人及其法定代理人或者近亲属;(2)自诉案件的自诉人及其法定代理人;(3)附带民事诉讼的当事人及其法定代理人。之所以规定被害人的近亲属有权委托诉讼代理人,主要是考虑在公诉案件中,有的被害人已死亡,在这种情况下可由其近亲属委托诉讼代理人参加诉讼。规定被害人、自诉人、附带民事诉讼的当事人的法定代理人有权委托诉讼代理人,是考虑一些被害人、自诉人、附带民事诉讼的当事人是未成年人或无行为能力人,他们的一些权利,包括诉讼权利由其法定代理人代行。本款规定的委托诉讼代理人的时间有两种情况:一是公诉案件自案件移送人民检察院审查起诉之日起,就可以委托诉讼代理人;二是自诉案件可以随时委托诉讼代理人,包括自诉人在起诉前委托诉讼代理人提起诉讼。本条中所说的"诉讼代理人",是指接受被害人等的委托,参加刑事诉讼,代被害人等被代理人行使部分诉讼权利的诉讼参与人。其所行使的权利是法律规定由被害人等被代理人享有并授权其代行的诉讼权利,在被害人等被代理人的诉讼权利之外,诉讼代理人不享有其他诉讼权利。诉讼代理人行使诉讼权利时,不得违背被代理人的意愿。

第二款是关于人民检察院、人民法院应当在何期限内告知被害人、自诉人、附带民事诉讼的当事人等有权委托诉讼代理人的规定。根据本款规定,在公诉案件中,人民检察院自收到移送审查起诉的案件之日起三日以内,应当告知被害人等有权委托诉讼代理人。按照本法有关规定,三日期限自收到案件的第二日开始计算。在自诉案件中,人民法院自受理案件之日起三日以内,应当告知自诉人等有权委托诉讼代理人。本款规定的"告知"是人民检察院、人民法院的一项法定义务,被害人、自诉人等也根据本款规定因而享有被告知权,不告知或逾期告知等违反本款规定的行为,属于违背诉讼程序的行为,也是对诉讼当事人诉讼权利的侵犯。

第四十七条　委托诉讼代理人,参照本法第三十三条的规定执行。

【修改提示】

本条是 1996 年修改刑事诉讼法时增加的规定,2012 年、2018 年修改刑事诉讼法未作修改。

【背景解读】

本法第四十六条规定了被害人、自诉人、附带民事诉讼当事人等人员委托诉讼代理人参加诉讼的权利,本条相应地对可以接受委托担任诉讼代理人的人员范围作出了规定。

【理解与适用】

本条是关于担任诉讼代理人的人员范围的规定。

根据本条规定,委托诉讼代理人,参照本法第三十三条关于委托辩护人的规定执行,主要包括以下三个内容:

1. 委托人可以委托一至二人作为诉讼代理人。

2. 下列的人可以被委托为诉讼代理人:律师;人民团体或者被害人、自诉人、附带民事诉讼当事人等人员所在单位推荐的人;被害人、自诉人、附带民事诉讼当事人等人员的监护人、亲友。

3. 正在被执行刑罚或者依法被剥夺、限制人身自由的人,不得担任诉讼代理人。

第四十八条　辩护律师对在执业活动中知悉的委托人的有关情况和信息,有权予以保密。但是,辩护律师在执业活动中知悉委托人或者其他人,准备或者正在实施危害国家安全、公共安全以及严重危害他人人身安全的犯罪的,应当及时告知司法机关。

【修改提示】

2012 年修改刑事诉讼法增加了本条规定,2018 年修改刑事诉讼法未作修改。

【背景解读】

律师因其职业特点,在履行职责过程中往往会知悉其委托人的有关情况和信息,包括其违法犯罪的情况和信息。律师对这些情况和信息予以保密,是律师取信于其委托人甚至取信于社会的一个基本要求和条件。否则律师就很难获得其委托人的信任,不利于律师有效地履行职责,有可能从根本上动摇律师职业存在的社会基础。因此,规定律师对其在执业活动中知悉的有关情况予以保密,是现代各国律师制度的通行做法。同时,根据刑事诉讼法的有关规定,凡是知道案件情况的人,都有作证的义务。任何单位和个人发现有犯罪事实或者犯罪嫌疑人,有权利也有义务向公安机关、人民检察院或者人民法院报案或者举报。人民法院、人民检察院和公安机关有权向有关单位和个人收集、调取证据,有关单位和个人应当如实提供证据。这些规定,都是对公民的一般要求。为妥善处理好律师作为一般公民的义务和作为提供法律服务的执业人员的义务之间的关系,律师法规定,律师应当保守在执业活动中知悉的国家秘密、商业秘密,不得泄露当事人的隐私。律师对在执业活动中知悉的委托人和其他人不愿泄露的情况和信息,应当予以保密。但是,委托人或者其他人准备或者正在实施的危害国家安全、公共安全以及其他严重危害他人人身、财产安全的犯罪事实和信息除外。2012 年修改刑事诉讼法,根据各方面的意见,吸收律师法的有关规定,从律师的权利角度,增加了辩护律师在刑事诉讼中的保密权利及其例外的规定。

【理解与适用】

本条是关于辩护律师的保密权利及其例外的规定。

本条规定了两个方面的内容:

1. 辩护律师对在执业活动中知悉的委托人的有关情况和信息,有权予以保密。本条规定的主体是"辩护律师",即接受犯罪嫌疑人、被告人委托或者其监护人、近亲属代为委托担任辩护人的律师,以及受法律援助机构指派提供辩护法律援助的律师。本条规定的保密范围仅限于辩护律师在执业活动中知悉的委托人的有关情况和信息。包括辩护律师在接受委托、会见过程中了解到的委托人的有关情况和信息,也包括辩护律师在调查过程中了解到的与委托人有关的情况和信息。这些情况和信息必须与委托人有关,与委托人无关的其他人的情况和信息不在本条规定的保密范围以内。根据本条规定,辩护律师对上述情况和信息有权予以保密,这种保密权利,意味着在法律上免除了辩护律师对上述情况和信息的举报作证义务。需要注意的是,辩护律师的这一权利不是绝对的,本条还规定了例外的情形。

2. 辩护律师在执业活动中知悉委托人或者其他人,准备或者正在实施危害国家安全、公共安全以及严重危害他人人身安全的犯罪的,应当及时告知司法机关。这是关于辩护律师保密权利的例外规定。作这样的例外规定,是要在辩护律师的职业保障和公共利益之间达到一个合理的平衡。对于一些特别严重且正在准备或者正在实施的犯罪,进行有效的预防和制止,从而避免或者尽可能降低其对社会的严重危害,从社会价值和利益上讲,要超过对辩护律师保密权利的维护。在这种情况下,辩护律师不仅不能主张其保密权利,而且有义务及时告知司法机关。这里所规定的辩护律师知悉的犯罪,不限于其委托人准备或者正在实施的犯罪,还包括委托人以外的其他人。犯罪种类则只限于"危害国家安全、公共安全以及严重危害他人人身安全的犯罪",对于其他危害较轻的犯罪,辩护律师仍享有保密的权利。这里所规定的“司法机关”，是泛指侦查机关、人民检察院和人民法院等。

第四十九条　辩护人、诉讼代理人认为公安机关、人民检察院、人民法院及其工作人员阻碍其依法行使诉讼权利的，有权向同级或者上一级人民检察院申诉或者控告。人民检察院对申诉或者控告应当及时进行审查，情况属实的，通知有关机关予以纠正。

【修改提示】

2012年修改刑事诉讼法增加了本条规定，2018年修改刑事诉讼法未作规定。

【背景解读】

在司法实践中，存在少数公安机关、人民检察院、人民法院和司法工作人员阻碍辩护人、诉讼代理人依法行使诉讼权利的情况，如辩护人要求会见犯罪嫌疑人、被告人依法不需要经过批准的，有个别看守所仍要求辩护人出具有关批准手续；有个别法院、检察院限制辩护人阅卷的时间，或者收取不合理的费用；有个别法官在法庭上不适当地限制辩护人、诉讼代理人进行质证、辩论等。这些做法，不仅仅是阻碍辩护人、诉讼代理人依法行使诉讼权利，更重要的是损害了犯罪嫌疑人、被告人、被害人等委托人的诉讼权利和合法权益，影响到案件的正确处理和公正司法。有的律师反映，在执业过程中一旦遇到这种做法，往往感到救济途径不足，使这些不合理甚至不合法的做法难以得到纠正。因此，2012年修改刑事诉讼法，根据各方面的意见，在本条中专门增加了辩护人、诉讼代理人对公安机关、人民检察院、人民法院及其工作人员阻碍其依法行使诉讼权利的申诉控告及处理程序的规定。

【理解与适用】

本条是关于辩护人、诉讼代理人对公安机关、人民检察院、人民法院及其工作人员阻碍其依法行使诉讼权利的申诉控告及处理程序的规定。

本条规定了两个方面的内容：

1. 辩护人、诉讼代理人对公安机关、人民检察院、人民法院及其工作人员阻碍其依法行使诉讼权利的申诉控告权。根据本条规定，这一权利的主体是“辩护人、诉讼代理人”。其中的“辩护人”，是指本章中规定的犯罪嫌疑人、被告人委托或者其监护人、近亲属代为委托的辩护律师和其他辩护人，以及受法律援助机构指派提供辩护法律援助的辩护律师。“诉讼代理人”，是指本章中规定的被害人及其法定代理人或者其近亲属、附带民事诉讼的当事人及其法定代理人委托的诉讼代理人,既包括委托律师作为诉讼代理人,也包括依照本法第三十三条的规定委托其他人作为诉讼代理人。这里所规定的“工作人员”,是指在公安机关、人民检察院、人民法院中从事侦查、审查起诉、审判、监管等职责的工作人员。由于人民检察院是宪法规定的法律监督机关,依照本法第八条的规定,人民检察院依法对刑事诉讼实行法律监督。因此,本条规定,辩护人、诉讼代理人认为公安机关、人民检察院、人民法院及其工作人员阻碍其依法行使诉讼权利的,有权向同级人民检察院申诉或者控告,也有权向上一级人民检察院申诉或者控告。

2. 人民检察院对辩护人、诉讼代理人的申诉控告的处理程序。根据本条规定,辩护人、诉讼代理人认为公安机关、人民检察院、人民法院及其工作人员阻碍其依法行使诉讼权利的,向同级或者上一级人民检察院申诉或者控告的,接到申诉或者控告的人民检察院应当及时进行审查。在审查过程中,人民检察院可以向有关机关和个人了解情况,进行核实。人民检察院经过审查发现辩护人、诉讼代理人申诉或者控告的情况属实,有关公安机关、人民检察院、人民法院或者其工作人员确实有阻碍辩护人、诉讼代理人依法行使诉讼权利情形的,应当通知有关机关予以纠正。有关机关应当依法予以纠正,对于工作人员阻碍辩护人、诉讼代理人依法行使诉讼权利违反有关纪律的,应当依法给予处分,有徇私舞弊等行为构成犯罪的,依法追究其刑事责任。

第五章　证　　据

第五十条　可以用于证明案件事实的材料,都是证据。

证据包括:

(一)物证;

(二)书证;

(三)证人证言;

(四)被害人陈述;

(五)犯罪嫌疑人、被告人供述和辩解;

(六)鉴定意见;

(七)勘验、检查、辨认、侦查实验等笔录;

(八)视听资料、电子数据。

证据必须经过查证属实,才能作为定案的根据。

【修改提示】

本条是1979年刑事诉讼法的规定，1996年、2012年作过修改，2018年修改刑事诉讼法未作修改。

【背景解读】

2012年3月14日第十一届全国人民代表大会第五次会议通过的《关于修改〈中华人民共和国刑事诉讼法〉的决定》对本条主要作了以下修改：一是修改了证据的概念。二是对证据种类的规定进行了补充和调整。

以事实为根据、以法律为准绳是办理刑事案件的基本原则之一，也是我国长期以来刑事诉讼的重要经验，是正确惩治犯罪，防止错案，保障无罪的人不受追究的重要保证。一个人是否犯罪，是罪轻还是罪重，都要以事实为根据。人民法院、人民检察院、公安机关进行刑事诉讼，必须以客观存在的、经过调查属实的、有证据证明的事实为根据，而不能靠主观想象、推测和怀疑来办案。因此，在刑事诉讼中，证据具有重要的地位和作用。为此，刑事诉讼法在总则中专章对证据作了规定，并在本条中对证据的概念、种类和使用原则作了规定。

1996年刑事诉讼法第四十二条第一款规定，证明案件真实情况的一切事实，都是证据。根据这一定义，证据都应当是真实的。而该条第三款又规定，证据必须要经过查证属实，才能作为定案的根据。这一规定又要求，对证据必须要通过查证来确定其是否属实。从实践情况看，司法机关进行刑事诉讼，主要是通过收集、审查、采信证据来认定案件事实。收集来的证据不一定都真实，也不一定都被司法机关采纳作为定案的根据。"事实是证据"这一提法在逻辑上和实践中都存在一些问题。本条根据实际情况和各方面的意见，对证据概念进行了修改。

1996年刑事诉讼法第四十二条规定证据分为七种。近年来，随着经济社会的发展，犯罪情况和侦查机关的侦查手段都发生了变化，在1996年刑事诉讼法规定的七种证据之外又出现了一些新的证据形式。如随着电子技术的广泛应用，越来越多的证据以电子数据的形式表现出来，如电子邮件、网上聊天记录、电子签名、访问记录等。辨认和侦查实验是侦查机关侦查案件常用的侦查手段，有关司法解释也对辨认笔录、侦查实验笔录的制作作了规定。但1996年刑事诉讼法未明确将这些笔录列入证据种类。此外，2005年《全国人民代表大会常务委员会关于司法鉴定管理问题的决定》，已将"鉴定结论"改为"鉴定意见"。根据这些情况和各方面的意见，本条对证据种类的规定进行了一些补充和调整。

【理解与适用】

本条是关于证据的概念、种类，以及证据须经查证属实才能作为定案的根据的规定。

本条分为三款。第一款是关于证据的概念的规定。根据本款规定，可以用于证明案件事实的材料，都是证据。这一概念可以从三个方面来理解：

1. 证据是材料，包括物证、书证等客观性较强的材料和证言、供述等主观性较强的材料。

2. 证据可以用于证明案件事实，即证据与案件事实有着一定程度的关联性，可以用于揭示、推断案件事实。但某一证据是否真实地反映了案件事实，需要经过司法机关的审查判断。

3. 证据既包括证明犯罪嫌疑人、被告人有罪的材料，也包括证明犯罪嫌疑人、被告人无罪的材料，既包括证明犯罪嫌疑人、被告人罪重的材料，也包括证明犯罪嫌疑人、被告人罪轻或者可以从轻、减轻、免除处罚的材料。

第二款是关于证据的种类的规定。根据本款规定，证据包括以下八种：

1. 物证。是指与案件相关联，可以用于证明案件情况和犯罪嫌疑人、被告人情况的实物或者痕迹。如作案工具、现场遗留物、赃物、血迹、精斑、脚印等。

2. 书证。是指能够以其内容证明案件事实的文字、图案等资料。如合同、账本、同案人之间有联络犯罪内容的书信等。1996 年刑事诉讼法把书证和物证放在同一项中规定。考虑到书证和物证在性质和证明案件事实的方式上有明显区别，并参考民事诉讼法、行政诉讼法的有关规定，2012 年修改刑事诉讼法时，将物证、书证分作两项加以规定。

3. 证人证言。是指了解案件情况的人就其了解的案件情况所作的陈述。

4. 被害人陈述。是指直接受犯罪行为侵害的人，就案件的情况所作的陈述。

5. 犯罪嫌疑人、被告人供述和辩解。是指犯罪嫌疑人、被告人就案件情况所作的陈述，既包括承认自己有罪的人对自己犯罪情况的供述，也包括声称自己无罪或者罪轻的辩解。

6. 鉴定意见。是指有专门知识的鉴定人对案件中的专门性问题进行鉴定后提出的书面意见。如法医鉴定报告、指纹鉴定报告、血迹鉴定报告等。鉴定的结果不是最终结论，仍然要经过司法机关结合全案情况和其他证据进行审查判断，查证属实之后，才能作为定案的根据。本项把这种证据的名称由“鉴定结论”修改为“鉴定意见”，与《全国人民代表大会常务委员会关于司法鉴定管理问题的决定》相一致。

7. 勘验、检查、辨认、侦查实验等笔录。勘验、检查笔录是指侦查人员对与犯罪有关的场所、物品、人身、尸体等进行现场勘验、检查所作的记录。辨认笔录是指侦查人员让被害人、犯罪嫌疑人或者证人对与犯罪有关的物品、文件、尸体、场所或者犯罪嫌疑人进行辨认所作的记录。侦查实验笔录是指侦查人员在必要的时候按照某一事件发生时的环境、条件，进行实验性重演的侦查活动形成的笔录。

侦查机关依法进行其他侦查活动形成的笔录,也可以作为证据。

8. 视听资料、电子数据。视听资料是指载有与案件相关内容的录像、录音材料等。电子数据是指与案件事实有关的电子邮件、网上聊天记录、电子签名、访问记录等电子形式的证据。本项规定的两种证据,在内容上可能与前几项规定的证据有重合之处,如证人作证的录像,电子版的合同等。

第三款是关于证据须经查证属实才能作为定案的根据的规定。根据本条第一款的概念,证据只是可以用于证明案件事实的材料,真实性还需要经过司法机关的审查。只有证据本身是真实的,才能证明案件的真实情况,虚假的证据会造成对案件认定的错误,所以本款明确地规定"证据必须经过查证属实,才能作为定案的根据"。这是证据使用的根本原则,违背这一原则就会出现错案、假案,放纵犯罪或者侵犯公民的合法权利。"查证"是指司法机关经过法定程序,对证据的客观性、合法性等情况进行审查,并将某一证据所提供的情况与其他证据相互验证,去伪存真,从而确定证据是否真实。"作为定案的根据"是指作为认定案件事实,作出是否移送起诉、是否起诉等决定和判决、裁定的依据。

第五十一条　公诉案件中被告人有罪的举证责任由人民检察院承担,自诉案件中被告人有罪的举证责任由自诉人承担。

【修改提示】

本条是2012年修改刑事诉讼法时增加的规定,2018年修改刑事诉讼法未作修改。

【背景解读】

2012年3月14日第十一届全国人民代表大会第五次会议通过的《关于修改〈中华人民共和国刑事诉讼法〉的决定》增加了本条规定。

举证责任是指诉讼当事人对自己主张的事实提出证据加以证明的责任。从理论上来说,举证责任一般分为两个方面:一是行为责任,也就是当事人提出证据对自己的主张加以证明,使诉讼向有利于自己的方向前进的责任;二是败诉责任,也就是因为不能提供证据或者提出的证据达不到法律规定的证明标准导致自己的主张被法院认定不能成立的结果责任。一般来说,主张一方不能提出充分证据证明自己主张的,法院应当认定其主张的事实不成立,也就是说,承担举证责任的一方要承担败诉的不利后果。在世界范围内,对刑事诉讼中被告人有罪的举证责任,一般都规定由控方承担,这也符合诉讼规律。我国刑事诉讼法第十二条规定了未经人民法院依法判决对任何人都不得确定有罪的原则,2012年修改增加了不得强迫任何人证实自己有罪的规定。从这两个原则出发，人民检察院要求法院判决任何人有罪，就应当提供确实、充分的证据加以证明。对举证责任的承担，1979 年和 1996 年刑事诉讼法中没有作出明确规定，实践中总的来说，都是按照由人民检察院承担证明被告人有罪的责任来执行。但在少数案件中，有时在理解和具体执行上也存在一些分歧。比如，1996 年刑事诉讼法第三十五条中“辩护人的责任是根据事实和法律，提出证明犯罪嫌疑人、被告人无罪、罪轻或者减轻、免除其刑事责任的材料和意见”的表述就引起一些误解。有的司法实务人员对于被告人及其辩护人的一些辩护理由，往往要求其自行调查取证。2012 年修改的刑事诉讼法，坚持尊重和保障人权的原则，为了进一步明确举证责任，规范诉讼活动，保障当事人的诉讼权利，保障无罪的人不受刑事追究，避免冤枉无辜，增加了关于举证责任承担的规定。

【理解与适用】

本条区分公诉案件和自诉案件两种情况，对刑事案件的举证责任作了规定。根据本条规定，公诉案件中被告人有罪的举证责任由人民检察院承担；自诉案件中被告人有罪的举证责任由自诉人承担。被告人是否有罪是刑事诉讼中的核心问题，也是人民检察院和自诉人向人民法院提起刑事诉讼的最基本内容。规定由控方承担举证责任，一方面是基于未经人民法院依法判决，对任何人都不得确定有罪的原则，只有在控方提出确实、充分的证据证明被告人有罪的情况下，才能认定被告人有罪。另一方面，这也体现了“谁主张，谁举证”的原则，刑事诉讼由人民检察院、自诉人提出，其主张被告人有罪，自然应由其对其主张予以证明。这里规定由人民检察院承担举证责任，是从审判角度规定的。在诉讼中，收集证据的工作主要是由公安机关等侦查机关实施的。根据本条的规定，无论在公诉案件还是自诉案件中，人民检察院或者自诉人对被告人有罪的证明都必须达到本法第五十五条规定的确实、充分的程度。相应来说，被告人不承担证明自己无罪的责任，不能因为犯罪嫌疑人、被告人不能证明自己无罪便据以得出犯罪嫌疑人、被告人有罪的结论。

在司法实践中，要正确理解和适用本条的规定，还要注意以下几点：一是规定被告人有罪的举证责任由人民检察院承担，并不是要求人民检察院只提供证明被告人有罪的证据。作为国家公诉机关，同时也是法律监督机关，人民检察院要遵循客观公正原则，无论是犯罪嫌疑人、被告人有罪、罪重的证据，还是无罪、罪轻的证据，都应当向人民法院提出，由人民法院根据案件的所有证据综合判断，认定被告人是否有罪。二是不能否定法院客观全面审查证据的义务。为确保法院公正作出判决，人民法院不能只消极审查人民检察院提出的证据，在法庭审理过程中，合议庭对证据有疑问的，也可以宣布休庭对证据进行调查核实。三是规定被告人不负举证责任,并不是说犯罪嫌疑人、被告人不能向司法机关提出证据。比如本法第四十一条就规定,辩护人认为在侦查、审查起诉期间公安机关、人民检察院收集的证明犯罪嫌疑人、被告人无罪或者罪轻的证据材料未提交的,有权申请人民检察院、人民法院调取。本法第四十二条规定,辩护人收集的有关犯罪嫌疑人不在犯罪现场、未达到刑事责任年龄、属于依法不负刑事责任的精神病人的证据,应当及时告知公安机关、人民检察院。当事人及其辩护人还可以要求司法机关进行调查,收集与本案有关的材料。不过,应当注意的是,这种提供证据的活动,是犯罪嫌疑人、被告人及其辩护人享有的诉讼权利,同时也是辩护人的职责,其目的主要是为反驳控方的指控,而不是为证明自己无罪。他们不行使这项权利,不能导致他们有罪的法律后果。被告人提出了辩解材料或者证据,人民法院必须查证核实。

第五十二条　审判人员、检察人员、侦查人员必须依照法定程序,收集能够证实犯罪嫌疑人、被告人有罪或者无罪、犯罪情节轻重的各种证据。严禁刑讯逼供和以威胁、引诱、欺骗以及其他非法方法收集证据,不得强迫任何人证实自己有罪。必须保证一切与案件有关或者了解案情的公民,有客观地充分地提供证据的条件,除特殊情况外,可以吸收他们协助调查。

【修改提示】

本条是1979年刑事诉讼法的规定,1996年、2012年作过修改,2018年修改刑事诉讼法未作修改。

【背景解读】

2012年3月14日第十一届全国人民代表大会第五次会议通过的《关于修改〈中华人民共和国刑事诉讼法〉的决定》对本条作了修改,增加了"不得强迫任何人证实自己有罪"的规定。

收集证据是办理刑事案件的重要环节,依法收集证据是保障准确适用法律,保证案件公正处理的要求,也是保障人权和维护程序公正的要求。对于保证诉讼顺利进行,保护公民合法权利具有重要意义。本条针对执法中可能出现的问题,对审判人员、检察人员、侦查人员收集证据工作的合法性、客观性、全面性都提出了明确的要求。这是侦查机关和侦查人员收集证据必须遵守的严格规范。2012年修改刑事诉讼法在本条增加了"不得强迫任何人证实自己有罪"的规定,是对刑事诉讼法的重要修改,具有重要意义:一是这是具有刑事诉讼法的原则性质的规定,这一规定具有重要的法律引领和引导作用,体现了我国刑事诉讼制度对于程序公正的重视,体现了社会主义法治理念,体现了现代诉讼理念。二是从原则和理念上进一步强化对刑讯逼供的严格禁止。三是与国际公约的有关规定相衔接。我国参加的《公民权利和政治权利国际公约》规定,“不被强迫作不利于他自己的证言或强迫承认犯罪”的规定与公约规定的精神是一致的。

【理解与适用】

本条是关于依法收集证据和全面收集证据的规定。

本条规定对审判人员、检察人员、侦查人员收集证据提出了以下五个方面的要求:

1. 必须依照法定程序收集证据。这种法定程序在本法有关章节中已有明确规定,如讯问犯罪嫌疑人,应由侦查人员二人进行;搜查时必须出示搜查证;证人笔录必须交本人核对;鉴定应当指派、聘请有专门知识的人进行,等等。在收集证据中,司法工作人员不得违背这些程序规定。

2. 要收集能够证实犯罪嫌疑人、被告人有罪或者无罪、犯罪情节轻重的各种证据。也就是收集证据必须要客观、全面,不能只收集一方面的证据。其中“收集”是指通过勘验,检查,搜查,讯问犯罪嫌疑人、被告人,询问被害人、证人,鉴定,实验等手段进行调查取证。

3. 严禁以非法的方法收集证据。主要是指严禁刑讯逼供,严禁以威胁、引诱、欺骗方式来获取证据。特别是以刑讯逼供、威胁、引诱、欺骗方式取得的犯罪嫌疑人、被告人的口供是供述人在迫于压力或被欺骗情况下提供的,虚假的可能性非常之大,不能仅凭此就作为定案根据,否则极易造成错案。其中,刑讯逼供既包括以暴力殴打犯罪嫌疑人以逼取口供,也包括以冻、饿、长时间不让睡眠等虐待方法逼取口供。“不得强迫任何人证实自己有罪”是对司法机关收集口供的原则性要求,是指不得以任何强迫手段迫使任何人认罪和提供证明自己有罪的证据。实践中,讯问犯罪嫌疑人,对其宣讲刑事政策,宣传法律关于如实供述自己罪行可以从轻处罚的规定,通过思想工作让犯罪嫌疑人交代罪行,争取从宽处理,不属于强迫犯罪嫌疑人证实自己有罪。

4. 要保证一切与案件有关或者了解案件情况的人,有客观地充分地提供证据的条件。其中“有客观地充分地提供证据的条件”主要包括以下方面:一是要保护证人及其近亲属的安全,免除证人的恐惧心理,摆脱可能受到的威胁、损害,让证人可以讲述案件的真实情况;二是要分别询问证人;三是要全面听取供述、陈述或证词,不得引导证人作片面的证词,或者只听取、记录片面的口供、证词。

5. 除特殊情况外,可以吸收与案件有关或者了解案情的公民协助调查。这是指收集证据工作要依靠人民群众。其中“特殊情况”，主要是指与案件有关或者了解案情的人参与调查可能会透露案情，使未抓获的犯罪嫌疑人逃跑，或者造成串供以及毁灭、隐匿证据等后果。另外，对涉及国家秘密的案件，不应知悉该国家秘密的人也不得参与调查。

第五十三条 公安机关提请批准逮捕书、人民检察院起诉书、人民法院判决书，必须忠实于事实真象。故意隐瞒事实真象的，应当追究责任。

【修改提示】

本条是1979年刑事诉讼法的规定，1996年、2012年、2018年修改刑事诉讼法未作修改。

【背景解读】

以事实为根据、以法律为准绳是本法规定的办理刑事案件的基本原则之一。在刑事诉讼的各个阶段，公安机关、人民检察院、人民法院都应当严格遵循这一原则。本条针对刑事诉讼中侦查、审查起诉和审判阶段中重要的三种法律文书，提出了“忠实于事实真象”的要求。本条是1979年刑事诉讼法的规定，1996年、2012年和2018年修改刑事诉讼法均未作修改。

【理解与适用】

本条是关于提请批准逮捕书、起诉书、判决书必须忠实于事实真象的规定。

本条是对公安机关、人民检察院、人民法院提出的严格要求。提请批准逮捕书是公安机关提请人民检察院批准将犯罪嫌疑人进行较长时间羁押的法律文书，是人民检察院是否批准逮捕的主要根据。在检察院批捕过程中，一般不对案件的事实、证据进行新的调查，只是对提请批准逮捕书中所提供的事实、证据进行核实，作出是否批准逮捕的决定。一旦提请批准逮捕书出现错误，就有可能造成犯罪嫌疑人长期被错误羁押。起诉书是人民检察院代表国家向人民法院控告犯罪的法律文书，提交起诉书，才有审判的开始，起诉书的内容直接关系到审判的方向、焦点，应当是非常严肃、严谨的，必须符合客观实际。判决书是人民法院对被告人作出判决的法律文书，而事实则是一切判决的根据，如果判决书未忠实于事实真象，那必然导致判决的错误。所以本条强调这三种法律文书必须要忠实于事实真象。“忠实于事实真象”，是指要符合客观实际，要真实。它包括两方面内容：一是不得主观臆断，不得夸大一方面而缩小另一方面，甚至只反映事实的一个侧面。二是不得歪曲事实、捏造事实，故意隐瞒事实真象，使犯罪分子逃避法律制裁，或者使无罪的人受刑事追究。"故意隐瞒事实真象的，应当追究责任"，是指侦查人员、检察人员、审判人员在提请批准逮捕书、起诉书、判决书中故意弄虚作假的，应当依法追究其责任。构成妨害作证罪、徇私枉法罪、滥用职权罪、玩忽职守罪等犯罪的，应当依法追究刑事责任；对于尚不够刑事处罚的，应当依照公务员法、人民警察法、检察官法、法官法等规定予以处理。

需要说明的是，本条规定的"事实真象"，应当是公安机关、人民检察院、人民法院根据法定程序查明的案件真象。2012 年关于修改刑事诉讼法的决定新增加了非法证据排除程序的规定，对于因收集程序不合法被依法予以排除的证据，不得作为公安机关提请批准逮捕书、人民检察院起诉书、人民法院判决书中认定案件事实的根据。

第五十四条　人民法院、人民检察院和公安机关有权向有关单位和个人收集、调取证据。有关单位和个人应当如实提供证据。

行政机关在行政执法和查办案件过程中收集的物证、书证、视听资料、电子数据等证据材料，在刑事诉讼中可以作为证据使用。

对涉及国家秘密、商业秘密、个人隐私的证据，应当保密。

凡是伪造证据、隐匿证据或者毁灭证据的，无论属于何方，必须受法律追究。

【修改提示】

本条是 1979 年刑事诉讼法的规定，1996 年、2012 年作过修改，2018 年修改刑事诉讼法未作修改。

【背景解读】

2012 年 3 月 14 日第十一届全国人民代表大会第五次会议通过的《关于修改〈中华人民共和国刑事诉讼法〉的决定》对本条作了两处修改：一是增加了行政机关收集的证据材料在刑事诉讼中作为证据使用的规定。二是增加了对涉及商业秘密、个人隐私的证据应当保密的规定。

1996 年刑事诉讼法第四十五条对人民法院、人民检察院、公安机关等机关收集、调取证据的权力，有关单位和个人如实提供证据的义务，对涉及国家秘密的证据的保密，对伪造、隐匿或者毁灭证据行为的追究作了规定。近年来，在刑事诉讼证据领域出现了一些新情况。一方面，随着经济社会的发展，犯罪情况发生了很大变化。很多刑事案件是由担负有关职责的行政机关在行政执法或查办案件过程中依法调查后，再移送刑事侦查机关侦查的。行政机关在调查案件过程中收集的证据材料，如何在刑事诉讼中使用的问题，存在不同的认识。对于行政机关收集的证人证言等言词证据，侦查机关应当重新收集。但对于物证、书证、视听资料、电子数据等实物证据，如果要求侦查机关重新收集，会在很大程度上增加侦查机关的负担，而且很多实物证据实际上也无法“重新”收集。如果这些证据材料不能在刑事诉讼中作为证据使用，司法机关查明案件事实就会存在严重困难，对于打击犯罪、保障人权都是不利的。另一方面，随着市场经济的发展和人民群众权利意识的增强，普遍要求对诉讼证据中涉及的商业秘密和个人隐私也应当保密。2012 年关于修改刑事诉讼法的决定对本条规定进行了修改，增加了行政机关收集的证据在刑事诉讼中作为证据使用和对涉及商业秘密、个人隐私的证据应当保密的规定。

【理解与适用】

本条是关于人民法院、人民检察院、公安机关等机关收集、调取证据的有关规定。

本条分为四款。第一款是关于收集证据职权和提供证据义务的规定。根据本款规定，人民法院、人民检察院和公安机关有权向有关单位和个人收集、调取证据。这是根据查明案件事实、打击犯罪、保障人权的需要，法律赋予人民法院、人民检察院和公安机关的职权。人民法院、人民检察院和公安机关收集、调取证据的具体程序和规范，本法在侦查、审查起诉和审判的有关章节中作了规定。“有关单位和个人应当如实提供证据”，是指有关单位和个人在人民法院、人民检察院和公安机关依法向其收集、调取证据时，有义务向收集、调取证据的机关客观、真实地提供证据，包括交出真实的物证、书证、视听资料、电子数据，提供真实的证言等。“如实提供证据”，就是既不能隐瞒证物，不提供证言，又不能伪造证物，编造假的证言，而要实事求是。

第二款是关于行政机关收集的证据材料在刑事诉讼中作为证据使用的规定。根据本款规定，行政机关在行政执法和查办案件过程中收集的物证、书证、视听资料、电子数据等证据材料，在刑事诉讼中可以作为证据使用。“行政执法”是指执行行政管理方面的法律、法规赋予的职责。如工商、质检部门履行市场监管职责，证券监督管理机构履行资本市场监管职责等。“查办案件”是指依法调查、处理行政违法、违纪案件。如工商部门查办侵犯知识产权案件，行政监察机关查办行政违纪案件等。本款规定涉及的证据材料范围是物证、书证、视听资料、电子数据等实物证据，不包括证人证言等言词证据。本款规定的“可以作为证据使用”，是指这些证据具有进入刑事诉讼的资格，不需要刑事侦查机关再次履行取证手续。但这些证据能否作为定案的根据，还需要根据本法的其他规定由侦查、检察、审判机关进行审查判断。经审查如果属于应当排除的或者不真实的，不能作为定案的根据。

第三款是关于对涉及国家秘密、商业秘密、个人隐私的证据应当保密的规定。本款主要是对办案机关及其工作人员的要求。"国家秘密"是指关系国家安全和利益，依照法定程序确定，在一定时间内只限一定范围的人员知悉的事项。"商业秘密"是指不为公众所知悉，能为权利人带来经济利益，具有实用性并经权利人采取保密措施的技术信息和经营信息。"个人隐私"是指个人生活中不愿公开或不愿为他人知悉的秘密。国家秘密关系国家安全和利益，商业秘密关系权利人的经济利益，隐私权是个人的重要人身权利。保守国家秘密法、刑法、侵权责任法等法律对国家秘密、商业秘密、个人隐私的保护作了规定。办案机关及其工作人员对在办案过程中接触到的涉及国家秘密、商业秘密、个人隐私的证据，应当妥善保管，不得遗失、泄露，不得让不该知悉的人知悉。

第四款是关于伪造、隐匿、毁灭证据必须受法律追究的规定。证据是否确实、充分，决定办案机关是否追究犯罪嫌疑人、被告人刑事责任。证据的虚假、藏匿和灭失，尤其是可作为定案根据的关键证据的虚假、藏匿和灭失，会对案件的办理造成严重的影响，乃至造成冤假错案。所以本款规定对伪造、隐匿、毁灭证据的，无论属于何方，都要追究法律责任。"无论属于何方"，是指无论是执法人员，还是诉讼参与人，或是其他人，只要有这三种行为，都要受到法律追究。"受法律追究"，是指对伪造、隐匿、毁灭证据的行为依法追究责任。构成伪证罪、包庇罪、滥用职权罪等犯罪的，依法追究刑事责任。不构成犯罪的，依法给予行政处罚或者处分。

第五十五条　对一切案件的判处都要重证据，重调查研究，不轻信口供。只有被告人供述，没有其他证据的，不能认定被告人有罪和处以刑罚；没有被告人供述，证据确实、充分的，可以认定被告人有罪和处以刑罚。

证据确实、充分，应当符合以下条件：

（一）定罪量刑的事实都有证据证明；

（二）据以定案的证据均经法定程序查证属实；

（三）综合全案证据，对所认定事实已排除合理怀疑。

【修改提示】

本条是1979年刑事诉讼法的规定，1996年未作修改，2012年作过修改，2018年修改刑事诉讼法未作修改。

【背景解读】

2012年3月14日第十一届全国人民代表大会第五次会议通过的《关于修改

〈中华人民共和国刑事诉讼法〉的决定》对本条主要作了一处修改:增加了认定“证据确实、充分”的条件的规定。

1996年刑事诉讼法第四十六条规定,没有被告人供述,证据充分确实的,可以认定被告人有罪和处以刑罚。同时,在第一百二十九条关于公安机关侦查终结移送起诉的规定,第一百四十一条关于人民检察院提起公诉的规定,第一百六十二条关于人民法院作出有罪判决的规定中,都要求办案机关做到“证据确实、充分”。可见,“证据确实、充分”是我国刑事诉讼法对侦查机关侦查终结移送起诉、检察机关提起公诉的要求,也是审判程序中人民检察院完成被告人有罪的举证责任,人民法院判决被告人有罪的证明标准。1996年刑事诉讼法没有对这一证明标准的具体含义作出规定,实践中学术界和司法机关存在一些不同认识。2010年最高人民法院、最高人民检察院、公安部、国家安全部、司法部联合制定的《关于办理死刑案件审查判断证据若干问题的规定》对办理死刑案件“证据确实、充分”的含义进行了解释。本条根据实际情况和有关方面的意见,总结司法解释的规定和学术界的研究成果,增加了认定“证据确实、充分”的条件的规定,进一步明确了刑事案件的证明标准,为司法机关准确适用这一标准提供了法律依据。

【理解与适用】

本条是关于重证据、不轻信口供和刑事案件证明标准的规定。

本条分为两款。第一款是关于重证据、不轻信口供的规定。口供,即犯罪嫌疑人、被告人的供述,是刑事诉讼中的重要证据,对于认定案件事实有着重要的意义,办案机关应当重视口供的收集。但一方面,由于犯罪嫌疑人、被告人是可能被追究刑事责任的人,在供述时往往会考虑对自己是否有利,口供中就有可能掺杂虚假成分,甚至是完全虚假的。另一方面,口供具有不确定性,随时可能变化。如果办案机关轻信甚至依赖口供,不重视其他证据的收集,很可能造成犯罪嫌疑人、被告人一旦翻供,就无证定案的局面,不利于打击犯罪和提高办案质量。而且依赖口供,就极易造成为获取口供不择手段,采取刑讯逼供等非法方法,侵犯犯罪嫌疑人、被告人的合法权益。本款规定了“重证据,重调查研究,不轻信口供”的办案原则。“重证据”是指要重视一切证据的收集、认定,特别是口供以外的客观证据。“不轻信口供”是指不能不经核实,不经与其他证据相互印证,就轻易相信口供。作为这一原则的具体化,本款还对两种特别情况下案件的处理作了明确规定。一是“只有被告人供述,没有其他证据的,不能认定被告人有罪和处以刑罚”,是指人民法院在判决案件中,对于仅仅有被告人有罪供述,而无其他证据印证的,不能认定被告人有罪和处刑,也就是说不能仅凭口供定罪,即使定罪免刑也不行。这与外国一些只要被告人认罪就可以定罪判刑的规定是不同的,体现了实事求是的精神和对被告人权利的充分保护。二是“没有被告人供述,证据确实、充分的，可以认定被告人有罪和处以刑罚”，是指被告人不供述，但经法庭审理查证属实的其他证据确实、充分，可以证明被告人有罪的，也可以对被告人定罪、判刑。

第二款是关于认定“证据确实、充分”的条件的规定。本条和刑事诉讼法其他条文规定的“证据确实、充分”，都要适用本款规定的条件予以认定。根据本款的规定，认定证据确实、充分，应当符合三个条件：

1. 定罪量刑的事实都有证据证明。是指作为认定犯罪嫌疑人、被告人犯罪、犯何种罪，决定是否对其判处刑罚，判处何种刑罚的依据的事实，包括构成某种犯罪的各项要件和影响量刑的各种情节，都有办案机关经法定程序收集的证据证明。这是认定“证据确实、充分”的基础。

2. 据以定案的证据均经法定程序查证属实。是指经过侦查机关、人民检察院、人民法院按照法律规定的程序，包括关于修改刑事诉讼法的决定新增加的非法证据排除程序的查证，作为定案根据的证据被认定属实。这一条件侧重认定证据“确实”的方面。

3. 综合全案证据，对所认定事实已排除合理怀疑。是指办案人员在每一证据均查证属实的基础上，经过对证据的综合审查，运用法律知识和逻辑、经验进行推理、判断，对认定的案件事实达到排除合理怀疑的程度。“排除合理怀疑”是指对于认定的事实，已没有符合常理的、有根据的怀疑，实际上达到确信的程度。“证据确实、充分”具有较强的客观性，但在司法实践中，这一标准是否达到，还是要通过侦查人员、检察人员、审判人员的主观判断，以达到主客观相统一。只有对案件已经不存在合理的怀疑形成内心确信，才能认定案件“证据确实、充分”。本条使用“排除合理怀疑”这一提法，并不是修改了我国刑事诉讼的证明标准，而是从主观角度进一步明确了“证据确实、充分”的含义，便于办案人员把握。

第五十六条　采用刑讯逼供等非法方法收集的犯罪嫌疑人、被告人供述和采用暴力、威胁等非法方法收集的证人证言、被害人陈述，应当予以排除。收集物证、书证不符合法定程序，可能严重影响司法公正的，应当予以补正或者作出合理解释；不能补正或者作出合理解释的，对该证据应当予以排除。

在侦查、审查起诉、审判时发现有应当排除的证据的，应当依法予以排除，不得作为起诉意见、起诉决定和判决的依据。

【修改提示】

本条是2012年修改刑事诉讼法时增加的规定，2018年修改刑事诉讼法未作修改。

【背景解读】

2012年3月14日第十一届全国人民代表大会第五次会议通过的《关于修改〈中华人民共和国刑事诉讼法〉的决定》增加了本条规定。

1996年刑事诉讼法第四十三条规定，审判人员、检察人员、侦查人员必须依照法定程序，收集能够证实犯罪嫌疑人、被告人有罪或者无罪、犯罪情节轻重的各种证据。严禁刑讯逼供和以威胁、引诱、欺骗以及其他非法的方法收集证据。根据上述规定，为从制度上进一步遏制刑讯逼供和其他非法收集证据的行为，维护司法公正和诉讼参与人的合法权利，对于非法取得的证据严重影响司法公正的，应当予以排除，不能继续在刑事诉讼中作为证据使用。中央深化司法体制和工作机制改革的意见明确提出了完善非法证据排除制度的要求。2010年最高人民法院、最高人民检察院、公安部、国家安全部、司法部联合制定的《关于办理刑事案件排除非法证据若干问题的规定》对刑事案件非法证据排除的范围和进行法庭调查的具体程序作了规定。该规定实施一段时间以来，取得了较好的效果。2012年修改刑事诉讼法时，根据实际情况和有关方面的意见，总结司法解释的有关规定，按照积极稳妥的原则，明确规定了非法证据排除程序。本条首先对应当排除的非法证据的范围和办案机关排除非法证据的义务作了规定。

【理解与适用】

本条是关于非法证据排除范围和办案机关排除非法证据义务的规定。

本条分为两款。第一款是关于非法证据排除的范围，即哪些证据属于应当排除的非法证据的规定。根据本款规定，刑事诉讼中应当排除的非法证据有两类：

第一类是采用刑讯逼供等非法方法收集的犯罪嫌疑人、被告人供述和采用暴力、威胁等非法方法收集的证人证言、被害人陈述，即采用非法方法收集的言词证据。“刑讯逼供”是指使用肉刑或者变相肉刑，使当事人在肉体或精神上遭受剧烈疼痛或痛苦而不得不供述的行为，如殴打、电击、饿、冻、烤等。“等非法方法”是指违法程度和对当事人的强迫程度与刑讯逼供或者暴力、威胁相当，使其不得不违背自己意愿陈述的方法。以本款规定的非法方法收集言词证据，严重侵犯当事人的人身权利，破坏司法公正，极易酿成冤假错案，是非法取证情节最严重的情形。本款对以上述非法方法取得的言词证据，规定应当严格地予以排除。

第二类是收集程序不符合法定程序的物证、书证。“不符合法定程序”包括不符合法律对于取证主体、取证手续、取证方法的规定，如由不具备办案资格的人员提取的物证，勘验笔录没有见证人签字的物证，未出示搜查证搜查取得的书证等。违法收集物证、书证的情况比较复杂，物证、书证本身是客观证据，取证程序的违法一般不影响证据的可信度。而且许多物证、书证具有唯一性，一旦被排除就不可能再次取得。大部分国家的法律对于违法取得的实物证据，都没有规定绝对予以排除，而是区分情况作不同的处理。本条统筹考虑惩治犯罪和保障人权的要求，规定对于收集物证、书证不符合法定程序，可能严重影响司法公正的，应当予以补正或者作出合理解释；不能补正或者作出合理解释的，对该证据才应当予以排除。“可能严重影响司法公正”是排除非法取得的物证、书证的前提，是指收集物证、书证不符合法定程序的行为明显违法或者情节严重，可能对司法机关办理案件的公正性、权威性以及司法的公信力产生严重的损害。“补正或者作出合理解释”的主体是收集证据的办案机关或者人员。“补正”是指对取证程序上的非实质性的瑕疵进行补救，如在缺少侦查人员签名的勘验、检查笔录上签名等。“作出合理解释”是指对取证程序的瑕疵作出符合逻辑的解释，如对书证副本复制时间作出解释等。根据本款规定，如果收集证据的机关或者人员对违法取证的情况予以补正或者作出了合理解释，审查证据的机关认为不影响证据使用的，该证据可以继续使用；不能补正或者作出合理解释的，对该证据则应当予以排除。

第二款是关于侦查机关、检察机关、审判机关排除非法证据的义务的规定。侦查机关、检察机关、审判机关都不得采取非法方法收集证据，也都有维护司法公正和诉讼参与人合法权利的职责。它们在办理案件过程中发现已经收集的证据中有依法应当排除的非法证据的，都有义务加以排除。本款规定的“应当排除的证据”，是指依照本条第一款的规定应当排除的言词证据和实物证据。根据本款的规定，依法被排除的证据，不得作为侦查机关起诉意见，检察机关起诉决定和审判机关判决中认定事实的依据。规定刑事诉讼每个阶段的办案机关都有排除非法证据的义务，有利于尽早发现和排除非法证据，提高办案质量，维护诉讼参与人的合法权利。

第五十七条　人民检察院接到报案、控告、举报或者发现侦查人员以非法方法收集证据的，应当进行调查核实。对于确有以非法方法收集证据情形的，应当提出纠正意见；构成犯罪的，依法追究刑事责任。

【修改提示】

本条是 2012 年修改刑事诉讼法时增加的规定，2018 年修改刑事诉讼法未作修改。

【背景解读】

2012 年 3 月 14 日第十一届全国人民代表大会第五次会议通过的《关于修改

〈中华人民共和国刑事诉讼法〉的决定》增加了本条规定。

侦查人员以刑讯逼供、暴力、威胁等非法方法收集证据的行为,侵犯诉讼参与人的合法权利,破坏司法公正。对于这种违法行为,一方面要通过非法证据排除程序使其获得的证据不能在诉讼中使用;另一方面对于非法取证的行为本身和违法的侦查人员,也应当依法作出处理。根据宪法和刑事诉讼法等法律的规定,人民检察院对刑事诉讼实行法律监督,对国家机关工作人员利用职权实施的侵犯公民权利的犯罪进行侦查,有权对侦查人员非法取证的行为进行调查、处理。根据本法第五十九条,在人民法院对证据收集合法性进行的法庭调查程序中,人民检察院要对证据收集的合法性承担举证责任。人民检察院为确保送上法庭的起诉证据的合法性,也应当对侦查阶段证据收集活动是否合法加强监督。2010 年最高人民法院、最高人民检察院、公安部、国家安全部、司法部联合制定的《关于对司法工作人员在诉讼活动中的渎职行为加强法律监督的若干规定(试行)》对人民检察院对侦查人员非法取证行为的调查程序作了规定。本条根据实际情况和有关方面的意见,参考司法解释的有关规定,规定了人民检察院对侦查人员非法收集证据行为调查、处理的职权和程序,加强了人民检察院对侦查活动的监督,促进侦查机关尊重和保障人权,合法取证。

【理解与适用】

本条是关于人民检察院对侦查人员非法收集证据的行为进行调查核实和处理的规定。

本条首先规定了人民检察院对侦查人员非法收集证据行为的调查权。人民检察院调查侦查人员非法取证的线索来源,可以是当事人或者其他群众的报案、控告、举报,也可以是自己发现的线索。“报案”是指群众向检察机关报告侦查人员有非法取证的行为。“控告”是指权利受到非法取证行为侵害的当事人向检察机关告诉。“举报”是指当事人以外的其他知情人向检察机关检举、揭发侦查人员有非法取证的行为。侦查人员非法收集证据的行为,包括以刑讯逼供、暴力、威胁等非法方法收集言词证据的行为和以非法搜查、非法扣押等非法方法收集实物证据的行为。根据本条规定,无论侦查人员非法收集证据的行为是否严重到构成犯罪的程度,人民检察院都有权而且应当进行调查核实。调查核实的方法可以是询问有关当事人或者知情人,查阅、调取或者复制相关法律文书、案卷材料,对受害人进行伤情检查等。

关于人民检察院对侦查人员非法收集证据的行为线索进行调查后的处理,本条规定了两种情形。一是对于确有以非法方法收集证据情形的,人民检察院应当提出纠正意见。纠正意见的内容应根据案件的具体情况确定。这种纠正意见是人民检察院行使法律监督权的重要方式,侦查机关应当重视。对于非法取证情况属实的，应当及时纠正违法行为，将纠正情况通报人民检察院，并根据本法规定对应当排除的非法取得的证据予以排除。二是对于侦查人员以非法方法收集证据，构成刑法规定的刑讯逼供罪、暴力取证罪、非法搜查罪、滥用职权罪、徇私舞弊罪等犯罪的，人民检察院应当依法立案侦查，追究有关人员的刑事责任。

第五十八条　法庭审理过程中，审判人员认为可能存在本法第五十六条规定的以非法方法收集证据情形的，应当对证据收集的合法性进行法庭调查。

当事人及其辩护人、诉讼代理人有权申请人民法院对以非法方法收集的证据依法予以排除。申请排除以非法方法收集的证据的，应当提供相关线索或者材料。

【修改提示】

本条是2012年修改刑事诉讼法时增加的规定。2018年修改刑事诉讼法对本条的具体内容未作修改，只对本条中引用的条文的序号按照修改后的条文序号作了相应调整。

【背景解读】

2012年3月14日第十一届全国人民代表大会第五次会议通过的《关于修改〈中华人民共和国刑事诉讼法〉的决定》增加了本条规定。

根据本法第五十六条第二款的规定，侦查机关、检察机关、审判机关都有排除非法证据的责任。但人民法院的审判，是决定被告人是否有罪、被判处何种刑罚的关键阶段，也是非法取得的证据能否被排除不作为定案根据的关键阶段。1996年刑事诉讼法规定的法庭调查程序，主要是针对被告人定罪量刑的事实、证据进行调查，对于公诉方提供的证据合法性的调查程序，没有具体规定。为把本法第五十六条排除非法证据的规定落到实处，有必要对在法庭上对证据合法性进行专门的调查、处理的程序作出具体规定。2010年最高人民法院、最高人民检察院、公安部、国家安全部、司法部联合制定的《关于办理刑事案件排除非法证据若干问题的规定》对人民法院对证据合法性的调查处理程序作了规定，各地人民法院依照司法解释的规定，积累了一些对证据合法性进行调查处理的审判经验。关于修改刑事诉讼法的决定根据实际情况和各方面的意见，总结司法解释的有关规定，在本条对这种法庭调查的启动程序作了规定，明确了调查的启动权、启动条件和申请权。

【理解与适用】

本条是关于对证据收集的合法性进行法庭调查的启动程序的规定。

本条分为两款。第一款是关于对证据收集的合法性进行法庭调查的启动权的规定。根据本款规定,“法庭审理过程中”是启动调查的时间范围,是指从开庭审判到法庭辩论终结的过程。启动调查的权力属于人民法院的审判人员,启动调查的条件是审判人员“认为可能存在本法第五十六条规定的以非法方法收集证据情形”,包括非法收集言词证据和收集实物证据不符合法定程序,可能严重影响司法公正的情形。审判人员可以根据审判过程中发现的情况依职权启动调查,也可以在对当事人及其辩护人、诉讼代理人根据本条第二款规定提出的申请进行审查后,决定启动调查。本款规定的调查程序,是专门针对公诉方提供的证据收集的合法性进行的相对独立的法庭调查程序。

第二款是关于当事人及其辩护人、诉讼代理人申请启动证据收集的合法性调查程序的规定。非法取证行为首先侵犯了当事人的合法权利,赋予当事人及其辩护人、诉讼代理人申请启动证据收集的合法性调查程序的权利,有利于及时发现并排除非法证据,维护司法公正,符合保障人权的要求。根据本款规定,有权申请启动调查程序的主体是当事人及其辩护人、诉讼代理人。根据本条第一款和有关司法解释的规定,他们从案件进入审判阶段到法庭辩论终结,都有权提出申请。本款对于排除非法证据的申请规定了条件,即申请人应当提供办案机关及其工作人员非法收集证据的相关线索或者材料。“线索”是指可说明存在非法取证情形,指引调查进行的信息,如曾在何时、何地被何人用何种方式刑讯逼供的回忆等。“材料”是可用于证明非法取证行为存在的材料,如血衣、伤痕、同监房人员的证言等。本款之所以规定提出申请应当提供线索或者材料,一方面是因为当事人是非法取证的亲历者,有条件向法庭提供有关线索或者材料以便进行调查;另一方面也是为了防止当事人及其辩护人、诉讼代理人滥用诉讼权利,随意提出申请,干扰庭审的正常进行。需要指出的是,本款规定对申请人提供线索或者材料的要求是较为宽松的,即有材料的应当提供材料,没有或者无法提供材料的,提供可供查证的线索。同时,提供线索或者材料只是对申请人提出申请的要求,一旦审判人员决定启动调查程序,根据本法第五十九条的规定,对证据收集的合法性的证明责任仍然由人民检察院承担。对于当事人及其辩护人、诉讼代理人申请启动调查的,审判人员应当对申请及有关线索或者材料进行初步审查。经审查认为可能存在第五十六条规定的非法取证情形的,应当根据第一款的规定启动调查程序;认为不可能存在第五十六条规定的非法取证情形的,应当驳回申请。

第五十九条　在对证据收集的合法性进行法庭调查的过程中,人民检察院应当对证据收集的合法性加以证明。

现有证据材料不能证明证据收集的合法性的,人民检察院可以提请人民法院

通知有关侦查人员或者其他人员出庭说明情况；人民法院可以通知有关侦查人员或者其他人员出庭说明情况。有关侦查人员或者其他人员也可以要求出庭说明情况。经人民法院通知，有关人员应当出庭。

【修改提示】

本条是2012年修改刑事诉讼法时增加的规定，2018年修改刑事诉讼法时未作修改。

【背景解读】

2012年3月14日第十一届全国人民代表大会第五次会议通过的《关于修改〈中华人民共和国刑事诉讼法〉的决定》增加了本条规定。

根据本法第五十八条的规定，审判人员认为可能存在本法第五十六条规定的以非法方法收集证据情形的，应当启动对证据收集的合法性进行法庭调查的程序。这一程序由控辩审三方参与，以查明证据收集是否合法为目的，与其他庭审程序相对独立，有的学者称为"审判中的审判"。法律需要对这一程序中举证责任由谁承担，可以用何种方式举证作出规定，以便于调查程序的进行。作为不同于对定罪量刑事实的法庭调查的特别调查程序，还需要通知了解证据收集过程的特定人员出庭说明有关情况。本条根据实际情况和有关方面的意见，参考《关于办理刑事案件排除非法证据若干问题的规定》的有关规定，明确对证据收集的合法性由人民检察院承担举证责任，还对调查程序中侦查人员等出庭说明情况作了规定。

【理解与适用】

本条是关于证据收集的合法性的证明责任和侦查人员等人员出庭说明情况的规定。

本条分为两款。第一款是关于证据收集的合法性的举证责任的规定。在刑事诉讼中由控诉方承担被告人有罪的举证责任，是现代刑事诉讼的基本原则。本法第五十一条也明确规定，公诉案件中被告人有罪的举证责任由人民检察院承担。人民检察院要证明被告人构成犯罪，理应还要证明用于证明被告人构成犯罪的证据具有合法性。证明被告人有罪的证据大多数都是由公安机关和人民检察院依法收集，并经过人民检察院依法审查的，人民检察院也有能力证明证据收集的合法性。因此本款规定，在对证据收集的合法性进行法庭调查的过程中，人民检察院应当对证据收集的合法性加以证明。人民检察院证明证据收集的合法性的方法，可以是向法庭提供讯问笔录、讯问过程的录音录像、羁押记录、体检记录，按照本条第二款的规定提请法庭通知有关侦查人员或者其他人员出庭说明情况等。如果人民检察院对于证据收集的合法性不能举证证明,或者举证之后仍然不能排除有采取非法方法收集证据情形的,人民法院应当依照本法第五十六条和第六十条的规定对有关证据进行处理。

第二款是关于在对证据收集的合法性的法庭调查程序中侦查人员或者其他人员出庭说明情况的规定。检察机关作为承担证据收集合法性的举证责任的机关,在移送给人民法院的证据材料不足以证明证据收集的合法性的条件下,应当通过其他方式继续举证证明。收集证据的侦查人员和了解证据收集情况的其他人员,作为取证过程的亲历者,最了解证据收集是否合法的情况。如果有关证据确系合法收集,由他们出庭说明有关情况,对证据收集的合法性是有力的证明。1996 年刑事诉讼法对于侦查人员出庭作证没有明确规定。中央深化司法体制和工作机制改革的意见要求,明确侦查人员出庭作证的范围和程序。本款对特定情况下有关侦查人员和其他人员出庭说明证据收集的有关情况作了规定。

根据本款规定,有关侦查人员和其他人员出庭说明情况的前提是“现有证据材料不能证明证据收集的合法性”,即公诉机关通过向法庭提供讯问笔录、录音录像、羁押记录、体检记录等材料不能证明证据收集的合法性,造成有关证据可能被认定为非法取得的证据而被排除。这种情况下侦查人员出庭说明情况,是对人民检察院公诉工作的支持,体现了公安机关、检察机关在刑事诉讼中互相配合的原则,有利于惩治犯罪,与侦查机关工作的目的是一致的。出庭的人员范围是“有关侦查人员或者其他人员”。“有关侦查人员”主要是指参与收集有关证据的侦查人员,如讯问犯罪嫌疑人的侦查人员、提取物证的侦查人员等。“其他人员”是指了解证据收集情况的其他人员,如看守所民警、搜查时的见证人等。他们出庭“说明情况”,主要是向法庭说明收集证据的过程,便于法庭对证据收集的合法性进行审查。有关侦查人员和其他人员出庭说明情况有两种情形:一是人民检察院认为有必要由他们出庭说明情况的,可以提请人民法院发出通知,人民法院认为有必要由他们出庭说明情况的,也可以向他们发出通知。经人民法院通知,有关人员应当出庭。二是有关侦查人员和其他人员主动要求出庭说明情况。如有关侦查人员出于责任心和维护侦查活动的合法性以实现追究惩治犯罪的目的,要求出庭驳斥被告人非法取证的指控。作为特定情况下证明取证合法性的手段,本条对有关侦查人员和其他人员出庭说明情况的规定是比较慎重、稳妥的,不会对侦查机关的工作造成大的困难和干扰。

第六十条　对于经过法庭审理,确认或者不能排除存在本法第五十六条规定的以非法方法收集证据情形的,对有关证据应当予以排除。

【修改提示】

本条是2012年修改刑事诉讼法时增加的规定，2018年修改刑事诉讼法对本条的具体内容未作修改，只对本条中引用的条文的序号按照修改后的条文序号作了相应调整。

【背景解读】

2012年3月14日第十一届全国人民代表大会第五次会议通过的《关于修改〈中华人民共和国刑事诉讼法〉的决定》增加了本条规定。

人民法院依照本法第五十八条、第五十九条的规定对证据收集的合法性进行调查后，应当根据调查的结果，区分情况，对有关证据作出处理。本条根据实际情况和有关方面的意见，总结《关于办理刑事案件排除非法证据若干问题的规定》的有关规定的执行情况，对法庭如何处理有关证据作了规定。

【理解与适用】

本条是关于对证据收集的合法性进行法庭调查后如何处理的规定。

本条规定的“经过法庭审理”，是指经过本法第五十八条、第五十九条规定的对证据收集的合法性的法庭调查程序，审判人员就证据收集的合法性问题审查了控辩双方提出的证据，听取了控辩双方的意见之后。此时，人民法院应当根据调查的结果，对取证合法性存在疑问的证据进行处理：

1. 确认存在本法第五十六条规定的非法取证情形的，包括确认存在非法收集言词证据的情形，或者确认存在收集实物证据不符合法定程序，可能严重影响司法公正，不能补正或者作出合理解释的情形，对有关证据应当予以排除，不得作为判决的依据。

2. 不能排除存在本法第五十六条规定的非法取证情形的，即检察机关对证据收集的合法性的证明没有达到确实、充分的程度，审判人员对是否存在本法第五十六条规定的以非法方法收集证据情形仍有疑问的，人民法院对有关证据也应当予以排除，不得作为判决的依据。

3. 如果经过法庭调查和人民检察院举证，法庭确认不存在本法第五十六条规定的非法取证情形的，有关证据属于合法取得的证据，可以在对定罪量刑事实的法庭调查中使用，经查证属实的，可以作为定案的根据。

第六十一条　证人证言必须在法庭上经过公诉人、被害人和被告人、辩护人双方质证并且查实以后，才能作为定案的根据。法庭查明证人有意作伪证或者隐

匿罪证的时候,应当依法处理。

【修改提示】

本条是1979年刑事诉讼法的规定,1996年、2012年作了修改,2018年修改刑事诉讼法未作修改。

【背景解读】

2012年3月14日第十一届全国人民代表大会第五次会议通过的《关于修改〈中华人民共和国刑事诉讼法〉的决定》对本条进行了几处文字调整,使条文表述更准确、简练。

证人证言是证人就自己所见所闻向司法机关提供的证言,是刑事诉讼中的一种重要证据。证人证言的真实性,对于办案机关准确认定案件事实,惩治犯罪,保护人民,有着重要的意义。但证人证言也属于主观性较强的证据,由于证人本身的感受、记忆、表达能力的限制,或者受到外界的压力,或者受自己主观愿望的影响而不诚实作证等,证人证言所反映的事实和案件的客观情况有可能存在一定的差距,甚至存在虚假的可能性。一般来说,证人都必须通过言词的方式,当面向法庭提供证人证言,比如,我国古代法官在证人当庭作证时就通过辞听、色听、气听、耳听、目听的"五听"方法判断证言的真伪。在现代刑事诉讼中,通过证人出庭作证,并接受控辩双方的质证,来确定证人证言的可靠性和证明力,已成为绝大多数国家刑事诉讼法通行的规定。只有经过质证,查证属实的证言,才能作为定案的根据。本条对这一原则作了规定。

【理解与适用】

本条是关于证人证言必须查证属实,才能作为定案的根据的规定。

本条共讲了两层意思:

一是证人证言必须要经过法庭质证、查实后才能作为定案的根据。这是证人证言作为定案根据的必经程序。本条规定的这一必经程序包括两个方面:

1. 证人提供的证言必须要经过公诉人、被害人和被告人、辩护人双方的质证。也就是说无论是公诉人、被害人一方提出的证人,还是被告人、辩护人一方提出的证人都要经过双方的质证。质证的方式包括控辩双方就证人提供证言的具体内容或者就本方想要了解的情况对证人进行提问,通过提问,让证人全面深入地陈述证词,暴露虚假或者不可靠的证言中的矛盾,便于法庭审查;还包括针对对方提出的证人证言中存在的疑点提出问题和意见,或者答复对方的疑问,提出反驳的意见。对于证人未出庭的,双方也应对宣读的证言笔录进行质证。

2. 证言要经查实，才能作为定案的根据。“查实”证言，主要是指在法庭调查中通过质证，确定证人具有举证资格，确定证言的收集程序合法，并运用全案的其他证据，包括物证、书证、其他证人的证言、被害人陈述、被告人的供述和辩解等进行综合分析，排除疑点，确认证言的可信性。在此过程中，审判人员始终要客观地倾听控辩双方的意见，才能正确认定证言。

二是法庭查明证人有意作伪证或者隐匿罪证的，应依法处理。其中“作伪证”主要有两种情况：一种是歪曲事实，没有提供案件的真实情况，如在行为、时间、重要情节等方面作虚假陈述；另一种是捏造事实，包括通过诬陷无罪的人有犯罪行为，或者为有罪的人开脱。“隐匿罪证”是指证人明知被告人有犯罪行为而故意隐瞒的行为，如证人在陈述斗殴过程时，明知张三在场，并参与殴斗，却故意不讲等。“依法处理”是指除不采用该证人证言外，对证人的行为构成伪证罪、包庇罪等犯罪的，应当移送公安机关依法追究刑事责任。

第六十二条　凡是知道案件情况的人，都有作证的义务。

生理上、精神上有缺陷或者年幼，不能辨别是非、不能正确表达的人，不能作证人。

【修改提示】

本条是1979年刑事诉讼的规定，1996年、2012年、2018年修改刑事诉讼法未作修改。

【背景解读】

通过耳闻目睹等途径知道案件情况的人，向司法机关就案件情况提供证言，对于司法机关查明案件事实，惩治犯罪，保障无罪的人不受刑事追究，具有不可替代的重要意义。因此，本条将作证规定为知道案件情况的人的法定义务。同时，证言的准确性和真实性受到证人感知、记忆和表述能力的影响。无法正确感知案件事实或者不能正确表达的人提供的证言，由于无法确定其真实性，不适合在诉讼中作为证据使用。各国的诉讼法律大多对证人的作证能力进行了规定。本条也对哪些人不具有证人资格作出了规定。

【理解与适用】

本条是关于作证义务和证人资格的规定。

本条分为两款。第一款是关于凡是知道案件情况的人，都有义务作证的规定。“知道案件情况的人”是指亲眼见到、亲耳听到犯罪行为发生，或者亲眼见到、亲耳听到犯罪嫌疑人、被告人的行为，或者亲耳听到犯罪嫌疑人、被告人、被害人对案情的叙述等，因而了解案件情况的人。这样的人有义务提供案件的真实情况，来表明犯罪嫌疑人、被告人有罪还是无罪，罪重还是罪轻。从新闻媒体或是道听途说知道案件情况，或是推测案件情况的人不属于本条所说的“知道案件情况”的人，不能作证人，也没有作证的义务。“作证的义务”，是指了解案情的人不得拒绝作证，应当如实地提供证言。证人应当亲自向司法机关作证，不能由他人代为作证，也不能对自己不知道的案件事实作证。这是本法从惩治犯罪、保障无罪的人不受刑事追究的目的出发，对知道案件情况的人规定的法定义务，每个公民都应当予以遵守。

第二款是关于证人资格的规定。不是每个知道案件情况的人都可以作为证人，根据本条规定有以下三种情况的人不能作为证人：(1)生理上有缺陷，不能辨别是非、不能正确表达的人。如色盲、弱视的人，在有些情况下就不能作为证人陈述犯罪的场面。(2)精神上有缺陷，不能辨别是非、不能正确表达的人。如精神病患者在发病期间对于事物、人物分辨不清或不能作正确表述的。(3)年幼，不能辨别是非，不能正确表达的人，是指因年龄小对案件中的人物、经过记忆不清，认定不明，或者表述不明白的。其中“不能辨别是非、不能正确表达”是以上三种情况最核心和决定性的条件。虽然属于生理、精神上有缺陷，或者年幼，但能够辨别是非、正确表达的，仍可以作证人。如间歇性精神病患者在未犯病期间，或虽年幼，但识别能力、表达能力均正常的人，可以作证人。在诉讼活动中，对证人是否具有作证的能力进行审查，对保证证据真实性具有重要意义。

第六十三条　人民法院、人民检察院和公安机关应当保障证人及其近亲属的安全。

对证人及其近亲属进行威胁、侮辱、殴打或者打击报复，构成犯罪的，依法追究刑事责任；尚不够刑事处罚的，依法给予治安管理处罚。

【修改提示】

本条是1996年修改刑事诉讼法增加的规定，2012年、2018年修改刑事诉讼法未作修改。

【背景解读】

在刑事诉讼中，不愿意看到司法机关查明案件真象的人，为了阻止和妨碍证人作证，有时会对证人及其近亲属采取威胁、侮辱，甚至伤害等手段，妨碍诉讼的正常进行。保障诉讼参与人的诉讼权利，是本法的基本原则。要保障证人有客观、充分地提供证据的条件，履行作证的法定义务，如实地提供案件的真实情况，首先要保证证人及其近亲属的安全，这是保证诉讼顺利进行的需要，也是本法基本原则的重要体现。尤其是在犯罪情况日趋复杂，恶性犯罪不断发生的情况下，证人作证要冒一定的危险，法律不能只是强调证人作证的义务，也要从实际出发为证人解决后顾之忧，提供安全上的保障。因此，本条对人民法院、人民检察院和公安机关保障证人及其近亲属安全的义务和威胁、侮辱、殴打或者打击报复证人及其近亲属的行为的法律责任作了原则规定。

【理解与适用】

本条是关于保障证人及其近亲属安全的规定。

本条分为两款。第一款是关于人民法院、人民检察院和公安机关保障证人及其近亲属安全的义务的规定。“应当保障证人及其近亲属的安全”，是指人民法院、人民检察院和公安机关应当根据案件情况，对于可能因作证处于危险之中的证人及其近亲属，采取必要的保护措施。如及时拘捕犯罪嫌疑人、被告人，在侦查阶段为证人保守秘密等。对于符合本法第六十四条规定的，还应当采取该条规定的保护措施。司法机关应当将保护证人及其近亲属安全的问题提高到保护公民合法权利的高度来认识，将其作为办案中一项重要的工作。只有这样才能解决证人的后顾之忧，促使他们积极作证。

第二款是关于对威胁、侮辱、殴打、打击报复证人及其近亲属的，应当依法追究法律责任的规定。在我国，对打击报复证人及其近亲属的行为追究法律责任，是保护证人最重要的途径。根据本款规定，凡是对证人及其近亲属进行威胁、侮辱、殴打、打击报复等，依照刑法规定构成犯罪的，应当依法追究刑事责任，根据犯罪情节定罪处刑。其中“威胁”是指以将要实行暴力或者其他非法行为进行恐吓。“侮辱”是指在公众场合公然以言词、行为对其人格、名誉进行诋毁、攻击。“殴打”是指以暴力对证人及其近亲属进行伤害。“打击报复”包括用多种手段对证人及其近亲属进行报复、迫害等。对于有上述行为，情节轻微，尚不够刑事处罚的，应当依照治安管理处罚法的规定，对行为人予以拘留或者罚款的处罚。本款的规定是保护证人诉讼权利的具体体现，也是人民法院、人民检察院、公安机关保护证人及其近亲属安全的主要措施。

第六十四条　对于危害国家安全犯罪、恐怖活动犯罪、黑社会性质的组织犯罪、毒品犯罪等案件，证人、鉴定人、被害人因在诉讼中作证，本人或者其近亲属的人身安全面临危险的，人民法院、人民检察院和公安机关应当采取以下一项或者多项保护措施：

（一）不公开真实姓名、住址和工作单位等个人信息；

（二）采取不暴露外貌、真实声音等出庭作证措施；

（三）禁止特定的人员接触证人、鉴定人、被害人及其近亲属；

（四）对人身和住宅采取专门性保护措施；

（五）其他必要的保护措施。

证人、鉴定人、被害人认为因在诉讼中作证，本人或者其近亲属的人身安全面临危险的，可以向人民法院、人民检察院、公安机关请求予以保护。

人民法院、人民检察院、公安机关依法采取保护措施，有关单位和个人应当配合。

【修改提示】

本条是2012年修改刑事诉讼法时增加的规定，2018年修改刑事诉讼法未作修改。

【背景解读】

2012年3月14日第十一届全国人民代表大会第五次会议通过的《关于修改〈中华人民共和国刑事诉讼法〉的决定》增加了本条规定。

根据本法第六十三条第一款的规定，人民法院、人民检察院和公安机关应当保障证人及其近亲属的安全。实践中对证人的保护，主要是通过本法第六十三条第二款规定的，对威胁、侮辱、殴打或者打击报复证人的行为依法追究责任来实现的。但对于一些特定类型的犯罪案件，由于案件关系国家安全、公共安全，或者犯罪性质恶劣、组织性强，证人遭到打击报复的可能性大，后果也可能更严重，甚至是有生命危险。对于这些案件，有必要在对打击报复证人的行为追究责任之外，再有针对性地加强对证人的保护力度，以预防打击报复证人的事件发生，保证公民履行作证义务，保障诉讼活动的顺利进行，同时通过切实保护公民的人身安全，支持和鼓励人民群众积极同犯罪行为作斗争，更好地实现刑事诉讼法"打击犯罪，保护人民"的立法目的。因此，本条增加规定了对特定案件的证人采取特别的保护措施。同时，特定案件的鉴定人、被害人因为参与诉讼，也可能面临打击报复的危险，本条规定把他们也纳入保护的范围。

【理解与适用】

本条是关于对特定案件的证人、鉴定人、被害人采取特别保护措施的规定。

本条分为三款。第一款是对特定案件的证人、鉴定人、被害人应当采取特别的保护措施的规定。根据本款规定，可以采取特别的保护措施的案件范围是危害国家安全犯罪、恐怖活动犯罪、黑社会性质的组织犯罪、毒品犯罪等案件。其中“危害国家安全犯罪”，是指对中华人民共和国的国家安全构成危害的案件，包括但不限于刑法分则第一章规定的犯罪。“恐怖活动犯罪”，是指以制造社会恐慌、危害公共安全或者胁迫国家机关、国际组织为目的，采取暴力、破坏、恐吓等手段，造成或者意图造成人员伤亡、重大财产损失、公共设施损坏、社会秩序混乱等严重社会危害的犯罪行为，以及煽动、资助或者以其他方式协助实施上述活动的犯罪行为，包括组织、领导、参加恐怖活动组织犯罪，恐怖活动组织或者恐怖活动人员实施的故意杀人、爆炸、绑架等犯罪，资助恐怖活动犯罪等。“黑社会性质的组织犯罪”，是指组织、领导、参加黑社会性质的组织犯罪，黑社会性质的组织及其成员实施的故意杀人、故意伤害、抢劫、强迫交易等犯罪。“毒品犯罪”，是指走私、贩卖、运输、制造毒品、非法种植毒品原植物等犯罪。这几类犯罪都是涉及国家安全或者公共安全，社会危害性大，证人、鉴定人、被害人遭受严重打击报复的危险性高的犯罪。对于其他犯罪案件，如果其社会危害性和证人、鉴定人、被害人面临的危险与上述四种犯罪相当的，也可以采取本条规定的特别保护措施。特别保护措施保护的对象是案件的证人、鉴定人和被害人。采取保护措施的条件是证人、鉴定人和被害人因为在诉讼中作证，包括在侦查、审查起诉和审判阶段向侦查机关、人民检察院和人民法院作证，本人或者近亲属的人身安全面临危险。这种危险应当是现实的危险，办案机关应当根据危险的具体程度和实际情况，具体掌握是否有必要采取特别保护措施。办案机关可以主动决定采取保护措施，也可以应证人、鉴定人和被害人依照本条第二款提出的请求采取保护措施。本款规定的特别保护措施有五项，办案机关可以根据案件情况，决定采取一项或者多项措施：

1. 不公开真实姓名、住址和工作单位等个人信息。是指办案机关在办理案件的过程中对有关个人信息予以保密，包括在起诉书、判决书等法律文书上使用化名等以代替真实的个人信息。

2. 采取不暴露外貌、真实声音等出庭作证措施。是指人民法院在有关人员出庭参与诉讼时，采取技术措施不使其外貌、声音等暴露给被告人、旁听人员等，但应当保证控辩双方质证的顺利进行。

3. 禁止特定的人员接触证人、鉴定人、被害人及其近亲属。是指办案机关采取措施、发布禁令，禁止可能实施打击报复的特定人员在一定期间内接触证人、鉴定人、被害人及其近亲属。

4. 对人身和住宅采取专门性保护措施。包括派警力保护证人、鉴定人、被害人人身和住宅的安全。在极个别的情况，甚至可根据办案需要为其更换住宅、姓名等。

5. 其他必要的保护措施。是指上述四项以外的，办案机关认为有必要采取的其他特别保护措施。

第二款是关于证人、鉴定人、被害人请求予以保护的规定。本款赋予了证人、鉴定人、被害人在认为因在诉讼中作证，本人或者其近亲属的人身安全面临危险的时候，向人民法院、人民检察院、公安机关请求予以保护的权利，以便更加有效地对有关人员的人身安全予以保护。收到请求后，人民法院、人民检察院、公安机关应当认真进行审查，对于符合第一款规定，确有危险的，应当决定采取第一款规定的一项或者多项保护措施。

第三款是关于有关单位和个人对采取保护措施应当配合的规定。人民法院、人民检察院、公安机关依法采取第一款规定的保护措施，有时需要其他单位或者个人的配合。如不公开证人的个人信息可能需要新闻媒体配合，禁止特定人员接触证人、鉴定人、被害人及其近亲属可能需要基层群众组织的配合等。本条规定有关单位和个人应当配合办案机关依法采取保护措施，使保护措施能够有效地起到必要的保护作用。

第六十五条　证人因履行作证义务而支出的交通、住宿、就餐等费用，应当给予补助。证人作证的补助列入司法机关业务经费，由同级政府财政予以保障。

有工作单位的证人作证，所在单位不得克扣或者变相克扣其工资、奖金及其他福利待遇。

【修改提示】

本条是2012年修改刑事诉讼法时增加的规定，2018年修改刑事诉讼法未作修改。

【背景解读】

2012年3月14日第十一届全国人民代表大会第五次会议通过的《关于修改〈中华人民共和国刑事诉讼法〉的决定》增加了本条规定。

了解案件情况的证人向司法机关作证是法律规定的义务。但实践中，有的证人居住地和司法机关所在地距离较远，到司法机关作证需要支出一定费用，有的证人需要占用工作时间到司法机关作证。为从经济上解除一些证人作证的后顾之忧，鼓励证人积极履行作证义务，帮助司法机关查明案件事实，本条规定了对证人支出的有关费用给予补助和证人所在单位不得因证人作证克扣其福利待遇。

【理解与适用】

本条是关于对证人的补助和证人所在单位不得克扣其福利待遇的规定。

本条分为两款。第一款是关于对证人因作证支出的费用给予补助的规定。根据本款规定，对证人因履行作证义务而支出的交通、住宿、就餐等费用，办理案件的人民法院、人民检察院和公安机关应当给予补助。补助的范围是证人因履行作证义务支出的交通、住宿、就餐等费用，如从证人居住地到司法机关所在地所必要的交通费用，异地作证期间住宿旅馆的费用等。证人在诉讼的各个阶段因作证支出的费用，都应当由该阶段的办案机关给予补助。补助的标准应当是根据实际支出情况适当予以补助，不宜定得太高，具体可由司法机关规定。本款还对补助所需经费的来源作了规定，即列入司法机关业务经费，由同级政府财政予以保障，确保补助的规定落到实处。司法机关在编制本单位业务经费预算时，应当列入证人补助所需经费。

第二款是关于证人所在单位不得克扣其福利待遇的规定。证人配合司法机关作证，是履行法定义务，因此，耽误工作不是旷工。根据本款规定，证人有工作单位的，其所在单位不得以证人作证耽误工作为由，克扣或者以其他理由、方式变相克扣其工资、奖金及其他福利待遇，即作证期间的待遇应当与工作期间相同。这是证人所在单位支持证人作证，配合司法机关办案的责任。根据本条的规定，证人作证期间待遇不受影响，支出的费用又有补助，经济方面的后顾之忧基本上得到了解决。

第六章　强制措施

第六十六条　人民法院、人民检察院和公安机关根据案件情况，对犯罪嫌疑人、被告人可以拘传、取保候审或者监视居住。

【修改提示】

本条是1979年刑事诉讼法的规定，1996年作过修改，2012年、2018年修改刑事诉讼法时未作修改。

【背景解读】

犯罪嫌疑人、被告人在人民法院的有罪判决生效前，不得确定有罪。但为了保证犯罪嫌疑人、被告人在传讯、审判的时候及时到案，防止其毁灭、伪造证据，干扰证人作证或者打击报复被害人、举报人、控告人，保证刑事诉讼的正常进行，需要对符合条件的犯罪嫌疑人、被告人采取一定的强制措施。强制措施因种类不同，对犯罪嫌疑人、被告人人身自由的限制程度不同。本条是人民法院、人民检察院和公安机关可以对犯罪嫌疑人、被告人采取拘传、取保候审、监视居住三种强制措施的一般规定。

【理解与适用】

根据本条规定，人民法院、人民检察院和公安机关有权根据案件情况，对犯罪嫌疑人、被告人采取拘传、取保候审、监视居住的强制措施。本条中所说的"根据案件情况"，是指要根据案件本身的情况和办理案件、保证诉讼正常进行的需要来决定对犯罪嫌疑人、被告人是否采取强制措施，采取何种强制措施。"拘传"是指采用强制方式，包括使用戒具将犯罪嫌疑人、被告人带到指定地点进行讯问。本条未规定拘传的具体条件，实践中一般掌握在以下两种情况：一是犯罪嫌疑人、被告人经传唤拒不到案的；二是如不拘传，犯罪嫌疑人、被告人可能逃跑或走漏消息的。这种强制手段只是让犯罪嫌疑人、被告人到案接受讯问或者审判。根据本法第一百一十九条的规定，拘传持续的时间不得超过十二小时；案情特别重大、复杂，需要采取拘留、逮捕措施的，不得超过二十四小时。不得以连续拘传的形式变相拘禁犯罪嫌疑人。拘传犯罪嫌疑人，应当保证犯罪嫌疑人的饮食和必要的休息时间。"取保候审"是以保证人担保或者交纳保证金的形式来保证犯罪嫌疑人、被告人在传讯、审判时及时到案并且不毁灭、伪造证据或者串供、不干扰证人作证的强制措施。被取保候审人可以在一定的区域里活动，但未经批准不得离开所居住的市、县。"监视居住"是指责令犯罪嫌疑人、被告人居住在自己的住处或者指定的居所（限于无固定住处和涉嫌特定犯罪，在住处执行可能有碍侦查的），未经执行机关批准不得离开、不得会见他人或者通信，在传讯时及时到案，不得进行干扰证人作证等妨害诉讼正常进行的行为，并由公安机关予以监视的一种强制措施。关于取保候审、监视居住措施，本法其他条文对于它们的适用条件、期限，被取保候审、监视居住人应遵守的规定以及违反规定的处理都作了明确具体的规定。

本条在执行中应注意以下两个问题：一是对于根据案件情况，需要采取强制措施，符合本法规定的适用强制措施条件的犯罪嫌疑人、被告人，应当及时采取强制措施，以保证诉讼的正常进行。但是对于不具有社会危险性的犯罪嫌疑人、被告人，可以不采取强制措施的，应当尽量不采取强制措施。因为强制措施是依法限制、剥夺人身自由的手段，而犯罪嫌疑人、被告人还未经判决确定有罪，存在无罪的可能，对于没有社会危险性并且不妨碍诉讼正常进行的犯罪嫌疑人、被告人不采取强制措施，可以避免对犯罪嫌疑人、被告人人身自由不必要的限制。二是不得以拘传等方式变相拘禁犯罪嫌疑人、被告人。

第六十七条　人民法院、人民检察院和公安机关对有下列情形之一的犯罪嫌疑人、被告人，可以取保候审：

（一）可能判处管制、拘役或者独立适用附加刑的；

（二）可能判处有期徒刑以上刑罚，采取取保候审不致发生社会危险性的；

（三）患有严重疾病、生活不能自理，怀孕或者正在哺乳自己婴儿的妇女，采取取保候审不致发生社会危险性的；

（四）羁押期限届满，案件尚未办结，需要采取取保候审的。

取保候审由公安机关执行。

【修改提示】

本条是1996年修改刑事诉讼法时增加的规定，2012年作过修改，2018年修改刑事诉讼法未作修改。

【背景解读】

2012年3月14日第十一届全国人民代表大会第五次会议通过的《关于修改〈中华人民共和国刑事诉讼法〉的决定》对本条作了以下修改：一是删去有关监视居住的规定，二是增加规定两类可以适用取保候审的情形。

1996年刑事诉讼法第五十一条规定了取保候审、监视居住的决定机关、适用条件和执行机关。根据该条和1996年刑事诉讼法其他有关条文的规定，取保候审、监视居住两种强制措施的适用条件和对象基本上是相同的。从实际情况看，取保候审和监视居住两种强制措施虽然类似，但对犯罪嫌疑人、被告人的人身自由的限制程度上是有较大差别的，被取保候审的人有较大程度的人身自由，被监视居住的人则基本上不能离开执行处所。规定这两种强制措施适用于相同的对象，不利于根据不同犯罪嫌疑人、被告人的社会危险性采取有针对性的强制措施，也存在司法机关执行不统一的问题。因此，2012年修改刑事诉讼法，根据实际情况和各方面的意见，对取保候审、监视居住两种强制措施的规定进行了修改。取保候审仍然作为对社会危险性较小的犯罪嫌疑人、被告人采取的限制人身自由较轻的强制措施。监视居住措施的定位则作了调整，规定为对符合逮捕条件，但因特殊原因不宜羁押的犯罪嫌疑人、被告人采取的替代性措施。因此，有必要分别作出规定。本条据此相应删去了有关监视居住的规定。

根据1996年刑事诉讼法第六十条第二款、第七十四条的规定，对于患有严重疾病的人，或者正在怀孕、哺乳自己婴儿的妇女，以及羁押期限届满，案件需要继续查证、审理的犯罪嫌疑人、被告人，可以适用取保候审措施。为与有关条文相衔接，本条新增了上述人员和生活不能自理，采取取保候审不致发生社会危险性的人可以取保候审的规定，进一步明确了取保候审的适用条件。

【理解与适用】

本条是关于取保候审的决定机关、适用条件和执行机关的规定。

本条分为两款。第一款是关于取保候审的决定机关和适用条件的规定。根据本款规定，人民法院、人民检察院和公安机关有权决定对犯罪嫌疑人、被告人取保候审。具体而言，人民法院对于被告人，人民检察院对于被审查起诉的和直接受理的案件的犯罪嫌疑人，公安机关对于侦查的案件的犯罪嫌疑人，有本款规定的四种情形之一的，可以取保候审，对于不采取强制措施不致发生社会危险性的，也可以不采取任何强制措施。本款规定了以下四种可以适用取保候审的情形：

1. 可能判处管制、拘役或者独立适用附加刑的。管制是不剥夺人身自由的刑罚，拘役的关押期限在六个月以下。可能独立适用罚金、剥夺政治权利等附加刑的也都是较轻的罪行。可能判处这些刑罚的犯罪嫌疑人、被告人涉嫌的罪行较轻，通常情况下，不羁押不会发生社会危险性。

2. 可能判处有期徒刑以上刑罚，采取取保候审不致发生社会危险性的。本项作这样的规定，主要是考虑到有些人虽然涉嫌罪行比较严重，可能会被判处有期徒刑以上刑罚，但其涉嫌的犯罪可能是过失犯罪，如交通肇事罪、玩忽职守罪等，有些虽然是故意犯罪，但主观恶性较小，如初犯、偶犯等。对这些犯罪嫌疑人、被告人如果采取取保候审不致发生社会危险性的，也可以取保候审，无须进行羁押。这里所说的"社会危险性"主要是指本法第八十一条规定的可能实施新的犯罪，有危害国家安全、公共安全或者社会秩序的现实危险，可能毁灭、伪造证据，干扰证人作证或者串供，可能对被害人、举报人、控告人实施打击报复，企图自杀或者逃跑等情形。判断犯罪嫌疑人、被告人是否有社会危险性要根据犯罪嫌疑人、被告人各方面情况综合考虑。通常应当根据其涉嫌犯罪行为的性质、社会危害、对所犯罪行的态度、本人的一贯表现、与所居住区域的联系等方面因素综合判断。在一般情况下，对涉嫌犯罪性质、情节恶劣，后果严重的犯罪嫌疑人、被告人不宜适用取保候审。

3. 患有严重疾病、生活不能自理，怀孕或者正在哺乳自己婴儿的妇女，采取取保候审不致发生社会危险性的。本项规定的情形又分三种情况：一是患有严重疾病，二是因为年老、残疾等原因生活不能自理，三是怀孕或者正在哺乳自己婴儿的妇女。有这三种情况，采取取保候审不致发生本法第八十一条规定的社会危险性的犯罪嫌疑人、被告人，可以取保候审。本项在1996年刑事诉讼法有关规定的基础上，明确三类人员可以取保候审，体现了人道主义精神和对犯罪嫌疑人、被告人合法权利的保护。

4. 羁押期限届满，案件尚未办结，需要采取取保候审的。"羁押期限"包括本法有关条款规定的侦查羁押、审查起诉、一审、二审等期限。“尚未办结”包括需要继续侦查、审查起诉或者审判。根据刑事诉讼法第九十八条的规定，犯罪嫌疑人、被告人被羁押的案件，不能在本法规定的侦查羁押、审查起诉、一审、二审期限内办结，需要继续查证、审理的，对犯罪嫌疑人、被告人可以取保候审。本项是作出衔接性的规定，使本款对取保候审适用条件的规定更加全面。

第二款是关于取保候审执行机关的规定。人民法院、人民检察院和公安机关都有权决定对犯罪嫌疑人、被告人取保候审，但根据本款规定，取保候审的执行机关只有一个，这就是公安机关。人民法院、人民检察院和公安机关决定采取的取保候审措施，都应当由公安机关执行。本款这样规定，主要考虑到公安机关在基层普遍设有派出机构，与居民委员会、村民委员会等基层组织也有紧密的联系，并且有执行拘留、逮捕的权力。由公安机关执行取保候审，便于加强对被取保候审人的监督和考察，一旦发现违反规定或者不应当取保候审的情形，可以及时依法处理。

第六十八条　人民法院、人民检察院和公安机关决定对犯罪嫌疑人、被告人取保候审，应当责令犯罪嫌疑人、被告人提出保证人或者交纳保证金。

【修改提示】

本条是1996年修改刑事诉讼法增加的规定，2012年、2018年修改刑事诉讼法未作修改。

【背景解读】

取保候审作为一种不剥夺犯罪嫌疑人、被告人人身自由的强制措施，要起到确保犯罪嫌疑人、被告人及时到案、不妨碍刑事诉讼正常进行的作用，必须有能够对被取保候审的人有约束力的措施。本条规定了提出保证人（人保）和交纳保证金（财保）两种保证措施。

【理解与适用】

本条是关于被取保候审的人应当提出保证人或者交纳保证金的规定。

根据本条规定，人民法院、人民检察院和公安机关应当责令被取保候审的犯罪嫌疑人、被告人提出保证人或者交纳保证金。这里所说的“保证人”，是指以自己的人格和信誉担保犯罪嫌疑人、被告人不被羁押，允许其留在社会上生活、工作，保证遵守取保候审规定的公民。对于保证人的条件，本法第六十九条作了规定。“保证金”，是指犯罪嫌疑人、被告人交纳的保证遵守取保候审规定的金钱。

对于保证金的具体数额,法律没有作出具体规定,但本法第七十二条规定了取保候审决定机关确定保证金数额时应当考虑的因素。这两种保证措施的目的,都是担保被取保候审人遵守取保候审的规定,体现对被取保候审的犯罪嫌疑人、被告人的约束力,保证诉讼活动顺利进行。根据有关规定,取保候审决定机关不能要求被取保候审的人同时提供保证人和交纳保证金。

第六十九条　保证人必须符合下列条件:

(一)与本案无牵连;

(二)有能力履行保证义务;

(三)享有政治权利,人身自由未受到限制;

(四)有固定的住处和收入。

【修改提示】

本条是1996年修改刑事诉讼法增加的规定,2012年、2018年修改刑事诉讼法未作修改。

【背景解读】

对犯罪嫌疑人、被告人采取取保候审而不予羁押,一方面要考虑到犯罪嫌疑人、被告人的合法权益的保护,另一方面还要考虑到保证刑事诉讼的正常进行。保证人保证是保证被取保候审人遵守取保候审规定的两种形式之一。如果不对保证人的资格作出限制,随意由不具备保证能力的人担任保证人,就起不到保证刑事诉讼正常进行的作用,使取保候审流于形式。本条对可以担任取保候审保证人的人员的条件作了规定。本条是1996年修改刑事诉讼法时增加的规定,2012年、2018年未作修改。

【理解与适用】

本条是关于取保候审保证人条件的规定。

根据本条的规定,保证人必须符合以下四个条件:

1. 与本案无牵连。即与犯罪嫌疑人、被告人所涉嫌的案件没有任何牵连。保证人不能是本案的同案犯,也不能是本案的证人,不能与本案有利害关系。否则,难以保证其有效地履行保证义务。

2. 有能力履行保证义务。这包括保证人必须达到一定年龄具有民事行为能力,对被保证人有一定影响力,以及身体状况能使他完成监督被保证人行为的任务等。如果保证人说的话被保证人根本不听,保证人卧病在床对被保证人是否遵守取保候审义务无力监督、督促，或者保证人长期在外经商对被保证人的行为无暇顾及等，都不能认为“有能力履行保证义务”。因此，是否有能力履行保证义务需要综合判断，而绝不能仅凭犯罪嫌疑人、被告人或者保证人本人的说法来认定。

3. 享有政治权利，人身自由未受到限制。是指保证人在为被取保候审人承担保证义务时，他本人并没有因为违法犯罪行为而被剥夺政治权利或限制人身自由。享有政治权利，是指享有下列权利：选举权和被选举权；言论、出版、集会、结社、游行、示威自由的权利；担任国家机关职务的权利；担任国有公司、企业、事业单位和人民团体领导职务的权利等。如果以上权利未被剥夺，即可认为“享有政治权利”。“人身自由未受到限制”，是指保证人未受到任何剥夺或者限制人身自由的刑罚处罚，未被采取任何剥夺、限制人身自由的刑事、行政强制措施，未受到限制人身自由的行政处罚。具体而言，包括保证人未被判处徒刑、拘役、管制等刑罚，未被采取拘传、取保候审、监视居住、拘留、逮捕的强制措施，未被劳动教养，未受到治安拘留等处罚等。法律规定保证人既要享有政治权利，人身自由又未受到限制。只有这样，保证人才有可能履行好保证义务。

4. 有固定的住处和收入。是指保证人有自己常住的居所和稳定的经济收入。保证人有固定的住处，便于保持他与司法机关之间的联系；有固定的收入，是考虑其作为保证人承担义务的可行性。

只有同时具备本条规定的上述四个条件的人，才有资格担任保证人。

第七十条　保证人应当履行以下义务：

（一）监督被保证人遵守本法第七十一条的规定；

（二）发现被保证人可能发生或者已经发生违反本法第七十一条规定的行为的，应当及时向执行机关报告。

被保证人有违反本法第七十一条规定的行为，保证人未履行保证义务的，对保证人处以罚款，构成犯罪的，依法追究刑事责任。

【修改提示】

本条是1996年修改刑事诉讼法增加的规定，2012年作过修改，2018年修改刑事诉讼法对本条的具体内容未作修改，只对本条中引用的条文序号按照修改后的条文序号作了相应调整。

【背景解读】

2012年3月14日第十一届全国人民代表大会第五次会议通过的《关于修改〈中华人民共和国刑事诉讼法〉的决定》对本条作了以下修改：一是对本条中引用

的条文序号作了调整；二是将第二款中保证人“未及时报告”修改为“未履行保证义务”。

保证人保证是保证被取保候审人遵守取保候审规定的两种形式之一。为保证被取保候审人遵守取保候审规定和保证刑事诉讼正常进行，本条对保证人应当履行的义务和不履行义务的法律责任作了明确规定，并根据中央政法委员会《关于深化司法体制和工作机制改革若干问题的意见》中关于完善取保候审执行方式的要求和有关方面强化取保候审保证人责任的意见，把对保证人处以罚款的情形，由1996年刑事诉讼法第五十五条规定的“未及时报告”被保证人的违法行为修改为“未履行保证义务”，加大了对保证人的监督力度。通过这样的修改，促使保证人积极认真履行保证义务，增强了取保候审措施的约束力和可操作性。

【理解与适用】

本条是关于取保候审保证人的义务和不履行义务的法律责任的规定。

本条分为两款。第一款是关于保证人应当履行的义务的规定。根据本款规定，保证人的义务有两项：第一，监督被保证人遵守本法第七十一条的规定。包括遵守第七十一条第一款的各项规定和人民法院、人民检察院和公安机关依据第七十一条第二款责令被保证人遵守的一项或者多项规定。保证人应当积极履行义务，采用各种方式对被保证人遵守法律规定的情况进行了解和监督。第二，发现被保证人可能发生或者已经发生违反本法第七十一条规定的行为的，应当及时向执行机关报告。即保证人在履行保证义务过程中，如果发现被保证人有违反规定的企图，可能发生违反规定的行为，或者发现被保证人的行为已经违反了法律规定的义务的，应当毫不拖延地、尽快地向执行机关报告，这样，才称得上“及时”。“执行机关”是指公安机关。

第二款是对保证人未履行保证义务的法律责任的规定。根据本款规定，被保证人有违反本法第七十一条规定的行为，保证人未履行保证义务的，对保证人处以罚款；对保证人有帮助被保证人逃避侦查、审判、串供、毁灭、伪造证据等行为，构成犯罪的，依照刑法追究刑事责任。被保证人有违反本法第七十一条规定的行为，是对保证人进行处罚的前提。“未履行保证义务”是指未履行本条第一款规定的保证义务，包括未认真对被保证人遵守第七十一条的规定进行监督和发现被保证人可能发生或者已经发生违反第七十一条规定的行为时未及时向执行机关报告。根据有关规定，对保证人的罚款，由取保候审的执行机关，即公安机关决定。对保证人处以罚款的数额，法律没有规定，实践中应由执行机关根据被保证人违法情况的严重程度、责任大小及其经济状况来确定。

第七十一条　被取保候审的犯罪嫌疑人、被告人应当遵守以下规定：

（一）未经执行机关批准不得离开所居住的市、县；

（二）住址、工作单位和联系方式发生变动的，在二十四小时以内向执行机关报告；

（三）在传讯的时候及时到案；

（四）不得以任何形式干扰证人作证；

（五）不得毁灭、伪造证据或者串供。

人民法院、人民检察院和公安机关可以根据案件情况，责令被取保候审的犯罪嫌疑人、被告人遵守以下一项或者多项规定：

（一）不得进入特定的场所；

（二）不得与特定的人员会见或者通信；

（三）不得从事特定的活动；

（四）将护照等出入境证件、驾驶证件交执行机关保存。

被取保候审的犯罪嫌疑人、被告人违反前两款规定，已交纳保证金的，没收部分或者全部保证金，并且区别情形，责令犯罪嫌疑人、被告人具结悔过，重新交纳保证金、提出保证人，或者监视居住、予以逮捕。

对违反取保候审规定，需要予以逮捕的，可以对犯罪嫌疑人、被告人先行拘留。

【修改提示】

本条是1996年修改刑事诉讼法时增加的规定，2012年作过修改，2018年修改刑事诉讼法未作修改。

【背景解读】

2012年3月14日第十一届全国人民代表大会第五次会议通过的《关于修改〈中华人民共和国刑事诉讼法〉的决定》对本条作了以下几处修改：一是在应当遵守的一般规定中增加了“住址、工作单位和联系方式发生变动的，在二十四小时以内向执行机关报告”的规定；二是增加规定了司法机关可以根据案件情况有选择地责令被取保候审的犯罪嫌疑人、被告人遵守的规定；三是将没收保证金的规定细化为没收“部分或者全部”保证金；四是增加规定对违反规定需要逮捕的犯罪嫌疑人可以先行拘留。

1996年修改刑事诉讼法时，针对1979年刑事诉讼法对被取保候审的犯罪嫌疑人、被告人应当遵守哪些规定没作规定，被取保候审人对自己有哪些义务不清楚，执行机关和所在单位无法监督，一旦被取保往往就处于无人过问的状况，以及对犯罪嫌疑人、被告人不及时到案妨碍刑事诉讼顺利进行的处理于法无据等问题，对取保候审应当遵守的规定以及保证金的没收和退还等作了明确规定。这些年来，随着经济社会的进一步发展和形势的变化，人们的生产、生活方式也发生了很大的变化，人员的流动性进一步加强，科技的发展和犯罪形势的变化也导致一些传统的措施不能有效保障取保候审的效果，需要作出适当调整，防止犯罪嫌疑人、被告人逃避追究法律责任，保障刑事诉讼的顺利进行。进一步保障诉讼参与人的合法权利也要求对强制措施的种类和强度作出必要的限制，以确保在尚未对犯罪嫌疑人、被告人确定刑罚的情况下，尽量将对犯罪嫌疑人、被告人生产、生活的影响降低。根据当事人涉嫌犯罪的危害、可能影响刑事诉讼的程度，以及其认识能力、行为倾向、特殊身份等个人情况，等等，有针对性地使用个别化的强制措施，更有效地防止出现社会危险性，保障诉讼顺利进行，保护社会安全，同时减少对犯罪嫌疑人、被告人人身自由等权利的不必要的限制或者剥夺。2012 年刑事诉讼法修改，在总结实践经验的基础上，对取保候审的犯罪嫌疑人、被告人应当遵守的规定作了修改。

【理解与适用】

本条是关于被取保候审的犯罪嫌疑人、被告人应当遵守哪些规定以及违反取保候审规定应当如何处理的规定。

本条分为四款。第一款规定了被取保候审人应当遵守的一般要求。根据本款规定，所有被采取取保候审措施的犯罪嫌疑人、被告人都应当遵守以下五项规定：

第一，未经执行机关批准不得离开所居住的市、县。根据本法第六十七条的规定，取保候审由公安机关执行。本条所规定的“执行机关”，是指公安机关，以及履行侦查职责的国家安全机关、军队保卫部门。这里所说的“市”，是指直辖市、设区的市的城市市区和县级市的辖区，在设区的同一市内跨区活动的，不属于离开所居住的市、县。法律作这样的规定，主要是考虑到犯罪嫌疑人、被告人在案件没有终结以前，公安机关、人民检察院、人民法院随时有可能对被取保候审的犯罪嫌疑人、被告人进行讯问、核实证据、对案件开庭审理，等等。为了保证刑事诉讼活动的正常进行，规定被取保候审人不得离开所居住的市、县是非常必要的。应当注意的是，如果是人民检察院、人民法院决定的取保候审，在执行期间犯罪嫌疑人申请离开所居住的市、县的，公安机关应当征得人民检察院、人民法院的同意。

第二，住址、工作单位和联系方式发生变动的，在二十四小时以内向执行机关报告。为保障诉讼的顺利进行，刑事诉讼法对被取保候审的犯罪嫌疑人、被告人提出了未经许可不得离开所居住的市、县和在传讯的时候及时到案等要求，为保障执行机关进行监督管理，便于司法机关传讯，对于自己的住址、工作单位和联系方式，犯罪嫌疑人、被告人都应当如实报告给司法机关。随着经济社会的发展，人员流动性加强，人们的住址、工作单位和联系方式时有变动。对于这种变动，被取保候审的犯罪嫌疑人、被告人应当在变动后二十四小时内向执行机关报告。应当注意的是，这种住址、工作单位和联系方式的变动，不需要经过执行机关的批准。但是，如果变动后的住址、工作单位不在其原来所居住的市、县之内，因为变动要离开原来所居住的市、县，这种变动，就需要先经执行机关批准。对于住址、工作单位离开原来所居住的市、县，办案机关认为对犯罪嫌疑人、被告人不宜再取保候审的，可以采取其他强制措施，保障诉讼的顺利进行。

第三，在传讯的时候及时到案。犯罪嫌疑人、被告人由于不在押，因此，司法机关多用传讯方式通知他们到案，被取保候审人在接到传讯后应当及时到案，才能保证刑事诉讼活动的顺利进行。这里所说的"到案"，是指犯罪嫌疑人、被告人根据司法机关的要求，主动到司法机关或者其指定的地点接受讯问、审判等。

第四，不得以任何形式干扰证人作证。被取保候审人不得以口头、书面或者其他形式威胁、恫吓、引诱、收买证人不作证或者不如实作证。

第五，不得毁灭、伪造证据或者串供。这里所说的"毁灭"证据，是指犯罪嫌疑人、被告人为推脱自己责任，逃避追究，采取积极行动隐匿证据，阻碍侦查机关侦查的行为，包括销毁已经存在的证据，或者将证据转移隐藏的行为等。"伪造"证据，包括制造假的证据、对证据进行变造等改变证据特征和所包含的信息的行为。"串供"，是指被取保候审人利用自己未被羁押的便利条件与其他同案犯建立攻守同盟、统一口径等。

第二款是关于人民法院、人民检察院、公安机关可以根据案件和犯罪嫌疑人、被告人的情况有针对性地选择决定犯罪嫌疑人、被告人应当遵守的规定。

第一，不得进入特定的场所。特定的场所，是指根据犯罪的性质及犯罪嫌疑人的个人倾向、心理状态等，可能会对这一场所正常的生产、生活或者学习造成不利影响，比如，引起恐慌等，或者导致犯罪嫌疑人因为场景刺激而再次犯罪的场所或地点。比如，禁止猥亵儿童犯罪、毒品犯罪等的犯罪嫌疑人、被告人进入学校、医院等场所；禁止盗窃犯罪的犯罪嫌疑人、被告人进入商场、车站等大型人员密集型场所；禁止进入犯罪现场等可能与被指控的犯罪有关的场所或者地点，防止毁坏现场、毁弃证据等行为的发生等。

第二，不得与特定的人员会见或者通信。这里的"特定的人员"，一般是指案件的被害人、同案犯、证人、鉴定人等人员。犯罪嫌疑人、被告人与这些人员会见或者通信，有可能会造成串供、威胁引诱欺骗证人、打击报复被害人或者证人等，从而影响诉讼的顺利进行。

第三，不得从事特定的活动。一般是指禁止从事与其被指控的犯罪有关的活动。这些特定的活动,或者是与被指控的犯罪为一类或者相似的行为,可能会引发犯罪嫌疑人、被告人新的犯意,或者可能对正常的社会生产、生活秩序造成不利影响。比如,对于涉嫌证券犯罪的,禁止从事证券交易;对于涉嫌贩毒、吸毒的,禁止从事医药卫生工作中接触精神药品和麻醉药品的活动;对于涉嫌拐卖妇女儿童的,禁止参加与儿童接触的教学活动等。

第四,将护照等出入境证件、驾驶证件交执行机关保存。随着经济社会的发展,交通日益发达,人员流动日益频繁,人们的活动范围和交往领域日益扩大。随着国际交往的增多,外国人在我国境内犯罪或对中国公民犯罪的情况也日益增多,对这些人采取取保候审措施,有必要限制或者防止其离境,以保证诉讼的顺利进行和刑罚得到执行。这些情况下,除了要求其遵守"不得离开所居住的市、县"等一般规定外,还有必要采取一定措施限制其逃脱监管的交通、通行等便利条件。这里规定的"出入境证件""驾驶证件"是指出入(中)国国(边)境需要的证件,包括护照、海员证、签证等能够证明其身份以及允许进出中国的证件,港澳通行证、台胞证等允许进出大陆内地的证件,交通运输管理部门颁发的允许驾驶机动车(船)的驾驶证等证件。刑事诉讼法没有规定被取保候审的犯罪嫌疑人、被告人要将身份证件交执行机关保存,主要是考虑到刑事诉讼法允许被取保候审的犯罪嫌疑人、被告人可以在其居住的市、县活动,不收缴其身份证件是为保障其生活、工作所需。这与居民身份证法关于扣押居民身份证的规定是一致的。根据居民身份证法的规定,任何组织或者个人不得扣押居民身份证。但是,公安机关依照刑事诉讼法执行监视居住强制措施的情形除外。

应当注意的是"特定"的确定。由于实践中情况比较复杂,难以在法律中作出详尽规定,需要公安机关、人民检察院、人民法院根据个案中犯罪的性质、情节,行为人犯罪的原因和个人的行为倾向、心理状态,维护社会秩序、保护被害人免遭再次侵害、预防行为人再次犯罪的需要以及犯罪嫌疑人、被告人居住地周边的社会环境等具体情况决定。对于是否要求被取保候审的犯罪嫌疑人、被告人遵守本款规定,要求其遵守本款哪几项规定,以及特定场所、人员、活动的范围,也要由公安机关、人民检察院、人民法院根据法律规定的原则和精神,从维护社会秩序、保护被害人合法权益、预防犯罪的需要综合考虑,逐案、逐人裁量决定。可能有的案件采用,有的案件不采用,同一案件中有的犯罪嫌疑人、被告人可以采用,有的就不采用。可以只涉及一个方面的事项,如只禁止从事特定活动,也可以同时涉及三个方面的事项,即同时禁止其从事特定活动,进入特定场所,接触特定的人员。选择要有针对性,在保障诉讼顺利进行、维护社会秩序的前提下,尽量将对犯罪嫌疑人、被告人工作、生活、学习造成的影响降低。不能为了工作便利,要求所有被取保候审的犯罪嫌疑人、被告人都遵守本条第二款的所有规定,也不能随意扩大特定场所、人员和活动的范围。由于法律规定比较原则,为了指导各级人民法院、人民检察院、公安机关等准确适用该法律规定,维护法治统一,在必要的时候,有关部门可以通过制定司法解释和有关规定的方式,就禁止的具体内容、范围等作出进一步细化规定。

第三款是对犯罪嫌疑人、被告人在取保候审期间违反规定如何处理的规定。根据本款规定,如果被取保候审的犯罪嫌疑人、被告人违反本条第一款、第二款的规定,已交纳保证金的,没收部分或者全部保证金。这里的没收“部分或者全部”保证金,是2012年3月修改的刑事诉讼法时,针对实践中对于违反取保候审规定应当没收保证金的数额不确定,有些执行机关不区分情况一律全部没收保证金的问题新增加的规定,有利于执行机关根据实际情况确定适当的没收数额。具体应当没收的数额,是没收全部还是部分保证金,应当根据其违反规定的情节及严重程度决定,不能不分情况,一概简单采取没收全部保证金的方式。另外,还应根据不同情形分别作以下处罚:(1)对于违法情节较轻,不需要逮捕,允许再次取保候审的,责令犯罪嫌疑人、被告人具结悔过、重新交纳保证金或者提出保证人;(2)对于违法情节比较严重,不允许再取保候审的,应当采取监视居住或者予以逮捕。如果犯罪嫌疑人、被告人在取保候审期间未违反第一款、第二款规定,取保候审结束时,应当将保证金退还本人。

第四款是对违反取保候审规定,需要予以逮捕的犯罪嫌疑人、被告人可以先行拘留的规定。在实践中,对于有些犯罪嫌疑人、被告人,从其遵守取保候审规定的情况来看,取保候审已经不能保证诉讼顺利进行,只能采取更严厉的强制措施。但逮捕要履行严格的审批手续,需要一定的时间,由于原刑事诉讼法对在批准逮捕之前是否可以采取先行拘留措施规定不明确,为防止犯罪嫌疑人、被告人继续实施危害社会安全、逃避刑事追究、阻碍刑事诉讼顺利进行的行为,2012年3月修改的刑事诉讼法,针对这一情况增加了对违反取保候审规定需要予以逮捕的犯罪嫌疑人、被告人可以先行拘留的规定。对于违反取保候审规定,需要先行拘留的,应当根据本法关于拘留的有关规定作出决定,由公安机关按照本法规定的程序执行。

第七十二条　取保候审的决定机关应当综合考虑保证诉讼活动正常进行的需要,被取保候审人的社会危险性,案件的性质、情节,可能判处刑罚的轻重,被取保候审人的经济状况等情况,确定保证金的数额。

提供保证金的人应当将保证金存入执行机关指定银行的专门账户。

【修改提示】

本条是2012年修改刑事诉讼法增加的规定,2018年修改刑事诉讼法未作修改。

【背景解读】

要求被取保候审的犯罪嫌疑人、被告人交纳一定的保证金，是为了保证犯罪嫌疑人、被告人遵守取保候审有关规定，防止发生社会危险，保障诉讼顺利进行。对于保证金的收取，应当从保证金的作用出发，根据适度原则确定保证金的数额，既要足以起到对犯罪嫌疑人、被告人的约束作用，以防止在刑事诉讼期间发生社会危险，保障顺利进行刑事诉讼，又要使保证金的数额适度，不能要求交纳畸高数额的保证金。1996 年刑事诉讼法确定了保证金制度，但是对于保证金数额的标准以及交纳保证金的具体程序并没有明确规定。由于没有明确的标准和条件，实践中有的案件确定的保证金数额较低，缺乏足够的约束力，有些被取保候审人借机弃保潜逃，导致公检法机关不愿意使用取保候审。也有的地方公检法机关在执行中收取过高的保证金，给犯罪嫌疑人、被告人及其家庭造成不应有的负担，犯罪嫌疑人、被告人不愿交纳或者无力缴纳，这些都影响了取保候审措施作用的有效发挥，也导致有的办案机关为了保障刑事诉讼的顺利进行，不得不对犯罪嫌疑人、被告人较多采取羁押措施，从而进一步推高了羁押在实践中使用的比例。2012 年修改刑事诉讼法，对确定保证金数额的原则和依据作了规定。另外，对于交纳保证金的程序，1996 年刑事诉讼法没有明确规定，实践中一般是要求犯罪嫌疑人、被告人将保证金交给执行机关，再由执行机关存入银行专门账户。这对保证金的收取、管理和没收的执行都造成影响。实践中甚至出现个别执行机关及其工作人员截留、坐支、私分、挪用或者侵吞保证金，或者在犯罪嫌疑人、被告人取保候审结束后拒绝退还保证金的情况。近些年，为了加强保证金的管理，防止违反规定处理保证金等情况的出现，司法实践部门根据国家财经管理制度，采取了在银行开立专门的取保候审保证金账户，由犯罪嫌疑人、被告人按照执行机关要求将保证金存入专门账户的做法，取得了良好的效果。2012 年 3 月 14 日第十一届全国人民代表大会第五次会议通过的《关于修改〈中华人民共和国刑事诉讼法〉的决定》吸收了实践做法的有益经验，增加规定由提供保证金的人将保证金直接存入指定银行的专门账户。

【理解与适用】

本条是关于如何确定保证金数额以及交纳保证金具体程序的规定。

本条分为两款。第一款是关于如何确定取保候审保证金数额的规定。首先，根据本款规定，决定机关在确定保证金数额时，应当综合考虑保证诉讼活动正常进行的需要，被取保候审人的社会危险性，案件的性质、情节，可能判处刑罚的轻重，被取保候审人的经济状况等方面的因素。保证金能否起到足够的约束作用，保障诉讼的顺利进行，一是取决于被取保候审的犯罪嫌疑人、被告人对没收保证金和逃避、妨碍诉讼之间进行的利害比较，保证金的数额要能够切实保障诉讼活动正常进行，防止犯罪嫌疑人、被告人产生逃避追究的意图，压制犯罪嫌疑人、被告人发生社会危险性的冲动。二是取决于被取保候审人的社会危险性，也就是实施一定的行为对社会造成一定危害的可能。这都要根据其已经实施犯罪的性质，个人性格、价值观及心理倾向等综合考虑。一般来说，社会危险性越大，保证金的数额应当越高。如果保证金数额过低，则无法起到应有的约束作用。对于保证金无法防止发生社会危险性的，应当采取拘留、逮捕等措施。

从司法公正出发，保证金的数额还要考虑案件的性质、情节，可能判处刑罚的轻重等情节。与罪刑相适应原则一样，当事人在刑事程序中所受到的刑事处遇也应当与其应当承担的法律责任相称，这是社会主义法治的必然要求，也与国际司法准则的一般要求相一致。如果对较重犯罪的犯罪嫌疑人、被告人确定过低的保证金数额，则有可能刺激犯罪嫌疑人、被告人产生弃保潜逃的侥幸心理，不足以约束犯罪分子；如果对较轻犯罪的犯罪嫌疑人、被告人确定过高的保证金数额，则容易造成犯罪嫌疑人、被告人对法律和社会的抵触心理，使当事人及其亲友，甚至社会公众产生司法不公正的感受，影响刑事诉讼的法律效果和社会效果。因此，保证金的数额一般应当与其所犯罪行的性质、情节以及可能判处刑罚的轻重等相称。

另外，不同经济能力的犯罪嫌疑人、被告人对没收保证金的心理承受能力不同，即使社会危险性、犯罪性质、情节等因素基本相同的犯罪嫌疑人、被告人，因为经济能力不同，其遵守有关规定的心理倾向也会产生差异。一般来说，同等数额的保证金，对于经济能力较差的犯罪嫌疑人、被告人能够产生更好的约束效果。因此，保证金数额还要考虑犯罪嫌疑人、被告人的经济状况，确定与其经济能力相称的数额标准。

本款并没有规定保证金的具体数额。对保证金的具体数额，由办案机关根据具体案件的情况确定，也就是赋予办案机关一定的自由裁量权。在刑事诉讼法修正案草案征求意见过程中，有的意见提出，为了防止办案机关滥用这一规定，建议对保证金规定明确的数额范围。目前，我国社会经济发展存在不均衡的特点，东西部收入差距很大，保证金的具体数额，需要考虑与各地的社会经济发展情况相适应，很难在全国范围内确定一个大致相同的标准。对于这一问题，可在实践中进一步总结实践经验，必要的时候可由最高人民法院、最高人民检察院、公安部根据情况制定司法解释或者具有指导性的规章制度。

第二款是关于将保证金直接存入执行机关指定银行的专门账户的规定。“提供保证金的人”是指交纳保证金的犯罪嫌疑人、被告人或者因为犯罪嫌疑人、被告人被拘留、逮捕无法亲自交纳保证金而接受委托代其交纳保证金的人。“执行机关指定银行的专门账户”是指执行机关在银行开立的专门用来收取取保候审保证金的专用账户。根据本款的规定，办案机关在作出取保候审决定并确定保证金的金额后，应当将决定书送达犯罪嫌疑人、被告人，由提供保证金的人根据取保候审决定书上确定的保证金数额，直接将保证金存入取保候审保证金专用账户，银行直接开具有关凭证，而不需要先交给执行机关。

第七十三条　犯罪嫌疑人、被告人在取保候审期间未违反本法第七十一条规定的，取保候审结束的时候，凭解除取保候审的通知或者有关法律文书到银行领取退还的保证金。

【修改提示】

本条是1996年修改刑事诉讼法时增加的规定，2012年作过修改，2018年修改刑事诉讼法对本条的具体内容未作修改，只对本条中引用的条文序号按照修改后的条文序号作了相应调整。

【背景解读】

2012年3月14日第十一届全国人民代表大会第五次会议通过的《关于修改〈中华人民共和国刑事诉讼法〉的决定》在1996年刑事诉讼法应当退还保证金的规定的基础上，增加了对领取取保候审保证金手续的规定。

对于退还保证金，1996年刑事诉讼法已经作了规定，但对领取退还的保证金的手续和凭证没有明确规定。实践中，为了具体执行刑事诉讼法关于退还保证金的规定，有关机关和部门也作了一系列补充规定。根据这些规定，在犯罪嫌疑人、被告人取保候审结束，没有违反有关规定的情况下，有关机关要作出决定，签发《退还保证金决定书》，在解除对犯罪嫌疑人、被告人取保候审的同时，将保证金如数退还给犯罪嫌疑人、被告人，并由犯罪嫌疑人、被告人在《退还保证金决定书》上签名或者捺指印。但在执行中，也曾存在个别办案机关或者办案人员由于利益驱动，故意刁难犯罪嫌疑人、被告人，拒绝签发《退还保证金决定书》，或者采取相互推诿、拒绝会见等各种方式，变相不签发《退还保证金决定书》，导致被取保候审的犯罪嫌疑人、被告人及其近亲属无法领取保证金的情况。为了保障当事人的合法财产权益，2012年3月修改的刑事诉讼法，对领取退还的保证金的方式作了修改，明确规定犯罪嫌疑人、被告人凭解除取保候审通知书或者有关法律文书领取退还的取保候审保证金。

【理解与适用】

本条是关于退还取保候审保证金程序的规定。

根据本条的规定，犯罪嫌疑人、被告人在取保候审期间未违反本法第七十一条规定的，取保候审结束的时候，凭解除取保候审的通知或者有关法律文书到银行领取退还的保证金。取保候审是保障诉讼顺利进行的强制措施，本身不涉及案件的实体问题，因此，无论犯罪嫌疑人、被告人是否有罪，都应当以犯罪嫌疑人、被告人是否遵守本法关于取保候审应当遵守的规定为标准，决定是否应当退还保证金。如果犯罪嫌疑人、被告人在取保候审过程中没有违反本法关于取保候审应当遵守的规定，即使最终被判决有罪，有关机关也应当在取保候审结束后退还保证金。对于违反规定的，也应当根据其违反规定的情节及严重程度，决定没收全部或者部分保证金，不能不分情况，一概简单采取没收全部保证金的方式。

取保候审保证金应当在取保候审结束的时候退还。在取保候审结束时，执行机关应当出具解除取保候审通知书，作为犯罪嫌疑人、被告人恢复人身自由，领取退还的保证金的凭证。对于人民检察院、人民法院决定解除取保候审的，也应当通知执行机关，发给犯罪嫌疑人、被告人解除取保候审通知书。犯罪嫌疑人、被告人或者其近亲属以及他们委托的人可以凭解除取保候审通知书直接到银行领取退还的保证金。对于公安机关、人民检察院取保候审的案件，在移送审查起诉或者移送起诉后，公安机关、人民检察院决定的取保候审相应结束，人民检察院、人民法院可以根据案件的情况和刑事诉讼的需要，决定对犯罪嫌疑人、被告人继续采取取保候审措施，或者决定将取保候审变更为其他强制措施。受案机关作出继续取保候审决定的，原来缴纳的保证金仍然可以继续作为保证金。变更保证方式，不再采取保证金方式的，也要退还其保证金。这种情况虽然不需要办理解除手续，但也应当发给变更保证方式的决定，作为其领取退还的保证金的凭证。另外，在人民检察院对犯罪嫌疑人作出不起诉决定后，或者人民法院对案件经过审理作出无罪判决后对被告人予以释放的，或者人民法院作出有罪判决为了执行刑罚而将被取保候审的被告人收押的，原取保候审措施也相应结束。在决定机关将取保候审变更为其他强制措施后，应当立即解除原取保候审，执行机关应当及时书面通知被取保候审人、保证人。在对犯罪嫌疑人、被告人变更了强制措施、人民检察院对犯罪嫌疑人作出不起诉决定后或者人民法院作出生效判决后，对于犯罪嫌疑人、被告人在取保候审期间没有违反相关决定的，决定机关也应当将取保候审保证金退还给犯罪嫌疑人、被告人。在这些情况下，当事人及其近亲属或者提供保证金的人凭变更强制措施决定书、不起诉决定书、判决书等有关法律文书到银行要求退还取保候审保证金的，银行也应当予以退还。银行在办理退还保证金手续时，对于领取保证金的人提供了解除取保候审通知或者有关法律文书的，应当依照规定退还取保候审保证金，不得拒绝。

第七十四条　人民法院、人民检察院和公安机关对符合逮捕条件，有下列情形之一的犯罪嫌疑人、被告人，可以监视居住：

（一）患有严重疾病、生活不能自理的；

（二）怀孕或者正在哺乳自己婴儿的妇女；

（三）系生活不能自理的人的唯一扶养人；

（四）因为案件的特殊情况或者办理案件的需要，采取监视居住措施更为适宜的；

（五）羁押期限届满，案件尚未办结，需要采取监视居住措施的。

对符合取保候审条件，但犯罪嫌疑人、被告人不能提出保证人，也不交纳保证金的，可以监视居住。

监视居住由公安机关执行。

【修改提示】

本条是2012年修改刑事诉讼法时增加的规定，2018年修改刑事诉讼法未作修改。

【背景解读】

监视居住是刑事诉讼法规定的强制措施之一，是对犯罪嫌疑人、被告人不予关押但要求其不得离开住处或者指定居所，对其行动自由加以监视的一种强制措施。监视居住同取保候审类似，都是限制犯罪嫌疑人、被告人人身自由的强制措施，但限制自由的程度不同。比如，对犯罪嫌疑人、被告人，取保候审要求不得离开所居住的市、县，而监视居住则要求不得离开执行监视居住的处所。被取保候审人通常可自由会见他人，而被监视居住人未经执行机关批准不得会见他人和通信。1996年刑事诉讼法对这两种强制措施规定了相同的适用条件，即可能判处管制、拘役或者独立适用附加刑的，以及可能判处有期徒刑以上刑罚，采取取保候审、监视居住不致发生社会危险性的。这一规定在实践中存在一定的问题，主要是对多数较轻的犯罪，采用监视居住这种限制人身自由较多的措施往往没有必要，且随着通讯、交通日益发达，监视居住未经批准"不得离开住所或指定的居所""不得会见他人"等规定也难以落实，导致监视居住在实践中对犯罪嫌疑人缺乏必要的约束，公安机关往往不愿意采取监视居住措施。另外，由于监视居住是以不符合逮捕条件为前提采取的强制措施，对于在办理案件过程中有的犯罪嫌疑人、被告人符合逮捕条件，但因为案件的特殊情况、办理案件的需要等不宜采取逮捕措施的，缺乏必要的替代措施。针对实践中的问题，2012年修改刑事诉讼法时，经过反复研究，认为根据监视居住对人身自由的限制程度和实际执行情况，将监视居住措施定位于羁押的替代措施更为妥当，并单独规定和进一步严格了监视居住的适用条件，缩小了适用范围，有效平衡了保障诉讼顺利进行和保障人权的关系，既减少羁押，又防止监视居住的滥用，体现了人道主义原则和对公民权利的进一步保护。

【理解与适用】

本条是关于监视居住的条件和执行机关的规定。

本条共分为三款。第一款是关于监视居住条件的规定。采取监视居住措施要同时符合以下两个方面的条件：

1. 符合逮捕条件。也就是说，对于可以采取监视居住措施的，是符合本法第八十一条规定的逮捕条件的犯罪嫌疑人、被告人。这一规定，明确了监视居住作为逮捕替代措施的性质。有关部门在适用监视居住措施的时候，首先应当审查犯罪嫌疑人、被告人是否符合本法规定的逮捕条件。

2. 必须具有下列情形之一。本款主要规定了五种情形：

（1）患有严重疾病、生活不能自理的。这里所说的“患有严重疾病”，主要是指病情严重，生命垂危、在羁押场所内容易导致传染、羁押场所的医疗条件无法治疗该种疾病需要出外就医、确实需要家属照料生活等情况。2012 年修改的刑事诉讼法，从有利于这类病人治疗和生活出发，在不妨碍诉讼顺利进行的情况下，规定了可以采取监视居住措施。“生活不能自理”，是指因年老、严重残疾等导致丧失行动能力，无法自己照料自己的基本生活，需要他人照料的情形。这种情况的犯罪嫌疑人、被告人由于丧失生活自理能力，不能照料自己生活，同样一般也无法再实施妨碍诉讼、危害社会的行为。对这两类人规定可以监视居住，有利于犯罪嫌疑人、被告人回到社会或家庭中，尽量获得更好的医治和照顾，体现了人道主义精神。

（2）怀孕或者正在哺乳自己婴儿的妇女。妇女在怀孕后，生理、心理会发生变化，行动不便等也减弱了其妨碍诉讼、实施危害社会行为的能力，胎儿的正常发育也需要不同于一般人的照顾和医疗措施。刚出生的婴儿需要母乳喂养，初期的成长环境也会对其人生具有非常重大的塑造作用。为了有利于胎儿、婴儿的发育、成长，规定对怀孕或者正在哺乳自己婴儿的妇女监视居住，让她们及婴儿回到社会或家庭中，得到更好的医疗和照顾，是人道主义精神的要求，有利于刑事诉讼取得更好的社会效果。

（3）系生活不能自理的人的唯一扶养人。扶养是指家庭成员以及亲属之间依据法律所进行的共同生活、互相照顾、互相帮助的权利和义务。这里所说的“扶养”包括父母对子女的抚养和子女对老人的赡养（包括养父母子女以及具有扶养关系的继父母子女），以及配偶之间、兄弟姐妹之间的相互扶养。另外，我国继承法规定，丧偶的儿媳、女婿对公婆、岳父母尽了主要赡养义务的，在继承的时候应当分给适当的遗产份额。这种情况也是我国法律规定的法律上的扶养关系。本条规定的适用监视居住，一是要求被扶养人丧失生活自理能力，比如，因为疾病、残疾、年老丧失生活能力或者行动能力、年幼等无法照顾自己基本生活的情况。二是犯罪嫌疑人、被告人系该生活不能自理的人的唯一扶养人，即除该犯罪嫌疑人、被告人之外，没有其他人对该生活不能自理的人负有法律上的扶养义务。这一规定是从人道主义精神出发，为了维系基本的社会家庭伦理关系，维护司法权威，维护社会和谐所作的规定。

(4)因为案件的特殊情况或者办理案件的需要，采取监视居住措施更为适宜的。“案件的特殊情况”一般是指案件的性质、情节等表明虽然犯罪嫌疑人、被告人符合逮捕条件，但是采取更为轻缓的强制措施不致发生本法第八十一条规定的社会危险性，或者因为案件的特殊情况，对犯罪嫌疑人、被告人采取监视居住措施能够取得更好的社会效果的情形。比如，因长期受迫害所引发的杀人、伤害案件，引起社会同情，且现实危险性较小的；犯罪嫌疑人、被告人悔罪赎罪态度明确积极，得到被害人、社会谅解的案件等。“办理案件的需要”是从有利于继续侦查犯罪，或者诉讼活动获得更好的社会效果出发，对本来应当逮捕的犯罪嫌疑人、被告人采取监视居住措施。比如，为抓获可能与其联系的同案犯、防止其他犯罪嫌疑人因为与其无法联系而潜逃，对犯罪嫌疑人、被告人不采取羁押措施，采取监视居住措施更为有利的。由于犯罪嫌疑人、被告人符合逮捕条件，也就是说其实际上存在本法第八十一条规定的社会危险，这导致办案机关对其采取监视居住措施时会面临一定的风险。因此，公安机关、人民检察院、人民法院在确定采取监视居住措施是否“更为适宜”的时候，要结合案件的性质、情节，可能存在的风险等，综合各方面因素慎重考虑。

(5)羁押期限届满，案件尚未办结，需要采取监视居住措施的。这里规定的“羁押期限”，是指本法规定的侦查羁押、审查起诉、一审、二审的期限。如果案件在法定羁押期限届满不能办结的，对于还需要继续侦查、审查核实以决定是否提起公诉或者审理，又有社会危险性，符合逮捕条件的犯罪嫌疑人、被告人，可以根据本条的规定采取监视居住措施。这样规定，有利于督促司法机关抓紧时间办案，减少久拖不决的案件数量，有助于解决超期羁押问题。

应当指出的是，这里规定“可以”采取监视居住措施，而不是“应当”“必须”，是考虑到让司法机关根据具体情况作出决定。对于有些尽管符合本条规定的情况，但可能具有很大的社会危险性的，也可不采取监视居住措施而予以逮捕。

第二款是对符合取保候审条件，不能提出保证人，也不交纳保证金的犯罪嫌疑人、被告人采取监视居住措施的规定。对于本款规定的犯罪嫌疑人、被告人，虽然符合取保候审条件，但由于不能提出保证人，也不交纳保证金，因此，无法对其采取取保候审，如果不采取一定的强制措施，对犯罪嫌疑人、被告人又没有任何约束，很难保证其不发生社会危险性。从保障诉讼顺利进行，维护社会秩序出发，本条增加了这一规定。

第三款是关于监视居住执行机关的规定。公安机关、人民检察院和人民法院都有权决定对犯罪嫌疑人、被告人监视居住,但执行机关只有一个,这就是公安机关。法律这样规定,一是考虑到公安机关在各个区域都设有派出机构,同时公安机关与居民委员会、村民委员会等基层组织也有紧密的联系,并且有拘留、执行逮捕的权力,一旦发现违反规定者或者不该监视居住者,也可以及时依法处理,因此,公安机关执行便于加强对被监视居住人的监督和考察。二是根据分工负责、互相配合、互相制约原则,对于强制措施的决定权和执行权,一般都要分离,这是正当程序的基本要求,有利于司法机关正确地决定和采取监视居住措施。三是人民法院作为国家的审判机关,人民检察院作为国家的公诉和法律监督机关,从有利于客观公正处理案件,维护司法的公正和权威出发,不宜由其直接在社会上执行监视居住的活动,对于其决定的监视居住措施,还是由公安机关执行较为适宜。

第七十五条[①]　监视居住应当在犯罪嫌疑人、被告人的住处执行;无固定住处的,可以在指定的居所执行。对于涉嫌危害国家安全犯罪、恐怖活动犯罪,在住处执行可能有碍侦查的,经上一级公安机关批准,也可以在指定的居所执行。但是,不得在羁押场所、专门的办案场所执行。

指定居所监视居住的,除无法通知的以外,应当在执行监视居住后二十四小时以内,通知被监视居住人的家属。

被监视居住的犯罪嫌疑人、被告人委托辩护人,适用本法第三十四条的规定。

人民检察院对指定居所监视居住的决定和执行是否合法实行监督。

【修改提示】

本条是2012年修改刑事诉讼法时增加的规定,2018修改刑事诉讼法对本条作了一处修改,删去了对“特别重大贿赂犯罪”,经“上一级人民检察院”批准,可以在指定居所监视居住的内容。此外,对本条还有一处文字修改,将原规定的“适用本法第三十三条的规定”修改为“适用本法第三十四条的规定”。

---

① 根据2018年10月26日第十三届全国人民代表大会常务委员会第六次会议通过的《关于修改〈中华人民共和国刑事诉讼法〉的决定》修改。修改前的刑事诉讼法条文是:“监视居住应当在犯罪嫌疑人、被告人的住处执行;无固定住处的,可以在指定的居所执行。对于涉嫌危害国家安全犯罪、恐怖活动犯罪、特别重大贿赂犯罪,在住处执行可能有碍侦查的,经上一级人民检察院或者公安机关批准,也可以在指定的居所执行。但是,不得在羁押场所、专门的办案场所执行。

指定居所监视居住的,除无法通知的以外,应当在执行监视居住后二十四小时以内,通知被监视居住人的家属。

被监视居住的犯罪嫌疑人、被告人委托辩护人,适用本法第三十三条的规定。

人民检察院对指定居所监视居住的决定和执行是否合法实行监督。”

【背景解读】

1996年刑事诉讼法第五十七条在被监视居住人应当遵守的规定中规定，被监视居住的犯罪嫌疑人、被告人未经执行机关批准不得离开住处，无固定住所的，未经批准不得离开指定的居所。根据这一规定，只能对无固定住所的犯罪嫌疑人、被告人采取指定居所监视居住的措施；同时，法律没有对指定居所监视居住的执行处所、通知家属、委托律师等作出具体的规定。实践中办案机关较少采用监视居住措施，有的情况下采取将犯罪嫌疑人、被告人指定在羁押场所、专门的办案场所监视居住的办法，规避有关监视居住的规定，实际上将犯罪嫌疑人、被告人变相羁押，不利于当事人合法权利的保护。2012年刑事诉讼法修改时，对指定居所监视居住的适用案件范围、执行处所、通知家属、委托律师以及人民检察院的监督等作了规定。2018年修改刑事诉讼法时，对本条作了修改，删去了对“特别重大贿赂犯罪”，经“上一级人民检察院”批准可以在指定居所监视居住的内容。

【理解与适用】

本条是关于监视居住的执行场所、通知家属、委托辩护人、法律监督的规定。本条分为四款。

第一款是关于监视居住执行处所的规定。根据本款的规定，监视居住主要有两种执行场所：在犯罪嫌疑人、被告人的住处执行和在指定的居所执行。对于被监视居住的犯罪嫌疑人、被告人，一般应当在其住处执行。这里规定的“住处”，是指犯罪嫌疑人、被告人在办案机关所在地的市、县内学习、生活、工作的合法住所。对于指定居所执行监视居住的，本款规定限于两种情形：一是没有固定住所的，也就是犯罪嫌疑人、被告人在办案机关所在地的市、县内没有合法住所的；二是涉嫌危害国家安全犯罪、恐怖活动犯罪，在住处执行可能有碍侦查的，经上一级公安机关批准的情形。

对于上述第二种情形的指定居所监视居住，应当符合以下条件：(1)符合监视居住的适用条件，即本法第七十四条规定的符合逮捕条件，且有下列情形之一：患有严重疾病、生活不能自理的；怀孕或者正在哺乳自己婴儿的妇女；系生活不能自理的人的唯一扶养人；因为案件的特殊情况或者办理案件的需要，采取监视居住措施更为适宜的；羁押期限届满，案件尚未办结，需要采取监视居住的。对于符合逮捕条件但不具有上述情形之一，应当采取逮捕措施的，不得以指定居所监视居住代替逮捕。(2)涉嫌危害国家安全犯罪、恐怖活动犯罪这两类犯罪。危害国家安全犯罪和恐怖活动犯罪对国家安全和社会稳定，公民人身、财产安全具有重大危害，这类犯罪中有的犯罪嫌疑人、被告人具有顽固的犯罪动机和冲动，从其组织、策划到实施与一般犯罪有很大的区别，采取一般的监视居住措施，很难防止其继续实施犯罪和破坏刑事诉讼的进行。(3)在住处执行可能有碍侦查。是指需要采取监视居住措施进行更深入侦查,但是在住处执行可能会导致犯罪嫌疑人面临人身危险的,或者在住处执行可能引起同案犯警觉,导致同案犯潜逃或者转移、隐匿、销毁罪证等情形。应当注意的是,对这两类案件的犯罪嫌疑人适用指定居所监视居住是监视居住的例外性规定,如果这些案件可以在住处执行监视居住的,应当首先考虑在住处执行。(4)应当经过严格的批准手续。根据本条规定,这两类案件的指定居所监视居住,要经上一级公安机关批准。对于不符合上述条件的这两类案件,不能采取指定居所监视居住措施。另外,无论对于因为无固定住所还是对于因为两类特殊案件而采取指定居所监视居住的,本法都明确规定不得在看守所、行政拘留所、留置室等羁押场所,专门的办案场所或者公安机关、检察机关的其他工作场所执行。这样规定,是为了防止办案机关将指定居所监视居住弄成变相的羁押,规避本法关于拘留逮捕犯罪嫌疑人、被告人应当及时送看守所关押,讯问必须在看守所进行等方面的规定,防止刑讯逼供等非法取证行为,保障犯罪嫌疑人、被告人的诉讼权利和其他合法权益。

第二款是关于指定居所监视居住后通知家属的规定。1996 年刑事诉讼法对指定居所监视居住后通知家属的问题未作规定。随着民主法治建设的不断推进和侦查机关打击犯罪能力的不断提高,应当对采取强制措施后通知家属作出规定。根据本条规定,对于指定居所监视居住的,除无法通知的以外,应当在执行监视居住后二十四小时以内,通知被监视居住人的家属。这里规定的“无法通知”,是指犯罪嫌疑人没有家属,犯罪嫌疑人、被告人身份、家庭住址、通讯方式无法查找或者根据其提供的联系方式联系不上,以及因为自然灾害等不可抗拒的事由造成通讯、交通中断等无法通知的情形。

应当注意的是,根据本法第一百六十条的规定,犯罪嫌疑人不讲真实姓名、住址、身份不明的,应当对其身份进行调查,并且不得停止对其犯罪行为的侦查取证。对于犯罪事实清楚,证据确实、充分,确实无法查明其身份的,也可以按其自报的姓名起诉、审判。因此,对于身份、住址不明的犯罪嫌疑人、被告人,应当首先调查其身份,不能不经调查就直接以“无法通知”为由不通知家属。无法通知的情形消失以后,也应当立即通知其家属。这些修改,都体现了中国民主法治和人权保障的进步,是对犯罪嫌疑人、被告人合法权利的进一步保护。

第三款是关于指定居所监视居住的犯罪嫌疑人、被告人委托辩护人的规定。本法第三十四条对犯罪嫌疑人、被告人委托辩护人的权利,以及办案机关告知犯罪嫌疑人、被告人有权委托辩护人的义务等作了规定。被指定居所监视居住的犯罪嫌疑人、被告人可以根据本条规定委托辩护人,也可以由其近亲属代为委托辩护人。办案机关也应当根据本法第三十四条的规定告知犯罪嫌疑人、被告人委托辩护人的权利。犯罪嫌疑人、被告人在被监视居住期间要求委托辩护人的,人民法院、人民检察院、公安机关应当及时转达其要求。

第四款是人民检察院对指定居所监视居住的合法性实行法律监督的规定。根据宪法的规定，检察机关是国家的法律监督机关，依照法律规定独立行使检察权，不受行政机关、社会团体和个人的干涉。人民检察院对刑事诉讼实行法律监督，是我国重要的司法制度，是法律赋予人民检察院的一项重要的职权。为确保指定居所监视居住措施的依法执行，2012 年修改的刑事诉讼法，增加规定人民检察院对指定居所监视居住的决定和执行是否合法实行监督。

第七十六条 指定居所监视居住的期限应当折抵刑期。被判处管制的，监视居住一日折抵刑期一日；被判处拘役、有期徒刑的，监视居住二日折抵刑期一日。

【修改提示】

本条是 2012 年修改刑事诉讼法时增加的规定，2018 年修改刑事诉讼法未作修改。

【背景解读】

我国刑法对拘留、逮捕的期限折抵管制、拘役、有期徒刑的刑期作了规定，主要是考虑拘留、逮捕作为保障诉讼顺利进行而采取的剥夺人身自由的措施，本身不属于执行刑罚处罚，因此，在判处刑罚之前对罪犯人身自由的先期剥夺，应当在其承担的刑罚中予以折抵。2012 年修改刑事诉讼法时，考虑到指定居所监视居住虽然不属于羁押措施，但对公民人身自由的限制和剥夺的程度比一般的监视居住和取保候审更强，为了更好地保护当事人的合法权益，2012 年 3 月 14 日第十一届全国人民代表大会第五次会议通过的《关于修改〈中华人民共和国刑事诉讼法〉的决定》增加了本条规定，明确规定指定居所监视居住的期限折抵刑期。

【理解与适用】

本条是关于指定居所监视居住的期限折抵刑期的规定。

根据本条的规定，指定居所监视居住一日折抵管制一日，指定居所监视居住二日折抵拘役、有期徒刑一日。这样规定，主要是考虑到指定居所监视居住限制和剥夺犯罪嫌疑人、被告人人身自由的方式、程度与拘留、逮捕等羁押措施不同，在强制措施执行中的处遇也不同。从与刑罚的比较来看，指定居所监视居住与管制的强度相似，但明显低于拘役、有期徒刑，因此对指定居所监视居住的，在折抵标准上应当低于羁押措施，规定不同的折抵标准。

根据刑法规定的计算方法,指定居所监视居住的期限折抵刑期,从判决执行之日起计算,即判决开始执行的当日起计算,当日包括在刑期之内;判决执行以前指定居所监视居住的期限,一日折抵管制刑期一日,或者二日折抵拘役、有期徒刑一日。这里所说的"判决执行之日",是指罪犯被送交监狱或者其他执行机关执行刑罚之日,而不是指判决生效的日期。对于虽已作出有罪判决,但犯罪分子尚未交付监狱或者其他执行机关执行的,还不能算判决执行之日,不能开始计算刑期。

第七十七条　被监视居住的犯罪嫌疑人、被告人应当遵守以下规定:

(一)未经执行机关批准不得离开执行监视居住的处所;

(二)未经执行机关批准不得会见他人或者通信;

(三)在传讯的时候及时到案;

(四)不得以任何形式干扰证人作证;

(五)不得毁灭、伪造证据或者串供;

(六)将护照等出入境证件、身份证件、驾驶证件交执行机关保存。

被监视居住的犯罪嫌疑人、被告人违反前款规定,情节严重的,可以予以逮捕;需要予以逮捕的,可以对犯罪嫌疑人、被告人先行拘留。

【修改提示】

本条是1996年修改刑事诉讼法时增加的规定,2012年作过修改,2018年修改刑事诉讼法未作修改。

【背景解读】

1979年刑事诉讼法对被监视居住人应当遵守什么规定,违反规定如何处理没作明确规定,在实际执行中出现了一些问题。有的把被监视居住的对象关进看守所、拘留所,有的则在招待所、旅馆,甚至在私设的"小黑屋"搞所谓的监视居住,把监视居住搞成了变相羁押。这不仅与刑事诉讼法当初设计监视居住措施的初衷相距甚远,而且也严重地侵犯了公民的合法权益。为了解决实践中存在的问题,使监视居住作为一种非关押的强制措施更便于操作,对被监视居住的人的行为规范作明确规定,使其明白应当遵守什么规定,违反规定会有什么后果,同时也为了便于执行机关对被监视居住的犯罪嫌疑人、被告人进行监督,1996年在修改刑事诉讼法时增加了被监视居住的犯罪嫌疑人、被告人应当遵守的规定。1996年以来,随着经济社会形势的进一步发展变化,人们的生产、生活方式发生了很大的变化,人员的流动性进一步加强,科技的发展和犯罪形势的变化也导致一些传统的监督管理措施不能有效保障监视居住的效果，需要作出适当调整，以增强监视居住措施的针对性，更有效地防止出现社会危险性，保障诉讼顺利进行。2012年3月14日第十一届全国人民代表大会第五次会议通过的《关于修改〈中华人民共和国刑事诉讼法〉的决定》，对本条作了以下几处补充修改：一是将“未经执行机关批准不得离开住所，无固定住所的，未经批准不得离开指定的居所”统一明确为“未经执行机关批准不得离开执行监视居住的处所”；二是在“未经执行机关批准不得会见他人”的规定后增加不得“通信”的要求；三是增加了将护照等出入境证件、身份证件、驾驶证件交执行机关保存的要求；四是增加规定，对违反监视居住规定，情节严重，需要予以逮捕的犯罪嫌疑人、被告人，可以先行拘留。

【理解与适用】

本条是关于监视居住应当遵守的规定以及违反监视居住规定如何处理的规定。

本条分为两款。第一款进一步明确了被监视居住人应当遵守的规定。根据本款规定，被监视居住的犯罪嫌疑人、被告人应当遵守以下六项规定：

第一，未经执行机关批准不得离开执行监视居住的处所。这里规定的“执行监视居住的处所”，主要包括两种情况：一是被监视居住的犯罪嫌疑人、被告人在办案机关所在的市、县内学习、生活、工作的合法住所。一般情况下，监视居住应当在犯罪嫌疑人、被告人的住所执行。二是应当采取监视居住措施但在本地没有固定住处的，或者根据本法第七十五条的规定，对于犯罪嫌疑人涉嫌危害国家安全犯罪、恐怖活动犯罪，在住处执行监视居住可能有碍侦查的，由公安机关在公安机关所在的市、县内为犯罪嫌疑人、被告人指定居所执行监视居住。应当注意的是，办案机关不得建立专门的监视居住场所、专门的办案场所，也不得在看守所、行政拘留所、留置室或者公安机关、监察机关的其他工作场所执行监视居住，对犯罪嫌疑人变相羁押。被监视居住人有正当理由要求离开住处或者指定的处所的，应当经执行机关批准。如果是人民法院、人民检察院决定的监视居住，公安机关在作出决定前，应当征得原决定机关同意。

第二，未经执行机关批准不得会见他人或者通信。是指被监视居住人未经执行机关批准，不得会见除与自己居住在一起的家庭成员和所聘请的辩护律师、辩护人以外的其他人，也不得与这些人以外的其他人通信。这里规定的“通信”除了一般的信件往来外，也包括通过新的通信方式，比如，通过电话、传真、电子邮件、手机短信、即时通讯工具等进行的沟通和交流。为了保证被监视居住人遵守有关规定，除了一般的监督管理手段外，2012年修改刑事诉讼法，也新规定了一些必要的监督管理手段。比如，本法第七十八条规定，执行机关对被监视居住的犯罪嫌疑人、被告人，可以采取电子监控、不定期检查等监视方法对其遵守监视居住规定的情况进行监督;在侦查期间,可以对被监视居住的犯罪嫌疑人的通信进行监控。对于辩护律师同被监视居住的犯罪嫌疑人、被告人会见、通信,根据本法第三十九条的规定,危害国家安全犯罪案件、恐怖活动犯罪案件,辩护律师在侦查期间会见被监视居住的犯罪嫌疑人,应当经侦查机关许可。辩护人在会见犯罪嫌疑人、被告人时,可以了解有关案件情况,提供法律咨询等,自案件审查起诉之日起,可以向犯罪嫌疑人、被告人核实有关证据。

第三,在传讯的时候及时到案。即被监视居住人应随传随到,这是对不羁押的犯罪嫌疑人、被告人最起码的要求,以保证刑事诉讼的顺利进行。犯罪嫌疑人、被告人由于不在押,因此,司法机关多用传讯方式通知他们到案,被监视居住人在接到传讯后应当及时到案,才能保证刑事诉讼活动的顺利进行。这里所说的"到案",是指犯罪嫌疑人、被告人根据司法机关的要求,主动到司法机关或者其指定的地点接受讯问、审判等。

第四,不得以任何形式干扰证人作证。即被监视居住人不得以口头、书面或者以暴力、威胁、恫吓、引诱、收买证人等形式阻挠证人作证或者让证人不如实作证,也不得指使他人采取这些方式阻挠证人作证或者让证人不如实作证。

第五,不得毁灭、伪造证据或者串供。即被监视居住人不得利用自己未被羁押的便利条件,隐匿、销毁、伪造与案件有关的证据材料或者串供,或者指使他人采取这些方式毁灭、伪造证据或者串供。这里所说的"毁灭证据",是指采取积极行动隐匿证据,阻碍司法机关查明案情的行为,包括销毁已经存在的证据,或者将证据转移隐藏的行为等。"伪造证据",是指制造假的证据、对证据进行变造等改变证据本来特征和信息等,以便推脱自己责任,逃避追究。"串供",是指被监视居住人利用自己未被羁押的便利条件与其他同案犯建立攻守同盟、统一口径等。

第六,将护照等出入境证件、身份证件、驾驶证件交执行机关保存。这一规定是2012年修改刑事诉讼法时,总结实践中的经验增加的规定。随着经济社会的发展,交通日益发达,人员流动日益频繁,人们的活动范围和交往领域日益扩大,犯罪嫌疑人、被告人逃脱的手段和工具也日益增多。随着国际交往的增多,外国人在我国境内犯罪或对中国公民犯罪的情况也日渐增多,对这些人采取监视居住措施,需要限制或者防止其离境,以保证诉讼的顺利进行和刑罚得到执行。这些情况下,有必要采取一定措施剥夺其逃脱监管的交通、通行等便利条件,有效保障监视居住的顺利执行。相对于取保候审应当遵守的规定,将护照等出入境证件、身份证件、驾驶证件交执行机关保存是被监视居住人必须遵守的规定,而且比取保候审增加了身份证件交执行机关保存的规定。这样规定,是考虑到监视居住是将犯罪嫌疑人的活动限制在其居所,将这些证件交执行机关保存不会对其生活、学习造成影响。对于扣押被监视居住的犯罪嫌疑人、被告人居民身份证,居民身份证法也作了明确规定。对于出入境证件、驾驶证件等的含义,在第七十一条的理解与适用中已经作了解释。

第二款是对被监视居住人违反法律规定应如何处理的规定。根据本款规定,被监视居住的犯罪嫌疑人、被告人违反本条第一款的六项规定之一,如果给司法机关的诉讼活动造成了干扰或者增加了困难,严重妨碍了诉讼活动的正常进行,就属于"情节严重"。比如,故意实施新的犯罪行为的;企图自杀、逃跑、逃避侦查、审查起诉的;实施毁灭、伪造证据或者串供、干扰证人作证行为,足以影响侦查、审查起诉工作正常进行的;未经批准,擅自离开住处或者指定的居所、擅自会见他人、经传讯不到案等造成严重后果的等。对于情节严重的,可以对其予以逮捕;如果违反规定情节较轻,可以继续对其监视居住。

在实践中,对于应当逮捕的犯罪嫌疑人、被告人,要依法定程序履行必要的审批手续需要一定的时间,由于1996年刑事诉讼法对在批准逮捕之前是否可以采取先行拘留措施规定不明确,为防止犯罪嫌疑人、被告人在人民检察院、人民法院批准或者决定逮捕前继续实施危害社会安全、逃避刑事追究、阻碍刑事诉讼顺利进行的行为,有必要先行采取必要的强制措施。因此,2012年修改刑事诉讼法时增加规定,对于违反监视居住规定,情节严重,需要予以逮捕的犯罪嫌疑人、被告人,可以先行拘留。

第七十八条　执行机关对被监视居住的犯罪嫌疑人、被告人,可以采取电子监控、不定期检查等监视方法对其遵守监视居住规定的情况进行监督;在侦查期间,可以对被监视居住的犯罪嫌疑人的通信进行监控。

【修改提示】

本条是2012年修改刑事诉讼法时增加的规定,2018年修改刑事诉讼法未作修改。

【背景解读】

对于如何监督被监视居住的犯罪嫌疑人、被告人遵守监视居住的有关规定,1996年刑事诉讼法未作明确规定。经济社会快速发展,包括通信和网络技术等在内的科学技术日新月异。这些进步和发展一方面对监督被监视居住人遵守监视居住规定的情况带来了一些困难和挑战,另一方面也为更有效地监控被监视居住人的行踪带来了便利。比如,为了更好地保证被监视居住的犯罪嫌疑人、被告人遵守有关规定,一些国家发展了电子手镯等监控方式,通过电子定位的方式对他们遵守法律的情况进行监视。我国在试行社区矫正的过程中，有些地方也尝试这种方法，取得很好的效果，有必要在监视居住措施中推广。为了保障诉讼的顺利进行，保护公民的合法权利，2012 年 3 月 14 日第十一届全国人民代表大会第五次会议通过的《关于修改〈中华人民共和国刑事诉讼法〉的决定》增加了本条规定，赋予执行机关相应的监视措施，同时也对采取这些措施作出明确限制。

【理解与适用】

本条是对执行机关对被监视居住人进行监督的规定。

根据本条规定，执行机关可以采取电子监控、不定期检查等监视方法，对被监视居住的犯罪嫌疑人、被告人遵守监视居住规定的情况进行监督；在侦查期间，可以对被监视居住的犯罪嫌疑人的通信进行监控。这里规定的“电子监控”，是指采取在被监视居住人身上或者住所内安装电子定位装置等电子科技手段对其行踪进行的监视。“不定期检查”是指执行机关对其行踪和遵守有关规定的情况进行的随机的、不确定的检查和监视，既可以是随时到执行处所进行检查，也可以是通过电话等进行随机抽查。通信监控是指对被监视居住人的通信、电话、电子邮件等与外界的交流、沟通进行的监控。

应当注意的是：(1)这些措施只能涉及被监视居住人本人，不能对其家人也进行电子监控。(2)在侦查阶段为了对被监视居住人进行监督管理，可以采取通信监控的方式。如果需要采取监控通信的方式侦破犯罪，要根据本法关于技术侦查的有关规定，经过严格的批准手续，根据批准的措施种类、对象和期限执行。

第七十九条　人民法院、人民检察院和公安机关对犯罪嫌疑人、被告人取保候审最长不得超过十二个月，监视居住最长不得超过六个月。

在取保候审、监视居住期间，不得中断对案件的侦查、起诉和审理。对于发现不应当追究刑事责任或者取保候审、监视居住期限届满的，应当及时解除取保候审、监视居住。解除取保候审、监视居住，应当及时通知被取保候审、监视居住人和有关单位。

【修改提示】

本条是 1996 年修改刑事诉讼法时增加的规定，2012 年、2018 年修改刑事诉讼法未作修改。

【背景解读】

刑事诉讼活动，无论从惩治犯罪还是保障人权的角度来说，都应当及时进行，对于剥夺或者限制公民人身自由的措施，都要有明确的期限，防止使公民的人身权利等长期处于不确定状态，以利于保护公民的合法权利。1979 年刑事诉讼法没有规定取保候审、监视居住措施的期限。1996 年修改刑事诉讼法时，针对实际执行中司法实务部门掌握不一的问题，以及对于采取取保候审、监视居住后的诉讼活动如何进行没有明确规定的问题，对取保候审、监视居住的期限以及采取措施后的诉讼活动如何进行也作了明确的规定。明确取保候审、监视居住的期限，并对取保候审、监视居住后的程序作出明确要求，有利于督促办案机关在采取强制措施以后及时结案，防止办案机关在宣布取保候审、监视居住以后，出现所谓的“候而不审”的现象，防止案件久拖不决，或者在超过取保候审、监视居住期限后不解除相关措施，或者有的办案机关对犯罪嫌疑人、被告人宣布取保候审、监视居住后，不了了之，以取保候审、监视居住作为案件最终处理的情况。1996 年以来的司法实践表明，刑事诉讼法对取保候审、监视居住的期限及采取措施后的要求是恰当的。

【理解与适用】

本条是关于取保候审、监视居住的期限和解除的规定。

本条分为两款。第一款是对取保候审、监视居住期限的规定。根据本款规定，人民法院、人民检察院和公安机关对犯罪嫌疑人、被告人取保候审最长不得超过十二个月，监视居住最长不得超过六个月。这里规定的取保候审、监视居住的期限，是指犯罪嫌疑人、被告人分别被公安机关、检察机关、法院采取取保候审、监视居住措施，每一机关有权决定的最长期限。也就是说，在每一诉讼阶段，每一机关有权决定的取保候审期限最长不超过十二个月。监视居住作为逮捕的替代性措施，对犯罪嫌疑人、被告人人身自由的限制强度要比取保候审更强，因此，对监视居住，规定了比取保候审更短的期限，即监视居住期限最长不超过六个月。这样规定，有利于保护公民的人身自由等合法权利，也有利于取保候审、监视居住和拘留、逮捕等措施一起构成一个有序的强制措施体系，便于办案机关根据案件情况选择适当的强制措施。

第二款是对司法机关在取保候审、监视居住期间或者期限届满以后应当如何办理案件的规定。主要包括以下几个方面：

一是在取保候审、监视居住期间，不得中断对案件的侦查、起诉和审理。这是对公安机关、人民检察院、人民法院的基本要求。对犯罪嫌疑人、被告人采取取保候审、监视居住等强制措施的目的，是从案件的实际情况和犯罪嫌疑人、被告人的社会危险性等情况出发，保障准确、及时查明犯罪而采取的。从强制措施的合目的性出发，公安机关、人民检察院、人民法院应当在犯罪嫌疑人、被告人被取保候审、监视居住期间抓紧时间办案，尽量在此期间完成侦查、起诉和审判。这种对刑事诉讼活动应当不间断进行的要求，也可以防止犯罪嫌疑人、被告人因为长期处于被追诉状态而造成权利的不确定，有利于公民权利的保护。

二是如果在办案过程中发现有不应当追究刑事责任的情形或者取保候审、监视居住期限届满的情形，应当解除取保候审、监视居住。这里规定的“不应当追究刑事责任的情形”，主要是针对以下两种情况：(1)被取保候审、监视居住的人没有犯罪事实的，包括犯罪事实没有发生，所侦查的犯罪活动不是被取保候审、监视居住的人实施的等。(2)被取保候审、监视居住的人有本法第十六条规定的不应当追究刑事责任的情形的，即情节显著轻微、危害不大，不认为是犯罪的；犯罪已过追诉时效期限的；经特赦令免除刑罚的；依照刑法告诉才处理的犯罪，没有告诉或者撤回告诉的；犯罪嫌疑人、被告人死亡的；其他法律规定免予追究刑事责任的。这里规定的“取保候审、监视居住期限届满”，是指公安机关、人民检察院、人民法院在取保候审、监视居住决定书上确定的具体期限已经届满。在这种情况下，即使案件还未了结，也应及时解除取保候审、监视居住。如果确需继续采取取保候审、监视居住的，应当重新作出采取取保候审、监视居住的决定，确定新的期限。在确定新的期限时，应当注意本条对取保候审、监视居住的累计最长期限的限制，即取保候审最长不超过十二个月，监视居住最长不超过六个月。

三是本款还规定了公安机关、人民检察院、人民法院在解除取保候审、监视居住后应当及时通知被取保候审、监视居住人和有关单位。这样规定，有利于解除取保候审、监视居住措施的当事人及时恢复正常的工作、生活。

在适用本条规定时，应当注意几点：一是本条已经对取保候审、监视居住的最长期限作了规定，但不是要求对每个犯罪嫌疑人、被告人都要确定十二个月的取保候审或者六个月的监视居住。在侦查、审查起诉、审判过程中，公安机关、人民检察院、人民法院决定强制措施，既要考虑保障办案的实际需要，也要根据合比例原则，根据犯罪嫌疑人、被告人涉嫌犯罪的社会危害以及其本人的社会危险性等因素，确定合适的具体期限，在尽量短的时间内完成诉讼活动。二是如果是被取保候审人违反刑事诉讼法第七十一条规定，被依法没收保证金后，人民法院、人民检察院、公安机关根据情况仍决定对其取保候审的，对于取保候审的期限应当连续计算，不能另行计算期限，期限也要遵守本条最长不得超过十二个月的规定。三是公安机关、人民检察院、人民法院在各自阶段，应当分别计算取保候审、监视居住的期限。人民检察院对于公安机关移送审查起诉的案件、人民法院对于人民检察院提起公诉的案件，都应当分别重新办理取保候审、监视居住的手续，并重新计算取保候审、监视居住的期限，即使前一阶段的司法机关确定的期限没有用完，也不能继续使用前一阶段没有使用完的期限。同时应当注意的是，在同一诉讼阶段，公安机关、人民检察院、人民法院也不得对同一犯罪嫌疑人、被告人重复采取取保候审、监视居住措施。这些要求，都是为了防止变相延长强制措施的期限或者突破取保候审最长不超过十二个月，监视居住最长不超过六个月的最长期限限制。四是根据本法第七十三条的规定，被解除取保候审的当事人，可以凭解除取保候审通知书或者有关法律文书到公安机关在指定银行设立的专门账户领取退还的保证金。因此，无论是期限届满，还是在办案过程中发现有不应当追究刑事责任而不再取保候审、监视居住的情形，都应当及时办理解除手续，发给解除取保候审、监视居住通知书或者有关法律文书，以便于当事人及时退还保证金。这样规定，有利于保护公民的合法权利，也有利于防止在实践中出现取保候审、监视居住超过法定期限不侦、不诉、不审，变相放纵犯罪的情况发生。

第八十条　逮捕犯罪嫌疑人、被告人，必须经过人民检察院批准或者人民法院决定，由公安机关执行。

【修改提示】

本条是1979年刑事诉讼法的规定，1996年作过修改，2012年、2018年修改刑事诉讼法未作修改。

【背景解读】

逮捕是人民法院、人民检察院和公安机关为防止犯罪嫌疑人、被告人逃避或者阻碍侦查、审查起诉、审判，继续犯罪，依法剥夺其人身自由的一种强制措施。对逮捕的决定、批准权和执行权实行分离，避免自己决定、自己执行，失去对逮捕、羁押权的制约，是宪法的要求。宪法第三十七条规定："中华人民共和国公民的人身自由不受侵犯。任何公民，非经人民检察院批准或者决定或者人民法院决定，并由公安机关执行，不受逮捕。禁止非法拘禁和以其他方法非法剥夺或者限制公民的人身自由，禁止非法搜查公民的身体。"这是宪法尊重和保障人权原则以及人民法院、人民检察院和公安机关办理刑事案件分工负责、互相配合、互相制约原则的要求和体现，是我国刑事诉讼法坚持的一个基本原则，也与我国签署或者参加的相关国际公约、条约的要求精神是一致的。刑事诉讼法在这一涉及公民基本权利的问题上，坚持上述原则，将逮捕的决定权和执行权分离，有利于保证公安、司法机关在刑事诉讼中准确有效地执行法律，加强公安、司法机关之间的监督制约，防止滥用职权，保证准确有效地决定和执行逮捕，保护公民的合法权利。

【理解与适用】

本条是关于逮捕的批准、决定权和执行权的规定。

本条从两个方面作了规定。第一,关于逮捕的批准、决定权。根据本条的规定,逮捕犯罪嫌疑人、被告人,必须经过人民检察院批准或者人民法院决定。逮捕的批准、决定权主要有两种情况:

1. 公安机关提请人民检察院审查批准逮捕的。根据宪法和人民检察院组织法的规定,人民检察院行使逮捕的批准权。公安机关对于侦查过程中发现的需要逮捕的犯罪嫌疑人,应当写出提请批准逮捕决定书,报请人民检察院审查批准逮捕。这就是说,公安机关在侦查中认为需要逮捕犯罪嫌疑人时,应当将案件材料报请人民检察院审查批准,公安机关不能自行决定逮捕。

2. 人民检察院或者人民法院决定逮捕的。主要有以下几种情况:(1)人民检察院决定逮捕的情况。主要包括两种情形:一是公安机关没有采取逮捕措施,在移送审查起诉后人民检察院认为应当采取逮捕措施的,或者在审查起诉阶段因为情形变化不再符合取保候审、监视居住条件而需要逮捕的;二是人民检察院自侦案件中需要逮捕的情况。(2)人民法院决定逮捕的情况。主要有两种:一是在审判阶段,对人民检察院提起公诉的案件中尚未逮捕的被告人认为应依法逮捕的,以及人民法院决定对被告人采取取保候审、监视居住措施后因为被告人违反规定等情形而不再符合取保候审、监视居住条件,需要逮捕的;二是人民法院对自诉案件的被告人认为有逮捕必要的。

第二,关于逮捕的执行权。根据本条的规定,人民法院虽然有逮捕决定权,人民检察院虽然有逮捕审查批准权和自侦案件的逮捕决定权,但是逮捕只能由公安机关执行,人民法院、人民检察院不能自己执行。也就是说,无论是检察院批准逮捕的,还是人民检察院或者人民法院决定逮捕的,应当将批准或者决定逮捕的文书送公安机关,由公安机关执行。公安机关应当立即执行,并将执行情况及时通知批准或者决定逮捕的人民检察院或者人民法院。法律作这样的规定,既体现了公检法三机关的互相配合,也有利于公检法三机关相互制约、互相监督,有利于及时发现错误,及时纠正。

实际执行中应注意逮捕有犯罪嫌疑的人大代表时的特殊批准程序问题。为保证人大代表行使代表职责,我国法律对逮捕人大代表的程序作了特殊规定。根据全国人民代表大会组织法、地方各级人民代表大会和地方各级人民政府组织法、全国人民代表大会和地方各级人民代表大会代表法的有关规定,县级以上的各级人民代表大会代表,非经本级人民代表大会主席团许可,在本级人民代表大会闭会期间,非经本级人民代表大会常务委员会许可,不受逮捕或者刑事审判;乡、民族乡、镇的人民代表大会代表,如果被逮捕、受刑事审判或者被采取法律规定的其他限制人身自由的措施,执行机关应当立即报告乡、民族乡、镇的人民代表大会。人民代表大会主席团或者常务委员会受理有关机关依法规定提请许可的申请,应当审查是否存在对代表在人民代表大会各种会议上的发言和表决进行法律追究,或者对代表提出建议、批评和意见等其他执行职务行为打击报复的情形,并据此作出决定。

第八十一条[①]　**对有证据证明有犯罪事实,可能判处徒刑以上刑罚的犯罪嫌疑人、被告人,采取取保候审尚不足以防止发生下列社会危险性的,应当予以逮捕:**

(一)可能实施新的犯罪的;

(二)有危害国家安全、公共安全或者社会秩序的现实危险的;

(三)可能毁灭、伪造证据,干扰证人作证或者串供的;

(四)可能对被害人、举报人、控告人实施打击报复的;

(五)企图自杀或者逃跑的。

批准或者决定逮捕,应当将犯罪嫌疑人、被告人涉嫌犯罪的性质、情节,认罪认罚等情况,作为是否可能发生社会危险性的考虑因素。

对有证据证明有犯罪事实,可能判处十年有期徒刑以上刑罚的,或者有证据证明有犯罪事实,可能判处徒刑以上刑罚,曾经故意犯罪或者身份不明的,应当予以逮捕。

被取保候审、监视居住的犯罪嫌疑人、被告人违反取保候审、监视居住规定,情节严重的,可以予以逮捕。

---

① 根据2018年10月26日第十三届全国人民代表大会常务委员会第六次会议通过的《关于修改〈中华人民共和国刑事诉讼法〉的决定》修改。修改前的刑事诉讼法条文是:"对有证据证明有犯罪事实,可能判处徒刑以上刑罚的犯罪嫌疑人、被告人,采取取保候审尚不足以防止发生下列社会危险性的,应当予以逮捕:

(一)可能实施新的犯罪的;

(二)有危害国家安全、公共安全或者社会秩序的现实危险的;

(三)可能毁灭、伪造证据,干扰证人作证或者串供的;

(四)可能对被害人、举报人、控告人实施打击报复的;

(五)企图自杀或者逃跑的。

对有证据证明有犯罪事实,可能判处十年有期徒刑以上刑罚的,或者有证据证明有犯罪事实,可能判处徒刑以上刑罚,曾经故意犯罪或者身份不明的,应当予以逮捕。

被取保候审、监视居住的犯罪嫌疑人、被告人违反取保候审、监视居住规定,情节严重的,可以予以逮捕。"

全国人民代表大会常务委员会《关于〈中华人民共和国刑事诉讼法〉第七十九条第三款的解释》内容如下:"全国人民代表大会常务委员会根据司法实践中遇到的情况,讨论了刑事诉讼法第七十九条第三款关于违反取保候审、监视居住规定情节严重可以逮捕的规定,是否适用于可能判处徒刑以下刑罚的犯罪嫌疑人、被告人的问题,解释如下:

根据刑事诉讼法第七十九条第三款的规定,对于被取保候审、监视居住的可能判处徒刑以下刑罚的犯罪嫌疑人、被告人,违反取保候审、监视居住规定,严重影响诉讼活动正常进行的,可以予以逮捕。

现予公告。"

【修改提示】

本条是1979年刑事诉讼法的规定,1996年、2012年作过修改,2018修改刑事诉讼法对本条作了一处修改,增加了“批准或者决定逮捕,应当将犯罪嫌疑人、被告人涉嫌犯罪的性质、情节,认罪认罚等情况,作为是否可能发生社会危险性的考虑因素”的规定。

【背景解读】

对于逮捕条件,1979年刑事诉讼法规定,对主要犯罪事实已经查清,可能判处徒刑以上刑罚的人犯,采取取保候审、监视居住等方法,尚不足以防止发生社会危害性,而有逮捕必要的,应即依法逮捕。1996年修改刑事诉讼法时,考虑到司法实践中普遍反映“主要犯罪事实已经查清”条件过于严格,在拘留的较短期限内常常无法查清主要犯罪事实,特别是对一些疑难、复杂案件很难做到,公安机关为了解决办案时间不够的问题,只好采取收容审查措施,由公安机关自己决定和执行,缺乏必要的制约,存在超范围、超时限、管理混乱的问题,出现了一些侵犯公民合法权益的现象。为了适应打击犯罪和切实保护公民合法权益的需要,在取消收容审查制度的同时,将刑事诉讼法规定的逮捕条件修改为:对有证据证明有犯罪事实,可能判处徒刑以上刑罚的犯罪嫌疑人、被告人,采取取保候审、监视居住等方法,尚不足以防止发生社会危险性,而有逮捕必要的,应即依法逮捕。

1996年刑事诉讼法修改后,为了更好地执行审查批准逮捕的规定,最高人民检察院等部门对逮捕条件作了进一步具体的操作规定。但实践中,也有一些部门反映,法律对“社会危险性”包括哪些情况、是否有程度限制,如何理解“有逮捕必要”等规定较模糊,在具体案件中容易出现认识分歧。有的检察机关对逮捕条件掌握过严,甚至按照审查起诉条件把握逮捕条件,导致对一些本该逮捕的犯罪嫌疑人、被告人不批捕,有的公安机关为侦查需要,或者对犯罪嫌疑人采取监视居住措施变相羁押,或者采取拘留后延长拘留提请批准逮捕期限的办法,以拘代侦。有的公安机关不愿采取取保候审、监视居住措施,也推高了逮捕和羁押的比例,甚至对一些罪行较轻或者社会危险性很小的犯罪嫌疑人也适用逮捕措施,出现应该判处的刑期短于羁押期限,法院不得不关多久判多久的情形。为有利于司法机关准确掌握逮捕条件,发挥逮捕措施在追究犯罪中的作用,防止错误逮捕,加强对公民人身权利的切实保护,2012年修改刑事诉讼法时,对逮捕条件中社会危险性的情形作了进一步明确规定。

2014年4月24日,第十二届全国人民代表大会常务委员会第八次会议通过了《中华人民共和国刑事诉讼法》第七十九条第三款的解释,对于刑事诉讼法第七十九条第三款关于违反取保候审、监视居住规定情节严重可以逮捕的规定，是否适用于可能判处徒刑以下刑罚的犯罪嫌疑人、被告人的问题，作出了规定：根据刑事诉讼法第七十九条第三款的规定，对于被取保候审、监视居住的可能判处徒刑以下刑罚的犯罪嫌疑人、被告人，违反取保候审、监视居住规定，严重影响诉讼活动正常进行的，可以予以逮捕。

2018年修改刑事诉讼法对该条作了一处修改，增加规定了“批准或者决定逮捕，应当将犯罪嫌疑人、被告人涉嫌犯罪的性质、情节，认罪认罚等情况，作为是否可能发生社会危险性的考虑因素”。这样修改是完善刑事案件认罪认罚从宽制度的需要。2016年最高人民法院、最高人民检察院、公安部、国家安全部、司法部发布《关于在部分地区开展刑事案件认罪认罚从宽制度试点工作的办法》，其中第六条规定，人民法院、人民检察院、公安机关应当将犯罪嫌疑人、被告人认罪认罚作为其是否具有社会危害性的重要考虑因素，对于没有社会危险性的犯罪嫌疑人、被告人，应当取保候审、监视居住。2018年修改刑事诉讼法时将这一内容吸收进了刑事诉讼法，作了相应修改，在逮捕的条件中作出规定。

【理解与适用】

本条是关于逮捕条件的规定。本条分为三款。

第一款是对一般逮捕条件的规定。根据本款的规定，逮捕应同时具备三个条件，才应依法逮捕。

第一，证据要件，即“有证据证明有犯罪事实”。这里所说的“有证据证明有犯罪事实”，一般是指同时具备下列情形：(1)有证据证明发生了犯罪事实；(2)有证据证明犯罪事实是犯罪嫌疑人实施的。“有证据证明有犯罪事实”，并不要求查清全部犯罪事实。其中“犯罪事实”既可以是单一犯罪行为的事实，也可以是数个犯罪行为中任何一个犯罪行为的事实。这就是说，只要有本法第五十条规定的物证、书证、证人证言、被害人陈述、犯罪嫌疑人的供述和辩解、鉴定意见、勘验、检查笔录、视听资料、电子数据等证据中的任何一种证据能证明犯罪嫌疑人、被告人实施了犯罪行为，就达到了逮捕的证据要件，并不要求侦查人员把犯罪的所有证据都必须先拿到手，对主要犯罪事实都查清，达到“事实清楚，证据确实、充分”的程度。

第二，罪行要件，即对犯罪嫌疑人、被告人所实施的犯罪行为有可能判处徒刑以上刑罚。刑罚的轻重，反映了犯罪嫌疑人、被告人的主观恶性、社会危险性，也与其逃避或者妨碍诉讼的可能性之间存在很大的正相关关系。用刑罚为条件可以有效衡量犯罪嫌疑人、被告人妨碍诉讼、逃避刑罚执行的可能性。一般来说，将较轻的犯罪排除在羁押范围以外，对于法定刑较低或者可能判处较轻刑罚的犯罪，不采取羁押措施，有利于限制羁押措施的过多适用，也不会妨碍刑事诉讼活动的顺利进行。这就要求羁押措施要遵循比例性原则,即是否羁押以及羁押时间必须与所追究的犯罪行为的严重程度相适应。在羁押条件设计时,这一原则体现在对被适用者可能判处的刑罚的要求上,羁押并不针对所有的犯罪嫌疑人、被告人,而必须是可能判处一定刑罚和刑期的罪犯。如果所犯罪行可能连徒刑都判不了,即表明所犯罪行的社会危害性较小,就没有必要逮捕。因此,本条规定了可能判处徒刑以上刑罚的要件。

第三,社会危险性要件。这里所说的社会危险性,是指犯罪嫌疑人、被告人实施对社会造成危害的行为的可能。本款明确规定了五种社会危险性的情形:

(1)可能实施新的犯罪。羁押作为一种预防性措施,能保护公民免受很有可能发生的重大犯罪的侵害,因此也确有必要。对于可能实施新的犯罪,一方面,从其已经实施的犯罪所体现的主观恶性和犯罪习性进行考察,比如,是否是惯犯、流窜犯等已经养成习性的罪犯,是否曾经被判处过刑罚,是否属于累犯,被指控的犯罪是否属于过失犯罪等各方面的因素确定。另一方面,如果有一定的证据证明犯罪嫌疑人、被告人已经开始策划、预备实施某种犯罪的,也可以认定为可能实施新的犯罪。

(2)有危害国家安全、公共安全或者社会秩序的现实危险的。危害国家安全、公共安全或者社会秩序的行为,涉及国家的安全或者不特定多数人的人身、财产安全以及社会秩序和稳定等,对于具有这种现实危险的犯罪嫌疑人、被告人,在采取强制措施时,应当慎重考虑。如果有一定的证据或者迹象表明犯罪嫌疑人、被告人正在积极策划、组织或者进行准备,很有可能实施这类犯罪行为,为了维护国家安全和稳定,维护公共安全和社会秩序,就需要根据本条规定采取逮捕措施。对于只是有危害国家安全、公共安全或者社会秩序的想法或者观念,有较为充分的证据能够表明不会实施危害社会危险的行为的,也可以不予逮捕。

(3)可能毁灭、伪造、隐匿证据,干扰证人作证或者串供的。即采取积极行动毁灭、隐匿证据,包括销毁已经存在的证据,或者将证据转移隐藏,制造假的证据或者对证据进行伪造、变造等改变证据本来特征和信息;利用自己未被羁押的便利条件与其他同案犯建立攻守同盟、统一口径;以口头、书面或者以暴力、威胁、恫吓、引诱、收买证人等形式对共同被告人、证人或者鉴定人施加不当影响,阻挠证人作证或者使证人不如实作证,或者指使、威胁、贿赂他人采取这些方式阻挠证人作证或者使证人不如实作证,从而危及对事实真象的查明,使刑事侦查和审判等诉讼活动难以进行的。

(4)可能对被害人、举报人、控告人实施打击报复的。接受举报、控告等是刑事诉讼中发现犯罪、查获犯罪的一个重要方面,举报人、控告人,包括被害人都是刑事诉讼中的重要证人,保护这些人不受打击报复,不仅有利于鼓励群众同犯罪作斗争,也有利于及时发现案件的真象。这里的打击报复,包括采取暴力方法进行的伤害或者意图伤害行为，也包括对被害人、举报人、控告人进行的威胁、恐吓，对其人格、名誉进行的诋毁、攻击，或者利用职权等进行的刁难、要挟、迫害等。

（5）企图自杀或者逃跑的。在刑事诉讼中，为了保障诉讼的顺利进行，保障法院的判决得到执行，犯罪嫌疑人、被告人到案、接受讯问和审判是必要条件之一。犯罪嫌疑人、被告人在被追诉以后自杀、逃脱或者隐藏，本身已经说明不采取控制措施，刑事追诉就可能会因为其逃避行为而受阻。因此，对于企图自杀或者逃跑的犯罪嫌疑人、被告人，可以采取逮捕措施。

根据本款规定对犯罪嫌疑人、被告人采取逮捕措施，需要对证据要件、罪行要件、社会危险性要件，结合案件和犯罪嫌疑人、被告人的具体情况，作出综合权衡和认定，并不是只要具有其中一项或者两项要件就采取逮捕措施。比如，对于一些罪行虽然比较严重，但主观恶性不大，有悔罪表现，具备有效监护条件或者社会帮教措施的，初次犯罪，过失犯罪的，犯罪预备、中止、未遂的，犯罪后能够如实交代罪行，认识自己行为的危害性、违法性，积极退赃，尽力减少和赔偿损失，得到被害人谅解的等客观情节，能够表明犯罪嫌疑人、被告人不会发生社会危险性的，虽然符合罪行要件和证据要件，也可以不采取逮捕措施。

第二款是批准或者决定逮捕时评估社会危险性和考虑因素的规定。本条第一款第一项至第五项主要是从应予防止发生的社会危险性的情形的角度对逮捕条件作出了规定。本款则是将犯罪嫌疑人、被告人已经实施的犯罪事实的客观情况，以及犯罪后认罪认罚的情况等，明确作为评估是否发生社会危险性的考虑因素。社会危险性是确定是否逮捕的重要条件，评估是否存在社会危险性，即评估是否可能造成新的社会危害、是否会妨碍诉讼的顺利进行，如前款规定的实施新的犯罪、毁灭、伪造证据等情况，应当考虑犯罪嫌疑人、被告人已经实施的犯罪情况及犯罪后的态度，是否认罪认罚等。根据本款规定，批准或者决定逮捕，应当将犯罪嫌疑人、被告人涉嫌犯罪的性质、情节，认罪认罚等情况，作为是否可能发生社会危险性的考虑因素。这里规定的犯罪的性质、情节即是对犯罪嫌疑人、被告人已经实施的犯罪情况的客观判断，犯罪的性质主要是指是什么类型的犯罪、侵犯何种客体，以及可能适用的罪名等情况，犯罪的情节包括犯罪本身的情节轻重以及是否具有相关法定或酌定量刑情节的情况，如是否具有自首情节，有无立功，犯罪的一贯表现等。认罪认罚的情况，包括犯罪嫌疑人是否自愿认罪，能否如实供述自己的罪行，是否同意量刑建议和程序适用、愿意接受处罚等。根据本款规定，批准或者决定逮捕时，在考虑犯罪嫌疑人、被告人涉嫌犯罪的性质、情节，认罪认罚等情况后，对于不致发生社会危险性的犯罪嫌疑人、被告人，可以取保候审或者监视居住。

第三款是对犯罪嫌疑人、被告人可以径行逮捕的特殊规定。为了保护国家、社会、公共安全，保障诉讼的顺利进行，对于犯罪嫌疑人、被告人涉嫌犯罪重大，或者有证据表明其曾经犯罪,实施过危害国家、社会安全,干扰诉讼顺利进行的行为的,或者身份不明不采取逮捕措施逃跑后就无法查找的,就需要采取切实措施防止其妨碍诉讼,危害社会。本款规定的应当逮捕,主要包括三种情况:一是有证据证明有犯罪事实,可能判处十年有期徒刑以上刑罚的情况。根据我国刑法的规定,判处十年有期徒刑以上刑罚的都是严重的犯罪,有必要对这些犯罪嫌疑人、被告人予以逮捕。二是有证据证明有犯罪事实,可能判处徒刑以上刑罚,曾经故意犯罪的犯罪嫌疑人、被告人。从刑法上来说,再犯一般都表明罪犯具有较强烈的反社会心理属性和较大的社会危险性,曾经故意犯罪的情况本身就已经表明了这种社会危险性的存在。三是有证据证明有犯罪事实,可能判处徒刑以上刑罚,身份不明的犯罪嫌疑人、被告人。在实践中,很多身份不明的犯罪嫌疑人、被告人,本身就是因为强烈的逃避追究的心理驱使而拒绝向办案机关承认自己的真实身份、住址等信息,导致身份无法查明,可能判处徒刑以上刑罚这种较重的刑罚的事实,更有可能强化犯罪嫌疑人、被告人的这种心理,因此有必要对这类犯罪嫌疑人、被告人予以羁押。

第四款是对违反取保候审、监视居住规定的犯罪嫌疑人、被告人采取逮捕措施的条件规定。这一规定,是与本法第七十一条、第七十七条的规定相衔接的规定。根据本款规定,被取保候审、监视居住的犯罪嫌疑人、被告人违反了本法第七十一条、第七十七条的规定,就表明犯罪嫌疑人、被告人具有本条第一款规定的社会危险性。如果存在本条第一款规定的五种社会危险性情形,给司法机关的诉讼活动造成了干扰或者增加了困难,或者严重妨碍了审判活动的正常进行,就属于"情节严重",应当对其予以逮捕,如果违反规定情节较轻,可以继续对其取保候审或者监视居住。对于应当予以逮捕的,可以根据本法的规定采取先予拘留措施,并按照规定的程序提请审查批准逮捕,在人民检察院批准后执行逮捕。

2014 年 4 月 24 日,第十二届全国人民代表大会常务委员会第八次会议通过了《中华人民共和国刑事诉讼法》第七十九条第三款的解释,对本款即本次修改前刑事诉讼法第七十九条第三款关于违反取保候审、监视居住规定情节严重可以逮捕的规定,是否适用于可能判处徒刑以下刑罚的犯罪嫌疑人、被告人的问题,作出了规定:对于被取保候审、监视居住的可能判处徒刑以下刑罚的犯罪嫌疑人、被告人,违反取保候审、监视居住规定,严重影响诉讼活动正常进行的,可以予以逮捕。这主要是考虑,犯罪嫌疑人、被告人可能被判处徒刑以下刑罚的,由于犯罪情节较为轻微,一般不会发生社会危害性,依法可以取保候审、监视居住。但如果在取保候审、监视居住期间有逃跑、干扰证人作证、毁灭、伪造证据或者串供等违反取保候审、监视居住规定的行为,妨碍刑事诉讼的正常进行,甚至可能引发新的犯罪,是典型的具有社会危险性的情形,应当通过采取逮捕措施加以制止或者防范其再次发生。因此,对被取保候审、监视居住人违反取保候审、监视居住规定,严重影响诉讼活动正常进行，可以予以逮捕的规定，既适用于可能判处徒刑以上刑罚被取保候审、监视居住的犯罪嫌疑人、被告人，也适用于可能判处徒刑以下刑罚被取保候审、监视居住的犯罪嫌疑人、被告人。

第八十二条 公安机关对于现行犯或者重大嫌疑分子，如果有下列情形之一的，可以先行拘留：

（一）正在预备犯罪、实行犯罪或者在犯罪后即时被发觉的；

（二）被害人或者在场亲眼看见的人指认他犯罪的；

（三）在身边或者住处发现有犯罪证据的；

（四）犯罪后企图自杀、逃跑或者在逃的；

（五）有毁灭、伪造证据或者串供可能的；

（六）不讲真实姓名、住址，身份不明的；

（七）有流窜作案、多次作案、结伙作案重大嫌疑的。

【修改提示】

本条是1979年刑事诉讼法的规定，1996年作过修改，2012年、2018年修改刑事诉讼法未作修改。

【背景解读】

从一般刑事诉讼正当程序的要求来说，采取限制或者剥夺人身自由的强制措施，一般需要事先经过批准。但是出于防卫社会的目的，均衡打击犯罪和保障人权的关系，也有必要赋予警察在紧急情况下采取临时性强制措施的权力，在犯罪正在进行或者尚未逃脱的情况下，先行采取措施制止犯罪、控制犯罪嫌疑人或现行犯，并为决定是否逮捕提供时间保障。刑事拘留是公安机关在紧急情况下，对现行犯或者重大嫌疑分子采取的依法剥夺其人身自由的强制性措施，其目的是为了及时制止正在进行的犯罪，抓获现行犯罪分子和重大嫌疑分子；阻止犯罪危害延续，尽量消除犯罪后果；及时取得罪证，查明案情，保证侦查工作顺利进行。我国1954年及1979年的逮捕拘留条例都对拘留的条件作了严格规定，并在1979年制定刑事诉讼法时，将总结的经验吸收到刑事诉讼法中。1996年修改刑事诉讼法时，根据长期的实践经验和经济社会发展状况，又对其中一些条件作了进一步修改完善。考虑到之前为查明罪犯，特别是查清流窜作案和身份不明的犯罪分子而采取的收容审查作为一种行政强制手段，羁押时间较长，而且不经其他司法机关，由公安机关自己决定，缺乏监督制约机制，不符合刑事诉讼法的有关规定，为了进一步加强社会主义民主和法治建设，更好地保护公民的人身权利，将收容审查中与犯罪斗争有实际需要的内容，吸收到刑事诉讼法中，对有关刑事强制措施进行补充修改，将其中不讲真实姓名、来历不明、流窜作案、多次作案、结伙作案等需要公安机关迅速采取措施，才能制止犯罪，查明犯罪，抓获犯罪嫌疑人的情况，也吸收到刑事诉讼法有关先行拘留的规定中，不再保留作为行政强制手段的收容审查。这样修改，有利于防止在刑事诉讼中采用非刑事诉讼强制措施限制人身自由的情形。

【理解与适用】

本条是关于刑事拘留的对象和条件的规定。

根据本条规定，公安机关在作出拘留决定的时候，应当考虑以下因素：

一是拘留措施适用于现行犯和重大嫌疑分子。所谓现行犯，是指正在实施犯罪的犯罪分子。包括正在预备犯罪、正在实施犯罪，或者犯罪刚刚结束，尚未离开现场，在场目击的人或者随后追查犯罪的人可以确认犯罪系其实施的犯罪嫌疑人。重大嫌疑分子，一般是指侦查机关通过侦查，已经有较大量的证据能够基本证明犯罪系其实施的犯罪嫌疑人。

二是本条根据拘留的目的，具体列举了适用拘留措施的几种情形。其中如第一项“正在预备犯罪、实行犯罪或者在犯罪后即时被发觉的”、第二项“被害人或者在场亲眼看见的人指认他犯罪的”、第三项“在身边或者住处发现有犯罪证据的”情形，一般来说根据这些情况，都基本可以确认犯罪系犯罪嫌疑人实施的，及时采取措施，可以防止其继续犯罪，减少犯罪造成的危害，也有利于及时、全面收集证据，提高诉讼效率；第四项“犯罪后企图自杀、逃跑或者在逃的”、第五项“有毁灭、伪造证据或者串供可能的”，主要是为了防止犯罪嫌疑人逃避刑事追究和保障刑事诉讼的顺利进行；第六项“不讲真实姓名、住址、身份不明的”、第七项“有流窜作案、多次作案、结伙作案的重大嫌疑的”情形，这两种情况下，一旦犯罪嫌疑人逃逸，就会给查清事实、抓获犯罪嫌疑人造成很大的困难，及时采取措施约束犯罪嫌疑人，有利于提高诉讼效率。

在实际执行中，公安机关应注意拘留有犯罪嫌疑的人大代表时的特殊批准程序问题。为保证人大代表行使代表职责，我国法律对拘留人大代表的程序作了特殊规定。根据全国人民代表大会组织法、地方各级人民代表大会和地方各级人民政府组织法和全国人民代表大会和地方各级人民代表大会代表法的有关规定，对县级以上各级人民代表大会的代表实行拘留，执行拘留的公安机关应当立即向被拘留人的本级人民代表大会主席团或者其常委会报告。对乡、民族乡、镇的人民代表大会代表如果采取拘留措施的，执行拘留的公安机关应当立即报告乡、民族乡、镇的人民代表大会。

第八十三条　公安机关在异地执行拘留、逮捕的时候，应当通知被拘留、逮捕人所在地的公安机关，被拘留、逮捕人所在地的公安机关应当予以配合。

【修改提示】

本条是1996年修改刑事诉讼法时增加的规定，2012年、2018年修改刑事诉讼法未作修改。

【背景解读】

根据法律规定，拘留、逮捕由公安机关执行。由于犯罪分子作案后一般都想尽办法逃跑、躲藏，千方百计地企图逃脱公安司法机关打击，因此，案件侦破后，将犯罪分子捉拿归案的任务也是十分艰巨的。在很多情况下，犯罪分子都逃离作案地，所以查明犯罪分子藏匿的下落，并将其抓获的任务也不都是在其作案地完成的，许多都需要公安机关异地执行拘留、逮捕。一般来说，为了提高侦查效率，各国的侦查机关都遵循一体化原则，在完成任务时服从统一的指挥。我国公安机关也是这样，配合异地前来抓捕的公安机关完成拘留、逮捕任务是各地公安机关应尽的义务。实践中，在大多数情况下，到异地去执行拘留、逮捕的公安机关都会在主动通知所在地的公安机关后，取得当地公安机关的积极配合。但有时候，由于沟通不够，甚至有些地方的公安机关存在保护主义等原因，公安机关在异地执行拘留、逮捕任务时也会遇到一些困难，有的得不到当地公安机关的配合，不利于刑事诉讼活动的顺利进行，影响了对犯罪分子的打击。因此，刑事诉讼法对这种情况下异地公安机关的配合义务作了明确规定。

【理解与适用】

本条是关于公安机关异地执行拘留、逮捕时被拘留、逮捕人所在地公安机关配合义务的规定。

本条对异地执行拘留、逮捕作了两个方面的规定：一是规定了执行拘留、逮捕任务的公安机关的通知义务，即公安机关在异地执行拘留、逮捕任务时，应当通知被拘留、逮捕人所在地的公安机关。这里的“异地”，是指立案侦查的公安机关所在地以外的其他地区。“被拘留、逮捕人所在地”，是指犯罪分子居住或者藏匿的地区。规定“通知”被拘留、逮捕人所在地公安机关，一方面是为了让当地公安机关能够为配合执行拘留、逮捕任务进行必要的准备，比如，事先查找犯罪嫌疑人、被告人下落，准备人员、车辆，拟定行动路线、方案等。另一方面也是考虑到，作为当地的治安管理机关，有责任掌握本地的治安状况，包括在本地是否发生了违法犯罪、犯罪嫌疑人是否居住在本地或者流窜、隐藏在本地等情况。在当地公安机关不知情的情况下执行了拘留、逮捕，也可能会给当地公安机关造成工作上的麻烦，比如，误认为本地公安机关管理的居住人口失踪，甚至出现当地公安机关不了解实际情况，因误解而给拘留、逮捕造成障碍的情况。从实践来说，通知被拘留、逮捕人所在地的公安机关，一般是派人到当地公安机关执行任务，并请求当地公安机关配合，也可以将配合的请求通知被拘留、逮捕人所在地公安机关，由当地公安机关自己执行拘留、逮捕任务后，通知请求协助的公安机关将被拘留、逮捕人押解回侦查案件的公安机关所在地。但无论采取何种方式，在通知被拘留、逮捕人所在地的公安机关时，要告知并出示有关的拘留、逮捕证及公安机关的证明文件（比如，办案协作函件）等，保证各种法律手续完备。在必要的时候，还应当向当地公安机关介绍基本的案件情况，以便于当地公安机关制定具体的方案。

二是规定了异地公安机关的配合义务。被拘留、逮捕人所在地的公安机关得到通知后，应当积极配合前来执行拘留、逮捕任务的公安机关将犯罪嫌疑人拘留、逮捕。“配合”包括帮助查找被拘留、逮捕人所在的具体地点，派出为保证顺利完成拘留、逮捕任务所必需的人员，提供必要的警械、车辆，在拘留、逮捕后，本地看守所及时协助羁押被拘留、逮捕的犯罪嫌疑人，帮助进行异地押解等工作。根据本条规定，被拘留、逮捕人所在地的公安机关“应当”配合，也就是必须配合完成拘留、逮捕任务。因此，外地来执行拘留、逮捕任务的公安机关只要法律手续完备，协作地公安机关就应当及时予以配合。经调查核实被拘留、逮捕人不在本地管辖范围的，也应当及时转递有管辖权的公安机关。协作地公安机关抓获犯罪嫌疑人后，应当立即通知委托地公安机关。委托地公安机关应当及时提解。当然，对于协作地公安机关依照请求协作的公安机关的要求履行办案协作职责所产生的法律责任，比如，错误拘留、逮捕引起的国家赔偿责任等，应当由请求协作的公安机关承担。

第八十四条　对于有下列情形的人，任何公民都可以立即扭送公安机关、人民检察院或者人民法院处理：

（一）正在实行犯罪或者在犯罪后即时被发觉的；

（二）通缉在案的；

（三）越狱逃跑的；

（四）正在被追捕的。

【修改提示】

本条是1979年刑事诉讼法的规定，1996年作过修改，2012年、2018年修改刑事诉讼法未作修改。

【背景解读】

国家鼓励公民与犯罪分子作斗争,如果广大公民能增强这方面的意识,勇于同犯罪分子作斗争,对于打击犯罪活动,扶持正气,维护社会治安稳定,具有重要意义。本条规定体现了我国刑事诉讼贯彻执行群众路线,实行人民群众与专门机关相结合的原则,鼓励人民群众积极与犯罪分子作斗争的精神。

【理解与适用】

本条是关于扭送的规定。

为了支持和鼓励同犯罪作斗争,法律先是肯定了任何公民对于具有法定情形的人都可以立即扭送公安机关、人民检察院或者人民法院处理。然后,为了使公民更加准确地行使扭送的权利,本条明确规定对下列四种人可以立即扭送:即正在实行犯罪或者在犯罪后即时被发觉的、通缉在案的、越狱逃跑的、正在被追捕的。

这里应当注意两个问题。一是为了使公民准确行使扭送的权利,也考虑到公民的扭送是在没有任何批准和决定程序的情况下进行的,从保障公民权利的角度慎重考虑,刑事诉讼法对扭送的范围作了严格的限制,对于需要通过侦查活动收集证据和审查后才能确定是否可以作为犯罪嫌疑人进行追究的,一般不要求公民进行扭送。公民对于认为可能实施犯罪的其他人,可以向司法机关举报、控告,由司法机关决定如何处理。二是考虑到一些群众对刑事诉讼法关于职能管辖的规定不太了解,因此,为了鼓励群众的见义勇为,本条规定公民可以将犯罪嫌疑人或者罪犯扭送到公安机关、人民检察院、人民法院中的任一机关。公安机关、人民检察院和人民法院对被扭送的人,不论是否属于自己管辖的范围,都应当接受并立即讯问,需要采取紧急措施的,应当先采取紧急措施。对于属于自己职责和管辖范围的,根据刑事诉讼法的有关规定立案处理;不属于自己职责和管辖范围的,依照公检法的分工及管辖范围,将犯罪嫌疑人连同讯问笔录、罪证移送主管机关处理。

第八十五条　公安机关拘留人的时候,必须出示拘留证。

拘留后,应当立即将被拘留人送看守所羁押,至迟不得超过二十四小时。除无法通知或者涉嫌危害国家安全犯罪、恐怖活动犯罪通知可能有碍侦查的情形以外,应当在拘留后二十四小时以内,通知被拘留人的家属。有碍侦查的情形消失以后,应当立即通知被拘留人的家属。

【修改提示】

本条是1979年刑事诉讼法的规定,1996年未作修改,2012年作过修改,2018年修改刑事诉讼法未作修改。

【背景解读】

2012 年 3 月 14 日第十一届全国人民代表大会第五次会议通过的《关于修改〈中华人民共和国刑事诉讼法〉的决定》对本条作了以下主要修改：一是增加规定应当将被拘留的人立即送看守所羁押，至迟不得超过二十四小时。二是对 1996 年刑事诉讼法关于因“有碍侦查”而不通知被拘留人家属的规定中的“有碍侦查”的范围作出限定，只有因涉嫌“危害国家安全犯罪、恐怖活动犯罪”，通知有碍侦查的，才可以不通知。三是增加规定，因有碍侦查未通知被拘留人家属的，在有碍侦查的情形消失后，应当立即通知被拘留人的家属。

拘留是在一定时期内暂时剥夺犯罪嫌疑人人身自由的强制措施，如果使用不当，将会严重侵害被拘留人的人身权利。因此，有必要对拘留的执行程序作出严格的规定。本条关于拘留必须出示拘留证的规定，以及 2012 年修改增加的关于拘留后立即送看守所羁押、除涉嫌两类特殊犯罪通知有碍侦查的外，二十四小时以内通知家属的规定，都体现了严格规范拘留程序，加强对犯罪嫌疑人合法权益保护的精神。

【理解与适用】

本条是关于拘留程序的规定。

本条分为两款。第一款是对公安机关拘留人必须出示拘留证的规定。拘留作为在侦查活动中，在紧急情况下，对犯罪嫌疑人依法采取的限制人身自由的临时强制措施，在适用时必须要有一定的法律手续和凭证。拘留证是公安机关执行拘留的凭证。拘留证应当写明被拘留人的姓名、案由等，并盖有执行拘留的公安机关印章。“必须出示拘留证”包含两层意思：一是执行拘留的公安机关工作人员必须已经依法取得了拘留证，即公安机关依照法律规定作出了拘留的决定，并按照规定程序签发了拘留证。这样可以防止公安机关的工作人员滥用职权，侵犯公民的合法权益。二是执行拘留的公安机关工作人员必须将拘留证向被拘留的人出示。出示拘留证以表明公安机关工作人员正在依法执行拘留任务，这样既有利于对其监督，也有利于各有关方面包括被拘留的人及其亲友、所在单位等配合公安机关工作。对于经出示拘留证后，不配合甚至抗拒拘留的人，执行拘留的人员可以采取适当的强制方法，必要时可使用戒具。

第二款是关于将被拘留的人送看守所羁押和通知被拘留人家属的规定。主要有以下几层含义：

1. 公安机关在将被拘留人执行拘留以后，应当立即送往看守所羁押，至迟不得超过二十四小时。拘留作为一种限制人身自由的强制措施，应当在依法设立的专门场所中执行。看守所作为专门的羁押场所，看押、提讯设施、安全警戒、监所监督人员等都是按照有关规定建设和配备的,有条件保证被拘留人人身安全,防止脱逃,保障讯问等工作依法顺利进行。司法实践中曾存在因种种原因将被拘留的人关押在其他办案场所或者其他场所的情况,这种行为不符合法律规定,不利于保护被拘留人的合法权益,不利于防止对被拘留人刑讯逼供的情况发生,并且存在被拘留人逃跑、自杀、突发疾病死亡等安全隐患。针对这些情况,有关方面加强了在这方面的管理和监督,如公安部《公安机关办理刑事案件程序规定》明确规定,对被拘留、逮捕的犯罪嫌疑人、被告人应当立即送看守所羁押。2012 年修改刑事诉讼法时根据各方面意见,总结实践经验,对拘留后立即送看守所羁押在法律中作出了明确规定,并对时限作出明确规定,即至迟不得超过二十四小时。需要注意的是,规定至迟不得超过二十四小时,主要是考虑到实践中情况比较复杂,如执行拘留的地点距离看守所较远,需要一定的路途时间;在犯罪现场被拘留需要当场指认、协助抓获同案犯等。至迟不超过二十四小时,是指如果有特殊情况,送往看守所的时间最长也不得超过此时限;如无特殊情况,必须即时送往看守所羁押。并不是说公安机关在执行拘留以后,只要不超过二十四小时,就可以任意拖延。

2. 除无法通知或者涉嫌危害国家安全犯罪、恐怖活动犯罪通知可能有碍侦查的情形以外,公安机关应当在拘留后二十四小时以内,通知被拘留人的家属。拘留是限制人身自由的一种强制措施,原则上应当通知被拘留人的家属,让其及时了解其亲属已经被采取拘留措施的情况,这样便于被拘留人的家属根据情况为其聘请律师或者提供其他帮助,以依法维护被拘留人的合法权益,是司法文明的要求。只有在无法通知的情形下,或者因涉嫌危害国家安全犯罪、恐怖活动犯罪通知可能有碍侦查的情形的,才可以不通知。“无法通知”主要指被拘留人家属地址不明,以及被拘留人无家属等情况。“涉嫌危害国家安全犯罪、恐怖活动犯罪通知可能有碍侦查”,包含两层意思:一是只有涉嫌上述两类犯罪活动的,才能够不通知。对因涉嫌其他犯罪而被拘留的,不得以可能妨碍侦查为由不通知其家属。二是即使是因涉嫌上述两类犯罪而被拘留,也不是一律不通知家属,只有存在通知可能妨碍侦查的情况的,才能不通知。“有碍侦查”主要是指被拘留的人属于恐怖活动犯罪集团案犯,其他案犯尚未被捉拿归案,其被拘留的消息传出去,可能会引起其他同案犯逃跑、自杀、毁灭或伪造证据等,妨碍侦查工作的顺利进行;被拘留人的家属与其犯罪有牵连,通知后可能引起转移、隐匿、销毁罪证,等等。

3. 有碍侦查的情形消失以后,应当立即通知被拘留的人的家属。拘留以后长时间不通知被拘留人家属,不利于被拘留人权益的保护,而且随着案件侦查工作的进展,执行拘留时通知被拘留人家属可能会有碍侦查的情况已经消除,如同案犯已被抓获、重要证据已经查获等。如果随着情况的变化,通知被拘留人家属不再妨碍侦查工作的,自然应当立即通知。虽然原来的刑事诉讼法对此未作明确规定，但本身就有这一精神，司法实践中有关部门对此也有规定。2012 年修改的刑事诉讼法，根据各方面意见对此作了明确规定。

第八十六条　公安机关对被拘留的人，应当在拘留后的二十四小时以内进行讯问。在发现不应当拘留的时候，必须立即释放，发给释放证明。

【修改提示】

本条是 1979 年刑事诉讼法的规定，1996 年未作修改，2012 年作过修改，2018 年修改刑事诉讼法未作修改。

【背景解读】

公安机关在紧急情况下对犯罪嫌疑人采取拘留措施，其目的在于及时控制犯罪嫌疑人，防止现行犯或重大嫌疑分子逃避侦查和审判，并有利于收集证据，保证诉讼的顺利进行。但是考虑到拘留是剥夺人身自由的强制措施，如果适用不当，就会严重侵犯当事人的合法权利，必须慎重适用。1996 年刑事诉讼法中“对需要逮捕而证据还不充足的，可以取保候审或者监视居住”的规定，在实践中易被理解为只有犯罪的证据充足的，才能予以逮捕，这也与逮捕条件中“有证据证明有犯罪事实”在表述上有冲突。为避免理解错误，2012 年 3 月 14 日第十一届全国人民代表大会第五次会议通过的《关于修改〈中华人民共和国刑事诉讼法〉的决定》对本条作了修改，删去了“对需要逮捕而证据还不充足的，可以取保候审或者监视居住”的规定。本条规定既考虑到了司法机关与犯罪作斗争的需要，又考虑到了维护公民的合法权益。

【理解与适用】

本条是关于公安机关对被拘留的人应当及时讯问的规定。

根据本条规定，公安机关对被拘留的人，应当在拘留后的二十四小时以内进行讯问。这样规定，主要是为了使公安机关及时发现对嫌疑人采取的强制措施是否正确，发现错误及时纠正，同时也有利于迅速查明已掌握的证据是否确实可靠，以便不失时机地展开进一步的侦查工作。“在发现不应当拘留的时候，必须立即释放”，即一旦发现错误拘留人时，应立即放人，并发给释放证明。

第八十七条　公安机关要求逮捕犯罪嫌疑人的时候，应当写出提请批准逮捕书，连同案卷材料、证据，一并移送同级人民检察院审查批准。必要的时候，人民检察院可以派人参加公安机关对于重大案件的讨论。

【修改提示】

本条是1979年刑事诉讼法的规定,1996年作过修改,2012年、2018年修改刑事诉讼法未作修改。

【背景解读】

逮捕是剥夺犯罪嫌疑人、被告人人身自由的较为严重的强制措施,必须慎重适用。宪法及刑事诉讼法规定的人民法院、人民检察院、公安机关分工负责、互相配合、互相制约的原则,是正确、谨慎适用逮捕措施的重要保障。根据这一原则的要求,一方面公安机关要根据提请、决定和执行相分离的基本要求,在认为需要逮捕犯罪嫌疑人的时候,提请人民检察院作出决定,而不是自己决定。另一方面公安机关也要向人民检察院提供审查批准逮捕所需要的事实、证据和相关材料。为了保障检察机关能够深入了解案情,客观、全面地行使审查批准逮捕的权力,刑事诉讼法作出上述规定。

【理解与适用】

本条是关于公安机关提请批准逮捕的程序及人民检察院派人参加公安机关重大案件讨论的规定。

根据本条规定,公安机关在侦查过程中需要逮捕犯罪嫌疑人时,不能自行决定,而应当制作提请批准逮捕书,连同案卷材料、证据,一并移送人民检察院审查批准。“提请批准逮捕书”应当写明犯罪嫌疑人的姓名、年龄、职业、家庭住址等基本情况、案由、犯罪事实、逮捕的理由以及法律依据等。提请批准逮捕书应盖有提请批捕的公安机关公章。“案卷材料、证据”是指用以证明本案事实的报案、控告、举报材料、调查材料、鉴定材料及其他证据材料,如犯罪嫌疑人已被拘留的,应附有拘留证。这些材料的目的,是为了使检察机关能够客观全面地判断犯罪嫌疑人是否符合逮捕条件。人民检察院根据本条的规定,在必要的时候可以派人参加公安机关对于重大案件的讨论。“必要的时候”,主要是指以下情况:一是为了从重从快地打击犯罪,震慑犯罪分子,人民检察院需要尽快了解案情,迅速批捕;二是案情重大复杂,或者意见分歧较大,人民检察院派人参加公安机关对重大案件的讨论,以审查批捕对证据的要求的角度提出检察机关对案件的意见,有助于意见的统一,以保证批捕工作的顺利进行,同时也有利于公安机关对一些遗漏的证据作进一步的补充收集,以保证侦查工作扎实可靠。人民检察院参加重大案件讨论,是制约和配合的体现。人民检察院收到提请批准逮捕书后,可以主动派人参加讨论,公安机关认为需要人民检察院派员参加重大案件讨论的,也应当及时通知人民检察院，人民检察院接到通知后，应当及时派员参加。参加的检察人员在充分了解案情的基础上，应当对侦查活动提出意见和建议。

第八十八条　人民检察院审查批准逮捕，可以讯问犯罪嫌疑人；有下列情形之一的，应当讯问犯罪嫌疑人：

（一）对是否符合逮捕条件有疑问的；

（二）犯罪嫌疑人要求向检察人员当面陈述的；

（三）侦查活动可能有重大违法行为的。

人民检察院审查批准逮捕，可以询问证人等诉讼参与人，听取辩护律师的意见；辩护律师提出要求的，应当听取辩护律师的意见。

【修改提示】

本条是2012年修改刑事诉讼法时增加的规定，2018年修改刑事诉讼法未作修改。

【背景解读】

逮捕是最为严厉的强制措施。正确、及时地使用逮捕措施，可以发挥其打击犯罪、维护社会秩序的重要作用，有效防止犯罪嫌疑人或者被告人毁灭、伪造证据，干扰证人作证、串供，自杀、逃跑，实施新的犯罪行为等，有助于全面收集证据，查明案情，保证刑事诉讼活动的顺利进行。但如果使用不当，则会严重侵犯公民人身权利，损害司法机关威信。为了保证逮捕措施的正确适用，防止“错捕”“滥捕”，刑事诉讼法根据分工负责，互相配合，互相制约的原则，将逮捕的决定权和执行权分离，规定公安机关认为有必要对犯罪嫌疑人采取逮捕措施的，应提请人民检察院审查批准，以加强检察机关的监督。但是1996年刑事诉讼法对检察机关审查批准逮捕的程序没有作具体的规定，司法实践中检察机关审查批准逮捕时，主要是根据公安机关在提请审查批准逮捕时移送的提请批准逮捕书、案卷材料和相关证据，进行书面审查。这种以书面审查为主的做法，难以保证审查批准逮捕工作的质量。另外，由于1996年刑事诉讼法对逮捕的条件和程序都规定得比较原则，实践中一些司法机关对于是否应当逮捕的标准把握不一致，往往存在不同认识，影响案件的办理。1996年修改刑事诉讼法时，适当放宽了逮捕的条件，将1979年刑事诉讼法规定的“主要犯罪事实已经查清”修改为“对有证据证明有犯罪事实”，但对人民检察院审查批准逮捕的具体程序未作细致的规定。2012年以前，一些地方在审查批准逮捕工作中，逐渐推行直接讯问犯罪嫌疑人，核实案情，澄清证据疑点。2010年8月，最高人民检察院、公安部制定了《关于审查逮捕阶段讯问犯罪嫌疑人的规定》，对人民检察院审查逮捕阶段讯问犯罪嫌疑人工作作出了专门规定。实践证明，这种做法不仅有利于保护犯罪嫌疑人的合法权益，也有利于司法机关在逮捕标准的把握上统一认识，准确把握逮捕的条件。2012 年刑事诉讼法修改时，为进一步规范审查批准逮捕工作，根据各方面意见，总结实践经验，增加了关于人民检察院审查批准逮捕时讯问犯罪嫌疑人的规定；同时，还对询问证人等诉讼参与人、听取辩护律师意见作出规定。这些规定，增强了审查批准逮捕程序的操作性。所谓"兼听则明"，当面听取各方面意见，对于办理审查批准逮捕案件的人员全面地审查、判断、核实证据，准确作出是否批准逮捕的决定具有重要作用。

【理解与适用】

本条是关于人民检察院审查批准逮捕程序的规定。

本条分为两款。第一款是关于审查批准逮捕时需要讯问犯罪嫌疑人的情形的规定。根据本款规定，人民检察院在审查批准逮捕时，是否需要讯问犯罪嫌疑人，分为两种情况。一种是"可以"讯问犯罪嫌疑人。对此，法律未具体限定情形，是否讯问应当由人民检察院承办案件的人员根据案件情况和需要决定。如果认为移送的案卷材料所反映的事实情况比较清楚，相关证据材料也比较充分，能够直接作出是否批准的决定，不需要当面讯问犯罪嫌疑人的，则可以不讯问犯罪嫌疑人。另一种是"应当"讯问犯罪嫌疑人。即如果有法律明确列举的三种情形中的任何一种情形的，人民检察院在审查批准逮捕时就必须讯问犯罪嫌疑人。一是审查批准逮捕的人民检察院对犯罪嫌疑人是否符合逮捕条件存有疑问。根据刑事诉讼法的规定，逮捕是对有证据证明有犯罪事实，可能判处徒刑以上刑罚，采取取保候审尚不足以防止发生法律规定的社会危险性的犯罪嫌疑人、被告人采取的强制措施。根据上述规定，批准逮捕需要具备证据、可能判处的刑罚、社会危险性三个方面的条件。因此，这里的对犯罪嫌疑人是否符合逮捕条件存有疑问，是指只要对三个方面任一条件是否具备存有疑问。所谓"存有疑问"，是指承办案件的检察机关工作人员主观上不能够确定犯罪嫌疑人、被告人是否符合逮捕条件的心理状态。即只要承办人认为逮捕条件的任一方面有疑点，就应当通过讯问犯罪嫌疑人，以消除相应疑点。二是犯罪嫌疑人要求向检察人员当面陈述的。即只要被提请审查批准逮捕的犯罪嫌疑人提出向检察人员当面陈述的请求，检察人员就应当讯问，而不能以任何理由拒绝。犯罪嫌疑人向检察人员当面陈述，可以是关于所涉嫌犯罪事实的辩护，如犯罪行为并非自己所为，侦查机关据以提请批准逮捕的证据不足等，也可以是陈述自己符合取保候审、监视居住的条件，不应采取逮捕措施，如患有严重疾病、生活不能自理，怀孕或者正在哺乳自己的婴儿，等等。三是侦查活动可能有重大违法行为的。人民检察院是国家的法律监督机关，依法对刑事诉讼活动实行法律监督，负有监督侦查活动依法进行，保障犯罪嫌疑人、被告人依法享有的辩护权和其他诉讼权利的职责。因此，如果承办审查批准逮捕案件的人民检察院发现提请批准逮捕的侦查机关的侦查活动可能有重大违法行为的，就应当讯问犯罪嫌疑人，以了解相关情况，纠正违法行为，保障犯罪嫌疑人合法权益。需要说明的是，根据本条规定，只要发现侦查活动“可能”有重大违法，就应当讯问犯罪嫌疑人，而不是只有具备相当确实的证据才应当讯问。“重大违法行为”是指严重违反法律规定，或者违法行为涉及犯罪嫌疑人重大权益等情形。如可能存在对犯罪嫌疑人进行刑讯逼供，对证人引诱、威胁、唆使作伪证等情况，侦查人员应当回避而没有回避等。

第二款是关于人民检察院审查批准逮捕，询问证人等诉讼参与人、听取辩护律师意见的规定。根据本款规定，人民检察院审查批准逮捕，可以询问证人等诉讼参与人，听取辩护律师意见。辩护律师要求人民检察院听取辩护意见的，人民检察院应当听取。人民检察院审查批准逮捕工作，就是审核该案犯罪嫌疑人是否符合法定逮捕条件，而这些条件是否具备，往往是通过取得的有关证据表明的。证人证言、被害人陈述都是重要的言词证据，从这类证据的特点看，其准确性、真实性、稳定性受到证人感知、记忆和表述能力的影响比较大，当面询问证人、被害人与只是审查其书面证词相比，更有利于检察人员准确判断证据的真实性。此外，当面询问其他诉讼参与人，对于全面了解案件事实和犯罪嫌疑人的情况，正确作出批准逮捕与否的决定，也都有积极意义。审查批准逮捕时询问相关诉讼参与人，其中最具重要意义的是听取辩护律师的意见。因此，本条对人民检察院审查批准逮捕听取律师意见作了特别强调。一是只要认为有必要，人民检察院就可以听取辩护律师的意见。二是只要辩护律师提出要求，人民检察院就必须听取其意见。律师作为专门提供法律服务的执业人员，基于自己了解到的案件事实和有关证据，根据刑法、刑事诉讼法等有关法律规定，提出自己对犯罪嫌疑人是否符合逮捕条件的意见，对于审查批准逮捕的检察人员正确作出逮捕与否的决定，防止错捕，具有重要的参考价值。这样规定，在规范审查批准逮捕程序的同时，也强化了辩护律师的权利，有利于充分发挥律师在侦查阶段的作用，有利于保护犯罪嫌疑人的合法权益。

第八十九条　人民检察院审查批准逮捕犯罪嫌疑人由检察长决定。重大案件应当提交检察委员会讨论决定。

【修改提示】

本条是1979年刑事诉讼法的规定，1996年作过修改，2012年、2018年修改刑事诉讼法未作修改。

【背景解读】

根据人民检察院组织法的规定，检察长统一领导检察院的工作。各级人民检察院设立检察委员会。检察委员会实行民主集中制，在检察长的主持下，讨论决定重大、疑难、复杂案件和其他重大问题。审查批准逮捕由检察长作出决定，是法律赋予检察长的职权。同时，由检察委员会对重大案件的审查批准逮捕作出决定，也是发挥民主集中制的重要体现，是正确、谨慎使用逮捕的重要保障。

【理解与适用】

本条是关于人民检察院审查批准逮捕的决定权限的规定。

根据本条规定，人民检察院审查批准逮捕犯罪嫌疑人，由办案人员对公安机关提请批准逮捕的有关材料进行认真审查。办案人员要审查犯罪嫌疑人有无不应逮捕的情况，法律手续是否完备等；根据本法第八十八条的规定讯问犯罪嫌疑人，听取辩护律师的意见；必要的时候，可以报请检察长批准后参加公安机关对重大案件的讨论。然后，综合审查情况，对犯罪嫌疑人是否符合逮捕条件，是否批准逮捕提出初步意见，报检察长决定。“重大案件应当提交检察委员会讨论决定”，本条规定的“重大案件”，主要是指涉外案件、案情重大复杂或者争议较大的案件、犯罪嫌疑人是知名人士或者有较大影响的案件，等等。根据人民检察院组织法规定，检察委员会讨论重大案件，应当在检察长或者检察长委托的副检察长的主持下进行。

第九十条　人民检察院对于公安机关提请批准逮捕的案件进行审查后，应当根据情况分别作出批准逮捕或者不批准逮捕的决定。对于批准逮捕的决定，公安机关应当立即执行，并且将执行情况及时通知人民检察院。对于不批准逮捕的，人民检察院应当说明理由，需要补充侦查的，应当同时通知公安机关。

【修改提示】

本条是1979年刑事诉讼法的规定，1996年作过修改，2012年、2018年修改刑事诉讼法未作修改。

【背景解读】

逮捕犯罪嫌疑人涉及剥夺公民的人身自由，也关乎刑事诉讼活动能否顺利进行，是一项十分严肃的工作，公安机关接到检察院批准逮捕决定后，必须毫不拖延地采取行动，迅速、准确地将犯罪嫌疑人抓获。1979年刑事诉讼法第四十七条规定:“人民检察院对于公安机关提请批准逮捕的案件进行审查后,应当根据情况分别作出批准逮捕,不批准逮捕或者补充侦查的决定。”但对作出决定后如何执行没有具体规定。为此,在1996年修改刑事诉讼法时,对人民检察院作出批准逮捕决定或者不批准逮捕的决定后如何执行作了进一步规定。这样规定,既有利于迅速执行逮捕措施,保障准确、及时打击犯罪,又加强了公安、检察机关的相互监督和制约,保证法律的严格执行。

【理解与适用】

本条是关于人民检察院审查批准逮捕作出相关决定及如何执行的规定。

本条有三层意思:第一,人民检察院对公安机关提请批准逮捕的案件进行审查后,应当根据情况分别作出批准逮捕或者不批准逮捕两种决定。对于符合本法第八十一条规定的逮捕条件的,应当依法作出批准逮捕的决定,制作批准逮捕书;对于不符合本法第八十一条规定的逮捕条件或者具有本法第十六条规定的不追究刑事责任的情形之一的,应当作出不批准逮捕的决定,制作不批准逮捕书。另外,人民检察院办理审查逮捕案件,发现应当逮捕而公安机关未提请批准逮捕的犯罪嫌疑人的,也应当建议公安机关提请批准逮捕。公安机关认为建议正确的,应当立即提请批准逮捕;认为建议不正确的,应当将不提请批准逮捕的理由通知人民检察院。

第二,对于人民检察院批准逮捕的决定,公安机关应当立即执行。为防止司法实践中有些公安机关在接到人民检察院的逮捕决定书以后,不及时执行,致使犯罪嫌疑人不能及时归案,本条规定,对于人民检察院批准逮捕的决定,“公安机关应当立即执行,并且将执行情况及时通知人民检察院”,以加强检察机关的法律监督。这一规定,在实践中对及时采取逮捕措施,保障诉讼顺利进行发挥了重要作用。对于人民检察院的批准逮捕决定,公安机关在执行以后,应当将执行回执及时送达作出批准逮捕的人民检察院。如果未能执行,也应当将回执送达人民检察院,并写明未能执行的原因。

第三,人民检察院对于不批准逮捕的决定,应当向公安机关说明不批准的理由。对于人民检察院不批准逮捕的决定,公安机关在收到不批准逮捕决定书后,应当立即释放在押的犯罪嫌疑人或者变更强制措施,并将执行回执按照规定送达作出不批准逮捕决定的人民检察院。对于证据不足,需要补充侦查的,人民检察院应当在作出不批准逮捕决定的同时,通知提请批准逮捕的公安机关补充侦查,并附补充侦查提纲,列明需要查清的事实和需要收集、核实的证据。对人民检察院补充侦查提纲中所列的事项,公安机关应当及时进行侦查、核实,并逐一作出说明。公安机关补充侦查完毕,认为符合逮捕条件的,可以重新提请批准逮捕,但不能未经侦查和说明,以相同材料再次提请批准逮捕。

应当注意的是，人民检察院对公安机关报请批准逮捕的案件，在审查批捕中如果认为报请批准逮捕的证据存有疑问的，可以复核有关证据，讯问犯罪嫌疑人、询问证人，以保证批捕案件的质量，防止错捕或漏捕，但不另行侦查。

第九十一条　公安机关对被拘留的人，认为需要逮捕的，应当在拘留后的三日以内，提请人民检察院审查批准。在特殊情况下，提请审查批准的时间可以延长一日至四日。

对于流窜作案、多次作案、结伙作案的重大嫌疑分子，提请审查批准的时间可以延长至三十日。

人民检察院应当自接到公安机关提请批准逮捕书后的七日以内，作出批准逮捕或者不批准逮捕的决定。人民检察院不批准逮捕的，公安机关应当在接到通知后立即释放，并且将执行情况及时通知人民检察院。对于需要继续侦查，并且符合取保候审、监视居住条件的，依法取保候审或者监视居住。

【修改提示】

本条是1979年刑事诉讼法的规定，1996年作过修改，2012年、2018年修改刑事诉讼法未作修改。

【背景解读】

1979年刑事诉讼法第四十八条规定，公安机关对被拘留的人，认为需要逮捕的，应当在拘留后的三日以内，提请人民检察院审查批准。在特殊情况下，提请审查批准的时间可以延长一日至四日。人民检察院应当在接到公安机关提请批准逮捕的决定书后的三日以内，作出批准逮捕或不批准逮捕的决定。1996年修改刑事诉讼法，在取消收容审查措施的同时，考虑到刑事诉讼法规定中的拘留后提请批准逮捕和审查批准逮捕的时限过短，而且逮捕条件规定较严格，对有些较为复杂的案件，公安机关难以在法定期限内提请批准逮捕的情况，为解决实践中的困难，对1979年刑事诉讼法第四十八条作了修改，区别不同情况，对拘留后提请批准逮捕的时限作了调整。

【理解与适用】

本条是关于拘留后提请批准逮捕和审查批准逮捕的期限以及对不批准逮捕决定的执行的规定。

本条分为三款。第一款是关于公安机关提请批准逮捕时限的规定。公安机关对于已经被拘留的现行犯和重大嫌疑分子，经过审查和进一步侦查后，认为有逮捕必要的，应当在拘留后的三日以内，写出提请批准逮捕书，连同案卷材料、证据，一并移送同级人民检察院提请审查批准。这个时限在一般情况下是必须遵守的。考虑到有些案件重大、复杂，在三日以内难以对是否需要提请批准逮捕作出决定或者对案情争议较大等“特殊情况”，法律允许公安机关将提请人民检察院审查批准的时限再延长一日至四日。

第二款是对几种特殊犯罪嫌疑人的提请批捕时限的规定。在刑事犯罪案件中，流窜作案、多次作案、结伙作案案件占有一定的比例，这些案件有涉及地区广、调查取证量多、取证难度大等特点。对于流窜作案、多次作案、结伙作案的重大嫌疑分子，要在七日以内作出是否需要提请批准逮捕的决定显然时间太仓促，甚至连完成最基本的取证和讯问工作都不够。为了适应实际工作的需要，本款规定对这几种特殊嫌疑分子的提请审查批准时间可以延长至拘留后的三十日。在实践中，对于流窜作案、多次作案、结伙作案的犯罪嫌疑人，也要尽量在七日内提请批准逮捕。在七日内提请批准逮捕确实时间不够，可以根据情况适当延长，但提请批准逮捕的证据、材料齐备，就应当及时提请批准逮捕，不一定都要延长至三十日。

第三款是对人民检察院审查批准时限的规定，人民检察院自接到公安机关提请批准逮捕书后，应当立即对案卷和证据材料进行审查，并在七日以内作出决定。对于符合本法第八十一条规定的逮捕条件的，应当作出批准逮捕的决定。对于不符合逮捕条件的，应当作出不批准逮捕的决定。公安机关接到批准逮捕的决定后，应当立即执行。人民检察院不批准逮捕的决定，公安机关无论同意与否，应当立即将在押的人释放，并且将执行情况及时通知人民检察院，这既有利于保护公民的合法权益，也有利于检察机关进行监督。对于还需要继续侦查，且符合取保候审、监视居住条件的，可依法取保候审或者监视居住。

第九十二条　公安机关对人民检察院不批准逮捕的决定，认为有错误的时候，可以要求复议，但是必须将被拘留的人立即释放。如果意见不被接受，可以向上一级人民检察院提请复核。上级人民检察院应当立即复核，作出是否变更的决定，通知下级人民检察院和公安机关执行。

【修改提示】

本条是1979年刑事诉讼法的规定，1996年、2012年、2018年修改刑事诉讼法未作修改。

【背景解读】

根据分工负责、互相配合、互相制约的原则，刑事诉讼法规定逮捕的决定权和执行权分别由人民检察院和公安机关行使，有利于人民检察院和公安机关互相监督，特别是制约公安机关随意使用逮捕措施，剥夺公民人身自由。公安机关对于检察机关批准或者不批准逮捕的决定都要执行，也体现了公安机关和人民检察院工作的配合。但对于人民检察院不批准逮捕的决定，规定公安机关在认为有错误的时候，可以要求复议、复核，既可以保证逮捕的正确及时执行，也使公安、检察两机关在提请、批准和执行逮捕工作中的相互监督相互制约的机制更为明确完善。

【理解与适用】

本条是关于公安机关对人民检察院不批准逮捕的决定要求复议、复核的规定。

根据本条规定，公安机关收到人民检察院不批准逮捕的决定以后，如果认为有错误，可以要求人民检察院复议。人民检察院经过复议，采纳了公安机关的意见，作出批准逮捕决定的，公安机关应当立即执行。如果公安机关要求复议的意见不被接受，也就是同级人民检察院维持了不批准逮捕的决定的，公安机关可以向上一级人民检察院提请复核。上一级人民检察院应当作出是否变更的决定，通知下级人民检察院和公安机关执行。这里应当注意的是，本法第九十一条已经规定，人民检察院不批准逮捕的，公安机关应当在接到通知后立即释放，并将执行情况及时通知人民检察院。对于需要继续侦查，并且符合取保候审、监视居住条件的，依法取保候审、监视居住。因此，检察机关作出不批准逮捕的决定，公安机关不能有异议提出了复议或者复核就不执行，或者拖延到复议或者复核完成才执行。在提请复议的时候，应当先将犯罪嫌疑人释放或者变更为其他强制措施。为防止拖延的时间过长，本条又规定，上一级人民检察院应当立即复核，并决定是维持原不批准逮捕决定，还是将原不批准逮捕的决定改变为批准逮捕的决定，并通知下级人民检察院和公安机关。下级人民检察院和公安机关对于上一级人民检察院的复核决定，不论是否有意见都应当执行。这一规定体现了公安机关和人民检察院之间分工负责、相互配合、相互制约的原则，有利于维护公民的合法权益、正确处理案件，有效地打击犯罪。

第九十三条　公安机关逮捕人的时候，必须出示逮捕证。

逮捕后，应当立即将被逮捕人送看守所羁押。除无法通知的以外，应当在逮捕后二十四小时以内，通知被逮捕人的家属。

【修改提示】

本条是1979年刑事诉讼法的规定，1996年未作修改，2012年作过修改，2018年修改刑事诉讼法未作修改。

【背景解读】

2012年3月14日第十一届全国人民代表大会第五次会议通过的《关于修改〈中华人民共和国刑事诉讼法〉的决定》对本条第二款作了两处主要修改：一是增加规定逮捕后应当立即将被逮捕人送看守所羁押。二是取消了原来关于如果通知有碍侦查，可以不通知被逮捕人家属的规定，即除无法通知的以外，采取逮捕措施的，一律应当通知被逮捕人家属。上述两处修改是2012年刑事诉讼法修改尊重和保障人权的重要体现，对规范逮捕执行程序，加强监督制约，遏制和防止刑讯逼供行为，保护犯罪嫌疑人、被告人合法权益具有非常重要的意义。

【理解与适用】

本条是关于逮捕执行程序的规定。

本条分为两款。第一款是对公安机关逮捕人必须出示逮捕证的规定。逮捕作为剥夺人身自由的严厉的强制措施，在适用时必须要有一定的法律手续凭证，这就是公安机关在接到人民检察院的批准逮捕决定书、决定逮捕通知书或者人民法院的逮捕决定书以后，由县以上公安机关负责人签发的逮捕证。公安机关在执行逮捕时，一是必须要有逮捕证。二是必须向被逮捕人出示逮捕证。出示逮捕证以表明公安机关工作人员正在依法执行逮捕任务，这样既有利于对其监督，也有利于各有关方面包括被逮捕的人及其亲友、所在单位等配合公安机关工作。对于经出示逮捕证后，不配合甚至抗拒逮捕的人，执行逮捕的人员可以依照有关规定采取适当的强制方法，必要时可使用戒具。

第二款是执行逮捕后将被逮捕人送看守所羁押并通知其家属的规定。根据本款规定，逮捕后应当立即将被逮捕人送看守所羁押。除无法通知的以外，应当在逮捕后二十四小时以内通知被逮捕人的家属。2012年刑事诉讼法修改时增加规定逮捕后立即送看守所羁押，其理由同增加规定拘留后应当立即送看守所羁押一样，主要是考虑到看守所作为专门的羁押场所，看押、提讯设施、安全警戒、监所监督人员等都是按照有关规定建设和配备的，有条件保证被逮捕人人身安全，防止脱逃，保障讯问等工作依法顺利进行，不仅有利于防止发生被逮捕人逃跑、自杀、突发疾病死亡等情况，而且能有效防止对被逮捕人刑讯逼供的情况发生。与拘留不同的是，拘留后送看守所的时限为二十四小时以内，逮捕后则必须毫不迟延地立即送往看守所羁押。这样规定的主要考虑是,拘留是较逮捕更具紧迫性的强制措施,有时需要在被拘留的人协助下立即开展收集证据、抓获同案犯等侦查活动,而采取逮捕措施的,事先已经掌握了必要的证据,并经人民检察院批准、决定或人民法院决定,一般不具有先行拘留的那种紧迫性,而且实践中多数被逮捕的犯罪嫌疑人,在被批准逮捕之前已经被先行采取了拘留措施,羁押在了看守所,没有必要再规定较长的时限。

关于逮捕后通知家属,2012 年刑事诉讼法作了重要修改,取消了有碍侦查的可以不通知家属的情形。即除无法通知的外,一律应当通知家属。"无法通知"主要指被逮捕人家属地址不明,或者被逮捕人无家属的等。取消有碍侦查可以不通知的主要考虑是:从权利保护角度而言,对公民采取限制人身自由措施原则上应当通知其家属,让其家属及时了解情况,便于家属根据情况为其聘请律师或者提供其他帮助,以依法维护其合法权益。从侦查工作的角度考虑,逮捕与拘留不同,司法实践中侦查机关提请批准逮捕时,刑事案件一般已经经过了一段时间的侦查,犯罪嫌疑人往往已经被拘留一定时间,相当部分的侦查工作已经完成,一律通知其家属,一般也不会发生妨碍侦查的情况。

第九十四条 人民法院、人民检察院对于各自决定逮捕的人,公安机关对于经人民检察院批准逮捕的人,都必须在逮捕后的二十四小时以内进行讯问。在发现不应当逮捕的时候,必须立即释放,发给释放证明。

【修改提示】

本条是 1979 年刑事诉讼法的规定,1996 年、2012 年、2018 年修改刑事诉讼法未作修改。

【背景解读】

对一些罪行较为严重,采取取保候审措施不足以防止发生社会危险性的犯罪嫌疑人、被告人采取逮捕措施,不仅可以防止犯罪嫌疑人、被告人逃避侦查和审判,保障诉讼的顺利进行,也可以防止其继续进行危害社会的活动。但是,对强制措施特别是逮捕的适用,一方面,要考虑到逮捕作为最严厉的刑事强制措施,一个人被宣布逮捕后,不仅导致人身自由的丧失,也可能会带来其他一系列后果,应当本着慎重的原则,防止对无辜的人错误的适用逮捕措施,尽量避免对没有必要采取逮捕措施的犯罪嫌疑人、被告人适用逮捕措施。另一方面,公安司法机关也要充分认识到逮捕后及时讯问犯罪嫌疑人、被告人对获取、收集新证据,保障侦查、起诉和审判顺利进行的意义。为此,刑事诉讼法规定了讯问被逮捕的犯罪嫌疑人、被告人的时间。该规定是我国刑事诉讼法保证准确、及时查明犯罪事实,正确应用法律，惩罚犯罪分子，保障无罪的人不受刑事追究的任务的要求。另外，本条还规定逮捕后发现不应当逮捕的，必须立即释放。考虑到逮捕已经对被逮捕人的实际生活造成了一些影响，为了消除其影响，也为了便于当事人重新办理工作、学习等方面的事务，对于被释放的犯罪嫌疑人，要发给释放证明，作为其不应逮捕的依据。

【理解与适用】

本条是关于对被逮捕的犯罪嫌疑人、被告人应当及时讯问的规定。

根据本条规定，人民法院、人民检察院对于各自决定逮捕的人，公安机关对于经人民检察院批准逮捕的人，都必须在逮捕后的二十四小时以内进行讯问，其目的是通过讯问，及时查明对犯罪嫌疑人所采取的逮捕措施是否正确，逮捕所依据的证据是否可靠，发现错捕的及时纠正。在发现不应当逮捕的时候，必须立即释放，并发给释放证明。所谓"不应当逮捕"，主要是指逮捕所依据的事实经查明并不存在，被逮捕人无社会危险性，没有逮捕必要等情况。

第九十五条　犯罪嫌疑人、被告人被逮捕后，人民检察院仍应当对羁押的必要性进行审查。对不需要继续羁押的，应当建议予以释放或者变更强制措施。有关机关应当在十日以内将处理情况通知人民检察院。

【修改提示】

本条是2012年修改刑事诉讼法时增加的规定，2018年修改刑事诉讼法未作修改。

【背景解读】

逮捕是刑事诉讼法规定的强制措施中最为严厉的一种措施，且逮捕后羁押的时限比较长，如果采取逮捕措施不当，会给当事人造成难以弥补的损害。因此，刑事诉讼法对逮捕的条件作了严格的规定。另外，从刑事诉讼法设置强制措施的目的看，主要是为了保证诉讼活动的顺利进行。如果采用对当事人损害更小的强制措施，同样可以保证诉讼活动正常进行，自然以不逮捕为妥。这种严格限制、尽量少用逮捕措施的精神，不仅应当体现在审查批准逮捕或者决定逮捕时严格把关上，在逮捕以后，如果情况发生变化，羁押的必要性不复存在时，还应当及时变更强制措施。增加本条规定，体现了国家对公民人身权利的切实保护，也强化了人民检察院对逮捕活动执行的监督。

【理解与适用】

本条是关于犯罪嫌疑人、被告人被逮捕后，人民检察院应当继续对羁押的必要性进行审查的规定。

本条规定有三层意思。第一，在犯罪嫌疑人、被告人被逮捕以后，人民检察院仍然应当对羁押的必要性进行审查。逮捕是为了保证刑事诉讼活动正常进行，在确有必要的情况下采取的强制措施。审查决定是否逮捕的重要内容之一，就是逮捕的必要性。作为逮捕条件的证据条件、罪行条件、社会危险性条件，无一不与逮捕的必要性相关。而这几方面的条件都可能随着诉讼活动的进展发生变化，进而影响到继续羁押的必要性发生变化。如审查批准逮捕时据以证明有犯罪事实的重要证据，随着侦查工作的深入，被新的证据所否定；立案时认定的犯罪数额，经过进一步调查核实，大为缩小，影响到对可能判处刑罚的估计；实施新的犯罪、干扰证人作证或者串供的可能性已被排除的，等等。因此，规定逮捕以后继续进行羁押必要性审查是很有必要的，是刑事诉讼法尊重和保障人权的重要体现。

第二，人民检察院在对羁押必要性审查后，如果认为不需要继续羁押的，应当建议予以释放或者变更强制措施。规定由检察机关对逮捕的必要性继续进行审查，是为了加强检察机关对逮捕这种限制人身自由的强制措施的监督。因此，人民检察院依法对逮捕必要性进行审查后，如果认为不需要继续羁押的，必须作出相应的处理，提出监督意见。按照法律的规定，人民检察院提出监督意见的方式是“建议予以释放或者变更强制措施”。规定为“建议”而非强制性要求，主要是从监督角度考虑的。人民检察院在审查中发现被羁押人没有必要继续羁押的，提出建议，由有关机关就羁押必要性进行全面审查，既考虑了监督的性质、特点，不代替其他有关机关作决定，又体现了对于解除、变更羁押措施的慎重。

第三，对人民检察院提出的予以释放或者变更强制措施的建议，有关机关应当在十日以内将处理结果通知人民检察院。虽然按照法律规定，对不需要继续羁押的，人民检察院只是提出“建议”而非强制性的要求或者命令。但人民检察院依法提出建议，是基于对逮捕措施的法律监督，提出的具有法律效力的监督意见，其他机关必须本着认真负责的态度，对建议的要求及所根据的事实、证据等进行研究和考虑，从而全面就羁押必要性进行审查，及时作出正确决定。不能因为属于“建议”就以“可听可不听”的态度对待。为了加强检察机关建议的效力，本条明确规定，检察机关提出建议后，有关机关应当将处理结果通知人民检察院，并将通知的时限明确限定为十日以内。有关机关未采纳检察机关的建议的，必须说明理由和根据。

第九十六条　人民法院、人民检察院和公安机关如果发现对犯罪嫌疑人、被告人采取强制措施不当的，应当及时撤销或者变更。公安机关释放被逮捕的人或者变更逮捕措施的，应当通知原批准的人民检察院。

【修改提示】

本条是1996年修改刑事诉讼法时增加的规定，2012年、2018年修改刑事诉讼法未作修改。

【背景解读】

强制措施涉及限制或者剥夺当事人的人身自由，因此，适用强制措施应当严格按照刑事诉讼法所规定的条件和程序。对于采取强制措施不当的，应当及时撤销或者变更。但在实践中，有些办案人员工作方法简单，不论犯罪嫌疑人、被告人所涉嫌的罪行严重与否，本人有无社会危险性，习惯于采取拘留、逮捕措施，剥夺人身自由，以此作为侦查工作的主要手段；有些办案人员对不符合取保候审、监视居住条件的犯罪嫌疑人、被告人采取取保候审、监视居住。也有些办案机关，对于原先采取拘留、逮捕等强制措施，后因情况变化，可以不需要继续对当事人采取强制措施或者应当变更强制措施的，不予解除或者变更。这些情况，不仅侵犯了当事人的合法权益，也会影响正常的刑事诉讼活动的公正和效率，不利于化解社会矛盾，维护社会和谐稳定。为了及时发现并纠正上述不正确做法，刑事诉讼法作了本条规定。

【理解与适用】

本条是关于撤销或者变更强制措施的规定。

本条有两层意思。第一，司法机关如果发现对犯罪嫌疑人、被告人采取强制措施不当，应当及时撤销或者变更。这里的"强制措施"既包括取保候审、监视居住，也包括拘留和逮捕。所谓"不当"，主要是指对犯罪嫌疑人、被告人采取了不适当的强制措施或者对不应当采取强制措施的采取了强制措施。如对应当采取取保候审、监视居住的犯罪嫌疑人、被告人进行拘留、逮捕，或者对有社会危险性符合逮捕条件的犯罪嫌疑人、被告人却采取了取保候审，或者对不应当追究刑事责任的人采取了强制措施等。"发现对犯罪嫌疑人、被告人采取强制措施不当"既包括在办理案件过程中随时发现的，也包括人民检察院进行羁押必要性审查时发现的，还有一些是由于案件情况变化当前强制措施已经不适当的。无论是发现自己采取措施不当的，还是根据其他机关提出的意见审查发现确实不当的，人民法院、人民检察院和公安机关都应当及时纠正。纠正的方法有撤销或者变更两种。“撤销”是指公检法机关对自己作出的采取强制措施的决定予以撤销，不再对犯罪嫌疑人、被告人采取强制措施。“变更”是指根据案件情况，采取更为适宜的其他强制措施，比如，对逮捕的犯罪嫌疑人采取取保候审、监视居住等替代性的措施。

第二，公安机关释放被逮捕的人或者变更逮捕措施，应当通知原批准的人民检察院。根据法律规定，公安机关认为犯罪嫌疑人符合逮捕条件的，应当提请由人民检察院审查批准，在人民检察院批准后执行。一方面，逮捕作为一项有法律效力的批准决定，它是在认真审查侦查机关提供的证据材料基础上作出的，因而是严肃的，一经作出，公安机关就应当立即执行；但另一方面，公安机关对于经人民检察院批准逮捕的犯罪嫌疑人，在执行逮捕过程中如果发现了不该逮捕的情况，或者因为情况变化，不需要或者不适宜再对犯罪嫌疑人采取逮捕措施的，有权释放被逮捕的人或者变更为其他强制措施，以保护公民的合法权益。但是，公安机关在释放被逮捕的人或者变更逮捕措施以后，应当通知原批准的人民检察院。这样规定，既考虑到了保护公民合法权益的需要，又考虑到了加强检察机关对刑事诉讼活动的监督的要求。

第九十七条　犯罪嫌疑人、被告人及其法定代理人、近亲属或者辩护人有权申请变更强制措施。人民法院、人民检察院和公安机关收到申请后，应当在三日以内作出决定；不同意变更强制措施的，应当告知申请人，并说明不同意的理由。

【修改提示】

本条是1996年修改刑事诉讼法时增加的规定，2012年作过修改，2018年修改刑事诉讼法未作修改。

【背景解读】

2012年3月14日第十一届全国人民代表大会第五次会议通过的《关于修改〈中华人民共和国刑事诉讼法〉的决定》，在1996年刑事诉讼法第五十二条、第九十六条规定的基础上，进一步补充完善后作出本条规定。主要修改之处，一是将有权申请取保候审改为有权申请变更强制措施；二是增加了有关机关对申请的处理程序，对有关机关接到申请如何处理作出明确规定，进一步增强了可操作性，以保障申请人权利的落实。本条规定是刑事诉讼法尊重和保障人权的重要体现。

【理解与适用】

本条是关于犯罪嫌疑人、被告人及其法定代理人、近亲属、辩护人有权申请变更强制措施，以及有关机关对申请的处理程序的规定。

本条规定包含三层意思。第一，犯罪嫌疑人、被告人及其近亲属、辩护人有权向公安机关、检察机关和法院提出变更强制措施的申请，这是法律赋予犯罪嫌疑人、被告人及其近亲属、辩护人的一项权利，有利于对犯罪嫌疑人、被告人权利的保护，是在涉及限制人身自由措施上应当采取审慎态度的立法精神的贯彻落实。根据本条规定，不仅犯罪嫌疑人、被告人本人有权申请变更强制措施，其法定代理人、近亲属和辩护人也有权直接提出变更强制措施的申请。申请变更强制措施，可以是强制措施种类的变更，由强度较大的措施变更为强度较小的措施，如申请将拘留、逮捕变更为监视居住、取保候审，也可以是申请变更强制措施的执行方式，如由指定居所监视居住变更为在犯罪嫌疑人的住处执行监视居住。需要说明的是，虽然法律对提出变更强制措施的申请是否应当附有相应的证据、理由，并未作强制性要求，但从便于有关机关正确作出判断和决定考虑，犯罪嫌疑人、被告人一方在提出变更强制措施的申请时，应当说明自己符合取保候审、监视居住条件，应当予以变更强制措施的理由，有事实和证据的，还可以附上相关材料，以便于有关机关根据其各方面的情况综合评判，作出决定。

第二，人民法院、人民检察院和公安机关收到申请后，应当在三日以内作出决定。这是对人民法院、人民检察院、公安机关收到犯罪嫌疑人、被告人及其法定代理人、近亲属、辩护人关于变更强制措施的申请后的处理时限的规定。根据这一规定，有关机关在收到变更强制措施的申请后，必须在三日内作出决定。当然，作出的决定包括变更强制措施的决定，也包括不予变更强制措施的决定。具体要根据案件和犯罪嫌疑人、被告人的情况确定。

第三，如果人民法院、人民检察院、公安机关不同意变更强制措施的，应当告知申请人，并说明不同意的理由。不同意的理由，主要是指应当对犯罪嫌疑人、被告人继续采取拘留、逮捕、指定居所监视居住等措施的法律依据、原因。如果变更强制措施的申请附有相关事实和证据的，人民法院、人民检察院、公安机关还应当在说明不同意变更强制措施理由的同时，对该相关事实和证据予以回应。

第九十八条　犯罪嫌疑人、被告人被羁押的案件，不能在本法规定的侦查羁押、审查起诉、一审、二审期限内办结的，对犯罪嫌疑人、被告人应当予以释放；需要继续查证、审理的，对犯罪嫌疑人、被告人可以取保候审或者监视居住。

【修改提示】

本条是1996年修改刑事诉讼法时增加的规定，2012年作过修改，2018年修改刑事诉讼法未作修改。

【背景解读】

2012 年 3 月 14 日第十一届全国人民代表大会第五次会议通过的《关于修改〈中华人民共和国刑事诉讼法〉的决定》，对本条作了修改，增加了犯罪嫌疑人、被告人被羁押的案件，不能在本法规定的侦查羁押、审查起诉、一审、二审期限内办结的，"对犯罪嫌疑人、被告人应当予以释放"的规定。为了保护公民的合法权利，防止审判前的长时间羁押，刑事诉讼法对侦查羁押期限、审查起诉期限、审判期限都作出了具体规定。其中，审查起诉和审判期限也是指的羁押期限。办案期限届满，案件尚未办结，应当继续办理，但必须解除或者变更强制措施，本条就此作出了明确规定。这样既考虑了办案的实际情况和需要，又有效地保护了公民的权利。2012 年修改刑事诉讼法时，在原规定的基础上进一步明确了办案期限届满就要予以释放，只有需要继续查证、审理的，可以变更为取保候审或者监视居住，进一步强调和明确了羁押期限届满必须解除强制措施的立法意图。

【理解与适用】

本条是关于因羁押期限届满未能结案的应当如何处理的规定。

本条包含两层意思。第一，犯罪嫌疑人、被告人被羁押的案件，不能在本法规定的侦查羁押、审查起诉、一审、二审期限内办结的，对犯罪嫌疑人、被告人应当予以释放。羁押措施涉及限制人身自由，刑事诉讼法不仅对各种羁押措施的条件作了严格限定，而且综合考虑司法机关办理案件和保护犯罪嫌疑人被告人权利的需要，对侦查羁押期限、人民检察院审查起诉期限、人民法院一审、二审的审理期限作出了明确规定。侦查羁押、审查起诉、一审、二审期限届满的，对被羁押的犯罪嫌疑人、被告人就应当予以释放，这一法律精神是明确的。但从实践中的情况看，有的案件久拖不决，犯罪嫌疑人、被告人长期处于被羁押状态。这种情况严重损害了法律的严肃性，不利于保护公民的合法权益，不利于实现司法公正。为了解决这一问题，2012 年修改刑事诉讼法时明确规定，犯罪嫌疑人、被告人被羁押的案件，不能在本法规定的侦查羁押、审查起诉、一审、二审期限内办结的，对犯罪嫌疑人、被告人应当予以释放。人民法院、人民检察院、公安机关应当严格执行法律规定，对侦查羁押、审查起诉、一审、二审期限届满的犯罪嫌疑人、被告人，应当立即予以释放，不得以任何理由拖延。

第二，如果案件需要继续查证、审理的，对犯罪嫌疑人、被告人可以取保候审或者监视居住。明确规定侦查羁押、审查起诉、一审、二审期限届满未能结案的，应当将在押的犯罪嫌疑人、被告人予以释放，是防止因案件久拖不决而无限期羁押，以保护犯罪嫌疑人、被告人权利。但考虑到实践中有的案件确实存在特殊情况，规定对需要继续查证、审理的，可以对犯罪嫌疑人、被告人采取取保候审或者监视居住的措施，也是必要的。采取取保候审、监视居住措施，既能够保证刑事诉讼活动顺利进行，又不用像羁押措施完全限制犯罪嫌疑人、被告人的自由，比较好地实现了办理案件需要与保护犯罪嫌疑人、被告人合法权利的平衡。

第九十九条　人民法院、人民检察院或者公安机关对被采取强制措施法定期限届满的犯罪嫌疑人、被告人，应当予以释放、解除取保候审、监视居住或者依法变更强制措施。犯罪嫌疑人、被告人及其法定代理人、近亲属或者辩护人对于人民法院、人民检察院或者公安机关采取强制措施法定期限届满的，有权要求解除强制措施。

【修改提示】

本条是1996年修改刑事诉讼法时增加的规定，2012年作过修改，2018年修改刑事诉讼法未作修改。

【背景解读】

在1996年修改刑事诉讼法时，针对司法实践中存在的犯罪嫌疑人、被告人被超期羁押的问题，为了更好地体现司法公正，保护犯罪嫌疑人、被告人的合法权利，督促办案机关在法定期限内依法办结案件，赋予犯罪嫌疑人、被告人及其相关人员有要求司法机关依法解除强制措施或者变更强制措施的权利，规定了人民法院、人民检察院、公安机关采取强制措施超过法定期限的处理程序，以及犯罪嫌疑人、被告人及其法定代理人、近亲属或者辩护人要求解除强制措施的权利。2012年修改刑事诉讼法时，考虑到"超过法定期限"的表述不够严谨，应当是期限届满就立即释放，解除或者变更强制措施。为更有力地保护当事人的合法权益，规范人民法院、人民检察院、公安机关严肃办案，2012年3月14日第十一届全国人民代表大会第五次会议通过的《关于修改〈中华人民共和国刑事诉讼法〉的决定》对本条作了修改，一是将"超过法定期限"修改为"届满"；二是将人民法院、人民检察院、公安机关应当予以释放的规定与犯罪嫌疑人、被告人及其法定代理人、近亲属或者辩护人有权请求释放的规定作了顺序调整，规定了人民法院、人民检察院、公安机关的释放义务。

【理解与适用】

本条是关于强制措施法定期限届满应当如何处理，以及当事人等有权要求解除强制措施的规定。

本条有两层意思。第一，司法机关对采取强制措施法定期限届满的如何处理，规定了两种办法：一是对于犯罪嫌疑人、被告人在押的，应当予以释放，如果需要继续查证、审理的，可以将逮捕变更为取保候审或者监视居住。对于监视居住的犯罪嫌疑人、被告人，可以依法变更为取保候审，但是不得未经依法变更就转为取保候审，不能中止对案件的侦查。二是对于取保候审十二个月期限届满或者监视居住六个月期限届满的，应当解除取保候审、监视居住。如果拘传了犯罪嫌疑人、被告人，一般情况下传唤时间已经达到十二小时的，或者案情重大、复杂的情况下已经达到二十四小时的，应当停止传唤或者拘传。

第二，犯罪嫌疑人、被告人及其法定代理人、近亲属或者辩护人对于公检法机关采取强制措施法定期限届满的，有权要求解除强制措施。其中"法定代理人"是指犯罪嫌疑人、被告人的父母、养父母、监护人和负有保护责任的机关、团体的代表；"近亲属"，是指犯罪嫌疑人、被告人的夫、妻、父、母、子、女、同胞兄弟姊妹；"辩护人"是指受犯罪嫌疑人、被告人委托为其辩护的律师、人民团体或者犯罪嫌疑人、被告人所在单位推荐的人或者受犯罪嫌疑人、被告人委托为其辩护的监护人、亲友，以及受法律援助机构指派为犯罪嫌疑人、被告人提供法律援助的律师；"法定期限届满"是指对在押的犯罪嫌疑人、被告人的关押时间已经达到本法规定的侦查羁押、审查起诉、一审、二审的办案期限，对不在押的犯罪嫌疑人、被告人，取保候审的时间累计已经达到十二个月或者监视居住的时间累计已经达到六个月，或者拘传已经达到十二个小时或二十四小时的。

第一百条　人民检察院在审查批准逮捕工作中，如果发现公安机关的侦查活动有违法情况，应当通知公安机关予以纠正，公安机关应当将纠正情况通知人民检察院。

【修改提示】

本条是1979年刑事诉讼法的规定，1996年、2012年、2018年修改刑事诉讼法未作修改。

【背景解读】

人民检察院是国家的法律监督机关，有权依法对公安机关的侦查活动实行监督。在公安机关提请逮捕犯罪嫌疑人后，人民检察院进行审查时，通过阅卷、讯问犯罪嫌疑人或者调查，如果发现公安机关的侦查活动有违法情况，如刑讯逼供、非法拘留、侵犯被拘留人的合法诉讼权利等，及时向公安机关提出，是宪法规定的公安、司法机关分工负责、互相配合、互相制约的原则的重要体现。公安机关对人民检察院提出的问题，必须认真检查，如确有违法情况应坚决予以纠正，并采取相应的措施，以免今后再次发生。公安机关有义务将纠正的情况通知人民检察院，以示接受监督。这样规定，有利于保障公安机关正确执行法律，保护公民的合法权益。

【理解与适用】

本条是关于人民检察院在审查批准逮捕工作中对侦查活动进行监督的规定。

根据本条规定，人民检察院在审查批准逮捕工作中，不仅要审查公安机关提请批准逮捕的犯罪嫌疑人是否符合逮捕的条件，以作出是否批准逮捕的决定，也要同时对侦查机关的侦查活动是否依照法律规定进行，有无违法行为等情况进行了解。发现侦查机关侦查活动有违法情况时，应当通知公安机关予以纠正。这是法律赋予检察机关的重要职权，也是人民检察院实现法律监督职能的具体体现。

在审查批准逮捕工作中，检察机关了解侦查活动是否合法，主要通过以下几种形式进行。一是审查案卷材料。根据本法第八十七条的规定，公安机关要求逮捕犯罪嫌疑人的时候，应当写出提请批准逮捕书，连同案卷材料、证据，一并移送同级人民检察院审查批准。二是根据本法第八十七条的规定，在必要的时候，人民检察院可以派人参加公安机关对于重大案件的讨论。在讨论过程中发现侦查机关侦查活动有违反法律规定情形的，也应当提出纠正意见。三是通过讯问犯罪嫌疑人、询问证人和听取辩护律师意见等发现。根据本法第八十八条的规定，人民检察院审查批准逮捕，可以讯问犯罪嫌疑人。对是否符合逮捕条件有疑问，犯罪嫌疑人要求向检察人员当面陈述或者侦查活动可能有重大违法行为的等情况下，应当讯问犯罪嫌疑人；可以询问证人等诉讼参与人，听取辩护律师的意见。在这些工作过程中如果发现侦查机关侦查活动违法的，检察机关应当通知公安机关予以纠正。另外，根据本法第一百一十七条的规定，当事人、辩护人、诉讼代理人、利害关系人对于司法机关及其工作人员侵犯其合法权益的，有权进行申诉或者控告。对于申诉、控告的处理不服的，可以向同级人民检察院申诉；人民检察院直接受理的案件，可以向上一级人民检察院申诉。因此，人民检察院也可以通过审查申诉、控告等方式对侦查活动是否违法进行审查。如果发现侦查机关的侦查活动违法的，也可以在审查批准逮捕中提出。

本条的“违法情况”主要是指公安机关的侦查活动违反了刑事诉讼法等法律的禁止性规定，侵犯犯罪嫌疑人以及其他人合法权益的情况，比如，采取对刑讯逼供等非法方法收集证据，侦查人员应当回避的没有回避，对犯罪嫌疑人超期羁押，没有保障犯罪嫌疑人委托的辩护律师依法行使诉讼权利以及侵犯犯罪嫌疑人、证人或者其他公民合法权益等情况。“纠正”是指公安机关根据侦查活动违法的不同内容、不同程度，采取不同的方式予以改正或挽回影响，比如消除违法情况，有的也需要根据情况赔偿损失、赔礼道歉等。

根据本条规定,公安机关接受人民检察院的监督,应当根据人民检察院提出的纠正意见,及时纠正违法行为,并且将纠正情况通知人民检察院。

第七章 附带民事诉讼

第一百零一条 被害人由于被告人的犯罪行为而遭受物质损失的,在刑事诉讼过程中,有权提起附带民事诉讼。被害人死亡或者丧失行为能力的,被害人的法定代理人、近亲属有权提起附带民事诉讼。

如果是国家财产、集体财产遭受损失的,人民检察院在提起公诉的时候,可以提起附带民事诉讼。

【修改提示】

本条是1979年刑事诉讼法的规定,1996年未作修改,2012年作过修改,2018年修改刑事诉讼法对本条未作修改。

【背景解读】

附带民事诉讼本质上是在刑事诉讼中解决与被告人刑事责任有关的民事责任问题的一种特殊的民事诉讼。附带民事诉讼制度有利于正确处理刑事案件;有利于保障公民和国家、集体的财产不受侵犯;有利于提高诉讼的效率和效益。因此,1996年刑事诉讼法第七十七条规定,被害人由于被告人的犯罪行为而遭受物质损失的,在刑事诉讼过程中,有权提起附带民事诉讼。但从实践中的情况看,被害人因受犯罪行为侵害而死亡或者丧失行为能力的情况时有发生,这种情况下,是否能够提起附带民事诉讼,由谁提起附带民事诉讼,刑事诉讼法没有明确规定。从有关民事法律规定看,无行为能力人由其法定代理人代理民事活动;被侵权人死亡的,其近亲属有权请求侵权人承担民事责任。附带民事诉讼也是一种民事诉讼活动,因此,在被害人死亡或者丧失行为能力的情况下,应当由其近亲属或者法定代理人提起附带民事诉讼。为了统一认识,最高人民法院在有关司法解释中规定,人民法院受理刑事案件后,可以告知因犯罪行为遭受物质损失的被害人(公民、法人和其他组织)、已死亡被害人的近亲属、无行为能力或者限制行为能力被害人的法定代理人,有权提起附带民事诉讼。2012年修改刑事诉讼法,根据各方面意见,总结实践经验,对被害人死亡或者丧失行为能力的,由其近亲属、法定代理人提起附带民事诉讼作出了明确规定。明确被害人死亡或者丧失行为能力的,其法定代理人、近亲属作为提起附带民事诉讼的主体，是根据实际情况，从保护被害人权益角度作出的规定，有利于进一步发挥附带民事诉讼程序在保护公民合法权利方面的作用。

【理解与适用】

本条是关于提起附带民事诉讼的条件和主体的规定。

本条分为两款。第一款是提起附带民事诉讼主体和条件的规定。根据本款规定，有权提起附带民事诉讼的主体包括两类人，一是被害人，即遭受犯罪行为侵害的自然人和其他组织。二是在被害人死亡或者丧失行为能力的情况下，被害人的近亲属、法定代理人有权提起附带民事诉讼。根据本款规定，提起附带民事诉讼需要具备以下条件：第一，被告人的行为构成犯罪，这是提起附带民事诉讼的前提条件。如果被告人的行为不构成犯罪，就没有刑事诉讼，附带民事诉讼也就无从谈起，因为附带民事诉讼是在刑事诉讼中提起的。第二，被告人的犯罪行为对被害人所造成的损失，必须是被害人的物质损失，如果没有物质损失，也不能提起附带民事诉讼。第三，被害人的物质损失必须是由被告人的犯罪行为造成的，即被害人的物质损失与被告人的犯罪行为之间存在着因果关系，否则，不能提起附带民事诉讼。第四，附带民事诉讼的提起，只能在刑事诉讼过程中提出。如果在判决生效后才提出，也与法律设置附带民事诉讼程序的初衷不符。

第二款是关于人民检察院可以提起附带民事诉讼的规定。在我国，检察机关一般不参与公民个人对附带民事诉讼的提起，意在尊重公民的民事处分权。而国家和集体财产是公有财产，一旦被侵害，不能视为单位自己的“私事”。检察机关在被害单位没有提起附带民事诉讼时，为了保护公共财产和社会利益，有权提起附带民事诉讼。这样规定，有利于保护国家和集体财产。

第一百零二条　人民法院在必要的时候，可以采取保全措施，查封、扣押或者冻结被告人的财产。附带民事诉讼原告人或者人民检察院可以申请人民法院采取保全措施。人民法院采取保全措施，适用民事诉讼法的有关规定。

【修改提示】

本条是 1979 年刑事诉讼法的规定，1996 年未作修改，2012 年作过修改，2018 年修改刑事诉讼法未作修改。

【背景解读】

在查封、扣押措施之外增加冻结措施，主要是针对实践中表现为资金、债券、股票、基金份额等形式的财产越来越多的情况，适应对此类财产采取保全措施的需要。

规定“附带民事诉讼原告人或者人民检察院可以申请人民法院采取保全措施。人民法院采取保全措施，适用民事诉讼法的有关规定”，主要考虑是，刑事诉讼法原来只规定人民法院可以查封、扣押被告人的财产，实践中有的案件的犯罪嫌疑人、被告人或者其亲属，为了逃避民事赔偿责任，在公安机关侦查阶段或者人民检察院审查起诉阶段，就转移、隐匿财产等案件起诉到人民法院时，已经无财产可供查封、扣押。因此，有必要将保全的时间提前到侦查和审查起诉阶段。但保全措施主要是为了保护附带民事诉讼原告方的民事权利，赋予附带民事诉讼原告方申请采取保全措施的权利，更有利于对其民事权利的保护。规定人民法院采取保全措施适用民事诉讼法的有关规定，主要是民事诉讼法对民事诉讼中的保全措施已有明确规定，而附带民事诉讼在性质上也属于民事诉讼，依照民事诉讼法是可以的，没有必要在刑事诉讼法中作重复性规定。上述修改，将有利于被害人及时获得赔偿，更好地保障其合法权利。

【理解与适用】

本条是关于附带民事诉讼财产保全措施的规定。

本条规定包含三层意思：第一，对于刑事附带民事诉讼案件，人民法院在必要的时候，可以采取查封、扣押、冻结被告人财产的保全措施。即必要时人民法院可以依职权采取保全措施。规定保全措施，是为了保证刑事附带民事诉讼判决的执行，防止因为被告人或者其亲属为逃避承担民事赔偿责任，在诉讼期间转移、隐匿财产，或者防止被告人的财产因其他原因而毁损灭失，导致将来作出的附带民事判决难以执行，被害人一方合法权益得不到保护的情况。需要注意的是，本条规定的查封、扣押、冻结虽然在具体表现形式上与本法第一百四十一条、第一百四十四条规定的侦查活动中的查封、扣押、冻结类似，但实施主体、性质、目的、范围都是不同的。侦查活动中的查封、扣押、冻结是侦查机关依法采取的侦查措施，目的是收集可以证明犯罪嫌疑人有罪或者无罪的证据，其范围限于与案件有关的财物，如作案工具、赃款赃物等。而附带民事诉讼中的查封、扣押、冻结是人民法院依法采取的诉讼保全措施，是为了保证将来的附带民事判决的执行，其范围可以是与案件没有直接关系的，可供将来执行的被告人的合法财产。

第二，附带民事诉讼原告人或者人民检察院可以申请人民法院采取保全措施。即人民法院可以依申请采取保全措施。这是 2012 年修改刑事诉讼法时增加的规定。根据本条规定，有权申请人民法院采取保全措施的，包括附带民事诉讼的原告人和人民检察院。规定人民检察院可以申请保全措施，是与本法第一百零一条规定的“如果是国家财产、集体财产遭受损失的，人民检察院在提起公诉的时候,可以提起附带民事诉讼”相衔接。

第三,人民法院采取保全措施,适用民事诉讼法的有关规定。按照民事诉讼法的规定,财产保全措施分为诉讼中的财产保全和诉前财产保全两种。诉讼中申请财产保全的,人民法院可以要求申请人提供担保,以备采取保全措施错误时,对被保全人予以赔偿。采取诉前财产保全,则必须由申请人提供担保,申请人不提供担保的,人民法院应当驳回申请。在刑事附带民事诉讼中,附带民事诉讼原告人和人民检察院申请财产保全,也应当按照上述规定进行。即人民法院受理附带民事诉讼案件后,附带民事诉讼原告人和人民检察院申请财产保全的,人民法院根据案件的具体情况,认为有必要由申请人提供担保的,可以要求提供。对案件尚处于侦查或者审查起诉阶段的,申请财产保全应当提供担保。需要说明的是,这里所说的“适用民事诉讼法的有关规定”,限于有关提出申请、提供担保、采取措施等规定。对民事诉讼法规定的,申请人在十五日以内没有起诉的,人民法院应当解除保全措施的规定,不应适用。因为民事诉讼法规定在采取诉前财产保全措施后,必须在十五日内向人民法院提起诉讼,是为了督促诉前财产保全申请人及时行使诉权,避免在没有诉讼关系存在的情况下,长时间限制被申请人民事权利。但是附带民事诉讼与一般的民事诉讼案件不同,需要与刑事诉讼一并审理,而刑事案件何时进入人民法院审理阶段,并不是附带民事诉讼原告方所能决定的。

第一百零三条　人民法院审理附带民事诉讼案件,可以进行调解,或者根据物质损失情况作出判决、裁定。

【修改提示】

2012 年修改刑事诉讼法增加了本条规定,2018 年修改刑事诉讼法未作修改。

【背景解读】

人民法院在民事诉讼中进行调解,是我国司法制度中的优良传统和成功经验。通过调解这种方式解决当事人之间的纠纷,有利于促使当事人之间互相谅解,从而彻底解决纠纷,化解社会矛盾,增进社会和谐。附带民事诉讼是被害人或者其近亲属,或者人民检察院,对于刑事案件被告人的犯罪行为造成的物质损失,要求予以赔偿的诉讼,在性质上属于一种特殊的民事诉讼。因此,在刑事附带民事诉讼中,充分发挥调解手段解决纠纷的积极作用,也是很有必要的。刑事诉讼法原来虽然没有对此作出明确规定,但人民法院在审理刑事附带民事诉讼时,除了要依照刑事诉讼法有关规定外，还要依照民事诉讼法和有关民事法律的规定进行审理，作出裁判，因此，在刑事附带民事诉讼中依法开展调解工作，符合相关法律的精神，是有法律依据的。司法实践中，人民法院审理刑事附带民事诉讼案件，也是这么做的。有关的司法解释对刑事附带民事诉讼案件进行调解也作了规定。2012 年刑事诉讼法修改时，根据有关方面意见，总结实践经验，对刑事附带民事诉讼可以进行调解，作出了明确规定。

【理解与适用】

本条是关于人民法院审理附带民事诉讼案件，进行调解和裁判的规定。

本条规定包含两层意思。第一，人民法院审理刑事附带民事诉讼案件，可以进行调解。这里的调解，包括在一审期间进行调解，也包括在二审期间进行调解；包括对公诉案件附带的民事诉讼进行调解，也包括对刑事自诉案件附带的民事诉讼的调解。这一规定明确了人民法院在附带民事诉讼中进行调解的依据，也体现了通过诉讼中调解这种手段，化解社会矛盾，彻底解决纠纷的立法精神。实践中需要注意的是，刑事附带民事诉讼中的调解，是一种诉讼中的调解活动，不是民间调解活动，因此，人民法院应当按照民事诉讼法关于调解的原则规定，依法开展调解活动。民事诉讼法规定，人民法院审理民事案件，根据当事人自愿的原则，在事实清楚的基础上，分清是非，进行调解。调解达成协议，必须双方自愿，不得强迫。调解协议的内容不得违反法律规定。根据上述规定，首先，调解应当是在查清案件事实，分清是非曲直的基础上进行，而不是不分是非“和稀泥”。具体到刑事附带民事诉讼案件，人民法院进行调解，要在查明被告人犯罪事实，分清其应当承担的法律责任的基础上，通过对被告人的批评教育，促其真诚悔罪，自愿承担对附带民事诉讼原告方的赔偿责任，以求原告方的谅解；对附带民事诉讼原告方，则也要做工作，促其充分考虑被告人悔罪态度，体谅被告人的经济困难等。通过反复做双方工作，在公平、合理的基础上就具体赔偿数额、方式等方面达成调解协议。其次，调解要坚持自愿的原则。刑事诉讼法规定的是“可以进行调解”；民事诉讼法也明确规定要根据当事人自愿的原则进行调解。因此，人民法院开展调解工作，必须坚持双方当事人自愿的原则。一方或者双方坚持不愿意通过调解方式结案的，应当依法及时作出判决、裁定，不能强行调解或者“久调不决”。双方同意调解的，也应当是通过耐心做说服教育工作，促成调解协议的达成，不得强迫一方或者双方接受调解结果。只有在双方真诚自愿基础上达成调解协议，才能够真正彻底解决纠纷，化解矛盾。最后，调解协议的内容不得违反法律规定。主要是指调解协议的内容不得违反法律的禁止性规定，不得有损害第三人利益或者违反公序良俗的内容。

第二，人民法院审理刑事附带民事诉讼案件，不能够调解结案的，应当根据物质损失的情况,作出判决或者裁定。首先,如上所述,从彻底解决纠纷,化解社会矛盾的需要考虑,人民法院审理刑事附带民事诉讼案件,应当注意发挥调解手段的作用。但如果一方或者双方坚持不愿意调解结案的,或者经调解不能达成调解协议的,人民法院应当依法及时作出判决、裁定。其次,人民法院作出附带民事诉讼的判决、裁定,应当根据物质损失的情况。这一规定实际上在赔偿范围上,重申了刑事诉讼法第一百零一条关于"被害人由于被告人的犯罪行为而遭受物质损失的,在刑事诉讼过程中,有权提起附带民事诉讼"的规定。即刑事附带民事诉讼案件赔偿的范围,限于因犯罪行为给被害人造成的物质损失。这与刑法第三十六条关于"由于犯罪行为而使被害人遭受经济损失的,对犯罪分子除依法给予刑事处罚外,并应根据情况判处赔偿经济损失"的精神也是一致的。关于刑事附带民事诉讼赔偿范围问题,在2012年刑事诉讼法修改过程中,有的建议将犯罪行为造成的精神损失也纳入赔偿范围;有的认为从司法实践中的情况看,目前将赔偿范围限定在物质损失范围内是必要的,也是妥当的。考虑到各方面认识尚不一致,刑事诉讼法对刑事附带民事诉讼案件赔偿范围未作扩大。

第一百零四条　附带民事诉讼应当同刑事案件一并审判,只有为了防止刑事案件审判的过分迟延,才可以在刑事案件审判后,由同一审判组织继续审理附带民事诉讼。

【修改提示】

本条是1979年刑事诉讼法的规定,1996年、2012年、2018年修改刑事诉讼法未作修改。

【背景解读】

刑事案件所附带的民事诉讼部分与该案的刑事部分共同构成一个完整的案件,因而,民事诉讼部分的审理与刑事诉讼的审判进程具有紧密关系。人民法院首先在法庭调查、法庭辩论的基础上确认刑事被告人的犯罪情节,然后,才有可能对该被告人的犯罪行为所造成的物质损失范围作出认定,进而确定赔偿范围和形式。基于附带民事诉讼的这种"附带"性质,它理应同刑事案件一并审判。但由于"民事诉讼"自身的特点,不可避免地具有与刑事诉讼不同的复杂情况,例如:物质损失的程度、大小和范围,被告人的赔偿能力,赔偿的承担人范围,赔偿对象的范围等,对这些情形的认定往往存在一定的困难,有些甚至在诉讼过程中仍处于变化状态,需要进行周密的调查、甄别和科学的鉴定。而刑事案件审判则要及时惩罚犯罪,不能久拖不决,也不能超越法定的审判期限。

因此,本条作出了明确规定。这样规定,既有利于保护当事人的合法权益,又提高了诉讼的效率和效益。

【理解与适用】

本条是关于附带民事诉讼应当与刑事诉讼一并审判及其例外的规定。

根据本条规定,在一般情况下,人民法院应当将附带民事诉讼与刑事案件一并审理作出判决。在刑事诉讼过程中,合并审理因被告人的同一犯罪行为而同时引起的刑事案件和民事案件,可以全面地查明被告人是否有罪及其罪行是否造成了物质损失、损失的程度,等等。在一些情况下,被告人的行为所造成的物质损失程度,也是衡量其罪行是否严重或特别严重的情节。因此,在刑事诉讼中,及时、全面地查明上述种种情况,对于案件审理意义重大。同时,通过一个诉讼程序,合并审理由被告人的犯罪行为所引起的彼此密切相关的刑事、民事两种案件,司法机关避免刑事、民事分别审理时所必然产生的调查和审理上的重复,从而大大节省人力、物力和时间。因此,原则上,附带民事诉讼应当同刑事案件一并审判,只有为了防止刑事案件审判的过分迟延,才可以在刑事案件审判后,由同一审判组织继续审理附带民事诉讼案件。

本条所说的"为了防止刑事案件审判的过分迟延"的案件,主要是指所附带的民事诉讼案件情况比较复杂,短时间内难以作出裁判,或者因为案件特殊情况和所附带的民事案件一时无法审理的情况。如附带民事诉讼受害人人数众多、涉及面广、物质损失数额巨大等。对这些案件,如果一并审理附带民事诉讼会大大推迟刑事案件的审判,不利于及时打击犯罪。因此,为了保证及时打击犯罪,同时避免审判人员不必要的重复劳动,及时解决民事赔偿问题,本条规定,可以在刑事案件审判后,由同一审判组织继续审理附带民事诉讼。这里的"同一审判组织",是指审理该刑事案件时的同一审判员或者同一合议庭。

第八章　期间、送达

第一百零五条　期间以时、日、月计算。

期间开始的时和日不算在期间以内。

法定期间不包括路途上的时间。上诉状或者其他文件在期满前已经交邮的,不算过期。

期间的最后一日为节假日的,以节假日后的第一日为期满日期,但犯罪嫌疑人、被告人或者罪犯在押期间,应当至期满之日为止,不得因节假日而延长。

【修改提示】

本条是1979年刑事诉讼法的规定，1996年未作修改，2012年作过修改，2018年修改刑事诉讼法未作修改。

【背景解读】

刑事诉讼法中的“期间”是指刑事诉讼中各个诉讼阶段、各种诉讼行为所用的法定时间。刑事诉讼法规定期间的意义在于：首先，有利于增强公安、司法人员的工作责任心，做到及时、准确、合法地处理案件，努力提高办案效率，实现司法的公正。其次，有利于保护犯罪嫌疑人、被告人的合法权益，防止久拖不决等违法现象发生。再次，有利于诉讼参与人进行刑事诉讼活动，保证他们能够及时行使诉讼权利和履行义务，免遭诉累。最后，有利于加强法治的统一正确实施。如果没有刑事诉讼期间的规定，就不能保障及时迅速处理案件，惩罚犯罪分子，保障当事人正确行使诉讼权利。严格执行刑事诉讼期间，是维护法律严肃性所不可缺少的一个重要方面。

1979年刑事诉讼法第五十五条规定：“期间以时、日、月计算。期间开始的时和日不算在期间以内。法定期间不包括路途上的时间。上诉状或者其他文件在期满前已经交邮的，不算过期。”本条1996年刑事诉讼法未作修改。2012年修改刑事诉讼法时，在本条增加了“期间的最后一日为节假日的，以节假日后的第一日为期满日期，但犯罪嫌疑人、被告人或者罪犯在押期间，应当至期满之日为止，不得因节假日而延长。”主要是为了解决司法实践中遇到的具体问题。其中“犯罪嫌疑人、被告人或者罪犯在押期间，应当至期满之日为止，不得因节假日而延长”的规定，体现了2012年刑事诉讼法修改对人权保护的进一步加强。

【理解与适用】

本条是关于期间及其计算的规定。

本条分为四款。第一款是关于期间的计算单位的规定。根据本款的规定，期间以时、日、月计算。刑事诉讼法根据情况和需要，在规定具体的期间时，分别是以时、日、月为计算单位的。如刑事诉讼法第七十五条、第九十三条分别规定，指定居所监视居住、逮捕的，应当在二十四小时以内通知被监视居住人、被逮捕人的家属。第九十一条规定，公安机关对被拘留的人，认为需要逮捕的，应当在拘留后的三日以内，提请人民检察院审查批准。在特殊情况下，提请审查批准的时间可以延长一日至四日。第一百五十六条规定，对犯罪嫌疑人逮捕后的侦查羁押期限不得超过二个月等。

第二款是关于以时或者日为单位的期间,具体从何时、何日开始起算的规定。根据本款规定,“开始的时和日不算在期间以内”,是指期间应从诉讼行为开始后的第二个小时或者第二日起计算。如刑事诉讼法第九十三条规定,公安机关逮捕犯罪嫌疑人,应当在逮捕后二十四小时以内通知被逮捕人的家属,假如逮捕的时间是上午九时三十分,则起算二十四小时期限的时间点应当是上午十时,即“逮捕后二十四小时”是指从当日上午十时起,至次日上午十时止,公安机关应当在次日上午十时前通知被逮捕人的家属。关于以日为单位的期间的起算,与此类似,应当从诉讼行为开始之日的第二日起计算。

第三款是关于路途时间不计入法定期间的规定。“路途上的时间”,是指司法机关邮寄送达诉讼文书及当事人向司法机关邮寄诉讼文书在路途上所占用的时间。法律作这样规定,主要是考虑当事人距离司法机关有远有近,邮寄诉讼文书在路途上所需要的时间有长有短,如果不扣除路途上的时间,那么距离司法机关较远的当事人的诉讼权利就难以保障,有的当事人可能还没有接到司法机关送达的诉讼文书,期间就已经届满了。因此,法律规定法定期间不包括路途上的时间,就是为了便于当事人充分地行使诉讼权利。此外,为了保证被告人等诉讼参与人的上诉权和其他诉讼权利,本款还特意明确规定“上诉状或者其他文件在期满前已经交邮的,不算过期。”如 4 月 5 日为上诉期间届满的日期,上诉人在 4 月 5 日当天通过邮局将上诉状寄给人民法院,即使该上诉状在 10 天以后即 4 月 15 日才送到法院,该上诉状也属于“在期满前已经交邮的”,应认为当事人是在上诉期间内提起了上诉,是有效的诉讼行为,第二审人民法院必须受理。这里应该注意一点,确定期满前当事人是否已经交邮,应当以邮件上的邮戳为证。

第四款是关于期间最后一日为节假日的情况下,如何确定期间届满日期的规定。这一规定是 2012 年修改刑事诉讼法增加的规定,分为两种情况:(1)一般情况下,期间最后一日为节假日的,以节假日后的第一日为期满日期。如期间本应当在 1 月 1 日届满,但 1 月 1 日为元旦,则应当顺延至元旦假日后第一个工作日为期间届满之日。主要是节假日有关机关和公民个人都在按规定休假,期间届满也无法进行诉讼活动,有必要顺延至节假日后的第一个工作日。(2)犯罪嫌疑人、被告人或者罪犯在押的,其在押期间应当至期满之日为止,不得因节假日而延长。规定这种情况不得顺延,是因为犯罪嫌疑人、被告人、罪犯处于被限制或者剥夺人身自由的状态,拘留、逮捕等强制措施的期限届满或者刑期届满的,就应当立即予以释放,否则等于延长了其被羁押的时间,不利于对其权利的保护。刑事诉讼法原来虽然没有对此作出明确规定,但司法实践中一直是照此办理的,有关司法解释中也有规定。2012 年修改刑事诉讼法时,总结实践经验,对此作出明确规定,体现了刑事诉讼法尊重和保障人权的精神。

第一百零六条　当事人由于不能抗拒的原因或者有其他正当理由而耽误期限的，在障碍消除后五日以内，可以申请继续进行应当在期满以前完成的诉讼活动。

前款申请是否准许，由人民法院裁定。

【修改提示】

本条是1979年刑事诉讼法的规定，1996年、2012年、2018年修改刑事诉讼法未作修改。

【背景解读】

诉讼期间的耽误，是指当事人在规定的期限内没有完成应当完成的诉讼行为。当事人耽误诉讼期限的原因可能是多方面的。如果当事人是由于主观上的故意或者过失耽误了诉讼期限，那么，就丧失了实施该诉讼行为的权利。如果是当事人由于客观上遇到了特殊情况，致使期限耽误的，则可以向人民法院申请期限顺延。之所以规定诉讼期间的顺延由人民法院裁定，主要是考虑，诉讼期限耽误的情况比较复杂，如果不对具体情况进行具体分析，对耽误的期限一律不予顺延，不利于案件的公正处理，也不利于当事人权利的保护。但是对于没有正当理由的耽误如果也顺延诉讼期限，又有损司法的严肃性。因此，刑事诉讼法规定对耽误期限是否能够顺延由人民法院根据具体情况裁定，体现了法律的严肃性和灵活性。

【理解与适用】

本条是关于诉讼期限的耽误和申请顺延的规定。

本条分为两款。第一款规定了允许申请期限顺延的两种情况：一是遇到了当事人不能抗拒的原因，如由于地震、水灾、台风、意外事故等情况，交通断绝，因而不能进行某种诉讼行为，耽误了期间；二是当事人有其他正当理由，如住院动手术等，造成当事人不能按时完成某项诉讼行为，从而耽误了期间，等等。为了保证当事人的诉讼权利，本款规定，在阻止完成诉讼行为的障碍消除五日以内，当事人可以申请继续进行应当在期满以前完成的诉讼活动。

第二款是对申请期限顺延由人民法院裁定的规定。当事人向人民法院提出口头或者书面的申请，应当说明期限顺延的理由。法院对于当事人的申请，应进行认真审查。经审查如果认为确属不能抗拒的原因或因其他正当理由耽误期限的，应当以裁定形式准许顺延。法定期间的顺延，只能是补足因耽误而延迟或延误的诉讼期限。

第一百零七条　送达传票、通知书和其他诉讼文件应当交给收件人本人；如果本人不在，可以交给他的成年家属或者所在单位的负责人员代收。

收件人本人或者代收人拒绝接收或者拒绝签名、盖章的时候，送达人可以邀请他的邻居或者其他见证人到场，说明情况，把文件留在他的住处，在送达证上记明拒绝的事由、送达的日期，由送达人签名，即认为已经送达。

【修改提示】

本条是1979年刑事诉讼法的规定，1996年、2012年、2018年修改刑事诉讼法未作修改。

【背景解读】

送达是将法律文书和其他诉讼文件在法定的时间内送交收件人的诉讼行为。送达是一项诉讼活动，是诉讼程序的组成部分，它直接关系到整个刑事诉讼程序能否顺利进行。因为收件人只有按时收到诉讼文件，才能了解其中内容，按规定参加诉讼活动，行使诉讼权利，履行诉讼义务；某些诉讼文件只有按照送达程序送达收件人，才能发生法律效力，例如，当事人收到一审判决后才开始计算上诉期限；某些诉讼文件还会引起一定的法律后果，例如，当事人在法定期间内接到人民法院的传票，就必须按时出席法庭。为了保证诉讼活动的顺利进行，本条有关送达的规定，具有重要意义。

【理解与适用】

本条是关于诉讼文书送达的规定。

本条共有两款。第一款是对将诉讼文件送交收件人的规定，有两层意思。第一，送达诉讼文件应当交给收件人本人。在送达传票、通知书和其他诉讼文件时，首先应当送交到收件人，这种方式可使被送达人直接迅速了解送达内容，是送达的基本要求，在一般情况下应采取这种送达方式；第二，如果收件人本人不在，可以交给他的成年家属或者所在单位的负责人员代收，由他们转交收件人本人。本款所说的"其他诉讼文件"包括起诉书、不起诉决定书、判决书、裁定书等。

第二款是对留置送达的规定。送达直接关系到整个刑事诉讼程序能否顺利进行。但是，实践中存在一些收件人因种种原因拒绝接受送达文件的情况，有的还以此作为不履行诉讼义务的理由。因此，为了保证诉讼活动的顺利进行，本款规定了留置送达的程序。留置送达是指收件人或者代收人拒绝接收诉讼文书时，送达人依法将诉讼文件留在收件人住处的一种送达方式。

根据本款规定，诉讼文件送达后，收件人本人或者代收人拒绝接收或者拒绝签名、盖章，送达诉讼文件的人可以邀请收件人的邻居或者其他人到场作为见证人，说明情况，把文件留在收件人或者代收人的住处，并在送达证上记明拒收的理由、送达的日期，由送达人签名。这样，即使是收件人拒绝接收，也认为是已经送达。本条所说的“收件人”是指诉讼文件中指明应交给的人及其法定代理人。

第九章　其他规定

第一百零八条[①]　本法下列用语的含意是：

（一）“侦查”是指公安机关、人民检察院对于刑事案件，依照法律进行的收集证据、查明案情的工作和有关的强制性措施；

（二）“当事人”是指被害人、自诉人、犯罪嫌疑人、被告人、附带民事诉讼的原告人和被告人；

（三）“法定代理人”是指被代理人的父母、养父母、监护人和负有保护责任的机关、团体的代表；

（四）“诉讼参与人”是指当事人、法定代理人、诉讼代理人、辩护人、证人、鉴定人和翻译人员；

（五）“诉讼代理人”是指公诉案件的被害人及其法定代理人或者近亲属、自诉案件的自诉人及其法定代理人委托代为参加诉讼的人和附带民事诉讼的当事人及其法定代理人委托代为参加诉讼的人；

（六）“近亲属”是指夫、妻、父、母、子、女、同胞兄弟姊妹。

---

① 根据2018年10月26日第十三届全国人民代表大会常务委员会第六次会议通过的《关于修改〈中华人民共和国刑事诉讼法〉的决定》修改。修改前的刑事诉讼法条文是：“本法下列用语的含意是：

（一）‘侦查’是指公安机关、人民检察院在办理案件过程中，依照法律进行的专门调查工作和有关的强制性措施；

（二）‘当事人’是指被害人、自诉人、犯罪嫌疑人、被告人、附带民事诉讼的原告人和被告人；

（三）‘法定代理人’是指被代理人的父母、养父母、监护人和负有保护责任的机关、团体的代表；

（四）‘诉讼参与人’是指当事人、法定代理人、诉讼代理人、辩护人、证人、鉴定人和翻译人员；

（五）‘诉讼代理人’是指公诉案件的被害人及其法定代理人或者近亲属、自诉案件的自诉人及其法定代理人委托代为参加诉讼的人和附带民事诉讼的当事人及其法定代理人委托代为参加诉讼的人；

（六）‘近亲属’是指夫、妻、父、母、子、女、同胞兄弟姊妹。”

【修改提示】

本条是1979年刑事诉讼法的规定，1996年作过修改，2012年未作修改。2018年修改刑事诉讼法对本条作了一处修改：将第一项中“侦查”是指“公安机关、人民检察院在办理案件过程中，依照法律进行的专门调查工作和有关的强制性措施”修改为“公安机关、人民检察院对于刑事案件，依照法律进行的收集证据、查明案情的工作和有关的强制性措施”。

【背景解读】

在刑事诉讼法乃至各个法律领域，都已经形成了一系列较为固定的法律用语，这些法律用语都有固定的含意。对这些法律用语的含意作出明确的解释性规定，有利于避免在使用中产生歧义，有利于对刑事诉讼法的正确理解和执行。1979年刑事诉讼法第五十八条规定：“本法下列用语的含意是：（一）‘侦查’是指公安机关、人民检察院在办理案件过程中，依照法律进行的专门调查工作和有关的强制性措施；（二）‘当事人’是指自诉人、被告人、附带民事诉讼的原告人和被告人；（三）‘法定代理人’是指被代理人的父母、养父母、监护人和负有保护责任的机关、团体的代表；（四）‘诉讼参与人’是指当事人、被害人、法定代理人、辩护人、证人、鉴定人和翻译人员；（五）‘近亲属’是指夫、妻、父、母、子、女、同胞兄弟姊妹。”当时的法律将被害人归入“诉讼参与人”。1996年修改刑事诉讼法增加规定了“诉讼代理人”的含意，同时将被害人列为“当事人”，体现了对被害人诉讼地位的认识变化，强化了被害人的权利保护。2012年修改的刑事诉讼法对本条的规定未作修改。

2018年修改刑事诉讼法对本条中“侦查”的含义作了修改。这样修改，主要是为了与2018年3月20日第十三届全国人民代表大会第一次会议通过的《中华人民共和国监察法》相衔接，将公安机关、人民检察院的“侦查”与监察法规定的监察机关的“调查”职权相区别，避免混淆。监察法第三章规定了监察机关的监察权限，第十八条第一款中规定“监察机关行使监督、调查职权，有权依法向有关单位和个人了解情况，收集、调取证据。”为了区别于监察机关的“调查职权”，刑事诉讼法对“侦查”的含义进行了修改，删除了原来规定的“专门调查工作”的表述。同时，将“在办理案件过程中”修改为“对于刑事案件”，强调公安机关、人民检察院的侦查活动是在刑事诉讼中进行的，与监察机关对职务违法和职务犯罪案件进行的调查活动相区别。

【理解与适用】

本条是关于“侦查”“当事人”“法定代理人”“诉讼参与人”“诉讼代理人”

"近亲属"等法律用语的含意的规定。

1."侦查"的含义。"侦查"是刑事公诉案件诉讼程序的一个阶段，是公安机关、人民检察院对于刑事案件，依法采取措施，收集证据、查明案件事实、查获犯罪嫌疑人、采取有关的强制措施的一系列活动。根据本条规定，"侦查"可以分为收集证据、查明案情和有关强制性措施两类活动。"侦查"中的"收集证据、查明案情"是指侦查机关为了还原案件事实而采取的各种侦查工作，如讯问犯罪嫌疑人、询问证人、勘验、检查、查询、鉴定、采取技术侦查措施等活动。上述工作的目的有两个：一是了解案情，弄清案件的真实情况；二是收集有罪或者无罪以及犯罪情节轻重的证据。"有关的强制性措施"是指侦查机关为收集证据、查明犯罪事实和查获犯罪人而采取的限制、剥夺人身自由或者对人身、财物进行强制的措施，如拘传、取保候审、监视居住、拘留和逮捕五种限制或者剥夺人身自由的强制措施，通缉在逃的犯罪嫌疑人，以及搜查、扣押、冻结作为证据的财物、文件等。

2."当事人"的含义。"当事人"是与案件的结果有着直接利害关系的人。根据本条规定，当事人主要有被害人、自诉人、犯罪嫌疑人、被告人、附带民事诉讼的原告人和被告人。"被害人"是指人身、财产或者其他合法权益受到犯罪行为直接侵害的单位或者个人。是否赋予被害人以当事人的法律地位，各国刑事诉讼法的做法不一。我国1979年刑事诉讼法没有将公诉案件的被害人作为当事人，为了加强保护被害人的合法权益的力度，1996年修改刑事诉讼法时，将被害人规定为当事人。"自诉人"是指自诉案件中的原告人。"犯罪嫌疑人"是指在侦查、审查起诉阶段，被认为涉嫌犯罪，并被公安机关以及人民检察院立案侦查和由人民检察院审查起诉的人。"被告人"是指在公诉案件和自诉案件中被指控犯有某种罪行而起诉到人民法院，要求追究其刑事责任的人。"附带民事诉讼的原告人"是指因犯罪行为遭受物质损失，在刑事诉讼过程中提出赔偿请求的人，一般是被害人或者被害人的法定代理人或者近亲属。"附带民事诉讼的被告人"是指对犯罪行为造成的物质损失依法负有赔偿责任而被他人提起附带民事诉讼的人，一般与刑事案件的被告人是同一的。

3."法定代理人"的含义。"法定代理人"是指依照法律规定对无行为能力人或者限制行为能力人负有保护义务的人。根据本条规定，法定代理人主要有被代理人的父母、养父母、监护人和负有保护责任的机关、团体的代表。其中的"监护人"是指除父母、养父母以外，对未成年人、精神病人及其他无行为能力人的人身、财产及其他合法权益，依照法律规定有责任进行保护的人。

4."诉讼参与人"的含义。"诉讼参与人"是指除公安、检察等专门国家机关以外的，依法参与刑事诉讼活动，在刑事诉讼中享有一定诉讼权利、负有一定诉讼义务的人。诉讼参与人通过参加诉讼活动，行使诉讼权利、承担诉讼义务，对刑事诉讼的进程和结局发挥着不同程度的影响和作用，以保证刑事诉讼活动的顺利进行。诉讼参与人包括当事人、法定代理人、诉讼代理人、辩护人、证人、鉴定人和翻译人员。

5.“诉讼代理人”的含义。“诉讼代理人”是指公诉案件的被害人及其法定代理人或者近亲属、自诉案件的自诉人及其法定代理人委托代为参加诉讼的人和附带民事诉讼的当事人及其法定代理人委托代为参加诉讼的人。本法第二百九十九条规定，在犯罪嫌疑人、被告人逃匿、死亡案件违法所得的没收程序中，犯罪嫌疑人、被告人的近亲属以及其他与涉案财产有利害关系的人，也可以委托诉讼代理人参加诉讼。

6.“近亲属”的含义。“近亲属”的范围在不同的法律中不尽一致。根据本条规定，刑事诉讼法中的近亲属是指夫、妻、父、母、子、女、同胞兄弟姊妹。

在该条的理解适用中，还需要注意以下问题：

本条第一项对于“侦查”主体只列举了“公安机关、人民检察院”，但是本法第四条规定“国家安全机关依照法律规定，办理危害国家安全的刑事案件，行使与公安机关相同的职权”，第三百零八条规定“军队保卫部门对军队内部发生的刑事案件行使侦查权。中国海警局履行海上维权执法职责，对海上发生的刑事案件行使侦查权。对罪犯在监狱内犯罪的案件由监狱进行侦查。军队保卫部门、中国海警局、监狱办理刑事案件，适用本法的有关规定。”根据上述规定，国家安全机关、中国海警局、军队保卫部门、监狱等对于刑事案件，收集证据、查明案件事实、查获犯罪嫌疑人、采取有关的强制性措施等活动，也属于本条规定的“侦查”范畴。

第二编　立案、侦查和提起公诉

第一章　立　　案

第一百零九条　公安机关或者人民检察院发现犯罪事实或者犯罪嫌疑人，应当按照管辖范围，立案侦查。

【修改提示】

本条是1996年修改刑事诉讼法时增加的规定，2012年、2018年修改刑事诉讼法未作修改。

【背景解读】

本条规定的立案是刑事诉讼活动开始的标志。1979年刑事诉讼法第五十九条规定："机关、团体、企业、事业单位和公民发现有犯罪事实或者犯罪嫌疑人，有权利也有义务按照本法第十三条规定的管辖范围，向公安机关、人民检察院或者人民法院提出控告和检举。公安机关、人民检察院或者人民法院对于控告、检举和犯罪人的自首，都应当接受。对于不属于自己管辖的，应当移送主管机关处理，并且通知控告人、检举人；对于不属于自己管辖而又必须采取紧急措施的，应当先采取紧急措施，然后移送主管机关。"刑事案件的案源来自多种渠道，实践中许多犯罪事实或者犯罪嫌疑人是由公安机关或者人民检察院直接发现，进而由公安机关、检察机关依法立案而进入刑事诉讼程序的，对这类情况的立案，1979年刑事诉讼法没有作出具体的规定。公安机关和人民检察院是执行法律，打击犯罪的专门机关，对发现的犯罪事实和犯罪嫌疑人应当立案侦查是不言而喻的，在司法实践中也是这样做的。为了更好地规范办案机关的立案活动，使立案工作有所遵循，又便于操作，在1996年修改刑事诉讼法时，总结了办案机关在立案方面的实际做法和经验，对来自不同渠道的案件的立案分别作了具体的规定。本条的规定有利于公安机关、检察机关对自己发现的犯罪案件立案侦查，更好地发挥其职能作用；同时也进一步完善了有关立案侦查的规定。

【理解与适用】

本条是关于侦查立案的规定。

本条规定包含以下几层意思:第一,立案是特定机关的职权行为。侦查立案是法律赋予侦查机关的专属权力,其他任何机关或者个人都不得行使。根据刑事诉讼法的规定,公安机关和人民检察院依照法律规定的案件管辖范围承担着对犯罪案件的侦查工作,肩负着打击犯罪,维护社会治安,维护社会稳定的职责。因此,发现犯罪事实或者犯罪嫌疑人的,应当由公安机关或者人民检察院立案侦查。另外,刑事诉讼法第四条规定,国家安全机关依照法律规定,办理危害国家安全的刑事案件,行使与公安机关相同的职权。第三百零八条规定,军队保卫部门对军队内部发生的刑事案件行使侦查权,中国海警局履行海上维权执法职责,对海上发生的刑事案件行使侦查权,对罪犯在监狱内犯罪的案件由监狱进行侦查,军队保卫部门、中国海警局、监狱办理刑事案件,适用本法的有关规定。根据上述规定,国家安全机关、军队保卫部门、中国海警局和监狱在行使法律授予的侦查职权时,也有侦查立案权。

第二,立案必须按照法律规定的管辖范围进行。刑事诉讼法根据公安机关和人民检察院职能的不同,对其各自负责立案侦查的刑事案件管辖范围进行了分工。根据本法第十九条规定,一般的刑事案件,由公安机关负责立案侦查;人民检察院在对诉讼活动实行法律监督中发现的司法工作人员利用职权实施的非法拘禁、刑讯逼供、非法搜查等侵犯公民权利、损害司法公正的犯罪,可以由人民检察院立案侦查。对于公安机关管辖的国家机关工作人员利用职权实施的重大犯罪案件,需要由人民检察院直接受理的时候,经省级以上人民检察院决定,可以由人民检察院立案侦查。公安、检察机关立案侦查刑事案件,必须按照法律规定的案件管辖范围进行。

第三,立案应当根据法定条件进行。根据本条规定,侦查机关对具有以下两种情形之一的,即应立案:一是发现犯罪事实;二是发现犯罪嫌疑人。并不要求二者都具备。

第四,有关侦查机关发现犯罪事实或者犯罪嫌疑人,且在自己管辖范围内的,必须立案侦查,不得推诿、拖延。公安机关和人民检察院在各自的职责范围内依法负有侦查犯罪的责任,发现犯罪事实和犯罪嫌疑人的,必须立案侦查,及时采取必要的侦查措施,及时发现和收集证据,从而保证准确、及时地揭露、证实、惩罚犯罪分子。只有公安机关、人民检察院积极开展立案活动,才能保证一切需要追究刑事责任的犯罪行为受到及时追究。如果该立案而不立案或者立案不及时,就可能贻误侦查时机,放纵犯罪,甚至可能因犯罪人继续实施新的犯罪而给社会造成新的危害。实践中,一些地方存在为片面追求破案率而不依法积极立案,不破不立、先破后立的做法，这是严重违反刑事诉讼法立案程序规定的错误做法，应当予以纠正。

第一百一十条　任何单位和个人发现有犯罪事实或者犯罪嫌疑人，有权利也有义务向公安机关、人民检察院或者人民法院报案或者举报。

被害人对侵犯其人身、财产权利的犯罪事实或者犯罪嫌疑人，有权向公安机关、人民检察院或者人民法院报案或者控告。

公安机关、人民检察院或者人民法院对于报案、控告、举报，都应当接受。对于不属于自己管辖的，应当移送主管机关处理，并且通知报案人、控告人、举报人；对于不属于自己管辖而又必须采取紧急措施的，应当先采取紧急措施，然后移送主管机关。

犯罪人向公安机关、人民检察院或者人民法院自首的，适用第三款规定。

【修改提示】

本条是1979年刑事诉讼法的规定，1996年作过修改，2012年、2018年修改刑事诉讼法未作修改。

【背景解读】

我国是人民民主专政的社会主义国家，国家的一切权力属于人民，人民是国家的主人。同犯罪作斗争既是公民的权利也是公民的义务。在实际生活中，除了公安机关、检察机关发现犯罪事实或者犯罪嫌疑人以外，单位和个人的报案、举报、控告也是案件的重要来源。1979年刑事诉讼法第五十九条规定："机关、团体、企业、事业单位和公民发现有犯罪事实或者犯罪嫌疑人，有权利也有义务按照本法第十三条规定的管辖范围，向公安机关、人民检察院或者人民法院提出控告和检举。"实践证明，单位和公民的检举、控告、举报对于公安司法机关侦破案件、揭露犯罪、惩罚犯罪，保护人民，保障国家安全和社会秩序发挥了重要作用。为了更好地发挥单位、个人报案、举报、控告的作用，保障公民、组织更好地行使这一权利，履行这一义务，有利于同犯罪作斗争，立法机关在1996年修改刑事诉讼法时，从实际出发，在总结司法实践经验的基础上，对1979年刑事诉讼法第五十九条的规定作了修改补充，进一步完善了关于报案、举报、控告的规定。（1）对报案、举报、控告的主体表述作了修改，将1979年刑事诉讼法第五十九条规定的"机关、团体、企业、事业单位和公民"改为"单位和个人"，扩大了主体的范围。（2）考虑到对相当一部分单位和个人来说，在其行使上述权利、履行上述义务时，对法律规定的不同司法机关的管辖范围是不清楚的。在司法实践中不可能也不应当要求他们在发现犯罪事实或者犯罪嫌疑人时，先搞清是哪一机关管辖，再去报案或者举报。这不利于及时、有力地打击犯罪，也不利于保障单位和个人依法行使这一权利、履行这一义务。因此，删去了1979年刑事诉讼法第五十九条第一款要“按照本法第十三条规定的管辖范围”报案、举报、控告的规定，同时规定了公安机关、人民检察院、人民法院接受和移送的义务。(3)明确规定被害人有权向公安机关、人民检察院或者人民法院报案或者控告犯罪事实或者犯罪嫌疑人。1979年刑事诉讼法对被害人的报案、控告没有单独规定，实践中存在着被害人的人身、财产受到侵犯而告状无门的个别现象。为杜绝这种现象，更好地保护被害人的合法权益，并追究犯罪，1996年刑事诉讼法对被害人的控告、报案权作出了规定。这也是符合修改刑事诉讼法所遵循的强化被害人的诉讼地位，加强对被害人合法权益保护的原则的。

【理解与适用】

本条是关于报案、举报、控告以及对报案、举报、控告、自首应当如何处理的规定。

本条分为四款。第一款是对单位和个人发现犯罪，有权利也有义务向公安机关、人民检察院、人民法院报案或者举报的规定。这里的“报案”是指单位和个人(包括被害人)向公安机关、人民检察院、人民法院报告发现有犯罪事实或者犯罪嫌疑人的行为；“举报”是指当事人以外的其他知情人向公安机关、人民检察院、人民法院检举、揭发犯罪嫌疑人的犯罪事实或者犯罪嫌疑人线索的行为。需要注意的是，虽然刑事诉讼法对公检法机关各自的职责和管辖范围有明确规定，但本款对单位和个人报案或者举报的机关未作任何限制，即发现犯罪事实或者犯罪嫌疑人的单位和个人，可以向公安机关、人民检察院、人民法院任何一个机关报案或者举报。至于案件具体如何分工，归哪一个机关管辖，待这三个机关收到报案、举报后，再根据法律规定确定。

第二款是对被害人有权向司法机关报案、控告的规定。这里的“控告”是指被害人及其近亲属或其诉讼代理人，对侵犯被害人合法权益的犯罪行为向司法机关告诉，要求追究侵害人的法律责任的行为。实际上按照第一款的规定，任何单位和个人发现犯罪事实或者犯罪嫌疑人，都有权利报案，其中的任何单位和个人就已经包括被害人在内。本款是对被害人报案和控告权进一步的明确规定，主要是为更好地保护被害人的合法权益，追究犯罪。

第三款是对司法机关对于报案、控告、举报如何处理的规定，有三层意思：第一，公安机关、人民检察院或者人民法院对于报案、控告、举报都应当接受，决不能以任何理由拒绝、推诿；第二，接受以后应当进行初步审查，对于不属于自己管辖的，应当移送主管机关处理，并且通知报案人、控告人、举报人，以便于他们了解处理结果;第三,对于不属于自己管辖而又必须采取紧急措施的,应当先采取紧急措施,然后移送主管机关。这里“紧急措施”是指保护现场、扣押证据等措施。先采取紧急措施,便于及时固定证据,保护作案现场不被破坏,为案件侦破创造条件。

第四款是对犯罪人自首如何处理的规定。这里的“适用第三款规定”是指司法机关在接受犯罪人自首后,立即按照管辖范围确定主管机关,对不属于自己管辖而又必须采取紧急措施的,应先采取紧急措施,然后移送主管机关。

第一百一十一条　报案、控告、举报可以用书面或者口头提出。接受口头报案、控告、举报的工作人员,应当写成笔录,经宣读无误后,由报案人、控告人、举报人签名或者盖章。

接受控告、举报的工作人员,应当向控告人、举报人说明诬告应负的法律责任。但是,只要不是捏造事实,伪造证据,即使控告、举报的事实有出入,甚至是错告的,也要和诬告严格加以区别。

公安机关、人民检察院或者人民法院应当保障报案人、控告人、举报人及其近亲属的安全。报案人、控告人、举报人如果不愿公开自己的姓名和报案、控告、举报的行为,应当为他保守秘密。

【修改提示】

本条是1979年刑事诉讼法的规定,1996年作过修改,2012年、2018年修改刑事诉讼法未作修改。

【背景解读】

为了严厉打击犯罪活动,维护社会治安稳定,国家鼓励对违法犯罪的控告、报案和举报。1979年刑事诉讼法第六十条规定:“控告、检举可以用书面或者口头提出。接受口头控告、检举的工作人员,应当写成笔录,经宣读无误后,由控告人、检举人签名或者盖章。接受控告、检举的工作人员,应当向控告人、检举人说明诬告应负的法律责任。但是,只要不是捏造事实,伪造证据,即使控告、检举的事实有出入,甚至是错告的,也要和诬告严格加以区别。控告人、检举人如果不愿公开自己的姓名,在侦查期间,应当为他保守秘密。”虽然上述规定对有关单位和公民的检举和控告作出了规定,但也存在一些问题,比如,对被害人向公安司法机关报案没有规定,缺乏保障报案人、控告人、举报人及其近亲属安全的规定等,不利于鼓励公民与违法犯罪行为作斗争。针对这些情况,1996年在修改刑事诉讼法时,从三个方面进行了修改:一是根据实践中案件来源的实际情况,增加了“报案”的规定,并将原规定的"检举"修改为"举报";二是为了鼓励公民同犯罪进行斗争,保护公民的合法权利,更有利于惩罚犯罪,增加了保护报案人、控告人、举报人及其近亲属安全的规定;三是为了保障报案人、控告人、举报人及其近亲属的安全,扩大了为报案人、控告人、举报人保密的范围,增加了对报案、控告、举报行为保密的规定。

【理解与适用】

本条是关于报案、控告、举报的形式及接受举报的程序和要求的规定。

本条共分为三款。第一款是关于报案、控告、举报形式及如何接受口头报案、控告和举报的规定。根据本款规定,报案、控告和举报可以采取书面形式,也可以口头提出。这样规定方便群众,有利于群众与犯罪作斗争,也有利于及时查获犯罪分子。公安机关、人民检察院或者人民法院应当同等地对待这两种形式的报案、控告和举报。接受口头的报案、控告和举报,应当注意尽量问清犯罪的时间、地点、方法、后果,犯罪人或嫌疑人特征等有关情节,做好笔录,并向报案人、控告人或举报人宣读,经确认无误后,由报案人、控告人或举报人签名、盖章。单位报案、控告或举报的,应当由单位负责人签名盖章,以便查证和防止诬告陷害。书面的报案、控告或举报可以面交,也可以邮寄。

第二款是关于接受控告或举报的工作人员应当向控告人、举报人说明诬告应当负法律责任的规定。为了保证控告、举报的真实性,准确地揭露犯罪,既防止诬告、陷害好人,又能充分保障单位或公民行使控告、举报的权利,本款明确规定了接受控告或举报的工作人员应当向控告人或举报人说明诬告应负的法律责任。也就是说,工作人员在接受控告、举报时,应当向控告人、举报人说明控告、举报应当实事求是,不得诬告陷害他人,违法者依照刑法关于诬告陷害罪的规定追究刑事责任。这是司法机关工作人员接受控告、举报必须履行的程序。同时也明确规定了工作人员要注意严格区别错告与诬告。对报案失实的甚至是错告,只要不是故意捏造事实,伪造证据,就不能认为是诬告。将错告与诬告严加区别,有利于解除报案人、控告人、举报人的思想顾虑,鼓励知情人报案、控告、举报,有利于依靠群众打击犯罪。

第三款是关于保障报案人、控告人、举报人及其近亲属安全和为他们保密的规定。"公安机关、人民检察院或者人民法院应当保障报案人、控告人、举报人及其近亲属的安全",主要是指公安机关、人民检察院、人民法院对于报案人、控告人、举报人正处于危险之中的,或因报案、控告、举报行为可能遭受侵害的,应及时采取保护性措施,如及时拘捕具有社会危险性的犯罪嫌疑人,为报案人、控告人、举报人保密等。这样有利于更好地保障报案人、控告人、举报人的安全,保护群众揭露犯罪的积极性,保障侦查工作的顺利进行。同样,规定"报案人、控告人、举报人如果不愿公开自己的姓名和报案、控告、举报的行为,应当为他保守秘密”也是因为这样更有利于保护群众与犯罪作斗争的积极性,有利于保护报案人、控告人、举报人及其近亲属的安全。

实践中执行本条规定应当注意两个问题:(1)应当严格区分错告和诬告。二者的主要区别是:错告没有捏造事实、陷害他人的故意,而是由于个人认识片面或错误造成的报案、控告、举报与事实不符,甚至错误;而诬告则是故意捏造事实,伪造证据,目的在于陷害他人。(2)应当注意保护报案人、控告人、举报人及其近亲属的安全,在为不愿公开自己姓名的报案人、控告人、举报人保守秘密的同时,对被告发人应当及时采取有效措施,尽可能地排除他们对报案人、控告人、举报人造成的威胁。

第一百一十二条　人民法院、人民检察院或者公安机关对于报案、控告、举报和自首的材料,应当按照管辖范围,迅速进行审查,认为有犯罪事实需要追究刑事责任的时候,应当立案;认为没有犯罪事实,或者犯罪事实显著轻微,不需要追究刑事责任的时候,不予立案,并且将不立案的原因通知控告人。控告人如果不服,可以申请复议。

【修改提示】

本条是1979年刑事诉讼法的规定,1996年作过修改,2012年、2018年修改刑事诉讼法未作修改。

【背景解读】

同犯罪作斗争既是公民的权利也是公民的义务。在实际生活中,除了公安机关,检察机关发现犯罪事实以外,单位和个人的报案、控告、举报,以及犯罪嫌疑人自首,也是案件的重要来源。人民法院、人民检察院、公安机关接到报案、举报、控告或者犯罪嫌疑人自首的,应当依照各自职权作出相应处理,应当立案的,予以立案,依法不应当立案的,不予立案。

考虑到“控告”是被害人向公安机关、检察机关、人民法院报告犯罪嫌疑人及犯罪事实,要求追究刑事责任的行为,依法向公安机关、检察机关、人民法院提出控告是公民的一项权利,对公民提出的控告,公安机关、检察机关、人民法院立案与否与被害人的权益有着重大关系,刑事诉讼法对此作出了明确规定。即对控告人提出的控告,有关机关如果经过审查,认为依法不应当立案的,应当对控告人予以认真回复,告知其不予立案的理由和法律依据。同时,为了进一步保障公民控告权落到实处,刑事诉讼法还规定了控告人对有关机关作出的不予立案说明提请复议的权利，即控告人如果认为有关机关不予立案的理由不成立或者认为不予立案不符合法律规定的，有权申请复议。

1979年刑事诉讼法第六十一条规定："人民法院、人民检察院或者公安机关对于控告、检举和自首的材料，应当按照管辖范围，迅速进行审查，认为有犯罪事实需要追究刑事责任的时候，应当立案；认为没有犯罪事实，或者犯罪事实显著轻微，不需要追究刑事责任的时候，不予立案，并且将不立案的原因通知控告人。控告人如果不服，可以申请复议。"1996年修改刑事诉讼法，增加"报案"，将"检举"修改为"举报"。

【理解与适用】

本条是关于立案条件和程序的规定。

根据本条规定，人民法院、人民检察院或者公安机关对于报案、控告、举报和自首的材料，应当按照管辖范围迅速进行审查，通过审查，决定是否立案。

决定立案的条件是：(1)有犯罪事实，即已有的材料能够说明存在危害社会的犯罪行为，包括预备犯罪、正在实施犯罪、犯罪未遂、犯罪既遂或中止。这是立案的首要条件。(2)依照刑法及其他有关法律的规定，对所存在的犯罪事实需要追究刑事责任。同时具备以上两个条件的，应当决定立案。

经审查，有下列情形之一的，不予立案：(1)没有犯罪事实，即没有任何危害社会的犯罪行为和后果，或者有危害后果而并非犯罪行为所致；(2)虽有危害社会的行为，但情节显著轻微危害不大，不认为是犯罪的。遇有本法第十五条规定的犯罪已超过追诉时效的，经特赦令免除刑罚的，依照刑法规定告诉才处理的犯罪而没有告诉或撤回告诉的，犯罪嫌疑人、被告人死亡，或者其他法律规定免予追究刑事责任的情形的，也可以不予立案。

为了防止司法实践中出现一些有案不立，被害人告状无门，放任犯罪分子逍遥法外，影响社会安定，正义无法伸张的情况，本条规定，对于不予立案的，应当将不立案的原因通知控告人，即对控告人的控告，要依法及时回复，不能不闻不问；认为不应当立案的，要说明理由。此外，为加强对控告人的权利救济，本条还规定，控告人对司法机关不予立案的通知不服的，可以申请复议。

第一百一十三条　人民检察院认为公安机关对应当立案侦查的案件而不立案侦查的，或者被害人认为公安机关对应当立案侦查的案件而不立案侦查，向人民检察院提出的，人民检察院应当要求公安机关说明不立案的理由。人民检察院认为公安机关不立案理由不能成立的，应当通知公安机关立案，公安机关接到通知后应当立案。

【修改提示】

本条是1996年修改刑事诉讼法时增加的规定,2012年、2018年修改刑事诉讼法未作修改。

【背景解读】

本条是针对实践中存在的一些公安机关应当立案而不立案,群众告状无门,对犯罪打击不力的实际情况,在1996年修改刑事诉讼法时增加的规定。在司法实践中,有的公安机关出于各种原因,对原本应该立案的案件不立案,这种情况的出现有复杂的原因,有的是办案人员责任心不强,不愿做细致的调查工作;也有的是警力不足,人少案多,对一些案件顾不过来;也存在个别徇私枉法,接受了当事人的好处,对一些犯罪有意不予追究的情况,等等,使群众告状无门,打击犯罪不力,公民的合法权利得不到及时保护。为了保证及时有效地保护公民的合法权利,打击犯罪,1996年在修改刑事诉讼法时增加了本条规定,加强了人民检察院对公安机关立案的监督。

【理解与适用】

本条是关于人民检察院对公安机关立案监督的规定。

根据本条规定,人民检察院对公安机关的立案实行监督有两种情况:第一种情况是人民检察院通过办案、调查研究及公民、组织报案、控告、举报等途径,发现公安机关该立案而不立案的,人民检察院有权要求公安机关说明不立案的理由,公安机关应当说明。人民检察院根据自己掌握的材料,认为公安机关说明的理由不能否定人民检察院认为应当立案的根据时,人民检察院有权通知公安机关立案,公安机关接到通知后应当立案。第二种情况是被害人认为公安机关应当立案而没有立案,向人民检察院提出,要求追究行为人的刑事责任的,人民检察院也应当要求公安机关说明不立案的理由。如果认为公安机关不立案的理由不能成立的,应当通知公安机关立案,公安机关接到通知后应当立案。

本条所说的"应当立案",是指符合刑事诉讼法规定的立案条件,即"有犯罪事实需要追究刑事责任",应当立案侦查。"不立案理由不能成立"主要是指公安机关提出的不立案理由不符合刑事诉讼法规定的"没有犯罪事实,或者犯罪事实显著轻微,不需要追究刑事责任"的不立案条件。

执行本条规定,应当注意两个问题:一是人民检察院衡量公安机关不立案的理由是否成立,应当根据已掌握的案件材料和法律规定的立案标准判定,不能凭主观臆断，也不能代替公安机关进行侦查；二是人民检察院要求公安机关说明不立案的理由并通知公安机关立案是法律程序的硬性规定，公安机关必须执行。

第一百一十四条 对于自诉案件，被害人有权向人民法院直接起诉。被害人死亡或者丧失行为能力的，被害人的法定代理人、近亲属有权向人民法院起诉。人民法院应当依法受理。

【修改提示】

本条是1996年修改刑事诉讼法时增加的规定，2012年、2018年修改刑事诉讼法未作修改。

【背景解读】

1979年刑事诉讼法在立案一章没有对被害人及其法定代理人、近亲属有权向人民法院起诉作出规定，即对自诉案件的立案、受理没有作出规定。为了强调并加强对被害人权利的保护，1996年修改刑事诉讼法时增加了本条。一般来说，刑事案件的立案是指公安机关或者人民检察院对应当进行侦查的公诉案件的立案侦查，由于自诉案件无须侦查，人民法院可以直接受理，因而人民法院对案件的直接受理也是一种特殊意义的立案。关于自诉案件的审理，刑事诉讼法在审判一编中有专章规定，同时在本章对自诉案件的立案和受理作出规定，体现了刑事诉讼法对被害人合法权利的保护。

【理解与适用】

本条是关于自诉案件的起诉和受理的规定。

根据本法规定，“自诉案件”是指“告诉才处理的案件；被害人有证据证明的轻微刑事案件；被害人有证据证明对被告人侵犯自己人身、财产权利的行为应当依法追究刑事责任，而公安机关或者人民检察院不予追究被告人刑事责任的案件”。作为公诉案件的被害人，有权依照刑事诉讼法的规定向公安机关、人民检察院等有关机关报案或者控告，请求有关机关依法履行职责，启动刑事诉讼程序，追究犯罪行为人刑事责任。自诉案件的被害人则有权直接向人民法院提起诉讼，这是自诉案件中被害人的诉权，任何人都不得非法剥夺。人民法院应当保障自诉案件被害人诉权的行使，及时受理被害人提起诉讼的案件。

同时，根据实践中有的自诉案件被害人往往因受到犯罪行为侵害而死亡、丧失行为能力，不能行使起诉的权利的实际情况，本条明确规定，被害人死亡或者丧失行为能力的，其法定代理人、近亲属有直接向人民法院起诉的权利。对于被害人及其法定代理人、近亲属直接起诉的案件，人民法院应当依法受理。这一规定有利于惩罚犯罪分子和保护被害人的合法权利。

"被害人死亡或者丧失行为能力"主要是指由于犯罪行为致使被害人死亡或者失去以自己行为依法行使权利和承担义务的能力，同时也包括被害人在案件发生后，因其他原因死亡或者本来就无行为能力的情况。如被害人因病去世、先天呆傻等。"人民法院应当依法受理"是指人民法院应当依照本法案件管辖等有关规定受理，不得推诿。也就是说，人民法院对于被害人提起诉讼的属于自诉范围的案件，都应当受理，不得以任何借口不受理。受理后，应当依照刑事诉讼法的规定作出处理。

执行本条规定，应当注意区分公诉案件与自诉案件的界限。凡不属于本法规定的自诉案件范围的，人民法院受理后应当按照管辖范围转公安机关或人民检察院按公诉案件处理。

第二章　侦　　查

第一节　一般规定

第一百一十五条　公安机关对已经立案的刑事案件，应当进行侦查，收集、调取犯罪嫌疑人有罪或者无罪、罪轻或者罪重的证据材料。对现行犯或者重大嫌疑分子可以依法先行拘留，对符合逮捕条件的犯罪嫌疑人，应当依法逮捕。

【修改提示】

本条是1996年修改刑事诉讼法时增加的规定，2012年、2018年修改刑事诉讼法未作修改。

【背景解读】

本条是根据侦查活动的实际情况，在1996年修改刑事诉讼法时新增加的规定。这一规定明确了公安机关对刑事案件立案后应当进行的诉讼活动，具体规定了侦查阶段的主要任务，即查明案件事实，收集各种证据，依法采取必要的强制措施，这对规范侦查机关的侦查活动和侦查人员依法办案具有重要意义。

【理解与适用】

本条是关于公安机关开展侦查活动的主要任务及采取相应强制措施的规定。

“侦查”是侦查机关在办理刑事案件过程中，依法进行的专门调查工作和有关的强制性措施。侦查的目的在于收集、调取证据材料，以查清案件事实。立案是侦查的开始，也是侦查的前提，如果立案后不及时开展侦查活动，时过境迁，客观存在的反映案件本来面貌的材料就可能被毁坏，甚至被毁灭，使案件无法侦破，既不利于打击犯罪，也不利于保护公民的合法权利。这里所规定的“证据材料”是指能够反映案件事实的物品、文件、痕迹以及犯罪嫌疑人的口供，被害人的陈述等。这些证据材料必须通过各种侦查手段提取，以作为认定案件事实的根据，即案件证据。为了保证侦查任务的完成，本条还明确规定，对符合拘留条件的现行犯、重大嫌疑分子可以先行拘留，对于符合逮捕条件的犯罪嫌疑人，应当依法逮捕。对犯罪嫌疑人依法采取强制措施是侦查工作的重要内容，采取强制措施的主要目的是保证收集、调取证据工作的顺利进行，保证立案后一系列诉讼活动的正常进行，防止犯罪嫌疑人再进行危害社会的行为。

执行本条规定应当注意三点：(1)收集、调取证据材料应当全面。所谓全面，就是要求收集、调取证据材料的时候，既要收集、调取有罪、罪重的证据材料，又要收集无罪、罪轻的证据材料；(2)收集调取证据材料要及时，不能延误时机，即立案后立即组织侦查力量，开展侦查活动，收集、调取证据材料；(3)收集、调取证据材料必须依照本法规定的有关程序进行，不得违背程序或者采用非法手段。

第一百一十六条　公安机关经过侦查，对有证据证明有犯罪事实的案件，应当进行预审，对收集、调取的证据材料予以核实。

【修改提示】

本条是1996年修改刑事诉讼法时增加的规定，2012年、2018年修改刑事诉讼法未作修改。

【背景解读】

预审是侦查阶段的重要环节，它对于核实证据，澄清事实，准确认定犯罪、惩罚犯罪，保证诉讼活动的正常进行具有重要意义。1996年修改刑事诉讼法时增加了本条规定，以确定预审的诉讼地位和任务。

【理解与适用】

本条是关于预审的规定。

本条包含两层意思：一是公安机关经过一系列侦查活动后应当进行预审，而预审的前提是经侦查所获得的证据能证明有犯罪事实并已查获犯罪嫌疑人，犯罪嫌疑人已被公安机关控制。二是预审的任务是对侦查中收集、调取的各种证据材料予以核实，即进一步运用侦查手段复核证据，确定定案根据，认定案件事实，同时通过预审活动进一步发现犯罪线索，扩大侦查战果，为侦查终结，正确处理案件打下可靠基础。

需要说明的是，长期以来，我国刑事司法实践中将刑事案件的侦查分为前期侦查和后期预审两个阶段。前期侦查由公安机关的刑警负责，其主要任务是收集证据和查获犯罪嫌疑人；而预审阶段则由公安机关的预审部门负责，主要任务是对查获的犯罪嫌疑人进行讯问，以核实证据，查清余罪。近年来，公安机关进行刑侦体制改革，实行侦审合一，取消了预审部门，以提高侦查效率。但这只是公安机关工作机制的改革，从侦查的工作内容看，前期侦查和后期预审的实际工作仍然是存在的，只是改为全部由承办案件的刑警承担，法律规定的预审程序必须予以保障和落实。

第一百一十七条　当事人和辩护人、诉讼代理人、利害关系人对于司法机关及其工作人员有下列行为之一的，有权向该机关申诉或者控告：

（一）采取强制措施法定期限届满，不予以释放、解除或者变更的；

（二）应当退还取保候审保证金不退还的；

（三）对与案件无关的财物采取查封、扣押、冻结措施的；

（四）应当解除查封、扣押、冻结不解除的；

（五）贪污、挪用、私分、调换、违反规定使用查封、扣押、冻结的财物的。

受理申诉或者控告的机关应当及时处理。对处理不服的，可以向同级人民检察院申诉；人民检察院直接受理的案件，可以向上一级人民检察院申诉。人民检察院对申诉应当及时进行审查，情况属实的，通知有关机关予以纠正。

【修改提示】

本条是2012年修改刑事诉讼法时增加的规定，2018年修改刑事诉讼法未作修改。

【背景解读】

2012年3月14日第十一届全国人民代表大会第五次会议《关于修改〈中华

人民共和国刑事诉讼法〉的决定》增加了本条规定。刑事诉讼法的修改,注重体现以人为本的原则,注意保护当事人的合法权益。刑事诉讼法赋予司法机关在办理案件过程中可以采取必要的强制措施和侦查措施,是为了能及时查明案情,惩治犯罪,公正办理案件。比如,为了防止犯罪嫌疑人将有关涉案财产转移或者藏匿,司法机关可以及时对这些财产采取查封、扣押或者冻结等措施。但是,在赋予侦查机关必要手段的同时,为了保护当事人和辩护人、诉讼代理人、利害关系人的合法权益不受侵害,防止司法机关及其工作人员滥用这些强制措施、侦查措施,也须相应设置必要的制约机制,使司法机关及其工作人员在采取强制措施、侦查措施的时候,受到一定的限制和监督。因此,2012 年修改的刑事诉讼法,在本条中增加规定了对司法机关及其工作人员采取强制措施和侦查措施有违法情形时的申诉、控告及处理程序。

【理解与适用】

本条是关于对司法机关及其工作人员采取强制措施和侦查措施有违法情形时的申诉、控告及处理程序的规定。

本条共分为两款。第一款是关于当事人和辩护人、诉讼代理人、利害关系人对于司法机关及其工作人员具有本款所列行为之一的,有权向该机关申诉或者控告的规定。其中"当事人",根据本法第一百零八条第二项的规定,是指被害人、自诉人、犯罪嫌疑人、被告人、附带民事诉讼的原告人和被告人。"辩护人",是指在刑事诉讼过程中为犯罪嫌疑人、被告人提供法律帮助的人,一般由律师担任。"诉讼代理人",根据本法第一百零八条第五项的规定,是指公诉案件的被害人及其法定代理人或者近亲属、自诉案件的自诉人及其法定代理人委托代为参加诉讼的人和附带民事诉讼的当事人及其法定代理人委托代为参加诉讼的人。"利害关系人",是指与案件有关联并存在利害关系的人,这里主要是指与有关涉案财产存在利害关系的人。本款列举了五项司法机关及其工作人员采取强制措施和侦查措施的违法行为:(1)采取强制措施法定期限届满,不予以释放、解除或者变更的,即司法机关及其工作人员对犯罪嫌疑人、被告人依法采取了逮捕、拘留、取保候审、监视居住等强制措施,法定期限届满不予以释放、解除或者变更的情形。由于强制措施是对犯罪嫌疑人的人身自由加以限制,因此,本法对采取强制措施的批准机关、具体执行程序和期限都作了严格的规定。比如,本法第七十九条规定了取保候审和监视居住的期限。人民法院、人民检察院和公安机关对犯罪嫌疑人、被告人取保候审最长不得超过十二个月,监视居住最长不得超过六个月。第九十一条规定了拘留和审查批准逮捕的期限。公安机关对被拘留的人,认为需要逮捕的,应当在拘留后的三日以内,提请人民检察院审查批准。在特殊情况下,提请审查批准的时间可以延长一日至四日。对于流窜作案、多次作案、结伙作案的重大嫌疑分子,提请审查批准的时间可以延长至三十日。人民检察院应当自接到公安机关提请批准逮捕书后的七日以内,作出批准逮捕或者不批准逮捕的决定。第一百五十六条至第一百六十条对侦查羁押期限及其延长的条件和批准程序作了规定。第一百七十二条规定了人民检察院审查起诉的期限。第二百零八条、第二百一十二条、第二百二十条分别对人民法院第一审普通程序、自诉案件、简易程序的审理期限作了规定。第二百四十三条对第二审审理期限作了规定。同时,本法第九十八条明确规定,犯罪嫌疑人、被告人被羁押的案件,不能在本法规定的侦查羁押、审查起诉、一审、二审期限内办结的,对犯罪嫌疑人、被告人应当予以释放;需要继续查证、审理的,对犯罪嫌疑人、被告人可以取保候审或者监视居住。如果超过上述规定的期限,有关司法机关对犯罪嫌疑人不予以释放、解除或者变更强制措施的,就属于本项所规定的情形。(2)应当退还取保候审保证金不退还的。取保候审的保证金,是犯罪嫌疑人、被告人依法向司法机关提供的一种资金保证形式,是对被取保候审的犯罪嫌疑人、被告人在经济上的一种约束。如果交纳保证金的犯罪嫌疑人、被告人在取保候审期间违反有关规定,依照规定要没收保证金。如果没有违反有关规定,取保候审的期限届满时,就应当依法退还保证金。根据本法第七十三条的规定,犯罪嫌疑人、被告人在取保候审期间未违反本法有关规定的,取保候审结束的时候,凭解除取保候审的通知或者有关法律文书到银行领取退还的保证金。如果司法机关及其工作人员阻挠犯罪嫌疑人、被告人依法领取保证金或者要求银行对保证金不予退还的,就属于本款第二项规定的情形。(3)对与本案无关的财物采取查封、扣押、冻结措施的。其中"查封、扣押、冻结措施",主要是指本法第一百零二条规定的人民法院在必要的时候,可以采取保全措施,查封、扣押或者冻结被告人的财产;第一百四十一条规定的侦查机关在侦查活动中发现的可用以证明犯罪嫌疑人有罪或者无罪的各种财物、文件,应当查封、扣押;第一百四十三条规定的经公安机关或者人民检察院批准,将有关的邮件、电报检交扣押;以及第一百四十四条规定的人民检察院、公安机关根据侦查犯罪的需要,可以依照规定查询、冻结犯罪嫌疑人的存款、汇款、债券、股票、基金份额等财产的情形。根据本法的规定,与案件无关的财物、文件,不得查封、扣押或者冻结。如果超出本法规定的范围,任意查封、扣押或者冻结与案件无关的财物的,就属于本款第三项所列举的情形。(4)应当解除查封、扣押、冻结不解除的,即有关司法机关对犯罪嫌疑人、被告人的有关财物、文件采取了查封、扣押或者冻结措施,在相关的必要性消失后应当解除而不解除的情形。根据本法第一百四十五条规定,司法机关对查封、扣押的财物、文件、邮件、电报或者冻结的存款、汇款、债券、股票、基金份额等财产,经查明确实与案件无关的,应当在三日以内解除查封、扣押、冻结。人民法院查封、扣押或者冻结被告人的财产,是一种保全措施,是为了在案件审理期间,保证有关涉案财产不被转移、隐匿或者遭受损坏而影响最后判决的执行；侦查机关在侦查活动中，对有关财物、文件的查封、扣押，是为了进一步获取证明犯罪嫌疑人有罪或者无罪的证据和固定证据的需要。如果在法院审理完毕作出判决后，超出案件执行部分被查封、扣押、冻结的财产或者不需要追缴、没收的财产部分，或者侦查机关经过侦查，发现被查封、扣押的财产和有关文件与案件无关或者不能证明犯罪嫌疑人有罪或者无罪的，就应当及时解除查封、扣押、冻结，否则就构成了本款第四项所列举的情形。(5)贪污、挪用、私分、调换、违反规定使用查封、扣押、冻结的财物的，即有关司法机关及其工作人员对查封、扣押、冻结的犯罪嫌疑人、被告人的财物，进行贪污、挪用、私分、调换、违反规定使用的情形。其中“贪污”是指司法机关及其工作人员将被查封、扣押、冻结的财产贪为己有；“挪用”是指将该财物私自挪作他用；“私分”是指将该财产私下瓜分；“调换”是指将该财物以旧换新，或者换成了低档品等；“违反规定使用”是指擅自将财物任意使用，如违规使用被扣押的车辆等。根据本款规定，当事人和辩护人、诉讼代理人、利害关系人，对于司法机关及其工作人员具有上述所列举的五项行为之一的，有权向该机关申诉或者控告。

第二款是关于对申诉或者控告的处理程序的规定。根据本款的规定，受理申诉或者控告的机关应当及时处理。对处理不服的，可以向同级人民检察院申诉；人民检察院直接受理的案件，可以向上一级人民检察院申诉。人民检察院对申诉应当及时进行审查，情况属实的，通知有关机关予以纠正。

第二节　讯问犯罪嫌疑人

第一百一十八条　讯问犯罪嫌疑人必须由人民检察院或者公安机关的侦查人员负责进行。讯问的时候，侦查人员不得少于二人。

犯罪嫌疑人被送交看守所羁押以后，侦查人员对其进行讯问，应当在看守所内进行。

【修改提示】

本条是1979年刑事诉讼法的规定，1996年、2012年作过修改，2018年修改刑事诉讼法未作修改。

【背景解读】

1979年刑事诉讼法第六十二条规定：“讯问被告人必须由人民检察院或者公安机关的侦查人员负责进行。讯问的时候，侦查人员不得少于二人。”1996年修改刑事诉讼法时，将本条中的“被告人”修改为“犯罪嫌疑人”。2012年3月14日第十一届全国人民代表大会第五次会议通过的《关于修改〈中华人民共和国刑事诉讼法〉的决定》对本条作了修改，增加了犯罪嫌疑人被送交看守所羁押以后，侦查人员对其进行讯问，应当在看守所内进行的规定。

侦查人员对犯罪嫌疑人讯问，是取得犯罪嫌疑人有关犯罪事实的口供及印证其他证据的过程。随着法治建设的不断发展，对于侦查人员在讯问犯罪嫌疑人的时候，如何既要有效取得犯罪嫌疑人的口供，又要注重保障犯罪嫌疑人的合法权益，提出了更高的要求。新增加的本条第二款，就是2012年修改刑事诉讼法时，为杜绝以刑讯逼供等侵犯嫌疑人权益的手段取得口供的情况，作出的限制性规定之一。对讯问场所加以规范，可以改变实践中少数地方在犯罪嫌疑人被公安机关羁押后，不分场所进行讯问的不规范做法，既有利保护犯罪嫌疑人的合法权益，也有利于规范和保障进行讯问的侦查人员依法行使权力。在司法实践中，有时犯罪嫌疑人在法庭受审时，对讯问笔录和口供全盘翻案，宣称是受到了刑讯逼供，致使侦查人员处于不利的地位。规范讯问场所等，有利于有效防止这类现象的发生。

【理解与适用】

本条是关于讯问犯罪嫌疑人的主体、人数和在看守所内进行的规定。

本条共分为两款。第一款是关于讯问犯罪嫌疑人的主体和人数的规定。人民检察院、公安机关是我国有权行使侦查权的机关。讯问犯罪嫌疑人是刑事诉讼中的重要侦查措施之一，通过讯问犯罪嫌疑人可以查明有无犯罪行为，查问犯罪的具体情节，证实犯罪事实，发现新的犯罪线索和新的犯罪嫌疑人。讯问笔录也是刑事诉讼活动中的重要证据。在侦查阶段只能由人民检察院或公安机关的侦查人员依法行使讯问犯罪嫌疑人的权力，其他任何单位和个人除经法律授权（如国家安全机关、军队保卫部门、中国海警局、监狱等）外，都无权对犯罪嫌疑人进行讯问。同时，规定讯问犯罪嫌疑人，侦查人员不得少于二人，主要是考虑：一是讯问工作的需要，有利于客观、真实获取和固定证据；二是有利于互相配合、监督，防止个人徇私舞弊或发生刑讯逼供、诱供等非法讯问行为，同时也有利于防止一些犯罪嫌疑人诬告侦查人员有人身侮辱、刑讯逼供等行为。这里所规定的“讯问犯罪嫌疑人”，是指侦查人员依照法定程序就案件事实对犯罪嫌疑人进行审讯。这是直接获取犯罪嫌疑人的供述和辩解的重要侦查措施，是公诉案件必经的诉讼程序。讯问犯罪嫌疑人，是整个侦查阶段对犯罪嫌疑人的讯问。既包括查获犯罪嫌疑人后的初次讯问，也包括进一步查证犯罪的预审活动中对犯罪嫌疑人的讯问。“不得少于二人”，就是指侦查人员不得独自讯问犯罪嫌疑人。讯问犯罪嫌疑人应当注意以下问题：（1）讯问共同犯罪案件的犯罪嫌疑人，应当分别进行，单独讯问，以防止同案犯串供或者相互影响供述；（2）讯问犯罪嫌疑人，应当注意保障犯罪嫌疑人的诉讼权利，严禁使用刑讯逼供和以威胁、引诱、欺骗等非法手段获取犯罪嫌疑人的口供。

第二款规定的“犯罪嫌疑人被送交看守所羁押以后”，是指犯罪嫌疑人由侦查机关按照规定将犯罪嫌疑人送交专门看押犯罪嫌疑人的场所。“看守所”是指公安机关管理的专门看押犯罪嫌疑人的羁押场所。根据这一规定，侦查机关将犯罪嫌疑人送交看守所以后，如果再要讯问犯罪嫌疑人，就必须到看守所进行。看守所要设立专门的规范的讯问室，以供侦查人员对犯罪嫌疑人进行讯问。2012年修改的刑事诉讼法，增加本款的意义在于：第一，以往的实践中，大量的刑讯逼供多发生在看守所以外的讯问过程中，规定在看守所进行讯问，可以有效防止这种情形的发生。第二，由于看守所本身不是侦查机关，它的义务就是看管嫌疑犯，所以对侦查机关及其侦查人员能起到一定的制约作用。第三，看守所为讯问提供了规范的条件和设施，有利于规范侦查人员的讯问，在发生意外情况时，可以及时加以处置。

第一百一十九条　对不需要逮捕、拘留的犯罪嫌疑人，可以传唤到犯罪嫌疑人所在市、县内的指定地点或者到他的住处进行讯问，但是应当出示人民检察院或者公安机关的证明文件。对在现场发现的犯罪嫌疑人，经出示工作证件，可以口头传唤，但应当在讯问笔录中注明。

传唤、拘传持续的时间不得超过十二小时；案情特别重大、复杂，需要采取拘留、逮捕措施的，传唤、拘传持续的时间不得超过二十四小时。

不得以连续传唤、拘传的形式变相拘禁犯罪嫌疑人。传唤、拘传犯罪嫌疑人，应当保证犯罪嫌疑人的饮食和必要的休息时间。

【修改提示】

本条是1979年刑事诉讼法的规定，1996年、2012年作过修改，2018年修改刑事诉讼法未作修改。

【背景解读】

1979年刑事诉讼法规定，对犯罪嫌疑人“可以传唤到指定的地点或者到他的住处、所在单位进行讯问”。由于这一规定过于笼统，“传唤到指定的地点”没有范围的界定，执行中随意性很大，难以掌握，也不利于保护犯罪嫌疑人的合法权利。因此，根据实际需要和可能，1996年修改刑事诉讼法时，对“传唤到指定的地点”进行了具体的限定。同时，1979年刑事诉讼法没有规定传唤、拘传的时间，执行中随意性很大，往往传唤、拘传的时间过长，并且有的办案人员以连续传唤、拘传形式变相拘禁犯罪嫌疑人，损害了犯罪嫌疑人的合法权利。为了防止传唤、拘传在执行中的随意性，将传唤、拘传变为一种变相的拘禁措施，保护犯罪嫌疑人的人身权利，1996 年修改刑事诉讼法时，规定了传唤、拘传的时间，即传唤、拘传持续的时间不得超过十二小时，并明确不得以连续传唤、拘传的形式变相拘禁犯罪嫌疑人。2012 年 3 月 14 日第十一届全国人民代表大会第五次会议通过的《关于修改〈中华人民共和国刑事诉讼法〉的决定》对本条作了三处修改：(1)增加规定了口头传唤的程序；(2)适当延长了传唤、拘传的时间；(3)增加保证犯罪嫌疑人的饮食和必要的休息时间的规定。

2012 年修改刑事诉讼法时，为了适应司法实践的需要，对传唤犯罪嫌疑人的方式作了补充。实践中，侦查办案人员在犯罪现场发现了可疑的犯罪嫌疑人，如果不及时进行讯问，就可能丧失了最佳的取证时机。因此，补充规定口头传唤是必要的。对现场发现的犯罪嫌疑人，侦查人员进行口头传唤，必须出示工作证件，这样规定也是为了规范侦查人员口头传唤的活动。关于传唤、拘传的时间，1996 年刑事诉讼法规定传唤、拘传持续的时间不得超过十二小时。这样规定本意是为了限制侦查办案人员随意延长传唤、拘传的时间，因为传唤和拘传都牵涉到对犯罪嫌疑人人身自由的一种限制，因此在时间上必须作出必要的限制。可是，实践中，对于案情特别重大、复杂，需要采取拘留、逮捕措施的犯罪嫌疑人，为核实有关证据和办理拘留等手续，有时十二小时不够用。许多地方的人民检察院和公安机关都提出，希望对这种特殊情况适当延长传唤、拘传的时间。2012 年修改刑事诉讼法，根据实践需要，对于少数严重的犯罪，将传唤、拘传的时间延长至不得超过二十四小时。同时，为了规范传唤、拘传的执行，保障犯罪嫌疑人的合法权益，增加了保证犯罪嫌疑人的饮食和必要的休息时间的规定。这样规定，在强调准确和有力地惩治各类刑事犯罪的同时，还注重保障公民的合法权益，二者并重，不能偏颇。

【理解与适用】

本条是关于传唤、拘传犯罪嫌疑人的规定。

本条共分为三款。第一款对不需要逮捕、拘留的犯罪嫌疑人的讯问地点作了具体规定。讯问犯罪嫌疑人，可以在侦查机关进行，但为了方便群众，有利于侦查工作的顺利进行，侦查人员也可以将未拘留、逮捕的犯罪嫌疑人传唤到其所在的市、县内的指定地点或者其住处进行讯问。“犯罪嫌疑人所在市、县内的指定地点”，主要是指犯罪嫌疑人在被讯问时工作生活所在的市、县的公安局、公安派出所、基层组织及其所在单位等。“住处”，是指犯罪嫌疑人在被讯问时所居住的地方。为了防止滥用审讯权，保护犯罪嫌疑人的合法权利，本款规定，侦查人员传唤犯罪嫌疑人到上述地点进行讯问时，应当出示人民检察院或者公安机关的证明文件。这里规定的出示“证明文件”，是指传唤犯罪嫌疑人使用的《传唤通知书》及到犯罪嫌疑人住处讯问时应当出示的人民检察院或者公安机关证明侦查人员身份等证明文件。本款中增加规定，对于在现场发现的犯罪嫌疑人，经出示工作证件，可以口头传唤，但应当在讯问笔录中注明。这一规定，主要是针对在犯罪现场发现的犯罪嫌疑人。在犯罪现场及时获取相关的证据非常重要，这也是侦查人员把握获取证据机会来获取重要相关证据的最佳时机。在这种情况下，侦查人员可以对犯罪嫌疑人进行口头传唤。同时，必须要出示工作证件，才能进行口头传唤，并应当在讯问笔录中注明。这样规定，是为了使侦查人员进行规范性操作，防止现场口头传唤的随意性，这些讯问笔录与在看守所和本法其他条款规定的在其他场所进行的讯问的笔录具有同样的法律效力，因此必须做到正规化。

第二款对传唤持续时间作了规定。“传唤、拘传持续的时间”是指每次传唤、拘传所持续的时间，一般情况下，传唤、拘传持续的时间不得超过十二小时。“案情特别重大、复杂，需要采取拘留、逮捕的”，是指侦查人员在办案时，发现案情特别重大、复杂，并且根据案件情况，依照法律规定对犯罪嫌疑人需要采取拘留、逮捕等措施的情形。在这种情况下，传唤、拘传持续的时间可以适当地延长，但也要受到必要的限制，其持续的时间不得超过二十四小时。这样规定，既考虑到办案的需要，也有利于规范传唤、拘传的使用。在实践中，侦查人员必须遵守刑事诉讼法的规定，对于符合条件的，才能依法延长传唤、拘传时间。而且这一时间是最长时间，如果能在更短的时间内完成讯问和有关法律手续，则应抓紧在更短的时间内完成。

第三款对执行传唤、拘传规定了明确的要求。一是“不得以连续传唤、拘传的形式变相拘禁犯罪嫌疑人”。即不得以连续传唤、拘传的形式使传唤、拘传超过法定最长时限，即超过十二小时或二十四小时，从而剥夺犯罪嫌疑人的人身自由。二是“传唤、拘传犯罪嫌疑人，应当保证犯罪嫌疑人的饮食和必要的休息时间”。这是2012年修改刑事诉讼法新增加的内容。在实践中，有时出现侦查机关及其办案人员，由于传唤、拘传的时间紧，往往在讯问时采取连续审讯，甚至不能保证犯罪嫌疑人必要的饮食、休息和日常生活需求的现象。比如，不允许吃饭，不让犯罪嫌疑人上厕所等。这样做严重侵犯了犯罪嫌疑人的合法权益。2012年修改明确增加了这方面的规定，在传唤、拘传持续的时间里，侦查人员要保证犯罪嫌疑人的饮食和必要的休息时间。

执行本条应当严格掌握拘传的条件。拘传具有强制性，直接涉及公民的人身权利，不能随意使用。对犯罪嫌疑人采用拘传，一般要具有犯罪嫌疑人经传唤拒不接受的情况，才能强制其到案。到犯罪嫌疑人住处进行讯问的，不得采用拘传的手段。

第一百二十条[①] **侦查人员在讯问犯罪嫌疑人的时候，应当首先讯问犯罪嫌疑人是否有犯罪行为，让他陈述有罪的情节或者无罪的辩解，然后向他提出问题。犯罪嫌疑人对侦查人员的提问，应当如实回答。但是对与本案无关的问题，有拒绝回答的权利。**

侦查人员在讯问犯罪嫌疑人的时候，应当告知犯罪嫌疑人享有的诉讼权利，如实供述自己罪行可以从宽处理和认罪认罚的法律规定。

【修改提示】

本条是1979年刑事诉讼法的规定，1996年、2012年作过修改。2018年修改刑事诉讼法对本条作了一处修改：将第二款中"应当告知犯罪嫌疑人如实供述自己罪行可以从宽处理的法律规定"，修改为"应当告知犯罪嫌疑人享有的诉讼权利，如实供述自己罪行可以从宽处理和认罪认罚的法律规定"。

【背景解读】

讯问犯罪嫌疑人是重要的侦查措施，是取得犯罪嫌疑人口供的重要方法，犯罪嫌疑人供述的笔录将作为证据在诉讼中使用。因此，规范讯问的程序十分必要。为了防止侦查人员在讯问时主观片面，先入为主，有必要对讯问方法等作出原则性规定。同时也需要明确犯罪嫌疑人应当如实回答讯问的义务，以利于侦查人员及时、客观查明案件事实。但是对于与案件无关的问题，犯罪嫌疑人也有权拒绝回答，以保护当事人的正当权利。

1979年刑事诉讼法第六十四条规定，"侦查人员在讯问被告人的时候，应当首先讯问被告人是否有犯罪行为，让他陈述有罪的情节或者无罪的辩解，然后向他提出问题。被告人对侦查人员的提问，应当如实回答。但是对与本案无关的问题，有拒绝回答的权利。"当时的法律规定了讯问的基本程序和"被告人"的义务、权利。1996年修改刑事诉讼法时，将"被告人"修改为"犯罪嫌疑人"，表述更为科学、准确。2012年修改刑事诉讼法时，在本条中增加了第二款，规定侦查人员在讯问时应当告知犯罪嫌疑人如实供述可以从宽处理的法律规定。这样修改，主要是因为2011年刑法修正案（八）第八条在刑法第六十七条中增加规定："犯罪嫌

① 根据2018年10月26日第十三届全国人民代表大会常务委员会第六次会议通过的《关于修改〈中华人民共和国刑事诉讼法〉的决定》修改。修改前的刑事诉讼法条文是："侦查人员在讯问犯罪嫌疑人的时候，应当首先讯问犯罪嫌疑人是否有犯罪行为，让他陈述有罪的情节或者无罪的辩解，然后向他提出问题。犯罪嫌疑人对侦查人员的提问，应当如实回答。但是对与本案无关的问题，有拒绝回答的权利。

侦查人员在讯问犯罪嫌疑人的时候，应当告知犯罪嫌疑人如实供述自己罪行可以从宽处理的法律规定。"

疑人虽不具有前两款规定的自首情节，但是如实供述自己罪行的，可以从轻处罚；因其如实供述自己罪行，避免特别严重后果发生的，可以减轻处罚。”在本条中相应规定这一告知义务，是为了使犯罪嫌疑人更加清楚如果如实供述将可以依法得到被从宽处理的后果。

2018 年修改刑事诉讼法时，为了与完善认罪认罚从宽制度和增加速裁程序相衔接，在 2012 年修改的基础上，在本条第二款中增加规定侦查人员在讯问犯罪嫌疑人的时候，应当“告知犯罪嫌疑人享有的诉讼权利”和告知“认罪认罚的法律规定”两项要求。这样修改，主要是与本次刑事诉讼法修改完善认罪认罚从宽制度和增加速裁程序相衔接。2018 年修改刑事诉讼法的重要内容之一是完善刑事案件认罪认罚从宽制度和增加速裁程序，认罪认罚从宽制度是刑事诉讼法进一步落实宽严相济刑事政策，完善刑事诉讼程序，合理配置司法资源，提高刑事案件质量与效率的一项重要制度创新，充分发挥这一制度的作用需要刑事诉讼法其他条文的支撑和落实，本条即是内容之一。增加规定侦查人员告知犯罪嫌疑人享有的诉讼权利和认罪认罚的法律规定，主要基于以下几点考虑：一是有利于提高侦查机关的办案效率，如果在侦查阶段，告知犯罪嫌疑人有关认罪认罚的法律规定，让其放弃抵赖和侥幸心理，认罪认罚争取从宽处理，可以大大提高收集证据、查明案情的效率，节省侦查时间和精力。二是有利于维护犯罪嫌疑人的合法权利，对于犯罪嫌疑人而言，认罪认罚从宽是一项法律赋予的“优惠政策”，在刑事诉讼程序中，越早认罪认罚，享受从宽处理的可能性就越大，在侦查刚开始阶段由侦察人员告知其认罪认罚的法律规定，可以让犯罪嫌疑人自主作出选择，衡量是认罪认罚争取从宽处理，还是继续拒绝认罪认罚。三是告知犯罪嫌疑人享有的诉讼权利和如实供述自己罪行可以从宽处理和认罪认罚的法律规定，也为之后在诉讼中适用相关程序建立基础。本法第一百六十二条规定，公安机关侦查终结的案件，“犯罪嫌疑人自愿认罪的，应当记录在案，随案移送，并在起诉意见书中写明有关情况”。第二百二十二条规定，被告人认罪认罚是适用速裁程序的必要条件之一。侦查人员在讯问时告知犯罪嫌疑人认罪认罚的法律规定，也为之后顺利适用认罪认罚从宽制度和速裁程序，提供前提和基础。

【理解与适用】

本条是关于侦查人员如何讯问犯罪嫌疑人的规定。

本条共分为两款。第一款规定，侦查人员在讯问犯罪嫌疑人的时候，首先应当讯问犯罪嫌疑人是否有犯罪行为，既让他陈述有罪的情节，也要听他作无罪的辩解，以防止主观片面，先入为主。然后根据犯罪嫌疑人供述的情况提出问题。这些问题应当与认定案件事实有关系。为了保证讯问的顺利进行，侦查人员在讯问前应当做好充分准备，熟悉案卷材料，认真做好讯问提纲，做到心中有数。讯问应当紧紧围绕案件事实提出问题，并在讯问中教育犯罪嫌疑人如实供述。犯罪嫌疑人对于侦查人员提出的问题应当如实回答，既不能夸大，也不能缩小；既不能隐瞒，也不能无中生有，或者避重就轻。为了使侦查人员集中精力查明案情，以及维护犯罪嫌疑人和其他公民的合法权益，本条又规定，讯问与本案无关的问题，犯罪嫌疑人有权拒绝回答。所谓“与本案无关的问题”，是指与犯罪嫌疑人、案件事实、情节、证据等没有牵连关系的问题。这里需要注意的是，侦查人员在讯问犯罪嫌疑人时，不能使用任何方法强迫犯罪嫌疑人证实自己有罪。讯问应当按照法定程序制作成笔录。

第二款规定，侦查人员在讯问犯罪嫌疑人的时候，应当告知犯罪嫌疑人享有的诉讼权利，如实供述自己罪行可以从宽处理和认罪认罚的法律规定。2011年刑法修正案（八）在刑法第六十七条中增加规定：“犯罪嫌疑人虽不具有前两款规定的自首情节，但是如实供述自己罪行的，可以从轻处罚；因其如实供述自己罪行，避免特别严重后果发生的，可以减轻处罚。”2012年修改刑事诉讼法增加规定侦查人员在讯问时应当告知犯罪嫌疑人如实供述可以从宽处理的法律规定。2016年，全国人民代表大会常务委员会通过《关于授权最高人民法院、最高人民检察院在部分地区开展刑事案件认罪认罚从宽制度试点工作的决定》，根据决定要求，最高人民法院、最高人民检察院、公安部、国家安全部、司法部发布《关于在部分地区开展刑事案件认罪认罚从宽制度试点工作的办法》，认罪认罚从宽制度开始试点，试点办法第八条中规定，在侦查过程中，侦查机关应当告知犯罪嫌疑人享有的诉讼权利和认罪认罚可能导致的法律后果。试点过程中，由侦查机关主动告知犯罪嫌疑人有关认罪认罚的法律规定，对于提高认罪认罚制度适用比例效果较好，同时告知犯罪嫌疑人的诉讼权利，有利于其知悉和正确行使权利内容。因此，2018年修改刑事诉讼法将试点办法的内容、试点实践经验进行总结提炼，增加规定了侦查人员在讯问犯罪嫌疑人的时候，“告知犯罪嫌疑人享有的诉讼权利”和告知“认罪认罚的法律规定”两项要求。这也是刑事诉讼法完善认罪认罚从宽制度的相应要求，法律之所以规定侦查人员的告知义务，是为了使犯罪嫌疑人更加清楚如实回答、认罪认罚将会依法被从宽处理。

本款规定的“犯罪嫌疑人享有的诉讼权利”，根据刑事诉讼法的规定，主要包括有权委托律师辩护、阅读侦查讯问笔录、使用本民族的语言文字、拒绝回答与本案无关的问题、申请法律援助、申请回避、申请变更强制措施等权利。“如实供述自己罪行可以从宽处理和认罪认罚的法律规定”，主要是指刑法第六十七条关于自首、坦白从宽的规定，刑法第六十八条关于立功的规定，以及修改后的刑事诉讼法第十五条、第一百六十二条、第一百七十二条、第一百七十三条、第一百七十四条、第一百七十六条、第一百九十条、第二百零一条、第二百二十二条等规定的关于认罪认罚从宽制度和诉讼程序的规定。

在该条第二款的理解适用中，还需要注意以下几个方面的问题：

第一，对于侦查人员而言，在讯问时告知犯罪嫌疑人享有的诉讼权利，如实供述自己罪行可以从宽处理和认罪认罚的法律规定，是必须履行的法定义务。如果侦查人员在讯问时，没有履行告知义务，即违反了法律规定。

第二，对于犯罪嫌疑人而言，在侦查人员告知认罪认罚的法律规定后，有选择是否认罪认罚的权利，如果其认罪认罚，则可以按照本法的有关规定，履行相应的程序之后，获得从宽处理。如果其拒绝认罪认罚，因为不影响侦查和诉讼程序的正常进行，所以不会因此被加重处罚。

第一百二十一条　讯问聋、哑的犯罪嫌疑人，应当有通晓聋、哑手势的人参加，并且将这种情况记明笔录。

【修改提示】

本条是1979年刑事诉讼法的规定，1996年作过修改，2012年、2018年修改刑事诉讼法未作修改。

【背景解读】

聋、哑的犯罪嫌疑人，由于生理上的缺陷，理解能力和表达能力都受到一定限制。在刑事诉讼活动中，这些生理上的原因可能影响其准确地理解讯问人发问的内容、意图和准确地表达自己的意志，从而影响其充分行使辩护权，依法维护自身的合法权益。为了保障聋、哑的犯罪嫌疑人和其他犯罪嫌疑人平等地行使诉讼权利，准确地供述有罪、无罪、罪轻、罪重的案件事实，保证讯问工作的顺利进行，在讯问这些犯罪嫌疑人时，应当有通晓聋、哑手势的人员参加讯问。

1979年刑事诉讼法第六十五条规定："讯问聋、哑的被告人，应当有通晓聋、哑手势的人参加，并且将这种情况记明笔录。"1996年修改刑事诉讼法，将本条中的"被告人"修改为"犯罪嫌疑人"。

【理解与适用】

本条是关于讯问聋、哑犯罪嫌疑人的程序规定。

根据本条规定，讯问聋、哑的犯罪嫌疑人，应当有通晓聋、哑手势的人参加，为讯问人员和犯罪嫌疑人翻译，并在讯问犯罪嫌疑人笔录上注明犯罪嫌疑人的聋、哑情况及翻译人员的姓名、工作单位和职业等基本情况。

本条所说的"聋"是指双耳失聪，"哑"是指因生理原因不能讲话。为聋、哑犯罪嫌疑人提供通晓聋、哑手势的人作为翻译,是侦查人员的法定义务,也是聋、哑犯罪嫌疑人的权利。本条规定具体体现了保障诉讼参与人依法享有诉讼权利和公民在适用法律上一律平等的基本原则,也体现了国家对于残疾人权利的特别保护。侦查人员讯问犯罪嫌疑人应当严格遵守本条规定,积极创造条件,做好为聋、哑犯罪嫌疑人翻译工作。

第一百二十二条　讯问笔录应当交犯罪嫌疑人核对,对于没有阅读能力的,应当向他宣读。如果记载有遗漏或者差错,犯罪嫌疑人可以提出补充或者改正。犯罪嫌疑人承认笔录没有错误后,应当签名或者盖章。侦查人员也应当在笔录上签名。犯罪嫌疑人请求自行书写供述的,应当准许。必要的时候,侦查人员也可以要犯罪嫌疑人亲笔书写供词。

【修改提示】

本条是1979年刑事诉讼法的规定,1996年作过修改,2012年、2018年修改刑事诉讼法未作修改。

【背景解读】

讯问笔录是言辞证据的重要载体。对讯问笔录的制作作出具体规定,有利于规范侦查人员的讯问工作,保证笔录的客观和真实,从而有利于查明案件真实情况,获得可靠的证据,保证侦查工作的顺利进行。为了保证讯问笔录的真实可靠,首先必须防止在讯问中对犯罪嫌疑人进行刑讯逼供等非法获取方法,对此刑事诉讼法有关章节中已有专门规定。本条主要是从讯问笔录的内容上,要求必须经过犯罪嫌疑人本人的核对或认可,以防止歪曲犯罪嫌疑人的真实意图或者强加于人的主观臆断甚至捏造事实等情况发生。

1979年刑事诉讼法第六十六条规定:"讯问笔录应当交被告人核对,对于没有阅读能力的,应当向他宣读。如果记载有遗漏或者差错,被告人可以提出补充或者改正。被告人承认笔录没有错误后,应当签名或者盖章。侦查人员也应当在笔录上签名。被告人请求自行书写供述的,应当准许。必要的时候,侦查人员也可以要被告人亲笔书写供词。"1996年修改刑事诉讼法,将本条中的"被告人"修改为"犯罪嫌疑人"。

【理解与适用】

本条是关于制作讯问笔录的规定。

根据本条规定,讯问犯罪嫌疑人应当依法制作讯问笔录,并做到以下几点:

(1)讯问笔录应当核对。核对笔录,可以交犯罪嫌疑人自己阅读,如果犯罪嫌疑人没有阅读能力,应当向其宣读。(2)经核对,犯罪嫌疑人认为有遗漏或者差错的,可以提出补充或者改正。在补充或者改正的地方,犯罪嫌疑人应当盖章或者按指印。(3)犯罪嫌疑人确认讯问笔录无误的,应当签名或者盖章(或按指印),侦查人员也应当在笔录上签名。(4)犯罪嫌疑人要求自行书写,以书面形式供述的,应当准许。必要的时候,侦查人员也可以主动让犯罪嫌疑人亲笔书写供词。书面供述的,犯罪嫌疑人应当在书面供述上签名、盖章或者按指印,如果有涂改,应当在涂改处盖章或者按指印。

本条规定的"必要的时候"主要指两种情况:一是根据犯罪嫌疑人的情况书写供述更能准确地表达犯罪嫌疑人的真实意思和案件事实情况,如犯罪嫌疑人口吃或口齿不清,难以准确表达所要讲的意思等。二是根据侦查的需要,从犯罪嫌疑人的书面笔录上提供侦查线索,如需要笔迹鉴定等。

第一百二十三条　侦查人员在讯问犯罪嫌疑人的时候,可以对讯问过程进行录音或者录像;对于可能判处无期徒刑、死刑的案件或者其他重大犯罪案件,应当对讯问过程进行录音或者录像。

录音或者录像应当全程进行,保持完整性。

【修改提示】

本条是2012年修改刑事诉讼法时增加的规定,2018年修改刑事诉讼法未作修改。

【背景解读】

本条是2012年3月14日第十一届全国人民代表大会第五次会议通过的《关于修改〈中华人民共和国刑事诉讼法〉的决定》新增加的规定。讯问犯罪嫌疑人是侦查人员依照法定程序为查明案件事实对犯罪嫌疑人进行的审讯活动,是重要的侦查措施。通过讯问犯罪嫌疑人可以查明其有无犯罪行为、具体的犯罪情节、发现新的线索,讯问笔录也是刑事诉讼中的重要证据,因此,讯问犯罪嫌疑人的过程是否合法,直接关系到由此取得的口供是否真实、准确、有效。最高人民检察院于2005年12月下发了《人民检察院讯问职务犯罪嫌疑人实行全程同步录音录像的规定(试行)》之后,最高人民法院、最高人民检察院、公安部、司法部于2007年3月联合发布的《关于进一步严格依法办案确保办理死刑案件质量的意见》第十一条规定,讯问可能判处死刑的犯罪嫌疑人,在文字记录的同时,可以根据需要录音录像。目前司法实践的做法是,对职务犯罪讯问过程进行全程同步录音录像,对非职务犯罪案件,尤其是可能判处无期徒刑、死刑的重罪案件的侦查讯问过程,录音录像也逐渐被运用。2012 年刑事诉讼法修改时为进一步推进司法公正,保证公民的合法权利,保证诉讼程序合法,对司法实践经验进行总结,增设了对讯问过程录音录像的制度。这一制度的建立,进一步规范了侦查讯问工作,有利于保证讯问活动依法进行,保障犯罪嫌疑人的合法权利;也有利于固定和保存证据,防止被告人在庭审时翻供,甚至诬告办案人员刑讯逼供,对侦查人员自身也是一种保护。同时,这一规定也将为新设立的非法证据排除制度服务,提供讯问过程是否合法的证明材料。

【理解与适用】

本条是关于建立讯问过程录音或者录像制度的规定。

本条共分为两款。第一款是关于讯问犯罪嫌疑人录音录像的范围规定。本款包括两个内容:第一,对一般的犯罪案件,可以对讯问过程进行录音或者录像,是否要录音或者录像,由侦查机关根据案件情况决定。这主要是考虑到这项制度刚刚推行,录音录像设备需要投入,对于经济尚不发达的边远地区确实还存在一定困难,需要一个渐进的过程。第二,对于可能判处无期徒刑、死刑的案件或者其他重大犯罪案件,要求必须对讯问过程进行录音或者录像。"其他重大犯罪案件"一般是指案情复杂、犯罪情节严重、社会影响大的案件。如人数较多的共同犯罪案件、集团犯罪案件等。需要说明的是,最高人民检察院 2005 年 12 月下发了《人民检察院讯问职务犯罪嫌疑人实行全程同步录音录像的规定(试行)》,实践中,讯问职务犯罪案件嫌疑人应当遵守这一规定。

第二款是关于录音录像要求的规定。按照本款的规定,录音或者录像应当符合两个要求:一是全程进行,二是保持完整。全程、完整是录音录像制度发挥其作用的前提。如果不能保证全程录音录像,录制设备的开启和关闭时间完全由侦查人员自由掌握,录音录像就不能发挥证明作用。"全程"一般应是从犯罪嫌疑人进入讯问场所到结束讯问离开讯问场所的过程。"保持完整"从侦查人员发现承办的案件属于本条规定的录音录像范围,应当对讯问过程进行录音录像开始,到案件侦查结束的每一次讯问都要录音或者录像,要完整、不间断地记录每一次讯问过程,不可作剪接、删改。

应当注意的是,由于录音录像资料形象逼真,很容易使审判人员形成内心的确信,而忽略了对供述自愿性和可靠性的审查。因此,在办案中当被告人的当庭陈述与录音录像不一致并与其他证据相互矛盾时,不能仅仅因为录音录像呈现被告人曾经在庭前作过有罪供述就否定其在法庭上的辩解,要对被告人的庭前供述进行认真审查,综合全案情况,正确认定。

第三节　询问证人

第一百二十四条　侦查人员询问证人，可以在现场进行，也可以到证人所在单位、住处或者证人提出的地点进行，在必要的时候，可以通知证人到人民检察院或者公安机关提供证言。在现场询问证人，应当出示工作证件，到证人所在单位、住处或者证人提出的地点询问证人，应当出示人民检察院或者公安机关的证明文件。

询问证人应当个别进行。

【修改提示】

本条是1979年刑事诉讼法的规定，1996年未作修改，2012年作过修改，2018年修改刑事诉讼法未作修改。

【背景解读】

证人证言是刑事诉讼中的重要证据形式，询问证人是侦查人员依照法定程序，向证人调查案情的一项侦查活动，是获取证人证言的主要渠道。侦查人员询问证人应当从有利于查明案情，获取证据，有利于保护证人提供证据积极性的角度出发，根据实际情况确定询问地点。同时，为了防止证人之间相互影响，确保证人证言真实可信，保守案情秘密，询问证人应当个别进行。因此，本条专门就此作了规定。

1979年刑事诉讼法第六十七条规定："侦查人员询问证人，可以到证人的所在单位或者住处进行，但是必须出示人民检察院或者公安机关的证明文件。在必要的时候，也可以通知证人到人民检察院或者公安机关提供证言。询问证人应当个别进行。"1996年未作修改。2012年3月14日第十一届全国人民代表大会第五次会议通过的《关于修改〈中华人民共和国刑事诉讼法〉的决定》对本条作了修改：增加了侦查人员可以在现场，以及证人提出的地点询问证人的规定。这是根据案件侦查取证工作的实际情况和需要，为及时获取证人证言，方便证人作证的补充修改。

【理解与适用】

本条是关于询问证人地点、出示证件及询问方式的规定。

本条共分为两款。第一款是关于询问证人地点和出示证件的规定。关于询问证人地点。根据1996年刑事诉讼法第九十七条的规定，询问证人只能在证人所在单位、住处或者侦查机关进行。考虑到在现场询问证人,有利于在发现犯罪后及时固定证据,有利于侦查工作的快速开展;同时考虑到实践中有的证人由于担心遭到报复、影响正常生活工作等原因,不愿侦查人员前往其单位、住所询问。因此,2012 年修改刑事诉讼法的决定对本款规定作了修改,规定了四种询问证人的地点:(1)在犯罪现场询问证人。在犯罪现场询问证人,可以第一时间迅速获得现场证人的证言,“犯罪现场”既包括实施犯罪的现场、产生犯罪结果的现场,也包括与犯罪案件相关联的现场。(2)到证人所在单位或者住处询问。这样可以节省证人时间,不影响其正常的生活、工作,也有利于及时得到证人单位的支持,便于了解证人的情况,从而对证人证言作出分析判断。(3)到证人提出的地点进行询问。根据证人要求,到证人提出的地点询问,更有利于消除证人的种种顾虑,充分调动证人提供证言的积极性。(4)必要的时候,可以通知证人到人民检察院或者公安机关提供证言。到人民检察院、公安机关提供证言,有利于保证证人的安全,也可以避免证人单位、亲属或者其他人的干扰,有利于证人如实提供证言。“必要的时候”主要包括:案情涉及国家秘密,为了防止泄密;证人的所在单位或其家庭成员及住处周围的人员与案件有利害关系,为了防止干扰,保证证人如实提供证言及证人的人身安全;证人在侦查阶段不愿公开自己的姓名和作证行为的,为便于为证人保密,消除证人的思想顾虑等。此外,根据案件情况,请证人到人民检察院、公安机关提供证言更有利于证人自愿地、如实地作证,更方便证人作证,也可以视为“必要的时候”。关于出示证件。本款规定在现场询问证人应当出示工作证件,即出示能够证实侦查人员身份的有效工作证件。到证人所在单位、住处或者证人提出的地点询问证人,应当出示人民检察院、公安机关的证明文件,即出示人民检察院、公安机关为询问证人专门开具的,载有询问人、被询问人姓名的证明信。

第二款是关于询问证人方式的规定。根据本款规定,询问证人应当个别进行。即询问同一案件的几个证人时,应当分别进行,个别询问;询问某一个证人时,不得有其他证人在场,以防止证人之间相互影响,相互串通,保证其提供证言的真实性,也有利于保守案情秘密,保障侦查活动顺利进行。

执行本条规定询问证人时,应当注意保护证人的安全,到证人所在单位或他的住处询问,应当事先弄清证人与犯罪嫌疑人的关系,在询问时采取相应的防护措施。

第一百二十五条　询问证人,应当告知他应当如实地提供证据、证言和有意作伪证或者隐匿罪证要负的法律责任。

【修改提示】

本条是 1979 年刑事诉讼法的规定,1996 年、2012 年作过修改,2018 年修改刑事诉讼法未作修改。

【背景解读】

刑事诉讼法规定，凡是知道案件情况的人都有作证的义务。为确保证人履行作证义务，如实提供证据，刑法规定了伪证罪、包庇罪，对违反法律规定的证人将依法追究其刑事责任。侦查人员询问证人时，告知其如实提供证据的义务和故意作伪证的法律责任，有利于证人了解相关法律政策，积极提供证言。

1979 年刑事诉讼法第六十八条规定："询问证人，应当告知他应当如实地提供证据、证言和有意作伪证或者隐匿罪证要负的法律责任。"1996 年刑事诉讼法增加一款作为第二款："询问不满十八岁的证人，可以通知其法定代理人到场。"2012 年刑事诉讼法修改将未成年人犯罪案件诉讼程序作为一种特殊程序，独立成章予以规定，其中对询问未成年证人如何适用法律专门作了规定。因此，相应删去了 1996 年刑事诉讼法第九十八条第二款关于询问未成年证人，可以通知其代理人到场的规定。

【理解与适用】

本条是关于侦查人员询问证人应当首先告知其事项的规定。

根据本条规定，侦查人员询问证人时要告知证人如实地提供证言和其他证据，即对自己掌握的物证、书证及其他证据，应当原样提供，不能隐匿或者私自销毁、涂改；对自己所了解的案件事实及有关情况，应当实事求是地陈述或书写，不能夸大、缩小。同时要告知证人有意作伪证或隐匿罪证应负的法律责任。根据刑法第三百零五条的规定，在刑事诉讼中，证人对与案件有重要关系的情节，故意作虚假证明，意图陷害他人或者隐匿罪证的，处三年以下有期徒刑或者拘役；情节严重的，处三年以上七年以下有期徒刑。刑法第三百一十条规定，明知是犯罪的人而为其提供隐藏处所、财物，帮助其逃匿或者作假证明包庇的，处三年以下有期徒刑、拘役或者管制；情节严重的，处三年以上十年以下有期徒刑。

执行本条规定应当注意：询问证人，告知其作伪证、隐匿罪证要负的法律责任，是为了促使证人如实作证，要与威胁、引诱证人严加区分。修改后的刑事诉讼法的相关规定，进一步强化了对侦查人员取证规范性的要求，对采用暴力、威胁等非法方法收集的证人证言应当予以排除，不得作为定罪量刑的证据使用。

第一百二十六条　本法第一百二十二条的规定，也适用于询问证人。

【修改提示】

本条是 1979 年刑事诉讼法的规定，1996 年、2012 年、2018 年修改刑事诉讼法未作修改。

【背景解读】

询问证人是调查取证的一种重要形式,通过询问证人获取的证人证言是证据的种类之一,因此,询问证人必须依照法律规定,规范进行。询问证人同时制作笔录,并经相关人员签名确认,能够及时地确认证人证言真实可靠,并用书面形式将证人证言固定下来作为证据使用。

【理解与适用】

本条是关于询问证人制作笔录的规定。

询问证人和讯问犯罪嫌疑人,都是为获取真实可靠的证据,查明案件事实。因此,询问证人笔录与讯问犯罪嫌疑人笔录的制作应当遵守相同的原则,依照刑事诉讼法第一百二十二条的规定进行。即询问笔录应当交给证人核对,对于没有阅读能力的证人,应当向他宣读。如有遗漏或者差错,证人可以提出补充或者纠正。证人承认没有错误后,应当签名或盖章。侦查人员也应当在笔录上签名。证人要求自行书写证词的,应当允许;必要的时候,侦查人员也可以让证人亲笔书写证词。

第一百二十七条　询问被害人,适用本节各条规定。

【修改提示】

本条是 1979 年刑事诉讼法的规定,1996 年、2012 年、2018 年修改刑事诉讼法未作修改。

【背景解读】

询问被害人是调查取证的一种重要形式,通过询问被害人获取的被害人陈述是重要的证据种类之一,因此,询问被害人与询问证人一样,应当严格依照法律规定,规范进行。

【理解与适用】

本条是关于询问被害人的规定。

询问被害人是指侦查人员以询问的方式,向犯罪行为的直接受害者进行调查的侦查活动。根据本条规定,询问被害人应适用本法关于询问证人的规定,主要是:(1)可以在犯罪现场询问,也可以到被害人所在单位、住处和被害人提出的地点进行,必要时通知其到公安、检察机关进行陈述;(2)询问时必须出示相关的证件证明;(3)对于有几个被害人的,应当分别进行询问;(4)询问前应告知被害人要如实陈述,并告知作伪证、隐匿罪证的法律责任;(5)让被害人核实询问笔录。

执行中应当注意,由于被害人是犯罪行为直接侵害的对象,是刑事诉讼的当事人,与案件及犯罪嫌疑人有着直接的利害关系,因此,询问被害人除了应当依照询问证人的各项规定进行外,还应当注意被害人的特殊心理状态,做好被害人的思想工作,使被害人如实陈述,注意其陈述的细节,防止夸大或者遗漏重要情节。对涉及被害人隐私问题的,侦查人员应当为其保密,并向被害人说明,以消除被害人顾虑,使其如实提供所知道的案件情况。

第四节 勘验、检查

第一百二十八条 侦查人员对于与犯罪有关的场所、物品、人身、尸体应当进行勘验或者检查。在必要的时候,可以指派或者聘请具有专门知识的人,在侦查人员的主持下进行勘验、检查。

【修改提示】

本条是1979年刑事诉讼法的规定,1996年、2012年、2018年修改刑事诉讼法未作修改。

【背景解读】

勘验、检查是常用的刑事侦查手段,主要用于对与案件事实可能有关联的血迹、指纹、足迹、字迹、毛发、体液、人体组织等痕迹和物品的鉴别、提取和检查。这项侦查活动对于及时发现和固定犯罪证据具有重要意义。随着社会进步和科学技术的发展,越来越多的技术手段被用于勘验、检查,进一步提高了勘验、检查的效能。作为一种刑事侦查措施,勘验、检查必须严格遵守法律关于其使用主体、范围等程序性的规定,以保护公民的合法权益不受侵犯。

【理解与适用】

本条是关于勘验、检查实施主体及对象的规定。

根据本条规定,侦查人员是勘验、检查的实施主体,包括公安机关和人民检察院对案件行使侦查权的工作人员。根据《公安机关办理刑事案件程序规定》的相关要求,公安机关进行的勘验、检查由县级以上公安机关侦查部门负责,一般案件的现场勘查,由侦查部门负责人指定的人员现场指挥;重大、特别重大案件的现场勘查由侦查部门负责人现场指挥。必要时,发案地公安机关负责人应当亲自到现场指挥。勘验、检查的对象是与犯罪有关的场所、物品、人身和尸体。“与犯罪有关的场所”主要是指犯罪现场、现场外围及其他可能留有犯罪痕迹和物品的地方；与犯罪有关的“物品”是指犯罪的工具及现场遗留物，包括犯罪嫌疑人及被害人遗留的衣物、毛发、血迹、书信等可见物；与犯罪有关的“人身”主要是指犯罪嫌疑人或被害人的身体；与犯罪有关的“尸体”是指死因与犯罪有关的尸体，多属于被害人，也可能是犯罪嫌疑人。

勘验、检查具体措施包括：现场勘验，尸体检验，物证、书证检验，人身检查等。“现场勘验”是指侦查人员对案发现场及其他留有犯罪物品、痕迹的场所进行的专门调查。这是发现破案线索，获得原始证据的重要途径，是侦查活动中能否及时、准确地查明犯罪事实，查获犯罪分子的重要环节。为了保证现场勘验的顺利进行，必须及时保护现场，并做好勘验准备和现场访问。“尸体检验”包括尸表检查、尸体解剖检查、取样、化验。尸体检验必须及时进行，以防止尸体腐烂，痕迹变化或消失。“物证、书证检验”是指对侦查中获得的物品或痕迹进行检查、验证。“人身检查”是指对被害人或犯罪嫌疑人的人身进行检查，目的是查清人体被伤害的情况或者某些特征。

为了保证勘验、检查结果的可靠性，本条规定，在必要的时候，可以指派或者聘请具有专门知识的人，在侦查人员主持下进行勘验、检查。这样规定是考虑到犯罪是种复杂的社会现象，犯罪手段和犯罪形式多种多样，特别是利用现代科学技术手段实施的犯罪，采用一般的侦查措施可能难以得出正确结论，必须借用一定科学方法和专门知识才能查明案件情况，允许具有专门知识的人参与到勘验、检查活动中来，则满足了这种特殊需求。

应当注意的是，指派聘请具有专门知识的人进行勘验检查，必须是在侦查人员的主持下进行，以确保这种活动能够适应侦查工作的需要依法进行。

第一百二十九条　任何单位和个人，都有义务保护犯罪现场，并且立即通知公安机关派员勘验。

【修改提示】

本条是1979年刑事诉讼法的规定，1996年、2012年、2018年修改刑事诉讼法未作修改。

【背景解读】

犯罪现场遗留的物品和痕迹包含着大量与犯罪行为和犯罪嫌疑人相关的信息，保护犯罪现场对于及时、有效地发现案件线索、查获犯罪分子具有十分重要的意义。因此，本条将保护犯罪现场作为单位和个人的一项义务予以规定。

【理解与适用】

本条是关于单位和个人保护犯罪现场义务的规定。

本条规定有两层含义：一是保护犯罪现场是每个单位和公民的义务。任何单位或个人发现犯罪现场，应当立即将发现犯罪现场的时间、地点、犯罪情况报告给公安机关，通知其派员进行勘验，并且在公安机关派人到达现场之前设法保护好现场。除出现抢救伤员、灭火等特殊的紧急情况外，应尽量防止移动、损毁现场的物品和原始痕迹，并阻止其他人进入现场、触摸现场及其附近物品。二是公安机关在接到报案后，应当迅速派员赶赴犯罪现场，同时组织有关部门和人员采取相应保护措施，如封锁现场、布置警戒，防止无关人员进入现场；勘验人员进行勘验之前，除对需要抢救的被害人应当及时送医院抢救外，禁止任何人搬动、触摸犯罪现场的任何物品和痕迹；对现场发现的可疑人员或者其他妨害勘验进行的人员进行控制等。

第一百三十条　侦查人员执行勘验、检查，必须持有人民检察院或者公安机关的证明文件。

【修改提示】

本条是1979年刑事诉讼法的规定，1996年作过修改，2012年、2018年修改刑事诉讼法未作修改。

【背景解读】

现场勘验、检查是一项重要的侦查措施，根据相关法律规定只有侦查人员能够行使此项职权。执行现场勘验、检查的侦查人员也必须依法履行此项职责，而侦查人员所属单位为其开具的证明文件则是其依法履行职责的有效凭证。

1979年刑事诉讼法第七十三条规定：“侦查人员执行勘验、检查，必须持有公安机关的证明文件。”1996年修改刑事诉讼法将“公安机关的证明文件”修改为“人民检察院或者公安机关的证明文件”。

【理解与适用】

本条是关于侦查人员持证进行勘验、检查的规定。

根据本条规定，侦查人员在执行勘验、检查任务时，必须持有人民检察院或者公安机关的证明文件，以证明检察人员或公安人员的身份及执行勘验、检查的任务的程序合法性，防止勘验、检查权被滥用，干扰或破坏侦查活动的顺利进行。本条规定的侦查人员包括公安机关的侦查人员和人民检察院执行自行侦查任务的检察人员。公安机关的侦查人员进行勘验、检查，应当持公安机关的证明文件；人民检察院的检察人员侦查直接受理的案件，进行勘验、检查时，应当持人民检察院的证明文件。这里的“证明文件”是指人民检察院或公安机关开具的允许执行勘验、检查任务的证明文件，而不是指侦查人员的个人身份证件。

第一百三十一条　对于死因不明的尸体，公安机关有权决定解剖，并且通知死者家属到场。

【修改提示】

本条是1979年刑事诉讼法的规定，1996年、2012年、2018年修改刑事诉讼法未作修改。

【背景解读】

在案发现场或其他场所发现的与案件有关的尸体必须认真检查。尸体解剖是尸体检验中经常使用的手段，目的在于确定判断凶器的种类，死亡的原因，判明死亡的时间，致死的手段和方法，以便于认定案件的性质，分析研究案情，为侦查破案提供线索和证据。在尸体检验的过程中，相关人员不仅需要依法及时对尸体进行检查、解剖，以防尸体上的痕迹因尸体的变化和腐烂而消失，同时还应尽量尊重死者家属的感情，争取其理解和支持，以确保侦查活动的正常进行。

【理解与适用】

本条是关于解剖尸体的规定。

本条包含两层意思：第一，决定对死因不明的尸体解剖的权力属于公安机关，而且只能由公安机关行使，其他任何单位、个人都无权决定对死因不明的尸体进行解剖，也无权进行干涉。根据刑事诉讼法的相关规定，进行尸体解剖检查，在必要的时候，可以在侦查人员的主持下，由具有专业知识的法医或者医生进行。

尸体解剖要进行尸表检验，即详细观察尸体的位置、姿态、尸体周围的环境和情况，注意发现尸体周围痕迹和物品的情况，以免在尸体检验时对其他痕迹、物品造成破坏，影响其证据价值的发挥；对尸体的衣着、身长、体格状况、皮肤颜色等特征进行观察、测量；观察尸体是否已出现尸斑、尸僵现象，尸体是否已开始腐坏，腐坏的程度如何。另外，还需要查看尸体各部位是否有损伤，损伤的具体位置、形状、大小、深浅和方向，等等。如果通过尸表检验尚不能确定死因的，或者对死因有疑问的,公安机关可以决定进行尸体解剖。解剖尸体可根据案件的不同要求进行局部解剖或者系统解剖。解剖应在特定场所进行,如公安机关的解剖室以及医学院校附设的法医科室等,如情况紧急,需在现场解剖的,必须采取必要的防护、隔离措施。解剖后应当作出解剖结论,写明死亡原因,死亡时间,损伤位置、特征,病史等。检验尸体的一切情况,应详细写成笔录,并由侦查人员和实施检验的法医或医师签名或盖章。

第二,公安机关决定解剖尸体,应当通知死者家属到场。家属在场有两个好处:一是家属目睹解剖情况,有利于家属配合公安机关查明案情,使侦查活动得以顺利进行;二是客观上起到了对公安机关解剖尸体进行监督的作用,有利于促使公安机关依法行使职权。

第一百三十二条　为了确定被害人、犯罪嫌疑人的某些特征、伤害情况或者生理状态,可以对人身进行检查,可以提取指纹信息,采集血液、尿液等生物样本。

犯罪嫌疑人如果拒绝检查,侦查人员认为必要的时候,可以强制检查。

检查妇女的身体,应当由女工作人员或者医师进行。

【修改提示】

本条是1979年刑事诉讼法的规定,1996年、2012年作过修改,2018年修改刑事诉讼法未作修改。

【背景解读】

人身检查是一种重要的刑事侦查手段,对于发现案件线索,及时提取与案件相关证据具有重要意义。但是,对人身的检查,特别是针对人身的强制性检查,与保护公民人身自由权、隐私权等基本权利存在一定冲突,因此,侦查人员行使此项权力,必须经过法律授权,严格依照法定程序进行,文明执法,规范执法,在履行职责的同时,充分尊重和保障当事人的各项权利。而针对女性的人身检查由女性工作人员进行的规定,既体现了对女性群体的尊重和特殊保护,同时也是国际社会的通行做法。

1979年刑事诉讼法第七十五条规定:“为了确定被害人、被告人的某些特征、伤害情况或者生理状态,可以对人身进行检查。被告人如果拒绝检查,侦查人员认为必要的时候,可以强制检查。检查妇女的身体,应当由女工作人员或者医师进行。”1996年修改刑事诉讼法将“被告人”修改为“犯罪嫌疑人”。2012年3月14日第十一届全国人民代表大会第五次会议通过的《关于修改〈中华人民共和国刑事诉讼法〉的决定》根据侦查的实际情况和需要,对本条作了修改:规定为在人身检查过程中可以提取指纹信息，采集血液、尿液等生物样本。

【理解与适用】

本条是关于人身检查的规定。

本条共分为三款。第一款是关于人身检查的规定。人身检查，是指侦查人员为了确定被害人、犯罪嫌疑人的某些特征、伤害情况或者生理状态，依法对其人身进行检查的一种侦查活动。根据本款规定，对人身检查的目的是：确定被害人、犯罪嫌疑人的某些特征、伤害情况或者生理状态，以查明案件事实。其中，“某些特征”主要是指被害人、犯罪嫌疑人的体表特征，如相貌、皮肤颜色、特殊痕迹、机体有无缺损等；“伤害情况”主要是指伤害的位置、程度、伤势形态等，实践中检查人身伤害情况多是针对被害人进行的；“生理状态”主要是指有无生理缺陷，如智力发育情况，各种生理机能等。通过人身检查，确定上述问题，有利于查明案件性质、犯罪手段和方法、犯罪工具及犯罪其他相关情节，这对认定犯罪事实，查明犯罪嫌疑人，具有重要意义。2012 年修改刑事诉讼法的决定对提取指纹信息、采集生物样本增加了规定。在人身检查过程中，必要时提取被害人或者犯罪嫌疑人的指纹信息，采集血液、尿液以及其他出自或者附着于人身的生物样本，是刑事侦查中经常使用的一种措施手段。由此提取的指纹信息、采集的生物样本，经化验、鉴定，可以与其他证据相互印证，形成证据链，有的生物样本甚至可以直接作为证据使用，如犯罪嫌疑人的指纹、DNA 等。增加这一规定为在对人身检查中提取指纹信息、采集生物样本提供了必要的法律依据，更有利于侦查工作的开展。这里只是列举了几种常见的生物样本，实践中还有唾液、毛发等其他多种生物样本，在法律中不能一一列举，因此，规定了“等”。即在侦查活动中，为了确定被害人、犯罪嫌疑人的特征、伤害情况、生理状态，对有关生物样本都可采集。应当注意的是，在采集上述生物样本时，操作不当会侵犯公民的合法权利，侦查人员必须严格遵守相关法律规定，如采集的主体只能是依法对案件行使侦查权的侦查人员或者经授权的医务人员；采集样本的范围仅限于查明案件事实，确定被害人、犯罪嫌疑人某些生物特征的需要，除此之外，不得随意采集。

第二款是关于强制检查的规定。实践中，对犯罪嫌疑人进行人体检查遭到拒绝时，侦查人员应当根据具体情况采取有效措施。一般情况下，侦查人员应当首先问明原因，向其讲明检查的目的、意义，让其接受检查，如果犯罪嫌疑人经教育仍拒绝检查的，侦查人员应当采取强制手段进行检查。本款规定的“必要的时候”是指不进行强制检查，人身检查的任务无法完成，侦查活动无法正常进行，而经教育，犯罪嫌疑人仍拒不接受检查等。需要注意的是，强制性人身检查只适用于犯罪嫌疑人，对于被害人，如果其拒绝接受人身检查，侦查人员不得使用本款规定的强制检查措施。

第三款是关于对妇女进行人身检查的特殊规定。根据本款规定,对妇女的人身进行检查,应当由女工作人员或者医师进行。这一规定体现了对妇女的特殊保护,有利于保护被害妇女或者女性犯罪嫌疑人的人身权利和人格尊严不受侵犯,防止不必要的误解,保证侦查活动的顺利进行。

执行本条规定,应当注意以下几点:(1)进行人身检查必须由侦查人员或者在侦查人员的主持下,由聘请的法医或医师严格依法进行,其间不得有任何侮辱人格或其他损害公民合法权益的行为。(2)对被害人进行人身检查,不得使用强制手段。如果被害人不愿检查,侦查人员应当耐心地说服教育,必要的时候,应当请其家属配合,做好被害人的思想工作。(3)为保证检查工作的正常进行,检查前,侦查人员应当熟悉已有的案件材料,明确检查部位和要求,严格履行相关法律手续。

最后需要说明的是,人身检查与人身搜查同为针对人身的侦查措施,但是二者仍有以下主要区别:第一,目的不同,人身检查是为了确定被害人、犯罪嫌疑人的某些生理特征和状态,搜查是为了收集可能隐藏于人身的犯罪证据;第二,主体不同,人身检查可由侦查人员或者受指派、聘请的医师进行,而搜查只能由侦查人员进行;第三,人身检查笔录可以直接作为证据使用,在人身搜查中,笔录只是侦查人员依法履行职责的记载和凭证,其本身并不用于证明案件事实,而在搜查中获取的物证、书证等则可以作为案件相关证据使用。

第一百三十三条　勘验、检查的情况应当写成笔录,由参加勘验、检查的人和见证人签名或者盖章。

【修改提示】

本条是1979年刑事诉讼法的规定,1996年、2012年、2018年修改刑事诉讼法未作修改。

【背景解读】

勘验、检查是通过运用一定的技术手段,对勘验、检查对象的各种特征进行客观考察和记载,供研究分析案情使用,对进一步发现和收集证据,确定侦查方向,查明案件事实具有不可或缺的作用。将勘验、检查的情况用书面形式固定下来,形成勘验、检查笔录,在刑事诉讼中具有重要的证据价值。刑事诉讼法相关条文明确规定勘验、检查笔录是证据的一种。本条对制作勘验、检查笔录作了规定。

【理解与适用】

本条是关于勘验、检查笔录的规定。

本条包含两层含义:(1)进行勘验、检查应当写成笔录。即侦查人员和其他参加人员应当将其参与勘验、检查的情况,写成勘验、检查笔录。“勘验、检查的情况”包括勘验、检查的时间、地点、对象、目的、经过和结果等。勘验、检查笔录应当针对各种勘验、检查项目的具体要求,记清上述问题。现场勘验笔录应当记录以下主要信息,包括:现场地点、方位、周围环境、保护情况;勘验、检查的起止时间,现场组织指挥人员,天气、光线条件;与犯罪有关的痕迹和物品的名称、部位、数量、性状、分布等情况;尸体的位置,衣着、姿势、损伤、血迹分布、形状和数量;提取痕迹、物证,扣押物品的情况;制图、照相、录像、录音的数量和时间。尸体检验笔录由进行检验的法医或医师制作,反映尸体检查、提取检材情况和结果,对于无名尸体,还应记载其相貌特征,生理、病理特征,携带物品等特征,以便日后确认其身份。人体检查笔录应当写明检查过程和结果。(2)勘验、检查笔录由参加勘验、检查的人和见证人签名或盖章。这样规定,一是为使该证据具有证明力,没有签名、盖章的勘验、检查笔录不具有证明作用;二是加强对勘验、检查活动的监督,防止伪造勘验、检查结果,以保证正确处理案件。本条规定的“见证人”可以是当事人的家属,也可以是其他经侦查机关允许的公民。

第一百三十四条　人民检察院审查案件的时候,对公安机关的勘验、检查,认为需要复验、复查时,可以要求公安机关复验、复查,并且可以派检察人员参加。

【修改提示】

本条是1979年刑事诉讼法的规定,1996年作过修改,2012年、2018年修改刑事诉讼法未作修改。

【背景解读】

人民检察院对案件进行审查,主要是在审查起诉时,对勘验、检查的情况有异议,要求公安机关复验、复查,一方面可以对勘验、检查活动中存在的漏洞和疑点及时进行补充、更正,进一步充实、核对相关证据,保证公安机关勘验、检查结果真实可靠;另一方面也是检察机关依法行使监督权,对公安机关的勘验、检查活动进行监督的具体方式。

1979年刑事诉讼法第七十七条规定:“人民检察院审查案件时,对公安机关的勘验、检查,认为需要复验、复查时,可以要求公安机关复验、复查,并且可以派检察人员参加。”1996年修改刑事诉讼法将“人民检察院审查案件时”修改为“人民检察院审查案件的时候”。2012年和2018年修改刑事诉讼法未作修改。

【理解与适用】

本条是关于复查、复验的规定。

根据本条规定，人民检察院审查案件的时候，对公安机关的勘验、检查认为有错误或者遗漏，需要再次勘验、检查的，可以要求公安机关复验、复查。复验、复查是对已经勘验、检查过的与犯罪有关的场所、物品、人身、尸体等，再次进行勘验、检查，以验证勘验、检查结果是否正确的侦查活动。进行复验、复查应当严格遵守本节关于勘验、检查的规定。为了深入、细致、全面地了解复验、复查的情况，便于对案件的审查，公安机关复验、复查时，人民检察院可以派检察人员参加。对于检察机关要求复查、复验的案件，公安机关应当及时进行复查、复验。

第一百三十五条　为了查明案情，在必要的时候，经公安机关负责人批准，可以进行侦查实验。

侦查实验的情况应当写成笔录，由参加实验的人签名或者盖章。

侦查实验，禁止一切足以造成危险、侮辱人格或者有伤风化的行为。

【修改提示】

本条是1979年刑事诉讼法的规定，1996年未作修改，2012年作过修改，2018年修改刑事诉讼法未作修改。

【背景解读】

侦查实验是一项在侦查过程中模拟案件发生时的环境、条件，进行实验性重演的侦查活动。侦查实验的目的是为了证明与案件有关的事实是否存在或发生，从而证实犯罪嫌疑人的供述和辩解是否真实，证人证言、被害人陈述是否符合实际等。侦查实验应尽可能地使案件的全过程或者某场景得以还原，真实再现，以便客观地发现案情。但侦查实验不同于现场勘验、检查，可以获得与案件直接相关的证据，因此，对侦查实验的组织实施，以及侦查实验笔录的制作必须严格依照相关法律及规则进行，确保侦查实验的实效。

1979年刑事诉讼法第七十八条规定："为了查明案情，在必要的时候，经公安局长批准，可以进行侦查实验。侦查实验，禁止一切足以造成危险、侮辱人格或者有伤风化的行为。"1996年修改刑事诉讼法未作修改。2012年3月14日第十一届全国人民代表大会第五次会议通过的《关于修改〈中华人民共和国刑事诉讼法〉的决定》将侦查实验笔录列为证据种类之一，因此本条相应增加了进行侦查实验，应当制作侦查实验笔录的规定，同时将"经公安局长批准"修改为"经公安机关负责人批准"。

【理解与适用】

本条是关于侦查实验的规定。

本条共分为三款。第一款是关于进行侦查实验的条件及审批程序的规定。根据本款规定，在侦查中，为了查明案情，在必要的时候，经公安局机关负责人批准，可以进行侦查实验。进行侦查实验应当做到以下几点：(1)实验的条件应当与事件发生时的条件尽量相同，尽可能在事件发生的原地，使用原来的工具、物品等进行。注意查明一些重点事项，如在一定条件下能否听到或者看到；在一定时间内能否完成某一行为；在什么条件下能够发生某种现象；在某种条件下，某种行为和某种痕迹是否吻合一致；某种事件是怎样发生的，等等。(2)注意采用科学合理的方法进行，必要时，在侦查人员主持下，可以邀请具有专门知识的人参与实验。(3)应当履行法律手续，进行侦查实验必须经公安机关负责人批准。本条中的“必要的时候”是指与案件有关的重要情节，非经侦查实验难以证明，或者对案件是否发生及如何发生难以确定的时候。

第二款是关于侦查实验笔录的规定。根据 2012 年修改的刑事诉讼法的相关规定，侦查实验笔录被作为证据种类之一予以规定，因此，在本条中对侦查实验笔录的制作专门作了规定。侦查实验应当制作笔录，记明侦查实验的条件、经过和结果，并由参加实验人员签名或者盖章。这样才能够作为证据使用。

第三款是关于侦查实验禁止事项的规定。根据本款的规定，进行侦查实验，禁止一切足以造成危险、侮辱人格或者有伤风化的行为。侦查实验的目的是为了查明案情，同时在实验过程中仍须注意保护当事人及其他公民的合法权益，防止因侦查实验造成损失和伤害。根据本款规定，进行侦查实验采取的手段、方法必须合理规范，不得违背客观规律，违反操作规程，给实验人员和其他相关人员的生命、财产造成危险。同时，禁止任何带有人身侮辱性，损害当事人及其他人的人格尊严，或者有伤当地善良民俗的行为。

第五节　搜　　查

第一百三十六条　为了收集犯罪证据、查获犯罪人，侦查人员可以对犯罪嫌疑人以及可能隐藏罪犯或者犯罪证据的人的身体、物品、住处和其他有关的地方进行搜查。

【修改提示】

本条是 1979 年刑事诉讼法的规定，1996 年、2012 年、2018 年修改刑事诉讼法均未作修改。

【背景解读】

搜查是侦查中获取证据、查获犯罪人的重要手段，它对防止罪犯逃跑，毁灭、转移证据，及时查获犯罪人具有重要意义。但搜查也可能对犯罪嫌疑人、被告人及其他人员的人身、财产及隐私权造成侵害。我国宪法第三十七条和第三十九条分别规定："……禁止非法拘禁和以其他方法非法剥夺或限制公民的人身自由，禁止非法搜查公民的身体。""中华人民共和国公民的住宅不受侵犯。禁止非法搜查或者非法侵入公民的住宅。"刑事诉讼法对侦查人员如何依法进行搜查作了程序性规定。侦查人员违法进行搜查，应当承担相应法律责任，构成犯罪的，可依照刑法第二百四十五条关于非法搜查罪和非法入侵他人住宅罪的规定追究其刑事责任。

【理解与适用】

本条是关于搜查的主体、目的和范围的规定。

根据本条规定，搜查的目的是为了收集犯罪证据、查获犯罪人。侦查人员只有出于获取罪证，查获犯罪人的目的，才能对犯罪嫌疑人及可能隐藏罪犯、罪证的地方进行搜查。同时，搜查必须由侦查人员进行，其他任何单位和个人都无权进行搜查。搜查的范围主要包括三个方面：一是犯罪嫌疑人的身体、物品和住处。二是"可能隐藏罪犯或者犯罪证据的人的身体、物品、住处"，即可能窝藏罪犯或者窝藏罪证的人身、物品和住处。三是"其他有关的地方"，是指其他罪犯可能藏身或者隐匿犯罪证据的地方。总之，这些地方必须与所侦查的案件有关。

侦查人员执行搜查任务时，必须严格依法进行，不得滥用搜查权，确保公民的合法权利不受侵犯。对侦查人员搜查行为的合法性，人民检察院可以行使监督权，如发现有违法搜查行为的，应当及时进行纠正。

第一百三十七条　任何单位和个人，有义务按照人民检察院和公安机关的要求，交出可以证明犯罪嫌疑人有罪或者无罪的物证、书证、视听资料等证据。

【修改提示】

本条是1979年刑事诉讼法的规定，1996年、2012年作过修改，2018年修改刑事诉讼法未作修改。

【背景解读】

犯罪行为破坏国家法律实施和社会秩序，任何公民和单位都应当积极同犯罪行为作斗争，配合侦查部门的调查取证工作。在侦查机关依法进行搜查的时候，单位和个人应积极予以协助，如掌握与犯罪相关证据的，应按照人民检察院和公安机关的要求及时提供给侦查机关。对拒不提供或者有隐匿、损毁证据行为的单位和个人，可追究其法律责任。

【理解与适用】

本条是关于单位和个人提交证据义务的规定。

根据本条规定，任何单位和个人都有义务按照人民检察院和公安机关的要求交出可以证明犯罪嫌疑人有罪或无罪的物证、书证和视听资料等证据，不得拒绝提供。侦查人员进行搜查时，首先应当向被搜查的单位或个人讲明上述义务，提出搜查的目的和要求，被搜查的单位和个人应当积极配合。被搜查的单位或个人应当交出的物证、书证或视听资料等证据，包括搜查机关已掌握的和搜查中新发现的。对于事先已确定搜查的物证、书证和视听资料，搜查人员可以先动员被搜查者主动交出，如果拒不交出，侦查人员可以强行搜查，任何人不得以任何理由进行阻拦。对于故意隐匿罪证的应当依照法律规定追究责任，构成犯罪的，依照刑法有关规定追究刑事责任；对于以暴力、威胁方法妨碍搜查的，应当依照刑法关于妨害公务罪的规定追究刑事责任；对于以其他方法妨碍搜查工作正常进行的，依照治安管理处罚法的有关规定给予治安处罚。

搜查是重要的侦查措施，只有侦查机关才能进行，因此，只有人民检察院或者公安机关才能提出搜查要求和进行搜查。侦查人员发现被搜查的单位或个人交出的物证、书证、视听资料等材料与本案无关的，应当及时退回。

第一百三十八条　进行搜查，必须向被搜查人出示搜查证。

在执行逮捕、拘留的时候，遇有紧急情况，不另用搜查证也可以进行搜查。

【修改提示】

本条是1979年刑事诉讼法的规定，1996年、2012年、2018年修改刑事诉讼法均未作修改。

【背景解读】

搜查可以及时、有效地获取与犯罪相关的证据，但同时搜查也是一种具有强制性的侦查措施，涉及当事人的合法权益和切身利益。因此，必须在程序上加以严格限制，在执行中依法进行。持证搜查可以有效证明搜查行为的合法性，防止非法搜查，保证公民的人身、财产权利和住宅不受侵犯。本条的规定是侦查机关在进行侦查时必须遵守的规范。

【理解与适用】

本条是关于搜查时必须出示搜查证,以及在逮捕、拘留时搜查的规定。

本条包括两层含义:(1)进行搜查必须向被搜查单位或个人出示搜查证,这是搜查的一般原则。搜查证应当写明被搜查人的姓名、性别、职业、住址、搜查的处所、搜查的目的、搜查机关、执行人员以及搜查日期等内容。公安机关侦查人员所持搜查证由县级以上公安机关负责人签发;检察机关搜查证由检察长签发。持证搜查是法律设定的严格程序,对于违反本条规定违法进行搜查的,公民有权制止。(2)在执行逮捕、拘留的时候,遇有紧急情况,可以不另用搜查证进行搜查。"紧急情况"主要是指被执行逮捕、拘留的人,身藏凶器或引爆装置、剧毒物品或者在其住处放置爆炸物品等,可能发生自杀、凶杀以及其他危害他人或公共安全的情况,或者有毁弃、转移罪证等反侦查迹象的,不立即搜查,可能给社会造成危害或者使获取证据失去时机,影响或妨碍侦查活动的顺利进行。在这些情况下,来不及办理搜查审批程序,侦查人员可以凭拘留、逮捕证进行搜查,相关情况应当在搜查笔录中予以说明记录。根据本条规定,如果并非遇到紧急情况,侦查人员即使在执行逮捕、拘留的时候,也应当出示搜查证,而不得以拘留证、逮捕证代替搜查证。

第一百三十九条　在搜查的时候,应当有被搜查人或者他的家属,邻居或者其他见证人在场。

搜查妇女的身体,应当由女工作人员进行。

【修改提示】

本条是1979年刑事诉讼法的规定,1996年、2012年、2018年修改刑事诉讼法均未作修改。

【背景解读】

搜查的时候有见证人在场,有利于证实搜查情况,增强搜查所取得的证据的真实性、可靠性和合法性,也有利于侦查人员严格依法进行搜查,防止侵犯当事人合法权利,同时也可以防止一些被搜查人诬告搜查人员违法搜查,从而保证侦查活动的顺利进行。对妇女身体的搜查,涉及公民的人格尊严、隐私等最基本的权利,通过法律明确规定由女工作人员进行,是对妇女的特殊保护。

【理解与适用】

本条是关于搜查的一般要求的规定。

本条共分为两款。第一款是关于搜查时应当有被搜查人或者他的家属及见证人在场的规定。根据本款规定，进行搜查的时候，应当有被搜查人或者他的家属在场，同时还要有邻居或者其他人作为见证人在场。

第二款是关于搜查妇女身体的特殊规定。根据本款规定，搜查妇女的身体时，应当由女工作人员进行。这样规定是对妇女的特殊保护，防止在搜查时出现人身侮辱等违法行为，以确保被搜查妇女的人格尊严和人身安全不受侵犯。同时，这样规定也是对侦查活动顺利进行的保障和对执行搜查任务的工作人员的职业保护，可以防止被搜查人诬告陷害侦查人员，保证搜查的顺利进行。

第一百四十条　搜查的情况应当写成笔录，由侦查人员和被搜查人或者他的家属，邻居或者其他见证人签名或者盖章。如果被搜查人或者他的家属在逃或者拒绝签名、盖章，应当在笔录上注明。

【修改提示】

本条是 1979 年刑事诉讼法的规定，1996 年、2012 年、2018 年修改刑事诉讼法均未作修改。

【背景解读】

搜查是侦查中获得证据、查获犯罪嫌疑人的重要手段，如何证明搜查的活动是否合法，如何证明搜查所获取的证据材料与犯罪嫌疑人的关联，并将上述活动及内容通过规范的形式固定下来，是关系搜查获取证据是否可作为证据使用以及证明力的重要问题。为了解决上述问题，保证侦查活动的顺利进行，必须将搜查的情况制成笔录，并由有关人员签名或盖章。

【理解与适用】

本条是关于搜查笔录的规定。

本条包含三层意思：(1)搜查的情况应当写成笔录。侦查人员必须将搜查的情况，按照搜查顺序如实地记录下来，制成笔录，写明搜查的时间、地点、过程，发现的证据，提取和扣押证据的名称、数量、特征及其他有关犯罪线索等，以便存查和分析案情。(2)搜查笔录应当有侦查人员和被搜查人或者他的家属，邻居或者其他见证人签名或盖章。这样有利于保证搜查笔录的准确性，便于核查，更为重要的是,只有这样才能证明搜查取得的证据的真实性,有效性。(3)如果被搜查人或者他的家属在逃或者拒绝签名、盖章,应当在笔录上注明,说明搜查时的情况和向法庭表明为何没有被搜查人或其家属的签名盖章,以证明搜查程序的合法性。

第六节 查封、扣押物证、书证

第一百四十一条 在侦查活动中发现的可用以证明犯罪嫌疑人有罪或者无罪的各种财物、文件,应当查封、扣押;与案件无关的财物、文件,不得查封、扣押。

对查封、扣押的财物、文件,要妥善保管或者封存,不得使用、调换或者损毁。

【修改提示】

本条是1979年刑事诉讼法的规定,1996年未作修改,2012年作过修改,2018年修改刑事诉讼法未作修改。

【背景解读】

为了收集、保全刑事诉讼证据,防止证据被隐匿、毁损等情况发生,保证诉讼活动能够顺利进行,侦查机关有权查封、扣押在勘验、搜查等侦查活动中发现的可用以证明犯罪嫌疑人有罪或者无罪的各种财物和文件,并加以妥善保管。查封、扣押涉及公民的财产权等相关权利,不得随意查封、扣押与案件无关的财物、文件,本条对此专门作出规定。2012年刑事诉讼法修改对1996年刑事诉讼法第一百一十四条作了修改,考虑到发现证据虽然主要是在勘验、搜查中,但在其他的侦查活动中也有可能发现可用以证明犯罪嫌疑人有罪或者无罪的证据,同样也应当查封、扣押,所以将"在勘验、搜查中"修改为"在侦查活动中"。根据司法实践的需要增加了"查封"措施。同时还对文字作了修改,将"物品"修改为"财物",包括财产和物品,在表述上更为准确。

【理解与适用】

本条是关于查封、扣押物证、书证的范围和保管的规定。

本条共分为两款。第一款是关于查封、扣押范围的规定。根据本条规定,查封、扣押的范围是:在侦查活动中发现的可用以证明犯罪嫌疑人有罪或无罪的各种财物和文件,其他任何与案件无关的财物、文件都不得查封、扣押,不得随意扩大查封、扣押的范围。与案件无关的财物,不能作为证据使用,因此不得查封、扣押,否则,就是对公民合法权益的侵犯。当事人和辩护人、诉讼代理人、利害关系人依照刑事诉讼法第一百一十七条的规定，有权向该机关申诉或者控告。“可用以证明犯罪嫌疑人有罪或者无罪的各种财物和文件”是指能够证明犯罪嫌疑人有罪或无罪、罪重或罪轻的物证、书证及视听资料等证据。其中，“财物”是指可作为证据使用的财产和物品，包括动产和不动产，如房屋、汽车、人民币等。

第二款是关于对被查封、扣押的财物、文件保管的规定。根据本款规定，对于查封、扣押的财物、文件，侦查机关应当妥善保管或封存。首先对查封、扣押的财物、文件做好登记，然后分别情况入卷，予以妥善保管或者封存。对能够证明案件事实的物证、书证、视听资料，应当入卷，不能入卷的，应当拍照，将照片附卷，原财物、文件予以封存；对容易损坏的财物，应当采取拍照、录像、绘图等方法加以固定和保全。待结案后送交有关主管部门或者按照有关规定处理。“妥善保管”主要是指将查封、扣押的财物、文件要放置于安全设施较完备的地方保管，以防止证据遗失、损毁或者被调换。“封存”主要是指被查封、扣押的财物属于大型物品或数量较多，在拍照并登记后就地封存或易地封存。封存应当盖有侦查机关印章的封条，以备查核。任何单位和个人都不得以任何借口使用、调换被查封、扣押的财物、文件，也不得将其损毁或者自行处理，要保证被查封、扣押的财物、文件完好无损。

查封、扣押财物、文件应当注意，既要查封、扣押能够证明犯罪嫌疑人有罪、罪重的物证、书证，也要查封、扣押能够证明犯罪嫌疑人无罪、罪轻的物证、书证，以保持证据的完整性、客观性。

第一百四十二条　对查封、扣押的财物、文件，应当会同在场见证人和被查封、扣押财物、文件持有人查点清楚，当场开列清单一式二份，由侦查人员、见证人和持有人签名或者盖章，一份交给持有人，另一份附卷备查。

【修改提示】

本条是1997年刑事诉讼法的规定，1996年未作修改，2012年作了修改，2018年修改刑事诉讼法未作修改。

【背景解读】

规定查封、扣押物证书证的具体程序，一方面有利于办案人员依法执行查封、扣押，有利于证明作为证据使用的财物、文件来源的合法性，以体现证据的证明力，保证查封、押扣的与犯罪有关的财物、文件经核实可以作为定案根据使用。如在搜查中发现犯罪工具、设备予以扣押，被搜查人和在场见证人都在清单上签名盖章，则有利于证明该犯罪工具、设备的出处，以证明被扣押物持有人与进行犯罪活动的联系。如没有上述签章，则很难说明有关当事人和所扣押物品的关系，削弱该证据的证明作用。另一方面也可以防止被查封、扣押财物、文件遗失或者被个别人员将查封、扣押财物私自截留或挪作他用。

【理解与适用】

本条是关于查封、扣押物证书证具体程序的规定。

本条规定了查封、扣押财物的四个步骤。一是查点。侦查人员应当会同在场见证人和被查封、扣押财物、文件的持有人对查封、扣押的财物、文件查点清楚。二是开列清单。在查点的基础上，应当当场开列清单一式两份，在清单上写明查封、扣押财物、文件的名称、规格、特征、质量、数量，文件的编号，以及财物、文件发现的地点，查封、扣押的时间等。三是签名、盖章。清单应由侦查人员、持有人和在场见证人签名或者盖章。四是留存。查封、扣押清单一份交给持有人或者其家属，另一份由侦查机关附卷备查。当场开列的清单，不得涂改，凡是必须更正的，须有侦查人员、持有人和见证人共同签名或盖章，或者重新开列清单。

第一百四十三条　侦查人员认为需要扣押犯罪嫌疑人的邮件、电报的时候，经公安机关或者人民检察院批准，即可通知邮电机关将有关的邮件、电报检交扣押。

不需要继续扣押的时候，应即通知邮电机关。

【修改提示】

本条是1979年刑事诉讼法的规定，1996年、2012年、2018年修改刑事诉讼法均未作修改。

【背景解读】

我国宪法明确规定，除因国家安全或者追查刑事犯罪的需要，由公安机关或者检察机关依照法律规定的程序对通信进行检查外，任何组织或者个人不得以任何理由侵犯公民的通信自由和通信秘密。规定扣押邮件、电报的批准和及时解除扣押程序，充分体现了我国公民通信自由和通信秘密受国家保护的宪法原则，也为侦查工作中扣押邮件、电报提供了法律规范。

【理解与适用】

本条是关于扣押邮件、电报的规定。

本条共分为两款。第一款是关于扣押犯罪嫌疑人的邮件、电报的程序的规定。根据本款规定，侦查人员为了查明案情，正确认定案件事实，认为需要扣押犯罪嫌疑人的邮件、电报的时候，经公安机关或者人民检察院批准，可通知邮电机关将有关的邮件、电报检交扣押。这一规定有两层意思：(1)由于侦查的需要，侦查人员对犯罪嫌疑人的邮件、电报有权通知邮电机关检交扣押。(2)扣押犯罪嫌疑人的邮件、电报必须经过法定程序，即经过公安机关或者人民检察院批准。根据宪法原则，本款规定的“认为需要扣押犯罪嫌疑人的邮件、电报”必须是为了追究犯罪嫌疑人的刑事责任的需要，即通过邮件或电报查明案情或查明犯罪人。因此，扣押的邮件、电报必须与案件有关，与本案无关的，不得扣押。犯罪嫌疑人的邮件、电报既包括他人发给犯罪嫌疑人的，也包括犯罪嫌疑人发给他人的。这里的“邮件”是指通过邮政企业寄递的信件、印刷品、邮包、汇款通知、报刊等。

第二款是关于解除扣押的规定。为了保护公民的合法权益和保证邮电部门工作的正常进行，根据本款规定，对被扣押的邮件、电报不需要继续扣押的时候，应当即时通知邮电机关解除扣押。“不需要继续扣押的时候”主要是指邮件、电报所涉及的有关情况已经查清，该邮件、电报不作为证据使用，扣押的邮件、电报已失去继续扣押意义等情况。

第一百四十四条　人民检察院、公安机关根据侦查犯罪的需要，可以依照规定查询、冻结犯罪嫌疑人的存款、汇款、债券、股票、基金份额等财产。有关单位和个人应当配合。

犯罪嫌疑人的存款、汇款、债券、股票、基金份额等财产已被冻结的，不得重复冻结。

【修改提示】

本条是1996年修改刑事诉讼法时增加的规定，2012年作了修改，2018年修改刑事诉讼法未修改。

【背景解读】

在刑事诉讼法中明确规定可以查询、冻结犯罪嫌疑人的存款、汇款，主要考虑：一是查明犯罪、证实犯罪和保护国家、集体、公民利益的需要，同时，采取这种措施有利于防止证据转移、赃款转移，也可以防止这些款项再次用于犯罪。二是根据侦查工作需要。由于这种侦查措施直接影响到当事人的权益。有必要通过立法加以规范。三是《中华人民共和国商业银行法》明确规定，对个人、单位存款，商业银行有权拒绝任何单位或者个人查询、冻结、扣划，但法律另有规定的除外。《中华人民共和国邮政法》明确规定,用户交汇的汇款和储蓄的存款受法律保护。除法律另有规定外,任何组织或者个人不得检查、扣留。刑事诉讼法规定人民检察院、公安机关为了侦查犯罪的需要,规定可以查询、冻结犯罪嫌疑人的存款、汇款,就是商业银行法和邮政法所规定的“法律的另有规定”,为在侦查工作中查询、冻结犯罪嫌疑人的存款、汇款提供了法律依据。随着资本市场的改革开放和稳定发展,越来越多的人通过购买股票、债券、基金等方式参与到资本市场的运作,个人的财产有相当一部分是以股票、债券、基金的形式存在,根据现实的发展及司法实践的需要,2012 年修改刑事诉讼法时根据社会情况变化和侦查工作的需要,将可以查询、冻结犯罪嫌疑人的财产范围由存款、汇款扩大为存款、汇款、债券、股票、基金份额等财产,并规定有关单位和个人在人民检察院、公安机关依照规定查询、冻结犯罪嫌疑人的上述财产时予以配合,这也是有关单位和个人应尽的法律义务。

【理解与适用】

本条是关于查询、冻结财产的规定。

本条共分为两款。第一款是关于查询、冻结犯罪嫌疑人的存款、汇款、债券、股票、基金份额等财产的规定。根据本款规定,查询、冻结犯罪嫌疑人的存款、汇款、债券、股票、基金份额等财产必须是为了侦查犯罪的需要。所谓“侦查犯罪的需要”包含三个方面意思:(1)所要查询、冻结的存款、汇款、债券、股票、基金份额等财产必须与犯罪嫌疑人及犯罪有关,即属于犯罪嫌疑人或者与其涉嫌的犯罪有牵连的人的存款、汇款、债券、股票、基金份额。这些财产或被用于犯罪,或为犯罪所得。通过查询这些财产的情况,可以查明案情,查清犯罪嫌疑人有罪、罪重或者无罪、罪轻的事实;(2)通过查询、冻结存款、汇款、债券、股票、基金份额等财产,防止赃款转移,挽回和减少损失;(3)发现新的犯罪线索,扩大侦查战果。由于查询、冻结措施涉及公民个人隐私,涉及企业的正常经营,为防止滥用查询、冻结权力,本款明确规定,在侦查中,只有具有侦查权的人民检察院或者公安机关依照规定才能进行查询、冻结。“依照规定”是指依照有关法律、司法解释及司法机关与有关部门的联合通知。查询、冻结存款、汇款、债券、股票、基金份额等财产是侦查犯罪的重要措施,是打击犯罪,特别是打击经济领域犯罪的有效手段,因此,本款还规定,有关单位和个人应当配合。这是法律对有关单位和个人设定的义务,当有侦查权的人民检察院或者公安机关依照规定采取查询、冻结措施时,有关单位和个人应当予以配合。这里的“配合”主要是指应当为查询、冻结工作提供方便,提供协助,履行冻结手续,不得以保密为由阻碍。

第二款是关于对犯罪嫌疑人的存款、汇款、债券、股票、基金份额等财产不得重复冻结的规定。根据本款规定,犯罪嫌疑人的存款、汇款、债券、股票、基金份额等财产已经被公安机关或人民检察院冻结的，其他公安机关或者人民检察院不得对同一犯罪嫌疑人的同一存款、汇款、债券、股票、基金份额等财产再次冻结，这是禁止性规范，侦查机关应当严格遵守。

第一百四十五条　对查封、扣押的财物、文件、邮件、电报或者冻结的存款、汇款、债券、股票、基金份额等财产，经查明确实与案件无关的，应当在三日以内解除查封、扣押、冻结，予以退还。

【修改提示】

本条是1997年刑事诉讼法的规定，1996年、2012年作过修改，2018年修改刑事诉讼法未作修改。

【背景解读】

查封、扣押、冻结犯罪嫌疑人财产的目的是为了查明犯罪、证实犯罪，及时、准确地惩罚犯罪，保护国家、集体和公民的合法权益。在惩罚犯罪的同时，也要切实保障公民、组织的合法权利，防止执法部门在这一问题上出现偏差或权利滥用。所以，本条明确地规定了在查明确实与案件无关后，解除扣押、冻结的期限。查封、扣押、冻结财产涉及公民的财产权利，一旦查明与犯罪无关，应当及时解冻，有利于保障公民的合法权利，减少公民的损失。由于现在邮电行业已不再是"邮电机关"，而是邮电企业，2012年修改刑事诉讼法时将"退还原主或者原邮电机关"修改为"予以退还"，这只是一处文字修改。

【理解与适用】

本条是关于查封、扣押、冻结的解除的规定。

根据本条规定，侦查人员对查封、扣押的物品、文件、邮件、电报或者冻结的存款、汇款、债券、股票、基金份额等财产，应当及时进行认真审查。经审查后，凡是与案件无关的，应当在查明情况后三日以内解除查封、扣押、冻结，退回原主或者邮电企业。其中"查明确实与案件无关"是指经过侦查，询问证人，讯问犯罪嫌疑人，调查核实证据，并对查封、扣押的财物进行认真分析，认定该查封、扣押的财物或冻结款项、债券、股票、基金份额等并非违法所得，也不具有证明犯罪嫌疑人是否犯罪、罪轻、罪重的作用，不能作为证据使用，与犯罪行为无任何牵连。"三日以内解除查封、扣押、冻结，予以退还"是指自确定该查封、扣押物、冻结款项、债券、股票、基金份额等与犯罪行为无关之日起三日以内应当解除查封、扣押、冻结。这里规定的"予以退还"是指将查封、扣押财物、文件交还包括犯罪嫌疑人在内的财物、文件所有人，将邮件退还原邮电企业，由邮电企业按照邮件投寄要求办理。

执行本条规定，应当注意三点：(1)查封、扣押财物、文件、邮件、电报或者冻结存款、汇款、债券、股票、基金份额后，必须及时调查核实，弄清被查封、扣押物与案件及犯罪嫌疑人的关系，不能扣而不查；(2)对被查封、扣押的财物、文件、邮件、电报应当妥善保管，不得损坏或私自处理；(3)经查明确实与案件无关的查封、扣押物，应当及时退回，对被冻结的存款、汇款、债券、股票、基金份额要尽快解冻，不得以任何借口留置或者拖延退还、解冻。

第七节　鉴　　定

第一百四十六条　为了查明案情，需要解决案件中某些专门性问题的时候，应当指派、聘请有专门知识的人进行鉴定。

【修改提示】

本条是1979年刑事诉讼法的规定，1996年、2012年、2018年修改刑事诉讼法未作修改。

【背景解读】

1979年刑事诉讼法第八十八条规定："为了查明案情，需要解决案件中某些专门性问题的时候，应当指派、聘请有专门知识的人进行鉴定。"鉴定通常是指办案机关指派或聘请具有专门知识的人，就案件中某些专门性问题进行鉴别和判断的活动。鉴定是否科学准确，关系到能否正确认定案件事实，尤其在侦破疑难案件中，充分运用最新科学技术进行鉴定，可以收到其他证据无法取代的效果。所以，鉴定必须严格依照法律规定进行。

【理解与适用】

本条是关于鉴定的目的和主体的规定。

本条包括三层意思：第一，鉴定的目的是解决案件中专门性问题。根据法律规定和司法实践经验，侦查机关常用的专门性鉴定包括：(1)法医类鉴定，包括法医病理鉴定、法医临床鉴定、法医精神病鉴定（即对人的精神状态、责任能力进行鉴别判断的活动）、法医物证鉴定（即对与案件有关的尸体、人身、分泌物、排泄物、胃内物、毛发等进行鉴别判断的活动）和法医毒物鉴定。(2)物证类鉴定，包括文书鉴定、痕迹鉴定（即对指纹、脚印、字迹、弹痕等进行的鉴别判断活动）和微量鉴定。(3)声像资料鉴定,包括对录音带、录像带、磁盘、光盘、图片等载体上记录的声音、图像信息的真实性、完整性及其所反映的情况过程进行的鉴定和对记录的声音、图像中的语言、人体、物体作出种类或者同一认定。此外,把握办理案件的需要,有的案件还须进行会计鉴定(即对账目、表册、单据、发票、支票等书面材料进行的鉴别判断活动)、技术问题鉴定(即对涉及工业、交通、建筑等方面的科学技术进行鉴别判断活动)等。在侦查中,有些案件往往会遇到上述的一些专门性问题,只有解决这些问题,才能比较准确地查明案情。解决这些专门性的问题必须运用专门的知识和经验,对案件的某个事实作出科学的判断。

第二,鉴定主体是具有专门知识、经侦查机关指派或聘请就案件的专门性问题进行鉴定的人,称为鉴定人。"专门知识"是指某一专门研究领域的理论和实践经验,如法医学、弹道研究、指纹研究等。根据2005年2月28日第十届全国人民代表大会常务委员会第十四次会议通过的《关于司法鉴定管理问题的决定》第四条规定,鉴定人需要具备下列条件之一:(1)具有与所申请从事的司法鉴定业务相关的高级专业技术职称;(2)具有与所申请从事的司法鉴定业务相关的专业执业资格或者高等院校相关专业本科以上学历,从事相关工作五年以上;(3)具有与所申请从事的司法鉴定业务相关工作十年以上经历,具有较强的专业技能。因故意犯罪或者职务过失犯罪受过刑事处罚的,受过开除公职处分的,以及被撤销鉴定人登记的人员,不得从事司法鉴定业务。

第三,鉴定人通常是由办案机关指派或聘请。我国各级侦查机关一般都设立了从事有关鉴定业务的鉴定机构,配备鉴定人员。根据全国人大常委会关于司法鉴定管理问题的决定的规定,经司法行政部门依法登记的鉴定机构和鉴定人,也属于就案件专门性问题进行鉴定的人员。作为侦查措施的鉴定,鉴定人可以由县级以上侦查机关的刑事技术人员或其他专职人员担任,也可以聘请侦查机关以外的具有专门知识的鉴定人担任,鉴定人应当与案件无利害关系。

在司法实践中,应当注意的是,侦查人员不能对鉴定人进行技术上的干预,更不能强迫或暗示鉴定人或鉴定机构作出某种不真实的倾向性意见;鉴定人只能就案件中的专门性问题作出意见,不能就法律适用问题作出意见。

第一百四十七条　鉴定人进行鉴定后,应当写出鉴定意见,并且签名。

鉴定人故意作虚假鉴定的,应当承担法律责任。

【修改提示】

本条是1979年刑事诉讼法的规定,1996年、2012年作过修改,2018年修改刑事诉讼法未作修改。

【背景解读】

1979 年刑事诉讼法第八十九条规定:"鉴定人进行鉴定后,应当写出鉴定结论,并签名。"鉴定是专门人员运用科学技术或者专门知识,对案件中某些专门性问题进行判断和鉴别的侦查活动,包括法医类鉴定、物证类鉴定、声像资料鉴定、价格鉴定、文物鉴定、司法会计鉴定等。刑事诉讼中常常需要通过鉴定对案件中涉及的某些专门性问题作出鉴别与判断,鉴定对案件的认定往往起到决定性作用,但鉴定只是鉴定人个人依据其掌握的专门知识对有关专门性问题作出的检验、鉴别和判断,属于个人行为,是鉴定人向委托人提供鉴定意见的一种服务。鉴定人进行鉴定后,应当由其个人签名,对其鉴定意见负责。

1996 年修改刑事诉讼法时,当时司法实践中对人身伤害和精神病的医学鉴定争议较多,成为困扰司法机关的一个问题,有时不同机关之间,犯罪嫌疑人、被告人与司法机关之间,被害人与司法机关之间,对鉴定结论存在着不同的认识。尤其是公安机关、检察机关、法院三家各自指定专门性的鉴定医院,鉴定结论不一致时,难以协商,其中存在问题最多而且最不易判断的是对精神病的医学鉴定和对人身伤害的医学鉴定。人身伤害和精神病的医学鉴定结论是定罪量刑的重要依据,直接影响到对犯罪嫌疑人有罪、无罪或者罪轻、罪重的认定。实践中有的多次重复进行医学鉴定而无法确定,有的医学鉴定之间相互矛盾,甚至有的作虚假的医学鉴定,其后果十分严重。为了解决这一问题,1996 年刑事诉讼法修改时明确规定对人身伤害的医学鉴定有争议须重新鉴定或对精神病的鉴定由省级人民政府指定的医院进行。其中对精神病的医学鉴定应一律由省级人民政府指定的医院进行,对人身伤害的医学鉴定,如果不是在省级人民政府指定医院进行的鉴定,并且没有争议的,也可以作为证据使用,但有争议的鉴定,必须在省级人民政府指定的医院进行。同时还规定,鉴定人进行鉴定后,应当写出鉴定结论,并且由鉴定人签名,医院加盖公章。这样规定,是为了使鉴定人、医院加强责任感,也便于在出现问题后及时查找有关责任人。考虑到鉴定人故意作虚假鉴定有可能影响到案件的公正审理和对犯罪嫌疑人的定罪量刑,其行为具有很大的危害性,刑法第三百零五条对鉴定人作虚假鉴定也有追究刑事责任的规定,因此,增加规定,鉴定人故意作虚假鉴定的,应当承担法律责任。1996 年修改后的刑事诉讼法第一百二十条规定:"鉴定人进行鉴定后,应当写出鉴定结论,并且签名。对人身伤害的医学鉴定有争议需要重新鉴定或者对精神病的医学鉴定,由省级人民政府指定的医院进行。鉴定人进行鉴定后,应当写出鉴定结论,并且由鉴定人签名,医院加盖公章。鉴定人故意作虚假鉴定的,应当承担法律责任。"

2012 年修改刑事诉讼法时对本条作了两处修改:一是将"鉴定结论"修改为"鉴定意见"。2005 年 2 月 28 日第十届全国人民代表大会常务委员会第十四次会议通过的《关于司法鉴定管理问题的决定》规定，将“鉴定结论”修改为“鉴定意见”。主要是考虑用“鉴定意见”的表述更为科学、准确，更符合鉴定活动的本质特征。鉴定意见作为鉴定人个人的认识和判断，表达的只是鉴定人个人的意见，对整个案件来说，鉴定意见只是诸多证据中的一种证据，审判人员应当结合案件的全部证据，加以综合审查判断，从而正确认定案件事实，作出正确判决。而不是被动地将“结论”作为定案依据。将“鉴定结论”修改为“鉴定意见”，有利于摆正这类证据在诉讼中的位置，转变办案人员的观念，以便发挥办案人员在审查判断鉴定意见时的主动性和能动性，提高办案质量。2012 年刑事诉讼法修改吸收了上述决定中的这一内容，将“鉴定结论”修改为“鉴定意见”。二是删除了原条文第二款的规定，即删去了“对人身伤害的医学鉴定有争议需要重新鉴定或者对精神病的医学鉴定，由省级人民政府指定的医院进行”的规定。2005 年《全国人民代表大会常务委员会关于司法鉴定管理问题的决定》规定，国家对鉴定人和鉴定机构实行登记管理制度，第二条第一款明确规定，“国家对从事下列司法鉴定业务的鉴定人和鉴定机构实行登记管理制度：（一）法医类鉴定；（二）物证类鉴定；（三）声像资料鉴定；（四）根据诉讼需要由国务院司法行政部门商最高人民法院、最高人民检察院确定的其他应当对鉴定人和鉴定机构实行登记管理的鉴定事项”，同时规定“国务院司法行政部门主管全国鉴定人和鉴定机构的登记管理工作。省级人民政府司法行政部门依照本决定的规定，负责对鉴定人和鉴定机构的登记、名册编制和公告”“申请从事司法鉴定业务的个人、法人或者其他组织，由省级人民政府司法行政部门审核，对符合条件的予以登记，编入鉴定人和鉴定机构名册并公告”。第七条规定，“侦查机关根据侦查工作的需要设立的鉴定机构，不得面向社会接受委托从事司法鉴定业务。人民法院和司法行政部门不得设立鉴定机构”。根据上述规定，目前从事该决定第二条第一款规定事项的鉴定人和鉴定机构都应向省级人民政府司法行政部门申请，对符合条件的，经由省级人民政府司法行政部门审核，予以登记，编入鉴定人和鉴定机构名册并公告。为与该决定的规定相衔接，2012 年刑事诉讼法修改时删除了 1996 年刑事诉讼法第一百二十条第二款的规定。

【理解与适用】

本条是关于鉴定程序的规定。

本条共分为两款。第一款是关于对鉴定人进行专门性鉴定后应当写出鉴定意见的规定。

进行鉴定是为了获取证据，查明案件情况，因此，鉴定人应运用科学技术或专门知识对办案人员不能解决的问题进行鉴别、判断后提出意见，形成鉴定意见。鉴定意见是刑事诉讼证据之一，经审查核实后，即可作为定案依据。形成的鉴定意见应当由鉴定人签名，以确定相应的责任。鉴定人只能是公民个人，而不能是单位。如果是多名鉴定人，应当分别签名。对有多名鉴定人的，如果意见一致应当写出共同的鉴定意见；如果意见不一致，可以分别提出不同的鉴定意见。

第二款是关于对鉴定人作虚假鉴定应负法律责任的规定。

本款中规定的“故意作虚假鉴定”，是指故意出示不符合事实的鉴定意见。因技术上的原因而错误鉴定的，不属于“故意作虚假鉴定”。“承担法律责任”是指对于故意作虚假鉴定，构成伪证罪、受贿罪等犯罪的，依法追究刑事责任；尚不够刑事处罚的，依法予以行政处分。

第一百四十八条　侦查机关应当将用作证据的鉴定意见告知犯罪嫌疑人、被害人。如果犯罪嫌疑人、被害人提出申请，可以补充鉴定或者重新鉴定。

【修改提示】

本条是1979年刑事诉讼法的规定，1996年、2012年作过修改，2018年修改刑事诉讼法未作修改。

【背景解读】

1996年修改刑事诉讼法时，为了进一步保障公民的合法权益，将被害人规定为诉讼当事人，考虑到被害人是犯罪行为的直接受害者，鉴定意见的内容与被害人有着密切的关系。因此，增加了侦查机关应当将用作证据的鉴定结论告知被害人，如果被害人提出申请，也可以补充鉴定或重新鉴定的规定。这样的规定，有利于体现诉讼的公平，保障诉讼当事人的合法权益。2012年修改刑事诉讼法时对本条作了一处修改，将“鉴定结论”修改为“鉴定意见”。

【理解与适用】

本条是关于告知犯罪嫌疑人、被害人鉴定意见以及补充鉴定或者重新鉴定的规定。

本条包括两层意思：第一，用作证据的鉴定意见应当告知犯罪嫌疑人、被害人。其中“用作证据的鉴定意见”是指经过专门机构进行鉴定后形成的专门性问题的鉴定意见，经侦查机关审查核实后，要作为证据使用的鉴定意见。告知犯罪嫌疑人、被告人用作证据的鉴定意见必须是书面的，因为用作证据的鉴定意见，直接关系到对案件事实的认定，对犯罪嫌疑人和被害人有着直接的利害关系，所以将鉴定意见告知犯罪嫌疑人、被害人，使其有机会申请补充鉴定或者重新鉴定，体现了对犯罪嫌疑人、被害人诉讼权利的保障。

第二,犯罪嫌疑人、被害人可以申请补充鉴定或者重新鉴定。本条规定的申请"补充鉴定"是指犯罪嫌疑人或者被害人认为鉴定意见有疑点、鉴定意见与案件事实因果关系不明确或者所提供的鉴定意见有遗漏等,可能影响对案件事实的认定,使自己的合法权益受到损害而提出的申请。对犯罪嫌疑人或者被害人提出的申请,侦查机关应当进行审查,认为原鉴定意见正确的,可以驳回申请人的申请,并说明理由;如果原鉴定意见确有疑点、遗漏或者因果关系不明显,应当要求鉴定人补充鉴定,并将补充鉴定意见及时告知申请人。"重新鉴定"是指犯罪嫌疑人或者被害人有充足的理由证明鉴定意见确有错误或者鉴定人应当回避而没有回避,以及其他原因影响鉴定人作出正确鉴定的,其鉴定意见可能影响案件公正处理,而提出的申请。对犯罪嫌疑人或者被害人提出的申请,侦查机关应当进行审查,认为原鉴定意见正确,不存在申请人提出需要重新鉴定情形的,可以驳回申请,并应当说明理由,如果原鉴定意见确有错误或者鉴定人应该回避而没有回避的,应当重新鉴定,对于应回避的鉴定人员所作的鉴定进行重新鉴定的,侦查机关应当重新聘请或指派鉴定人员进行鉴定。

实际执行中应当注意,侦查机关应当将鉴定意见及时告知犯罪嫌疑人、被害人,切实保障其正当的诉讼权利,对犯罪嫌疑人、被害人提出补充鉴定或者重新鉴定的申请,应当认真对待,及时核查,并将结果及时告知申请人。

第一百四十九条　对犯罪嫌疑人作精神病鉴定的期间不计入办案期限。

【修改提示】

本条是1996年修改刑事诉讼法时增加的规定,2012年、2018年修改刑事诉讼法未作修改。

【背景解读】

刑事案件中,认定行为人在实施犯罪行为时是否有精神病,对决定是否追究刑事责任以及如何量刑至关重要。我国刑法规定,精神病人在不能辨认或者控制自己行为的时候造成危害后果的,不负刑事责任;间歇性的精神病人在精神正常时候犯罪,应当负刑事责任。尚未完全丧失辨认或者控制自己行为能力的精神病人犯罪的,应当负刑事责任,但是可以从轻或者减轻处罚。实践中,有些案件必须对犯罪嫌疑人是否患有精神疾病作出鉴定。由于对犯罪嫌疑人作精神病鉴定的情况比较复杂,往往需要经过一段时间的鉴定工作才能得出结论,在法定的办案期限内难以作出正确的判断。1996年修改刑事诉讼法时,根据实践需要,将1984年全国人大常委会通过的《关于刑事案件办案期限的补充规定》第九条规定的

"对被告人作精神病鉴定的期间不计入办案期限"的内容吸收到刑事诉讼法中。

【理解与适用】

本条是关于精神病鉴定的期间是否计入办案期限的规定。

本条明确规定,对犯罪嫌疑人作精神病鉴定的期间不计入办案期限。这里规定的"对犯罪嫌疑人作精神病鉴定的期间"是指犯罪嫌疑人及其法定代理人或者辩护人向侦查机关提出确定犯罪嫌疑人在实施犯罪行为过程中精神状态的申请,或者侦查机关办理案件中认为需要对犯罪嫌疑人作精神病鉴定时,依照法定程序开始对犯罪嫌疑人进行鉴定到出具鉴定意见的期间。"不计入办案期限"是指不计入侦查羁押期限和审查起诉、审判期限。

实践中应当注意:一是本条所说的办案期限包括在刑事诉讼法中不同诉讼阶段的办案期限,即如果是在侦查期间公安机关对犯罪嫌疑人作精神病鉴定的,其鉴定期限不计入侦查期限;如果在审查起诉阶段、审判阶段,则鉴定期限不计入审查起诉阶段、审判阶段。二是在执法中,应注意对犯罪嫌疑人作精神病医学鉴定要慎重对待,不能轻率作出结论,但也不能久拖不决。

第八节　技术侦查措施

第一百五十条[①]　**公安机关在立案后,对于危害国家安全犯罪、恐怖活动犯罪、黑社会性质的组织犯罪、重大毒品犯罪或者其他严重危害社会的犯罪案件,根据侦查犯罪的需要,经过严格的批准手续,可以采取技术侦查措施。**

人民检察院在立案后,对于利用职权实施的严重侵犯公民人身权利的重大犯罪案件,根据侦查犯罪的需要,经过严格的批准手续,可以采取技术侦查措施,按照规定交有关机关执行。

追捕被通缉或者批准、决定逮捕的在逃的犯罪嫌疑人、被告人,经过批准,可以采取追捕所必需的技术侦查措施。

---

①　根据2018年10月26日第十三届全国人民代表大会常务委员会第六次会议通过的《关于修改〈中华人民共和国刑事诉讼法〉的决定》修改。修改前的刑事诉讼法条文是:"公安机关在立案后,对于危害国家安全犯罪、恐怖活动犯罪、黑社会性质的组织犯罪、重大毒品犯罪或者其他严重危害社会的犯罪案件,根据侦查犯罪的需要,经过严格的批准手续,可以采取技术侦查措施。

人民检察院在立案后,对于重大的贪污、贿赂犯罪案件以及利用职权实施的严重侵犯公民人身权利的重大犯罪案件,根据侦查犯罪的需要,经过严格的批准手续,可以采取技术侦查措施,按照规定交有关机关执行。

追捕被通缉或者批准、决定逮捕的在逃的犯罪嫌疑人、被告人,经过批准,可以采取追捕所必需的技术侦查措施。"

【修改提示】

本条是2012年修改刑事诉讼法时增加的规定，2018年修改刑事诉讼法对本条作了一处修改，删去了人民检察院对“重大的贪污、贿赂犯罪案件”可以采取技术侦查措施的规定。

【背景解读】

技术侦查措施一节是2012年刑事诉讼法修改时新增加的规定。为打击严重犯罪，采取相应的技术侦查措施，是各国的通行做法，也是追究犯罪的需要。我国1993年制定的国家安全法、1995年制定的人民警察法都规定，侦查机关因侦查犯罪的需要，根据国家有关规定，经过严格的批准手续，可以采取技术侦察措施。但刑事诉讼法对于技术侦查措施没有作出规定。实践中，侦查机关在办案过程中采取技术侦查措施，主要以上述规定为法律依据。但对采取技术侦查措施取得的证据能否直接作为定案的依据在法庭上出示并接受质证等问题不够明确，实践中存在不同的认识。考虑到技术侦查措施是侦破案件的重要侦查手段，特别是工业化、信息化社会发展过程中，这一手段对惩罚犯罪，维护社会公共利益具有越来越重要的作用，在法律中加以规定是必要的。同时，技术侦查措施在执行过程中可能涉及公民个人隐私和公共利益，必须在法律中予以明确的规范，加以必要的限制。一方面，要完善侦查措施，赋予侦查机关必要的侦查手段，加强打击犯罪的力度；另一方面，也要强化对侦查措施的规范、制约和监督，防止滥用这一侦查措施。因此，2012年刑事诉讼法修改增加了技术侦查措施一节，主要规定了以下几个方面的内容：一是规定对危害国家安全犯罪、恐怖活动犯罪、黑社会性质的组织犯罪、重大毒品犯罪或者其他严重危害社会的犯罪案件以及重大的贪污、贿赂犯罪案件，利用职权实施的严重侵犯公民人身权利的重大犯罪案件，根据侦查犯罪的需要，经过严格的批准手续，可以采取技术侦查措施。二是规定公安机关可以决定由特定人员隐匿身份实施侦查，可以依照规定实施控制下交付。三是明确采取技术侦查措施、隐匿身份实施侦查、控制下交付所收集的材料在刑事诉讼中可以作为证据使用。我国宪法规定中华人民共和国公民有言论、出版、集会、结社、游行、示威的自由；公民的住宅不受侵犯。禁止非法搜查或者非法侵入公民的住宅；公民的通信自由和通信秘密受法律的保护。除因国家安全或者追查刑事犯罪的需要，由公安机关或者检察机关依照法律规定的程序对通信进行检查外，任何组织或者个人不得以任何理由侵犯公民的通信自由和通信秘密。采取本节规定的技术侦查措施，不可避免地会涉及公民的上述权利，因此，在执行时必须特别慎重。为防止这一措施被滥用，2012年刑事诉讼法修改在赋予侦查机关技术侦查手段的同时，还明确规定了技术侦查措施的适用范围、期限、保密要求等内容。上述规定，都是侦查机关采取技术侦查措施必须遵守的严格规范。实践中采取技术侦查措施，应当根据上述规定的要求，依照有关具体规定严格执行。这同我国宪法关于保护公民人身自由、通信自由等基本权利，维护国家机关、社会组织的正常活动秩序的规定是完全一致的。

本节规定的技术侦查措施，是指侦查机关为侦查犯罪需要，根据国家有关规定，采取的一种特殊侦查措施。通常包括电子侦听、电话监听、电子监控、秘密拍照或者秘密录像、秘密获取某些物证、邮件检查等专门技术手段。随着科学技术的发展，技术侦查手段也会不断地发展变化，因此，本节未具体列明技术侦查措施的种类与名称。

2018 年修改刑事诉讼法对该条作了修改，删去了人民检察院对“重大的贪污、贿赂犯罪案件”可以采取技术侦查措施的规定。

【理解与适用】

本条是关于采取技术侦查措施的案件范围、程序及执行主体的规定。

本条共分为三款。第一款是关于公安机关采取技术侦查措施的案件范围及程序的规定。本款规定包括以下五个方面的内容：第一，公安机关在刑事诉讼中采取技术侦查措施必须是在立案以后。这里的“立案”，是指根据刑事诉讼法第一百零九条的规定，发现犯罪事实或者犯罪嫌疑人，按照管辖范围立案侦查。第二，公安机关可以采取技术侦查措施的案件范围是危害国家安全犯罪、恐怖活动犯罪、黑社会性质的组织犯罪、重大毒品犯罪或者其他严重危害社会的犯罪案件。这里规定的“其他严重危害社会的犯罪”应该是该犯罪行为严重危及社会安全、危及大众民生。实践中，具体哪些犯罪属于“其他严重危害社会的犯罪”，需要有关部门作出进一步的规范和明确，在实际执行中不能随意扩大使用。第三，公安机关对上述案件是否采取技术侦查措施要“根据侦查犯罪的需要”，也就是说，虽然本条规定了公安机关对上述犯罪案件可以采取技术侦查措施，但并不意味着公安机关只要办理上述犯罪案件都采取技术侦查措施，而是要根据侦查犯罪的需要。采取技术侦查措施是打击犯罪的需要，同时也涉及公民、组织的基本权利。因此，采取技术侦查措施一定是在使用常规的侦查手段无法达到侦查目的时所采取的手段。这是采取技术侦查措施的一个重要条件。第四，要经过严格的批准手续。“经过严格的批准手续”也是人民警察法第十六条、反间谍法第十二条、情报法第十五条的表述。刑事诉讼法修改过程中有意见建议明确具体的审批程序，由于实际情况较为复杂，针对不同的适用对象、不同的犯罪情况采取的技术侦查措施种类是不同的，要经过的批准程序也不尽相同，所以法律上采取了目前的原则表述的方法。“经过严格的批准手续”，包括两层意思：一是对制定审批程序的要求。有关部门依法制定采取技术侦查措施的审批程序，必须体现“严格”的要求。即对各种技术侦查措施在什么情况下、什么范围内、经过什么样的程序批准才能使用，应有严格和明确的规定，使侦查机关及其工作人员在工作中有所遵循，防止滥用。二是对批准采取技术侦查措施的要求。采取技术侦查措施必须依照规定履行严格的批准手续。实践中，有权批准使用这一措施的人，在批准与否上一定要严格掌握，在接到要求采取技术侦查措施的申请报告后，要认真审查，严格把关。首先要审查是否属于本款规定的可以采取技术侦查措施的案件范围，其次，也是更为重要的，要审查采取技术侦查措施对侦查这一案件是否是必需的，对既可以采取技术侦查措施，又可以通过其他的侦查途径解决问题的，应当采取其他的侦查途径解决。第五，本款规定的技术侦查措施的执行机关是公安机关。

第二款是关于检察机关可以采取技术侦查措施的案件范围及程序的规定。本款规定包括以下五个方面的内容：第一，人民检察院采取技术侦查措施必须是在立案以后。具体内容在第一款中已经讲过，这里不再赘述。第二，人民检察院可以采取技术侦查措施的案件范围是利用职权实施的严重侵犯公民人身权利的重大犯罪案件。这里规定的“利用职权实施的严重侵犯公民人身权利的重大犯罪案件”，是指本法第十九条规定的人民检察院直接立案侦查的案件中“利用职权实施的严重侵犯公民人身权利的重大犯罪案件”，即人民检察院在对诉讼活动实行法律监督中发现的司法工作人员利用职权实施的非法拘禁、刑讯逼供、非法搜查等侵犯公民权利、损害司法公正的犯罪中“严重侵犯公民人身权利的重大犯罪”。第三，人民检察院对上述案件是否采取技术侦查措施要“根据侦查犯罪的需要”。第四，要经过严格的批准手续。具体内容在第一款中已经讲过，这里不再赘述。第五，对本款规定的案件采取技术侦查措施，要按照规定交有关机关执行，检察机关不能自己执行。

第三款是关于追捕在逃的犯罪嫌疑人、被告人采取技术侦查措施的程序的规定。根据追捕在逃的犯罪嫌疑人、被告人的需要，本款没有对犯罪种类作出限定，由于追捕在逃犯主要是确定在逃人位置，以便抓捕，与在侦查取证中采取技术侦查措施的情况不同，因此，只规定要经过批准。这里的“批准”主要是指侦查机关负责人批准。这一技术侦查措施的执行主体也是公安机关。

第一百五十一条　批准决定应当根据侦查犯罪的需要，确定采取技术侦查措施的种类和适用对象。批准决定自签发之日起三个月以内有效。对于不需要继续采取技术侦查措施的，应当及时解除；对于复杂、疑难案件，期限届满仍有必要继续采取技术侦查措施的，经过批准，有效期可以延长，每次不得超过三个月。

【修改提示】

本条是2012年修改刑事诉讼法时增加的规定,2018年修改刑事诉讼法未作修改。

【背景解读】

为了进一步规范技术侦查措施,刑事诉讼法除规定采取技术侦查措施要经过严格的批准手续外,还规定了批准决定应当根据侦查犯罪的需要,确定采取技术侦查措施的种类和适用对象,规定了批准决定的有效期限。体现了对采取这一措施从严限制的精神。

【理解与适用】

本条是关于技术侦查措施批准内容的规定。

本条规定包括以下内容:第一,采取技术侦查措施的种类和适用对象,要根据侦查犯罪的需要在批准决定中予以明确。根据这一要求,实践中,批准决定采取技术侦查措施时,应根据侦查犯罪的需要,明确采取哪一种或哪几种具体的侦查手段,而不是只笼统地批准可以采取技术侦查措施,不是不加区分地所有的技术侦查手段都批准。在明确具体侦查手段的同时,还要明确具体的适用对象,这里的"适用对象"是指人。也就是说,应根据侦查犯罪的需要,具体明确对案件中的哪个人采取,而不是笼统地批准对哪个案件可以采取技术侦查措施。

第二,采取技术侦查措施的期限为三个月,自批准决定签发之日起算。对于复杂、疑难案件期满后,经过批准,可以延长,但每次延长不得超过三个月。应说明的是,"经过批准"还是要报经原来批准决定人或批准决定机关。

第三,对于不需要继续采取技术侦查措施的,应当及时解除。执行机关应尽可能缩短采取技术侦查的期间,虽然采取技术侦查措施的批准决定是三个月内有效,但在三个月有效期内,如果不需要继续采取技术侦查措施的,执行机关应当及时解除技术侦查措施。这一规定有利于对公民、组织权利的保护。

第一百五十二条　采取技术侦查措施,必须严格按照批准的措施种类、适用对象和期限执行。

侦查人员对采取技术侦查措施过程中知悉的国家秘密、商业秘密和个人隐私,应当保密;对采取技术侦查措施获取的与案件无关的材料,必须及时销毁。

采取技术侦查措施获取的材料,只能用于对犯罪的侦查、起诉和审判,不得用于其他用途。

公安机关依法采取技术侦查措施，有关单位和个人应当配合，并对有关情况予以保密。

【修改提示】

本条是2012年修改刑事诉讼法时增加的规定，2018年修改刑事诉讼法未作修改。

【背景解读】

采取技术侦查措施进行侦查，会涉及公民的一些权利，如隐私权、通信自由权等，应当慎重。因此，2012年修改的刑事诉讼法，在新增技术侦查措施一节的规定中，不仅明确规定采取技术侦查措施经过严格的批准程序，也对如何实施技术侦查措施提出了要求，本条规定就是实施技术侦查必须遵守的规范。

【理解与适用】

本条是关于采取技术侦查措施执行中应注意问题的规定。

本条共分为四款。第一款是关于采取技术侦查措施，必须严格按照批准决定的内容执行的规定。

根据本款规定，采取技术侦查措施，必须严格按照批准的措施种类、适用对象和期限执行。本法第一百五十一条规定，批准决定采取技术侦查措施应当明确批准的措施种类、对象和期限。这里所说的"种类"是指技术侦查措施所要采取的具体手段。"对象"是指技术侦查措施所要针对的人、物、单位等。"期限"是指技术侦查措施所要实施的具体时间。实践中，侦查机关及其工作人员必须严格按照批准的内容执行，何种侦查手段、在多长的期限内、针对何人采取，必须严格执行，不得擅自作任何改变。

第二款是关于对采取技术侦查措施所获得的信息要保密及销毁的规定。

本款规定了两个方面的内容：第一，侦查人员对采取技术侦查措施过程中知悉的国家秘密、商业秘密和个人隐私，应当保密。在使用技侦手段的过程中，侦查人员在获取与案件有关的证据和线索的同时，不可避免地会知悉一些国家秘密、企业的商业秘密、公民个人隐私，为维护国家安全，保护公民、企业的合法利益，对这些信息，侦查人员应当保密。第二，对采取技术侦查措施获取的与案件无关的材料，必须及时销毁。由于技术侦查措施是特殊手段，在使用过程中可能会收集到一些与案件无关的情况，对于与案件无关的材料，法律明确要求必须及时销毁，这样更有利于保护当事人的合法权益。

第三款是关于采取技术侦查措施获取的材料使用限制的规定。

根据本款规定,采取技术侦查措施获取的材料,只能用于对犯罪的侦查、起诉和审判,不得用于其他用途。这就要求,采取技术侦查手段获得的证据材料,必须用于追诉犯罪的需要,不能用于其他用途。这里规定的"其他用途"包括行政管理、民事纠纷的调处解决、商业用途等。

第四款是关于有关单位和个人对实施技术侦查予以配合及保密义务的规定。

本款包括两个内容:第一,明确规定了有关单位和个人配合技术侦查措施实施的责任。具体的技术侦查措施的实施要依赖科学技术手段,仅靠公安机关的力量是无法完成的,且随着信息化社会进程的加快,这一措施的实施将越来越依赖各种社会资源及社会化信息。如进行电信监控、邮件检查等就需要借助电信企业、邮递企业的设备或必要的帮助与支持。在有些情况下,还需要公民的协助与配合,如临时需要占用公民的住宅以获得最佳侦查位置等。相关单位和个人配合公安机关,有助于技术侦查措施的顺利实施,直接关系到国家和人民的重大利益,关系到能否及时有效地打击犯罪。因此,本款明确规定,对公安机关依法采取的技术侦查措施,有关单位和个人应当配合。这里规定的是"应当"而不是可以,也就是说,有关单位和个人在接到公安机关提出的符合国家规定的请求时,都有义务尽力在职权范围内给予所需要的协助,不可进行阻碍或者刁难。第二,明确规定了相关单位和个人对有关情况予以保密的义务。这里的"有关情况"主要包括实施技术侦查措施和采取技术侦查措施的具体手段等。

第一百五十三条　为了查明案情,在必要的时候,经公安机关负责人决定,可以由有关人员隐匿其身份实施侦查。但是,不得诱使他人犯罪,不得采用可能危害公共安全或者发生重大人身危险的方法。

对涉及给付毒品等违禁品或者财物的犯罪活动,公安机关根据侦查犯罪的需要,可以依照规定实施控制下交付。

【修改提示】

本条是2012年修改刑事诉讼法时增加的规定,2018年修改刑事诉讼法未作修改。

【背景解读】

通常情况下,侦查人员进行侦查活动时,应当按照刑事诉讼法的规定向相关人员说明自己的身份并出示工作证件或者侦查机关的证明文件。但对有些犯罪,如跨国犯罪、有组织犯罪、集团犯罪等,由于其组织严密,内部分工明确,犯罪集团的组织者、领导者往往不直接参与具体的犯罪行为,而只是在幕后策划、操纵、指挥,采取一般的侦查手段无法彻底查明整个犯罪,将犯罪组织成员特别是组织者、领导者绳之以法。实践中,需要侦查人员或者侦查机关选定的公民隐匿真实身份,接近犯罪集团或者潜伏在犯罪集团内部,获得他们的信任,从而侦查整个犯罪过程,获取犯罪证据。另外,在发现犯罪后,允许犯罪行为在侦查机关的监控下继续下去,从而一举捣毁整个犯罪集团。这些侦查手段虽在本节中规定,但不属于技术侦查措施,而是一种特殊的侦查措施。由于隐匿身份实施侦查,不可避免地会参与一些违法犯罪活动,控制下交付涉及公安机关阻止犯罪发生的职责,实施这两种侦查措施需要法律授权。同时,我国批准加入的《联合国禁止非法贩运麻醉药品和精神药物公约》《联合国打击跨国有组织犯罪公约》《联合国反腐败公约》均对控制下交付作了规定,也需要在国内法中予以明确。因此,2012 年刑事诉讼法修改时,为适应侦查工作的实际需要,履行公约义务,对隐匿身份实施侦查和控制下交付在本条中一并作了规定。

【理解与适用】

本条是关于隐匿身份实施侦查及控制下交付的规定。

本条共分为两款。第一款是关于隐匿身份实施侦查的规定。

本款规定了以下内容:第一,"为了查明案情,在必要的时候"可以隐匿身份实施侦查。这是采取隐匿身份实施侦查的条件。其中"为了查明案情"是隐匿身份实施侦查的目的条件;"在必要的时候"是指在采取其他的侦查手段难以获取犯罪证据的情况下。由于隐匿侦查具有危险性,如可采取其他侦查手段取证的,不应采取该种侦查方式。"隐匿身份"是指隐匿其有关侦查的身份。实践中,这种侦查手段主要是用于侦查毒品犯罪、有组织犯罪等。第二,规定了实施隐匿身份侦查要"经公安机关负责人决定"。也就是说,批准权由县级以上各级公安机关负责人行使。这种侦查不同于技术侦查,不涉及公民有关权利,且这种化装侦查,从侦查人员安全角度考虑,知道的人越少越好。因此,本款规定由公安机关负责人批准即可。第三,实施隐匿身份侦查的主体是有关人员。"有关人员",既包括公安机关的侦查人员,也包括侦查机关指派的适宜进行隐匿身份实施侦查的其他人员。第四,在实施隐匿身份侦查过程中,不得诱使他人犯罪,不得采取可能危害公共安全或者发生重大人身危险的方法。"不得诱使他人犯罪",主要是指不得诱使他人产生犯罪意图。"不得采用可能危害公共安全或者发生重大人身危险的方法"是指实施隐匿身份侦查,打入犯罪集团内部,不可避免地要与犯罪分子一起实施一些违法犯罪行为,以获取犯罪分子的信任,从而获取犯罪证据。但参与违法犯罪行为有个界限,就是不得危害公共安全,不得造成他人重大的人身危险。

第二款是关于控制下交付的规定。《联合国禁止非法贩运麻醉药品和精神药物公约》《联合国打击跨国有组织犯罪公约》《联合国反腐败公约》均对控制下交付作了规定。根据这些规定，控制下交付主要是指侦查机关在发现非法或可疑交易的物品后，在对物品进行秘密监控的情况下，允许非法或可疑物品继续流转，从而查明参与该项犯罪的人员，彻底查明该案件。根据本款规定，实施控制下交付主要是针对涉及给付毒品等违禁品或者财物的犯罪活动。实践中主要是在侦破诸如毒品、走私、假币等犯罪中使用。是否实施控制下交付，应当由侦查机关根据侦查犯罪的需要决定。

应当说明的是，本条在法律上授权了侦查机关为侦查犯罪，可以采取隐匿身份侦查和控制下交付这两种特殊侦查措施，实践中采取这两种侦查措施应当依照法律规定从严把握，其中一些具体规范，执法部门可以进一步明确。

第一百五十四条　依照本节规定采取侦查措施收集的材料在刑事诉讼中可以作为证据使用。如果使用该证据可能危及有关人员的人身安全，或者可能产生其他严重后果的，应当采取不暴露有关人员身份、技术方法等保护措施，必要的时候，可以由审判人员在庭外对证据进行核实。

【修改提示】

本条是2012年修改刑事诉讼法时增加的规定，2018年修改刑事诉讼法未作修改。

【背景解读】

我国1993年制定的国家安全法、1995年制定的人民警察法都规定，侦查机关因侦查犯罪的需要，根据国家有关规定，经过严格的批准手续，可以采取技术侦察措施。但由于刑事诉讼法在侦查一章中未规定技术侦查措施，实践中，对侦查机关在办案过程中，依据上述法律采取技术侦察手段获取的证据材料，能否直接作为定案的依据在法庭上出示并接受质证等问题存在不同的认识。由于担心采取技侦手段获取的材料作为证据使用会暴露取证的方法，同时可能会危及有关人员的人身安全，一段时间以来，通过技侦手段获取的材料不能直接作为证据使用，影响了案件的审理。为解决这一问题，2010年最高人民法院、最高人民检察院、公安部、国家安全部、司法部《关于办理死刑案件审查判断证据若干问题的规定》第三十五条规定，侦查机关依照有关规定采用特殊侦查措施所收集的物证、书证及其他证据材料，经法庭查证属实，可以作为定案的根据。同时规定，法庭依法不公开特殊侦查措施的过程及方法。2012年刑事诉讼法修改时，在总结实践经验的基础上增加了本条规定。

【理解与适用】

本条是关于采取本节规定的技术侦查措施和其他侦查措施收集的材料作为证据使用以及相关保护措施的规定。

本条规定包括以下内容:第一,明确规定依照技术侦查措施一节采取的侦查措施所收集的材料在刑事诉讼中可以作为证据作用。根据这一规定,有些材料如窃听获取的录音带,密拍获取的照片、录像带等都可以作为证据向法庭提供。应当说明的是,这些材料作为证据使用,同样要经过法庭查证属实,才能作为定案的根据。这里规定的"侦查措施",包括依照本法第一百五十条、第一百五十一条采取的技术侦查措施,也包括本法依照第一百五十三条采取的隐匿身份实施侦查和控制下交付。

第二,为了保证侦查人员、技术侦查方法和过程的安全,本条对证据的使用作了特殊规定:(1)为了保护相关侦查人员、线人的人身安全,保守国家秘密、企业的商业秘密、公民的个人隐私,防止技术侦查过程、方法被泄露,本条规定,如果使用该证据可能危及有关人员的人身安全,或者可能产生其他严重后果的,应当采取不暴露有关人员身份、技术方法等保护措施。这里规定的"其他严重后果"主要是指使用该证据会造成泄密、提高罪犯的反侦查能力、妨碍了对其他案件的侦破等后果。(2)规定了庭外核实证据的程序,规定必要的时候,可以由审判人员在庭外对证据进行核实。这里规定的"必要的时候",主要指两种情况:一种是采取不暴露有关人员身份、技术方法不足以使法官确信这些证据材料的真实性、可靠性,无法作出判决。另一种是采取不暴露有关人员身份、技术方法等保护措施还是无法防止严重后果的发生。在这两种情况下,可以由审判人员在庭外,对侦查的方法、过程等进行核实,向侦查人员了解有关情况,查看相关的物证、书证及其他证据材料,包括观看相关的录音录像等。应当注意的是,在庭外对证据进行核实的审判人员必须承担对有关人员身份、技术侦查的具体方法的保密义务。

第九节　通　　缉

第一百五十五条　应当逮捕的犯罪嫌疑人如果在逃,公安机关可以发布通缉令,采取有效措施,追捕归案。

各级公安机关在自己管辖的地区以内,可以直接发布通缉令;超出自己管辖的地区,应当报请有权决定的上级机关发布。

【修改提示】

本条是1979年刑事诉讼法的规定,1996年、2012年作过修改,2018年修改刑事诉讼法未作修改。

【背景解读】

通缉是侦查中追捕在逃犯罪嫌疑人的紧急措施，是重要侦查措施之一。法律规定只有公安机关才有权发布通缉令，一是因为通缉是执行逮捕的继续，只有公安机关才有执行逮捕权；二是基于公安机关的性质、组织能力和装备等各方面的因素考虑，由公安机关行使通缉权，有利于将犯罪嫌疑人及时抓获归案。

【理解与适用】

本条是关于通缉的规定。

本条共分为两款。第一款是关于通缉权和通缉的对象、条件的规定。根据本款的规定，公安机关具有通缉权，通缉以发布通缉令的方式进行。通缉的对象必须是应当逮捕而在逃的犯罪嫌疑人。这里既包括符合本法规定的逮捕条件，应当依法逮捕，而下落不明的犯罪嫌疑人，也包括已经依法执行逮捕，羁押期间又逃跑的犯罪嫌疑人。通缉的对象必须同时具备三个条件：(1)被通缉的人必须是犯罪嫌疑人；(2)该犯罪嫌疑人符合逮捕条件；(3)该犯罪嫌疑人确实因逃避法律责任而下落不明。对具备上述条件的犯罪嫌疑人，公安机关可以发布通缉令，采取有效措施，进行追捕。通缉令是指公安机关依法发布的缉捕在逃犯罪嫌疑人的书面命令。通缉令一般应当写明被通缉人的姓名、性别、年龄、籍贯及衣着、语音、体貌等特征和所犯罪名等，并且附照片，加盖发布机关的公章。缉捕归案后，发布通缉令的机关应当通知撤销通缉令。本款规定只有公安机关才有权发布通缉令。人民检察院在办理自侦案件中，需要通缉犯罪嫌疑人的，应通过公安机关进行。通缉令发布后又发现新情况的，可以补发通报。对不知真实姓名和住址，只知其外貌特征、作案手段、携带赃款赃物等情况的，可以采用通报方式查缉。

第二款是关于各级公安机关发布通缉令的范围的规定。根据本款的规定，公安机关在自己管辖的地区内可以直接发布通缉令；如果超出自己管辖的地区，应当报请有决定权的上级公安机关发布。各级公安机关接到通缉令后，应当及时部署、组织力量，积极进行查缉工作，其他一切国家机关、企业、事业单位和公民应当积极协助公安机关查获被通缉人，发现被通缉的人或其他线索，应当及时将情况报告给公安机关，或者直接将犯罪嫌疑人扭送公安机关。

第十节　侦查终结

第一百五十六条　对犯罪嫌疑人逮捕后的侦查羁押期限不得超过二个月。案情复杂、期限届满不能终结的案件，可以经上一级人民检察院批准延长一个月。

【修改提示】

本条是 1979 年刑事诉讼法的规定,1996 年作过修改,2012 年、2018 年修改刑事诉讼法未作修改。

【背景解读】

1996 年修改刑事诉讼法时,将“侦查中的羁押期限”修改为“逮捕后的侦查羁押期限”,明确了对犯罪嫌疑人逮捕后的侦查羁押期限,而不包括拘留的羁押期限。为查明犯罪事实,需要对部分犯罪嫌疑人有一定的羁押期限,由于法律对侦查羁押期限作了明确规定,实践中许多侦查机关大量使用收容审查手段,虽然这种措施对查清流窜作案和来历不明的犯罪嫌疑人起了积极作用,但在实践中存在不少问题。主要是:对应当依法采取强制措施的,不采取强制措施而采取收容审查的办法;由公安机关自己决定,长期强制收容审查,限制或者剥夺当事人的人身自由,缺少监督机制,不符合法治原则;一些地方超范围、超期限羁押的情况相当严重,不利于保护公民的人身权利。1996 年修改刑事诉讼法时,为既有利于与犯罪作斗争,又符合法治原则,切实保障公民的合法权利,在取消了收容审查措施的同时,适当延长了拘留的时间,放宽了逮捕条件。同时也是根据这一精神作了相应改动,对一般案件作侦查羁押期限原则性的规定,主要是考虑到犯罪嫌疑人被羁押后限制了人身自由,直接关系到公民的人身权利,必须慎重采用,严格控制,不能以长期羁押作为侦查的主要手段,以保障公民的合法权利。同时,对一般的刑事案件来说,逮捕后的侦查羁押期限在二个月内,必要时延长一个月,已基本可以满足查清案件事实,收集相关证据等实际办案的需要,规定过长的羁押期限不利于提高工作效率,也不利于体现司法公正。

【理解与适用】

本条是关于侦查羁押的一般期限的规定。

本条对犯罪嫌疑人逮捕后的侦查羁押期限作了具体明确的规定:一是逮捕后的侦查羁押期限不得超过二个月。本条关于“对犯罪嫌疑人逮捕后的侦查羁押期限不得超过二个月”的规定是一般性规定,即犯罪嫌疑人被逮捕后,侦查机关一般应当在二个月之内完成侦查任务。这里所说的“羁押”是指公安机关依法对犯罪嫌疑人进行关押,限制其人身自由的行为。“逮捕后的侦查羁押期限”是指从犯罪嫌疑人被逮捕后的第二日起到侦查终结的时间。实践中,大部分案件在二个月之内是可以办结的。另外,规定对犯罪嫌疑人逮捕后的侦查羁押限期不得超过二个月,并不意味对逮捕后的犯罪嫌疑人必须羁押二个月才能侦查终结,而应在坚持以事实为根据，以法律为准绳原则，尽快侦查办案，依法处理。

二是案情复杂、期限届满不能终结的案件，可以经上一级人民检察院批准延长一个月。考虑到有的案件案情复杂，在二个月内不能完成侦查任务，所以本条又作了特殊规定，即案情复杂、期限届满不能终结的案件，可以经上一级人民检察院批准延长一个月。“案情复杂”主要是指案件涉及的犯罪情况复杂。如集团犯罪、一人数罪、取证涉及人员众多等。对延长一个月的期限由上一级人民检察院批准，是本着防止超期羁押、慎重延长的原则规定的。根据刑事诉讼法的规定，下列情况可以不计入本条规定的侦查羁押期限：对犯罪嫌疑人作精神病鉴定的时间，不计入侦查羁押期限；在侦查期间，发现犯罪嫌疑人另有重要罪行的，自发现之日起，依照本条的规定，重新计算侦查羁押期限。

实践中，一些地方存在超期羁押的问题，要解决这个问题，必须转变思想，改进工作。特别需要注意以下几个问题：（1）要加强逮捕前的侦查工作，严格遵守逮捕条件，必须有证据证明有犯罪事实，并且有社会危险的，才能逮捕；（2）犯罪嫌疑人被逮捕后，侦查机关要加强和抓紧侦查工作，准确、及时地查明犯罪事实，不能因一些次要的、枝节问题，久拖不决；（3）对有些问题，因客观情况一时难以查清，可以对已查清的犯罪事实侦查终结，移送审查起诉；（4）对超过羁押期限的，可以采取取保候审或者监视居住等变更强制措施的办法继续侦查。

第一百五十七条 因为特殊原因，在较长时间内不宜交付审判的特别重大复杂的案件，由最高人民检察院报请全国人民代表大会常务委员会批准延期审理。

【修改提示】

本条是1979年刑事诉讼法的规定，1996年作过修改，2012年、2018年修改刑事诉讼法未作修改。

【背景解读】

1979年刑事诉讼法第九十二条第二款规定：“特别重大、复杂的案件，依照前款规定延长后仍不能终结的，由最高人民检察院报请全国人民代表大会常务委员会批准延期审理。”彭真同志早在1979年6月7日全国人大常委会上关于刑法（草案）、刑事诉讼法（草案）的说明中，明确解释为“有些案件因为政治关系或者其他特殊原因，可能在较长时间内不宜交付审判。例如过去的日本战犯、国民党战犯之类的案件。对于这样的案件规定由最高人民检察院报请全国人大常委会延期审理。”实践中，由于侦查机关对“特别重大、复杂的案件”存在不同的理解，考虑到由最高人民检察院报请全国人大常委会批准延期审理的案件应当是极为特殊的案件,而不是一般特别重大、复杂的案件,为体现1979年规定这一条的立法本意,1996年修改刑事诉讼法时,对本款作了两处修改:一是将本款单独规定为一条。二是将本款规定的"特别重大、复杂的案件,依照前款规定延长后仍不能终结的"的表述修改为"因为特殊原因,在较长时间内不宜交付审判的特别重大复杂的案件",这样规定主要是出于政治或者政策上的考虑,从国家民族利益的大局出发,有时由于种种国际国内的原因也不宜规定一个固定的期限。1996年修改后的刑事诉讼法第一百二十五条规定:"因为特殊原因,在较长时间内不宜交付审判的特别重大复杂的案件,由最高人民检察院报请全国人民代表大会常务委员会批准延期审理。"

【理解与适用】

本条是关于特殊办案期限的规定。

本条规定的是特殊办案期限,适用本条必须具备两个条件:第一,因为特殊原因,在较长时间内不宜交付审判的特别重大复杂的案件。本条中"不宜交付审判"不是指一般的因案情复杂在羁押期限内不能办结,而是由于政治等方面的原因在一定时期内不宜交付审判,或者具有其他特殊的原因,在相当长的时期内不宜交付审判。本条中所谓"特别重大复杂的案件"是指,案件涉及的是全国性的犯罪或者是在全国乃至国外将产生重大影响的案件。"特别重大复杂"是这类案件的必要限定条件,其中重大是关键条件。

第二,必须由最高人民检察院报请全国人民代表大会常务委员会批准延期审理。对于此类案件,需要延期审理的,本条也规定了十分严格的程序,由最高人民检察院报请全国人民代表大会常务委员会批准。凡不属于此类的案件,即使案情复杂,在侦查羁押期限内办不结的,也不能按本条办理。

在执法中应当注意以下几个问题:(1)对因特殊原因,不宜交付审判的案件一定要慎重对待,此类案件只有全国人大常委会有权批准延期审理;(2)本条规定的特殊原因是指关系国家政治、外交等方面,涉及整个国家安全、利益的重大问题,这种案件是极少的,不能将案件中的具体特点认定为是本条规定的特殊原因,此类案件不能随意扩大解释,应严格控制。

第一百五十八条　下列案件在本法第一百五十六条规定的期限届满不能侦查终结的,经省、自治区、直辖市人民检察院批准或者决定,可以延长二个月:

(一)交通十分不便的边远地区的重大复杂案件;

(二)重大的犯罪集团案件;

(三)流窜作案的重大复杂案件;

(四)犯罪涉及面广,取证困难的重大复杂案件。

【修改提示】

本条是1996年修改刑事诉讼法时增加的规定，2012年、2018年修改刑事诉讼法对本条的具体内容未作修改，只对本条中引用的条文的序号按照修改后的条文序号作了相应调整。

【背景解读】

本条是1996年修改刑事诉讼法时增加的规定。本条是根据实践中办理一些重大的犯罪集团案件、流窜作案的重大复杂案件、交通十分不便的边远地区的重大复杂案件，以及犯罪涉及面广，取证困难的案件的实际需要作出的规定，即在本法第一百五十六条规定的期限届满不能侦查终结的，经省、自治区、直辖市人民检察院批准或者决定可以再延长二个月的侦查羁押期限。1984年7月7日第六届全国人大常委会第六次会议通过的《关于刑事案件办案期限的补充规定》第一条规定："重大的犯罪集团案件和流窜作案的重大复杂案件，在刑事诉讼法第九十二条第一款规定的侦查羁押期限、第一百二十五条规定的一审期限以及第一百四十二条规定的二审期限内不能办结的，侦查羁押期限经省、自治区、直辖市人民检察院批准或者决定，可以延长二个月……"；第二条第一款规定"交通十分不便的边远地区的重大复杂的刑事案件，按照刑事诉讼法规定的侦查羁押期限和一审、二审期限不能办结的，可以适当延长办案期限。延长办案期限和审批办法，依照第一条规定办理。"1996年修改刑事诉讼法时，根据上述规定内容，同时根据实际办案的需要，将犯罪涉及面广，取证困难的重大复杂案件也增加作为一种可以再延长办案期限的情况等，增加了本条规定。该规定一方面使刑事案件中办案期限的规定更加符合办案的实际需要，另一方面也有利于依法严格办案，保护公民的合法权利。

【理解与适用】

本条是关于重大复杂案件侦查羁押期限的规定。

本条对重大复杂案件延长侦查羁押期限作了明确规定：

第一，必须是以下四类案件。一是"交通十分不便的边远地区的重大复杂案件"，主要是针对我国新疆、西藏、青海等省区，由于交通不发达，给办理案件带来十分不便的边远地区发生的重大复杂案件而规定的。实践中，这些边远地区发生了大案要案，由于交通条件差，有时为取到一个证据，需要花费几天、几十天甚至更长的时间，办案期限大都花费在路途上。针对这种情况，规定了在原有的期限内，经省级人民检察院批准可以再延长二个月。但在执行中应注意两点:(1)必须是交通十分不便的边远地区;(2)即使是交通十分不便的边远地区也不是所有案件都要延长期限,而是既重大又复杂的案件,才能适用本条的规定。

二是“重大的犯罪集团案件”,主要是针对一些严重危害公共安全、民愤极大而又不易侦破的集团作案的案件而规定的。“犯罪集团”是指人员相对固定,有组织、有指挥地进行犯罪活动的犯罪群体。实践中,此类案件往往在案发地区影响较大,由于集团作案涉及人员众多,作案人之间或者订立攻守同盟,或者畏罪潜逃,给侦查人员的取证和侦破带来很大困难。所以,对重大犯罪集团案件,刑事诉讼法规定可以再延长二个月。

三是“流窜作案的重大复杂案件”,主要是针对现在交通发达的情况下,流窜作案犯罪增多而侦破比较困难而增加规定的。流窜作案的重大复杂案件由于犯罪嫌疑人流动性大,作案地点不固定,给侦查人员的调查、取证带来相当大的难度,所以,对此类案件,也规定了可以延长二个月。其中“重大复杂”是流窜作案案件的必要限定条件,这两个条件必须同时具备,方可依照本条规定延长办案期限。

四是“犯罪涉及面广,取证困难的重大复杂案件”,是指犯罪涉及多个省区,取证人员众多,取证地区范围大,甚至要到境外取证的案件。这种案件往往调查取证工作要跑遍多个省区,路途上将占用大量时间,因此,本条规定对这类案件也可延长办案期限。需要指出的是,“犯罪涉及面广,取证困难”是因为犯罪涉及面广,造成取证困难,不是所有取证困难的案件都可按本条延长办案期限。

第二,必须是在本法第一百五十六条规定的期限届满不能侦查终结的。刑事诉讼法第一百五十六条规定:“对犯罪嫌疑人逮捕后的侦查羁押期限不得超过二个月。案情复杂、期限届满不能终结的案件,可以经上一级人民检察院批准延长一个月。”上述四类案件,对犯罪嫌疑人被逮捕后,二个月侦查羁押期限届满不能侦查终结,经上一级人民检察院批准延长一个月仍不能侦查终结的案件,公安机关才能再申请延长侦查羁押期限。

第三,必须经省、自治区、直辖市人民检察院批准或者决定。为了保证犯罪嫌疑人的合法权益,防止侦查机关随意延长侦查羁押措施,法律对再次延长羁押期限的程序作了严格规定,明确要求必须报省、自治区、直辖市人民检察院批准或者决定。“经省、自治区、直辖市人民检察院批准或决定”是指公安机关、省级以下的人民检察院立案侦查的案件对需要延长期限的,应报请省、自治区、直辖市人民检察院批准;对省级人民检察院立案侦查的案件,需要延长期限的,由本院审查决定延长侦查羁押期限。

第四,可以延长二个月。经过法律规定的严格程序,侦查羁押期限才能再延长二个月,这样规定并不意味着所有案件都要延长二个月,需要根据案件的具体情况，由省、自治区、直辖市人民检察院批准或者决定。

第一百五十九条　对犯罪嫌疑人可能判处十年有期徒刑以上刑罚，依照本法第一百五十八条规定延长期限届满，仍不能侦查终结的，经省、自治区、直辖市人民检察院批准或者决定，可以再延长二个月。

【修改提示】

本条是1996年修改刑事诉讼法时增加的规定，2012年、2018年修改刑事诉讼法对本条的具体内容未作修改，只对本条中引用的条文的序号按照修改后的条文序号作了相应调整。

【背景解读】

刑事诉讼法规定侦查羁押期限，主要是为了提高诉讼效力，保障犯罪嫌疑人的合法权利，特别是人身权利不受随意剥夺。如果犯罪嫌疑人因罪行严重，可能判处十年有期徒刑以上刑罚，而依照本法第一百五十八条的规定，期限届满又不能侦查终结的，如果再适当延长办案期限，可以有充足的时间进行侦查，保证办案质量，也有利于对犯罪嫌疑人合法权利的保护。因此，1996年修改刑事诉讼法时，增加了本条规定。1996年修改后的刑事诉讼法第一百二十七条规定："对犯罪嫌疑人可能判处十年有期徒刑以上刑罚，依照本法第一百二十六条规定延长期限届满，仍不能侦查终结的，经省、自治区、直辖市人民检察院批准或者决定，可以再延长二个月。"

【理解与适用】

本条是关于重刑案件侦查羁押期限的规定。

本条对重刑案件侦查羁押期限作了明确规定：第一，必须是对犯罪嫌疑人可能判处十年有期徒刑以上刑罚。本条中"可能判处十年有期徒刑以上刑罚"是指根据犯罪嫌疑人的主要犯罪行为及已取得的证据，依照刑法的规定，可能被判处十年有期徒刑以上刑罚。

第二，依照本法第一百五十八条规定延长期限届满，仍不能侦查终结的。"依照本法第一百五十八条规定延长期限届满"是指除本法第一百五十六条规定的一般案件二个月，经上一级人民检察院批准可以延长一个月共三个月以外，又依照第一百五十八条的规定再延长二个月。同时，该规定也限定了适用本条规定再延长期限的仅限于第一百五十八条规定的四种案件，交通十分不便的边远地区的重大复杂案件、重大的犯罪集团案件、流窜作案的重大复杂案件、犯罪涉及面广，取证困难的重大复杂案件。

第三，必须经省、自治区、直辖市人民检察院批准或者决定。“经省、自治区、直辖市人民检察院批准或决定”是指公安机关、省级以下的人民检察院立案侦查的案件对需要延长期限的，应报请省、自治区、直辖市人民检察院批准；对省级人民检察院立案侦查的案件，需要延长期限的，由本院审查决定延长侦查羁押期限。

第四，可以延长二个月。经过法律规定的严格程序，侦查羁押期限才能再延长二个月，这样规定并不意味着所有案件都要延长二个月，需要根据案件的具体情况，由省、自治区、直辖市人民检察院批准或者决定。根据本条规定，对犯罪嫌疑人可能判处十年有期徒刑以上刑罚的案件，逮捕后的侦查羁押期限最长为七个月，包括本法第一百五十六条规定的一般案件二个月，经上一级人民检察院批准可以延长一个月共三个月，又依照第一百五十八条的规定再延长二个月，共五个月，本条规定又可以延长二个月。

在执法中，绝大多数的案件在法定的期限内是可以办结的，但也有极个别的案件比较重大复杂，立法时考虑到这种情况，规定了严格的条件，执行中应注意两个问题：(1)严格执行本条中所规定的限制性条件，即根据犯罪行为及已取得的证据，犯罪嫌疑人可能被判处十年有期徒刑以上刑罚。(2)并非所有犯罪嫌疑人可能被判处十年有期徒刑以上刑罚的案件，均要延长期限。执法部门应当抓紧工作，尽量缩短办案期限，提高办案质量和效率，能不延长的则不应延长。

第一百六十条　在侦查期间，发现犯罪嫌疑人另有重要罪行的，自发现之日起依照本法第一百五十六条的规定重新计算侦查羁押期限。

犯罪嫌疑人不讲真实姓名、住址，身份不明的，应当对其身份进行调查，侦查羁押期限自查清其身份之日起计算，但是不得停止对其犯罪行为的侦查取证。对于犯罪事实清楚，证据确实、充分，确实无法查明其身份的，也可以按其自报的姓名起诉、审判。

【修改提示】

本条是1996年修改刑事诉讼法时增加的规定，2012年作过修改，2018年修改刑事诉讼法对本条的具体内容未作修改，只对本条中引用的条文的序号按照修改后的条文序号作了相应调整。

【背景解读】

有些案件，侦查人员在对犯罪嫌疑人羁押后往往可能发现犯罪嫌疑人还有在前期的侦查过程中尚未被发现的其他犯罪行为，对于这种新发现的犯罪来说，侦查工作又开始了一个新的过程，如果按原有的侦查羁押期限办案，时间往往不够用。因此，1984 年第六届全国人大常委会通过的《关于刑事案件办案期限的补充规定》第三条规定，在侦查期间，发现被告人另有重要罪行，可以经人民检察院批准或者决定补充侦查，重新计算侦查羁押期限。1996 年修改刑事诉讼法，根据惩治犯罪的实际需要，将上述规定纳入了刑事诉讼法之中。实践中，犯罪嫌疑人由于是在逃犯、通缉犯、有前科、犯有其他重大犯罪等原因，而拒不讲真实姓名、住址，或者伪造姓名、住址，导致身份不明，在原刑事诉讼法规定的法定期限内对其真实身份往往难以查清。过去遇到这种情况，往往是通过采用收容审查办法解决。1996 年刑事诉讼法修改后，不再使用收容审查，为了适应这种特殊情况的需要，将不讲真实姓名、住址，身份不明的犯罪嫌疑人列入拘留对象之中，并在本条规定了羁押期限的计算方法。为了防止出现因犯罪嫌疑人真实姓名、身份难以查明，而长期拖延诉讼，从而影响诉讼的效率，不能及时追究犯罪的情况，1996 年修改刑事诉讼法时增加规定"对于犯罪事实清楚，证据确实、充分的，也可以按其自报的姓名移送人民检察院审查起诉"，而不必因其不讲姓名、住址而久押不决，影响诉讼效率。1996 年修改后的刑事诉讼法第一百二十八条规定："在侦查期间，发现犯罪嫌疑人另有重要罪行的，自发现之日起依照本法第一百二十四条的规定重新计算侦查羁押期限。犯罪嫌疑人不讲真实姓名、住址，身份不明的，侦查羁押期限自查清其身份之日起计算，但是不得停止对其犯罪行为的侦查取证。对于犯罪事实清楚，证据确实、充分的，也可以按其自报的姓名移送人民检察院审查起诉。"

2012 年修改刑事诉讼法时，对本条主要作了三处修改：一是为了防止实践中出现犯罪嫌疑人身份不明就不再对其身份进行调查的情况，对犯罪嫌疑人不讲真实姓名、住址，身份不明的，明确规定"应当对其身份进行调查"。二是原条文"对于犯罪事实清楚，证据确实、充分的，也可以按其自报的姓名移送人民检察院审查起诉"，其中"起诉"从立法本意上讲，也包括接下来进行的审判。2012 年修改刑事诉讼法，有必要对此加以明确规定。为此，增加规定对于犯罪事实清楚，证据确实、充分的，也可以按其自报的姓名进行"审判"，这样就将原规定的"也可以按其自报的姓名移送人民检察院审查起诉"修改为"也可以按其自报的姓名起诉、审判"。三是在可以按其自报的姓名起诉、审判的条件中增加"确实无法查明其身份的"，这样规定，进一步要求侦查机关尽量查清犯罪嫌疑人的身份，以避免造成错案。

【理解与适用】

本条是关于侦查羁押期限的重新计算和特殊侦查羁押期限的起算的规定。

本条共分为两款。第一款是关于发现犯罪嫌疑人另有重要罪行的重新计算侦查羁押期限的规定。

根据本款规定，在侦查期间，发现犯罪嫌疑人另有重要罪行的，自发现之日起依照本法第一百五十六条的规定重新计算侦查羁押期限。这里的“另有重要罪行”是指在犯罪嫌疑人被羁押后，侦查机关又发现犯罪嫌疑人已被侦查的罪行以外的重要罪行。一般应主要是与逮捕时的罪行不同种的重大犯罪以及同种犯罪并将影响罪名认定、量刑档次的重大犯罪。这种“发现”既包括犯罪嫌疑人的主动交代，也包括侦查人员采用侦查手段得到的线索。根据本款规定，对于此类案件，从发现之日起，按照本法第一百五十六条的规定重新计算侦查羁押期限，即对犯罪嫌疑人逮捕后的侦查羁押期限不得超过二个月；案情复杂、期限届满不能终结的案件，可以经上一级人民检察院批准延长一个月。

第二款是关于犯罪嫌疑人不讲真实姓名、住址，身份不明的案件如何计算侦查羁押期限和对案件如何进一步处理的规定。

本款主要规定了两个方面的内容：第一，犯罪嫌疑人不讲真实姓名、住址，身份不明的，应当对其身份进行调查，侦查羁押期限自查清其身份之日起计算，但是不得停止对其犯罪行为的侦查取证。“不讲真实姓名、住址，身份不明的”是指犯罪嫌疑人谎报或者不报姓名、住址，而侦查机关难以查证，对其身份无法确定的案件。对这种犯罪嫌疑人不讲真实姓名、住址，身份不明的情况，本次刑事诉讼法修改时增加规定，“应当对其身份进行调查”。这种调查应是持续不间断的，不应轻易放弃。因为查明犯罪人的身份有助于查明犯罪嫌疑人有无其他重要罪行、有助于了解其前科情况，进而有助于准确把握其所犯罪行严重程度及人身危险性的程度，对于准确定罪量刑以及之后的教育改造都是大有帮助的。当然，对于确实无法查明的，可按照其自报的姓名等进行起诉、审判，这样做虽然解决了起诉、审判的问题，但由于有时犯罪嫌疑人的自报姓名是冒用他人的名字，判决后可能会存在给真实姓名拥有人带来不必要的麻烦和苦恼的风险。因此，对不讲真实姓名、住址，身份不明的，还是要尽量查实其身份信息。为了惩戒犯罪嫌疑人故意不讲真实姓名、住址给侦查行为制造障碍的行为，法律规定对这种情况从查清其身份之日起计算侦查羁押期限。同时为了防止一些侦查机关因犯罪嫌疑人身份不明而将案件长期搁置，法律还规定，“但是不得停止对其犯罪行为的侦查取证”，也就是说对于身份不明的犯罪嫌疑人应当尽量弄清其身份，但是不能只把侦查工作重心放在查证身份上，还要抓紧对其犯罪行为进行侦查，收集证据材料。

第二，对于犯罪事实清楚，证据确实、充分，确实无法查明其身份的，也可以按其自报的姓名起诉、审判。对于犯罪事实清楚，证据确实、充分的，应当移送起诉。“犯罪事实清楚、证据确实、充分”是指按照法律规定的要求，对犯罪行为的查证已达到了侦查终结的要求，即符合起诉的条件。“按其自报的姓名起诉、审判”，是指即使明知其所报姓名为虚，但只要不影响对案件事实的认定，证据确实、充分的，也可以侦查终结移送起诉、进行审判。

本条规定在执行中应当注意的是，第一款规定的“在侦查期间，发现犯罪嫌疑人另有重要罪行的，自发现之日起依照本法第一百五十六条的规定重新计算侦查羁押期限”，是为适应打击犯罪的需要，对这种特定情况作出的特别规定，不得将其作为延长办案期限的借口，只对已掌握发现的部分重要罪行侦查，人为地将另一部分已发现的重要罪行作为新发现的罪行，以重新计算办案期限。

第一百六十一条　在案件侦查终结前，辩护律师提出要求的，侦查机关应当听取辩护律师的意见，并记录在案。辩护律师提出书面意见的，应当附卷。

【修改提示】

本条是2012年修改刑事诉讼法时增加的规定，2018年修改刑事诉讼法未作修改。

【背景解读】

2012年刑事诉讼法修改将犯罪嫌疑人有权委托律师作为辩护人的时间提前到了侦查阶段，并规定了辩护律师在侦查期间可以为犯罪嫌疑人提供法律帮助；代理申诉、控告；申请变更强制措施；向侦查机关了解犯罪嫌疑人涉嫌的罪名和案件有关情况，提出意见。本条规定案件侦查终结前，侦查机关应当听取辩护律师的意见，有利于保障律师上述在侦查阶段作用的发挥，有助于侦查机关及时客观地查明案件，及时发现、纠正办案中出现的偏差，保证侦查工作的正常进行，从而保障犯罪嫌疑人的合法权利。

【理解与适用】

本条是关于侦查终结前听取律师意见的规定。

本条包括以下几层意思：第一，侦查机关听取律师意见的时间是在案件侦查终结以前，在案件侦查终结前的任何时间，可以是一次，也可以是随时。第二，听取意见是应辩护律师的要求。这并不排除律师没有提出要求，但侦查机关认为有必要就某一问题听取律师的意见。按照本条的规定，如果律师提出要求，侦查机关必须听取律师的意见。第三，侦查机关要将律师提出的意见记录在案；辩护律师提出书面意见的，应当将书面意见附卷。

本条规定的听取辩护律师的意见，有助于侦查机关与辩护律师尽早沟通意见，防止无辜的犯罪嫌疑人被错误地移送审查起诉。根据本条规定，并非所有案件都需要听取辩护律师的意见，但辩护律师一旦提出要求的，侦查机关必须认真听取辩护律师的意见，并详细记录辩护律师提出的要求，具体的意见，由侦查人员和辩护律师签名，以防止辩护律师与侦查机关就是否已经提出要求的问题出现扯皮现象，如果辩护律师提出书面意见的，应当将律师的书面意见附卷，在移送审查起诉时，随案移送。

第一百六十二条①　公安机关侦查终结的案件，应当做到犯罪事实清楚，证据确实、充分，并且写出起诉意见书，连同案卷材料、证据一并移送同级人民检察院审查决定；同时将案件移送情况告知犯罪嫌疑人及其辩护律师。

犯罪嫌疑人自愿认罪的，应当记录在案，随案移送，并在起诉意见书中写明有关情况。

【修改提示】

本条是1979年刑事诉讼法的规定，1996年、2012年作过修改。2018年修改刑事诉讼法对本条作了修改，增加一款规定“犯罪嫌疑人自愿认罪的，应当记录在案，随案移送，并在起诉意见书中写明有关情况。”

【背景解读】

1996年修改刑事诉讼法时，一是增加了对公安机关侦查终结的案件的标准的规定，即对侦查终结的案件“应当做到犯罪事实清楚，证据确实、充分”。原刑事诉讼法对公安机关侦查终结移送人民检察院审查起诉的案件的标准没有作出规定，各地公安机关在掌握上也不尽相同，在司法实践中出现了一些问题，有的过于追求全部犯罪事实都要查清，全部证据都要掌握，以至于造成案件久拖不决，无法就已经查清的犯罪事实进入下一个诉讼程序，甚至对犯罪嫌疑人超期羁押；有的在犯罪事实不很清楚，案件证据不确实、充分的情况下移送人民检察院，造成多次退回补充侦查，甚至在证据不确实、充分的情况下审查并提起公诉，没有很好地保障犯罪嫌疑人的权利。为了解决上述问题，增加了公安机关侦查终结案件的标准的规定，这是案件是否能够侦查终结，移送起诉的法定标准，以提高公安机关侦查案件的质量和效率。二是删去了“免予起诉意见书”的规定。免予起诉，是检察机关对依照刑法规定不需要判处刑罚或者免除刑罚的犯罪分子，定罪但不予起

① 根据2018年10月26日第十三届全国人民代表大会常务委员会第六次会议通过的《关于修改〈中华人民共和国刑事诉讼法〉的决定》修改。修改前的刑事诉讼法条文是：“公安机关侦查终结的案件，应当做到犯罪事实清楚，证据确实、充分，并且写出起诉意见书，连同案卷材料、证据一并移送同级人民检察院审查决定；同时将案件移送情况告知犯罪嫌疑人及其辩护律师。”

诉的一项制度。1996年修改刑事诉讼法时，考虑到不经法院审判程序就定有罪，不符合法治的原则；实践中，对有些无罪的人决定免予起诉，侵害了当事人的合法权利；对有些依法应当判刑的，却给予免予起诉也不合适。因此，法律适当扩大了不起诉的范围，对犯罪情节轻微，依照刑法规定不需要判处刑罚或者免除刑罚的，人民检察院可以不起诉，不再使用免予起诉。同时规定，未经人民法院依法判决，对任何人都不得确定有罪。2012年修改刑事诉讼法时对本条进一步作了修改，对公安机关侦查终结的案件，增加了在将案件移送审查起诉时，应当“同时将案件移送情况告知犯罪嫌疑人及其辩护律师”的规定。这样修改主要是考虑到刑事诉讼法没有规定移送起诉时应当告知犯罪嫌疑人及其辩护律师，实践中犯罪嫌疑人及其辩护律师往往不能及时知道案件已被移送审查起诉。另外，虽然辩护律师在侦查阶段就可以为犯罪嫌疑人提供法律帮助，但只有在人民检察院对案件移送审查起诉之日起，辩护律师才能查阅、摘抄、复制本案的案卷材料，增加规定在移送审查起诉时应当将案件的移送情况同时“告知犯罪嫌疑人及其辩护律师”，有利于辩护律师更好地履行职责，更加充分地维护犯罪嫌疑人的合法权益。2012年修改后的刑事诉讼法第一百六十条规定：“公安机关侦查终结的案件，应当做到犯罪事实清楚，证据确实、充分，并且写出起诉意见书，连同案卷材料、证据一并移送同级人民检察院审查决定；同时将案件移送情况告知犯罪嫌疑人及其辩护律师。”

2018年修改刑事诉讼法的一个重要内容是完善刑事案件认罪认罚从宽制度。为保障犯罪嫌疑人认罪认罚的自愿性、真实性、合法性，进一步完善认罪认罚程序性规定，在公安机关侦查终结中专门增加一款规定，犯罪嫌疑人自愿认罪的，应当记录在案，随案移送，并在起诉意见书中写明有关情况。这样规定，目的就是要求公安机关在侦查阶段的案卷材料和起诉意见书中如实反映犯罪嫌疑人是否自愿如实供述自己的犯罪事实，以便于人民检察院、人民法院在后续的诉讼阶段，及时掌握犯罪嫌疑人认罪的情况，考虑是否适用认罪认罚的程序规定和予以处理。审议中有的常委委员提出，本条只规定了将认罪情况记录在案，但是没有规定将认罚的情况记录在案，认罚的情况也应当记录在案。考虑到犯罪嫌疑人在侦查阶段主要还是应当自愿如实供述自己的犯罪事实及所犯罪行，至于是否认罚，包括是否同意指控的罪名及刑罚建议，应当是在人民检察院审查起诉阶段，因此，本款未作修改。

【理解与适用】

本条是关于侦查终结的规定。

本条共分为两款。第一款是关于公安机关侦查终结的案件应当如何处理的规定。

侦查终结，是指侦查机关对已经立案的刑事案件经过侦查，在案件事实已经查清，取得了确实、充分证据的基础上，依法结束侦查，并对案件作出处理或者提出处理意见的一种诉讼活动。侦查终结是侦查阶段对已经开展的各种侦查活动和侦查工作进行审核和总结的最后一道程序，也是一个必经阶段，它是对侦查活动的终了和总结，标志着侦查活动的结束。侦查终结标志着公安机关侦查活动的结束，侦查终结作出的决定，直接关系到能否准确、及时地惩罚犯罪，保障无罪的人不受刑事追究。正确及时的侦查终结，可以为人民检察院准确提起公诉，人民法院正确进行审判奠定基础，为保护公民合法权益提供可靠的根据和保障。因此，实践中必须严格遵守法定程序，慎重对待侦查终结工作。本条规定的"公安机关侦查终结的案件"是指公安机关对案件经过一系列的侦查活动后，认为案件事实已经清楚，证据已经确实、充分，依照法律规定，能够认定犯罪嫌疑人确有罪行，应当追究刑事责任，决定终止侦查，将案件移送人民检察院审查起诉。

根据本条规定，公安机关侦查终结的案件，应当具备以下条件：第一，犯罪事实清楚。侦查终结的首要条件是"犯罪事实清楚"，就是已经查明犯罪行为是否存在，犯罪行为是否为犯罪嫌疑人实施，实施犯罪行为的时间、地点、手段、动机、目的、情节、手段和危害结果以及其他情节，是否存在法定从重、从轻、减轻、免除处罚情节以及是否有其他共同犯罪人员等情况。

第二，证据确定、充分。即公安机关侦查终结的案件，对犯罪嫌疑人依法应当追究刑事责任的，必须做到犯罪事实清楚，证据确实、充分。所谓"证据确实、充分"，是指证明案件真实情况的事实经过查证属实，并足以证明犯罪事实。根据刑事诉讼法第五十五条规定，证据确实、充分，应当符合以下条件：(1)定罪量刑的事实都有证据证明；(2)据以定案的证据均经法定程序查证属实；(3)综合全案证据，对所认定事实已排除合理怀疑。这是对证据确实、充分的解释，同样适用于本条的规定。

第三，应当写出起诉意见书，连同案卷材料、证据一并移送同级人民检察院审查决定。所谓"起诉意见书"，是指公安机关对案件侦查终结移送人民检察院处理的法律文书。起诉意见书必须忠实于事实真象，对于在起诉意见书中故意隐瞒事实真象的，应当追究法律责任。在起诉意见书中应当写清犯罪嫌疑人的基本情况、案件认定的犯罪事实、处理的意见和理由以及所依据的法律条款，对于共同犯罪的，应写明每个犯罪嫌疑人在共同犯罪中的地位、作用、具体罪责和认罪态度等。"案卷材料、证据"包括举报、揭发、控告材料，讯问笔录，询问笔录，勘验、检查、辨认笔录，鉴定意见以及物证、书证、视听资料、电子数据等。公安机关侦查终结的案件应当将上述案卷材料、证据移送同级有管辖权的人民检察院，而不能越级移送。公安机关在侦查终结的审查过程中，如果发现有应当排除的证据的，应当依法予以排除，不得作为起诉意见的依据。

第四，将案件移送情况告知犯罪嫌疑人及其辩护律师。公安机关侦查终结的案件,公安机关在将案件移送同级人民检察院审查起诉的同时,应当将案件移送情况告知犯罪嫌疑人及其辩护律师。公安机关应当严格按照法律的规定履行告知义务,只有这样才有利于辩护律师更好地了解案件的进展情况,积极地履行辩护职责,保护犯罪嫌疑人的合法权益,

第二款是关于自愿认罪案件在侦查终结时的特殊规定。

根据本款规定,对于犯罪嫌疑人自愿认罪的案件,公安机关除依照本条第一款的规定办理,还需要进行以下工作:第一,将犯罪嫌疑人自愿认罪的情况记录在案。所谓"犯罪嫌疑人自愿认罪",是指犯罪嫌疑人自愿如实供述自己的犯罪事实。对于犯罪嫌疑人自愿认罪的案件,公安机关的侦查人员应当将犯罪嫌疑人认罪的有关情况详细记录下来。第二,随案移送。公安机关对于需要移送起诉的案件,应当在案件移送人民检察院起诉时,将犯罪嫌疑人自愿认罪的有关情况和材料随案移送给有管辖权的同级人民检察院。第三,在起诉意见书中写明有关情况。公安机关在案件侦查终结后,对于需要移送起诉的案件,应当在起诉意见书中写明犯罪嫌疑人认罪的有关情况。

实践中应当注意的是,公安机关在侦查案件的时候,一旦发现不应对犯罪嫌疑人追究刑事责任,应当按照刑事诉讼法第一百六十三条的规定,立即撤销案件,如果犯罪嫌疑人被拘留、逮捕的,应当立即释放。也就是说,只要有证据证明犯罪行为不是犯罪嫌疑人所有,就应当终止对该犯罪嫌疑人的侦查,如果羁押的必须立即释放,随时发现随时终止。因此,本条所说的侦查终结的案件,主要是指案件经过侦查,犯罪事实已经查清,犯罪行为确系犯罪嫌疑人所为,证据确实、充分,需要移送起诉的案件,并不包括没有犯罪事实或者犯罪行为非犯罪嫌疑人所为的案件。

第一百六十三条　在侦查过程中,发现不应对犯罪嫌疑人追究刑事责任的,应当撤销案件;犯罪嫌疑人已被逮捕的,应当立即释放,发给释放证明,并且通知原批准逮捕的人民检察院。

【修改提示】

本条是1979年刑事诉讼法的规定,1996年作过修改,2012年、2018年修改刑事诉讼法未作修改。

【背景解读】

1979年刑事诉讼法第九十四条规定:"在侦查过程中,发现不应对被告人追究刑事责任的,应当撤销案件;被告人已被逮捕的,应当立即释放,发给释放证明,

并且通知原批准逮捕的人民检察院。"刑事诉讼法的任务之一是保障无罪的人不受刑事追究，尊重和保障人权，保护公民的人身权利、财产权利、民主权利和其他权利。侦查机关在侦查过程中，发现不应对犯罪嫌疑人追究刑事责任的，应当撤销案件；已被逮捕的，应当立即释放。对此作出明确规定，对于保护公民的合法权利，及时终止错误或者不当的诉讼行为，是十分必要的。1996 年修改刑事诉讼法时，对本条作了一处修改，将两处的"被告人"修改为"犯罪嫌疑人"，这是考虑到侦查阶段不宜称为"被告人"。1996 年修改后的刑事诉讼法第一百三十条规定："在侦查过程中，发现不应对犯罪嫌疑人追究刑事责任的，应当撤销案件；犯罪嫌疑人已被逮捕的，应当立即释放，发给释放证明，并且通知原批准逮捕的人民检察院。"

【理解与适用】

本条是关于撤销案件的规定。

本条规定包括三个方面的内容：第一，公安机关在侦查过程中，发现不应对犯罪嫌疑人追究刑事责任的，应当及时终止侦查，撤销案件。其中"侦查过程中"是指在侦查阶段的整个过程，而非单指侦查终结时，即何时发现不应对犯罪嫌疑人追究刑事责任，就应何时按本条的规定处理。"不应对犯罪嫌疑人追究刑事责任的"是指经侦查查明立案的案件没有构成犯罪的事实，或者虽有犯罪事实，不是该人所为的，或者属于本法第十六条规定的不追究刑事责任的情形，即情节显著轻微、危害不大，不认为是犯罪的；犯罪已过追诉时效期限的；经特赦令免除刑罚的；依照刑法告诉才处理的犯罪，没有告诉或者撤回告诉的；犯罪嫌疑人死亡的；其他法律规定免予追究刑事责任的。侦查机关在侦查过程中，一旦发现属于本法第十六条规定的不应对犯罪嫌疑人追究刑事责任的情形，应当立即终止侦查，撤销案件。

第二，如果犯罪嫌疑人已被逮捕的，应当立即释放，发给释放证明。根据本条规定，侦查机关决定终止侦查，撤销案件的，原犯罪嫌疑人在押的，应当立即释放，发给释放证明书；对原犯罪嫌疑人采取其他强制措施的，应当立即解除强制措施。

第三，将释放情况及原因通知原批准逮捕的人民检察院。公安机关终止侦查，撤销案件，并且释放已被逮捕的犯罪嫌疑人的，应当及时通知原批准逮捕的人民检察院，这样规定，充分体现了公安机关与检察机关两机关在执法中的相互配合、相互制约。

执法中应当注意：为保障公民的合法权利，侦查机关一经发现不应对犯罪嫌疑人追究刑事责任而已被逮捕的，应当立即释放。

第十一节　人民检察院对直接受理的案件的侦查

第一百六十四条　人民检察院对直接受理的案件的侦查适用本章规定。

【修改提示】

本条是1996年修改刑事诉讼法时增加的规定,2012年、2018年修改刑事诉讼法未作修改。

【背景解读】

检察机关依照法律规定承担部分刑事案件的侦查工作,主要是对国家工作人员利用职权的犯罪法律规定由人民检察院直接受理的,自行进行侦查。自行侦查的工作同样需要使用法律规定的侦查手段,但1979年刑事诉讼法对人民检察院的侦查活动缺乏明确具体的规定,难以适应惩治国家工作人员利于职权犯罪的需要,所以1996年修改刑事诉讼法时,将"人民检察院对直接受理的案件的侦查"单列了一节,以更加切合与犯罪作斗争的实际。同时在本条明确规定,人民检察院对自侦案件的侦查活动适用本章的规定,即依法行使本章规定的侦查权。根据1996年刑事诉讼法的规定,人民检察院对贪污贿赂犯罪,国家工作人员的渎职犯罪,国家机关工作人员利用职权实施的非法拘禁、刑讯逼供、报复陷害、非法搜查的侵犯公民人身权利的犯罪以及侵犯公民民主权利的犯罪,具有立案侦查的权利。2018年修改刑事诉讼法对本条未作修改,但人民检察院对直接受理的案件的侦查的范围已作了调整,贪污贿赂犯罪、国家工作人员的渎职犯罪等已不再由人民检察院立案侦查,而是由监察机关调查。

【理解与适用】

本条是关于检察机关自侦案件的法律适用的规定。

根据本条规定,人民检察院对直接受理的案件的侦查适用本章规定。这里规定的"人民检察院对直接受理的案件的侦查适用本章规定"是指人民检察院在侦查直接受理的案件中可以适用本法第二编第二章"侦查"中的规定,即适用对侦查的一般规定,讯问犯罪嫌疑人、询问证人的规定,勘验、检查、搜查、查封、扣押物证、书证、鉴定、通缉等的规定。本条中"对直接受理的案件的侦查"是指依照刑事诉讼法第十九条第二款的规定受理的案件,即人民检察院在对诉讼活动实行法律监督中发现的司法工作人员利用职权实施的非法拘禁、刑讯逼供、非法搜查等侵犯公民权利、损害司法公正的犯罪,可以由人民检察院立案侦查。对于公安机关管辖的国家机关工作人员利用职权实施的重大犯罪案件，需要由人民检察院直接受理的时候，经省级以上人民检察院决定，可以由人民检察院立案侦查。对于上述案件人民检察院在进行刑事侦查时，可以适用本章的规定。“适用本章规定”不仅指人民检察院对自侦案件进行侦查时可以依照本章的规定采取必要的侦查措施，而且还包括人民检察院在自侦案件的侦查中必须遵守本章规定的程序与要求，如出示证明文件，不得非法收集证据，要经过相关的审批程序，对依法定程序决定采取技术侦查措施的要依照规定，交有关机关执行等。

第一百六十五条　人民检察院直接受理的案件中符合本法第八十一条、第八十二条第四项、第五项规定情形，需要逮捕、拘留犯罪嫌疑人的，由人民检察院作出决定，由公安机关执行。

【修改提示】

本条是1996年修改刑事诉讼法时增加的规定，2012年、2018年修改刑事诉讼法对本条未作修改，只对本条中引用的条文的序号按照修改后的条文序号作了相应的调整。

【背景解读】

本条是1996年刑事诉讼法修改时增加的条文，主要是根据人民检察院自侦案件的需要增加了人民检察院的决定逮捕、拘留权。刑事诉讼法对公安机关先行拘留的情形规定了七项，而本条只授予检察机关在第八十二条第四项、第五项情形下，即重大嫌疑分子在犯罪后企图自杀、逃跑或者在逃以及有毁灭、伪造证据或者串供可能的，人民检察院可以决定先行拘留。这样规定是考虑拘留是针对有现实社会危险的现行犯或者重大嫌疑分子采取的一种紧急措施，而检察机关自侦案件的犯罪嫌疑人往往是国家工作人员、国家机关工作人员，这些犯罪嫌疑人有固定的住所、姓名，同时，人民检察院自侦案件主要是国家工作人员、国家机关工作人员利用职务实施的，通常是事后发现的，一般不是现行犯，而不具有紧急的现实危险性，除刑事诉讼法第八十二条第四项、第五项规定的情形外，不需要采用拘留措施，可以采取取保候审或者监视居住等强制措施，对符合逮捕条件的也可以依法予以逮捕。本条还明确规定人民检察院决定逮捕、拘留犯罪嫌疑人的，由公安机关执行。这样规定，主要是考虑执行拘留、逮捕实际是限制人身自由权，这一权力不宜分散，而应集中于一个机关行使，不能在一个社会中许多机关都有限制人身自由的权力，而且公安机关具备相应的条件和力量，既可以保证逮捕、拘留决定的及时有效执行，同时也体现了决定权与执行权的分离，有利于保证执法机关间的相互配合与制约。

【理解与适用】

本条是关于自侦案件中的逮捕、拘留的规定。

根据本条规定,人民检察院直接受理的案件中符合刑事诉讼法第八十一条、第八十二条第四项、第五项规定情形,需要逮捕、拘留犯罪嫌疑人的,由人民检察院作出决定,由公安机关执行。本条规定的"符合本法第八十一条规定情形"是指对人民检察院直接受理的案件中有证据证明有犯罪事实,可能判处徒刑以上刑罚的犯罪嫌疑人,采取取保候审尚不足以防止发生该条所列明的社会危险性,应当予以逮捕的情形,人民检察院可以决定逮捕。2018 年修改刑事诉讼法时对批准或者决定逮捕的条件作了进一步明确,规定"批准或者决定逮捕,应当将犯罪嫌疑人、被告人涉嫌犯罪的性质、情节,认罪认罚等情况,作为是否可能发生社会危险性的考虑因素。"符合本法"第八十二条第四项、第五项规定情形"是指人民检察院直接受理的案件犯罪嫌疑人犯罪后企图自杀、逃跑或者在逃以及有毁灭、伪造证据或者串供可能的,对有以上情况的犯罪嫌疑人,人民检察院可以决定先行拘留。

第一百六十六条 人民检察院对直接受理的案件中被拘留的人,应当在拘留后的二十四小时以内进行讯问。在发现不应当拘留的时候,必须立即释放,发给释放证明。

【修改提示】

本条是 1996 年修改刑事诉讼法时增加的规定,2012 年作过修改,2018 年修改刑事诉讼法未作修改。

【背景解读】

根据检察机关自侦工作的需要,本法赋予了检察机关拘留决定权。鉴于拘留是在紧急情况下采取的强制措施,为了提高办案效率,同时也为了及时查明案件事实,防止错误拘留,维护公民合法权利,1996 年刑事诉讼法中增加了对直接受理的案件中被拘留的人应当及时讯问,发现错误立即纠正的规定。这一规定同本法关于公安机关拘留人后应及时讯问的规定是一致的。1996 年修改后的刑事诉讼法第一百三十三条规定:"人民检察院对直接受理的案件中被拘留的人,应当在拘留后的二十四小时以内进行讯问。在发现不应当拘留的时候,必须立即释放,发给释放证明。对需要逮捕而证据还不充足的,可以取保候审或者监视居住。"

2012 年修改刑事诉讼法时删除了原条文中"对需要逮捕而证据还不充足的,

可以取保候审或者监视居住”的规定。这样修改是考虑在刑事诉讼法中逮捕并不是以证据充足为条件,原规定会造成执行中的误解。为避免这种误解,2012 年刑事诉讼法修改时删除了上述规定。逮捕的条件应当严格按照刑事诉讼法第八十一条的规定执行。不需要逮捕,但根据本法规定应当采取其他强制措施的仍应依法采取其他强制措施。

【理解与适用】

本条是关于人民检察院自侦案件中对拘留后的程序规定。

本条规定了两个方面的内容:第一,人民检察院对直接受理的案件中被拘留的人,应当在拘留后的二十四小时以内进行讯问。人民检察院对直接受理的案件中被拘留的人,应当在拘留后的二十四小时以内进行讯问。这样规定,一是有利于人民检察院及时查清对犯罪嫌疑人采取的拘留措施是否妥当,如果发现错误便于及时纠正;二是有利于迅速查明已掌握的证据是否确实可靠,防止犯罪嫌疑人毁灭、伪造证据或者串供。

第二,在发现不应当拘留的时候,必须立即释放,发给释放证明。人民检察院对犯罪嫌疑人采取的拘留措施,由于时间紧迫、情况复杂,可能会出现错误拘留的情况,为此,本条规定“在发现不应当拘留的时候,必须立即释放,发给释放证明”,以保障公民合法人身权利。“不应当拘留”是拘留不符合法定条件,主要有两种情况:一是由于案件来源、信息、判断等错误原因,造成错误拘留,对于这种情况对被拘留人必须讲明原因,立即释放,发给释放证明;二是指被拘留的人实施的行为,情节显著轻微、危害不大的,不认为是犯罪等。对于经讯问发现对被拘留人不应拘留的,应当立即释放,发给释放证明。

应当注意的是,2012 年修改刑事诉讼法时对有关拘留的规定作了修改,人民检察院对直接受理的案件决定拘留的,除无法通知等情形之外,应当在拘留后二十四小时以内通知被拘留人的家属。

第一百六十七条　人民检察院对直接受理的案件中被拘留的人,认为需要逮捕的,应当在十四日以内作出决定。在特殊情况下,决定逮捕的时间可以延长一日至三日。对不需要逮捕的,应当立即释放;对需要继续侦查,并且符合取保候审、监视居住条件的,依法取保候审或者监视居住。

【修改提示】

本条是 1996 年修改刑事诉讼法时增加的规定,2012 年作过修改,2018 年修改刑事诉讼法未作修改。

【背景解读】

根据刑事诉讼法的规定，对于一般案件中被拘留的犯罪嫌疑人，公安机关认为需要逮捕的，应当在三日以内提请人民检察院审查批准，人民检察院应当在七日以内作出批准逮捕或者不批准逮捕的决定。也就是说一般案件中的犯罪嫌疑人公安机关从提请批准到人民检察院批准逮捕的时间为十日，由于人民检察院直接受理的案件中对犯罪嫌疑人提请批准逮捕和批准逮捕都由人民检察院决定，因而为与公安机关侦查的案件的批捕时间相一致，作了本条规定。1996 年修改后的刑事诉讼法第一百三十四条规定："人民检察院对直接受理的案件中被拘留的人，认为需要逮捕的，应当在十日以内作出决定。在特殊情况下，决定逮捕的时间可以延长一日至四日。对不需要逮捕的，应当立即释放；对于需要继续侦查，并且符合取保候审、监视居住条件的，依法取保候审或者监视居住。"

2012 年修改刑事诉讼法时延长了决定逮捕的时间，这一修改是根据落实司法改革任务和当前检察工作的实际情况作出的。根据司法改革要求，2009 年最高人民检察院出台《关于省级以下人民检察院立案侦查的案件由上一级人民检察院审查决定逮捕的规定（试行）》，明确规定省级以下（不含省级）检察院立案侦查的案件，需要逮捕犯罪嫌疑人的，应报请上一级检察院审查决定。这一规定有助于强化检察机关的内部监督、防止执法随意性、保证办案质量，有利于更好地保障犯罪嫌疑人的合法权益，但同时也带来了检察机关决定逮捕时间偏紧的问题。因此，2012 年刑事诉讼法对 1996 年刑事诉讼法的规定作了两处修改：一是对直接受理的案件中被拘留的人，认为需要逮捕的，将原规定的决定时限由十日修改为十四日；二是对特殊情况下，决定逮捕的时间可以延长一日至四日修改为一日至三日。

【理解与适用】

本条是关于自侦案件决定逮捕的时限的规定。

人民检察院对于已被拘留的犯罪嫌疑人，经过审查和进一步侦查后，认为需要逮捕的，本条明确规定"应当在十四日以内作出决定"。这里"作出决定"的时间包括人民检察院的侦查部门对被拘留人进行审查，提请批准逮捕的期间和人民检察院批捕部门作出决定的时间。对一般案件应当在规定的十四日以内作出决定。考虑到人民检察院提请批捕和决定逮捕是人民检察院两个职能部门的内部分工，所以法律并未规定这两个阶段的时间分界，可由人民检察院通过内部规定来界定。考虑到一些重大、复杂案件存在一些"特殊情况"，难以在十四日以内对此类争议较大、重大复杂案件作出决定，所以，法律规定"在特殊情况下，决定逮捕的时间可以延长一日至三日"，这十七天就是拘留的总期限，人民检察院在决定拘留犯罪嫌疑人时，无论对于何种案件，拘留期限都不得超过这个总期限。人民检察院对被拘留的人经过审查,如果发现不需要逮捕的,应当立即释放。这里“不需要逮捕的”是指经过审查认为被拘留人不符合本法第八十一条规定的逮捕条件,这种情况下对被拘留的人,应当立即释放;如果需要继续侦查的,对被拘留的人符合以下两个条件的,按照本条的规定可以“依法取保候审或者监视居住”:(1)尚不能排除犯罪嫌疑,需要继续进行案件的侦查工作的;(2)符合取保候审、监视居住条件。

实践中应当注意,人民检察院作为法律监督机关在执行中应当严格按照法定的期限办案,在侦查工作中,应当充分发挥内部各部门之间的监督机制,对于违背法律规定的,及时予以纠正,严格按照法定程序办理案件。

第一百六十八条　人民检察院侦查终结的案件,应当作出提起公诉、不起诉或者撤销案件的决定。

【修改提示】

本条是1979年刑事诉讼法的规定,1996年作过修改,2012年、2018年修改刑事诉讼法未作修改。

【背景解读】

1979年刑事诉讼法第九十三条第一款规定:“人民检察院侦查的案件,侦查终结后,应当作出提起公诉、免予起诉或者撤销案件的决定。”这是根据人民检察院办理直接受理案件的实际和需要,明确办案中的程序和职权而作出的规定。人民检察院对于其直接受理的案件,经过侦查和调查取证后,如果认为犯罪事实清楚,证据确实、充分,应当对犯罪嫌疑人依法提起公诉,追究其刑事责任;如果发现不应对犯罪嫌疑人追究刑事责任的,应当作出免予起诉或者撤销案件的决定。1996年修改刑事诉讼法时,扩大了不起诉的范围,删去了免予起诉,因此,本条也作了相应修改,将“免予起诉”修改为“不起诉”,并将一款单独规定为一条。

【理解与适用】

本条是关于自侦案件的侦查终结的规定。

根据本条的规定,人民检察院侦查终结的案件,根据案件情况可以作出三种决定:(1)提起公诉的决定。对于犯罪事实清楚,证据确实、充分,依法应当判处刑罚的,应当制作起诉书,作出提起公诉的决定。(2)不起诉的决定。人民检察院已侦查终结,移送刑事检察部门审查起诉的案件,如果在审查中发现犯罪嫌疑人没有犯罪事实，或者有刑事诉讼法第十六条规定情形的，即情节显著轻微、危害不大，不认为是犯罪的；已过追诉时效期限的；经特赦令免除刑罚的；犯罪嫌疑人死亡的；其他法律规定免予追究刑事责任的，以及对犯罪情节轻微，依照刑法规定不需要判处刑罚或者免除刑罚的，应当作出不起诉的决定。（3）撤销案件的决定。人民检察院自侦部门在侦查中，发现犯罪嫌疑人没有犯罪事实或者具有刑事诉讼法第十六条规定不追究刑事责任的情形之一的，人民检察院应当作出撤销案件的决定。

第三章　提起公诉

第一百六十九条　凡需要提起公诉的案件，一律由人民检察院审查决定。

【修改提示】

本条是1979年刑事诉讼法的规定，1996年作过修改，2012年、2018年修改刑事诉讼法未作修改。

【背景解读】

提起公诉是对犯罪进行起诉的重要环节，也是刑事诉讼程序中的重要阶段，依照我国刑事诉讼法的规定，人民检察院通过审查起诉活动，对于犯罪事实清楚、证据确实充分的，依法提起公诉。同时，对侦查活动是否合法实行监督，以保证刑事诉讼活动的顺利进行，这也体现了公检法三机关分工负责，互相配合、互相制约的原则。

1996年修改刑事诉讼法时对1979年刑事诉讼法相关规定作了修改。免予起诉是检察机关对依照刑法规定不需要判处刑罚或者免除刑罚的犯罪分子，定罪但不予起诉的一项制度。免予起诉制度对于体现惩办与宽大相结合的刑事政策，和对轻微案件及时结案，发挥了一定作用。但实践中也存在不少问题，一是不经法院审判程序就定有罪，不符合法治的原则；二是实践中存在对有些无罪的人决定免予起诉，侵害了被告人的合法权利，而对有些依法应当判刑的，却给予免予起诉。1996年修改刑事诉讼法时删去了“免予起诉”的规定，本条相应作了修改。2018年修改刑事诉讼法对本条也未作修改，但根据监察法的规定，涉嫌职务犯罪由监察机关调查，监察机关经调查认为犯罪事实清楚，证据确实、充分的，应当移送人民检察院依法审查、提起公诉。刑事诉讼法第一百七十条对此也作了衔接性规定。

【理解与适用】

本条是关于检察机关审查起诉的规定。

提起公诉是指人民检察院对监察机关、公安机关移送起诉或者人民检察院自行侦查终结认为应当起诉的案件，经全面审查，对事实清楚，证据确实、充分，依法应当处以刑罚的，提交人民法院进行审判的刑事诉讼活动。对于公诉案件，由人民检察院决定是否提交人民法院进行审判，这是法律赋予人民检察院的职权，是人民检察院的重要工作，也是实施法律监督的重要内容。根据本条的规定，凡需要提起公诉的案件，一律由人民检察院审查决定。也就是说只有人民检察院有审查决定提起公诉的权力。本条中“凡需要提起公诉的案件”是指监察机关调查，公安机关、人民检察院立案侦查，经调查、侦查终结后认为应当提起公诉追究犯罪嫌疑人刑事责任的案件。凡是公诉案件，非经人民检察院审查决定，任何单位都无权将案件交付人民法院审判。“人民检察院审查决定”是指人民检察院对移送的公诉案件进行审查核实，作出起诉决定的过程。包括两个方面的工作：一是对监察机关、公安机关移送起诉或者人民检察院自行侦查终结、需要提起公诉的案件，进行全面审查。这种审查包括对案卷材料的审查和对据以定罪证据的审查。二是根据全面审查的结果，作出起诉的决定。

第一百七十条[①]　人民检察院对于监察机关移送起诉的案件，依照本法和监察法的有关规定进行审查。人民检察院经审查，认为需要补充核实的，应当退回监察机关补充调查，必要时可以自行补充侦查。

对于监察机关移送起诉的已采取留置措施的案件，人民检察院应当对犯罪嫌疑人先行拘留，留置措施自动解除。人民检察院应当在拘留后的十日以内作出是否逮捕、取保候审或者监视居住的决定。在特殊情况下，决定的时间可以延长一日至四日。人民检察院决定采取强制措施的期间不计入审查起诉期限。

【修改提示】

本条是 2018 年修改刑事诉讼法新增加的规定。

【背景解读】

2018 年修改刑事诉讼法增加本条规定，主要是为了与监察法规定的监察机

① 根据 2018 年 10 月 26 日第十三届全国人民代表大会常务委员会第六次会议通过的《关于修改〈中华人民共和国刑事诉讼法〉的决定》增加。

关对于职务犯罪案件的调查处置程序相衔接。习近平总书记强调，要通过改革创新，整合反腐败职能，在法治和制度上形成既相互衔接、又相互制衡的机制，监察机关查处的案件移交检察机关，由检察机关负责决定逮捕、审查起诉、提起公诉，由法院进行审判。本条规定的主要目的是保证检察机关对监察机关移送起诉的案件依法、及时开展审查起诉工作，采取有关的强制性措施，确保监察机关与检察机关在办理职务犯罪案件过程中有序衔接、相互制约。

监察法第十一条规定，监察委员会依照监察法和有关法律规定履行监督、调查、处置职责，对涉嫌贪污贿赂、滥用职权、玩忽职守、权力寻租、利益输送、徇私舞弊以及浪费国家资财等职务违法和职务犯罪进行调查。第四十五条规定，监察机关根据监督、调查结果，对涉嫌职务犯罪的，监察机关经调查认为犯罪事实清楚，证据确实、充分的，制作起诉意见书，连同案卷材料、证据一并移送人民检察院依法审查、提起公诉。第四十七条规定，对监察机关移送的案件，人民检察院依照《中华人民共和国刑事诉讼法》对被调查人采取强制措施。人民检察院经审查，认为犯罪事实已经查清，证据确实、充分，依法应当追究刑事责任的，应当作出起诉决定。人民检察院经审查，认为需要补充核实的，应当退回监察机关补充调查，必要时可以自行补充侦查。对于补充调查的案件，应当在一个月内补充调查完毕。补充调查以二次为限。

监察法实施后，监察委员会移送审查起诉的贪污贿赂、滥用职权、玩忽职守、权力寻租、利益输送、徇私舞弊以及浪费国家资财等职务犯罪案件，是人民检察院一个重要的案件来源。为了做好与监察法的衔接，2018 年修改刑事诉讼法对人民检察院对监察委员会移送审查起诉案件的审查起诉程序和退回监察机关补充调查、必要时的自行补充侦查程序等作出了衔接性的规定，同时规定对监察委员会已经采取留置措施的犯罪嫌疑人应当采取先行拘留措施以及决定采取有关的强制性措施。

【理解与适用】

本条是关于人民检察院对于监察机关移送起诉案件的处理的规定。

本条共分为两款。第一款规定人民检察院对于监察机关移送起诉的案件，依照本法和监察法的有关规定进行审查。人民检察院经审查，认为需要补充核实的，应当退回监察机关补充调查，必要时可以自行补充侦查。

根据本款规定，对于监察机关移送起诉的案件，人民检察院要依照刑事诉讼法和监察法的有关规定进行审查。人民检察院审查的内容，可以参照本法第一百七十一条、第一百七十二条、第一百七十三条、第一百七十四条和第一百七十六条等规定，主要审查监察机关移送起诉的案件犯罪事实、情节是否清楚；证据是否确实、充分；犯罪性质和罪名的认定是否正确；有无遗漏罪行和其他应当追究刑事责任的人;是否属于不应追究刑事责任的情形等。这里的犯罪事实已经查清,是指犯罪的主要事实已经查清,实践中因为各种原因,一些个别细节无法查清或没有必要查清,且不影响定罪量刑的,应当视为犯罪事实已经查清。对一人犯有数罪的,如果有一罪已经查清,而其他罪一时难以查清的,也可以就已经查清的罪提起公诉。证据确实、充分,是指用以证明案件事实的证据真实可靠,取得的证据足以证实调查认定的犯罪事实和情节。本法第五十五条第二款对证据确实、充分的条件作了明确规定:"证据确实、充分,应当符合以下条件:(一)定罪量刑的事实都有证据证明;(二)据以定案的证据均经法定程序查证属实;(三)综合全案证据,对所认定事实已排除合理怀疑"。根据本法第一百七十三条的规定,人民检察院在审查案件过程中,应当讯问犯罪嫌疑人,听取辩护人或者值班律师、被害人及其诉讼代理人的意见,并记录在案。辩护人或者值班律师、被害人及其诉讼代理人提出书面意见的,应当附卷。

本款规定人民检察院审查监察机关移送起诉的案件,需要同时依照本法和监察法的有关规定进行审查,不能仅依照刑事诉讼法。如监察法第三十二条规定:"职务违法犯罪的涉案人员揭发有关被调查人职务违法犯罪行为,查证属实的,或者提供重要线索,有助于调查其他案件的,监察机关经领导人员集体研究,并报上一级监察机关批准,可以在移送人民检察院时提出从宽处罚的建议。"监察法第三十三条第一款规定:"监察机关依照本法规定收集的物证、书证、证人证言、被调查人供述和辩解、视听资料、电子数据等证据材料,在刑事诉讼中可以作为证据使用。"这些都是人民检察院审查案件的依据。此外,监察法第四十七条和刑事诉讼法第一百七十六条,对于人民检察院审查案件后的处理作了规定,即:人民检察院经审查,认为犯罪事实已经查清,证据确实、充分,依法应当追究刑事责任的,应当作出起诉决定。人民检察院对于有本法规定的不起诉的情形的,经上一级人民检察院批准,依法作出不起诉的决定,监察机关认为不起诉决定有错误的,可以向上一级人民检察院提请复议。

对于部分案件,人民检察院经审查,认为需要补充核实的,应当退回监察机关补充调查,必要时可以自行补充侦查。监察法第四十七条规定,人民检察院经审查,认为需要补充核实的,应当退回监察机关补充调查,必要时可以自行补充侦查。对于补充调查的案件,应当在一个月内补充调查完毕。补充调查以二次为限。对此,刑事诉讼法在本条中对监察法作了衔接性的规定,同时为了条文表述的简洁,没有完全重复监察法的规定。退回补充调查,是检察机关对监察机关进行监督制约的重要体现和制度措施。需要注意的是,退回补充调查与自行补充侦查,是有先后顺序的,考虑到监察机关移送的案件政治性强、比较敏感,检察机关审查后认为需要补充证据的,一般应当先退回监察机关进行补充调查;必要时,才由检察机关自行补充侦查。一般而言,检察机关认为监察机关移送的案件定罪量刑的基本犯罪事实已经查清,但具有下列情形之一的,可以自行补充侦查:一是证人证言、犯罪嫌疑人供述和辩解、被害人陈述的内容中主要情节一致,个别情节不一致且不影响定罪量刑的。二是书证、物证等证据材料需要补充鉴定的。三是其他由检察机关查证更为便利、更有效率、更有利于查清案件事实的情形。

本条第二款规定的是对于监察委员会移送审查起诉的已经采取留置措施的犯罪嫌疑人,人民检察院如何采取强制性措施的规定。监察法第四十七条第一款规定,对于监察机关移送的案件,人民检察院依照《中华人民共和国刑事诉讼法》对被调查人采取强制措施。本款即是与监察法相衔接的规定。根据本款规定,对于监察机关移送起诉的已采取留置措施的案件,人民检察院应当对犯罪嫌疑人先行拘留,留置措施自动解除。关于监察机关采取留置措施的条件,根据监察法第二十二条规定,被调查人涉嫌贪污贿赂、失职渎职等严重职务违法或者职务犯罪,监察机关已经掌握其部分违法犯罪事实及证据,仍有重要问题需要进一步调查,并有下列情形之一的,经监察机关依法审批,可以将其留置在特定场所:(1)涉及案情重大、复杂的;(2)可能逃跑、自杀的;(3)可能串供或者伪造、隐匿、毁灭证据的;(4)可能有其他妨碍调查行为的。对涉嫌行贿犯罪或者共同职务犯罪的涉案人员,监察机关可以依照前款规定采取留置措施。从上述规定可以看出,监察机关已经采取留置措施的案件,通常是重大复杂或者是有特殊情况的案件,对于监察机关已采取留置措施的案件,检察机关应当对犯罪嫌疑人先行拘留,拘留措施生效时,监察机关的留置措施自动解除,而不再需要经过一定的批准解除程序。这里的先行拘留是一种临时、过渡性质的强制措施,目的是将犯罪嫌疑人从监察调查程序转入刑事诉讼程序。值得注意的是,监察法通过之后,2018 年修改刑事诉讼法之前,为做好监察机关调查职务犯罪案件与检察机关审查起诉工作的衔接,对监察机关已经采取留置措施的案件,检察机关一般在监察机关移送案件之前对是否采取和采取何种强制措施进行审查,在移送之日作出决定并执行。实践中,监察机关对已经对被调查人采取留置措施的案件,在进入案件审理阶段后,监察机关一般书面商请检察机关派员提前介入,检察机关在收到提前介入书面通知后,指派检察官带队介入,并成立工作小组。工作小组通过审核案件材料,对证据标准、事实认定、案件定性及法律适用提出书面意见,对是否需要采取强制措施进行审查。在修改刑事诉讼法之前,这一做法解决了留置措施和刑事强制措施的衔接问题,但是由于缺少法律赋予的审查适用强制措施的期限,监察机关正常的调查工作时间被压缩,人民检察院的审查适用强制措施程序也无法从法律上得到体现。因此,2018 年修改刑事诉讼法专门增加了人民检察院审查适用强制措施的期限的规定。

根据本款规定,人民检察院应当在拘留后的十日以内作出是否逮捕、取保候审或者监视居住的决定。在特殊情况下,决定的时间可以延长一日至四日。

对于监察机关移送起诉的已采取留置措施的案件,人民检察院采取拘留措施后,应当根据刑事诉讼法的规定和案件的具体情况,在十日以内决定对犯罪嫌疑人应当采取的强制措施,包括逮捕、取保候审或者监视居住,并办理相应的手续。这个时限在一般情况下是必须遵守的。决定逮捕、取保候审或者监视居住后,先行拘留即告结束。考虑到有些案件重大、复杂,在十日以内难以作出决定等"特殊情况",法律允许人民检察院将决定的时限再延长一日至四日。人民检察院决定采取强制措施的期间不计入审查起诉期限。这样规定是保障人民检察院有较为充分的时间决定对犯罪嫌疑人采取适当的强制措施,避免占用审查起诉期限。

第一百七十一条　人民检察院审查案件的时候,必须查明:

(一)犯罪事实、情节是否清楚,证据是否确实、充分,犯罪性质和罪名的认定是否正确;

(二)有无遗漏罪行和其他应当追究刑事责任的人;

(三)是否属于不应追究刑事责任的;

(四)有无附带民事诉讼;

(五)侦查活动是否合法。

【修改提示】

本条是1979年刑事诉讼法的规定,1996年、2012年、2018年修改刑事诉讼法都未作修改。

【背景解读】

人民检察院审查移送起诉的案件,重点应当围绕案件的事实、证据以及侦查活动是否合法,发挥国家法律监督机关的作用,以保证准确、及时打击犯罪,保障无罪的人不受追究。本条对人民检察院审查案件应当查明的具体内容作了规定,为人民检察院依法审查案件提供了明确的法律依据,有助于保证审查工作的规范化。

【理解与适用】

本条是关于审查起诉的内容的规定。

根据本条规定,人民检察院审查案件的时候,必须查明以下五项审查内容:第一项,犯罪事实、情节是否清楚,证据是否确实、充分,犯罪性质和罪名的认定是否正确。其中"犯罪事实、情节"是指犯罪嫌疑人实施犯罪行为的过程、情形和后果。查明犯罪事实、情节是否清楚，必须查明犯罪的时间、地点、手段、后果、因果关系及犯罪的动机、目的等。“证据是否确实、充分”是指用以证明案件事实的证据是否真实可靠，能否反映案件的真实情况，取得的证据是否足以证实侦查终结认定的犯罪事实和情节。2012 年刑事诉讼法修改时对证据确实、充分的条件作了明确规定，根据第五十五条规定，证据确实、充分应当符合以下条件：一是定罪量刑的事实都有证据证明；二是据以定案的证据均经法定程序查证属实；三是综合全案证据，对所认定事实已排除合理怀疑。对证据确实、充分的解释同样适用于本条的规定。“犯罪性质和罪名的认定”是指根据犯罪事实对犯罪性质的认定和依据刑法对罪名的认定，它直接反映适用法律的准确性。正确适用法律，准确认定犯罪性质，才能正确定罪量刑，对犯罪性质和罪名的认定是人民检察院审理案件的重要内容。

第二项，有无遗漏罪行和其他应当追究刑事责任的人。其中“有无遗漏罪行”是指有没有应当发现而没有发现，或者应当认定而没有认定的犯罪嫌疑人的罪行，即有无漏罪。“其他应当追究刑事责任的人”是指除已被移送审查起诉的犯罪嫌疑人以外，其他应当追究刑事责任的同案犯。审查起诉中，如果发现有遗漏罪行或者发现有其他应当追究刑事责任的人时，应当要求公安机关补充侦查，必要时也可以自行侦查。

第三项，是否属于不应追究刑事责任的。其中“不应追究刑事责任的”是指没有犯罪事实的，以及具有刑法规定的不负刑事责任情形的，如未达到刑事责任年龄，无刑事责任能力的，或者有本法第十六条规定不应追究刑事责任的情形之一的。人民检察院审查案件中发现有不应追究刑事责任的，应当依法作出不起诉的决定。

第四项，有无附带民事诉讼。其中“附带民事诉讼”是指在刑事诉讼中追究犯罪嫌疑人刑事责任的同时，为解决由犯罪嫌疑人犯罪行为造成被害人的物质损失而进行民事赔偿的诉讼活动。审查有无附带民事诉讼，主要是审查对由于犯罪行为使被害人遭受物质损失的，被害人是否提起附带民事诉讼。对应当提起附带民事诉讼而没有提起，可以告知被害人有权提起附带民事诉讼，被害人死亡或者丧失行为能力的可以告知其法定代理人、近亲属有权提起附带民事诉讼；对国家财产、集体财产遭受损失应当提起附带民事诉讼而没有提起的，人民检察院在提起公诉的时候，可以提起附带民事诉讼。

第五项，侦查活动是否合法。其中“侦查活动是否合法”是指人民检察院通过审查案卷材料、提审犯罪嫌疑人、询问证人、被害人等诉讼活动，了解侦查活动是否按法律规定的原则和程序进行，有无违法情况，包括有无违反法定程序的情况；在侦查活动中是否侵犯了当事人及其他诉讼参与人的诉讼权利和其他合法权益；侦查人员有无违法乱纪的行为等。

第一百七十二条[①]　**人民检察院对于监察机关、公安机关移送起诉的案件，应当在一个月以内作出决定，重大、复杂的案件，可以延长十五日；犯罪嫌疑人认罪认罚，符合速裁程序适用条件的，应当在十日以内作出决定，对可能判处的有期徒刑超过一年的，可以延长至十五日。**

人民检察院审查起诉的案件，改变管辖的，从改变后的人民检察院收到案件之日起计算审查起诉期限。

【修改提示】

本条是1979年刑事诉讼法的规定，1996年作过修改，2012年未作修改。2018年修改刑事诉讼法对本条第一款作了三处修改：一是为配合监察体制改革和与监察法相衔接，增加对监察机关移送案件的审查起诉期限的规定；二是考虑到2018年修改刑事诉讼法增加规定了认罪认罚从宽制度和速裁程序，对速裁案件审查起诉的期限作出专门规定；三是根据各方面意见，将原第一百六十九条第一款中“半个月”的表述修改为“十五日”。

【背景解读】

明确人民检察院审查起诉的期限，对于保障刑事诉讼活动的正常进行，提高诉讼效率，保护当事人合法权益，具有重要意义。1979年刑事诉讼法对人民检察院审查起诉的期限就作了规定。该法第九十七条规定：“人民检察院对于公安机关移送起诉或者免予起诉的案件，应当在一个月以内作出决定，重大、复杂的案件，可以延长半个月。”1996年修改刑事诉讼法对该条作了两处修改：一是删去了关于免予起诉案件审查起诉的期限的规定。免予起诉是检察机关对不需要判处刑罚或者免除刑罚的犯罪嫌疑人定罪但不予起诉的制度。1996年修改刑事诉讼法时，考虑到不经法院审判程序就认定犯罪嫌疑人有罪，不符合法治的原则；实践中，对有些无罪的人决定免予起诉，侵害了被告人的合法权利；对有些依法应当判刑的，却给予免予起诉也不合适。因此，取消了免予起诉制度，同时规定，对犯罪情节轻微，依照刑法规定不需要判处刑罚或者免除刑罚的，人民检察院可以不起诉，并相应删去了关于免予起诉案件审查起诉的期限规定。二是增加一款作为第二款，规定：“人

---

① 根据2018年10月26日第十三届全国人民代表大会常务委员会第六次会议通过的《关于修改〈中华人民共和国刑事诉讼法〉的决定》修改。修改前的刑事诉讼法条文是：“人民检察院对于公安机关移送起诉的案件，应当在一个月以内作出决定，重大、复杂的案件，可以延长半个月。

人民检察院审查起诉的案件，改变管辖的，从改变后的人民检察院收到案件之日起计算审查起诉期限。”

民检察院审查起诉的案件，改变管辖的，从改变后的人民检察院收到案件之日起计算审查起诉期限。”1984 年第六届全国人大常委会通过的《关于刑事案件办案期限的补充规定》对人民法院和人民检察院改变管辖案件的办案期限作了专门规定。其中第六条规定：“人民检察院和人民法院改变管辖的公诉案件，从改变后的办案机关收到案件之日起计算办案期限。”1996 年修改刑事诉讼法，将补充规定上述内容作为一款加以规定。

2012 年修改刑事诉讼法对本条未作修改。

2018 年修改刑事诉讼法对本条作了三处修改：一是增加对监察机关移送案件的审查起诉期限的规定。这是与监察体制改革配套和与监察法相衔接的修改。监察法第三条中规定，监察委员会是行使国家监察职能的专责机关，依照本法对所有行使公权力的公职人员进行监察，调查职务违法和职务犯罪。第四十五条第四项规定，对涉嫌职务犯罪的，监察机关经调查认为犯罪事实清楚，证据确实、充分的，制作起诉意见书，移送人民检察院审查起诉。2018 年修改刑事诉讼法，增加规定监察委员会移送案件的审查起诉期限，既是落实监察体制改革成果的需要，也是与监察法相衔接的需要。二是对速裁案件审查起诉的期限作出专门规定。刑事诉讼法对第一审公诉案件规定了普通程序和简易程序两种审理程序，以适用普通程序为原则，以适用简易程序为例外。根据刑事诉讼法的规定，适用简易程序审理案件，不受送达期限、讯问被告人、询问证人、鉴定人、出示证据、法庭辩论程序规定的限制。作出这种规定，主要是为了对事实清楚、证据充分，且被告人自愿认罪的案件，在保障权利、保证公正的前提下尽量做到程序从简，节约司法资源。当前，我国正处于经济结构调整、矛盾纠纷多发、刑事犯罪高发期，司法机关面临的“案多人少”、司法资源配置不合理等问题依然需要深化改革解决。为进一步推动刑事案件繁简分流，优化司法资源配置，2014 年 6 月，十二届全国人民代表大会常务委员会第九次会议通过《关于授权最高人民法院、最高人民检察院在部分地区开展刑事案件速裁程序试点工作的决定》，授权最高人民法院、最高人民检察院在北京、天津、上海等地开展刑事案件速裁程序试点工作。对事实清楚，证据充分，被告人自愿认罪，当事人对适用法律没有争议的危险驾驶、交通肇事、盗窃等情节较轻，依法可能判处一年以下有期徒刑、拘役、管制的案件，或者依法单处罚金的案件，进一步简化刑事诉讼法规定的相关诉讼程序。2016 年 9 月，十二届全国人民代表大会常务委员会第二十二次会议通过《关于授权最高人民法院、最高人民检察院在部分地区开展刑事案件认罪认罚从宽制度试点工作的决定》，并明确在原速裁程序试点地区开展的试点工作，按照新的试点办法继续试行。试点授权于 2018 年 11 月期满。为落实全国人大常委会授权决定，2016 年 11 月 16 日，最高人民法院、最高人民检察院、公安部、国家安全部、司法部联合发布了《关于在部分地区开展刑事案件认罪认罚从宽制度试点工作的办法》。试点办法第十二条规定："对适用速裁程序的案件，人民检察院一般应当在受理后十日内作出是否提起公诉的决定；对可能判处的有期徒刑超过一年的，可以延长十五日。"近两年的试点实践证明，办法规定的十日和十五日的审查起诉期限基本能够满足实际需要，也充分体现和发挥了速裁程序的效率优势。2018 年修改刑事诉讼法将试点工作经验加以总结，增加规定了速裁程序，并根据各方面意见和实际工作需要，吸收了试点办法中对速裁程序审查起诉期限的规定。三是将本条中"半个月"的表述修改为"十五日"。草案一审稿规定："人民检察院对于监察机关、公安机关移送起诉的案件，应当在一个月以内作出决定，重大、复杂的案件，可以延长半个月；犯罪嫌疑人认罪认罚，符合速裁程序适用条件的，应当在十日以内作出决定，对可能判处的有期徒刑超过一年的，可以延长至十五日。"草案审议和征求意见过程中，有的地方和社会公众提出，每个月的日数不同，"半个月"具体是多少天可能存在差异，且在同一条中既有"半个月"又有"十五日"的表述也不科学，建议统一按日规定。本条吸收了这一意见，将"半个月"的表述修改为"十五日"。

【理解与适用】

本条是关于审查起诉的期限的规定。

本条共分为两款。第一款是关于人民检察院审查起诉期限的一般规定。"应当在一个月以内作出决定"是指人民检察院对公安机关、监察机关移送起诉的案件，应当按照本法第一百七十一条规定的审查要求，在一个月以内审查完毕，并作出提起公诉或者不起诉的决定。"重大、复杂的案件，可以延长十五日"是指案情重大或者案件情况复杂，在一个月内不能办结的案件，可以延长十五日的审查期限。

第二款是关于对人民检察院审查起诉的案件改变管辖的，如何计算审查起诉期限的规定。本款是 1996 年修改刑事诉讼法时增加的规定。实践中，人民检察院对于公安机关、监察机关移送起诉的案件，通过审查阅卷、核实证据，在一个月以内基本上可以作出决定。重大、复杂的案件，延长半个月后一般也可以审查完毕作出决定。但是，对于审查起诉过程中依法改变管辖后的案件，如果让接收案件的检察机关仍按剩余的审查起诉期限办案，显然存在困难。为解决这一问题，1996 年修改刑事诉讼法时吸收了 1984 年第六届全国人大常委会通过的《关于刑事案件办案期限的补充规定》中第六条的规定，即"人民检察院和人民法院改变管辖的公诉案件，从改变后的办案机关收到案件之日起计算办案期限"的规定，以利于人民检察院有充分的时间审查案件。

改变管辖，主要是指人民检察院在审查起诉的过程中，发现案件不属于其管辖范围，或者案件需要依法调整管辖的情况。如果发生人民检察院将案件移送有关人民检察院重新审查起诉的情形,接收案件的人民检察院自收到案件之日起,按照第一款的规定计算办案期限,即应当在一个月以内作出决定,重大、复杂的案件,可以延长半个月。

实践中须注意的是,本条对审查起诉期限作了明确规定,人民检察院在实际工作中,应严格执行本条规定,保证速裁程序高效运行。

第一百七十三条[①] 人民检察院审查案件,应当讯问犯罪嫌疑人,听取辩护人或者值班律师、被害人及其诉讼代理人的意见,并记录在案。辩护人或者值班律师、被害人及其诉讼代理人提出书面意见的,应当附卷。

犯罪嫌疑人认罪认罚的,人民检察院应当告知其享有的诉讼权利和认罪认罚的法律规定,听取犯罪嫌疑人、辩护人或者值班律师、被害人及其诉讼代理人对下列事项的意见,并记录在案:

(一)涉嫌的犯罪事实、罪名及适用的法律规定;

(二)从轻、减轻或者免除处罚等从宽处罚的建议;

(三)认罪认罚后案件审理适用的程序;

(四)其他需要听取意见的事项。

人民检察院依照前两款规定听取值班律师意见的,应当提前为值班律师了解案件有关情况提供必要的便利。

【修改提示】

本条是1979年刑事诉讼法的规定,1996年、2012年作过修改。2018年修改刑事诉讼法对本条作了修改,增加人民检察院在审查案件时,听取值班律师意见及告知犯罪嫌疑人享有的诉讼权利和认罪认罚的法律规定的内容。

【背景解读】

1996年修改刑事诉讼法加强了被害人在诉讼过程中的诉讼地位和诉讼权利,将被害人明确规定为诉讼当事人。由于被害人是案件的直接受害者,对案件如何处理,关系被害人的权益,所以修改刑事诉讼法时增加规定,人民检察院审查案件,应听取被害人的意见。此外,也明确规定了被害人可以委托诉讼代理人参加刑事诉讼。由于受委托的人代表了被害人的利益,所以人民检察院审查案件,

---

① 根据2018年10月26日第十三届全国人民代表大会常务委员会第六次会议通过的《关于修改〈中华人民共和国刑事诉讼法〉的决定》修改。修改前的刑事诉讼法条文是:"人民检察院审查案件,应当讯问犯罪嫌疑人,听取辩护人、被害人及其诉讼代理人的意见,并记录在案。辩护人、被害人及其诉讼代理人提出书面意见的,应当附卷。"

也应当听取他们的意见。这样修改，体现了在审查起诉阶段对当事人双方权利的保护和对审查起诉应当审慎的要求。在审查起诉案件过程中，讯问犯罪嫌疑人、听取辩护人、被害人及其诉讼代理人的意见，对于检察机关及时查明案件事实真象、依法作出正确处理非常重要，不仅有利于准确认定案件事实，依法维护犯罪嫌疑人的合法权益，也有利于监督侦查活动是否合法，保证案件质量。2012 年修改刑事诉讼法时对本条又作了进一步的修改，增加了听取意见记录在案及书面意见附卷的规定。实践中，对辩护人、被害人及其诉讼代理人的意见的记载，做法不一，为更有利于保护犯罪嫌疑人、被害人的合法权益，2012 年修改刑事诉讼法时，明确规定人民检察院对于讯问犯罪嫌疑人，听取辩护人、被害人及其诉讼代理人的意见，应当记录在案。辩护人、被害人及其诉讼代理人提出书面意见的，应当附卷。

2016 年颁布的《关于在部分地区开展刑事案件认罪认罚从宽制度试点工作的办法》第五条第一款、第二款、第三款规定："办理认罪认罚案件，应当保障犯罪嫌疑人、被告人获得有效法律帮助，确保其了解认罪认罚的性质和法律后果，自愿认罪认罚。法律援助机构可以根据人民法院、看守所实际工作需要，通过设立法律援助工作站派驻值班律师、及时安排值班律师等形式提供法律帮助。人民法院、看守所应当为值班律师开展工作提供便利工作场所和必要办公设施，简化会见程序，保障值班律师依法履行职责。犯罪嫌疑人、被告人自愿认罪认罚，没有辩护人的，人民法院、人民检察院、公安机关应当通知值班律师为其提供法律咨询、程序选择、申请变更强制措施等法律帮助。"根据上述规定，有的试点地区在法院、看守所等场所建立了值班律师工作站，为认罪认罚犯罪嫌疑人、被告人提供法律咨询、程序选择、申请变更强制措施等法律帮助，对检察院的定罪量刑建议提出意见，在犯罪嫌疑人、被告人签署具结书时在场，保证了认罪认罚案件自愿性、真实性。但实践中也出现了一些问题：一是看守所在会见程序、会见地点等方面存在不同程度的限制，给值班律师进出监区、提供法律帮助带来不便；二是值班律师提供法律帮助存在主动性不强、流于形式等问题，很多值班律师放弃阅卷和会见的权利，只为犯罪嫌疑人提供了法律咨询，但帮助申请变更强制措施、进行量刑协商的很少，控辩协商机制未能真正实现；三是由于得到的法律帮助不够充分有效，犯罪嫌疑人、被告人供述自愿性、认罪真实性以及对认罪认罚后果的认知程度难以保障；四是值班律师定位模糊、职责不清，有的地方律师会见设施不足，偏远地区律师资源不足等。在刑事诉讼法审议过程中，有的专家学者、部门建议实行值班律师"辩护人化"，建立值班律师全流程提供法律帮助工作机制，从审查起诉阶段起，允许值班律师阅卷，代表犯罪嫌疑人向检察院就量刑建议提出意见，到法庭审理阶段出庭辩护，保障被告人的合法权益。有的地方和部门提出，值班律师的职责就是在值班当日给当事人提供一些法律咨询和法律帮助，应区别于一般的律师辩护人，其职责不应界定为辩护。考虑到对值班律师的职责定位存在较大争议，2018 年修改刑事诉讼法，在总结实践经验的基础上，将试点办法规定的成熟做法纳入刑事诉讼法，即将值班律师定位为提供法律帮助。为保障值班律师提供法律帮助的实质性和有效性，进一步加强对当事人的权利保障，对本条作了四处修改：一是增加规定人民检察院审查案件，如果犯罪嫌疑人没有辩护人的，应当听取值班律师的意见，值班律师提出书面意见的，应当附卷。二是增加规定犯罪嫌疑人认罪认罚的，人民检察院应当告知其享有的诉讼权利和认罪认罚的法律规定。三是对认罪认罚案件人民检察院听取犯罪嫌疑人、辩护人或者值班律师、被害人及其诉讼代理人意见的情形作了具体明确的规定，同时还规定应当记录在案。四是增加人民检察院听取值班律师意见的，应当提前为值班律师了解案件提供必要的便利的规定。

【理解与适用】

本条是关于审查起诉时讯问和听取意见的规定。

本条共分为三款。第一款是关于一般案件审查起诉讯问和听取意见的规定。

根据本款的规定，人民检察院审查案件，应当按照以下要求进行：第一，讯问犯罪嫌疑人。“讯问犯罪嫌疑人”应当参照侦查中讯问犯罪嫌疑人的规定，讯问犯罪嫌疑人是否有犯罪行为，让其陈述有罪的情节或无罪的辩解，讯问时，检察人员不得少于二人，讯问应当按照法定程序制成笔录。

第二，听取辩护人或者值班律师、被害人及其诉讼代理人的意见。其中“听取辩护人或者值班律师、被害人及其诉讼代理人的意见”，主要包含两层意思，一是听取辩护人或者值班律师、被害人及其诉讼代理人对案件处理情况的意见，如对案件事实的认定的意见，包括辩护人或者值班律师就犯罪嫌疑人是否有罪以及罪行轻重、是否有从轻、减轻处罚的情节的意见；被害人对自己受侵害情况的意见、附带民事诉讼的提起、赔偿的要求等实体性意见。二是听取对侦查活动是否合法等程序性的意见，包括侦查活动中有无违法情况，采取强制措施是否合法，是否需要补充侦查调取新证据等意见。

第三，有关情况应当记录在案，对有书面意见的应当附卷。人民检察院对于讯问犯罪嫌疑人，听取辩护人或者值班律师、被害人及其诉讼代理人的意见的有关情况，都必须详细记录在案。对于辩护人或者值班律师、被害人及其诉讼代理人对案件情况提出书面意见的，应当随案附卷。这样规定是进一步完善了审查起诉的程序，有利于统一司法实践，为保护犯罪嫌疑人、被害人的合法权益提供切实的程序保障。

第二款是关于认罪认罚案件审查起诉时告知义务及听取意见的规定。

对于犯罪嫌疑人认罪认罚案件，人民检察院在审查时，还应当做到以下要求：

第一,告知犯罪嫌疑人享有的诉讼权利和认罪认罚的法律规定。这里的“诉讼权利”是指刑事诉讼法和其他法律规定的,犯罪嫌疑人在刑事诉讼中享有的程序性的权利,如有权委托辩护人;符合条件的可以向法律援助机构申请提供辩护;约见值班律师为其提供法律咨询、申请变更强制措施、对案件处理提出意见等法律帮助的权利;申请回避的权利等。“认罪认罚的法律规定”是指刑法和刑事诉讼法有关认罪认罚从宽处理及其他实体性和程序性的规定,如对有关犯罪的刑罚,从轻、减轻、免除刑罚,自首和立功等;犯罪嫌疑人如实供述自己的罪行,承认指控的犯罪事实,愿意接受处罚的,可以依法从宽处理;认罪认罚的要签署具结书;适用简易程序或速裁程序等。明确人民检察院的职责,有利于更好地保护犯罪嫌疑人的合法权益,维护司法公正。

第二,明确有关事项必须听取犯罪嫌疑人、辩护人或者值班律师、被害人及其诉讼代理人的意见,并记录在案。为保证认罪认罚案件的自愿性、真实性,法律明确要求以下事项,人民检察院在审查起诉阶段必须听取犯罪嫌疑人、辩护人或者值班律师、被害人及其诉讼代理人的意见,并把有关意见记录在案。具体包括以下四项:一是涉嫌的犯罪事实、罪名及适用的法律规定。这里所说的“涉嫌的犯罪事实”是指公安机关、监察机关等移送起诉后,经人民检察院审查拟向人民法院提起公诉的犯罪事实,既可以是单一犯罪行为的事实,也可以是数个犯罪行为中任何一个犯罪行为的事实,但必须已经达到“犯罪事实已经查清,证据确实、充分”的程度。“罪名”是指根据刑法及有关司法解释的规定,人民检察院拟指控的具体犯罪的名称。“适用的法律规定”是指根据刑法和刑事诉讼法的规定,人民检察院拟向人民法院提出的对犯罪嫌疑人适用的具体量刑建议及适用的审判程序的建议等。涉嫌的犯罪事实、罪名及适用的法律规定,这些情况会直接影响到犯罪嫌疑人要承担的法律后果,所以有必要听取犯罪嫌疑人、辩护人或者值班律师、被害人及其诉讼代理人的意见。

二是从轻、减轻或者免除处罚等从宽处罚的建议。所谓“从轻处罚”,是指在法定刑的幅度内,适用相对较轻的刑种或者处以较短的刑期,从轻处罚的情形是刑法明确规定的,如刑法总则规定的未成年人犯罪、预备犯、未遂犯,共同犯罪中的从犯,犯罪后有自首、立功情节的等。“减轻处罚”,是指在法定最低刑以下判处刑罚,减轻处罚的情形也是刑法明确规定的,如刑法总则规定的未成年人犯罪、预备犯、未遂犯、中止犯,共同犯罪中的从犯、胁从犯,犯罪后有自首、立功情节,防卫过当等。“免除处罚”,是指对犯罪的人确定其有罪,但免除其刑罚处罚,免除处罚的情形也是刑法明确规定的,如刑法总则规定的对又聋又哑的人或者盲人犯罪,防卫过当,预备犯、中止犯、从犯、犯罪后有自首、立功情节等。人民检察院对于从轻、减轻或者免除处罚等从宽处罚的建议,也涉及犯罪嫌疑人承担的法律后果,需要听取犯罪嫌疑人、辩护人或者值班律师、被害人及其诉讼代理人的意见。

三是认罪认罚后案件审理适用的程序。由于认罪认罚案件是犯罪嫌疑人自愿认罪，对指控的犯罪事实也没有异议，并且已经接受了人民检察院提出的量刑建议，因此，法庭审理程序一般都比较简化，并区别案件不同情况分别适用普通程序、简易程序或者速裁程序。对于可能判处无期徒刑或者死刑的案件，或者由中级人民法院、高级人民法院、最高人民法院审理的其他第一审案件，即使是犯罪嫌疑人认罪认罚的，也不能适用速裁程序或者简易程序。根据本法的规定，认罪认罚案件简易程序或者速裁程序的适用需要征得犯罪嫌疑人的同意，因此，必须听取犯罪嫌疑人、辩护人或者值班律师、被害人及其诉讼代理人的意见。

四是其他需要听取意见的事项。这是一个兜底条款，人民检察院在审查案件时，对于需要听取犯罪嫌疑人、辩护人或者值班律师、被害人及其诉讼代理人的意见的其他情形。对此既可以由最高人民检察院作出司法解释，也可以由检察官在办理具体案件过程中自行决定。

第三款是关于人民检察院应当为值班律师了解案情提供便利。

根据本款规定，人民检察院依照规定需要听取值班律师意见的，应当提前为值班律师了解案件有关情况提供必要的便利。根据本法第三十六条的规定，值班律师需要为犯罪嫌疑人、被告人提供法律咨询、程序选择建议、申请变更强制措施、对案件处理提出意见等法律帮助。这样规定主要考虑到，值班律师不是犯罪嫌疑人委托或受法律援助机构指派为犯罪嫌疑人提供辩护的律师，在担任值班律师时，可能并不了解特定案件的情况，无法提出意见。为了便于值班律师参与诉讼，发挥有效作用，切实保障犯罪嫌疑人的合法权益，人民检察院有必要提前为值班律师了解案件有关情况提供必要的便利，这些便利包括允许值班律师阅卷和会见犯罪嫌疑人，向值班律师介绍案件有关情况及证据材料等。

人民检察院审查案件，听取双方意见，有利于核实证据，正确认定案件事实，依法维护当事人的合法权益，监督侦查活动依法进行。在办案过程中，应当注意两点：一是讯问犯罪嫌疑人、听取辩护人或者值班律师、被害人及其诉讼代理人的意见是人民检察院审查案件必经的程序，审查起诉不能只是书面审查、走过场；二是要同时收集犯罪嫌疑人和被害人双方的意见，严格依照法定程序进行，不能先入为主，偏听偏信一方。

第一百七十四条[①]　**犯罪嫌疑人自愿认罪，同意量刑建议和程序适用的，应当在辩护人或者值班律师在场的情况下签署认罪认罚具结书。**

犯罪嫌疑人认罪认罚，有下列情形之一的，不需要签署认罪认罚具结书：

① 根据2018年10月26日第十三届全国人民代表大会常务委员会第六次会议通过的《关于修改〈中华人民共和国刑事诉讼法〉的决定》增加。

（一）犯罪嫌疑人是盲、聋、哑人，或者是尚未完全丧失辨认或者控制自己行为能力的精神病人的；

（二）未成年犯罪嫌疑人的法定代理人、辩护人对未成年人认罪认罚有异议的；

（三）其他不需要签署认罪认罚具结书的情形。

【修改提示】

2018 年修改刑事诉讼法新增加的规定。

【背景解读】

2016 年经全国人大常委会授权在北京等部分地区开展刑事案件认罪认罚从宽制度试点工作。为促进认罪认罚从宽制度的具体落实，最高人民法院、最高人民检察院、公安部、国家安全部、司法部颁布了《关于在部分地区开展刑事案件认罪认罚从宽制度试点工作的办法》，该办法规定，犯罪嫌疑人、被告人自愿如实供述自己的罪行，对指控的犯罪事实没有异议，同意量刑建议，签署具结书的，可以依法从宽处理。这一规定将签署具结书作为犯罪嫌疑人、被告人是否可以得到从宽处理的必要条件之一。具结是我国司法领域的一项传统制度，旧时主要是指对官署提出表示负责保证的文件，也就是对自己的行为愿意承担法律责任的承诺，具结与写保证书具有类似的作用。具结在我国古代被广泛运用于民间纠纷案件的处理。具结制度在司法实践中一直延续至今，现行的刑法、刑事诉讼法、民法、行政诉讼法等许多法律条文中，均有“具结悔过”的规定，如刑法第三十七条规定，对于犯罪情节轻微不需要判处刑罚的，可以免予刑事处罚，但是可以根据案件的不同情况，予以训诫或者责令具结悔过。刑事诉讼法第七十一条第三款规定，“被取保候审的犯罪嫌疑人、被告人违反规定，已交纳保证金的，没收部分或者全部保证金，并且区别情形，责令犯罪嫌疑人、被告人具结悔过，重新交纳保证金、提出保证人，或者监视居住、予以逮捕。”

在认罪认罚制度中将签署具结书作为适用认罪认罚从宽制度的条件之一，其主要目的在于确保犯罪嫌疑人系自愿认罪认罚，此时具结书起到的是保证作用，具结人通过签署具结书表明自己是在自愿的情况下作出认罪认罚的意思表示，这样规定既给予犯罪嫌疑人、被告人真诚悔过的机会，也保证具结人是在自愿的基础上。为确保具结书签署的真实性、合法性，该办法还进一步规定，犯罪嫌疑人自愿认罪，同意量刑建议和程序适用的，应当在辩护人或者值班律师在场的情况下签署具结书，同时还规定了不适用认罪认罚制度的情形。认罪认罚制度中律师参与是必不可少的，一方面，律师可以向犯罪嫌疑人介绍有关刑事政策和法律规定，让其了解有关法律责任规定，讲解有关法律程序，告知其享有的各项诉讼权利等法律帮助，使犯罪嫌疑人能够了解选择认罪认罚的利弊得失，认识到认罪认罚的性质和法律后果，作出正确的选择；另一方面，签署具结书时律师在场能够保证办案活动依法进行，防止办案人员给予犯罪嫌疑人不必要压力，确保犯罪嫌疑人认罪认罚的自愿性，从而维护犯罪嫌疑人的合法权益，促进司法公正。

2018 年修改刑事诉讼法，规定认罪认罚制度时，虽然在总则中没有将签署具结书作为认罪认罚从宽处理的必要条件之一，但在具体适用认罪认罚时明确规定，除几种特殊情况外，应当签署认罪认罚具结书，并根据有的常委委员、地方、部门、院校和社会公众的建议，将“辩护人”改为“辩护人或者值班律师”。同时将办法中不适用认罪认罚的情形改为不需要签署认罪认罚具结书的情形，这样修改主要是考虑到，盲聋哑人、尚未完全丧失辨认或者控制自己行为能力的精神病人和未成年犯罪嫌疑人等，虽然在认识能力上存在不同程度的不足，但仍然具备一定的识别是非善恶的能力，如果本人犯罪后能够认罪认罚，也应当依法予以从宽处理，但不需要签署认罪认罚具结书。

【理解与适用】

本条是关于签署认罪认罚具结书的规定。

本条共分为两款。第一款是关于签署认罪认罚具结书的规定。

认罪认罚具结书是犯罪嫌疑人自愿如实供述犯罪事实，承认自己的罪行，对指控的犯罪事实没有异议，愿意接受处罚而签署的法律文书。根据本款规定，签署认罪认罚具结书必须具备以下条件：第一，犯罪嫌疑人必须是自愿认罪的。认罪认罚制度是建立在犯罪嫌疑人自愿基础上的，自愿认罪也就是犯罪嫌疑人是自愿如实供述自己的犯罪事实，承认自己所犯罪行，对检察机关指控的犯罪事实没有异议，并且自愿接受法庭的审判，这些意思表示都是自愿的而不是出于被胁迫等因素。

第二，犯罪嫌疑人同意量刑建议和程序适用的。这里的“量刑建议”是指人民检察院在刑事诉讼中根据犯罪嫌疑人的犯罪事实、情节和社会危害程度，就犯罪嫌疑人应当判处的刑罚拟向法院提出的意见和建议。刑事诉讼法第一百七十六条第二款规定，犯罪嫌疑人认罪认罚的，人民检察院应当就主刑、附加刑、是否适用缓刑等提出量刑建议。同时，第二百零一条还规定，对于认罪认罚案件，人民法院依法作出判决时，除法律规定的五种情形外，一般应当采纳人民检察院指控的罪名和量刑建议；人民法院经审理认为量刑建议明显不当，或者被告人、辩护人对量刑建议提出异议的，人民检察院可以调整量刑建议；人民检察院不调整量刑建议或者调整量刑建议后仍然明显不当的，人民法院应当依法作出判决。“程序适用”一般是指速裁程序或者简易程序的适用，如果不宜适用速裁程序或者简易程序的，应当适用普通程序。犯罪嫌疑人既同意人民检察院提出的量刑建议，也同意人民检察院提出的速裁程序、简易程序等程序适用的，才能签署具结书。

第三，犯罪嫌疑人应当在辩护人或者值班律师在场的情况下签署认罪认罚具结书。这里的"辩护人"既包括律师，也包括受犯罪嫌疑人委托担任辩护的其他人员。对于"值班律师"，本法第三十六条规定，法律援助机构可以在人民法院、看守所等场所派驻值班律师。犯罪嫌疑人、被告人没有委托辩护人，法律援助机构没有指派律师为其提供辩护的，由值班律师为犯罪嫌疑人、被告人提供法律咨询、申请变更强制措施、对案件处理提出意见等法律帮助。根据这一规定，值班律师是指根据法律规定，被安排在人民法院、看守所等场所轮班值班，免费为没有辩护人的犯罪嫌疑人、被告人提供法律帮助的律师。值班律师的工作方式可以是多样的，既可以在人民法院、看守所等场所内值班，也可以通过电话、网络值班；既可以与犯罪嫌疑人、被告人会见提供法律帮助，也可以通过电话、视频等方式提供法律帮助，人民法院、看守所等场所应当为值班律师的工作提供便利条件。为了保证犯罪嫌疑人签署认罪认罚具结书的自愿性、真实性、合法性，法律要求，在审查起诉阶段，人民检察院与犯罪嫌疑人签署认罪认罚具结书时，必须要有犯罪嫌疑人的辩护人在场，如果犯罪嫌疑人没有辩护人的，法律援助机构应当为其提供值班律师，由律师值班在场，见证具结书的签署全过程并签字确认。

司法实践中，一份完整的认罪认罚具结书分上、下两联，上联一般包括以下内容：(1)犯罪嫌疑人的身份信息。包括犯罪嫌疑人的姓名、性别、民族、出生日期、身份证号码等。(2)权利告知条款。即告知犯罪嫌疑人认罪认罚制度的相关规定，确保犯罪嫌疑人是在了解并能够理解其享有的诉讼权利的基础上作出自愿认罪、同意量刑建议、同意适用简化程序的决定。(3)认罪认罚的内容。即写明犯罪嫌疑人所承认的具体犯罪事实，所接受的检察机关提出的具体量刑建议，以及案件所适用的程序类型等。(4)自愿签署声明。即犯罪嫌疑人声明其已阅读并理解该具结书的全部内容，签署该具结书的行为系属自愿。如本人在知情和自愿的情况下签署，未受到任何暴力、威胁或者任何其他形式的非法影响，亦未受任何可能损害本人理解力和判断力的毒品、药物或酒精物质的影响等，表示具结书的内容是真实、准确、完整的。(5)律师声明。即律师要明确表示犯罪嫌疑人系属自愿签署具结书。(6)签字。犯罪嫌疑人、律师对具结书有关内容确认后签字。由办案机关归入案卷。下联即确认犯罪嫌疑人已自愿具结且办案单位已接收具结书，并由办案人员确认签字，作为具结的凭证交由犯罪嫌疑人留存。

第二款是关于不需要签署认罪认罚具结书的规定。

根据本款规定，犯罪嫌疑人认罪认罚，有下列情形之一的，不需要签署认罪认罚具结书：第一，犯罪嫌疑人是盲、聋、哑人，或者是尚未完全丧失辨认或者控制自己行为能力的精神病人的。这里的"盲"是指双目失明；"聋"是指两耳失聪；"哑"

是指失去语言功能。“尚未完全丧失辨认或者控制自己行为能力的精神病人”，是指病情尚未达到完全不能辨认或者不能控制自己行为的程度，还有部分识别是非、善恶和控制自己行为的能力的精神病人。依照刑法第十八条的规定，尚未完全丧失辨认或者控制自己行为能力的精神病人犯罪的，应当负刑事责任，但是可以从轻或者减轻处罚。刑法第十九条规定又聋又哑的人或者盲人犯罪，可以从轻、减轻或者免除处罚。规定对上述犯罪嫌疑人认罪认罚不需要签署认罪认罚具结书，主要是考虑这些人因其生理上的缺陷，可能会造成其法律知识的欠缺和对外界事物认识的偏差，对具结书的认识可能会存在障碍，从而影响具结书的法律效力。

第二，未成年犯罪嫌疑人的法定代理人、辩护人对未成年人认罪认罚有异议的。“未成年犯罪嫌疑人”是指未满十八周岁的犯罪嫌疑人。“法定代理人”，根据本法第一百零八条，是指被代理人的父母、养父母、监护人和负有保护责任的机关、团体的代表。未成年犯罪嫌疑人由于年龄尚小，智力发育尚不够完善，缺乏对法律知识和外界事务的充分认识，法律规定，对于未成年人刑事案件，在讯问的时候，应当通知未成年犯罪嫌疑人的法定代理人到场。未成年犯罪嫌疑人没有委托辩护人的，人民检察院应当通知法律援助机构指派律师为其提供辩护。因此，未成年犯罪嫌疑人认罪认罚的，在签署具结书时应当有其法定代理人和辩护人在场，未成年犯罪嫌疑人愿意签署具结书，其法定代理人、辩护人也都同意签署具结书，那么应当签署具结书。但是未成年犯罪嫌疑人的法定代理人、辩护人对未成年人认罪认罚有异议的，就不需要签署具结书，如果未成年人本人同意认罪认罚的，虽然没有签署具结书，但仍然可以对其从宽处理。

第三，其他不需要签署认罪认罚具结书的情形。考虑到实践情况较为复杂，可能有一些特殊情况无法签署认罪认罚具结书的，法律作了一个兜底条款的规定。如因严重疾病等原因无法签署具结书。司法实践中可以由最高人民检察院根据实践情况作出司法解释，也可以由检察官根据案件情况作出决定。

本款规定了犯罪嫌疑人不需要签署认罪认罚具结书，但并不意味着不能适用认罪认罚从宽处理原则。签署认罪认罚具结书是犯罪嫌疑人对自己所犯罪行的确认，并愿意接受法律的制裁的承诺，由于特殊原因，无法签署具结书，如果犯罪嫌疑人是自愿认罪认罚的，虽然没有签署具结书，仍然可以依法从宽处理。

实践中应当注意：第一，办案人员在犯罪嫌疑人签署具结书之前，需要深入了解犯罪嫌疑人的认罪意愿是否真实、自愿，要进行积极的引导，鼓励其探究自身的犯罪根源，避免犯罪嫌疑人对其罪行并无正确认识，仅为了获得从宽处理而作出具结的选择，使犯罪嫌疑人深入认识其所犯罪行，自愿、真诚悔过，具结的作用才能得到有效发挥。如果认罪认罚的表示不是自愿作出的，无论是出于犯罪嫌疑人自身原因的理解错误，还是办案机关未提供必要的法律帮助，都将使具结归于无效，不能适用认罪认罚从宽，这是保障认罪认罚从宽制度公正性的需要。

第二，认罪认罚具结书是建立在犯罪嫌疑人自愿的基础上，这个自愿包括在案件处理的全过程中，即犯罪嫌疑人在案件审理结束前都有撤回认罪认罚具结书的自由。犯罪嫌疑人撤回具结书后，案件就不再适用认罪认罚从宽制度，但不能因为撤回具结书，而对犯罪嫌疑人加重处罚。

第一百七十五条　人民检察院审查案件，可以要求公安机关提供法庭审判所必需的证据材料；认为可能存在本法第五十六条规定的以非法方法收集证据情形的，可以要求其对证据收集的合法性作出说明。

人民检察院审查案件，对于需要补充侦查的，可以退回公安机关补充侦查，也可以自行侦查。

对于补充侦查的案件，应当在一个月以内补充侦查完毕。补充侦查以二次为限。补充侦查完毕移送人民检察院后，人民检察院重新计算审查起诉期限。

对于二次补充侦查的案件，人民检察院仍然认为证据不足，不符合起诉条件的，应当作出不起诉的决定。

【修改提示】

本条是 1979 年刑事诉讼法的规定，1996 年、2012 年作过修改，2018 年修改刑事诉讼法未作修改。

【背景解读】

补充侦查是人民检察院对公安机关移送审查起诉的案件，经过全面审查后，认为犯罪事实不清，证据不足，或者有遗漏罪行和其他需要追究刑事责任的人，影响对犯罪嫌疑人犯罪事实的认定和审判的，交由公安机关继续侦查补充证据材料的诉讼活动。补充侦查对于查清犯罪事实，打击犯罪分子，起到了积极的作用。1996 年修改刑事诉讼法时，考虑到实践中对补充侦查存在认识不同，职责不清，造成个别案件侦查中的推诿扯皮；由于没有规定补充侦查的次数，有的案件多次退回补充侦查，有的甚至由于侦查羁押期限已到，先提交审查起诉，再退回公安机关补充侦查，以便重新计算办案期限等，这些都造成久押不决、超期羁押等情况，侵犯了犯罪嫌疑人的合法权利。为解决这些问题，规范补充侦查措施，对 1979 年刑事诉讼法作了以下四个方面的补充和修改：一是增加规定人民检察院审查案件，可以要求公安机关提供法庭审判所必需的证据材料。二是将原来规定人民检察院审查案件，对于需要补充侦查的，可以自行侦查，也可以退回公安机关补充侦查,修改为,对于需要补充侦查的,可以退回公安机关补充侦查,也可以自行侦查。次序的颠倒,主要是考虑人民检察院对公诉案件的任务主要是审查起诉,而非代替公安机关进行侦查,只是对于那些自己侦查没有困难,可以节省办案时间和自行侦查有利于正确认定事实和取得真实证据的案件,可以自行侦查。三是对于补充侦查的案件,增加规定了补充侦查的次数,即以二次为限,主要是为保障公民权利,防止利用退回补充侦查延长办案期限,来回“拉抽屉”的现象而制定的。同时,吸收了1984年第六届全国人大常委会通过的《关于刑事案件办案期限的补充规定》中的有关内容,规定“补充侦查完毕移送人民检察院后,人民检察院重新计算审查起诉期限”。四是增加规定,对于补充侦查的案件,人民检察院仍然认为证据不足,不符合起诉条件的,可以作出不起诉的决定。这样规定,是为了防止办案过程中“踢皮球现象”,解决证据不足、反复补侦不放人,使案件久拄不决,不利于维护当事人合法权益的问题。

2012年修改刑事诉讼法对本条进一步作了修改:一是在人民检察院审查案件可以要求公安机关提供法庭审判所必需的证据材料的规定之外,增加规定人民检察院认为可能存在本法第五十六条规定的以非法方法收集证据情形的,可以要求其对证据收集的合法性作出说明。增加这一修改,既是落实刑事诉讼法第五十六条关于“在侦查、审查起诉、审判时发现有应当排除的证据的,应当依法予以排除,不得作为起诉意见、起诉决定和判决的依据”规定的需要,也可为落实第五十九条规定的“在对证据收集的合法性进行法庭调查的过程中,人民检察院应当对证据收集的合法性加以证明”的规定做好相应准备。二是将原第四款规定的“对于补充侦查的案件,人民检察院仍然认为证据不足,不符合起诉条件的,可以作出不起诉的决定”修改为“对于二次补充侦查的案件,人民检察院仍然认为证据不足,不符合起诉条件的,应当作出不起诉的决定”,这样修改之后,经二次补充侦查仍然认为证据不足,不符合起诉条件的案件的法律后果更为明确,即人民检察院应当作出不起诉的决定。2018年修改刑事诉讼法对本条未作修改,但监察法对于监察机关移送起诉的案件,人民检察院经审查,认为需要补充核实的,应当退回监察机关补充调查作了规定,本法第一百七十条对此也作了衔接性规定。

【理解与适用】

本条是关于在审查起诉中要求对证据合法性进行说明和补充侦查的规定。

本条共分为四款。第一款是关于人民检察院可以要求公安机关提供法庭审判所必需的证据材料以及对证据收集的合法性作出说明的规定。

本款规定了两个方面的内容:一是人民检察院审查案件,可以要求公安机关提供法庭审判所必需的证据材料。这里规定的“提供法庭审判所必需的证据材料”并不是补充侦查,而是需要公安机关补充的个别证据材料。人民检察院可以要求公安机关提供这些个别的证据材料。对于公安机关移送审查起诉的案件，人民检察院经过全面的核实，如果认为案件证据材料还有遗漏，还不够确实、充分，可以要求公安机关补充提供。

二是认为可能存在本法第五十六条规定的以非法方法收集证据情形的，可以要求其对证据收集的合法性作出说明。2012 年刑事诉讼法修改较为系统地规定了非法证据排除的内容。根据本法第五十六条的规定，采用刑讯逼供等非法方法收集的犯罪嫌疑人、被告人供述和采用暴力、威胁等非法方法收集的证人证言、被害人陈述，应当予以排除。收集物证、书证不符合法定程序，可能严重影响司法公正的，应当予以补正或者作出合理解释；不能补正或者作出合理解释的，对该证据应当予以排除。应当被排除的证据不得作为起诉意见、起诉决定和判决的依据。本款进一步明确了在审查案件时发现证据收集可能不合法时的具体处理方法，即认为可能存在本法第五十六条规定的以非法方法收集证据情形的，可以要求其对证据收集的合法性作出说明。公安机关应按照检察机关的要求，就证据收集的合法性进行说明。

第二款是关于人民检察院如何处理需要补充侦查的案件的规定。

根据本款规定，人民检察院审查案件，需要补充侦查的，有两条途径解决：一是退回公安机关，由公安机关补充侦查。“退回公安机关补充侦查”是指对那些犯罪事实不清、证据不足，或者有遗漏罪行和其他需要追究刑事责任的人，可能影响对犯罪嫌疑人定罪量刑的案件，可以将案件退回公安机关，由公安机关进行补充性侦查。二是自行侦查。“可以自行侦查”是指案件只是有部分证据需要查证，而自己又有能力侦查的或者自行侦查更有利于案件正确处理的案件由人民检察院自己补充侦查。本款规定的是退回公安机关补充侦查的情况，考虑到涉嫌职务犯罪由监察机关调查，监察法第四十七条对此作了规定，本法第一百七十条也作了衔接性规定，即人民检察院经审查，认为需要补充核实的，应当退回监察机关补充调查，必要时可以自行补充侦查。

第三款是关于补充侦查的时限、次数以及如何计算审查起诉期限的规定。

根据本款的规定，补充侦查应当在一个月以内完成。补充侦查的期间从侦查机关接到补充侦查的案件第二日起计算。本款同时规定补充侦查以二次为限，补充侦查完毕移送人民检察院后，重新计算审查起诉期限。涉嫌职务犯罪由监察机关调查，监察法第四十七条也规定，对于补充调查的案件，应当在一个月内补充调查完毕。补充调查以二次为限。检察人员必须严格掌握补充侦查的案件，不得滥用补充侦查，随意延长办案期限。

第四款是关于二次补充侦查后仍然认为证据不足如何处理的规定。

根据本款的规定，案件经二次补充侦查后，人民检察院仍然认为证据不足，不符合起诉条件的，应当作出不起诉的决定。这是 2012 年修改刑事诉讼法，对原规定的“对于补充侦查的案件，人民检察院仍然认为证据不足，不符合起诉条件的，可以作出不起诉的决定”所作的修改，明确了二次补充侦查后仍不符合起诉条件的案件的法律后果。按照原规定，经补充侦查“仍然认为证据不足，不符合起诉条件的”，在处理上包含两种情况，一是经过一次退回补充侦查，认为该案证明犯罪的证据不足，不符合起诉条件，且没有必要再补充侦查的，可以作出不起诉的决定；二是经过二次退回补充侦查后，证据仍然不足，不符合起诉条件的，可以作出不起诉的决定。这两种情况根据原来的规定都只是“可以”作出不起诉的决定，本次刑事诉讼法修改之后增强了处理上的确定性，对经二次补充侦查，仍然认为证据不足，不符合起诉条件的，人民检察院“应当”作出不起诉的决定。人民检察院对于监察机关移送起诉的案件，根据监察法第四十七条第四款规定，对于有刑事诉讼法规定的不起诉的情形的，经上一级人民检察院批准，依法作出不起诉的决定。

第一百七十六条[①]　**人民检察院认为犯罪嫌疑人的犯罪事实已经查清，证据确实、充分，依法应当追究刑事责任的，应当作出起诉决定，按照审判管辖的规定，向人民法院提起公诉，并将案卷材料、证据移送人民法院。**

犯罪嫌疑人认罪认罚的，人民检察院应当就主刑、附加刑、是否适用缓刑等提出量刑建议，并随案移送认罪认罚具结书等材料。

【修改提示】

本条是1979年刑事诉讼法的规定，1996年、2012年作过修改。2018修改刑事诉讼法对本条作了一处修改，增加一款关于对认罪认罚案件，人民检察院应当提出量刑建议，并随案移送认罪认罚具结书等材料的规定。

【背景解读】

代表国家对犯罪进行追诉，是法律赋予检察机关的职责，从这个意义上讲，检察机关即是犯罪的追诉机关。人民检察院经过对案件进行审查，认为犯罪事实已经查清，证据确实、充分，依法应当追究刑事责任的，应当向人民法院提起公诉。检察机关作为国家的追诉机关，应当谨慎地行使职权，保证犯罪行为得到应有的惩罚，无罪的人不受刑事追究。2012年修改刑事诉讼法时对本条作了修改，增加

---

① 根据2018年10月26日第十三届全国人民代表大会常务委员会第六次会议通过的《关于修改〈中华人民共和国刑事诉讼法〉的决定》修改。修改前的刑事诉讼法条文是：“人民检察院认为犯罪嫌疑人的犯罪事实已经查清，证据确实、充分，依法应当追究刑事责任的，应当作出起诉决定，按照审判管辖的规定，向人民法院提起公诉，并将案卷材料、证据移送人民法院。”

了提起公诉时应当“将案卷材料、证据移送人民法院”的规定。2012 年刑事诉讼法本条和 2012 年刑事诉讼法第一百八十一条的规定共同构成了对 1996 年刑事诉讼法规定的案卷移送制度的重大修改。1996 年刑事诉讼法第一百五十条规定,人民法院对提起公诉的案件进行审查后,对于起诉书中有明确的指控犯罪事实并且附有证据目录、证人名单和主要证据复印件或者照片的,应当决定开庭审判。这是对 1979 年刑事诉讼法第一百零八条所作的修改,当时的修改主要是为了解决审判实践中比较突出的“先定后审”“先入为主”的问题,庭前审查由实体性审查改为主要是程序性审查。但这一改革在司法实践中的效果并不好,主要是法官在庭前对大部分案卷材料并不熟悉,不了解案件主要争议的问题,难以更好地主持、把握庭审活动,而且由于检察机关不在庭前移送全部案卷材料,辩护律师也无法通过到法院阅卷了解全案证据,特别是对被告人有利的证据。因此,2012 年刑事诉讼法修改时明确规定,人民检察院提起公诉,应当将案卷材料和证据移送人民法院,并在第一百八十一条中对人民法院决定开庭的规定也作出相应修改。

2016 年最高人民法院、最高人民检察院、公安部、国家安全部、司法部《关于在部分地区开展刑事案件认罪认罚从宽制度试点工作的办法》规定:“人民检察院向人民法院提起公诉的,应当在起诉书中写明被告人认罪认罚情况,提出量刑建议,并同时移送被告人的认罪认罚具结书等材料。量刑建议一般应当包括主刑、附加刑,并明确刑罚执行方式。可以提出相对明确的量刑幅度,也可以根据案件具体情况,提出确定刑期的量刑建议。建议判处财产刑的,一般应当提出确定的数额。”量刑建议是人民检察院在刑事诉讼中根据犯罪嫌疑人的犯罪事实、情节和社会危害程度,就犯罪嫌疑人应当判处的刑罚拟向法院提出的意见和建议。在认罪认罚制度中规定量刑建议是十分必要的,量刑建议在刑事诉讼中起着承前启后的作用,是提高诉讼效率,节省诉讼资源,鼓励犯罪嫌疑人自愿认罪认罚得以实现的一个不可或缺的制度。检察院具有一定的量刑建议权,有利于促进犯罪嫌疑人承认对其指控的犯罪事实,愿意接受处罚,实现宽严相济、繁简分流的目的。2018 年修改刑事诉讼法,将该办法有关规定经修改后纳入本条规定。

【理解与适用】

本条是关于提起公诉的条件、程序和提出量刑建议的规定。

本条共分为两款。第一款是关于提起公诉的条件和程序的规定。

根据本款的规定,人民检察院决定向人民法院提起公诉的案件必须达到以下要求:第一,犯罪嫌疑人的犯罪事实已经查清。“犯罪事实”是指犯罪的主要事实,对犯罪主要事实已经查清,但一些个别细节无法查清或没有必要查清,不影响定罪量刑的,也应当视为犯罪事实已经查清。其中,对一人犯有数罪的,如果有一罪已经查清,而其他罪一时难以查清的,也可以就已经查清的罪提起公诉。

第二，证据确实、充分。“证据确实、充分”是指用以证明案件事实的证据真实可靠，能反映案件的真实情况，取得的证据足以证实人民检察院认定的犯罪事实和情节。2012 年刑事诉讼法修改“证据确实、充分”的条件作了明确规定，本法第五十五条规定，证据确实、充分应当符合以下条件：(1)定罪量刑的事实都有证据证明；(2)据以定案的证据均经法定程序查证属实；(3)综合全案证据，对所认定事实已排除合理怀疑。对证据确实、充分的这一解释同样适用于本条的规定。

第三，必须是依法应当追究刑事责任的。这是指根据刑法的规定，犯罪嫌疑人有刑事责任能力，应当对犯罪嫌疑人判处刑罚，不存在本法第十六条规定的情形。

对于同时符合上述三方面条件的，人民检察院应当按照以下要求办理：一是作出起诉决定。人民检察院经审查，犯罪嫌疑人的犯罪事实已经查清，证据确实、充分，依法应当追究刑事责任的，应当作出起诉决定，并制作起诉书。司法实践中，起诉书主要内容包括：(1)被告人的基本情况，包括姓名、性别、出生年月日、出生地和户籍地、身份证号码、民族、文化程度、职业、工作单位及职务、住址，是否受过刑事处分及处分的种类和时间，采取强制措施的情况等；(2)案由和案件来源；(3)案件事实，包括犯罪的时间、地点、经过、手段、动机、目的、危害后果等与定罪量刑有关的事实要素；(4)起诉的根据和理由，包括被告人触犯的刑法条款、犯罪的性质及认定的罪名、处罚条款、法定从轻、减轻或者从重处罚的情节，共同犯罪各被告人应负的罪责等。

二是按照审判管辖的规定，向人民法院提起公诉。这里所说的“审判管辖的规定”是指本法第二十条至第二十八条的规定。人民检察院决定起诉的案件，应当依照以上审判管辖的规定作出起诉的决定，制作起诉书，按有关程序向有管辖权的人民法院提起公诉。对于本级人民法院有管辖权的，应当向其移送；认为应当由上级人民检察院或者同级其他人民检察院起诉的，应当将案件移送有管辖权的人民检察院；认为需要依照刑事诉讼法的规定指定审判管辖的，应当协商同级人民法院办理指定管辖有关事宜。

三是提起公诉时应当“将案卷材料、证据移送人民法院”。这里的案卷材料、证据，应是全案的证据材料，既包括指控犯罪事实以及表明罪行严重等对犯罪嫌疑人不利的证据，也包括有从轻、减轻处罚情节等对犯罪嫌疑人有利的证据。对共同犯罪的犯罪嫌疑人，原则上应当同案一并提起公诉，对有特殊情况不能同案起诉的，必须在起诉书中有关部分加以说明或注明处理情况。

第二款是关于认罪认罚案件人民检察院提出量刑建议的规定。

本款主要规定了两个方面的内容：第一，人民检察院提出量刑建议。对于犯罪嫌疑人认罪认罚的案件，人民检察院应当就主刑、附加刑、是否适用缓刑等提出量刑建议。根据刑法第三十二条规定，刑罚分为主刑和附加刑。“主刑”是对犯罪分子进行惩罚的主要刑种，包括管制、拘役、有期徒刑、无期徒刑、死刑。"附加刑"是补充主刑惩罚罪犯的刑种，它既能附加主刑适用，也可以独立适用，包括：罚金、剥夺政治权利、没收财产。这里所说的"是否适用缓刑"主要是指刑罚的具体执行方式，一般情况下刑罚判处的都是实刑，对于符合缓刑条件的，可以判处缓刑。根据刑法第七十二条规定，对于被判处拘役、三年以下有期徒刑的犯罪分子，同时符合下列条件的，可以宣告缓刑，对其中不满十八周岁的人、怀孕的妇女和已满七十五周岁的人，应当宣告缓刑：(1)犯罪情节较轻；(2)有悔罪表现；(3)没有再犯罪的危险；(4)宣告缓刑对所居住社区没有重大不良影响。对于符合以上情形的，可以判处缓刑。实践中，人民检察院需要根据案件具体情况，对于判处主刑的，既可以提出确定的刑期，也可以提出相对明确的量刑幅度建议，同时也需要提出是判处实刑，还是适用缓刑的建议；对于判处财产刑的，一般也应当提出确定的数额，或者一定幅度数额的建议。

第二，随案移送认罪认罚具结书等材料。根据本条第一款的规定，全案的证据材料都应当在提起公诉时一并移送给人民法院。这里主要是强调对于认罪认罚案件的，犯罪嫌疑人签署的认罪认罚具结书等相关材料也应当随同全案的其他证据材料一并移送给人民法院。"认罪认罚具结书"是指犯罪嫌疑人在辩护人或者值班律师在场的情况下与人民检察院签署的自愿认罪，同意量刑建议和程序适用的法律文书。

第一百七十七条①　犯罪嫌疑人没有犯罪事实，或者有本法第十六条规定的情形之一的，人民检察院应当作出不起诉决定。

对于犯罪情节轻微，依照刑法规定不需要判处刑罚或者免除刑罚的，人民检察院可以作出不起诉决定。

人民检察院决定不起诉的案件，应当同时对侦查中查封、扣押、冻结的财物解除查封、扣押、冻结。对被不起诉人需要给予行政处罚、处分或者需要没收其违法所得的，人民检察院应当提出检察意见，移送有关主管机关处理。有关主管机关应当将处理结果及时通知人民检察院。

---

① 根据2018年10月26日第十三届全国人民代表大会常务委员会第六次会议通过的《关于修改〈中华人民共和国刑事诉讼法〉的决定》修改。修改前的刑事诉讼法条文是："犯罪嫌疑人没有犯罪事实，或者有本法第十五条规定的情形之一的，人民检察院应当作出不起诉决定。

对于犯罪情节轻微，依照刑法规定不需要判处刑罚或者免除刑罚的，人民检察院可以作出不起诉决定。

人民检察院决定不起诉的案件，应当同时对侦查中查封、扣押、冻结的财物解除查封、扣押、冻结。对被不起诉人需要给予行政处罚、行政处分或者需要没收其违法所得的，人民检察院应当提出检察意见，移送有关主管机关处理。有关主管机关应当将处理结果及时通知人民检察院。"

【修改提示】

本条是1979年刑事诉讼法的规定,1996年、2012年作过修改。2018年修改刑事诉讼法对本条作了以下两处修改:一是在第三款中将“行政处分”改为“处分”,即删去了“行政”的表述;二是将原条文第一款引用的“本法第十五条”的条文序号相应调整为“本法第十六条”。

【背景解读】

1979年刑事诉讼法规定了免予起诉制度,即依照刑法规定不需要判处刑罚或者免除刑罚的,人民检察院可以免予起诉。1996年刑事诉讼法修改取消了免予起诉制度,明确了人民检察院有权作出不起诉决定以及应当或可以不起诉的情形,这主要是为了解决当时司法实践中免予起诉制度适用较为混乱的问题,避免发生未经法院审判而被确定有罪的情形;同时,1996年刑事诉讼法还增加了人民检察院作出不起诉决定后,对扣押、冻结财物以及被不起诉人的处理。2012年刑事诉讼法修改进一步明确犯罪嫌疑人没有犯罪事实的,人民检察院应当作出不起诉决定。这主要是考虑到当时司法实践中人民检察院对没有犯罪事实的案件普遍采取退回公安机关的措施,由公安机关根据2012年刑事诉讼法第一百六十一条“发现不应对犯罪嫌疑人追究刑事责任的,应当撤销案件”的规定,作撤案处理。这种做法一方面不利于提高办案效率,浪费司法资源;另一方面易出现部门之间“扯皮”问题,不利于维护当事人合法权益。此外,2012年刑事诉讼法修改还将第三款中的“扣押、冻结”修改为“查封、扣押、冻结”,这是2012年修改刑事诉讼法对侦查措施作了补充完善,新增“查封”作为侦查措施,主要针对司法实践中有些财物、证据等物品无法移动,公安机关或者检察机关就地查封的情况。

2018年刑事诉讼法的修改主要是为了与监察法相衔接。根据监察法的相关规定,监察机关有权对违法的公职人员作出政务处分决定,因此,2018年刑事诉讼法修改将第三款中的“行政处分”修改为“处分”,以包括政务处分等各种处理在内,为被不起诉人依照法律或者其他规定应当给予处分或其他处理的情况下,检察机关将案件移送其他有关主管机关提供法律依据。

【理解与适用】

本条是关于人民检察院作出不起诉决定情形及处理的规定。

本条共分为三款。第一款是关于人民检察院应当决定不起诉情形的规定。根据本款的规定,应当不起诉的情形包括两种:一是犯罪嫌疑人没有犯罪事实。

包括犯罪行为并非本案犯罪嫌疑人所为,以及没有犯罪行为发生的。二是犯罪嫌疑人有本法第十六条规定情形之一的。包括情节显著轻微、危害不大,不认为是犯罪的;犯罪已过追诉时效期限的;经特赦令免除刑罚的;属于刑法规定的告诉才处理的案件没有告诉或者撤回告诉的;犯罪嫌疑人、被告人死亡的;其他法律规定免予追究刑事责任的。根据本法第十六条的规定,犯罪嫌疑人有上述规定情形之一的,即不追究刑事责任,人民检察院应当作出不起诉决定。

第二款是关于人民检察院可以决定不起诉情形的规定。根据本款的规定,可以不起诉的情形包括两种:一是犯罪情节轻微,依照刑法规定不需要判处刑罚的。指的是刑法第三十七条规定的"对于犯罪情节轻微不需要判处刑罚的,可以免予刑事处罚"的情形。二是免除刑罚的。指的是刑法规定的应当或者可以免除刑罚的情形,包括自首、重大立功、犯罪预备、犯罪中止、防卫过当、避险过当、从犯和胁从犯等。人民检察院在审查起诉期间发现犯罪嫌疑人符合刑法第三十七条"可以免予刑事处罚"情形的,或者依法应当或可以"免除刑罚"的,可以作出不起诉决定。必须着重指出的是,本款所说的"犯罪情节轻微"中关于犯罪的认定,只是检察机关在审查起诉工作中的认识,并不能确定犯罪嫌疑人有罪。根据本法第十二条的规定,未经人民法院依法判决,对任何人都不得确定有罪。因此,实践中检察机关一旦依照本款作出不起诉决定,从法律意义上讲,被决定不起诉的人就是无罪的。

第三款是关于对被不起诉人及其被查封、扣押、冻结的财物如何处理的规定。根据本款的规定,人民检察院作出不起诉决定后产生两个法律后果:一是对侦查中查封、扣押、冻结的财物解除查封、扣押、冻结。根据本法第一百四十一条第一款的规定,在侦查活动中发现的可用以证明犯罪嫌疑人有罪或者无罪的各种财物、文件,应当查封、扣押。本法第一百四十四条规定,人民检察院、公安机关根据侦查犯罪的需要,可以依照规定查询、冻结犯罪嫌疑人的存款、汇款、债券、股票、基金份额等财产。人民检察院在作出不起诉决定后,被不起诉人从法律意义上讲即是无罪的,侦查期间为查明案件事实而采取的查封、扣押、冻结强制措施应当依法予以解除。实践中需要注意的是,根据《人民检察院刑事诉讼规则(试行)》第四百一十一条的规定,人民检察院决定不起诉的案件,需要对侦查中查封、扣押、冻结的财物解除查封、扣押、冻结的,应当书面通知作出查封、扣押、冻结决定的机关或者执行查封、扣押、冻结决定的机关解除查封、扣押、冻结。

二是需要对被不起诉人给予行政处罚、处分或者需要没收其违法所得的,人民检察院应当提出检察意见,移送有关主管机关处理。有关主管机关应当将处理结果及时通知人民检察院。本款是一个衔接性规定,主要是对于人民检察院依法决定不起诉的案件,虽然被不起诉人被依法免予追究刑事责任或者免除处罚,但其行为可能属于违反其他法律法规的违法行为或违纪行为等，应当由主管机关予以惩戒。在这种情况下，人民检察院在作出不起诉决定后，应当提出检察意见，这是法律对其职责提出的要求，同时也有利于其监督职能的发挥，有关主管机关应当将处理结果及时通知人民检察院。

第一百七十八条　不起诉的决定，应当公开宣布，并且将不起诉决定书送达被不起诉人和他的所在单位。如果被不起诉人在押，应当立即释放。

【修改提示】

本条是1979年刑事诉讼法的规定，1996年作过修改，2012年、2018年修改刑事诉讼法未作修改。

【背景解读】

不起诉的法律后果是对当事人不予刑事追究或放弃刑事追究，应当视为刑事诉讼程序的终结，被不起诉人在法律上是无罪的。为了保障被不起诉人的合法权益，对决定不起诉的，人民检察院应当公开宣布，并将不起诉决定书送达他的单位，对已被采取羁押措施的被不起诉人立即释放。这样有利于消除因诉讼活动对其本人所造成的不利，尽快恢复正常生活和工作。

【理解与适用】

本条是关于不起诉决定的执行的规定。

根据本条的规定，不起诉的决定一经作出，应当做好以下工作：（1）公开宣布。"公开宣布"是指在一定的场合公开宣布对不起诉人的不起诉决定，这是一个必经程序，不能以送达代替向被不起诉人宣布不起诉的决定。公开宣布的地点、范围，可以根据实际情况的需要确定，但应当注意一点是必须有被不起诉人在场，当面向其宣布。（2）将不起诉决定书送达被不起诉人和他的所在单位。人民检察院决定不起诉，应当制作不起诉决定书，分别送达被不起诉人和他的所在单位。这样规定，是为了保障被不起诉人的利益，如果被不起诉人不服，可以在收到不起诉决定书后法定期限内向人民检察院申诉。（3）如果被不起诉人被羁押，应当在不起诉的决定作出后，立即释放。不起诉的决定，一经宣布，立即生效，被不起诉人从法律意义上讲是无罪的，应当立即释放。

此条在执行中，应注意以下几点：一是不起诉的决定必须经过公开宣布的程序，不能只决定不宣布；二是对被羁押的被不起诉人，必须立即释放，不能以尚需要对其行政处罚、行政处分或需要没收违法所得而继续羁押。

第一百七十九条　对于公安机关移送起诉的案件，人民检察院决定不起诉的，应当将不起诉决定书送达公安机关。公安机关认为不起诉的决定有错误的时候，可以要求复议，如果意见不被接受，可以向上一级人民检察院提请复核。

【修改提示】

本条是1979年刑事诉讼法的规定，1996年作过修改，2012年、2018年修改刑事诉讼法未作修改。

【背景解读】

1996年修改刑事诉讼法时将“免予起诉”修改为“不起诉”，这是由于扩大了不起诉的范围，不再使用免予起诉制度。为了体现法律规定的公安机关、检察机关在刑事诉讼活动中分工负责、互相制约的原则，提高检察机关审查案件工作的质量，完善不起诉制度，有必要对不起诉制度作出复议程序的规定。这样规定是为了确保检察机关在作出不起诉决定时，严格按照法律的规定和案件的具体事实作出判断，也使侦查机关通过对不起诉的申请复议对检察机关实行必要的制约。2018年修改刑事诉讼法时对本条也未作修改，但监察法第四十七条对监察机关认为人民检察院不起诉的决定有错误如何处理作了规定。

【理解与适用】

本条是关于公安机关对人民检察院不起诉决定可以提出异议的程序性规定。

本条规定了三层意思：一是对于公安机关移送起诉的案件，人民检察院决定不起诉的，应当将不起诉决定书送达公安机关。“公安机关移送起诉的案件”是指公安机关经过侦查取证，认为应当对犯罪嫌疑人追究刑事责任而移送人民检察院审查提起公诉的案件，检察机关自己侦办的案件不包括在内。人民检察院经过审查后，认为不应当提起公诉而决定不起诉的，应当同时将不起诉决定书送达公安机关，不起诉决定书中应当写明不起诉的理由和根据。

二是公安机关认为不起诉的决定有错误的，可以要求复议。这是指公安机关接到不起诉决定书后，认为自己移送的案件，证据确实充分，事实清楚，不符合本法关于不起诉条件的规定，应当追究犯罪嫌疑人刑事责任，而人民检察院作出了不起诉的决定。作为一种制约措施，公安机关可以要求作出不起诉决定的人民检察院复议。

三是公安机关要求复议的意见不被作出不起诉决定的人民检察院接受，公安机关可以向上一级人民检察院提请复核。其中“意见不被接受”是指公安机关关于应当对犯罪嫌疑人提起公诉的意见没有被接受；“向上一级人民检察院提请复核”是指向作出不起诉决定的人民检察院的上一级人民检察院提请对本案不起诉决定进行复核。上一级人民检察院应当及时复核并作出复核决定，制作《复核决定书》，送交提请复核的公安机关和下级人民检察院。

本条在执行中，应当注意三点，一是复议、复核时，不停止对不起诉决定的执行，不能以复议、复核为由继续羁押被不起诉人；二是经上一级人民检察院复核，提出改变不起诉决定意见的，下级人民检察院应当执行；三是对于监察机关移送起诉的案件，人民检察院决定不起诉的，应当将不起诉决定书送达监察机关，根据监察法第四十七条第四款规定，监察机关认为不起诉的决定有错误的，可以向上一级人民检察院提请复议。这与公安机关可以要求人民检察院复议、复核的规定是不同的。

第一百八十条　对于有被害人的案件，决定不起诉的，人民检察院应当将不起诉决定书送达被害人。被害人如果不服，可以自收到决定书后七日以内向上一级人民检察院申诉，请求提起公诉。人民检察院应当将复查决定告知被害人。对人民检察院维持不起诉决定的，被害人可以向人民法院起诉。被害人也可以不经申诉，直接向人民法院起诉。人民法院受理案件后，人民检察院应当将有关案件材料移送人民法院。

【修改提示】

本条是1979年刑事诉讼法的规定，1996年作过修改，2012年、2018年修改刑事诉讼法未作修改。

【背景解读】

在刑事案件中，由于被害人是直接受到侵害的对象，刑事案件的处理结果与被害人的利益直接相关，因此在规定不起诉制度时，一方面要注意保护被不起诉人的合法权益，另一方面还要保证被害人的权益不因此受到侵害。1996年修改刑事诉讼法时对本条作了四处修改：一是将本款单独规定为一条。二是将“免予起诉”修改为“不起诉”。三是将被害人对不起诉决定不服向人民检察院申诉明确规定为向上一级人民检察院申诉，请求提起公诉。四是增加规定，对人民检察院维持不起诉决定的，被害人可以向人民法院起诉。被害人也可以不经申诉，直接向人民法院起诉。人民法院受理案件后，人民检察院应当将有关案件材料移送人民法院。这样规定主要是为了解决被害人对人民检察院不起诉的决定不服而状告无门的问题，充分保障被害人的申诉权和起诉权，维护被害人利益，同时也体现了人民群众对于检察工作的监督。

【理解与适用】

本条是关于被害人对不起诉决定不服如何救济处理的规定。

本条规定了五层意思：

一是“对于有被害人的案件，决定不起诉的，人民检察院应当将不起诉决定书送达被害人”，其中，“有被害人的案件”是指由于被不起诉人的行为给其他人造成了一定危害结果的案件。“被害人”既包括自然人，也包括法人。对于有被害人的案件，人民检察院应当将不起诉决定书送达被害人，告知被害人案件的处理结果，这有利于被害人保护自己的合法权益。

二是“被害人如果不服，可以自收到决定书后七日以内向上一级人民检察院申诉，请求提起公诉。人民检察院应当将复查决定告知被害人”，这是指被害人认为被不起诉人的行为应当被追究刑事责任，人民检察院不起诉决定有错误，可以在收到不起诉决定书后七日以内向作出不起诉决定的人民检察院的上一级人民检察院申诉，请求提起公诉。上一级人民检察院应当及时复查，并将复查结果告知被害人。

三是“对人民检察院维持不起诉决定的，被害人可以向人民法院起诉”，这是指经过上一级人民检察院复查后维持不起诉决定，被害人仍认为应当追究被不起诉人刑事责任的，可以向人民法院提起自诉。

四是“被害人也可以不经申诉，直接向人民法院起诉”，是指对有证据证明对被不起诉人侵犯自己人身、财产权利的行为应当追究刑事责任，而人民检察院作出不起诉决定的，被害人也可以选择不向上一级人民检察院申诉，直接向人民法院起诉。

五是“人民法院受理案件后，人民检察院应当将有关案件材料移送人民法院”，这是指人民法院决定受理上述案件后，人民检察院应当将案件材料及时移送人民法院，以使审判顺利进行。这样规定，是考虑自诉案件被害人需要向法庭提供证据，而这些证据往往已由被害人、证人向侦查机关提供或已被侦查机关收集，移送至人民检察院，被害人再向法院举证比较困难。由人民检察院将这些证据材料移送人民法院，有利于案件的被害人举证，也有利于法院查明案情，提高诉讼效率。

实践中应当注意，本条在执行中应当区分公诉案件与自诉案件的界限。对于公诉案件，首先要公安机关立案侦查，检察机关起诉，只有公安机关或检察机关不侦查、不起诉时，被害人才有权向法院直接起诉，而不是所有公诉案件都可直接向人民法院起诉。

第一百八十一条　对于人民检察院依照本法第一百七十七条第二款规定作出的不起诉决定，被不起诉人如果不服，可以自收到决定书后七日以内向人民检察院申诉。人民检察院应当作出复查决定，通知被不起诉的人，同时抄送公安机关。

【修改提示】

本条是1979年刑事诉讼法的规定，1996年作过修改，2012年、2018年修改刑事诉讼法对本条的具体内容未作修改，只对本条中引用的条文序号按照修改后的条文序号作了相应调整。

【背景解读】

1996年修改刑事诉讼法时对本条作了几处修改：一是将“免予起诉”修改为“不起诉”。这是根据不再使用免予起诉制度，扩大了不起诉的范围，而相应修改的。二是将“被告人”修改为“被不起诉人”，这是考虑到在审查起诉阶段不宜称为被告人。本条规定被不起诉人有申诉的权利，是法律为被不起诉人提供保障自己合法权益的又一途径，以避免使原本无罪的人受到不起诉决定的情况发生，并通过申诉得以及时纠正。这样规定，是针对在实际办案中，检察机关依照本法第一百七十七条第二款规定认定被不起诉人犯罪情节轻微，依照刑法不需要判处刑罚或者免除刑罚，而作出的不起诉决定。虽然从法律意义上讲被不起诉人是无罪的，但被不起诉人认为自己根本没有犯罪，不存在犯罪情节轻微的问题，希望能澄清事实讨个“说法”。另外，也存在被不起诉人被羁押，使其权利受到损害，如能确定根本没有犯罪行为，可以提出赔偿要求的问题。此条规定有利于保护被不起诉人的合法权益。

【理解与适用】

本条是关于被不起诉人对不起诉决定不服的，可以提出申诉的程序性规定。

本条规定了两个方面的内容：第一，对于人民检察院依照本法第一百七十七条第二款规定作出的不起诉决定，被不起诉人如果不服，可以自收到决定书后七日以内向人民检察院申诉。本法第一百七十七条第二款规定，对于犯罪情节轻微，依照刑法规定不需要判处刑罚或者免除刑罚的，人民检察院可以作出不起诉决定。人民检察院根据第一百七十七条第二款规定作出的不起诉决定，是在确认被不起诉人有犯罪事实的基础上作出的，虽然这是一种无罪的决定，人民检察院对其人身、财产也不作实体上的处分，但人民检察院有提出对不起诉人给予行政处罚、处分或者没收其违法所得的检察意见的权利。在这种情况下，被不起诉人如果认为自己没有犯罪事实，不服人民检察院不起诉的决定的，可以申诉。

第二，人民检察院应当作出复查决定，通知被不起诉的人，同时抄送公安机关。对于被不起诉人提出申诉的，人民检察院应当进行复查，并作出复查决定，通知被不起诉人。如果是公安机关移送的案件，人民检察院应将复查决定同时抄送公安机关。这里的“复查决定”，包括三种情况：一是经复查认为被不起诉人确实存在“犯罪情节轻微，依照刑法规定不需要判处刑罚或者免除刑罚的”情形，不起诉决定没有错误，依法予以维持；二是经复查认定被不起诉人的行为确实不构成犯罪，之前的不起诉决定确有错误，在这种情况下，应当依法撤销之前的不起诉决定，依照本法第一百七十七条第一款的规定，重新作出不起诉决定；三是经复查认为被不起诉人的行为已经构成犯罪，不应当适用本法第一百七十七条第二款规定的情形的，应当撤销之前的不起诉决定，向人民法院提起公诉。

第一百八十二条[①] **犯罪嫌疑人自愿如实供述涉嫌犯罪的事实，有重大立功或者案件涉及国家重大利益的，经最高人民检察院核准，公安机关可以撤销案件，人民检察院可以作出不起诉决定，也可以对涉嫌数罪中的一项或者多项不起诉。**

根据前款规定不起诉或者撤销案件的，人民检察院、公安机关应当及时对查封、扣押、冻结的财物及其孳息作出处理。

【修改提示】

本条是2018年修改刑事诉讼法新增加的规定。

【背景解读】

2016年，最高人民法院、最高人民检察院、公安部、国家安全部、司法部发布的《关于在部分地区开展刑事案件认罪认罚从宽制度试点工作的办法》第九条规定，犯罪嫌疑人自愿如实供述涉嫌犯罪的事实，有重大立功或者案件涉及国家重大利益，需要撤销案件的，办理案件的公安机关应当层报公安部，由公安部提请最高人民检察院批准。第十三条规定，犯罪嫌疑人自愿如实供述涉嫌犯罪的事实，有重大立功或者案件涉及国家重大利益的，经最高人民检察院批准，人民检察院可以作出不起诉决定，也可以对涉嫌数罪中的一项或者多项提起公诉。具有法律规定不起诉情形的，依照法律规定办理。第十四条规定，最高人民检察院批准不起诉的，或者经公安部提请批准撤销案件的，人民检察院、公安机关对查封、扣押、

---

① 根据2018年10月26日第十三届全国人民代表大会常务委员会第六次会议通过的《关于修改〈中华人民共和国刑事诉讼法〉的决定》增加。

冻结的财物及其孳息，应当调查权属情况，查明是否属于违法所得或者依法应当追缴的其他涉案财物。案外人对查封、扣押、冻结的财物及其孳息提出权属异议的，应当进行审查。确认查封、扣押、冻结的财物及其孳息属于违法所得、违禁品或者供作案所用的本人财物，除依法返还被害人的以外，应当在撤销案件或者作出不起诉决定后三十日内予以收缴，一律上缴国库。对查封、扣押、冻结的财物及其孳息不能确认属于违法所得或者依法应当追缴的其他涉案财物的，不得收缴。此次修改刑事诉讼法，将认罪认罚从宽制度试点办法中的有关规定，经适当调整后吸收进刑事诉讼法。

【理解与适用】

本条是关于对符合特殊条件的犯罪嫌疑人，可以撤销案件、不起诉或者部分不起诉的规定。

本条共分为两款。第一款是关于犯罪嫌疑人符合特殊条件的，公安机关可以撤销案件，人民检察院可以不起诉或者部分不起诉的规定。该款规定了几个条件：一是犯罪嫌疑人自愿如实供述涉嫌犯罪的事实。这里的“犯罪嫌疑人”，是指在侦查、审查起诉阶段，被认为涉嫌犯罪，并被公安机关以及人民检察院立案侦查和审查起诉的人。需要注意的是，根据监察法和这次修改后的刑事诉讼法的规定，人民检察院直接立案侦查的案件范围发生了变化。涉嫌贪污贿赂、失职渎职等职务违法和职务犯罪由监察委员会进行调查。人民检察院对在诉讼活动实行法律监督中发现的司法工作人员利用职权实施的非法拘禁、刑讯逼供、非法搜查等侵犯公民权利、损害司法公正的犯罪，可以立案侦查。因此，由监察机关负责的涉嫌职务犯罪的人在被调查阶段和由人民检察院自行立案侦查的犯罪嫌疑人在被侦查阶段，不适用本条的规定。但是，当监察机关将负责调查的案件移送人民检察院依法审查起诉，以及人民检察院自行立案侦查的案件进入审查起诉阶段的，可以对符合条件的犯罪嫌疑人适用本条的规定。根据本款规定，犯罪嫌疑人供述涉嫌犯罪的事实需要“自愿如实”。这里的自愿如实，是指在公安机关立案侦查和人民检察院审查起诉阶段，犯罪嫌疑人主动坦白实施犯罪行为的主观动机，交代犯罪行为，说明犯罪事实、过程、结果等，所坦白的内容真实、完整，且基本能查证属实。犯罪嫌疑人供述涉嫌犯罪的事实，应是其涉嫌犯罪的全部事实，包括司法机关尚未掌握或者尚未完全掌握的犯罪事实。如果发现犯罪嫌疑人仍故意隐瞒真象，对犯罪事实避重就轻，或者存在编造、虚构事实的情况，则不符合该款规定的自愿如实供述涉嫌犯罪事实的标准和要求。至于有些细节或者情节，犯罪嫌疑人记不清楚或者确实无法说清楚的，不能认为是隐瞒。

二是犯罪嫌疑人要有重大立功或者案件涉及国家重大利益的情形。这里的“重大立功”，是指犯罪嫌疑人有检举、揭发司法机关尚未掌握或者尚未完全掌握的其他犯罪嫌疑人的重大犯罪行为；提供侦破其他重大案件的重要线索；阻止他人重大犯罪活动；协助司法机关抓捕其他重大犯罪嫌疑人等。一般情况下，构成“重大犯罪”“重大案件”“重大犯罪嫌疑人”的，是指被检举揭发的犯罪嫌疑人、被告人可能被判处无期徒刑以上刑罚或者案件在省、自治区、直辖市或者全国范围内有较大影响等。有些国家在法律或者实践中有“污点证人”制度，比如，通过犯罪集团中较重要的成员检举或者作证，能够将首要分子、罪魁祸首绳之以法，司法机关可以对该检举人或者证人从轻发落，甚至不作为犯罪处理。这里的“案件涉及国家重大利益”，是指人民法院对案件的审理以及对犯罪嫌疑人的宣判和惩处，将会直接或间接地影响国家政治、外交、国防、科技、经济等领域特别重大的利益。有些国家在法律或者实践中有司法豁免、赦免等制度或者做法，由于案件性质或者犯罪嫌疑人的身份、能够发挥的影响等因素，案件如何处理可能影响到国家利益，比如，对于外国间谍是否要追究刑事责任，可能需要考虑到外交影响，甚至有不予追究反过来加以利用的实践做法等。应当注意的是，这种特殊情形只能是极其个别的例外，需要在国家层面慎重研究、统筹把握。因此，具体判断和把握“重大立功或者案件涉及国家重大利益”的标准应当非常严格。

三是须经最高人民检察院核准。在符合本款规定的特殊情形下，不论是公安机关撤销案件还是人民检察院作出不起诉决定或者部分不起诉的决定，都需要经过最高人民检察院核准。这样规定有两层意思：其一，体现法律的严肃性。宪法规定，人民检察院是国家的法律监督机关，最高人民检察院是最高检察机关。对于在特殊情况下，本应追究刑事责任的案件不作为犯罪处理，是对法律一般规定的突破，明确只有最高人民检察院才有权力核准公安机关撤销案件或者核准人民检察院作出不起诉决定或部分不起诉，体现了对待该类案件极为慎重的态度。刑法中对于严重犯罪超过二十年的最长追诉时效，如果认为必须追诉的，也规定要报请最高人民检察院核准。其二，严格控制适用范围。明确经最高人民检察院核准，实质上起到了严格控制能够适用该程序的案件范围的作用。这类案件只可能是极少数。对于犯罪嫌疑人自愿如实供述涉嫌犯罪的事实，有重大立功或者案件涉及国家重大利益的案件，如果规定地方司法机关有权直接决定撤销案件、不起诉或者部分不起诉，很难避免出现各地适用标准不统一，甚至可能出现个别滥用的现象。因此，本款规定，只有经国家最高的法律监督机关核准，才可以适用。

综上，满足以上三个条件的，公安机关可以撤销案件，人民检察院可以作出不起诉决定，也可以对涉嫌数罪中的一项或者多项不起诉。这里“公安机关可以撤销案件”，是指案件处于公安机关立案侦查阶段的，符合法定条件，经综合考虑，不再继续对犯罪嫌疑人进行追诉的，报请最高人民检察院核准，由公安机关作出撤销案件的决定。“人民检察院可以作出不起诉决定，也可以对涉嫌数罪中的一项或者多项不起诉”，主要是指公安机关、监察机关移送人民检察院审查起诉的案件，以及检察机关自行侦查进入审查起诉阶段的案件，经综合考虑，不再继续对犯罪嫌疑人提起公诉或者不再对部分涉嫌犯罪提起公诉的，报请最高人民检察院核准，由人民检察院对犯罪嫌疑人涉嫌的所有犯罪作出不起诉决定，或者由人民检察院对犯罪嫌疑人涉嫌数罪中的一项或者多项不起诉，其余部分继续起诉。总体看，这里包含了两层意思：其一，犯罪嫌疑人满足本款规定的自愿如实供述涉嫌犯罪的事实，有重大立功或者案件涉及国家重大利益的，公安机关拥有撤销案件的权力，同样人民检察院拥有决定不起诉或者部分不起诉的权力，但并非一定要行使该种权力。其二，该类案件经最高人民检察院核准后，由办理具体案件的公安机关和人民检察院具体实施。对于公安机关撤销案件或者人民检察院作出不起诉决定的案件，犯罪嫌疑人在押的，应当立即释放。

第二款是关于人民检察院、公安机关应及时处置不起诉或者撤销案件中所涉财产的规定。根据刑事诉讼法的规定，人民检察院、公安机关在侦查活动中发现的可用于证明犯罪嫌疑人有罪或者无罪的各种财物、文件，应当查封、扣押。同时，根据侦查犯罪的需要，可以依照规定冻结犯罪嫌疑人的存款、汇款、债券、股票、基金份额等财产。因此，当最高人民检察院核准公安机关撤销的案件以及人民检察院决定不起诉后，已经被查封、扣押、冻结的涉案财物及其孳息，需要及时、妥善处置。

一般情况下，公安机关、人民检察院依法查封、扣押、冻结涉案财物及其孳息，应当认真审核，制作清单，妥善保管，以供核查。凡发现查封、扣押、冻结的财物经审查与案件无关的，应依法予以解除查封、扣押、冻结，予以退还。如果涉及被害人的财产，应予以返还。例如，冻结的犯罪嫌疑人存款、汇款、债券、股票、基金份额等财产需要返还被害人的，可以通知金融机构返还被害人；对于查封、扣押的犯罪嫌疑人的违法所得及其他涉案财产需要返还被害人的，可以直接返还被害人。如果是案外第三人的财产，权属明确的，也应当依照有关规定及时返还。公安机关、人民检察院还应当将被查封、扣押、冻结的财物及其孳息的清单明细附卷随案移送，由人民法院作出处理。公安机关作撤案处理的案件，公安机关对于查封、扣押的财物及其孳息、文件，或者冻结的财产，除按照法律和有关规定另行处理的以外，应当解除查封、扣押、冻结。人民检察院依法决定不起诉的案件，人民检察院应当对侦查中查封、扣押、冻结的财物解除查封、扣押、冻结，对被不起诉人需要给予行政处罚或者需要没收其违法违纪所得的，人民检察院还要提出检察意见，移送有关主管机关处理。在这里，对于被查封、扣押、冻结的涉案财物及其孳息，公安机关和人民检察院要按照法律规定予以处理，如人民检察院需要移送有关主管机关处理相关财物及其孳息，不能直接处理。

由于按照本条规定，在符合特殊条件的情况下，公安机关可以撤销案件、人民检察院可以作出不起诉决定。此类案件的行为人实质上有罪但未被追诉，为此，刑事诉讼法在本款专门赋予公安机关、人民检察院对该类案件所涉财物及其孳息的特别处理权,可以直接处置涉案财物及其孳息。具体包括:一是区分涉案财物及其孳息的权属,予以返还和退还。如果财物属于案外人的,应依法予以解除被查封、扣押、冻结的财物及其孳息,及时退还。对于相关财产及其孳息属于被害人的,应依法及时返还。二是处理涉案的财物及其孳息,包括没收违禁品和犯罪违法所得,赔偿被害人等。如果涉案财物属于违禁品的,例如,国家禁止持有、经营、流通的违禁品,包括枪支弹药、易燃易爆物品、毒品、淫秽物品等,应当依照国家有关规定予以没收;如果涉案财物及其孳息属于需要没收的犯罪违法所得的,公安机关、人民检察院可以依法予以没收,上缴国库;公安机关、人民检察院还可以对涉案财物及其孳息作出赔偿被害人等其他处置。三是对于案件无关的财物及其孳息,应当解除查封、扣押、冻结。这里需要注意,本款规定要"及时处置"。在全国人大常委会审议时,有的常委会组成人员提出,应明确处置涉案财产的时间,保证处置及时,不拖延。为此,本款明确规定了"及时处置",具体的处置时限,由公安机关和人民检察院出台相关规定予以细化。

第三编 审 判

第一章 审判组织

第一百八十三条[①] 基层人民法院、中级人民法院审判第一审案件,应当由审判员三人或者由审判员和人民陪审员共三人或者七人组成合议庭进行,但是基层人民法院适用简易程序、速裁程序的案件可以由审判员一人独任审判。

高级人民法院审判第一审案件,应当由审判员三人至七人或者由审判员和人民陪审员共三人或者七人组成合议庭进行。

最高人民法院审判第一审案件,应当由审判员三人至七人组成合议庭进行。

人民法院审判上诉和抗诉案件,由审判员三人或者五人组成合议庭进行。

合议庭的成员人数应当是单数。

【修改提示】

本条是1979年刑事诉讼法的规定,1996年作过修改,2012年未作修改。2018年修改刑事诉讼法对本条作了以下几处修改:一是与2018年通过的人民陪审员法相衔接,将本条第一款“由审判员和人民陪审员共三人”改为“由审判员和人民陪审员共三人或者七人”;将本条第二款“由审判员和人民陪审员共三人至七人”的规定修改为“由审判员和人民陪审员共三人或者七人”;删去了原第三款关于人民陪审员在人民法院执行职务时有关权利的规定。二是考虑

---

① 根据2018年10月26日第十三届全国人民代表大会常务委员会第六次会议通过的《关于修改〈中华人民共和国刑事诉讼法〉的决定》修改。修改前的刑事诉讼法条文是:“基层人民法院、中级人民法院审判第一审案件,应当由审判员三人或者由审判员和人民陪审员共三人组成合议庭进行,但是基层人民法院适用简易程序的案件可以由审判员一人独任审判。

高级人民法院、最高人民法院审判第一审案件,应当由审判员三人至七人或者由审判员和人民陪审员共三人至七人组成合议庭进行。

人民陪审员在人民法院执行职务,同审判员有同等的权利。

人民法院审判上诉和抗诉案件,由审判员三人至五人组成合议庭进行。

合议庭的成员人数应当是单数。

合议庭由院长或者庭长指定审判员一人担任审判长。院长或者庭长参加审判案件的时候,自己担任审判长。”

到本次刑事诉讼法的修改新增了速裁程序，在第一款增加了关于适用速裁程序的案件也可以独任审判的规定。三是明确最高人民法院合议庭组成人员由审判员三人至七人组成。四是将第四款中审判上诉与抗诉案件的合议庭组成人员由"三人至五人"修改为"三人或者五人"。五是删去了原第六款关于合议庭审判长如何产生的规定。

【背景解读】

规范审判的组织形式，是审判机关依法进行审判的前提条件和基本保障。1979年刑事诉讼法规定："基层人民法院、中级人民法院审判第一审案件，除自诉案件和其他轻微的刑事案件可以由审判员一人独任审判以外，应当由审判员一人、人民陪审员二人组成合议庭进行。高级人民法院、最高人民法院审判第一审案件，应当由审判员一人至三人、人民陪审员二人至四人组成合议庭进行。人民陪审员在人民法院执行职务，同审判员有同等的权利。人民法院审判上诉和抗诉案件，由审判员三人至五人组成合议庭进行。合议庭由院长或者庭长指定审判员一人担任审判长。院长或者庭长参加审判案件的时候，自己担任审判长。"1996年修改刑事诉讼法对本条进行了如下修改：一是将"自诉案件和其他轻微的刑事案件可以由审判员一人独任审判"修改为"基层人民法院适用简易程序的案件可以由审判员一人独任审判"；二是增加规定"合议庭的成员人数应当是单数"；三是针对实践中人民陪审员参加审判工作的实际情况，对有关陪审员的规定进行了修改，将"由审判员一人、人民陪审员二人组成合议庭"改为"由审判员三人或者由审判员和人民陪审员共三人组成合议庭"，将"由审判员一人至三人、人民陪审员二人至四人组成合议庭"改为"由审判员三人至七人或者由审判员和人民陪审员共三人至七人组成合议庭"。2012年修改刑事诉讼法未对本条规定作出修改。2018年修改刑事诉讼法时，全国人大常委会已于2018年4月27日通过了人民陪审员法，明确了人民陪审员的选任、权利义务与参审范围等相关内容。因此，有必要在2018年刑事诉讼法中对人民法院合议庭人员构成作出修改，与人民陪审员法相衔接。同时，全国人大常委会总结认罪认罚从宽和速裁程序试点的经验，在2018年修改刑事诉讼法中新增加了速裁程序，本条也在独任审判适用情形中作了相应衔接。

【理解与适用】

本条是关于审判组织及合议庭人员构成的规定。

本条共分为五款。第一款是对基层人民法院、中级人民法院审判第一审案件的组织形式的规定。其中"人民陪审员"是指符合《中华人民共和国人民陪审员法》规定的条件并依程序任命为人民陪审员的人员。公民担任人民陪审员，应当具备拥护中华人民共和国宪法，年满二十八周岁，遵纪守法、品行良好、公道正派，具有正常履行职责的身体条件等条件，且一般应当具有高中以上文化程度。另外，人民代表大会常务委员会的组成人员，监察委员会、人民法院、人民检察院、公安机关、国家安全机关、司法行政机关的工作人员，律师，公证员，仲裁员，基层法律服务工作者，以及其他因职务原因不适宜担任人民陪审员的人员，不能担任人民陪审员。除上述不能担任人民陪审员的情形外，有下列情形之一的，不得担任人民陪审员，包括受过刑事处罚的，被开除公职的，被吊销律师、公证员执业证书的，被纳入失信被执行人名单的，因受惩戒被免除人民陪审员职务的，以及其他有严重违法违纪行为，可能影响司法公信的。“合议庭”是指根据合议制原则组成的审判具体案件的组织，是人民法院审理案件最基本的组织形式。合议庭的任务是通过法庭审判活动，核实证据，查明案情，进行评议，根据已查明的事实、证据和有关法律规定，作出被告人有罪或无罪、犯何罪、适用何种刑罚的判决。根据本款规定，基层人民法院、中级人民法院审判第一审案件的审判组织主要是合议庭，合议庭由审判员三人或者由审判员和人民陪审员共三人或者七人组成。根据本法第二百一十六条的规定，对于适用简易程序审理的可能判处三年有期徒刑以下刑罚的案件，可以组成合议庭进行审判，也可以由审判员一人独任审判。根据本法第二百二十二条的规定，适用速裁程序审理的案件，由审判员一人独任审判。

第二款是对高级人民法院审判第一审案件的组织形式及其组成人员的规定。根据本款规定，高级人民法院审判第一审案件，既可以由审判员三人至七人组成合议庭进行，也可以由审判员和人民陪审员共三人或者七人组成合议庭进行。也就是说，全部由审判员组成的合议庭，可以由三人、五人或七人任何一种形式组成；由人民陪审员和审判员组成的合议庭，只能由三人或七人两种形式组成。而根据人民陪审员法第十四条的规定，人民陪审员和法官组成合议庭审判案件，由法官担任审判长，可以组成三人合议庭，也可以由法官三人与人民陪审员四人组成七人合议庭。

第三款是对最高人民法院审判第一审案件的组织形式及其组成人员的规定。根据本款规定，最高人民法院审判第一审案件的审判组织是合议庭。合议庭的组成人员由审判员三人至七人组成，即该合议庭可以由审判员三人、五人或七人任何一种形式组成。需要说明的是，人民陪审员法规定了基层人民法院、中级人民法院和高级人民法院组成合议庭时，人民陪审员的选任机制，对最高人民法院是否以及如何选任人民陪审员未作规定。根据本款规定，人民陪审员不参与最高人民法院的合议庭审判。

第四款是关于人民法院审判上诉和抗诉案件的组织形式及其组成人员的规定。根据本款规定，人民法院审判上诉和抗诉案件的审判组织是合议庭，合议庭的组成人员由审判员三人或者五人组成，人民陪审员不参与上诉、抗诉案件的合议庭审判。

第五款是关于合议庭的成员人数应当是单数的规定。根据本款规定，本条其他款中"审判员三人至七人"可以据此确定为三人、五人、七人三种形式。根据本法第一百八十四条规定，合议庭进行评议时，如果意见分歧，应当按多数人的意见作出决定，故本条规定是为了保障合议庭在评议中意见分歧时，能按照上述规定作出决定，避免出现持不同意见的人数相同，无法形成合意的情况。

需要注意的是，人民陪审员法仅适用于2018年4月27日施行后受理的第一审刑事案件，施行前受理的第一审刑事案件，人民陪审员参加庭审活动继续有效。

第一百八十四条　合议庭进行评议的时候，如果意见分歧，应当按多数人的意见作出决定，但是少数人的意见应当写入笔录。评议笔录由合议庭的组成人员签名。

【修改提示】

本条是1979年刑事诉讼法的规定，1996年作过修改。2012年、2018年修改刑事诉讼法未作修改。

【背景解读】

组成合议庭审判案件，是为了发挥集体智慧，保证案件的审判质量，避免单个人的意见可能出现的错误，合议庭由数名法官或陪审员组成，每个人对案件的处理都有发表意见的平等权利，为了方便合议庭意见分歧时作出判决，1979年刑事诉讼法规定："合议庭进行评议的时候，如果意见分歧，应当少数服从多数，但是少数人的意见应当写入笔录。评议笔录由合议庭的组成人员签名。"1996年修改刑事诉讼法延续了这一规定，只作了文字修改，将"少数服从多数"修改为"按多数人的意见作出决定"。2012年和2018年修改刑事诉讼法对本条规定未作修改。

【理解与适用】

本条是关于合议庭评议程序的规定。

按照本条规定，合议庭对案件进行评议，按照少数服从多数的原则进行，这一规定体现了庭审的民主原则，只有这样才能保证案件经过评议得出符合多数人意见的评议结果。特别是在事实的认定，证据的核实，以及是否构成犯罪，量刑的适用等方面，如果只听取个人意见或者仅凭长官意志所左右而不经过充分讨论，就会使案件得不到充分的评议，为形成错案埋下隐患，同时也失去了组成合议庭的意义。当然，在人们认识事物的过程中，有时少数人的意见可能是客观的，更接近事实真象的。为了尊重少数人的意见，也为了更为客观地反映合议庭组成人员的意见，方便二审、再审时全面了解案情，需要如实地把少数人的意见记录在案，因此，本条规定应将少数人意见写入笔录。

根据本条的规定，合议庭对案件进行评议的时候，应当制作评议笔录，如果存在不同意见，应当按多数人的意见作出决定。但是对少数人的不同意见，应当写入笔录。评议结束后，合议庭的组成人员应当在评议笔录上签名。其中"评议"是指合议庭的组成人员通过对案件的审理，在事实的认定，证据的核实，以及是否构成犯罪，量刑的适用等方面进行评判、讨论的过程。"按多数人的意见作出决定"是指合议庭按照民主集中制的原则，经过对案件的评议，以超过半数人的意见作出对被告人有罪、无罪以及罪轻、轻重，适用什么刑罚的决定。"少数人的意见应当写入笔录"是指合议庭组成人员中不超过半数的人对案件的评议结果存在异议或持有不同意见，将其提出的异议或不同意见记入评议笔录。

第一百八十五条　合议庭开庭审理并且评议后，应当作出判决。对于疑难、复杂、重大的案件，合议庭认为难以作出决定的，由合议庭提请院长决定提交审判委员会讨论决定。审判委员会的决定，合议庭应当执行。

【修改提示】

本条是1979年刑事诉讼法的规定，1996年作过修改，2012年、2018年修改刑事诉讼法未作修改。

【背景解读】

1979年刑事诉讼法规定："凡是重大的或者疑难的案件，院长认为需要提交审判委员会讨论的，由院长提交审判委员会讨论决定。审判委员会的决定，合议庭应当执行。"这样规定产生的一个问题是合议庭在审判工作中的作用发挥得不充分，在一些法院，很多案件都要经过审判委员会讨论，审判委员会代替了合议庭的作用，以致造成审者不判、判者不审，开庭流于形式的状况，这样既不利于发挥审判人员的积极性，也不利于提高审判人员的水平。为了解决这些问题，1996年修改刑事诉讼法将原来规定的"凡是重大的或者复杂的案件，院长认为需要提交审判委员会讨论的，由院长提交审判委员会讨论决定"改为"合议庭开庭审理并且评议后，应当作出判决。对于疑难、复杂、重大的案件，合议庭认为难以作出决定的，由合议庭提请院长决定提交审判委员会讨论决定”。这样修改，首先加强了合议庭在庭审中的作用，一般的案件都应当由合议庭作出判决，只有个别疑难、复杂、重大案件，合议庭认为自身难以作出决定的，才可提请审判委员会决定。这样，有利于解决审者不判、判者不审的问题。其次，对于特殊案件提交审判委员会，明确是在开庭审理后，即合议庭经过评议，难以作出决定的，而不是原来开庭前就可以决定提交审判委员会研究决定，解决了先定后审的问题。最后，提交审委会是由合议庭提出，由院长决定，而不是原来的院长认为需要提交审判委员会，以利于更好地发挥合议庭在审判活动中的作用。2012 年和 2018 年修改刑事诉讼法对本条规定均未作修改。

【理解与适用】

本条是关于合议庭作出判决以及何种情况下提交审判委员会决定的规定。

本条规定了三层意思：一是“合议庭开庭审理并且评议后，应当作出判决”。这是指合议庭受理的案件经开庭审理、评议后，对一般案件都应当独立作出被告人是否有罪、罪行轻重、适用刑罚的判决。二是“对于疑难、复杂、重大的案件，合议庭认为难以作出决定的，由合议庭提请院长决定提交审判委员会讨论决定”。其中“审判委员会”是人民法院负责审判工作的常设组织，其成员由同级人民代表大会常务委员会任免。审判委员会的任务是：“总结审判经验，讨论重大的或者疑难的案件和其他有关审判工作的问题。”各级人民法院审判委员会会议由院长主持。审判委员会讨论案件时采取少数服从多数的原则，多数委员的意见形成审判委员会的决定。根据本条的规定，合议庭在审理中，遇到疑难、复杂、重大难以作出决定的案件，应当由合议庭提请院长决定提交审判委员会讨论决定。“疑难、复杂、重大”的案件主要是指以下三种情况：（1）案情特殊，难以划清罪与非罪、此罪与彼罪界限及难以准确适用刑罚的案件；（2）案件情况复杂，犯罪种类、次数众多，证据繁杂的案件；（3）犯罪性质严重，影响很大的案件。根据司法实践，疑难、复杂、重大的案件主要指拟判处死刑的案件、合议庭成员意见有重大分歧的案件、人民检察院抗诉的案件、在社会上有重大影响的案件以及其他需要由审判委员会讨论决定的案件。三是“审判委员会的决定，合议庭应当执行”。这是指审判委员会对疑难、复杂、重大的案件经过讨论，作出的对案件的处理决定，合议庭应当执行。

正确理解适用本条的规定，需要注意以下两点：一是要重视发挥合议庭在庭审中的作用，只有个别疑难、复杂、重大案件，合议庭认为自身难以作出决定的，才可提请审判委员会决定，对于一般案件不能由审判委员会取代合议庭发挥作用。二是对于特殊案件提交审判委员会，必须在开庭审理后，即合议庭经过评议，难以作出决定的才提交审判委员会研究决定。

第二章　第一审程序

第一节　公诉案件

第一百八十六条　人民法院对提起公诉的案件进行审查后，对于起诉书中有明确的指控犯罪事实的，应当决定开庭审判。

【修改提示】

本条是1979年刑事诉讼法的规定，1996年、2012年作过修改，2018年修改刑事诉讼法未作修改。

【背景解读】

1979年刑事诉讼法第一百零八条中规定，“人民法院对提起公诉的案件进行审查后，对于犯罪事实清楚、证据充分的，应当决定开庭审判”，这一规定对庭前审查与法庭审判的分工不够清晰，从而把调查犯罪事实，核实证据作为庭前审查的主要内容，审判人员确信犯罪事实清楚、证据确实充分，才决定开庭审判。这样就造成了审判人员“先入为主”“先定后审”的现象，开庭审判也成为走过场。1996年修改刑事诉讼法时将开庭前的审查明确规定为着重于对案件进行形式上的审查，即“对于起诉书中有明确的指控犯罪事实并且附有证据目录、证人名单和主要证据复印件或者照片的，应当决定开庭审判”。这一改革，使庭前审查与法庭审判中的调查任务明确区分，形成合理的审判程序，从程序上保障了诉讼当事人参与审判活动诉讼权利的行使，保障了公诉人、辩护人双方在庭审中能够充分地发挥作用，使人民法院能够通过审判更为客观、公正地对案件作出判决。2012年3月14日第十一届全国人民代表大会第五次会议通过的《关于修改〈中华人民共和国刑事诉讼法〉的决定》对本条作了修改，删去了起诉书中须附有证据目录、证人名单和主要证据复印件或者照片的规定。2012年的修改，坚持了庭前审查是形式审查的理念，同时与2012年刑事诉讼法第一百七十二条中人民检察院向人民法院提起公诉时，应当“将案卷材料、证据移送人民法院”等的规定相适应，删去了起诉书须附有证据目录、证人名单和主要证据复印件或者照片的要求。2012年对本条和对2012年刑事诉讼法第一百七十二条的规定的修改共同构成了对1996年刑事诉讼法的案卷移送制度的重大修改。原来的规定要求“人民法院对提起公诉的案件进行审查后，对于起诉书中有明确的指控犯罪事实并且附有证据目录、证人名单和主要证据复印件或者照片的，应当决定开庭审判”，在司法实践中执行的效果不够理想，一是由于只移送证据目录、证人名单、主要证据复印件或者照片，导致法官在庭前对案件情况并不熟悉，不了解案件主要争议的问题，主持法庭审判存在困难，法官还需要在庭审之后全面阅卷，一定程度上架空了庭审过程，也拖延了法庭审理。二是审查法官和庭审法官通常为同一人，难以有效解决“先入为主”的问题。本条的修改，注重总结1996年刑事诉讼法修改后的司法实践情况，对存在的上述问题有针对性地加以解决，而不是简单地退回到1979年刑事诉讼法的规定，是对庭审方式的进一步改革完善。同时，本条的修改也更为符合人民法院和人民检察院的职责分工，即检察机关是公诉机关，其提起公诉的案件只要符合形式上的起诉标准，人民法院就应当开庭审判，庭审中由公诉机关承担举证责任并承担举证不利或不能的法律后果，人民法院通过庭审作出裁判，没有必要在开庭前对案件的证据情况进行审查。

【理解与适用】

本条是关于人民法院决定开庭审判提起公诉案件的条件的规定。

根据本条规定，人民法院对提起公诉的案件决定是否开庭审判，应当审查起诉书中是否有明确的指控犯罪事实，以作为是否开庭审理的依据。这里“有明确的指控犯罪事实”是指人民检察院的起诉书中必须载明被告人的犯罪事实和提起公诉的具体罪名，这种犯罪事实必须是依据刑法规定应予刑事处罚的。

第一百八十七条　人民法院决定开庭审判后，应当确定合议庭的组成人员，将人民检察院的起诉书副本至迟在开庭十日以前送达被告人及其辩护人。

在开庭以前，审判人员可以召集公诉人、当事人和辩护人、诉讼代理人，对回避、出庭证人名单、非法证据排除等与审判相关的问题，了解情况，听取意见。

人民法院确定开庭日期后，应当将开庭的时间、地点通知人民检察院，传唤当事人，通知辩护人、诉讼代理人、证人、鉴定人和翻译人员，传票和通知书至迟在开庭三日以前送达。公开审判的案件，应当在开庭三日以前先期公布案由、被告人姓名、开庭时间和地点。

上述活动情形应当写入笔录，由审判人员和书记员签名。

【修改提示】

本条是1979年刑事诉讼法的规定，1996年、2012年作过修改，2018年修改刑事诉讼法未作修改。

【背景解读】

本条是1979年刑事诉讼法的规定,1996年作过修改。2012年3月14日第十一届全国人民代表大会第五次会议通过的《关于修改〈中华人民共和国刑事诉讼法〉的决定》对本条主要作了两处修改:一是在第一款的规定中增加了决定开庭审判后,应当将人民检察院的起诉书副本送达辩护人的内容。二是在第二款中完善了开庭前的准备程序。增加规定审判人员在开庭以前召集控辩双方,对回避、出庭证人名单、非法证据排除等问题了解情况和听取意见的程序。

开庭前法院内部要做好准备工作,同时公诉方、辩护方以及有关证人等,也要进行必要的准备,这些准备工作直接关系到审判案件能否顺利进行。为了使开庭前的准备工作更加规范,本条根据审判工作的需要,规定了开庭前主要应进行的准备工作,这也是诉讼程序的一个组成部分。2012年修改刑事诉讼法对本条的规定进行了完善。其中,增加规定将起诉书副本送达辩护人,有利于辩护权的充分行使,也有利于辩护人更好地进行辩护准备。增加庭前准备程序是一处比较重大的修改,是根据审判工作的实际需要作出的规定。在庭前对这些可能影响公正审判的问题听取意见,有助于法官确定庭审的主要争议点,妥善安排庭审过程。

【理解与适用】

本条是关于开庭前准备的规定。

本条共分为四款。第一款是关于人民法院决定开庭审判后,应当确定合议庭的组成人员,以及将人民检察院的起诉书副本送达被告人及其辩护人的规定。根据本款规定,人民法院决定开庭审判后首先应当做好如下工作:(1)确定合议庭的组成人员。根据本法第一百八十三条的规定,基层人民法院、中级人民法院审判第一审案件,应当由审判员三人或者由审判员和人民陪审员共三人或者七人组成合议庭进行,但是基层人民法院适用简易程序、速裁程序的案件可以由审判员一人独任审判;高级人民法院审判第一审案件,应当由审判员三人至七人或者由审判员和人民陪审员共三人或者七人组成合议庭进行。最高人民法院审判第一审案件,应当由审判员三人至七人组成合议庭进行。人民法院审判上诉和抗诉案件,由审判员三人或者五人组成合议庭进行。合议庭的成员人数应当是单数。确定合议庭的组成人员是决定公诉案件开庭审判后的首要工作,主要包括由哪些人组成合议庭和由谁担任审判长。需要注意的是,合议庭的书记员不是合议庭的组成人员。(2)将人民检察院的起诉书副本至迟在开庭十日以前送达被告人及其辩护人。1996年刑事诉讼法第一百五十一条虽然规定决定开庭审判的应通知辩护人,但并未规定要将人民检察院的起诉书副本送达辩护人,不利于充分保护被告人的合法权益。2012年刑事诉讼法修改在本款增加了应将人民检察院的起诉书副本送达辩护人的规定，人民法院决定开庭审判后，应当将人民检察院的起诉书副本至迟在开庭十日以前送达被告人及其辩护人。这里的送达是指以法定方式将起诉书副本送达给被告人及其辩护人，而不是将起诉书副本在开庭十日以前交邮即可。本款删去了1996年刑事诉讼法中有关告知被告人可以委托辩护人以及指定辩护的规定。这样修改并不是不需要告知被告人可以委托辩护人以及指定辩护，只是将这部分内容统一规定在第一编第四章"辩护与代理"中，这里未作重复规定。

第二款是关于开庭前听取有关程序问题的意见的规定。根据本款规定，审判人员可以召集公诉人、当事人和辩护人、诉讼代理人，对回避、出庭证人名单、非法证据排除等与审判相关的问题，了解情况，听取意见。与1996年刑事诉讼法的规定相比，这一程序设计允许法官于开庭前，在控辩双方同时参与下，对案件的程序性争议问题集中听取意见。这样规定有利于确定庭审重点，便于法官把握庭审重点，有助于提高庭审效率，保证庭审质量。本款规定的审判人员可以是合议庭组成人员。听取意见的问题包括回避、出庭证人名单、非法证据排除等与审判相关的问题。这里规定的非法证据排除，只是听取意见，具体如何排除要根据本法第五十六条、第五十八条、第六十条等的规定依法进行。

第三款是关于确定开庭日期后的送达活动以及对公开审判的案件应当在开庭三日以前先期公布案由、被告人姓名、开庭时间和地点的规定，包括两个方面的内容：一是送达的对象及期限要求。根据送达对象的不同，具体包括如下几种情形：(1)将开庭的时间、地点通知人民检察院，根据本款规定，通知书至迟在开庭三日以前送达。对于公诉案件，人民法院开庭审理时，人民检察院应当派员出庭支持公诉，并对人民法院的审判活动进行监督。因此，将开庭时间、地点在开庭三日以前通知人民检察院，便于人民检察院做好出庭支持公诉的准备工作。(2)传唤当事人，通知辩护人、诉讼代理人、证人、鉴定人和翻译人员。根据本款规定，传票和通知书至迟在开庭三日以前送达。上述人员是否准时出庭，直接关系到法庭审判能否正常进行。二是对公开审判的案件，应当在开庭三日以前先期公布案由、被告人姓名、开庭时间和地点。根据公开审判原则的要求，对于公开审判的案件，先期公布有关事项，有利于与案件相关的人和其他公民及时了解案件审理情况，旁听案件的审理。本款规定的内容在1996年刑事诉讼法修改时增加了送达的时间限制，即"在开庭三日以前"送达，有利于确保与案件相关的人及时了解案情。公布案由、被告人姓名、开庭时间和地点应当以公告的形式，加盖人民法院公章，公告至少应当保留到开庭审判的时候。

第四款是关于将上述开庭前准备工作的情况写入笔录的规定。对于以上开庭前的各项准备工作，应当由书记员分别制成笔录，由审判人员和书记员分别签名，附卷保存。

第一百八十八条 人民法院审判第一审案件应当公开进行。但是有关国家秘密或者个人隐私的案件,不公开审理;涉及商业秘密的案件,当事人申请不公开审理的,可以不公开审理。

不公开审理的案件,应当当庭宣布不公开审理的理由。

【修改提示】

本条是1979年刑事诉讼法的规定,1996年、2012年作过修改,2018年修改刑事诉讼法未作修改。

【背景解读】

宪法规定,人民法院审理案件,除法律规定的特别情况外,一律公开进行。公开审理是我国刑事诉讼的一项重要基本原则,对于体现司法公开、公平正义以及保障当事人享有公平审判的权利和对审判活动进行社会监督,促进我国法治建设的发展,都有非常重要的意义。但是,公开审判的原则也不是绝对的,在某些特殊的情况下,如为了保护国家安全方面的利益、个人的隐私权和商业秘密等,不公开审判更有利于维护社会整体利益、保护公民个人的权利和商业秘密。因此,在法律规定的特定情况下,可以不公开进行审判,但是应当在开庭审判时说明理由。1979年刑事诉讼法规定:"人民法院审判第一审案件应当公开进行。但是有关国家机密或者个人阴私的案件,不公开审理。十四岁以上不满十六岁未成年人犯罪的案件,一律不公开审理。十六岁以上不满十八岁未成年人犯罪的案件,一般也不公开审理。对于不公开审理的案件,应当当庭宣布不公开审理的理由。"1996年修改刑事诉讼法按照保守国家秘密法的规定,相应将"机密"改为"秘密";为了更好地保护当事人,特别是被害人的人身权利和其他合法权益,将"阴私"改为"隐私"。2012年3月14日第十一届全国人民代表大会第五次会议通过的《关于修改〈中华人民共和国刑事诉讼法〉的决定》对本条作了修改。2012年修改刑事诉讼法对本条作了两处修改:一是删去原第二款关于未成年人犯罪案件不公开审理的有关规定,将未成年人不公开审理的相关规定移至2012年刑事诉讼法第五编第一章第二百七十四条(2018年修改刑事诉讼法后的第二百八十五条),并作相应调整。二是增加规定涉及商业秘密案件,依当事人申请可以不公开审理。

【理解与适用】

本条是关于第一审案件应当公开审理及其例外情况的规定。

本条共分为两款。第一款是关于人民法院审理第一审刑事案件应当公开进行以及不公开审理的例外情况的规定。有三层意思:一是关于人民法院审理第一审刑事案件应当公开进行的原则规定。公开审判是我国刑事诉讼法的一项基本原则。本款中“公开审理”是指人民法院审理第一审案件对社会公开,包含:(1)允许群众旁听人民法院对刑事案件的审理。(2)允许记者报道。记者可以在案件审理后将案件的审理情况通过报刊、电台、电视台以及其他媒体进行报道。至于对个别案件进行现场直播,必须依照规定经法庭许可且须在不得影响当事人权益和庭审程序的情况下进行。二是关于有关国家秘密或个人隐私的案件不公开审理的规定。“有关国家秘密”的案件是指该案件涉及国家秘密。关于什么是国家秘密,应根据保守国家秘密法的规定认定。“个人隐私案件”是指案件涉及个人不愿公开的隐秘,这些隐秘的公开将会给当事人的生活造成不好的后果,心理带来痛苦和压力。如两性关系、生育能力、收养子女,等等。三是涉及商业秘密的案件,可以依当事人的申请不公开审理。根据刑法第二百一十九条规定,“商业秘密”是指不为公众所知悉,能为权利人带来经济利益,具有实用性并经权利人采取保密措施的技术信息和经营信息。“不公开审理”,是指案件的审理过程不公开,对于依法不公开审理的案件,任何公民包括与审理该案无关的法院工作人员和被告人的近亲属都不得旁听,也不允许记者报道,但宣判一律公开进行。

第二款是关于人民法院对于不公开审理的案件应当当庭宣布不公开审理理由的规定。根据本款规定,人民法院对于有关国家秘密的案件、个人隐私案件、涉及商业秘密依当事人申请不公开审理的案件,在开庭后即应由审判长宣布不公开审理的理由。这样规定一方面可以向当事人和公诉人、辩护人告知为何未适用公开审判原则,便于对不公开审理决定是否合法的监督;另一方面也能安定当事人的情绪,使之正常参加诉讼。

第一百八十九条　人民法院审判公诉案件,人民检察院应当派员出席法庭支持公诉。

【修改提示】

本条是 1979 年刑事诉讼法的规定,1996 年、2012 年作过修改,2018 年修改刑事诉讼法未作修改。

【背景解读】

2012 年 3 月 14 日第十一届全国人民代表大会第五次会议通过的《关于修改〈中华人民共和国刑事诉讼法〉的决定》对本条作了修改。

刑事诉讼法第三条规定,“提起公诉,由人民检察院负责”,第八条规定“人民检察院依法对刑事诉讼实行法律监督”，人民检察院派员出庭支持公诉，是检察机关履行追诉犯罪以及法律监督职责的要求，也是发挥其诉讼职能的主要形式。1996年修改刑事诉讼法规定对于适用简易程序审理的案件，人民检察院可以不派员出庭，主要是考虑适用简易程序的案件范围不大，有利于节省诉讼资源。但是这一做法在实践中出现了一些问题：一是人民检察院无法监督法院的庭审程序，不能发挥检察监督职能；二是公诉人不能掌握法庭审理过程中出现的各种情况，比如有新的证据、被害人给予谅解，等等。有关方面提出，检察机关负有诉讼监督职能，出庭支持公诉是检察机关的基本职责，从体现检察职能的角度，建议规定对于所有公诉案件，人民检察院都应当派员出庭支持公诉。同时考虑到，根据2012年刑事诉讼法修改后的第二百零八条（2018年修改刑事诉讼法后的第二百一十四条）的规定，适用简易程序审理的案件范围进一步扩大，基层人民法院管辖的案件，只要符合条件都可以适用简易程序审理，这些案件中有些可能是比较重大，对被告人判处较长刑期的，没有公诉人出庭支持公诉是不妥当的。综合上述原因，2012年修改刑事诉讼法对本条的规定作出了修改：删去“但是依照本法第一百七十五条的规定适用简易程序的，人民检察院可以不派员出席法庭”的规定，对于所有公诉案件，人民检察院都应当派员出席法庭支持公诉。在修改法律过程中，部分检察机关的同志提出，改变检察机关对于简易程序审理的案件可以不派员出庭的规定，在检察机关公诉力量紧张的情况下，要求检察人员一律出庭，会增加检察机关的工作压力，建议不作修改。经过反复研究并听取各方面的意见，立法机关认为人员不足的情况可通过进一步完善工作机制等办法解决，不应成为影响其不能充分履行检察职能的理由。

【理解与适用】

本条是关于人民检察院应当派员出庭支持公诉的规定。

根据本条的规定，对公诉案件，无论是否适用简易程序、速裁程序审理，人民检察院都应当派员出席法庭支持公诉，其中“支持公诉”是指人民法院开庭审判时，人民检察院派员出席法庭支持和维护人民检察院代表国家提起的公诉。检察人员出席法庭支持公诉前要认真阅卷，熟悉案情和与本案有关的法律规定，制作公诉词。公诉人在法庭审理过程中，要通过宣读起诉书、讯问被告人、询问证人、出示物证和法庭辩论，控诉犯罪，证实犯罪，分析犯罪的根源，揭露犯罪的社会危害性，提高人民群众遵纪守法的自觉性和同违法犯罪行为作斗争的积极性。根据本法第二百零一条的规定，当人民法院经审理认为量刑建议明显不当，或者被告人、辩护人对量刑建议提出异议的，人民检察院可以调整量刑建议。承担调整量刑建议工作的也应是人民检察院的公诉人。人民检察院的公诉人在庭审过程中，必须以事实为根据，以法律为准绳。对被告人的指控应该事实清楚，证据确凿，引用法律恰当、准确。

第一百九十条[①] **开庭的时候,审判长查明当事人是否到庭,宣布案由;宣布合议庭的组成人员、书记员、公诉人、辩护人、诉讼代理人、鉴定人和翻译人员的名单;告知当事人有权对合议庭组成人员、书记员、公诉人、鉴定人和翻译人员申请回避;告知被告人享有辩护权利。**

被告人认罪认罚的,审判长应当告知被告人享有的诉讼权利和认罪认罚的法律规定,审查认罪认罚的自愿性和认罪认罚具结书内容的真实性、合法性。

【修改提示】

本条是1979年刑事诉讼法的规定,1996年作过修改,2012年未作修改。2018年修改刑事诉讼法对本条增加了一款作为第二款,规定审判长在审理认罪认罚案件时,应当告知被告人权利和审查相关事项。

【背景解读】

修改后的刑事诉讼法第一百九十条第一款,是1979年刑事诉讼法的规定。1979年刑事诉讼法第一百一十三条规定:"开庭时,审判长查明当事人是否到庭,宣布案由;宣布合议庭的组成人员、书记员、公诉人、辩护人、鉴定人和翻译人员的名单;告知当事人有权对合议庭组成人员、书记员、公诉人、鉴定人和翻译人员申请回避;告知被告人享有辩护权利。"1996年修改刑事诉讼法时,增加了审判长在开庭时应宣读"诉讼代理人"名单的规定。1979年刑事诉讼法没有规定诉讼代理人制度。1996年修改刑事诉讼法时,将"辩护"一章修改为"辩护与代理",增加规定公诉案件的被害人及其法定代理人或者近亲属,附带民事诉讼的当事人及其法定代理人,自诉案件的自诉人及其法定代理人有权委托诉讼代理人。相应的,审判长在宣读合议庭的组成人员、书记员、公诉人、辩护人、鉴定人和翻译人员的名单时,也应同时宣读诉讼代理人的名单。此外,1979年刑事诉讼法未将刑事被害人列为当事人,也未要求开庭时查明被害人是否到庭,这样实际执行中被害人大都不到庭,从而影响其诉讼权利的行使。1996年修改刑事诉讼法规定被害人属于刑事诉讼中的"当事人",因此,审判长在开庭时"查明当事人是否到庭",在

① 根据2018年10月26日第十三届全国人民代表大会常务委员会第六次会议通过的《关于修改〈中华人民共和国刑事诉讼法〉的决定》修改。修改前的刑事诉讼法第一百八十五条规定:"开庭的时候,审判长查明当事人是否到庭,宣布案由;宣布合议庭的组成人员、书记员、公诉人、辩护人、诉讼代理人、鉴定人和翻译人员的名单;告知当事人有权对合议庭组成人员、书记员、公诉人、鉴定人和翻译人员申请回避;告知被告人享有辩护权利。"

1996年修改刑事诉讼法后就包括了要查明被害人是否到庭，以此保障被害人诉讼权利的行使，保障其合法权益。2012年修改刑事诉讼法时，没有修改该条的内容。2018年修改刑事诉讼法对该条增加一款，主要是明确对于认罪认罚案件，审判长应当向被告人告知相应的权利和法律规定，审查认罪认罚的自愿性和认罪认罚具结书内容的真实性与合法性。2016年最高人民法院、最高人民检察院、公安部、国家安全部、司法部发布的《关于在部分地区开展刑事案件认罪认罚从宽制度试点工作的办法》第十五条规定，人民法院审理认罪认罚案件，应当告知被告人享有的诉讼权利和认罪认罚可能导致的法律后果，审查认罪认罚的自愿性和认罪认罚具结书内容的真实性、合法性。2018年修改刑事诉讼法，吸收了试点办法的规定，增加了审判长在开庭时应当对认罪认罚的被告人负有告知相应内容的义务，以及审查认罪认罚的自愿性以及认罪认罚具结书内容的真实性与合法性的义务。对刑事诉讼法该条的修改，增强了认罪认罚案件中被告人的权利保障，在开庭时被告人就有机会向法庭确认认罪认罚是否真实。同时，根据对刑事诉讼法其他条文的修改，认罪认罚的真实性将影响后续法庭审理的程序，合议庭的组成以及法庭是否采纳人民检察院作出的定罪和量刑建议等。因此，增加对认罪认罚真实性审核的程序，也有利于人民法院顺利审理案件。

【理解与适用】

本条是关于开庭时审判长应当宣布事项、告知当事人权利、审查事项的规定。

本条共分为两款。第一款是关于开庭时审判长应当宣布事项和告知当事人权利的规定。

开庭是庭审活动的开始。明确开庭的程序，是审判活动顺利展开的重要保证。根据本款规定，开庭的时候，审判长应当做以下工作：

1. 审判长宣布开庭后，首先应查明当事人是否到庭，查明被告人的姓名、年龄、民族、籍贯、出生地、文化程度、职业、住址。还应问明被告人是否曾经受过法律处分，是否被采取强制措施以及从何时开始被采取强制措施，收到人民检察院起诉书副本的时间，核对被传唤到庭的被告人是否是本案被指控的人，如果案件中有附带民事诉讼的，还应当查明附带民事诉讼的当事人或其法定代理人是否到庭，并应当问明附带民事诉讼的被告人收到民事诉状的时间。有被害人的，应当查明被害人是否到庭。被害人因身体受到伤害、精神上受到损害或者有其他原因的，也可不出庭。

2. 审判长公布案件的来源、起诉的案由，附带民事诉讼当事人姓名，使被告人知道自己被指控为何罪。对依法不公开审理的案件，当庭公布不公开审理的理由。

3. 宣布参与本案审判的合议庭的组成人员、书记员、公诉人、辩护人、诉讼代理人、鉴定人、翻译人员名单。

4. 宣布上述人员名单后，审判长应告知当事人有对合议庭组成人员、书记员、公诉人、鉴定人和翻译人员申请回避的权利。审判长应分别询问当事人及其法定代理人是否申请回避，申请何人回避以及申请回避的理由。根据本法第三十二条的规定，审判长应当告知辩护人、诉讼代理人也享有对合议庭组成人员、书记员、公诉人、鉴定人和翻译人员申请回避的权利。如果当事人及其法定代理人、辩护人、诉讼代理人认为上述人员与本案有利害关系或者其他关系，会影响本案的公正审理而申请回避的，应依照本法第二十九条、第三十条、第三十一条的规定办理。

5. 为了保护被告人的辩护权利，审判长应当告知被告人在法庭审理时有为自己辩护的权利和通过辩护人为其辩护的权利。

第二款是关于认罪认罚案件，审判长在开庭的时候应当告知被告人权利和审查相关事项的规定。本款中规定的审判长告知被告人享有的权利和审查有关事项，应当结合本案第一款的规定，在法庭审理开始的时候进行。

根据本款规定，审判长应当告知被告人以下内容：一是被告人享有的诉讼权利。对于认罪认罚的被告人，审判长应当告知被告人以下权利：（1）享有辩护权。被告人既可以自己进行辩护，也可以委托辩护人为其辩护。特别是在认罪认罚的案件中，对于被告人开庭后仍然未委托辩护人的，应告知被告人根据本法第三十四条第一款的规定，被告人有权随时委托辩护人，以保障其充分获得辩护权。（2）享有拒绝辩护人继续为其辩护和另行委托辩护人辩护的权利。根据本法第四十五条规定，在审判过程中，被告人可以拒绝辩护人继续为他辩护，也可以另行委托辩护人辩护。（3）被告人可以参与法庭审理。被告人参与法庭审理包括就起诉书指控的犯罪进行陈述和辩解，对鉴定意见提出异议，申请通知新的证人到庭，调取新的物证，申请重新鉴定或者勘验等，以及提出证明自己无罪、罪轻的意见等。（4）自诉案件的被告人可以提起反诉。根据本法第二百一十三条规定，被告人认罪认罚的自诉案件，也可以对自诉人提起反诉，并就反诉的犯罪事实和证据材料等进行互相辩论。（5）被告人有最后陈述的权利。根据本法第一百九十八条规定，被告人有最后陈述的权利。法庭听取被告人的最后陈述意见是必经程序，是被告人的一项重要诉讼权利。审判长应告知认罪认罚案件的被告人可以就起诉书指控的犯罪作最后的陈述和辩解，提出关于定罪、量刑的意见和要求，分析自己的犯罪原因，请求法庭给予自己改过自新的机会，等等。二是认罪认罚的法律规定。审判长应当告知被告人认罪认罚制度的相关法律规定，包括实体和程序规定。（1）在实体上可以从宽。如刑法第六十七条关于自首的规定，第六十八条关于立功的规定，第七十二条关于缓刑的规定等。同时，本法第十五条规定，被告人自愿如实供述自己的罪行，承认指控的犯罪事实，愿意接受处罚的，可以依法从宽处理。这些在实体上从宽的规定,审判长应当告知认罪认罚的被告人。(2)在程序上可以从简。认罪认罚案件依法可以适用普通程序、简易程序和速裁程序。审判长应告知被告人适用简易程序或速裁程序的相关法律规定。对于简易程序,本法第二百一十四条规定基层人民法院管辖的案件如果案件事实清楚、证据确实充分,被告人承认自己所犯罪行,并对指控的犯罪事实没有异议,同时对适用简易程序没有异议的,基层人民法院可以适用简易程序审判。审判长应告知被告人有些情形下不能适用简易程序;适用简易程序时合议庭的组成;被告人应当享有的权利,如可以同公诉人、自诉人及其诉讼代理人相互辩论,最后陈述意见等;以及适用简易程序审理案件,将不受送达期限、讯问被告人、询问证人、鉴定人、出示证据、法庭辩论程序规定的限制等。根据本法第二百二十二条的规定,基层人民法院管辖的可能判处三年有期徒刑以下刑罚的案件,案件事实清楚,证据确实、充分,被告人认罪认罚并同意适用速裁程序的,可以适用速裁程序,由审判员一人独任审判。审判长应告知被告人有些情形下不能适用速裁程序;适用速裁程序的法庭审理一般将不进行法庭调查、法庭辩论,但在判决宣告前被告人有权利作最后陈述;适用速裁程序审理案件的,会当庭宣判。如果被告人是违背意愿认罪认罚、否认指控的犯罪事实等情形的,则依法不适用速裁程序,转为普通程序审理等。对于简易程序和速裁程序,被告人均有选择权。

此外,本法第二百零一条的规定,人民法院审理认罪认罚案件,除法律规定的情形外,人民法院一般应当采纳人民检察院指控的罪名和量刑建议。同时,审判长应告知被告人及其辩护人可以依法就量刑建议提出异议。人民检察院调整量刑建议后,被告人及其辩护人如果觉得调整后的量刑建议仍然明显不当的,仍有权利向法庭再次提出异议。法庭认为量刑建议确实明显不当的,依法作出判决。

审判长告知被告人关于认罪认罚的法律规定,有利于被告人在充分知情的前提下作出选择,有利于充分维护被告人权利,维护司法公正。最后,审判长还应告知被告人,在认罪认罚案件宣判后,被告人仍有权利进行上诉。

根据本款规定,审判长还应同时审查以下内容:一是被告人认罪认罚的自愿性。适用认罪认罚从宽制度的前提是被告人自愿。考虑到人民法院审理被告人认罪认罚案件的,可能在实体和程序予以从宽和从简,人民法院在开庭时就应当审查被告人是否自愿认罪认罚,以确定审理案件适用的程序。如果被告人选择认罪认罚是对认罪认罚制度有重大误解,或者在侦查起诉阶段是迫于压力、违背意愿认罪认罚的,被告人可以在审判长审查时向法庭提出,特别是被告人否认指控的犯罪事实,认为不构成犯罪或者不应当追究刑事责任,对量刑有异议等意见。审查被告人认罪认罚的自愿性,有利于避免因被告人被迫认罪认罚产生的冤假错案。审判长应通过切实审查认罪认罚的自愿性,避免无罪的人受到刑事追究,有罪的人受到超出刑法规定的刑事处罚。二是认罪认罚具结书内容的真实性、合法性。根据本法第一百七十四条的规定，犯罪嫌疑人自愿认罪认罚，同意量刑建议和程序适用的，应当在辩护人或者值班律师在场的情况下签署认罪认罚具结书。认罪认罚具结书作为被告人认罪认罚的重要材料，在人民检察院起诉时随案移送。认罪认罚具结书中一般会载明犯罪嫌疑人的身份信息；犯罪嫌疑人对相关权利是否知悉；犯罪嫌疑人对认罪认罚的内容包括人民检察院指控的犯罪事实、提出的量刑建议、适用程序等是否确认；犯罪嫌疑人自愿签署认罪认罚具结书的声明等内容。同时犯罪嫌疑人、被告人的辩护人或值班律师也应根据犯罪嫌疑人、被告人自愿签署认罪认罚具结书的情况签署意见。此外，审查认罪认罚具结书内容的合法性还包括被告人签署认罪认罚具结书的程序是否合法，如被告人签署具结书，是否充分吸取了辩护人或者值班律师的意见；人民检察院是否为辩护人或者值班律师了解案情提供便利等。审判长在审查认罪认罚具结书内容的真实性、合法性的时候，应分别就具结书的内容，签署具结书的不同主体的情况予以审核。比如具结书是否是被告人本人签署，根据被告人文化程度是否真实了解认罪认罚的法律后果，辩护人或值班律师是否真实确认被告自愿认罪认罚等。最后，审判长不能将审核认罪认罚具结书内容的真实性、合法性等同于审核被告人认罪认罚的自愿性。有时候，被告人虽然自愿认罪认罚，但认罪认罚具结书的内容不一定是真实、合法的。被告人可能是在被欺骗、蒙蔽的情况签署认罪认罚具结书，造成权利受损而不自知的状况。因此，审判长需要将被告人认罪认罚的自愿性与认罪认罚具结书内容的真实性、合法性相结合审查。

实践中还需要注意两个问题：(1)根据本条的规定，审判长在开庭的时候应当审查认罪认罚案件中被告人认罪认罚的自愿性和认罪认罚具结书内容的真实性、合法性。但是如果在法庭调查、辩论等庭审过程中发现存在被告人违背意愿认罪认罚等导致认罪认罚存有疑问的情况，审判长需要重新审查认罪认罚的相关事项。因此，对被告人认罪认罚的自愿性，认罪认罚具结书内容的真实性和合法性的审查应贯穿于法庭审理的全过程，以充分保障司法公正。(2)对于认罪认罚案件中被告人是未成年人的，审判长在告知相应权利、法律规定以及审查认罪认罚自愿性的时候，需要充分考虑到未成年的被告人在智力认知和表达能力上的不足。人民法院在依法适用“未成年人刑事案件诉讼程序”的特别程序的同时，应注意刑事诉讼法第二百二十三条第二项规定，被告人是未成年人的不适用速裁程序。

第一百九十一条　公诉人在法庭上宣读起诉书后，被告人、被害人可以就起诉书指控的犯罪进行陈述，公诉人可以讯问被告人。

被害人、附带民事诉讼的原告人和辩护人、诉讼代理人，经审判长许可，可以向被告人发问。

审判人员可以讯问被告人。

【修改提示】

本条是1979年刑事诉讼法的规定,1996年作过修改,2012年、2018年修改刑事诉讼法未作修改。

【背景解读】

1979年刑事诉讼法第一百一十四条规定:"公诉人在审判庭上宣读起诉书后,审判人员开始审问被告人。公诉人经审判长许可,可以讯问被告人。被害人、附带民事诉讼的原告人和辩护人,在审判人员审问被告人后,经审判长许可,可以向被告人发问。"上述规定在实践中存在以下两个问题:(1)审判人员审问被告人作为开庭后的重要程序,不利于审判人员居中听取双方意见,从而造成代替公诉人揭露、证实犯罪的职责,存在对案件包揽过多的问题;(2)不能充分发挥控、辩双方的作用。1996年修改刑事诉讼法对庭审方式进行改革,修改为现在的条文。根据修改后的规定,审判人员处于主持庭审的地位,主要是公诉人、辩护人双方讯问、发问,在必要时,审判人员也可以讯问,这样既发挥了控、辩双方的作用,也使控、辩、审三方的职责更明确,有利于查明案情,得出正确结论。这种规定对审判人员并非是消极的,审判人员要掌握和指挥庭审的进行,也要就问题的要害之处对被告人讯问,从立法本意上是对审判人员提出了更高的要求,要求审判人员必须具有较好的素质,才能完成审判任务。2012年和2018年修改刑事诉讼法对本条规定未作修改。

【理解与适用】

本条是关于被告人、被害人就起诉书指控的犯罪事实进行陈述以及讯问被告人程序的规定。

本条共分为三款。第一款是关于公诉人宣读起诉书后,被告人、被害人进行陈述及公诉人可以讯问被告人的规定。根据本款的规定,公诉人在审判庭上宣读起诉书后,被告人和被害人可以分别就起诉书指控的犯罪进行陈述。被告人如果承认公诉人的指控,则应当对自己的犯罪行为进行陈述;被告人如果不承认公诉人的指控,则应允许被告人提出自己无罪、罪轻的意见。同时,被害人也可以针对起诉书中指控的犯罪陈述自己受害的过程以及有关的诉讼请求。公诉人代表国家在法庭上起诉和证实被告人的罪行,为了更好地揭露被告人的犯罪情节,论证其犯罪行为应予追究,公诉人可以讯问被告人,讯问的主要内容应限定于其指控的犯罪。讯问的主要目的是让审判人员当庭听取被告人的供述或者辩解,弄清案件事实。

第二款是关于被害人、附带民事诉讼的原告人和辩护人、诉讼代理人向被告人发问的程序的规定。被害人是犯罪行为的直接受害者,他可以并有权揭露、控诉犯罪;附带民事诉讼的原告人有权要求赔偿由于被告人的犯罪行为而遭受到的物质损失;辩护人要为被告人作无罪、罪轻或者减轻处罚的辩护;诉讼代理人向被告人发问是受被害人及其法定代理人或者近亲属、附带民事诉讼的当事人及其法定代理人的委托代行其诉讼权利。因此,本款规定,这些人可以向被告人发问。但是,为了保证庭审有序顺利进行,这些发问应当经审判长许可,经许可方可发问。

第三款是关于审判人员可以讯问被告人的规定。由于审判人员掌握和指挥庭审的进行,所以对审理过程中有疑问的地方,以及被告人在陈述时有表述不清的地方,审判人员可以直接讯问被告人。

在司法实践中应当注意两点:一是法庭讯问被告人,向被告人发问必须在审判长的主持之下进行。审判长对于控辩双方讯问、发问被告人的内容与本案无关或者讯问、发问的方式不当的,应当制止。对于控辩双方认为对方讯问或者发问的内容与本案无关或者讯问、发问的方式不当并提出异议的,审判长应当判明情况予以支持或者驳回。二是对于共同犯罪案件,讯问被告人一般应当分别进行,合议庭认为必要时,可以传唤两位以上被告人同时到庭对质。

第一百九十二条　公诉人、当事人或者辩护人、诉讼代理人对证人证言有异议,且该证人证言对案件定罪量刑有重大影响,人民法院认为证人有必要出庭作证的,证人应当出庭作证。

人民警察就其执行职务时目击的犯罪情况作为证人出庭作证,适用前款规定。

公诉人、当事人或者辩护人、诉讼代理人对鉴定意见有异议,人民法院认为鉴定人有必要出庭的,鉴定人应当出庭作证。经人民法院通知,鉴定人拒不出庭作证的,鉴定意见不得作为定案的根据。

【修改提示】

本条是2012年修改刑事诉讼法时增加的规定,2018年修改刑事诉讼法未作修改。

【背景解读】

本条是2012年3月14日第十一届全国人民代表大会第五次会议通过的《关于修改〈中华人民共和国刑事诉讼法〉的决定》新增加的条文。完善证人、鉴定人出庭制度是正在进行的深化司法体制和工作机制改革的任务要求。证人、鉴定人出庭，有利于控辩双方就证言、鉴定意见中的有关问题进行当庭质证，有利于审判人员根据质证的情况对证言和鉴定意见的真伪以及在案件中的证明力作出判断，从而对案件作出正确判决。但在目前司法实践中，证人、鉴定人应当出庭作证而不出庭的问题比较突出，影响相关证据的证明力，也影响审判的公正性，需要通过法律规范予以解决。2012 年修改刑事诉讼法，根据实际需要，确定了证人、鉴定人必须出庭的情形，本条的规定是庭审制度的重大改革、完善，也是审判程序中必须遵守的规范。

【理解与适用】

本条是关于证人、鉴定人出庭的规定。

本条共分为三款。第一款是关于证人出庭作证的范围的规定。证人证言是本法第五十条规定的证据种类之一。刑事诉讼法的一项重要任务就是要查明犯罪事实，证人作为知道案件情况的人，其证言对于查明事实真象具有重要意义。但证人证言具有主观性，其证明力往往受到时间、来源、案发时的环境等各种因素的影响，因此需要对其进行甄别、质证。本法第六十一条规定，证人证言必须在法庭上经过公诉人、被害人和被告人、辩护人双方质证并且查实以后，才能作为定案的根据。出庭作证是在审判阶段对证人证言进行甄别的重要方式。根据本款规定，证人证言在同时符合三个条件的情况下，证人应当以出庭的方式作证：一是公诉人、当事人或者辩护人、诉讼代理人对证人证言有异议，包括公诉人、当事人等认为证人证言不符合实际情况，与其掌握的其他证据之间存在矛盾之处等。二是该证人证言对案件定罪量刑有重大影响，即对定罪量刑有重大影响的才有必要出庭作证，这是考虑到我国的实际情况作出的规定。我国司法实践中证人出庭率很低，其原因是多方面的，既有传统的原因，也有对自身利益的考虑，如害怕打击报复，认为出庭作证会导致自身权益受损；出庭作证耽误时间，影响自己收入；案件与自己无关，多一事不如少一事，等等。因此，当务之急是要采取措施，如加强证人保护、对出庭作证予以补偿等推动、鼓励证人出庭。从国外司法实践看，也并非证人都要出庭。而且，规定证人都要出庭也不现实，因此这里规定要对"定罪量刑有重大影响"。证人证言对"定罪量刑有重大影响"包括直接目击案件的发生，是案件主要甚至唯一的证人，对于印证其他可能定案的证据具有重要意义等。既包括单独影响定罪、量刑，也包括既影响定罪，也影响量刑。三是人民法院认为证人有必要出庭作证的。这里规定的是出庭作证的必要性。证人是否应当出庭应由人民法院综合全案情况予以考虑，包括提异议的情况以及对定罪量刑的影响等。对本款规定的未出庭作证证人的证言能否排除，这里未作规定，需要由法官根据案件的具体情况，结合其他证据确定。根据最高人民法院、最高人民检察院、公安部、国家安全部、司法部发布的《关于办理死刑案件审查判断证据若干问题的规定》,办理死刑案件时,对未出庭作证证人的书面证言,应当听取出庭检察人员、被告人及其辩护人的意见,并结合其他证据综合判断。未出庭作证证人的书面证言出现矛盾,不能排除矛盾且无证据印证的,不能作为定案的根据。需要注意的是,对无正当理由拒绝出庭的证人,应根据本法第一百九十三条的规定依法处理。

第二款是关于警察作为目击证人出庭作证的规定。警察在履行职责过程中直接发现犯罪行为和犯罪人的情况是经常发生的,在这种情况下,警察就成为了目击证人,特别是在没有其他人在场的情况下,警察往往是唯一的目击证人。为证明和追究犯罪,有必要、也有义务由该警察作证。根据本款规定,人民警察就其执行职务时目击的犯罪情况作为证人出庭作证,适用前款规定,即公诉人、当事人或者辩护人、诉讼代理人对该证人证言有异议;该证人证言对案件定罪量刑有重大影响,人民法院认为证人有必要出庭作证时,警察证人也应当出庭作证。本款规定的"执行职务"目击犯罪的情况既包括作为侦查人员执行职务时目击犯罪情况,也包括执行其他职务如巡逻时目击犯罪的情况,这种情况下警察是作为目击者提供证言的,与其他证人没有区别,对于符合出庭条件的,应当出庭作证。这种情况下,人民警察作为目击证人出庭指证犯罪,既有利于将真正的罪犯绳之以法,也是作为人民警察的职责所在。这一规定是 2012 年修改刑事诉讼法,从及时、准确惩治犯罪,保证公正审判角度对审判程序的重要完善。需要注意的是,这里规定的警察出庭作证仅限于目击犯罪的情况,不包括因为勘验、检查等而知晓案件的情形。

第三款是关于鉴定人出庭的规定。主要包括两个方面的内容:鉴定人出庭的条件和对不出庭的鉴定意见如何处理。《全国人民代表大会常务委员会关于司法鉴定管理问题的决定》规定,在诉讼中当事人对鉴定意见有异议的,经人民法院依法通知,鉴定人应当出庭作证。鉴定意见是对诉讼活动中涉及的专门性问题进行鉴别和判断形成的意见,对于案件的定性具有直接影响,因此有必要对其质证。鉴定人出庭作证是对鉴定意见进行质证,保证鉴定意见真实性、证明力的重要形式。根据本款规定,在同时符合两个条件的情况下,鉴定人应当出庭:一是公诉人、当事人或者辩护人、诉讼代理人对鉴定意见有异议。二是人民法院认为鉴定人有必要出庭的。这里规定的条件和证人出庭作证有所不同,未列明"对案件定罪量刑有重大影响",主要是因为鉴定意见通常都对案件的定罪量刑有重大影响,同时,鉴定意见具有专门性、科学性的特征,往往在证明力上会优于其他证据。关于鉴定人不出庭的后果,根据本款规定,经人民法院通知,鉴定人拒不出庭作证的,鉴定意见不得作为定案的根据。这是一个非常明确的规定,就是说,经人民法院通知鉴定人出庭,鉴定人不出庭的,其鉴定意见将失去证据作用。这样规定,是考虑到鉴定意见与其他证据不同,鉴定意见是专业人员根据科学方法和自己的专业知识作出的判断,不具有唯一性,鉴定人不出庭的,可以另外进行鉴定,提出鉴定意见。因此,本条明确规定,经人民法院通知,鉴定人拒不出庭作证的,鉴定意见不得作为定案的根据。

第一百九十三条　经人民法院通知,证人没有正当理由不出庭作证的,人民法院可以强制其到庭,但是被告人的配偶、父母、子女除外。

证人没有正当理由拒绝出庭或者出庭后拒绝作证的,予以训诫,情节严重的,经院长批准,处以十日以下的拘留。被处罚人对拘留决定不服的,可以向上一级人民法院申请复议。复议期间不停止执行。

【修改提示】

本条是2012年修改刑事诉讼法时增加的规定,2018年修改刑事诉讼法未作修改。

【背景解读】

本条是2012年3月14日第十一届全国人民代表大会第五次会议通过的《关于修改〈中华人民共和国刑事诉讼法〉的决定》新增加的条文。本法第一百九十二条规定了证人出庭的条件,即公诉人、当事人或者辩护人、诉讼代理人对证人证言有异议,且该证人证言对案件定罪量刑有重大影响,人民法院认为证人有必要出庭作证的,证人应当出庭作证。本条第一款对强制到庭以及对被告人的配偶、父母、子女可以免予强制到庭的情况作了规定,第二款对拒不出庭或者拒不作证的证人规定了训诫、拘留的处理措施,这些都是确保证人出庭的必要措施,是证人出庭制度能够得以实施的保障性举措。

【理解与适用】

本条是关于强制证人到庭及对拒不出庭作证的证人如何处理的规定。

本条共分为两款。第一款是关于强制到庭及其例外情形的规定。根据本款规定,经人民法院通知,证人没有正当理由不出庭作证的,人民法院可以强制其到庭,但是被告人的配偶、父母、子女除外。"强制其到庭"是指人民法院派法警采用强制手段,将证人带至法庭。根据本款规定,在两种情况下不能采取强制到庭的措施:一是证人有正当理由,如生病不能出庭,由于不可抗力无法到庭,等等。这里的正当理由应由法官判断是否成立,法官认为不成立的,也可强制其到庭。二是证人是被告人的配偶、父母、子女。这些是由于其身份,不宜对其强制到庭,主要是考虑到强制配偶、父母、子女在法庭上对被告人进行指证,不利于家庭关系的维系和社会和谐的构建。需要特别指出的是,这里规定的是免予强制出庭,不是拒证权。拒证权一般是指在特定情形下,负有作证义务的证人被司法机关要求提供证言时,因其特殊身份或者法律的规定而享有的拒绝作证的权利,通常贯穿侦查、起诉、审判等诉讼阶段。根据本法第六十二条的规定,凡是知道案件情况的人,都有作证的义务。本款规定并没有免除其作证的义务,只是规定在庭审阶段可以免予强制到庭。本款规定的配偶是指与被告人有夫妻关系的人,不包括有事实上的同居关系的人,父母、子女包括依法确立收养关系的养父母、养子女。

第二款是对拒不出庭和拒绝作证的证人的处罚的规定。根据本款规定,证人没有正当理由拒绝出庭或者出庭后拒绝作证的,予以训诫,情节严重的,经院长批准,处以十日以下的拘留。被处罚人对拘留决定不服的,可以向上一级人民法院申请复议。复议期间不停止执行。

本款规定在执行中要注意三点:(1)这里的规定应结合本法第一百九十二条的规定执行,即首先须符合第一百九十二条规定的应当出庭的条件,即公诉人、当事人或者辩护人、诉讼代理人对证人证言有异议,且该证人证言对案件定罪量刑有重大影响,人民法院认为证人有必要出庭作证,通知其出庭该证人拒绝出庭或者出庭后拒绝作证的。(2)对证人的处罚有两种方式,一般情况下予以训诫即可,只有达到情节严重的程度,才予以拘留。这两种情况都意味着对拒绝出庭或者出庭后拒绝作证的不是一律都要予以处罚。司法机关应当多做证人的工作,对依法应当予以保护和补偿的,提供必要的保护和补偿,从而打消其作证的疑虑,鼓励其作证。处罚证人不是目的,只是为了确保其出庭作证而采取的最后的手段。(3)对根据第一款规定免予强制到庭的人,包括被告人的配偶、父母、子女,不能因为其未出庭而予以训诫或者拘留处罚。

第一百九十四条　证人作证,审判人员应当告知他要如实地提供证言和有意作伪证或者隐匿罪证要负的法律责任。公诉人、当事人和辩护人、诉讼代理人经审判长许可,可以对证人、鉴定人发问。审判长认为发问的内容与案件无关的时候,应当制止。

审判人员可以询问证人、鉴定人。

【修改提示】

本条是1979年刑事诉讼法的规定,1996年作过修改,2012年、2018年修改刑事诉讼法未作修改。

【背景解读】

1979年刑事诉讼法第一百一十五条规定:“审判人员、公诉人询问证人,应当告知他要如实地提供证言和有意作伪证或者隐匿罪证要负的法律责任。当事人和辩护人可以申请审判长对证人、鉴定人发问，或者请求审判长许可直接发问。审判长认为发问的内容与案件无关的时候，应当制止”。这样规定主要存在以下问题：(1)法庭在审判中主要由审判人员询问证人、鉴定人，审判人员往往根据在查阅案卷材料中已经掌握的案件情况进行发问，容易出现主观性、片面性，不利于全面、客观地查清案件事实真象；审判人员在庭审中包揽过多，也不利于充分发挥公诉人和辩护人的作用。(2)1979 年的刑事诉讼法条文没有规定诉讼代理人对证人、鉴定人进行询问。1996 年修改刑事诉讼法本着加强庭审功能，发挥控辩双方作用的精神，修改规定为询问证人、鉴定人，侧重由公诉人、当事人和辩护人、诉讼代理人经审判长许可，进行直接发问；同时规定，审判人员也可以询问证人、鉴定人。另外，增加规定诉讼代理人可以询问证人、鉴定人。2012 年和2018 年修改刑事诉讼法对本条规定未作修改。

【理解与适用】

本条是关于证人出庭作证和询问证人、鉴定人的程序的规定。

本条共分为两款。本条第一款是关于证人作证以及公诉人、当事人和辩护人、诉讼代理人询问证人、鉴定人的具体程序的规定。根据本款规定，证人来法庭作证，在对证人进行询问前，审判人员应当告知他要如实地提供证言和有意作伪证或者隐匿罪证要负的法律责任。证人是知道全部或者部分案件事实真象的人，如何使证人真实作证十分关键，因此明确作了这一规定。“有意作伪证或者隐匿罪证要负的法律责任”，主要是指对于有意作伪证或者隐匿罪证的人，构成犯罪的，依照刑法第三百零五条伪证罪的规定，追究其刑事责任；对于出庭后拒绝作证的，可依照本法第一百九十三条的规定予以训诫、处罚。公诉人、当事人和辩护人、诉讼代理人在证人提供证言、鉴定人提供鉴定意见后，认为需要询问证人、鉴定人的，经审判长许可，可以对证人、鉴定人进行发问。询问证人、鉴定人，不能采用威胁、利诱、暗示、提示等方法；多个证人作证的，应当个别进行，其他证人不能在场。对于证人的陈述不清或者矛盾之处，应当要求证人作进一步陈述和说明；对于证人之间的证言相互矛盾的，公诉人、当事人和辩护人、诉讼代理人可以进一步核实，互相质证。审判长认为发问的内容与案件无关的时候，应当制止。“内容与案件无关”，是指发问的内容与案件涉及的犯罪事实无关，与案件定罪量刑无关，

第二款是关于审判人员可以询问证人、鉴定人的规定。根据本款规定，对证人、鉴定人进行询问，主要是由公诉人、当事人和辩护人、诉讼代理人进行，但审判人员在必要的时候，也有权询问证人、鉴定人。这对于保证法庭准确调查核实案件真象和证据，也是必不可少的，避免包办代替，只在必要时询问。

司法实践中应当注意：一是在法庭审理中，审判人员应当如何询问证人、鉴定人，应当正确处理，不要在一开始就询问，更不要包办代替，只在必要的时候进行

询问,主要应当让公诉人、当事人、辩护人和诉讼代理人去询问。二是依照本法第一百九十七条的规定,公诉人、当事人、辩护人和诉讼代理人可以申请法庭通知有专门知识的人出庭,就鉴定人作出的鉴定意见提出意见,有专门知识的人出庭作证,适用鉴定人的有关规定。根据上述规定,本条规定的公诉人、当事人、辩护人、诉讼代理人以及审判人员可以询问鉴定人的规定,也适用于有专门知识的人。

第一百九十五条　公诉人、辩护人应当向法庭出示物证,让当事人辨认,对未到庭的证人的证言笔录、鉴定人的鉴定意见、勘验笔录和其他作为证据的文书,应当当庭宣读。审判人员应当听取公诉人、当事人和辩护人、诉讼代理人的意见。

【修改提示】

本条是1979年刑事诉讼法的规定,1996年、2012年作过修改,2018年修改刑事诉讼法未作修改。

【背景解读】

2012年3月14日第十一届全国人民代表大会第五次会议通过的《关于修改〈中华人民共和国刑事诉讼法〉的决定》对本条作了修改。

1979年刑事诉讼法第一百一十六条规定:“审判人员应当向被告人出示物证,让他辨认;对未到庭的证人的证言笔录、鉴定人的鉴定结论、勘验笔录和其他作为证据的文书,应当当庭宣读,并且应当听取当事人和辩护人的意见。”这样规定,在法庭审理中,出示物证、宣读未到庭的证人的证言笔录、鉴定人的鉴定结论、勘验笔录和其他作为证据的文书,都由审判人员进行。导致出现两个问题:(1)审判人员包揽、代替了公诉人的举证责任。公诉人对被告人提起公诉,要求法院追究其刑事责任,应当向法庭举出犯罪事实和足够证据,而不应当由法庭向被告人出示证据。(2)容易使审判人员先入为主,导致出示的证据不客观、不全面,使庭审流于形式。1996年刑事诉讼法修改为公诉人、辩护人向法庭出示物证、宣读未到庭证人的证言笔录等作为证据的文书,审判人员应当听取公诉人、辩护人等的意见。这一修改,有利于充分调动公诉人、辩护人在庭审中的积极性,让他们从不同角度提出证据,使审判人员站在比较客观的角度,公正的审理案件。2012年修改刑事诉讼法将“鉴定结论”修改为“鉴定意见”,本条基本内容保持不变,对于本条的理由与修改第五十条的理由一致,在此不再赘述。2018年修改刑事诉讼法未作修改。

【理解与适用】

本条是关于法庭质证程序的规定。

本条规定了三层意思：一是公诉人、辩护人向法庭出示物证，让当事人辨认。公诉人向法庭出示证明被告人罪行以及其他客观反映案情的物证，辩护人则出示证明被告人无罪或者罪轻的物证。在出示物证前，公诉人、辩护人应当先向当事人问明该物证的特征，然后向法庭出示，让当事人辨认核实，并问清辨认意见。当事人在法庭上辨认物证时要如实回答。不便或者不能拿到法庭上出示的物证，应当出示原物的照片或者投影。二是对未到庭的证人的证言笔录、鉴定人的鉴定意见、勘验笔录和其他作为证据的文书，当庭宣读。证人身患疾病住院治疗或者行走不便、远居外地或者外出，以及有其他正当理由不能到庭作证的，公诉人、辩护人应将其证言笔录当庭宣读，对未到庭的鉴定人的鉴定意见、勘验笔录和其他作为证据的文书，也应当当庭宣读。三是审判人员应当听取公诉人、当事人和辩护人、诉讼代理人的意见。对于在法庭上出示的物证和宣读的其他证据，审判人员应当听取公诉人、当事人和辩护人、诉讼代理人的意见，认真进行核对。只有经过当事人辨认，各方面的证人证言相互印证，核对属实后，才能作为定案的根据。

第一百九十六条　法庭审理过程中，合议庭对证据有疑问的，可以宣布休庭，对证据进行调查核实。

人民法院调查核实证据，可以进行勘验、检查、查封、扣押、鉴定和查询、冻结。

【修改提示】

本条是1996年修改刑事诉讼法时增加的规定，2012年作了修改，2018年修改刑事诉讼法未作修改。

【背景解读】

2012年3月14日第十一届全国人民代表大会第五次会议通过的《关于修改〈中华人民共和国刑事诉讼法〉的决定》对本条作了修改。

本条是1996年修改刑诉法时增加的条文。1996年修改刑诉法时，对完善庭审方式，强化公诉人、辩护人在庭审中的作用，作了重大改革，如规定主要由公诉人、辩护人询问证人、鉴定人；规定公诉人、辩护人向法庭出示证据，等等。这些修改是为了更好地发挥法庭审理的作用，有利于公正裁判。但是，考虑到我国的实际情况，主要是惩罚犯罪的实际需要，我国的庭审方式应当是在重视和发挥公诉人、辩护人作用的同时，也要充分发挥法庭查明事实的职能作用。因此，本条规定了法庭对证据有疑问时，可以休庭，进行调查核实证据；同时明确规定了人民法院调查核实证据，可以进行勘验、检查、扣押、鉴定和查询、冻结等措施。2012年修改刑事诉讼法根据实践需要，增加人民法院调查核实证据时可以使用“查封”措施。这一修改主要是考虑到在司法实践中，对于不动产等不方便移动的证据，无法采用扣押、冻结等措施，需要有针对性的增加人民法院调查、核实证据的措施。

【理解与适用】

本条是关于休庭与庭外调查核实证据的规定。

本条共分为两款。第一款是关于合议庭在审理过程中对有疑问的证据可以休庭进行调查核实的规定。根据本款规定，合议庭可以休庭进行调查核实证据是在对“证据有疑问的”情况下，“合议庭对证据有疑问的”，主要是指合议庭在法庭审理过程中，认为公诉人、辩护人提出的主要证据是清楚、充分的，但某个证据或者证据的某一方面存在不足或者相互矛盾，如对同一法律事实，公诉人、辩护人各有不同的物证、书证、证人证言或者鉴定意见等证据等情形。在这种情况下，不排除疑问，就会影响定罪或者判刑，但是，控辩双方各执一词，法庭无法及时判定真伪，在这种情况下，有时就需要先宣布休庭，对证据进行调查核实。

第二款是关于人民法院在调查核实证据时可以使用哪些具体措施的规定。人民法院调查核实证据，有时需要对有关证据重新进行调查，有时需要及时地将有关财物固定，防止书证、物证的灭失，因此必须要有一定的手段。根据本款规定，这些措施是勘验、检查、查封、扣押、鉴定和查询、冻结。“勘验、检查”，主要是指对于与犯罪有关的场所、物品、人身、尸体进行勘验或者检查；“查封、扣押”，主要是指扣押可用于证明被告人有罪、无罪或者罪轻的各种物品和文件、邮件、电报等，必要时也可以查封或者扣押被告人的财产，但与案件无关的上述物品等不得查封、扣押；“鉴定”，是指为查明证据的真伪，指派、聘请有专门知识的人就案件中的某个专门性问题进行鉴别、确定；“查询、冻结”，主要是指依照规定查询、冻结被告人的存款、汇款。人民法院在采取上述措施时，应当遵守本法关于侦查中相关措施的规定。

在理解和执行本条的规定时主要应当注意两点：一是合议庭对证据有疑问，在庭外采用勘验、检查、查封、扣押、鉴定和查询、冻结等方式对证据进行调查核实后，在继续进行开庭审理时必须经过庭审辨认、质证才能作为判决的依据，而不能以调查核实代替控辩双方的举证、质证。二是合议庭调查核实证据是在开庭审理后、公诉人、辩护人进行举证、质证的过程中，遇到对证据有疑问的情况才进行，而不是开庭前进行事先调查核实证据。

第一百九十七条　法庭审理过程中，当事人和辩护人、诉讼代理人有权申请通知新的证人到庭，调取新的物证，申请重新鉴定或者勘验。

公诉人、当事人和辩护人、诉讼代理人可以申请法庭通知有专门知识的人出庭，就鉴定人作出的鉴定意见提出意见。

法庭对于上述申请，应当作出是否同意的决定。

第二款规定的有专门知识的人出庭，适用鉴定人的有关规定。

【修改提示】

本条是1979年刑事诉讼法的规定，1996年、2012年作过修改，2018年修改刑事诉讼法未作修改。

【背景解读】

2012年3月14日第十一届全国人民代表大会第五次会议通过的《关于修改〈中华人民共和国刑事诉讼法〉的决定》对本条作了修改，增加了可以申请法庭通知有专门知识的人出庭，就鉴定人作出的鉴定意见提出意见的内容。

本条是1979年刑事诉讼法的规定，1996年作过修改。1996年刑事诉讼法第一百五十九条规定，法庭审理过程中，当事人和辩护人、诉讼代理人有权申请通知新的证人到庭，调取新的物证，申请重新鉴定或者勘验。法庭对于上述申请，应当作出是否同意的决定。在法庭审理案件过程中，当事人和辩护人、诉讼代理人申请通知新的证人到庭，调取新的物证，申请重新鉴定或者勘验的，是当事人维护自身合法权利的正当要求，对于查明案件的事实真象也很重要，1996年刑事诉讼法修改时对上述内容作出了明确规定。对于上述申请，法庭应当综合全案的事实调查情况、证据核实情况，作出是否同意的决定，以避免重复和不必要的调查。2012年刑事诉讼法修改，在本条中增加了有专门知识的人出庭就鉴定意见提出意见的内容，是为了加强对鉴定意见的质证、保证公正审判而增加的规定，属于2012年刑事诉讼法修改的一个创新之处，可在实践的基础上继续完善。2018年修改刑事诉讼法未作修改。

【理解与适用】

本条是关于通知新的证人、有专门知识的人出庭，调取新的物证，申请重新鉴定或者勘验的规定。

本条共分为四款。第一款是关于当事人和辩护人、诉讼代理人有权申请新的证人到庭、调取新的物证、申请重新鉴定或者勘验的规定。根据本款规定，在法庭审理过程中，如果当事人和辩护人、诉讼代理人发现了新的证据或者对原有证据产生疑问，认为有必要重新取证或者进行补充的，有权以口头或者书面形式随时向法庭提出申请，请求新的证人到庭，调取新的物证，进行重新鉴定或者勘验。

第二款是关于公诉人、当事人和辩护人、诉讼代理人可以申请法庭通知有专门知识的人出庭，就鉴定人作出的鉴定意见提出意见的规定。根据本法第一百四十六的规定，为了查明案情，需要解决案件中某些专门性问题的时候，应当指派、聘请有专门知识的人进行鉴定。鉴定意见是对诉讼活动中涉及的专门性问题进行鉴别和判断形成的意见，对于案件的定性具有直接影响。但由于鉴定工作的专业性较强，仅凭其他诉讼参与人自身的知识也难以发现鉴定中存在的问题，很难对鉴定意见进行质证，当事人对鉴定意见有异议的往往只能通过重复鉴定来解决；同时，由于鉴定意见中所涉及问题专业性较强，仅听一面之词，法官往往难以作出正确判断，法院的判决如果总是被鉴定意见左右最终也会损害司法的权威。因此，2012 年刑事诉讼法修改时增加规定，可以通知有专门知识的人出庭，由其根据其专业知识，发现鉴定中存在的问题，如鉴定方法是否科学，检材的选取是否合适等，从而为法官甄别鉴定意见、作出科学的判断、提高内心的确信提供参考，是兼听则明的科学调查方式在刑事审判中的具体体现，也是对国际刑事诉讼有益经验的借鉴，有利于依法保护被告人的合法权益，保证案件的公正审理。"有专门知识的人出庭"这一制度设计本身也在客观上会进一步加强鉴定人的责任意识从而对其鉴定意见产生正面的促进作用，增强鉴定意见的科学性，同时，这样也会在一定程度上减少重复鉴定的发生，也能够节约诉讼资源，提高审判工作的效率，促进案件的尽快判决。本款规定在理解和执行中有三个问题需要注意：(1)提出意见本身不是重新鉴定，只是具有专门知识的人从专业角度对鉴定意见提出质疑意见，作为法官甄别证据的参考。(2)具有专门知识的人提出的意见如被采纳，则可能带来相关的鉴定意见不能采信的后果，该鉴定意见不能作为定案的根据。但是否需要重新鉴定还要根据案件情况和需要由法官决定。(3)有专门知识的人，不需要具有鉴定人的资格。根据《全国人民代表大会常务委员会关于司法鉴定管理问题的决定》的规定，国家对从事法医类、物证类等的鉴定人和鉴定机构实行实行登记管理制度。申请从事司法鉴定业务的个人、法人或者其他组织，由省级人民政府司法行政部门审核，对符合条件的予以登记，编入鉴定人和鉴定机构名册并公告。上述法医类等的鉴定的鉴定人只能从名册中选出。本款规定的有专门知识的人，不需要一定从鉴定人名册中选出，只要对相关鉴定事项具有相当的专业知识即可。

第三款是关于法庭对当事人和辩护人、诉讼代理人的上述申请应当作出是否同意决定的规定。根据本款规定，如果法庭认为公诉人、当事人和辩护人、诉讼代理人提出的申请有道理，对查清案件的事实真象有意义，而且在客观上又能做到的，应当作出决定，通知新的证人到庭，通知具有专门知识的人出庭，调取新的物证，重新鉴定或者勘验。能够当庭解决的，应当当庭解决；当庭解决不了的，应当宣布休庭，决定案件延期审理。如果法庭认为当事人和辩护人、诉讼代理人提出的申请没有理由，对查清本案没有关系的，应当作出不同意当事人和辩护人、诉讼代理人申请的决定，并当庭宣布。

第四款是关于有专门知识的人出庭适用鉴定人有关规定的规定。这里主要是为了解决其出庭的诉讼地位等程序性问题，如回避、询问等，不包括适用《全国人民代表大会常务委员会关于司法鉴定管理问题的决定》有关其资质、处罚等实体性处理的规定。

第一百九十八条 法庭审理过程中，对与定罪、量刑有关的事实、证据都应当进行调查、辩论。

经审判长许可，公诉人、当事人和辩护人、诉讼代理人可以对证据和案件情况发表意见并且可以互相辩论。

审判长在宣布辩论终结后，被告人有最后陈述的权利。

【修改提示】

本条是1979年刑事诉讼法的规定，1996年、2012年作过修改，2018年修改刑事诉讼法未作修改。

【背景解读】

2012年3月14日第十一届全国人民代表大会第五次会议通过的《关于修改〈中华人民共和国刑事诉讼法〉的决定》对本条作了修改，增加了在法庭审理过程中，对与定罪、量刑有关的事实、证据都应当进行调查、辩论的规定。

1996年修改刑事诉讼法时，对1979年刑事诉讼法第一百一十八条作了修改。1979年刑事诉讼法规定，法庭调查后，应当由公诉人发言，被害人发言，然后由被告人陈述和辩护，辩护人进行辩护，并且可以互相辩论。审判长在宣布辩论终结后，被告人有最后陈述的权利。根据上述规定，在法庭审理中，法庭调查和法庭辩论是两个截然不同的诉讼阶段，在经过法庭调查，案情已经基本查清，证据已经核实的情况下，审判长才可宣布法庭调查结束，开始法庭辩论。实际上，法庭审理的过程，是合议庭听取、核实证据，查明案情，从而进行正确判决的诉讼过程，在这个诉讼过程中，调查和辩论是交织在一起的，对案件的全部犯罪事实、情节、每个证据的证明力以及如何适用法律，等等，都是既需要调查又需要辩论，从一定意义上说，辩论是调查的一种方式，只有通过充分的法庭辩论，才能使法庭调查深入下去。如果过于强调区分法庭审理的阶段，容易使法庭辩论形式化、简单化，不利于法庭审理的深入进行。2012年刑事诉讼法修改时对本条作了进一步修改。这是为了落实司法改革任务、根据司法实践的实际情况增加的规定。“规范裁量权，将量刑纳入法庭审理程序”是正在进行的深化司法体制和工作机制改革的内容之一。在深入调研论证，广泛征求意见的基础上，最高人民法院制定了《人民法院量刑指导意见（试行）》《人民法院量刑程序指导意见（试行）》，最高人民法院、最高人民检察院、公安部、国家安全部、司法部联合制定了《关于规范量刑程序若干问题的意见(试行)》,从 2010 年 10 月 1 日起在全国全面推行量刑规范化改革。从实践效果看,量刑规范化重视了庭审中对与量刑有关证据的调查和辩护,规范了法官对于量刑的自由裁量权。总体看,效果是好的,在总结实践经验基础上,有必要在法律上作出规定,以进一步落实这一政策。

【理解与适用】

本条是关于法庭辩论的规定。

本条共分为三款。第一款是关于法庭审理中对与定罪、量刑有关的事实、证据都应当进行调查、辩论的规定。近年来,量刑问题日益引起人们的关注。最高人民法院根据深化司法体制和工作机制改革的要求,通过制定量刑指导意见明确了未成年犯、未遂犯、自首、立功等 14 种常见的量刑情节对基准刑的调节幅度,选择了常见的交通肇事、故意伤害、抢劫、盗窃、强奸等 15 种犯罪进行规范;通过制定量刑程序指导意见来规范量刑活动的具体程序。这些对于促进量刑的公正与均衡,增强量刑的公开性和透明度,促进司法公正等具有积极意义。本款规定的意图是要表达,在法庭审理中,不仅要对与定罪相关的事实、证据进行调查、辩论,对与量刑相关的事实、证据也要调查、辩论,旨在为量刑规范化提供法律依据。在研究过程中,有的建议将定罪和量刑程序分开,分别进行调查、辩论。考虑到定罪量刑本身是庭审的重要内容,实践中案件的情况比较复杂,很多犯罪情节既是定罪情节,也是量刑情节,难以分开,刻意分开会影响诉讼效率,增加当事人、辩护人的诉讼负担,既不科学,也不符合我国审判制度。因此,本款规定仅强调了"对与定罪、量刑有关的事实、证据都应当进行调查、辩论",并非为量刑设置专门程序。

第二款是关于法庭辩论的规定。根据本款规定,法庭辩论是在法庭审理中,公诉人、当事人和辩护人、诉讼代理人围绕犯罪事实能否认定,被告人是否实施了犯罪行为,是否应负刑事责任,应负怎样的刑事责任等,对证据和案件情况发表各自意见和进行互相辩论。辩论的具体程序是,公诉人、当事人和辩护人、诉讼代理人在要求发言时,应当提出申请,经审判长许可后发言。在庭审中,发表意见和互相辩论的发言机会应当是均等的。公诉人、当事人和辩护人、诉讼代理人应当遵循实事求是的原则,坚持以事实为根据,以法律为准绳,对证据和案件情况发表意见和展开辩论。审判长在宣布法庭辩论结束前,要征求以上各方是否还有新的意见,在各方表示没有新的意见后,审判长应当宣布辩论结束。如果在辩论中发现证据有疑问的,合议庭可以再对证据进一步进行调查核实。

第三款是关于被告人最后陈述的规定。被告人最后陈述是法庭审判的一个独立阶段,是刑事诉讼法赋予被告人的一项十分重要的诉讼权利。根据本条规定,被告人有最后陈述的权利。在审理中,在法庭辩论结束后,审判长应当告知并保证被告人有这项权利。被告人可以根据事实和法律,申请法庭调查核对证据,提出自己无罪、有罪以及罪轻、罪重及对定罪量刑的意见、要求，分析自己的犯罪原因，请求法庭给予自己改过自新的机会，等等。

在执行本条规定时，法庭要注意保证公诉人、当事人和辩护人、诉讼代理人平等地发表意见和进行辩论。另外，对于被告人的最后陈述，一般不应作具体的时间限制，如果被告人的最后陈述没有违反法庭秩序或者有关规定的，法庭不应制止。

第一百九十九条　在法庭审判过程中，如果诉讼参与人或者旁听人员违反法庭秩序，审判长应当警告制止。对不听制止的，可以强行带出法庭；情节严重的，处以一千元以下的罚款或者十五日以下的拘留。罚款、拘留必须经院长批准。被处罚人对罚款、拘留的决定不服的，可以向上一级人民法院申请复议。复议期间不停止执行。

对聚众哄闹、冲击法庭或者侮辱、诽谤、威胁、殴打司法工作人员或者诉讼参与人，严重扰乱法庭秩序，构成犯罪的，依法追究刑事责任。

【修改提示】

本条是1979年刑事诉讼法的规定，1996年作过修改，2012年、2018年修改刑事诉讼法未作修改。

【背景解读】

1996年修改刑事诉讼法时，对1979年刑事诉讼法作了修改。1979年刑事诉讼法第一百一十九条规定："在法庭审判过程中，如果诉讼参与人违反法庭秩序，审判长应当警告制止；情节严重的，可以责令退出法庭或者依法追究刑事责任。"在司法实践中，这一规定过于原则、笼统，各地感到难以真正落实。主要表现在：一是违反法庭秩序的主体范围窄，原条文规定的是诉讼参与人，对旁听人员违反法庭秩序的怎么处理，以及对庭外人员聚众哄闹、冲击法庭等严重扰乱法庭秩序的行为如何处理，都没有规定。二是原条文没有规定强行带出法庭、罚款、拘留等手段，起不到有效的约束作用。三是严重扰乱法庭秩序的行为应当包括哪些，也没有明确的规定。本条针对以上这些问题，作出相应的修改：一是增加对不听制止的，可以强行带出法庭的规定；二是增加情节严重的，处以一千元以下的罚款或者十五日以下的拘留，罚款、拘留必须经院长批准的规定；三是增加规定，被处罚人对罚款、拘留的决定不服的，可以向上一级人民法院申请复议，复议期间不停止执行；四是将"情节严重的，依法追究刑事责任"改为"对聚众哄闹、冲击法庭或者侮辱、诽谤、威胁、殴打司法工作人员或者诉讼参与人，严重扰乱法庭秩序，构成犯罪的,依法追究刑事责任”。

【理解与适用】

本条是关于违反法庭秩序、严重扰乱法庭秩序应当如何处理的规定。

本条共分为两款。本条第一款是关于对诉讼参与人或者旁听人员违反法庭秩序应当如何处理以及具体处理程序的规定。法庭审判是刑事诉讼活动的重要组成部分,是人民法院代表国家行使审判权的严肃活动。所有的诉讼参与人和旁听人员都必须严格遵守法庭秩序,以保障审判工作的顺利进行。本法第一百零八条已有明确规定,“诉讼参与人”是指当事人、法定代理人、诉讼代理人、辩护人、证人、鉴定人和翻译人员。“旁听人员”是指依法进行公开审判的案件,在法庭里旁听的群众以及在场采访的记者等人员。“法庭秩序”是指为保证法庭审理的正常进行,诉讼参与人、旁听人员应当遵守的有关纪律和规定。一般说来,诉讼参与人在法庭上应当严格遵守以下规定:经审判长同意才能发言;在法庭上不得大声喧哗、吵闹;听从审判长指挥,等等。这些纪律、规定,在法庭审判开始时,应当庭宣布。根据本款的规定,对诉讼参与人或者旁听人员违反法庭秩序,审判长应当警告制止;对不听制止的,可以强行带出法庭;情节严重的,处以一千元以下的罚款或者十五日以下的拘留。这里的“不听制止”,是指经审判长警告制止后,不听警告,仍然继续违反法庭秩序的;“情节严重”,是指违反法庭秩序者的态度比较恶劣、造成的后果、影响比较坏等,损害法庭尊严,使审判活动不能正常进行。进行罚款、拘留时,合议庭应当制作决定书,经本院院长批准。被处罚的人对罚款、拘留的决定不服的,可以向上一级人民法院申请复议,复议期间不停止执行。

本条第二款是关于对严重扰乱法庭秩序构成犯罪的如何处罚的规定。根据本款规定,扰乱法庭秩序的行为是聚众哄闹、冲击法庭或者侮辱、诽谤、威胁、殴打司法工作人员或者诉讼参与人。“聚众哄闹”法庭,是指纠集众人在法庭上以乱嚷、乱叫等方式起哄捣乱的行为;“冲击法庭”是指在未得到许可的情况下,强行进入法庭,导致法庭秩序混乱的行为;“司法工作人员”,在这里主要包括审判人员、公诉人以及司法警察等人员;“严重扰乱法庭秩序”,主要是指扰乱法庭秩序,经制止而不听从或者扰乱法庭秩序,情节恶劣,造成很坏影响,严重影响审判正常进行等情形;“依法追究刑事责任”是指依照刑事诉讼法规定的程序,移送侦查、起诉和审判,进行定罪处刑。依法追究刑事责任的条件是,以上行为严重扰乱法庭秩序,构成犯罪。是否构成犯罪,要根据刑法有关规定来认定。

第二百条　在被告人最后陈述后,审判长宣布休庭,合议庭进行评议,根据已经查明的事实、证据和有关的法律规定,分别作出以下判决:

(一)案件事实清楚,证据确实、充分,依据法律认定被告人有罪的,应当作出

有罪判决；

（二）依据法律认定被告人无罪的，应当作出无罪判决；

（三）证据不足，不能认定被告人有罪的，应当作出证据不足、指控的犯罪不能成立的无罪判决。

【修改提示】

本条是1979年刑事诉讼法的规定，1996年作过修改，2012年、2018年修改刑事诉讼法未作修改。

【背景解读】

1996年修改刑事诉讼法时，对1979年刑事诉讼法第一百二十条作了修改。1979年条文规定，在被告人最后陈述后，审判长宣布休庭，合议庭进行评议，根据已经查明的事实、证据和有关的法律规定，作出被告人有罪或者无罪、犯的什么罪、适用什么刑罚或者免除刑罚的判决。1979年刑事诉讼法根据审判工作实践经验，对合议庭进行评议后，应当作出什么样的判决，在什么情况下作出有罪判决，在什么情况下作出无罪判决，作出了明确规定。在审判工作中，对于事实清楚，证据确实、充分的案件一般比较容易判决，但是对于证据不足，不能认定被告人有罪的案件如何处理，是我国司法实践一个多年来有争议的问题。有些案件，尤其是重大案件，对被告人定罪缺乏充足的证据，又不予以释放，案子被搁置起来，有的拖了很长时间，最终还是判不了，不利于保护公民的合法权益。1996年修改刑事诉讼法时，从切实保护公民的权利，保障无罪的人不受刑事追究的角度考虑，明确规定，对于经过开庭审理，包括补充侦查后，证据不足以证实被告人有罪的，应当宣告无罪，不应长期把案件搁置在那里，该予以释放的就要予以释放。这是我国刑事诉讼制度的一个重大进步。

【理解与适用】

本条是关于如何作出判决的规定。

根据本条规定，在被告人最后陈述后，审判长应当宣布休庭，合议庭进行评议，经过评议后作出判决。这里的“评议”，是指合议庭的组成人员对与案件有关的问题，在认定事实和适用法律上，进行集体研究，交换意见，最后对案件的处理形成决议的过程。在评议中，审判人员应坚持以事实为根据，以法律为准绳的原则，根据已经查明的事实、证据和有关的法律规定，对被告人作出判决。评议由审判长主持，其他合议庭组成人员与审判长享有同等的权利。如果意见不一致，应当按多数人的意见作出决定，但是少数人的意见应当由书记员记入笔录。参加评议的合议庭组成人员应当在评议笔录上签名。“判决”，是指人民法院对被告人是否有罪，犯的什么罪，适用什么刑罚或者免除处罚的决定。本条规定，判决有以下三种情况：(1)案件事实清楚，证据确实、充分，依据法律认定被告人有罪的，应当作出有罪判决。这种判决具体包括犯什么罪、处何种刑以及具体刑期等内容。需要注意的是，2012 年刑事诉讼法修改时对证据确实、充分的条件作了明确规定。本法第五十五条规定，证据确实、充分应当符合以下条件：①定罪量刑的事实都有证据证明；②据以定案的证据均经法定程序查证属实；③综合全案证据，对所认定事实已排除合理怀疑。应依上述标准确定是否符合证据确实、充分的条件。(2)依据法律认定被告人无罪的，应当作出无罪判决。(3)证据不足，不能认定被告人有罪的，应当作出证据不足、指控的犯罪不能成立的无罪判决。这种判决在性质上是无罪判决，与前项无罪判决在法律后果上完全相同。法院判决后，如果侦查机关后来又取得了犯罪的证据，可以另行起诉。

第二百零一条[①]　**对于认罪认罚案件，人民法院依法作出判决时，一般应当采纳人民检察院指控的罪名和量刑建议，但有下列情形的除外：**

（一）被告人的行为不构成犯罪或者不应当追究其刑事责任的；

（二）被告人违背意愿认罪认罚的；

（三）被告人否认指控的犯罪事实的；

（四）起诉指控的罪名与审理认定的罪名不一致的；

（五）其他可能影响公正审判的情形。

人民法院经审理认为量刑建议明显不当，或者被告人、辩护人对量刑建议提出异议的，人民检察院可以调整量刑建议。人民检察院不调整量刑建议或者调整量刑建议后仍然明显不当的，人民法院应当依法作出判决。

【修改提示】

本条是 2018 年修改刑事诉讼法新增加的规定。

【背景解读】

2016 年，最高人民法院、最高人民检察院、公安部、国家安全部、司法部发布的《关于在部分地区开展刑事案件认罪认罚从宽制度试点工作的办法》第二十条规定，对于认罪认罚案件，人民法院依法作出判决时，一般应当采纳人民检察院指

---

① 根据 2018 年 10 月 26 日第十三届全国人民代表大会常务委员会第六次会议通过的《关于修改〈中华人民共和国刑事诉讼法〉的决定》增加。

控的罪名和量刑建议，但具有下列情形的除外：(1)被告人不构成犯罪或者不应当追究刑事责任的；(2)被告人违背意愿认罪认罚的；(3)被告人否认指控的犯罪事实的；(4)起诉指控的罪名与审理认定的罪名不一致的；(5)其他可能影响公正审判的情形。该办法第二十一条规定，人民法院经审理认为，人民检察院的量刑建议明显不当，或者被告人、辩护人对量刑建议提出异议的，人民法院可以建议人民检察院调整量刑建议，人民检察院不同意调整量刑建议或者调整量刑建议后被告人、辩护人仍有异议的，人民法院应当依法作出判决。此次修改刑事诉讼法，将认罪认罚从宽制度经试点后成熟的部分，吸收进刑事诉讼法。

【理解与适用】

本条是关于认罪认罚案件人民法院如何采纳人民检察院指控罪名和量刑建议的规定。

本条共分为两款。第一款是关于人民法院审理认罪认罚案件时，采纳人民检察院指控的罪名和量刑建议的原则和例外。人民法院审理认罪认罚案件，依法作出判决时，原则上应采纳人民检察院指控的罪名和量刑建议。这样规定，是对认罪认罚案件在程序上从简、实体上从宽的重要体现。这里包含了三层意思：一是在认罪认罚案件中，司法机关鼓励和引导犯罪嫌疑人认罪认罚有程序性保障，是一以贯之的。考虑到司法实践中，获取确实、充分证据的难度不断加大，特别是在办理犯罪手段比较隐蔽的案件时，难度更大。为了适应证据高标准的要求，防范通过刑讯逼供等非法方式获取证据，需要运用更多方式鼓励犯罪嫌疑人自愿如实供述罪行，因此，在刑事诉讼法中确认了认罪认罚从宽、速裁程序等。根据新修改的刑事诉讼法的规定，在侦查和审查起诉阶段，侦查人员和检察人员应当告知犯罪嫌疑人如实供述自己罪行可以从宽处理的法律规定和认罪认罚的法律后果。审查起诉阶段，犯罪嫌疑人认罪认罚同意量刑建议和程序适用的，还应签署认罪认罚具结书。认罪认罚案件在审判阶段，明确人民法院一般将采纳人民检察院指控的罪名和量刑建议，属于认罪认罚的法律后果的一部分，即总体上人民法院对案件的实体性判断是从宽把握的。通过此种方式，有利于鼓励犯罪嫌疑人认罪认罚。二是在认罪认罚案件的适用程序上，提升了人民检察院提出量刑建议的效率。新修改的刑事诉讼法第一百七十六条增加一款，人民检察院对于认罪认罚案件，在向人民法院提起公诉时，应当在起诉书中就主刑、附加刑、是否适用缓刑等提出量刑建议。由于在认罪认罚案件的起诉书中一并提出量刑建议，人民检察院在起诉阶段可以不再制作量刑建议书，从而简化了司法程序，提高了司法效率。三是在认罪认罚案件中，提升了人民检察院量刑建议的法律效果。人民检察院向法庭提出量刑建议，有利于提高人民法院裁判量刑的公开性和公信力，使得量刑的确定公开透明。一般情况，人民检察院提出的量刑建议可以是相对明确的量刑幅度，也可以是根据案件的具体情况提出确定、具体刑期。建议判处财产刑的，一般会提出确定的数额。在认罪认罚案件中，明确法院一般应当采纳人民检察院指控的罪名和量刑建议，使得量刑建议更具分量。犯罪嫌疑人在考虑认罪认罚时，能够对认罪认罚产生的法律效果有直观的预期，也能较好地实现犯罪嫌疑人认罪服判。

本款同时规定，人民法院依法作出判决时，如果发现存在法律规定的特殊情况的，不采纳人民检察院指控的罪名和量刑建议。这里的特殊情况，属于适用一般性规则时的例外。具体有以下几种：

第一，被告人的行为不构成犯罪或者不应当追究其刑事责任。刑事诉讼法应保障无辜的人不受刑事追究。如果被告人的行为不构成犯罪或者不应当追究刑事责任，比如情节显著轻微危害不大，根据刑法不认为是犯罪的；或者依照刑法告诉才处理的犯罪，没有告诉的，等等。这种情况，就算被告人自认为或者误认为构成犯罪，并且认罪认罚，人民法院也不应当采纳人民检察院指控的罪名和量刑建议。在这种情况下，已不宜适用简易程序和速裁程序，人民法院应当按照普通程序重新审理，并根据已经查明的事实、证据和有关的法律规定，依法认定被告人无罪，作出无罪判决；对证据不足，不能认定被告人有罪的，作出证据不足、指控的犯罪不能成立的无罪判决。

第二，被告人违背意愿认罪认罚。被告人自愿如实供述自己的罪行，对指控的犯罪事实没有异议，同意人民检察院量刑建议并签署具结书的案件，才可以作为认罪认罚案件处理。如果被告人不是自愿认罪认罚，则可能存在司法不公正。为了确保让无罪的人不受刑事追究，有罪的人受到公正惩罚，人民法院在庭审过程中，如果发现被告人虽然表现出认罪认罚，如签署具结书等，但是违背意愿作出的，包括对被指控的犯罪事实、对被指控的罪名以及量刑建议存在异议等情况，应不采纳人民检察院指控的罪名和量刑建议，根据庭审掌握的相关证据，依法作出判决。这里需要注意的是，根据本法第三编第二章第四节“速裁程序”的规定，基层人民法院对于符合刑事诉讼法规定的案件，被告人认罪认罚并同意适用速裁程序的，可以适用速裁程序。适用速裁程序的案件一般不进行法庭调查、法庭辩论，但在判决宣告前应当听取辩护人的意见和被告人的最后陈述意见。如果在审理过程中，发现被告人对犯罪行为的定罪和量刑建议没有异议，但是适用速裁程序违背其真实意愿的，人民法院应当按照刑事诉讼法第三编第二章第一节或者第三节的规定重新审理。

第三，被告人否认指控的犯罪事实。在法庭审理过程中，如果被告人否认指控的犯罪事实，将不再具有适用认罪认罚从宽制度的法律基础，也不能再依照认罪认罚制度作出依法从宽的处理。为保障司法公正，人民法院对于人民检察院在审查起诉阶段基于被告人认罪认罚作出的定罪与量刑建议将不再采纳。同时，人民法院对于这类原先适用简易程序和速裁程序审理的案件,应当依法转为普通程序审理。

第四,起诉指控的罪名与审理认定的罪名不一致。人民法院经过审理,案件事实清楚,证据确实充分,但是指控的罪名与审理认定的罪名不一致,应当按照审理认定的罪名作出判决。由于人民法院认定的罪名发生了变化,自然所作判决不受人民检察院指控罪名的约束,同时,人民检察院基于原指控的罪名提出的量刑建议也不再具有参考价值。

第五,其他可能影响公正审判的情形。该条还设置了人民法院在审理过程中发现可能存在的影响公正审判的其他情形作为兜底条款。比如,人民法院依法作出判决前,刑法刚作出修改,被告人的行为依照修改后的刑法处罚更轻的,人民法院就不应采纳人民检察院指控的罪名和量刑建议。

第二款是关于人民法院如何处理人民检察院不当的量刑建议的规定。本款规定,人民法院经审理认为量刑建议明显不当,或者被告人、辩护人对量刑建议提出异议的,人民检察院可以调整量刑建议。人民检察院不调整量刑建议或者调整量刑建议后仍然明显不当的,人民法院应当依法作出判决。这里有两层意思:一是人民检察院可以调整量刑建议。人民检察院调整量刑建议的前提,是人民法院经审理认为量刑明显不当,或者被告人、辩护人对量刑建议提出异议。这里"明显不当"是指刑罚的主刑选择错误,刑罚的档次、量刑幅度畸重或者畸轻,适用附加刑错误,适用缓刑错误等。认罪认罚案件在审理过程中,被告人、辩护人同样有权对量刑再提出异议,比如能否适用缓刑等,人民检察院可以就此调整量刑建议。二是人民法院对量刑具有最终裁判权,体现了以审判为中心的原则。2016 年最高人民法院、最高人民检察院、公安部、国家安全部、司法部发布的《关于在部分地区开展刑事案件认罪认罚从宽制度试点工作的办法》第二十一条规定:"人民法院经审理认为,人民检察院的量刑建议明显不当,或者被告人、辩护人对量刑建议提出异议的,人民法院可以建议人民检察院调整量刑建议,人民检察院不同意调整量刑建议或者调整量刑建议后被告人、辩护人仍有异议的,人民法院应当依法作出判决。"在刑事诉讼法修改过程中,总结试点工作情况,有的意见提出,人民法院认为量刑建议不当或者当事人对量刑建议提出异议的,不一定必须是人民法院建议人民检察院调整量刑建议,人民检察院根据庭审情况也可以主动调整量刑建议。还有的意见提出,对于人民检察院调整后的量刑建议,如果仍然明显不当的,且被告人、辩护人未就调整后的量刑建议提出异议的,人民法院也不应采纳调整后的量刑建议,应当依法作出判决。对调整后的量刑建议所提出的异议,人民法院认为不属于明显不当的,则应当采纳。考虑到上述意见,经对试点办法的规定作适当调整后,纳入本款。这里赋予了人民法院对该类案件定罪量刑的最终裁判权,既可以采纳人民检察院调整后的量刑建议,也可以根据案件审理的情况直接作出判决。需要注意的是，被告人、辩护人对量刑提出异议是充分行使被告人、辩护人的辩护权，这里的异议包括对确定量刑的法律依据、量刑幅度、附加刑、是否适用缓刑等存在异议。此外，在人民法院审理共同犯罪的案件中，如果多个被告人实施了类似的行为，均认罪认罚，但有的被告人及其辩护人对量刑提出异议，而其余没有提出异议。人民检察院认为提出的异议具有合理性的，不能仅对个别提出异议的被告人调整量刑建议，而应综合评判全案多个被告人的量刑建议，统一调整，使得类似行为的量刑建议是平衡和公正的。若人民检察院不调整量刑建议，人民法院经审理后认为，部分认罪认罚的被告人及其辩护人所提出的异议具有合理性的，在依法作出判决时，也应注意与其他未提出异议的具有相同行为的同案犯的量刑保持平衡，使类似的行为获得同等程度的惩处。

第二百零二条　宣告判决，一律公开进行。

当庭宣告判决的，应当在五日以内将判决书送达当事人和提起公诉的人民检察院；定期宣告判决的，应当在宣告后立即将判决书送达当事人和提起公诉的人民检察院。判决书应当同时送达辩护人、诉讼代理人。

【修改提示】

本条是1979年刑事诉讼法的规定，1996年未作修改，2012年作出了修改，2018年修改刑事诉讼法未作修改。

【背景解读】

2012年3月14日第十一届全国人民代表大会第五次会议通过的《关于修改〈中华人民共和国刑事诉讼法〉的决定》对本条作了修改，增加规定“判决书应当同时送达辩护人、诉讼代理人”。宣告判决是公布法庭审判的最终结果，有非常重要的意义。公开宣告判决，对于公开审判案件来说，是公开审判的一个组成部分，对于不公开审理的案件来说，也体现了公正审判的精神。为了避免诉讼拖延，1979年刑事诉讼法明确规定：“宣告判决，一律公开进行。当庭宣告判决的，应当在五日以内将判决书送达当事人和提起公诉的人民检察院；定期宣告判决的，应当在宣告后立即将判决书送达当事人和提起公诉的人民检察院。”这次在修改刑事诉讼法时，一些律师和有关方面提出，由于法律未规定判决书应当送达辩护人、诉讼代理人，实践中经常会发生辩护人、诉讼代理人在判决宣告后很长时间不知道已经判决和判决结果的情况，不利于辩护人、诉讼代理人帮助其委托人提出上诉、申诉或者依法行使其他诉讼权利。针对实践中存在的这一问题，2012年修改刑事诉讼法时增加判决书应当同时送达辩护人、诉讼代理人的规定，以有利于更好地保障当事人的合法权利。

【理解与适用】

本条是关于判决宣告方式和判决书送达的规定。

本条共分为两款。本条第一款是关于宣告判决一律公开进行的规定。“宣告判决”,是指人民法院对案件的判决予以宣布。根据本款规定,人民法院宣告判决,无论是公开审理的案件,还是不公开审理的案件,一律公开进行。不公开审理的案件,审理过程不对外公开,宣告判决也应公开进行,但对于不宜公开的内容,应当不写入判决书。

本条第二款是关于判决书送达的规定。宣告判决分为两种:一种是当庭宣告。当庭宣告一般适用于案件相对简单,处刑罚较轻的案件。对这类案件,合议庭经过评议,可以当庭作出判决。对于当庭宣告判决的,人民法院应当在五日以内将判决书送达当事人和提起公诉的人民检察院,并应同时送达辩护人、诉讼代理人。根据本法第一百零八条的规定,“当事人”,是指被害人、自诉人、犯罪嫌疑人、被告人、附带民事诉讼的原告人和被告人;“诉讼代理人”,是指公诉案件的被害人及其法定代理人或者近亲属、自诉案件的自诉人及其法定代理人委托代为参加诉讼的人和附带民事诉讼的当事人及其法定代理人委托代为参加诉讼的人。另一种是定期宣告。定期宣告一般适用于比较重大、复杂的案件。这类案件,合议庭、审判委员会往往要经过反复研究,可以另定日期宣告判决。对于定期宣告判决的,人民法院应当在宣告判决后立即将判决书送达当事人和提起公诉的人民检察院,也应同时送达辩护人、诉讼代理人。

第二百零三条　判决书应当由审判人员和书记员署名,并且写明上诉的期限和上诉的法院。

【修改提示】

本条是1979年刑事诉讼法的规定,1996年未作修改,2012年作出了修改,2018年修改刑事诉讼法未作修改。

【背景解读】

2012年3月14日第十一届全国人民代表大会第五次会议通过的《关于修改〈中华人民共和国刑事诉讼法〉的决定》对本条作了修改。人民法院制作判决书是人民法院行使国家审判权的体现,是具有法律效力的法律文件,是司法公正的最终载体。它关系到国家法律、法规的正确实施,关系到当事人诉讼权利和合法权益的保护,也关系到人民法院实事求是、依法办案、秉公执法、刚正不阿的公正形象。

判决书是法庭经过审理案件,在认定案件事实和证据并依照法律的规定对案件作出实体处理的重要司法文书,是审判工作的重要组成部分,是法官的一项重要任务。在判决书中写明上诉的期限和上诉的法院,便于当事人行使上诉权。1979 年刑事诉讼法第一百二十二条规定:“判决书应当由合议庭的组成人员和书记员署名,并且写明上诉的期限和上诉的法院。”2012 年修改刑事诉讼法时,考虑到人民法院审理案件既有组成合议庭进行审判的,也有审判员一人独任进行审判的,对于适用简易程序由审判员一人独任审判的案件,判决书只能由审判该案件的审判员签署。因此,对本条规定作了相应修改,将“合议庭的组成人员”改为“审判人员”。

【理解与适用】

本条是关于判决书应当由哪些人署名以及写明如何上诉的规定。

根据本条规定,判决书应当由审判人员和书记员署名,并且写明上诉的期限和上诉的法院。“判决书”,是人民法院对于被告人是否有罪,犯什么罪,适用什么刑罚或者免除刑罚所作出的书面决定。它是刑事诉讼中最重要的法律文书,也是执行机关执行人民法院判决的依据。“审判人员”,是指审判该案件的全体审判人员。在判决书上,全体审判人员和书记员都要签署姓名,对于由审判员一人独任审理的案件,由审理该案件的审判员和书记员签署姓名;对于组成合议庭进行审理的案件,应当由该合议庭审判长、审判员和人民陪审员及书记员签署姓名。没有上述人员签署姓名的判决书不具有法律效力。“写明上诉的日期和上诉的法院”,是指在判决书中必须明确写出被告人如对判决不服,可在多长的时间内向哪个法院提出上诉。根据本法第二百三十条的规定,不服判决的上诉期限为十日。上诉法院,是指作出一审刑事判决的人民法院的上一级人民法院,基层法院一审的,上诉法院就是该市、地区中级人民法院;中级人民法院一审的,上诉法院就是该省、自治区、直辖市高级人民法院。

第二百零四条　在法庭审判过程中,遇有下列情形之一,影响审判进行的,可以延期审理:

(一)需要通知新的证人到庭,调取新的物证,重新鉴定或者勘验的;

(二)检察人员发现提起公诉的案件需要补充侦查,提出建议的;

(三)由于申请回避而不能进行审判的。

【修改提示】

本条是 1979 年刑事诉讼法的规定,1996 年、2012 年作过修改,2018 年修改刑事诉讼法未作修改。

【背景解读】

2012 年 3 月 14 日第十一届全国人民代表大会第五次会议通过的《关于修改〈中华人民共和国刑事诉讼法〉的决定》对本条作了修改。1979 年刑事诉讼法第一百二十三条规定:“在法庭审判过程中,遇有下列情形之一影响审判进行的,可以延期审理:(一)需要通知新的证人到庭,调取新的物证,重新鉴定或者勘验的;(二)检察人员发现提起公诉的案件需要补充侦查,提出建议的;(三)合议庭认为案件证据不充分,或者发现新的事实,需要退回人民检察院补充侦查或者自行调查的;(四)由于当事人申请回避而不能进行审判的。”1996 年修改刑事诉讼法时删去了 1979 年刑事诉讼法该条文第三项“合议庭认为案件证据不充分,或者发现新的事实,需要退回人民检察院补充侦查或者自行调查的”的规定。删去这一规定的主要理由是,庭审方式改革后,开庭前审判人员不再核实证据,庭审中只由公诉人出示证据就公诉人指控的犯罪进行法庭调查和辩论,如果证明犯罪的证据确实、充分,应当依法作出有罪判决,对证据有疑问的,可以休庭,对证据进行调查核实,如果证据不足以认定被告人有罪的,则应作出指控的犯罪不能成立的无罪判决,除人民检察院主动提出退回补充侦查的建议外,法庭不再将案件退回补充侦查。2012 年修改刑事诉讼法时删去 1996 年刑事诉讼法该条文第三项“由于当事人申请回避而不能进行审判”中的“当事人”。2012 年修改刑事诉讼法时考虑到增加了辩护人、诉讼代理人也有权申请回避,对于辩护人、诉讼代理人申请回避导致案件不能进行审判的,人民法院也可以决定延期审理,因此相应地删去了“当事人”申请回避的限制条件。

【理解与适用】

本条是关于人民法院可以延期审理案件的情形的规定。

本条规定的“延期审理”,是指在法庭审判过程中,出现本条规定的三种情形,使审判活动不能继续进行,合议庭因此停止审判活动等影响审判正常进行的情形消失后,再开庭审理。根据本条规定,人民法院延期审理的情形有以下三种:

一是公诉人、当事人和辩护人、诉讼代理人申请新的证人到庭,调取新的物证,重新鉴定或者勘验的。如果合议庭同意上述申请,而当庭又无法解决的,可以决定延期审理。

二是在审判过程中,检察人员发现提起公诉的案件中有些犯罪事实还不清楚,证据还不确实、充分,提出需要补充侦查的建议,被合议庭接受的,可以决定延期审理。

三是由于申请回避而不能进行审判的。包括两种情况:一种是合议庭对当事人、辩护人、诉讼代理人的申请不能当庭作出决定;另一种是申请回避的人员应当回避,需要更换人员的。对这两种情况,合议庭可以决定延期审理。

第二百零五条　依照本法第二百零四条第二项的规定延期审理的案件，人民检察院应当在一个月以内补充侦查完毕。

【修改提示】

本条是1996年修改刑事诉讼法时增加的规定，2012年未作修改，2018年修改刑事诉讼法对本条的具体内容未作修改，只对本条中引用的条文的序号按照修改后的条文序号作了相应调整。

【背景解读】

本条是1996年修改刑诉法时增加的条文。关于人民检察院补充侦查案件的期限，1979年刑事诉讼法没有明确规定。1984年7月7日第六届全国人民代表大会常务委员会第六次会议通过的《关于刑事案件办案期限的补充规定》第六条规定，人民法院退回人民检察院补充侦查的案件，人民检察院应当在一个月以内补充侦查完毕。根据实际办案的需要，在1996年刑事诉讼法中对这一内容作了合理吸收，并同时宣布于1997年1月1日废止《关于刑事案件办案期限的补充规定》。2012年修改时本条内容未作修改。

【理解与适用】

本条是关于人民检察院对在法庭审理中申请补充侦查的案件进行补充侦查的期限的规定。

根据本条规定，依照本法第二百零四条第二项的规定延期审理的案件，人民检察院应当在一个月以内补充侦查完毕。适用这一规定必须具备以下几个条件：一是必须是法庭审判过程中；二是必须是检察人员发现提起公诉的案件需要补充侦查，自己向法庭提出建议的情况；三是人民检察院对自己申请补充侦查的案件，应当在一个月以内补充侦查完毕。

第二百零六条　在审判过程中，有下列情形之一，致使案件在较长时间内无法继续审理的，可以中止审理：

（一）被告人患有严重疾病，无法出庭的；

（二）被告人脱逃的；

（三）自诉人患有严重疾病，无法出庭，未委托诉讼代理人出庭的；

（四）由于不能抗拒的原因。

中止审理的原因消失后，应当恢复审理。中止审理的期间不计入审理期限。

【修改提示】

本条是2012年修改刑事诉讼法时增加的规定,2018年修改刑事诉讼法未作修改。

【背景解读】

本条是2012年3月14日第十一届全国人民代表大会第五次会议通过的《关于修改〈中华人民共和国刑事诉讼法〉的决定》新增加的条文。原刑事诉讼法对中止审理未作规定,但实践中存在着案件应当中止审理的情形,本款规定为中止审理提供了法律依据。一般来说,中止审理是人民法院在受理案件后,作出判决前,出现了一些使审判在一定时期内无法继续进行的情况,决定暂时停止案件审理,待有关情形消失以后,再行恢复审判的活动。1998年《最高人民法院关于执行〈中华人民共和国刑事诉讼法〉若干问题的解释》对中止审理作了规定,对于在审判过程中,自诉人或者被告人患精神病或者其他严重疾病,以及案件起诉到人民法院后被告人脱逃,致使案件在较长时间内无法继续审理的,可以中止审理。2012年修改刑事诉讼法综合考虑了自诉案件、公诉案件的情况对中止审理制度作了规定。

【理解与适用】

本条是关于中止审理的规定。

本条共分为两款。第一款是关于中止审理的具体情形的规定。根据本款规定,适用中止审理主要包括如下四种情形:(1)被告人患有严重疾病,无法出庭的。这里的被告人既包括公诉案件的被告人,也包括自诉案件的被告人。应当注意的是,这里的"患有严重疾病"应当是严格的、狭义的,主要应当是因患严重疾病无法辨认、控制自己的行为,无法表达自己的真实意思,一旦出庭可能影响其生命安全等,而不是一患重病,即可中止审理。(2)被告人脱逃的。这里的脱逃不限于刑法规定的脱逃罪,自诉案件的被告人以及一部分公诉案件未被关押的被告人都有可能因为脱逃导致诉讼无法正常进行。(3)自诉人患有严重疾病,无法出庭,未委托诉讼代理人出庭的。本项规定实际部分修改了第二百一十一条第二款的内容。第二百一十一条第二款规定,自诉人经两次依法传唤,无正当理由拒不到庭的,按撤诉处理。根据本法第三十三条、第四十六条、第四十七条的规定,自诉人可以委托诉讼代理人参加诉讼。因此,自诉人不到庭的,也可以由其诉讼代理人代为参加诉讼。对本项的规定来说,自诉人患有严重疾病,无法出庭的,可以由其诉讼代理人出庭。如果未委托诉讼代理人的，可依法决定中止审理。(4)由于不能抗拒的原因。主要是非因自身原因的情况，如自然灾害、突发事件等。

第二款是关于中止审理的原因消失后应如何处理的规定。根据本款规定，中止审理的原因消失后，应当恢复审理。中止审理的期间不计入审理期限。

第二百零七条　法庭审判的全部活动，应当由书记员写成笔录，经审判长审阅后，由审判长和书记员签名。

法庭笔录中的证人证言部分，应当当庭宣读或者交给证人阅读。证人在承认没有错误后，应当签名或者盖章。

法庭笔录应当交给当事人阅读或者向他宣读。当事人认为记载有遗漏或者差错的，可以请求补充或者改正。当事人承认没有错误后，应当签名或者盖章。

【修改提示】

本条是1979年刑事诉讼法的规定，1996年、2012年、2018年修改刑事诉讼法未作修改。

【背景解读】

法庭笔录是做好庭审工作的基础性工作，对于法庭进一步审理案件，调查案件事实，合议庭评议案件，法庭最终作出判决以及在二审、再审时作为审理案件的依据都是非常重要的。在许多国家，法庭笔录本身也是一种证据形式。因此规范法庭审理案件时做好法庭笔录工作十分重要。

【理解与适用】

本条是关于制作法庭笔录的程序要求的规定。

本条共分为三款。本条第一款是关于法庭审判的全部活动必须要制成笔录并经有关人员审阅、签名的规定。法庭笔录是记载全部审判活动的文字材料，是重要的诉讼文书，既是合议庭分析研究案情的重要依据，又是审查审判活动是否合法的主要依据。制作法庭笔录，必须将审判中的全部活动以及全部过程按照时间顺序如实记载，不能遗漏，不能增减，不能自行涂改，做到客观、真实、准确、全面。书记员在记录时，要注意做到字迹清楚。根据本款规定，书记员写成法庭笔录，经审判长审阅后，审判长和书记员应在笔录上签字。

本条第二款是关于法庭笔录中的证人证言部分当庭宣读或者交给证人阅读并签名的规定。根据本款规定，法庭笔录中的证人证言部分，合议庭应当当庭宣读或者交给证人阅读，宣读通常由书记员进行。宣读或者交给证人阅读的证人证言部分，应当限于该证人本人的证人证言部分。证人在听完宣读或者阅读完笔录后，认为记录与自己陈述一致，没有出入的，应当签名或者盖章。如果证人不会写字，也没有图章，可以按手印。证人提出证言笔录记录有误的，书记员应当及时修改、补充，到证人承认没有错误后，再签名或者盖章。

本条第三款是关于将法庭笔录交给当事人阅读或者向他宣读并签名的规定。根据本款规定，法庭笔录应当交给当事人阅读或者向他宣读。当事人认为笔录记载有遗漏或者差错的，可以请求补充或者改正，法庭认为当事人请求有理由的，应当进行补充或者改正。当事人承认笔录记载没有错误后，应当签名或者盖章，也可以按手印代替签名、盖章。

在实际审判工作中，证人、当事人阅读笔录或者向他们宣读笔录的情况，书记员应当注明。如果证人、当事人拒绝签名或者盖章的，法庭应当作说明或者说服工作，但不能强制、威胁其签名或者盖章，书记员应当如实注明有关情况。

第二百零八条　人民法院审理公诉案件，应当在受理后二个月以内宣判，至迟不得超过三个月。对于可能判处死刑的案件或者附带民事诉讼的案件，以及有本法第一百五十八条规定情形之一的，经上一级人民法院批准，可以延长三个月；因特殊情况还需要延长的，报请最高人民法院批准。

人民法院改变管辖的案件，从改变后的人民法院收到案件之日起计算审理期限。

人民检察院补充侦查的案件，补充侦查完毕移送人民法院后，人民法院重新计算审理期限。

【修改提示】

本条是1979年刑事诉讼法的规定，1996年、2012年作过修改。2018年修改刑事诉讼法对本条的具体内容未作修改，只对本条中引用的条文的序号按照修改后的条文序号作了相应调整。

【背景解读】

2012年3月14日第十一届全国人民代表大会第五次会议通过的《关于修改〈中华人民共和国刑事诉讼法〉的决定》对本条作了修改，进一步延长了公诉案件第一审审理期限。

本条经过多次修改。1996年修改刑事诉讼法时对1979年刑事诉讼法第一百二十五条作了修改。1979年刑事诉讼法条文规定，人民法院审理公诉案件，应当在受理后一个月以内宣判，至迟不得超过一个半月。但是在实际工作中，一些重大、复杂的案件，确实无法在这个期限内审结。同时，对人民法院改变管辖的案件，以及退回人民检察院补充侦查的案件，如何计算办案期限，上述规定也不明确，执行中出现了一些争议。为了解决刑事诉讼中的这些问题，1984 年 7 月 7 日第六届全国人民代表大会常务委员会第六次会议通过的《关于刑事案件办案期限的补充规定》，曾对办案期限作了补充修改。关于案件的一审期限，该规定第一条、第二条规定，重大的犯罪集团案件和流窜作案的重大复杂案件、交通十分不便的边远地区的重大复杂案件，经省、自治区、直辖市高级人民法院批准或者决定，可以延长一个月。第六条、第七条还对人民法院改变管辖的案件和退回人民检察院补充侦查的案件如何计算办案期限，作出了明确规定。第六条规定，人民法院改变管辖的公诉案件，从改变后的办案机关收到案件之日起计算办案期限。第七条规定，人民法院退回人民检察院补充侦查的案件，补充侦查完毕移送人民法院后，人民法院重新计算审理期限。实践证明，这些规定是符合当时我国审判工作实际需要的，1996 年修改刑事诉讼法时，把《关于刑事案件办案期限的补充规定》中有关一审案件审理期限的有关规定吸收到本条规定中。2012 年修改刑事诉讼法时，进一步延长了案件审理的期限，规定一般公诉案件的一审审限最长可以延长至三个月；增加规定对于可能判处死刑的案件或者附带民事诉讼的案件，经上一级人民法院批准，审理期限可以延长三个月；将 2012 年刑事诉讼法第一百五十六条规定情形之一的案件，经上一级人民法院批准可以延长的时间由再延长一个月修改为延长三个月；增加规定因特殊情况还需要延长的，报请最高人民法院批准。这样修改主要是考虑到审判是决定被告人是否构成犯罪和判处刑罚的关键环节，不宜因审理期限而影响案件审判质量，对一些重大、疑难、复杂案件的审理期限，有条件地适当延长是可以的，本条根据实际需要作了有针对性的修改。

【理解与适用】

本条是关于公诉案件第一审审理期限的规定。

本条共分为三款。第一款是关于人民法院审理第一审公诉案件的审理期限的规定。本条规定的期限，是指被告人被羁押的刑事案件的办案期限，从人民法院收到同级人民检察院移送来案件的第二日开始计算。本款规定包括三个方面的内容：(1)根据本款规定，人民法院审理公诉案件，应当在受理后二个月以内宣判，至迟不得超过三个月。(2)三种情况下，经上一级人民法院批准可以延长三个月，一是可能判处死刑的案件。死刑案件涉及对公民生命权的剥夺，仓促决定会造成难以挽回的错误；且死刑案件往往较为复杂，证据要求高；尤其是对于有被害人的死刑案件，考虑到办案的效果，司法机关常常还要做双方当事人及其家属的工作，工作难度大，耗时长，因此，2012 年刑事诉讼法修改对死刑案件增加规定，经上一级人民法院批准可以延长三个月。这样规定有利于防止冤假错案、保证审判公正,也体现了对死刑判决应慎重决定的态度。二是附带民事诉讼案件。此类案件实际是刑事案件加上民事案件,涉及赔偿范围的确定、财产保全措施,尤其是对此类案件的调解往往占用大量时间。从实践看,对附带民事诉讼的调解需要做大量工作,为保证办案效果,调解已经成了必须要做的工作。2010年最高人民法院《关于贯彻宽严相济刑事政策的若干意见》要求,要充分发挥被告人、被害人所在单位、社区基层组织、辩护人、诉讼代理人和近亲属在附带民事诉讼调解工作中的积极作用,协调各方共同做好促进调解工作,尽可能通过调解达成民事赔偿协议并以此取得被害人及其家属对被告人的谅解,化解矛盾,促进社会和谐。此后,最高人民法院印发《关于进一步贯彻"调解优先、调判结合"工作原则的若干意见》的通知规定,对刑事附带民事诉讼案件,要在调解的方法、赔偿方式、调解案件适用时间、期间和审限等方面进行积极探索,把握一切有利于附带民事诉讼调解结案的积极因素,争取达成民事赔偿调解协议。此次修改刑事诉讼法,综合考虑各种情况,规定对附带民事诉讼案件,经上一级人民法院批准,可以延长三个月。三是有本法第一百五十八条规定情形之一的案件。包括交通十分不便的边远地区的重大复杂案件;重大的犯罪集团案件;流窜作案的重大复杂案件;犯罪涉及面广,取证困难的重大复杂案件。对这四种情况前文已有具体阐述,不再赘述。(3)因特殊情况还需要延长的,报请最高人民法院批准。"特殊情况"是指案情特别重大、复杂或者有其他重要原因影响案件及时审理完毕的情况。对于这类案件,本款规定,报请最高人民法院批准。对具体延长的期限没有作出规定,主要是考虑这种案件的数量极少,实践中的情况比较复杂,交最高人民法院依具体情况予以处理更为妥当。

第二款是关于人民法院改变管辖的案件如何计算审理期限的规定。根据本款规定,人民法院改变管辖的案件,从改变后的人民法院收到案件之日起计算审理期限。

第三款是关于人民法院对人民检察院补充侦查完毕移送的案件如何计算审理期限的规定。根据本款规定,人民检察院补充侦查的案件,补充侦查完毕移送人民法院后,人民法院重新计算审理期限。

在执行中,要注意两个问题:一是人民法院要不断改进工作,提高办案质量和办案效率,不要一遇有以上情形之一的案件,都延长审理期限,而应当实事求是地尽可能缩短办案期限;二是绝不能在不符合改变管辖或补充侦查条件的情况下,利用改变管辖或者退回补充侦查的规定,变相延长审理期限。

第二百零九条 人民检察院发现人民法院审理案件违反法律规定的诉讼程序,有权向人民法院提出纠正意见。

【修改提示】

本条是1979年刑事诉讼法的规定,1996年作过修改,2012年、2018年修改刑事诉讼法未作修改。

【背景解读】

本条是1996年修改刑事诉讼法时所作的修改。1979年刑事诉讼法规定:"出庭的检察人员发现审判活动有违法情况,有权向法庭提出纠正意见。"我国宪法规定:"中华人民共和国人民检察院是国家的法律监督机关。"为体现宪法规定的精神,1996年刑事诉讼法修改,把加强人民检察院的法律监督职能,保证国家法律有效地实施,作为一个重要问题进行研究,刑事诉讼法第八条明确规定:"人民检察院依法对刑事诉讼实行法律监督。"但是,人民检察院在刑事诉讼活动中如何切实履行法律监督职能,是需要认真研究的问题。人民检察院对人民法院审理刑事案件的法律监督职能,应当是人民检察院作为国家法律监督机关的职权,这个职权的行使,在检察机关内部要经过一定的程序。1979年刑事诉讼法规定检察人员在法庭中发现审判活动有违法情况有权向法庭提出纠正意见,就没有经过这个程序,实际上只是一种个人的监督,不是机关的监督,而且这种当庭监督,也混淆了检察机关出庭支持公诉和法律监督职能的关系。这样规定不符合法律规定的检察权的本来含义,也不利于维护法庭的尊严和法庭审判的正常进行。考虑到以上情况,同时为了加强人民检察院对人民法院刑事审判活动的监督,1996年修改刑事诉讼法对本条作了修改。

【理解与适用】

本条是关于人民检察院对人民法院审理案件活动进行监督的规定。

根据本条规定,人民检察院对人民法院审理案件违反法律规定的诉讼程序,有权向人民法院提出纠正意见。"违反法律规定的诉讼程序",是指人民法院在审理刑事案件过程中,违反本法规定的有关程序。"提出纠正意见",是指人民检察院进行法律监督,明确指出人民法院在审理哪个案件中,如何违反了法律规定的诉讼程序,应当怎样改正等。人民检察院对人民法院审理案件违反法律规定的诉讼程序的,不论是否实际影响到案件审理结果,都应当提出纠正意见。对于人民检察院提出的纠正意见,人民法院应当认真研究,对于错误要及时进行改正,并应当向人民检察院通报改正情况。

要正确理解本条的规定。人民检察院对人民法院审判进行法律监督,是指人民检察院作为一个法律监督机关的整体职能,有权对人民法院的审判活动进行监督。公诉人在履行提起公诉的职能时,发现法庭有违反法律规定的诉讼程序的情况,应当把情况向检察院有关领导汇报后,以人民检察院的名义,向人民法院提出纠正意见。

第二节　自诉案件

第二百一十条　自诉案件包括下列案件:

(一)告诉才处理的案件;

(二)被害人有证据证明的轻微刑事案件;

(三)被害人有证据证明对被告人侵犯自己人身、财产权利的行为应当依法追究刑事责任,而公安机关或者人民检察院不予追究被告人刑事责任的案件。

【修改提示】

本条是1979年刑事诉讼法的规定,1996年作过修改,2012年、2018年修改刑事诉讼法未作修改。

【背景解读】

本条是1996年刑事诉讼法修改的条文。关于自诉案件的范围,1979年刑事诉讼法第十三条第一款规定:"告诉才处理和其他不需要进行侦查的轻微刑事案件,由人民法院直接受理,并可以进行调解。"根据这一规定,自诉案件包括两类:一类是刑法里明确规定的告诉才处理的案件;另一类是不需要进行侦查的轻微的刑事案件。这个范围规定主要存在以下两个问题:一是"其他不需要进行侦查的轻微刑事案件"的规定不明确,实践中难以把握。对是否需要进行侦查由谁来认定,实践中有不同的认识,造成案件管辖的"扯皮"现象。鉴于上述理由,1996年刑事诉讼法明确规定"被害人有证据证明的轻微刑事案件"。二是1979年刑事诉讼法主要偏重于维护国家追诉权,对被害人权利的保护较少,实践中出现了公民权利受到犯罪分子的侵害,有的公安机关或者检察院的办案人员严重不负责任,推诿敷衍,该管的不管,使得被害人告状无门。为了解决个别案件老百姓告状无门的问题,1996年刑事诉讼法规定,被害人有证据证明对被告人侵犯自己人身、财产权利的行为应当依法追究刑事责任,而公安机关或者人民检察院不予追究的,人民法院可以直接受理。

【理解与适用】

本条是关于自诉案件范围的规定。

本条规定的"自诉案件"，是指被害人或者他的法定代理人以书面或者口头形式直接向人民法院提起刑事诉讼，由人民法院直接受理的刑事案件。根据本条规定，自诉案件包括以下三种：一是告诉才处理的案件。根据刑法的规定，告诉才处理的案件包括侮辱、诽谤案件、暴力干涉婚姻自由案件、虐待案件、侵占案件。二是被害人有证据证明的轻微刑事案件。"有证据证明"，主要是指被害人能够明确提供被告人的身份，有确实、充分的证据证明该被告人对自己实施了犯罪行为。被害人的证据不足以证明被告人犯罪的案件，应当向侦查机关报案，由侦查机关进行立案侦查。这里所说的"轻微刑事案件"，司法实践中主要掌握以下几类：故意伤害案（轻伤）；重婚案；遗弃案；妨害通信自由案；非法侵入他人住宅案；生产、销售伪劣商品案件（严重危害社会秩序和国家利益的除外）；侵犯知识产权案件（严重危害社会秩序和国家利益的除外）以及属于刑法分则第四章、第五章规定的，对被告人可以判处三年有期徒刑以下刑罚的其他轻微刑事案件。三是被害人有证据证明对被告人侵犯自己人身、财产权利的行为应当依法追究刑事责任，而公安机关或者人民检察院不予追究被告人刑事责任的案件。这类自诉案件必须同时具备以下三个条件：(1)被告人实施了犯罪行为，应当依法追究刑事责任；(2)被害人有证据证明；(3)公安机关或者人民检察院对被告人的犯罪行为不予追究。"公安机关或者人民检察院不予追究被告人的刑事责任"，是指经向公安机关、人民检察院报案、控告、检举，公安机关、人民检察院未立案侦查，或者撤销案件，或者不起诉的情况。

在执行本条规定时，要充分认识本条第三项对自诉案件规定的意义，解决好老百姓告状无门的问题。同时，还应搞清自诉案件是否属于公安机关或者人民检察院应当管而没有管的案件。如果该案自诉人未曾向公安机关或者人民检察院报案、控告的，应当将案件移送公安机关、人民检察院处理。

第二百一十一条　人民法院对于自诉案件进行审查后，按照下列情形分别处理：

（一）犯罪事实清楚，有足够证据的案件，应当开庭审判；

（二）缺乏罪证的自诉案件，如果自诉人提不出补充证据，应当说服自诉人撤回自诉，或者裁定驳回。

自诉人经两次依法传唤，无正当理由拒不到庭的，或者未经法庭许可中途退庭的，按撤诉处理。

法庭审理过程中，审判人员对证据有疑问，需要调查核实的，适用本法第一百九十六条的规定。

【修改提示】

本条是1979年刑事诉讼法的规定,1996年作过修改,2012年、2018年修改刑事诉讼法对本条的具体内容未作修改,只对本条中引用的条文的序号按照修改后的条文序号作了相应调整。

【背景解读】

1996年刑事诉讼法第一百七十条对自诉案件的范围的规定作了修改补充,根据司法实践的情况,主要解决老百姓告状无门的问题。1996年刑事诉讼法第一百七十一条根据第一百七十条的规定和司法实践的具体情况,对1979年刑事诉讼法第一百二十六条作了修改。原条文规定:"人民法院对于自诉案件进行审查后,按照下列情形分别处理:(一)犯罪事实清楚,有足够证据的案件,应当开庭审判;(二)必须由人民检察院提起公诉的案件,应当移送人民检察院;(三)缺乏罪证的自诉案件,如果自诉人提不出补充证据,经人民法院调查又未能收集到必要的证据,应当说服自诉人撤回自诉,或者裁定驳回;(四)被告人的行为不构成犯罪的案件,应当说服自诉人撤回自诉,或者裁定驳回。"与1979年刑事诉讼法该条文比较,1996年刑事诉讼法主要作了如下修改:(1)删去原条文第二项"必须由人民检察院提起公诉的案件,应当移送人民检察院"的规定。主要是考虑到1996年刑事诉讼法第一百七十条修改了自诉案件的范围,规定被害人有证据证明被告人侵犯自己人身、财产权利的行为应当依法追究刑事责任,而公安机关或者人民检察院不予追究的案件,可以自诉,由人民法院直接受理。(2)删去1979年刑事诉讼法该条文第三项中"经人民法院调查又未能收集到必要证据"的规定。1996年修改刑事诉讼法明确规定了控诉方的举证责任,人民法院不再主动调查取证,根据以上考虑,本条作了相应修改。(3)删去1979年刑事诉讼法该条文第四项规定。原条文第四项规定的"被告人的行为不构成犯罪的案件",这类案件可以归入缺乏罪证的案件。(4)增加一款规定"自诉人经两次合法传唤,无正当理由拒不到庭的,或者未经法庭许可中途退庭的,按撤诉处理"。主要是自诉人既然提出了诉讼,就应当有义务积极配合、支持法庭审理,如果自诉人不到庭或退庭,庭审缺乏控诉方,法庭审理就无从谈起。增加规定了法庭审理中对有疑问的证据进行调查核实的程序。

【理解与适用】

本条是关于人民法院对自诉案件如何处理以及调查核实证据的规定。

本条共分为三款。第一款是关于人民法院如何审查处理自诉案件的规定。

根据本款规定，人民法院对自诉案件进行审查后，有以下两种处理办法：一是犯罪事实清楚，有足够证据的案件，应当开庭审判。这里所说的"事实清楚"，是指有明确的犯罪人、犯罪的时间、地点以及整个犯罪事件的经过。"足够证据"，是指能够证明案件事实的证据。如证人、证言、物证、书证等证据，且这些证据足以能证明犯罪事实的存在。二是缺乏罪证的自诉案件，如果自诉人提不出补充证据，应当说服自诉人撤回自诉，或者裁定驳回。"缺乏罪证"，是指没有证明犯罪的证据和犯罪的证据不足或不充分等情况。除此之外，对于犯罪已过追诉时效期限的；被告人死亡的；被告人下落不明的；自诉人撤诉后，就同一事实又告诉的；经人民法院调解结案后，自诉人反悔，就同一事实再行告诉等情况，也应当说服自诉人撤回自诉，或者裁定驳回。自诉人是二人以上，其中部分人撤诉的，不影响案件的继续审理。

第二款是关于对自诉人拒不到庭或者中途擅自退庭如何处理的规定。根据本款规定，自诉人经两次依法传唤，无正当理由拒不到庭的，或者未经法庭许可中途退庭的，按撤诉处理。"无正当理由拒不到庭"，是指不是出于客观原因，而是有意不出席法庭，致使案件无法正常审理。"未经法庭许可中途退庭"，是指没有向法庭提出申请并经法庭同意，在庭审过程中退出法庭审理的行为。根据本款规定，符合上述情况的，应当按撤诉处理。

第三款是关于法庭审理自诉案件对证据有疑问的如何处理的规定。根据本款规定，法庭审理过程中，审判人员对证据有疑问，需要调查核实的，适用本法第一百九十六条的规定，可以宣布休庭，对证据进行调查核实。人民法院在调查核实证据时，可以进行勘验、检查、查封、扣押、鉴定和查询、冻结。这里的"有疑问"是指审判人员对自诉人提供的证据材料是否客观真实有合理的怀疑。

需要注意的是，2012 年 3 月十一届全国人大第五次会议通过的《关于修改〈中华人民共和国刑事诉讼法〉的决定》中，在原来规定人民法院调查核实证据时可以采取的调查手段中增加规定了"查封"，从而使人民法院的调查手段更为完备。

第二百一十二条　人民法院对自诉案件，可以进行调解；自诉人在宣告判决前，可以同被告人自行和解或者撤回自诉。本法第二百一十条第三项规定的案件不适用调解。

人民法院审理自诉案件的期限，被告人被羁押的，适用本法第二百零八条第一款、第二款的规定；未被羁押的，应当在受理后六个月以内宣判。

【修改提示】

本条是 1979 年刑事诉讼法的规定，1996 年、2012 年作过修改。2018 年修改刑事诉讼法对本条的具体内容未作修改，只对本条中引用的条文的序号按照修改后的条文序号作了相应调整。

【背景解读】

本条是根据2012年3月14日第十一届全国人民代表大会第五次会议通过的《关于修改〈中华人民共和国刑事诉讼法〉的决定》修改。1979年刑事诉讼法第一百二十七条规定，“人民法院对自诉案件，可以进行调解；自诉人在宣告判决前，可以同被告人自行和解或者撤回自诉。”1996年刑事诉讼法对此条作了补充修改，在第一百七十二条中增加规定了对“第一百七十条第三项规定的案件不适用调解”，即指被害人有证据证明对被告人侵犯自己人身、财产权利的行为应当依法追究刑事责任，而公安机关或者人民检察院不予追究被告人刑事责任的案件，不适用调解。增加这一规定，主要是为了解决实践中一些公安机关或者检察机关的办案人员不恪守职责，对一些应当进行侦查、起诉的案件而没有侦查、起诉的情况。由于法律对这类自诉案件的严重程度没有作限制规定，有的犯罪可能是严重侵犯当事人人身权利和财产权利的犯罪，且是在公安、检察机关不予追究的情况下当事人向人民法院起诉的，在审判这类自诉案件时，人民法院不应当再进行调解，否则，不利于对这类案件的正确、公正处理。因此，本条明确规定这类自诉案件不适用调解，也就是说这类案件必须经过审判作出判决。

1979年、1996年刑事诉讼法都没有对自诉案件的审理期限作出规定，实践中有的地方对自诉案件的处理久拖不决，影响了法律的严肃性，也不利于对当事人权利的保障。为了更好地完善诉讼程序，使司法机关能够依法办案，确保当事人的诉讼权利和其他利益，2012年3月14日第十一届全国人民代表大会第五次会议通过的《关于修改〈中华人民共和国刑事诉讼法〉的决定》增加了关于人民法院审理自诉案件的期限的规定。

【理解与适用】

本条是关于自诉案件的调解、和解与撤诉以及审理期限的规定。

本条共分为两款。第一款是关于自诉案件的调解、和解与撤诉的规定。

本款规定包含以下三层意思：第一，人民法院对自诉案件，可以进行调解。这里规定的“调解”，主要是指人民法院处理轻微刑事案件，通过说服教育等工作，使当事人双方达成和解的一种方式。调解应当出于被告人和自诉人双方的真实意愿，法院不得强迫其调解。在审判员主持下当事人协商最终达成的调解协议对双方当事人都具有约束力。人民法院应当制作调解书，调解书送达当事人即发生法律效力。如果在调解书送达当事人以前，当事人中有一方反悔的，人民法院可以再行调解，调解不成的，人民法院可以开庭审理，作出判决。第二，自诉人在宣告判决前，可以同被告人自行和解或者撤回自诉。“自行和解”，是在法庭宣判以前，自诉人和被告人在法庭外自愿达成谅解协议。当事人双方和解，自诉人应该以书面或者口头形式向人民法院撤回自诉。"撤回自诉",是指自诉人向法院控诉以后,由于某种原因,自动放弃法律赋予他的自诉权利,向人民法院申请撤销自己对被告人的控诉。自行撤诉的案件,除有正当理由外,不得就同一案件再行起诉。第三,不适用调解的例外情况,即本法第二百一十条第三项规定的案件不适用调解,这类案件是指"被害人有证据证明对被告人侵犯自己人身、财产权利的行为应当依法追究刑事责任,而公安机关或者人民检察院不予追究被告人刑事责任的案件"。此类案件可能属于严重侵害公民人身、财产权利的犯罪案件,因此,规定不适用调解,但自诉人在宣判前可以同被告人自行和解或者撤回自诉。

人民法院在执法过程中,应当注意把握"自行和解"是双方当事人的自愿行为,"撤回自诉"是自诉人的自愿行为。任何以强迫或威胁的方法,使当事人和解或撤回自诉,都是违背法律规定的自诉案件的自愿原则的。

第二款是关于审理自诉案件的期限的规定。本款规定了以下两种情况:一是被告人被羁押的审理期限。根据本款规定,对于自诉案件的被告人正在有关场所羁押的,人民法院审理时,应当按照审理公诉案件的期限进行。二是被告人未被羁押的,人民法院应当在受理后六个月以内宣判,这一期限,与民事诉讼法审理普通民事案件的期限是相同的。

第二百一十三条　自诉案件的被告人在诉讼过程中,可以对自诉人提起反诉。反诉适用自诉的规定。

【修改提示】

本条是 1979 年刑事诉讼法的规定,1996 年、2012 年、2018 年修改刑事诉讼法未作修改。

【背景解读】

本条是 1979 年刑事诉讼法的规定。规定自诉案件的被告人可以对自诉人提起反诉,主要是考虑到大多数自诉案件发生在公民日常生活的争执当中,如邻里纠纷等,往往存在互相都有侵害对方利益的情况。允许反诉,体现了诉讼当事人在诉讼过程中的权利义务平等原则和在法律面前人人平等的原则。公民可以通过自行起诉的方式对他人提起诉讼来争取自己的合法权益,他人也可以通过对自诉人提起反诉进行抗辩,以争取自己的合法权益。

【理解与适用】

本条是关于自诉案件的被告人有权提起反诉的规定。

本条规定主要有以下两层意思：一是自诉案件的被告人可以提起反诉。“反诉”，是指在诉讼过程中，被告人就自诉人控告的案件，向人民法院对自诉人提起刑事诉讼。反诉应当具备以下几个条件：(1)反诉的对象必须是同一案件的自诉人；(2)被告人反诉所指控自诉人的犯罪行为必须与自诉案件的案情有直接关系；(3)反诉案件必须是人民法院依法可以直接受理的自诉案件。反诉案件应当同原来已经提起的自诉案件进行合并审理。对于自诉人撤诉的案件，不影响反诉案件的审理。二是反诉的程序适用自诉的规定。“反诉适用自诉的规定”，主要是指人民法院处理反诉案件适用本法第二百一十条关于自诉案件的范围、第二百一十一条关于对自诉案件的处理、第二百一十二条关于自诉案件的调解、和解与撤诉以及自诉案件的审理期限的规定，即反诉案件审理活动适用自诉案件诉讼程序的有关规定。

第三节　简易程序

第二百一十四条　基层人民法院管辖的案件，符合下列条件的，可以适用简易程序审判：

（一）案件事实清楚、证据充分的；

（二）被告人承认自己所犯罪行，对指控的犯罪事实没有异议的；

（三）被告人对适用简易程序没有异议的。

人民检察院在提起公诉的时候，可以建议人民法院适用简易程序。

【修改提示】

本条是1996年修改刑事诉讼法时增加的规定，2012年作过修改，2018年修改刑事诉讼法未作修改。

【背景解读】

本条是根据2012年3月14日第十一届全国人民代表大会第五次会议通过的《关于修改〈中华人民共和国刑事诉讼法〉的决定》修改。设置简易程序就是要简化法庭审理的诉讼程序，缩短诉讼时间。1996年修改刑事诉讼法时，针对改革开放以后及市场经济条件下刑事案件迅猛增加的情况，为了提高诉讼效率，有效、充分地利用有限的诉讼资源，减轻诉讼当事人的诉讼负担，使办理疑难复杂案件的程序和办理简易案件的程序有所区别，在刑事诉讼法中专门规定了简易程序一节。并在1996年刑事诉讼法第一百七十四条规定了简易程序的适用范围，即：“人民法院对于下列案件，可以适用简易程序，由审判员一人独任审判：（一）对依法可能判处三年以下有期徒刑、拘役、管制、单处罚金的公诉案件，事实清楚，证据充分，人民检察院建议或者同意适用简易程序的；（二）告诉才处理的案件；（三）被害人起诉的有证据证明的轻微刑事案件”。为了更好地配置司法资源，提高诉讼效率，第十一届全国人民代表大会第五次会议通过的《关于修改〈中华人民共和国刑事诉讼法〉的决定》，总结1996年刑事诉讼法实施十几年的经验和司法实践的需要，在保证司法公正的前提下，区别案件的不同情况，对案件进一步繁简分流，适当扩大了简易程序的适用范围，将简易程序审判的案件范围修改为基层人民法院管辖的认罪案件，同时对适用简易程序的条件作了修改。这样规定，既考虑案件本身的简易程度，又考虑案件对社会的危害程度；既考虑被告人的认罪态度，又听取被告人对自己案件适用简易程序的意见；既保障被告人的权利，又有利于提高诉讼效率。对本条的修改主要包括以下几个内容：(1)将适用简易程序的案件范围修改为“基层人民法院管辖的案件”。其主要理由是：①近十几年来，我国的法治建设取得了长足的进步，司法工作人员的法治观念和审判业务水平也在不断提高，基层人民法院的审判人员基本上具备了审理各类案件和处理复杂问题的能力。②随着经济社会的不断发展，刑事犯罪的情况也出现了新的变化，不但案件的种类在增多，案件的数量也有增无减，从司法实践的情况看，大部分刑事案件是被告人认罪的案件，其中，对认定的犯罪事实、情节又无争议。如果都按照普通程序进行审判，即使有限的司法资源更为紧张，也无必要。为了更好地保证诉讼效率和案件质量，在法定的期限内审结案件，及时有效地打击犯罪，采取了案件繁简分流的原则，这样，司法资源可以合理配置，审判人员可以集中精力审理一些被告人不认罪和疑难复杂的案件。(2)将“由审判员一人独任审判”修改为“可以组成合议庭进行审判，也可以由审判员一人独任审判”，修改后的具体内容规定在本法第二百一十六条。(3)关于案件的适用范围，删去了“对依法可能判处三年以下有期徒刑、拘役、管制、单处罚金的公诉案件”的限制，而扩大为所有基层人民法院管辖的案件，保留“事实清楚，证据充分”的条件。(4)增加被告人必须承认自己所犯罪行、对起诉书指控的犯罪事实没有异议的条件，这类被告人认罪的案件一般事实清楚、证据简单充分，易于审理。(5)增加被告人对适用简易程序审理没有异议的条件。这一规定体现了对被告人诉讼权利的重视和保障。(6)删去人民检察院“同意适用简易程序”的规定，保留人民检察院的建议权。(7)删去“告诉才处理的案件”。(8)删去“被害人起诉的有证据证明的轻微刑事案件”。上述(7)、(8)项的修改，主要是考虑到本条对适用简易程序审理的案件范围作了重大修改，已不仅限于“告诉才处理”和“被害人起诉的有证据证明的轻微刑事案件”的范围。

【理解与适用】

本条是关于适用简易程序的条件的规定。

本条共有两款。第一款是关于适用简易程序案件范围的规定。适用简易程序的案件,只能是由基层人民法院管辖的同时符合以下三个条件的案件:一是案件事实清楚,证据充分的。即指人民法院根据起诉书指控的事实,认为案件事实简单明确,定罪量刑的证据客观全面,足以认定被告人有罪。二是被告人承认自己所犯罪行,对起诉书指控的犯罪事实没有异议的。这里“承认自己所犯罪行”,是指被告人对起诉书对其指控的罪名和犯罪行为供认不讳。“对指控的犯罪事实没有异议”,即指被告人对起诉书所指控的犯罪行为和犯罪证据都没有异议。如果被告人对罪名或犯罪事实或证据提出异议的,都不属于没有异议。这里的“指控”既包括公诉案件的起诉书,也包括自诉案件的起诉书中的指控。三是被告人对适用简易程序审理没有异议的。这里所说的适用简易程序,是指本法第三编第二章第三节关于简易程序中的有关规定,如本法第二百一十六条关于适用简易程序的案件范围的规定,对可能判处三年以下有期徒刑刑罚的案件,适用简易程序审理的,可以组成合议庭进行审判,也可以由审判员一人独任审判。对可能判处三年以上有期徒刑刑罚的,应当组成合议庭进行审判。也就是说,被告人可以根据上述法律规定和自己所犯罪行的情况进行考虑和权衡,尤其是由审判员一人独任审判的规定,对自己是否会做到公平、有利,作出最后的选择,等等。上述三个条件必须同时具备,只要被告人对第二项或第三项提出不同意见,就不应适用简易程序审理,应当按照普通程序进行审理。

本条第二款是关于人民检察院建议权的规定。人民检察院在提起公诉前,经审查,认为被告人符合本条第一款规定的三个条件,在提起公诉时,可以建议人民法院对提起公诉的案件适用简易程序进行审理。对于最终是否适用简易程序审理,由人民法院根据案件的情况和被告人的意见作出决定。法律赋予人民检察院这一建议权,进一步发挥检察机关追诉犯罪的职能,使诉讼程序更为合理,人民法院在作出是否适用简易程序的决定时应当认真考虑检察院的建议。

在实际审判工作中,适用简易程序审理案件时,要严格掌握法律规定的同时必备的三个条件。尤其应当注意听取被告人的意见。只要被告人提出异议,即使案件事实清楚,证据充分,也不应适用简易程序进行审判。为保证案件的公正审判,适用简易程序必须依法慎重。

第二百一十五条 有下列情形之一的,不适用简易程序:

(一)被告人是盲、聋、哑人,或者是尚未完全丧失辨认或者控制自己行为能力的精神病人的;

(二)有重大社会影响的;

(三)共同犯罪案件中部分被告人不认罪或者对适用简易程序有异议的;

(四)其他不宜适用简易程序审理的。

【修改提示】

本条是2012年修改刑事诉讼法时增加的规定,2018年修改刑事诉讼法未作修改。

【背景解读】

本条是2012年修改刑事诉讼法时新增加的规定。1996年刑事诉讼法规定了简易程序一节,并在1996年刑事诉讼法第一百七十四条中规定了适用简易程序的案件范围,没有规定哪些案件不能适用简易程序。1996年刑事诉讼法第一百七十四条规定的适用范围,有的只是从案件可能判处的量刑轻重程度考虑,而没有从案件本身的社会危害性和社会影响以及被告人自身的认知能力等方面考虑,如对依法可能判处三年以下有期徒刑的公诉案件,事实清楚、证据充分和告诉才处理的案件;有的规定界限不好掌握,如被害人起诉的有证据证明的轻微刑事案件,这样就造成了实践中不该适用而适用简易程序审理的情况,影响了对案件的公正处理。2012年修改刑事诉讼法,将实践中出现的问题进行了认真梳理,充分考虑到保障盲、聋、哑等特殊群体被告人的诉讼权利以及对有重大社会影响案件的公正处理等因素,将不宜适用简易程序审理的情况明确化。从而有利于司法机关在办案过程中掌握,可以有效防止不当使用简易程序审理案件情况的发生,更好地保护公民的诉讼权利。

【理解与适用】

本条是关于不适用简易程序审理的情形的规定。

本条规定了不适用简易程序审理的四种情形:第一种情形被告人是盲、聋、哑人或者是尚未完全丧失辨认或者控制自己行为能力的精神病人。这几类人有的是在生理上有缺陷,有的是精神上有障碍,但其并未完全丧失辨认或者控制自己行为的能力,属于有部分责任能力但对事物的完整性、客观性的认识又不是很全面的人,有时可能还不能充分表达自己的意愿,应当充分保障他们的诉讼权利。如本法第三十五条第二款规定,犯罪嫌疑人、被告人是盲、聋、哑人或者是尚未完全丧失辨认或者控制自己行为能力的精神病人,没有委托辩护人的,人民法院、人民检察院和公安机关应当通知法律援助机构指派律师为其提供辩护,也是出于相同的考虑。所以,为了更扎实地认定犯罪和证据,对这类案件不应适用简易程序进行审理。

第二种情形是有重大社会影响的案件。这里的"重大社会影响"一般是指社会关注度高、反映强烈的案件。这一规定体现了立法的慎重,对案件的处理既考虑社会效果又考虑法律效果。

第三种情形是共同犯罪案件中部分被告人不认罪或者对适用简易程序有异议的。这里规定的“不认罪”，是指被告人不承认有犯罪事实或者不认为其行为构成犯罪的。“有异议”是指被告人不同意适用简易程序审理的。此项规定主要是考虑多个被告人共同犯罪的案件往往案情复杂，证据相互关联，被告人之间口供也须相互印证、调查核实，为慎重公正处理只要其中一个被告人对案件提出异议或不认罪，就不符合适用简易程序的条件。

第四种情形是其他不宜适用简易程序审理的。这项规定是一个兜底条款，主要考虑司法实践中各类案件情况复杂，有些确实不宜适用简易程序，如涉及重大国家利益的敏感案件等，又难以在法律中一一列举，在此作原则性规定，可以由人民法院在司法实践中根据具体情况掌握，也可以根据实际需要作出司法解释。

司法实践中应当注意，本条规定的四种情形，只要符合其中之一个条件的，就不得适用简易程序审理。即使是被告人认罪的案件，也不能适用简易程序审理。

第二百一十六条　适用简易程序审理案件，对可能判处三年有期徒刑以下刑罚的，可以组成合议庭进行审判，也可以由审判员一人独任审判；对可能判处的有期徒刑超过三年的，应当组成合议庭进行审判。

适用简易程序审理公诉案件，人民检察院应当派员出席法庭。

【修改提示】

本条是1996年修改刑事诉讼法时增加的规定，2012年作过修改，2018年修改刑事诉讼法未作修改。

【背景解读】

本条是根据2012年3月14日第十一届全国人民代表大会第五次会议《关于修改〈中华人民共和国刑事诉讼法〉的决定》修改。对本条的修改，主要是以下两方面：一是为明确适用简易程序是否组成合议庭审理的问题，2012年刑事诉讼法对1996年刑事诉讼法第一百七十四条的规定作了如下修改：（1）为保证案件质量，本条对可能判处较轻刑罚适用简易程序审判的，规定可以组成合议庭进行审判，也可以由审判员一人独任审判。即将原来的“适用简易程序，由审判员一人独任审判”修改为“对可能判处三年有期徒刑以下刑罚的，可以组成合议庭进行审判，也可以由审判员一人独任审判”，这需要由人民法院根据案件的具体情况，在确保案件质量的前提下决定采用何种庭审方式。（2）对于可能判处较重刑罚的案件适用简易程序审判的，规定应当组成合议庭进行审判。即增加规定“对可能判处的有期徒刑超过三年的,应当组成合议庭进行审判”的内容。这次修改刑事诉讼法,将适用简易程序审理的案件范围由可能判处三年有期徒刑以下刑罚的扩大到基层人民法院管辖的符合简易程序规定条件的案件。上述修改,使适用简易程序审理的案件,不仅包括了可能判处较轻刑罚的案件,同时也包括了可能判处较重刑罚、较长时间剥夺被告人人身自由的案件,对这类案件,为确保公正审判,体现慎重原则,因而规定要组成合议庭。二是1996年刑事诉讼法第一百七十五条规定,适用简易程序审理公诉案件,人民检察院可以不派员出席法庭。为保障被告人的诉讼权利和发挥人民检察院的支持公诉和法律监督职能作用,2012年刑事诉讼法将“人民检察院可以不派员出席法庭”修改为“人民检察院应当派员出席法庭”。

【理解与适用】

本条是关于适用简易程序审判的审判组织和人民检察院出庭支持公诉的规定。

本条共分为两款。第一款是关于适用简易程序审理的审判组织的规定。本款规定了两种情况:(1)对于可能判处三年有期徒刑以下刑罚适用简易程序审理判的案件,人民法院可以根据案件的不同情况,组成合议庭进行审判,也可以由审判员一人独任审判。“三年有期徒刑以下刑罚”是指刑法规定的三年以下有期徒刑、拘役、管制、单处罚金、单处剥夺政治权利等刑罚。其中有期徒刑包括三年及其以下有期徒刑。可能判处三年有期徒刑以下刑罚的案件,一般来说,属于较轻的刑事案件,所以,本条规定可以组成合议庭审判,也可以由人民审判员一人独任审判。对于需要组成合议庭进行审判的,合议庭的组成人员可以根据本法第一百八十三条第一款的规定,由审判员三人或者由审判员和人民陪审员共三人或者七人组成合议庭进行。一般情况下,对于被告人少、案情简单清楚、证据基本充分,被告人认罪、适用法律定罪量刑也较为明确,可能判处三年有期徒刑以下刑罚的案件,人民法院可以适用独任审判的形式,这有利于及时结案、节约司法资源。对于案情相对复杂、证据之间存在疑问,人民法院认为需要组成合议庭进行审判的可能判处三年有期徒刑以下刑罚的案件,可以组成合议庭进行审判。(2)对于可能判处的有期徒刑超过三年的案件,法律规定应当依法组成合议庭进行审判。一般来说,有期徒刑超过三年的案件,属于比较严重的犯罪案件,规定应当组成合议庭进行审理是必要的,由多名审判人员或陪审员合议,充分讨论,有利于进一步查明案件事实,有利于案件的公正审判。根据刑法第四十五条的规定,有期徒刑的期限,为六个月以上十五年以下。根据刑法第六十九条第一款关于数罪并罚后刑期的规定,有期徒刑总和刑期不满三十五年的,最高不能超过二十年,总和刑期在三十五年以上的,最高不能超过二十五年。这里的“有期徒刑超过三年”,是指最低刑为三年以上不包括三年有期徒刑,最高刑为二十五年有期徒刑。

第二款是关于适用简易程序审理公诉案件,人民检察院应当派员出席法庭的规定。也就是说,适用简易程序审理公诉案件时,人民检察院必须派员出席法庭。法律作此规定,主要考虑是:(1)提起公诉并支持公诉是检察机关的法定职责,同时支持公诉有利于法庭查明案件事实,正确定罪量刑。(2)此次将适用简易程序的范围扩大至最高可能判处二十五年有期徒刑的案件,为体现对被告人人身权利和诉讼权利的重视,体现严肃公正审判原则,检察机关派员出庭是必要的。(3)检察机关派员出庭可以对庭审活动依法进行予以监督,更好地体现法律监督职能,同时为是否提出抗诉了解情况早作准备。

第二百一十七条　适用简易程序审理案件,审判人员应当询问被告人对指控的犯罪事实的意见,告知被告人适用简易程序审理的法律规定,确认被告人是否同意适用简易程序审理。

【修改提示】

本条是2012年修改刑事诉讼法时增加的规定,2018年修改刑事诉讼法未作修改。

【背景解读】

本条是2012年3月14日第十一届全国人民代表大会第五次会议通过的《关于修改〈中华人民共和国刑事诉讼法〉的决定》新增加的规定。本条规定是法庭对适用简易程序的条件进一步审查核实的审理程序。本法第二百一十四条规定了适用简易程序的三个条件,人民法院决定是否适用简易程序进行审理以前,接到起诉书后,可以根据案件的具体情况,对是否可以适用简易程序作如下审查:一是经过对案卷的审查,看是否事实清楚、证据充分;二是审查被告人是否承认自己所犯罪行、对起诉书指控的犯罪事实有无异议;三是被告人对适用简易程序有无异议。如果同时符合上述三个条件,人民法院即可决定适用简易程序审理。对决定适用简易程序审理的案件,开庭、宣读起诉书之后,审判人员应当就本法第二百一十四条规定的条件再次询问被告人对起诉书指控他犯罪事实的意见,将本节关于适用简易程序审理的有关法律规定告知被告人,进一步确定被告人是否同意适用简易程序审理。这样规定是为确保适用简易程序的准确性,体现了对适用简易程序审理案件的谨慎态度,也体现了对被告人诉讼权利的尊重。

【理解与适用】

本条是关于适用简易程序审理条件的审查程序的规定。

本条规定包括以下三个方面的内容:一是听取被告人对指控的犯罪事实的意

见。人民法院适用简易程序审理案件，开庭后，检察人员或者自诉人应当向被告人宣读起诉书，宣读完毕后，询问被告人对指控他的犯罪事实的意见，是否认罪、有否异议。二是告知被告人有关法律规定。由于案件是适用简易程序审理，所以，审判人员应根据案件的具体情况，将本节关于适用简易程序审理的有关规定告知被告人，如适用简易程序审理案件，依照规定，根据案件的不同情况，可以由审判员一人独任审判，也可以组成合议庭进行审判；告知被告人在法庭上有陈述权、辩护权以及与公诉人互相辩论的权利；告知被告人适用简易程序审理案件，与适用普通程序审理案件有不同之处，如适用简易程序审理案件，证人、鉴定人可以不出庭或不受送达期限、出示证据等普通程序审理规定的限制。三是确认被告人是否同意适用简易程序审理自己的案件。在审判人员告知了被告人本法关于简易程序的规定和其依法应当享有的诉讼权利的基础上，被告人应当明确表示同意或者不同意适用简易程序审理。经过上述审查核实程序，人民法院再决定是否继续适用简易程序进行审理。无论是人民检察院建议人民法院适用简易程序的案件，还是人民法院经审查认为应当适用简易程序审理的案件，只要在人民法院开庭审查核实阶段被告人不同意适用简易程序或不符合本法第二百一十四条规定的条件之一的，人民法院应当决定改为适用普通程序进行审理。

第二百一十八条　适用简易程序审理案件，经审判人员许可，被告人及其辩护人可以同公诉人、自诉人及其诉讼代理人互相辩论。

【修改提示】

本条是 1996 年修改刑事诉讼法时增加的规定，2012 年作了修改，2018 年修改刑事诉讼法未作修改。

【背景解读】

本条是根据 2012 年 3 月 14 日第十一届全国人民代表大会第五次会议通过的《关于修改〈中华人民共和国刑事诉讼法〉的决定》修改。1996 年修改刑事诉讼法专门规定了简易程序一节，其中对公诉案件和自诉案件审理的庭审程序分别作了规定。考虑到当时规定公诉案件适用简易程序审理，公诉人可以不出庭，自诉案件中自诉人必须出庭，因此在第一百七十五条和第一百七十六条规定了适用简易程序的公诉案件、自诉案件的审理程序。2012 年修改刑事诉讼法，规定适用简易程序的公诉案件，人民检察院应当派员出席法庭。因此，本条删去了“自诉”二字限制，增加了可以同“公诉人”辩论，本条规定的庭审程序适用于公诉案件和自诉案件。在适用简易程序审理案件时，被告人及其辩护人可以同公诉人、自诉人及其诉讼代理人互相辩论。这样规定,有利于对被告人诉讼权利的保障,也有利于查明案件的情况,正确定罪量刑。

【理解与适用】

本条是关于适用简易程序审理案件的庭审程序规定。

根据本条规定,适用简易程序审理公诉和自诉案件,应当按以下程序进行:(1)宣读起诉书。在审判人员宣布开庭及有关事项后,向被告人宣读起诉书。如果是公诉案件,应当由公诉人宣读起诉书;自诉案件应当由自诉人或者其诉讼代理人宣读起诉书。(2)互相辩论。宣读起诉书后,被告人如果不认罪,经审判人员许可,可以与公诉人、自诉人及其诉讼代理人进行辩论。被告人委托了辩护律师或者其他辩护人的,辩护人也可以参加辩论。辩论必须向审判人员提出发言请求,经许可后进行。辩论没有严格的先后顺序,可以针对起诉书指控的全部或部分事实、理由、证据等辩论。

根据本法第二百一十三条的规定,自诉案件的被告人可以对自诉人提起反诉,并就反诉的犯罪事实和证据材料等进行互相辩论。

根据本法第二百一十二条第一款的规定,人民法院对自诉案件可以进行调解;自诉人在宣告判决前,可以同被告人自行和解或者撤回自诉。但本法第二百一十条第三项规定的案件不能适用调解。

第二百一十九条　适用简易程序审理案件,不受本章第一节关于送达期限、讯问被告人、询问证人、鉴定人、出示证据、法庭辩论程序规定的限制。但在判决宣告前应当听取被告人的最后陈述意见。

【修改提示】

本条是1996年修改刑事诉讼法时增加的规定,2012年作了修改,2018年修改刑事诉讼法未作修改。

【背景解读】

本条是根据2012年3月14日第十一届全国人民代表大会第五次会议通过的《关于修改〈中华人民共和国刑事诉讼法〉的决定》修改。简易程序是为了简化办案程序,提高办案效率。因此,这个程序必须体现出“简”字,否则就失去了意义。由于适用简易程序审理的案件相对来说是案情简单、事实清楚、证据较充分,且被告人认罪的案件,因而审理中对讯问被告人、询问证人、鉴定人、出示证据、法庭辩论程序不一定都要按普通程序进行,在保证查清案件事实的基础上,依照法律规定，该简化的简化。适用简易程序审理案件，要切实保障被告人的诉讼权利，尤其是被告人充分陈述自己意见的权利。被告人陈述自己意见的权利，要体现在诉讼的全过程中：一是在法庭调查时的陈述和辩护权，二是最后陈述权。最后陈述，既是被告人进行辩护的权利，又是被告人全面认识自己行为性质和后果的一个机会，法庭也可以借以掌握被告人是否真诚悔罪等心理态度。鉴于被告人最后陈述的重要意义，本条明确规定了适用简易程序审理案件，在判决宣告前应当听取被告人的最后陈述意见。2012 年修改增加了不受本章第一节关于"送达期限"限制的规定。由于本章第一节是关于一审程序中审理公诉案件的规定，涉及对人民检察院起诉书副本的送达、当事人传票以及人民检察院通知的送达，为进一步简化办案程序，提高诉讼效率，因此，增加规定适用简易程序审理案件，不受"送达期限"的限制，也是简易程序的一部分。

【理解与适用】

本条是关于适用简易程序审理案件可以简化程序的规定。

本条规定有两层意思：(1)适用简易程序审理案件，不受本章第一节关于送达期限、讯问被告人、询问证人、鉴定人、出示证据、法庭辩论程序规定的限制。这些限制性规定，主要是指，第一百八十七条第二款、第三款规定的人民法院决定开庭审判后，应当将人民检察院的起诉书副本至迟在开庭十日前送达被告人及其辩护人；人民法院确定开庭日期后，应当将开庭的时间、地点通知人民检察，传唤当事人，通知辩护人、诉讼代理人、证人、鉴定人和翻译人员，传票和通知书至迟在开庭三日以前送达。第二百零二条第二款规定的当庭宣告判决的，应当在五日以内将判决书送达当事人和提起公诉的人民检察院；定期宣告判决的，应当在宣告后立即将判决书送达当事人和提起公诉的人民检察院。第一百九十一条第一款、第三款规定的公诉人在法庭上宣读起诉书后，被告人、被害人进行陈述后，公诉人可以讯问被告人；审判人员可以讯问被告人。第一百九十四条第二款规定的审判人员可以询问证人、鉴定人。第一百九十五条规定的公诉人、辩护人应当向法庭出示物证，让当事人辨认。第一百九十八条第二款规定的经审判长许可，公诉人、当事人和辩护人、诉讼代理人可以对证据和案件情况可以互相辩论等规定。"不受限制"，是指人民法院可以根据审理案件的实际需要，进行某一程序，也可以不进行某一程序。(2)被告人有最后陈述权。根据本条规定，适用简易程序审理案件，在判决宣告前应当听取被告人的最后陈述意见。法庭听取被告人的最后陈述意见是必经程序，是被告人的一项重要诉讼权利。这一规定表明虽然程序简易，但对被告人诉讼权利的保障不能减弱。最后陈述应在法庭调查辩论结束后、判决宣告前进行，时间一般不受限制，陈述内容只要不是与本案毫无关系也不应制止。

在司法实践中应当注意充分保障被告人的最后陈述权等诉讼权利。

第二百二十条　适用简易程序审理案件，人民法院应当在受理后二十日以内审结；对可能判处的有期徒刑超过三年的，可以延长至一个半月。

【修改提示】

本条是1996年修改刑事诉讼法时增加的规定，2012年作了修改，2018年修改刑事诉讼法未作修改。

【背景解读】

2012年修改刑事诉讼法时对本条作了修改。为及时审理简易程序的案件，真正体现简易的特点，1996年刑事诉讼法第一百七十八条规定，适用简易程序审理案件，人民法院应当在受理后二十日以内结案。这一规定相对于第一百六十八条人民法院审理公诉案件，应当在受理后一个月内宣判，至迟不得超过一个半月的规定，在时间上确实体现了简易程序简易审理的原则。1996年刑事诉讼法对简易程序的适用范围仅限于对依法可能判处三年以下有期徒刑、拘役、管制、单处罚金的公诉案件和告诉才处理的案件，以及被害人起诉的有证据证明的轻微刑事案件三大类。2012年修改刑事诉讼法的决定适当扩大了适用简易程序审理的案件范围，扩大到超过三年有期徒刑刑罚的案件，即除无期徒刑和死刑外的所有有期徒刑的案件，包括十五年有期徒刑，数罪并罚二十年、二十五年有期徒刑的所有案件。可能判处超过三年有期徒刑的案件，涉及对被告人人身自由较长时间的剥夺，应当格外慎重。即使符合适用简易程序的条件，为保证办案质量，也不宜匆忙审结。本条对这类案件规定了短于普通程序期限，长于轻罪适用简易程序审限的审理时间，既考虑了保证案件质量，避免错案发生，又保证提高审判效率、节省办案时间。根据实际情况，本条增加了“对于可能判处的有期徒刑超过三年的，可以延长至一个半月”。这一规定，相对于本法第二百零八条人民法院审理公诉案件，应当在受理后二个月以内宣判，至迟不得超过三个月的规定，时间缩短了很多，是简易案件简单审的充分体现。

【理解与适用】

本条是关于简易程序审理期限的规定。

本条规定包括以下两层意思：（1）人民法院在适用简易程序审理案件时，应当在受理后二十日以内审结。根据本条的规定，这里所说的“案件”，是指本法第二百一十六条第一款规定的“对可能判处三年有期徒刑以下刑罚的”案件，即三年以下有期徒刑、拘役、管制、单处罚金、单处剥夺政治权利等案件。这里规定的“在受理后二十日以内”，是指从人民法院立案之日起二十日以内。“审结”，是指人民法院通过对案件的开庭审理，依法作出处理并结案。如可作出有罪或无罪的判决、对自诉案件可以依法调解、自诉人也可以依法与被告人和解或者撤回自诉。（2）在法定条件下审理期限可以延长至一个半月。本条规定的“对可能判处的有期徒刑超过三年的案件”，根据刑法的规定，是指最低刑为三年，最高刑分别为十五年、二十年或二十五年有期徒刑的案件。“延长至一个半月”，是指适用简易程序审理上述案件，自人民法院受理案件之日起，其审理期限不能超过一个半月。

在审判适用简易程序的案件时，必须严格执行本条关于审限的规定。否则程序简化了，案件还是不能及时审结，简易程序就失去实际意义。

第二百二十一条　人民法院在审理过程中，发现不宜适用简易程序的，应当按照本章第一节或者第二节的规定重新审理。

【修改提示】

本条是1996年修改刑事诉讼法时增加的规定，2012、2018年修改刑事诉讼法未作修改，只对本条中引用的序号按照修改后的条文序号作了相应调整。

【背景解读】

本条是1996年刑事诉讼法增加的规定。本条规定是为了解决人民法院适用简易程序审理案件过程中发现不宜适用简易程序时如何处理的问题。本法第二百一十四条规定了适用简易程序审理的案件范围，人民法院受理案件后，根据这个范围确定是否适用简易程序。对于决定适用简易程序的，在适用简易程序审理案件过程中，可能又会发现案件不同时符合第二百一十四条规定的三个条件，或者发现被告人属于本法第二百一十五条规定的四种不适用简易程序的情形之一的，人民法院不应再适用简易程序。为了体现审判的严肃性，保证案件得到公正审理，维护当事人的权利，本条明确规定对不宜适用简易程序的，应当按照本章第一节或者第二节规定的普通程序进行重新审理。

【理解与适用】

本条是关于简易程序转化为普通程序的规定。

根据本条规定，人民法院在审理案件过程中，发现不宜适用简易程序的，应当按照本章第一节或者第二节的规定重新审理。这里规定的“不宜适用简易程序的”，是指人民法院在适用简易程序审理案件时，发现案件不属于同时符合本法第二百一十四条规定的三个条件，或者发现案件属于第二百一十五条规定的不适用简易程序的情形之一，即“（一）被告人是盲、聋、哑人，或者尚未完全丧失辨认或者控制自己行为能力的精神病人的；（二）有重大社会影响的；（三）共同犯罪案件中部分被告人不认罪或者对适用简易程序有异议的；（四）其他不宜适用简易程序审理的情况”。人民法院不应再适用简易程序审理。应当按照本章第一节或者第二节的规定重新审理。是否适用简易程序，应当由法院依法作出决定。“应当按照本章第一节或者第二节的规定”，是指应当按照本法第三编第二章第一节关于第一审公诉案件的审理程序或者第二节关于自诉案件的审理程序的有关规定。“重新审理”，是指停止适用简易程序，代之以适用第一审公诉案件普通程序或者第一审自诉案件普通程序，重新开庭审理。

司法实践中，对是否适用简易程序应当按照本法第二百一十四条、第二百一十五条规定的范围来确定，做到繁简有度，依法而行。

第四节　速裁程序

第二百二十二条[①]　**基层人民法院管辖的可能判处三年有期徒刑以下刑罚的案件，案件事实清楚，证据确实、充分，被告人认罪认罚并同意适用速裁程序的，可以适用速裁程序，由审判员一人独任审判。**

人民检察院在提起公诉的时候，可以建议人民法院适用速裁程序。

【修改提示】

2018年修改刑事诉讼法增加了本条规定。

【背景解读】

我国刑事诉讼法对于刑事审判程序的规定经历了从单一到多种方式的发展过程。1979年刑事诉讼法对于刑事审判程序只规定了普通程序。1996年修改刑事诉讼法时，针对改革开放以来经济社会情况发生较大变化，刑事案件数量也出现较大幅度增长，不少法院存在案多人少矛盾比较突出的实际情况，为提高诉讼效率，更有效、充分地利用有限的诉讼资源，减轻当事人的诉讼负担，使办理疑难复杂案件的程序和办理简易案件的程序有所区别，将更多的诉讼资源用于疑难案件的办理，以从总体上促进司法公正，在刑事诉讼法中增加规定了简易程序。2012年修改刑事诉讼法时，根据新情况和司法实践需要，对简易程序的有关规定作了进一步补充完善。将简易程序的适用范围由可能判处三年有期徒刑以下刑

---

① 根据2018年10月26日第十三届全国人民代表大会常务委员会第六次会议通过的《关于修改〈中华人民共和国刑事诉讼法〉的决定》增加。

罚的案件扩大到基层人民法院管辖的案件，即可能判处有期徒刑以下刑罚的案件，同时对简易程序的审判组织、具体程序、审理期限等规定也作了修改完善。这些规定实施以来，取得了较好的法律效果和社会效果。

2012 年修改的刑事诉讼法实施后，司法实践中又出现了一些新的情况。一方面，近年来社会治安形势好转，刑事案件总体稳中有降，但我国处于经济转轨、社会转型时期，刑事犯罪总体仍呈高发态势，各级司法机关办理的刑事案件长期在高位运行，案多人少的矛盾依然较为突出。而这些刑事案件中，有相当一部分是可能判处的刑罚较轻，且犯罪嫌疑人、被告人认罪认罚的。另一方面，党的十八大以来，党中央全面推进依法治国，司法体制改革深入推进。人民法院、人民检察院推进司法责任制改革和以法官、检察院员额制为核心的司法人员分类管理制度改革，取得了显著成效。与这些改革举措相适应，进一步推动刑事案件繁简分流，优化司法资源配置，成为司法实践的迫切需要。同时，近年来刑事实体法也有了新的发展，全国人大常委会制定的刑法修正案（八）、刑法修正案（九）增加了一些处刑较轻的犯罪，如危险驾驶、使用虚假身份证件、代替考试犯罪的法定最高刑都是拘役。办理这些轻微刑事案件的要求，也需要刑事诉讼制度及时调整跟进，探索在简易程序的基础上更加简化的诉讼程序，保障司法机关实现简案快审、难案精审，在确保司法公正的基础上进一步提升诉讼效率。另外，有些国家和地区的刑事诉讼法也规定了比简易程序更加简化的诉讼程序，如德国、意大利的处罚令程序，我国台湾地区的简易判决处刑程序等。

党中央高度重视刑事诉讼程序的改革完善，及时就有关重大问题作出决策部署。2014 年 3 月，中共中央办公厅、国务院办公厅印发的《关于深化司法体制和社会体制改革的意见》提出，完善轻微刑事案件快速办理机制。2014 年 10 月，党的十八届四中全会通过的《中共中央关于全面推进依法治国若干重大问题的决定》中提出，完善刑事诉讼中认罪认罚从宽制度。全国人大常委会贯彻落实中央决策部署，按照凡属重大改革都要于法有据的要求，两次作出授权决定，为有关改革推进提供法律保障。一是 2014 年 6 月 27 日，十二届全国人大常委会第九次会议通过了《关于授权最高人民法院、最高人民检察院在部分地区开展刑事案件速裁程序试点工作的决定》，授权最高人民法院、最高人民检察院在北京、天津、上海、重庆、沈阳、大连、南京、杭州、福州、厦门、济南、青岛、郑州、武汉、长沙、广州、深圳、西安开展刑事案件速裁程序试点工作。对事实清楚，证据充分，被告人自愿认罪，当事人对适用法律没有争议的危险驾驶、交通肇事、盗窃、诈骗、抢夺、伤害、寻衅滋事等情节较轻，依法可能判处一年以下有期徒刑、拘役、管制的案件，或者依法单处罚金的案件，进一步简化刑事诉讼法规定的相关诉讼程序，并对速裁程序试点工作遵循的原则等提出了具体要求。按照全国人大常委会授权决定要求，2014 年 8 月 26 日，最高人民法院、最高人民检察院会同公安部、司法部制定了

《关于在部分地区开展刑事案件速裁程序试点工作的办法》,对速裁程序试点的具体事宜作出规定,试点工作正式启动。经过两年的工作,试点取得了较好的效果。二是2016年9月3日,十二届全国人大常委会第二十二次会议又通过了《关于授权最高人民法院、最高人民检察院在部分地区开展刑事案件认罪认罚从宽制度试点工作的决定》,授权最高人民法院、最高人民检察院在北京等18个城市开展刑事案件认罪认罚从宽制度试点工作。对犯罪嫌疑人、刑事被告人自愿如实供述自己的罪行,对指控的犯罪事实没有异议,同意人民检察院量刑建议并签署具结书的案件,可以依法从宽处理,并明确在上述地区开展的刑事案件速裁程序试点工作,按照新的试点办法继续试行。2016年11月,最高人民法院、最高人民检察院、公安部、国家安全部、司法部印发了《关于在部分地区开展刑事案件认罪认罚从宽制度试点工作的办法》,速裁程序试点工作进入了新的阶段,作为认罪认罚从宽制度试点的一部分继续试行。认罪认罚从宽制度改革试点办法总结了速裁程序试点工作的成功经验,根据各试点地区的普遍要求,将速裁程序的适用范围扩大到可能判处三年有期徒刑以下刑罚的案件,以便更好地发挥认罪认罚从宽制度的功能作用。

到全国人大常委会2018年修改刑事诉讼法之前,速裁程序试点工作已经开展了近四年。从试点工作的效果来看,这一程序符合我国司法实践需要和刑事诉讼制度发展规律,试点工作很有必要,成效明显。一是明显提高了刑事诉讼效率。根据最高人民法院、最高人民检察院就试点工作向全国人大常委会所作的中期报告,在试点工作的第一年中,检察机关审查起诉周期由过去的平均20天缩短至5.7天;人民法院速裁案件10日内审结的占94.28%,比简易程序高58.40个百分点;当庭宣判率达95.16%,比简易程序高19.97个百分点。二是认罪认罚从宽充分体现。刑事速裁案件被告人被拘留、逮捕的比例比简易程序进一步下降,适用非羁押性强制措施和被判处非监禁刑的比例则明显提高。通过减少审前羁押,对被告人从快处理、从宽量刑,更加准确地兑现了宽严相济刑事政策,充分体现认罪认罚从宽处罚精神,有效避免"刑期倒挂""关多久判多久"现象。三是当事人权利得到有效保障。在充分保障被告人程序选择、获得法律帮助、最后陈述等各项诉讼权利的同时,速裁程序强调被告人和被害人的有效参与,通过调解和解、量刑激励、法庭教育,敦促被告人退赃退赔、赔礼道歉,有效保护被害人权益,及时化解社会矛盾。适用速裁程序的案件被告人上诉率明显低于简易程序,检察机关抗诉、附带民事诉讼原告上诉的情况几乎没有发生。四是促进司法改革整体推进。通过刑事速裁案件当庭宣判、当庭送达,推动了办案责任制的落实和诉讼文书审批制度改革,对量刑规范化、庭审实质化、法官检察官员额制等改革举措,也起到了积极的促进作用。

总结试点工作经验,完善刑事案件认罪认罚从宽制度和增加速裁程序,是

2018 年刑事诉讼法修改的重要内容。全国人大常委会立法工作机构会同最高人民法院、最高人民检察院等部门，经过充分调查研究，将试点工作中的可复制、可推广的成功经验固定下来，形成了提请全国人大常委会审议的刑事诉讼法修正草案中有关速裁程序的条款。刑事诉讼法修正草案审议和征求意见过程中，全国人大常委会组成人员，有关部门、地方、专家学者和社会公众对近四年来刑事速裁程序试点的成果给予充分肯定，认为将改革成果上升为法律，由局部试点推广到全国实施，十分必要。根据全国人大常委会组成人员的审议意见和各方面提出的意见，立法机关对刑事诉讼法修正草案的有关规定进一步修改完善后，形成了全国人大常委会通过的关于修改刑事诉讼法的决定中有关刑事速裁程序的条款，即在刑事诉讼法第三编“审判”第二章“第一审程序”第三节“简易程序”后增加一节“速裁程序”，用五个条文规定了刑事案件速裁程序的适用范围和条件、不适用速裁程序的情形、适用速裁程序案件的具体审理程序、审理期限和发现不宜适用速裁程序的情形后的处理等。速裁程序的确立，对于构建有中国特色的多层次刑事诉讼程序体系，进一步优化司法资源配置，实现案件繁简分流，保障当事人的合法权益，让人民群众在每一个司法案件中都感受到公平正义，具有十分重要的意义。刑事案件速裁程序由授权试点，到纳入新的试点继续试行，再到由立法确认推广到全国的过程，也是全国人大常委会贯彻落实中央决策部署，确保重大改革于法有据，实现立法决策与改革决策相统一，同时遵循改革规律，实现科学立法、民主立法、依法立法的生动实践。

本条是在认罪认罚从宽制度试点办法的基础上，总结试点经验，对刑事案件速裁程序适用的案件范围、条件、审判组织和人民检察院建议适用速裁程序等作了规定。

【理解与适用】

本条是关于速裁程序适用范围和条件的规定。

本条共分为两款。第一款是关于速裁程序适用的案件范围和条件、审判组织的规定。对于速裁程序适用的案件范围和条件，可以从三个方面把握。第一，基层人民法院管辖的可能判处三年有期徒刑以下刑罚的案件。这一规定从管辖法院和可能判处的刑期上对适用速裁程序的案件范围作了限定。管辖的法院限于基层人民法院，排除了中级、高级、最高人民法院管辖的案件。可能判处的刑期限于三年有期徒刑以下刑罚。这里规定的“可能判处”，是指根据被告人犯罪的事实、性质、情节和危害程度，根据刑法有关规定的具体量刑幅度确定的刑罚。2014 年 6 月全国人大常委会通过的关于授权开展速裁程序试点工作的决定和 2014 年 8 月“两高两部”制定的速裁程序试点办法，将速裁程序适用的案件范围限于可能判处一年有期徒刑以下刑罚的案件或者单处罚金的案件，并限定了具体的罪名。

经过两年的试点，试点地区普遍提出扩大适用范围的要求。2016年9月全国人大常委会通过的关于授权开展认罪认罚从宽制度改革的决定和2016年11月“两高三部”制定的认罪认罚从宽制度试点办法，将速裁程序的适用范围扩大到可能判处三年有期徒刑以下刑罚的案件，并不再限制具体罪名，实践证明是合适的，这次修改刑事诉讼法确认了这一范围。第二，案件事实清楚，证据确实、充分。即人民法院根据起诉书指控的事实，认为案件事实明确，定罪量刑的证据客观全面。对于“证据确实、充分”的含义，还可以结合刑事诉讼法第五十五条第二款的规定来理解。速裁程序的庭审程序比简易程序还要简化，一般不进行法庭调查、法庭辩论，为确保司法公正，人民法院在决定适用速裁程序前应当对案件的证据情况进行实质性审查，确认证据确实、充分。第三，被告人认罪认罚并同意适用速裁程序。根据2018年修改刑事诉讼法新增加的第十五条的规定，被告人认罪认罚，是指被告人自愿如实供述自己的罪行，承认指控的犯罪事实，愿意接受处罚。试点工作中，确认被告人认罪认罚，还要求被告人同意人民检察院提出的量刑建议，签署认罪认罚具结书。根据修改后的刑事诉讼法的有关规定，公安机关、人民检察院、人民法院都应当告知犯罪嫌疑人、被告人认罪认罚的法律规定；人民法院对于拟适用速裁程序的被告人，还应当审查认罪认罚的自愿性和具结书的真实性、合法性，确保被告人理解法律规定的含义，自愿适用速裁程序。关于速裁程序的审判组织，本款明确适用速裁程序审理的案件，由审判员一人独任审判。这与速裁程序的案件情况是相适应的，体现了在确保司法公正的基础上节约司法资源、提高诉讼效率的精神。

本条第二款是关于人民检察院建议适用速裁程序的规定。2018年修改刑事诉讼法，增加了人民检察院对犯罪嫌疑人认罪认罚的案件就有关事项听取意见、组织签署认罪认罚具结书、提出量刑建议的规定。对于犯罪嫌疑人在审查起诉阶段已经认罪认罚，人民检察院认为符合适用速裁程序适用条件的案件，人民检察院可以在提起公诉时建议人民法院适用速裁程序。对于最终是否适用速裁程序审理，由人民法院根据本条第一款的规定，结合案件情况和被告人的意愿作出决定。

刑事诉讼法修正草案审议和征求意见过程中，有的意见提出进一步明确速裁程序和简易程序的关系。速裁程序和简易程序都是相对于普通程序简化的诉讼程序，但两者的区别是明显的。一是适用范围不同，简易程序适用于被告人可能被判处有期徒刑以下刑罚的案件，速裁程序只适用于被告人可能被判处三年有期徒刑以下刑罚的案件。适用简易程序要求证据充分，被告人认罪，适用速裁程序要求证据确实、充分，被告人认罪、认罚，条件更加严格。二是审判组织不同，适用简易程序审理案件，对可能判处三年有期徒刑以下刑罚的，可以组成合议庭进行审判，也可以由审判员一人独任审判；对可能判处的有期徒刑超过三年的，应当组成合议庭进行审判。适用速裁程序审理案件一律由审判员一人独任审判。三是审判程序不同，适用简易程序审理案件应当进行法庭调查、法庭辩论，只是可以根据案件情况适当简化。适用速裁程序审理案件一般不进行法庭调查、法庭辩论。四是审理期限不同。根据2018年修改后的刑事诉讼法第二百二十条、第二百二十五条的规定，速裁程序的审理期限比简易程序更短。

还有的意见提出自诉案件能否适用简易程序不明确。自诉案件由自诉人自行提起，案件没有经过侦查、审查起诉，人民法院在开庭前很难判断证据是否确实、充分。同时，自诉案件自诉人与被告人往往对案件事实等存在较大争议。此外，由于没有检察机关等国家机关主持，也无法在审前提出量刑建议、签署认罪认罚具结书。从这些情况来看，自诉案件是不适合适用速裁程序审理的。

第二百二十三条①　有下列情形之一的，不适用速裁程序：

（一）被告人是盲、聋、哑人，或者是尚未完全丧失辨认或者控制自己行为能力的精神病人的；

（二）被告人是未成年人的；

（三）案件有重大社会影响的；

（四）共同犯罪案件中部分被告人对指控的犯罪事实、罪名、量刑建议或者适用速裁程序有异议的；

（五）被告人与被害人或者其法定代理人没有就附带民事诉讼赔偿等事项达成调解或者和解协议的；

（六）其他不宜适用速裁程序审理的。

【修改提示】

2018年修改刑事诉讼法增加了本条规定。

【背景解读】

刑事诉讼法第十四条第一款规定，人民法院、人民检察院和公安机关应当保障犯罪嫌疑人、被告人和其他诉讼参与人依法享有的辩护权和其他诉讼权利。刑事诉讼法规定的立案、侦查、审查起诉、审判、执行程序中，都体现了保障犯罪嫌疑人、被告人等诉讼参与人诉讼权利这一基本原则的精神。在审判程序中，刑事诉讼法首先规定了普通程序，普通程序具有完整的程序环节和充分的审理期限，对诉讼参与人诉讼权利的程序保障最为充分。接受普通程序审理应当是每一个进

① 根据2018年10月26日第十三届全国人民代表大会常务委员会第六次会议通过的《关于修改〈中华人民共和国刑事诉讼法〉的决定》增加。

人审判程序的刑事被告人的权利。许多国家的刑事诉讼法也都将接受完整程序的审判视为被告人的基本权利。当然，刑事诉讼的程序设计在保证司法公正的前提下还需要考虑诉讼效率，特别是在刑事案件数量居高不下，司法机关案多人少矛盾突出的情况下，根据案件的繁简程度适用不同形式的诉讼程序进行审理就更为必要。因此，我国刑事诉讼法在规定普通程序的基础上，1996 年增加规定了简易程序，2012 年扩大了简易程序的适用范围，2018 年修改刑事诉讼法又总结试点经验，增加规定了速裁程序。但需要明确的是，简易程序和速裁程序毕竟是简化的诉讼程序，由于简化乃至省略了某些诉讼环节，缩短了审理期限，对诉讼参与人权利的保障程度在事实上就不如普通程序那么完整。因此，对简化程序的适用，法律应当规定一定的限制条件，以防止因过分强调诉讼效率而牺牲程序公正。我国刑事诉讼法从两个方面对简化程序的适用作了限制。一是规定适用简化程序必须经过被告人同意，即被告人自愿放弃接受完整程序审判的权利。刑事诉讼法第二百一十四条关于简易程序适用条件的规定和 2018 年修改新增加的第二百二十二条关于速裁程序适用条件的规定，都明确要求被告人同意简易程序或者速裁程序的适用。二是明确具有其他特定情形的案件，不得适用简化的程序。这些情形可以分为两种情况，一种是基于对被告人本人情况的考虑。由于被告人本人身心的特殊情况，需要对其给予更加严格的程序保障，不能适用简化程序。另一种是基于对案件的其他特殊情况的考虑。因为案件的其他一些特殊情况，为维护其他诉讼参与人的合法权益或者社会公共利益，不适用简化程序。

刑事诉讼法第二百一十五条对不适用简易程序的情形作了规定。速裁程序是比简易程序更加简化的诉讼程序，立法机关和司法机关在从试点工作一开始，就注意了适当确定速裁程序的适用范围，明确不适用的情形，积极稳妥地推进改革试点。2014 年 6 月，全国人大常委会通过的关于授权开展速裁程序试点工作的决定将速裁程序适用范围确定为可能判处一年有期徒刑以下刑罚的案件，并明确限制了适用的罪名，这个范围是比较小的。2014 年 8 月，最高人民法院、最高人民检察院、公安部、司法部制定的速裁程序试点工作的办法第二条又规定了八种不适用速裁程序的情形。速裁程序试点纳入认罪认罚从宽试点后，适用的范围扩大了，2016 年 11 月，最高人民法院、最高人民检察院、公安部、国家安全部、司法部制定的认罪认罚从宽制度试点工作的办法第十七条同时规定了五种不适用速裁程序审理的情形。这次修改刑事诉讼法，总结近四年来试点工作经验，结合修正草案审议和征求意见过程中常委会组成人员和各方面提出的意见，在本条中规定了六种不适用速裁程序的情形。明确这些情形，有利于司法机关在办案过程中掌握，防止不当适用速裁程序的情况发生，更好地保障诉讼参与人的合法权利，维护司法公正。

【理解与适用】

本条是关于不适用速裁程序情形的规定。

本条分六项规定了不适用速裁程序的六种情形。第一项是被告人是盲、聋、哑人，或者是尚未完全丧失辨认或者控制自己行为能力的精神病人的。规定对上述人员不适用速裁程序，是考虑到因为身体、精神的缺陷，在社会生活中，其接受教育、了解事物等都会受到一定的影响或者限制，辨认事物的能力可能会低于一般人，因此，对认罪认罚从宽、速裁程序有关法律规定很可能不能完全理解，认罪认罚和适用速裁程序的真实意愿核实的难度较大，需要给他们更加充分的程序保障。同时，也是基于同样的考虑，刑事诉讼法第二百一十五条规定，这些人员不适用简易程序，对于比简易程序更加简化的速裁程序，自然也不应当适用。有一点情况需要说明，对于盲、聋、哑人不适用速裁程序，2014 年速裁程序试点工作的办法和 2016 年认罪认罚从宽制度试点工作的办法都有规定，本条确认了这一规定。对于尚未完全丧失辨认或者控制自己行为能力的精神病人，2014 年速裁程序试点办法规定不适用速裁程序，2016 年认罪认罚从宽制度试点工作的办法规定这类人员不适用认罪认罚从宽制度，但未在不适用速裁程序的情形中明确规定。刑事诉讼法修正草案起草和审议过程中，考虑到认罪认罚从宽作为新增加的一项有利于犯罪嫌疑人、被告人的制度，应当适用于所有的犯罪嫌疑人、被告人。尚未完全丧失辨认或者控制自己行为能力的精神病人如果确实自愿认罪认罚的，依法也应当从宽处理，这有利于对其权利的保护。同时，规定对其在不适用速裁程序，也体现了对其权利的保护。

第二项是被告人是未成年人的。未成年人身心还不成熟，尚不具备完全的认知和表达的能力，为了充分保护未成年犯罪嫌疑人、被告人的合法权益，刑事诉讼法对未成年人诉讼程序作了特别规定，如对犯罪的未成年人实行教育、感化、挽救的方针，坚持教育为主、惩罚为辅的原则，并规定了社会调查、合适成年人到场、附条件不起诉、犯罪记录封存等特别的诉讼制度。考虑到上述情况，2014 年速裁程序试点工作的办法规定了未成年人案件不适用速裁程序。但 2016 年认罪认罚从宽制度试点办法和提请全国人大常委会一审、二审的刑事诉讼法修正草案，从适当扩大速裁程序适用范围的角度出发，没有再规定未成年人案件不适用速裁程序。全国人大常委会审议过程中，有的常委会组成人员提出，实践中对未成年人犯罪的案件，司法机关通常采用有利于关护帮教未成年人的审判方式，并对未成年人进行法庭教育。速裁程序一般不进行法庭调查、法庭辩论，且一般采取集中审理、集中宣判的形式，不利于开展关护帮教和法庭教育，难以充分体现教育感化挽救的方针。建议增加规定，被告人是未成年人的，不适用速裁程序。常委会采纳了这一意见。这里规定的“被告人是未成年人的”，应当以审判时的年龄来认定。

第三项是案件有重大社会影响的。这里规定的“重大社会影响”，一般是指案件社会关注度高、反映强烈。随着社会公众法治意识的提高和新媒体的迅猛发展，越开越多的刑事案件受到社会公众的广泛关注，其中有大案、要案，也有法律关系并不复杂，但因为具有典型意义、涉及公众人物或者其他因素产生重大社会影响的案件。司法机关审理刑事案件，既要保证公正地对被告人作出裁判，也要考虑和回应社会关切，通过案件的公正处理实现对社会公众的法治宣传教育。速裁程序庭审过于简化，难以实现这些目的。根据刑事诉讼法第二百一十五条的规定，案件有重大社会影响的，不适用简易程序，也不应当适用速裁程序。

第四项是共同犯罪案件中部分被告人对指控的犯罪事实、罪名、量刑建议或者适用速裁程序有异议的。共同犯罪的案件往往案情复杂，证据相互关联，多个被告人之间口供也须相互印证、核实，只要有一个被告人对指控的犯罪事实、罪名、量刑建议或者适用速裁程序有异议，实际上案件就难以按照速裁程序处理。同时，被告人同意是适用速裁程序的一个条件，共同犯罪案件中部分被告人不同意适用速裁程序，从权利保障的角度，也就不宜对该案适用速裁程序。此外，根据刑事诉讼法第二百一十五条的规定，这类情形不适用简易程序，那么也不应当适用速裁程序。速裁程序试点工作的办法、认罪认罚从宽制度试点工作的办法也都对这种情形作了规定。根据本条规定，对于共同犯罪的案件，只有全案所有的被告人都对指控的犯罪事实、罪名、量刑建议或者和速裁程序没有异议，才能适用速裁程序审理。需要说明的是，对于共同犯罪案件中部分被告人认罪认罚，但因为其他被告人有异议未能适用速裁程序审理的，对于认罪认罚的被告人，还是应当按照刑法和刑事诉讼法的规定给予从宽处理。

第五项是被告人与被害人或者其法定代理人没有就附带民事诉讼赔偿等事项达成调解或者和解协议的。全国人大常委会在关于授权开展刑事案件速裁程序试点工作的决定中要求，试点刑事案件速裁程序，应当遵循刑事诉讼法的基本原则，充分保障当事人的诉讼权利。这里提到的“当事人”，既包括犯罪嫌疑人、被告人，当然也包括被害人。速裁程序作为简化高效的诉讼程序，不能以牺牲被害人的合法权利为代价。在一些造成被害人损害的轻微刑事案件中，被告人真诚悔罪，弥补被害人的损失，对于化解社会矛盾，修复被犯罪破坏的社会关系具有尤为重要的意义。速裁程序试点工作的办法第二条第五项规定，犯罪嫌疑人、被告人与被害人或者其法定代理人、近亲属没有就赔偿损失、恢复原状、赔礼道歉等事项达成调解或者和解协议的，不适用速裁程序。全国人大常委会在《关于授权开展刑事案件认罪认罚从宽制度试点工作的决定》中进一步明确要求“保障被害人的合法权益，维护社会公共利益”。认罪认罚从宽制度试点工作的办法第十七条第四项规定，被告人与被害人或者其代理人没有就附带民事赔偿等事项达成调解或者和解协议的，不适用速裁程序。本项总结试点经验，确认了这一规定。这一规定适用于有被害人，且被害人提起附带民事诉讼提出赔偿等要求的情况。这里规定的“附带民事诉讼赔偿等事项”，具体来说就是速裁程序试点办法提到的赔偿损失、恢复原状、赔礼道歉等事项。“调解协议”是被告人与被害人一方在司法机关主持就附带民事诉讼进行调解的程序中达成的协议，“和解协议”是被告人与被害人一方自行达成的协议。本款规定对于促进被告人积极对被害人进行赔偿，维护被害人的权益，实现社会和谐，具有积极意义。

第六项是其他不宜适用速裁程序审理的。这是指前五项规定情形以外的不宜使用速裁程序审理的其他情形，这项规定是一个兜底条款，主要考虑司法实践中案件情况复杂，不宜适用速裁程序的情形难以在法律中一一列举。这里作原则性的规定，可以由人民法院在司法实践中根据具体情况掌握，也可以由最高人民法院根据实际需要作出司法解释。

本条规定从反面明确了不适用速裁程序的情形。司法实践中对于哪些案件适用速裁程序审理，要将刑事诉讼法第二百二十二条正面规定的条件和本条规定的除外情形结合起来掌握。

第二百二十四条①　适用速裁程序审理案件，不受本章第一节规定的送达期限的限制，一般不进行法庭调查、法庭辩论，但在判决宣告前应当听取辩护人的意见和被告人的最后陈述意见。

适用速裁程序审理案件，应当当庭宣判。

【修改提示】

2018 年修改刑事诉讼法增加了本条规定。

【背景解读】

2018 年修改刑事诉讼法增设速裁程序，目的是在 2012 年刑事诉讼法规定的简易程序的基础上，进一步简化诉讼程序，以贯彻宽严相济的刑事政策，优化司法资源配置，实现案件繁简分流。根据刑事诉讼法第三编第二章第三节的规定，与普通程序相比较，在案件审理的具体程序上，2012 年规定的简易程序主要在以下几个方面进行了简化：一是在开庭前准备的期限上，不受刑事诉讼法关于普通程序的规定中关于送达期限的限制，即送达有关法律文书和开庭审判之间的间隔可以更短。二是在庭审过程中，对讯问被告人、询问证人、鉴定人、出示证据、法庭辩论等程序，可以进行简化，但不能完全省略。2018 年修改刑事诉讼法，对速裁程序的制度设计，就是要在这些规定的基础上继续进行制度创新，进一步简化有关程序，以达到提高审判效率、实现简案快审的目标。同时，为了守住司法公正的底

---

① 根据 2018 年 10 月 26 日第十三届全国人民代表大会常务委员会第六次会议通过的《关于修改〈中华人民共和国刑事诉讼法〉的决定》增加。

线，庭审程序中的一些基本要素不能简化或者省略，否则就难以维护犯罪嫌疑人、被告人和其他诉讼参与人基本的诉讼权利。在速裁程序试点工作开展之初，进一步简化程序的大方向是明确的，但对于具体审判程序中哪些程序可以“简”，哪些程序必须“留”，还没有完全的把握，这正是先由全国人大常委会授权开展试点，而没有直接修改法律的原因。通过试点为速裁程序的具体设计探索、积累经验，也是两项试点工作的重要任务。

从域外有关国家和地区刑事诉讼法规定的刑事案件快速审判程序来看，对于被告人在庭审前已经承认指控的犯罪，与指控方达成协议的案件，法庭审理的重点在于核实被告人认罪的自愿性、真实性、合法性，一般不再对案件事实进行调查，法庭言辞辩论的程序也可以省去不再进行。有的国家对于特定的轻罪，还可以不经过开庭程序由法官直接签发处罚令，被告人收到处罚令后在规定期限内不提出异议的，处罚令即发生法律效力。

速裁程序试点办法第十条、第十一条、第十二条、第十六条对适用速裁程序审理案件的具体程序作了规定，包括送达期限不受限制；讯问被告人对指控的犯罪事实、量刑建议以及适用速裁程序的意见，确认其认罪认罚和同意适用速裁程序后不再进行法庭调查、法庭辩论，但应当听取被告人的最后陈述意见；当庭宣判，使用格式裁判文书；可以经被告人申请不公开审理等。认罪认罚从宽制度试点工作的办法对于适用速裁程序审理案件的具体审判程序，基本上延续了速裁程序试点工作的办法的规定。提请全国人大常委会审议的刑事诉讼法修正草案的有关规定，与两个试点工作的办法的精神是一致的，又根据常委会组成人员的审议意见和各方面提出的意见作了一些调整完善，其中既有加大“简”的力度的方面，也有增加“留”的内容的情况。

【理解与适用】

本条是关于适用速裁程序审理案件的具体程序的规定。

本条共分为两款，第一款是关于适用速裁程序审理案件送达期限和庭审程序的规定。这一款规定了三个方面的程序要求：

一是适用速裁程序审理案件，不受刑事诉讼法第三编第二章第一节规定的送达期限的限制。这里规定的有关送达期限的限制，主要是指刑事诉讼法第一百八十七条第一款、第三款的有关规定，即人民法院决定开庭审判后，应当将人民检察院的起诉书副本至迟在开庭十日前送达被告人及其辩护人；人民法院确定开庭日期后，应当将开庭的时间、地点通知人民检察院，传唤当事人，通知辩护人、诉讼代理人、证人、鉴定人和翻译人员，传票和通知书至迟在开庭三日以前送达。考虑到速裁程序案情简单，审判期限较短，人民法院将起诉书副本送达被告人及其辩护人的日期与开庭审判日期的间隔可以短于十日，送达传票和通知书的日期与开庭审判日期的间隔可以短于三日。此外，刑事诉讼法第二百一十九条关于简易程序也规定，适用简易程序审理案件，不受有关送达期限规定的限制。速裁程序作为比简易程序更简化的诉讼程序，也应当不受有关送达期限的限制。

二是适用速裁程序审理案件，一般不进行法庭调查、法庭辩论。法庭调查是人民法院在开庭审理过程中对案件事实和证据进行调查核实的活动，包括就案件事实讯问被告人，询问证人、鉴定人，审查物证、书证、鉴定意见、勘验笔录，必要时通知新的证人到庭，调取新的物证，进行重新鉴定等。法庭辩论是法庭审理过程中公诉人、当事人和辩护人、诉讼代理人对案件定罪和量刑问题，在法庭主持下发表各自的意见和互相辩论。适用速裁程序审理的案件，已经事实清楚、证据确实、充分，被告人认罪认罚，一般情况下没有再在法庭上进行调查、辩论的必要。

这一规定有一个根据各方面意见调整完善的过程。速裁程序试点办法规定适用速裁程序审理案件，被告人当庭认罪、同意量刑建议和使用速裁程序的，"不再进行法庭调查、法庭辩论"。认罪认罚从宽制度试点工作的办法规定，适用速裁程序审理案件"不进行法庭调查、法庭辩论"。提请全国人大常委会一审、二审的刑事诉讼法修正草案也规定的是"不进行法庭调查、法庭辩论"。全国人大常委会两次审议和征求意见过程中，有的意见提出，这一规定过于绝对，不排除实践中有的适用速裁程序审理的案件庭审过程中，法庭对于案件的个别情况，还需要进行调查核实或者听取控辩双方的意见，但又不至于需要作为"不宜适用速裁程序审理"的情况，作转换程序处理。建议将"不进行"修改为"可以不进行"，为必要时灵活掌握留有空间。也有的意见提出，应当坚持速裁程序不进行法庭调查、法庭辩论的规定，以和简易程序相区别，对于庭审过程中确需进行法庭调查、法庭辩论的，就不应当继续适用速裁程序，而应当转化为普通程序或者简易程序审理。对这一问题，经研究考虑到速裁程序不进行法庭调查、法庭辩论是一般的原则，如果规定"可以不进行"，则过于宽松，不利于提高诉讼效率，也使速裁程序与简易程序难以区分。同时考虑到司法实践中有的案件的特殊情况，可以在不进行法庭调查、法庭辩论的原则上适当照应个别例外情况，为此最终通过的修改决定，将"不进行"修改为"一般不进行"。

三是适用速裁程序审理案件，在判决宣告前应当听取辩护人的意见和被告人的最后陈述意见。被告人最后陈述，是被告人重要的诉讼权利，也是庭审的重要环节，对于保障被告人的诉讼权利，保证法庭了解被告人的主张和态度都有重要作用。速裁程序试点工作的办法和认罪认罚从宽制度试点工作的办法都对适用速裁程序审理案件，应当听取被告人最后陈述作了规定，修改后的刑事诉讼法确认了这一规定。刑事诉讼法修正草案征求意见过程中，有的地方、部门和社会公众提出，为切实保障被告人的辩护权和速裁程序的公正有效进行，建议适用速裁程序审理的案件，人民法院在宣判前还应当听取辩护人的意见。全国人大常委会采纳了这一意见，在修改后的刑事诉讼法中增加了听取辩护人的意见的规定。

本条第二款是关于适用速裁程序审理案件应当当庭宣判的规定。根据刑事诉讼法第二百零二条的规定，人民法院宣告判决可以当庭宣告，也可以定期宣告。适用速裁程序审理的案件，案情比较简单，证据已经确实、充分，人民法院经过庭审确认被告人认罪认罚的自愿性、合法性的，应当当庭宣告判决。速裁程序试点办法和认罪认罚从宽制度试点办法都对此作了明确规定，修改后的刑事诉讼法确认了这一规定。本款关于当庭宣判的规定没有例外，如果人民法院在庭审过程中由于各种原因无法做到当庭宣判的，就不能再适用速裁程序进行审理，而应当根据新增加的第二百二十六条的规定，转为普通程序或者简易程序进行审理。

本条规定了适用速裁程序审理案件的有关具体程序，是速裁程序与普通程序、简易程序相比较更简化的部分。实践中人民法院对于适用速裁程序审理的案件，还应当注意根据修改后的刑事诉讼法第一百九十条第二款的规定，审查认罪认罚的自愿性和认罪认罚具结书内容的真实性、合法性，保障无罪的人不受刑事追究，确保案件处理得准确、公正。

在速裁程序和认罪认罚从宽制度试点过程中，试点地区司法机关对于适用速裁程序审理案件，探索了许多做法，积累了一些经验，如集中审理、集中宣判、视频开庭等。这次修改刑事诉讼法，是对速裁程序的有关基本制度作出规定。对于一些经过实践检验的好的工作机制，可以在法律规定的框架下继续实行，也可以在司法解释等法律配套规定中作出规定。

第二百二十五条[①]　适用速裁程序审理案件，人民法院应当在受理后十日以内审结；对可能判处的有期徒刑超过一年的，可以延长至十五日。

【修改提示】

2018年修改刑事诉讼法增加了本条规定。

【背景解读】

本条是这次修改刑事诉讼法时新增加的规定。为了进一步推动刑事案件繁简分流，优化司法资源配置，全国人大常委会于2014年6月授权最高人民法院、最高人民检察院在北京、天津、上海等地开展刑事案件速裁程序试点工作。2016年9月，十二届全国人大常委会经二十二次会议通过《关于授权最高人民法院、最

① 根据2018年10月26日第十三届全国人民代表大会常务委员会第六次会议通过的《关于修改〈中华人民共和国刑事诉讼法〉的决定》增加。

高人民检察院在部分地区开展刑事案件认罪认罚从宽制度试点工作的决定》，并明确在原速裁程序试点地区开展的试点工作，按照新的试点办法继续试行。为落实全国人大常委会授权决定，2016 年 11 月 11 日，最高人民法院、最高人民检察院、公安部、国家安全部、司法部联合发布了《关于在部分地区开展刑事案件认罪认罚从宽制度试点工作的办法》。试点办法第十六条第二款规定："适用速裁程序审理案件，人民法院一般应当在十日内审结；对可能判处的有期徒刑超过一年的，可以延长至十五日。"近两年试点实践表明，十日和十五日的审理期限基本能够满足实际工作需要。实践中，有些试点法院为节约司法资源，缩短审理期限，还探索采取远程视频提讯和开庭、集中宣判等方法。2018 年修改刑事诉讼法根据各方面意见和实际工作需要，吸收了试点办法中对速裁程序审理期限的规定。

【理解与适用】

本条规定有两层意思：一是人民法院在适用速裁程序审理案件时，应当在受理后十日内审结。刑事诉讼法第二百二十二条第一款对适用速裁程序的条件作了规定。该条规定："基层人民法院管辖的可能判处三年有期徒刑以下刑罚的案件，案件事实清楚，证据确实、充分，被告人认罪认罚并同意适用速裁程序的，可以适用速裁程序，由审判员一人独任审判。"根据上述规定，只有基层人民法院管辖的且可能判处三年以下有期徒刑的案件，才能适用速裁程序。同时，刑事诉讼法第二百二十三条又对不宜适用速裁程序的情形作了明确。该条规定："有下列情形之一的，不适用速裁程序：（一）被告人是盲、聋、哑人，或者是尚未完全丧失辨认或者控制自己行为能力的精神病人的；（二）被告人是未成年人的；（三）案件有重大社会影响的；（四）共同犯罪案件中部分被告人对指控的犯罪事实、罪名、量刑建议或者适用速裁程序有异议的；（五）被告人与被害人或者其法定代理人没有就附带民事诉讼赔偿等事项达成调解或者和解协议的；（六）其他不宜适用速裁程序审理的。"与上述规定相应，本条中的"案件"是同时具备刑事诉讼法第二百二十二条规定条件，且不属于刑事诉讼法所列情形的案件。本条中的人民法院"受理"自人民法院立案之日起算。本条中的"十日"和"十五日"是指自然日还是工作日，刑事诉讼法和有关司法解释都没有明确规定。根据规范权力和保障人权的要求，这里的"十日"应当是自然日，而非工作日，不能让办案期限因法定节假日而延长，也不能因为法定节假日而让犯罪嫌疑人、被告人的羁押或者权利待定状态延长。司法解释的有关规定也体现了上述精神。比如，《最高法院关于适用〈中华人民共和国刑事诉讼法〉的解释》第一百六十五条规定："以月计算的期限，自本月某日至下月同日为一个月。期限起算日为本月最后一日的，至下月最后一日为一个月。下月同日不存在的，自本月某日至下月最后一日为一个月。半个月一律按十五日计算。"这一规定对"月"的解释没有排除法定节假日在外。同样，对以日为计算单位的期间,也不应排除法定节假日。本条中的"审结"是指人民法院通过对案件的开庭审理,依法作出处理,作出有罪或者无罪判决。二是在法定条件下审理期限可以延长至十五日。根据刑法和刑事诉讼法第二百二十二条的规定,本条中的"对可能判处的有期徒刑超过一年的",是指最低刑超过一年、最高刑为三年有期徒刑的案件。对可能判处的有期徒刑正好是一年的,不属于这里规定的可以延长审理期限的情形,即应当在十日以内结案。"延长至十五日"是指适用速裁程序审理上述案件,自人民法院受理案件之日起,应当至迟在十五日内审结。

应当注意的是,速裁程序是为提高办案效率、缓解"案多人少"矛盾和进一步优化司法资源配置而新增加规定的审理程序。与普通程序和简易程序相比,这一新增加规定的审理程序进一步体现了程序从简、注重效率的原则。比如:根据本法第一百七十二条的规定,对于犯罪嫌疑人认罪认罚、符合速裁程序适用条件的案件,人民检察院应当在十日以内作出是否提起公诉的决定,对可能判处的有期徒刑超过一年的,可以延长至十五日;根据本法第二百二十四条规定,适用速裁程序审理案件,不受送达期限的限制,不进行法庭调查、法庭辩论,应当当庭宣判;等等。在适用速裁程序审理案件时,必须严格执行本条关于审理期限的规定。否则,程序简化了,案件仍然不能及时审结,速裁程序就失去了实际意义。

第二百二十六条[①]　**人民法院在审理过程中,发现有被告人的行为不构成犯罪或者不应当追究其刑事责任、被告人违背意愿认罪认罚、被告人否认指控的犯罪事实或者其他不宜适用速裁程序审理的情形的,应当按照本章第一节或者第三节的规定重新审理。**

【修改提示】

2018 年修改刑事诉讼法增加了本条规定。

【背景解读】

本条是 2018 年修改刑事诉讼法时新增加的规定。根据刑事诉讼法的规定,第一审公诉案件有普通程序和简易程序两种审理方式,以适用普通程序为原则,以适用简易程序为例外。为了进一步有效解决司法机关面临的"案多人少"、司

---

① 根据 2018 年 10 月 26 日第十三届全国人民代表大会常务委员会第六次会议通过的《关于修改〈中华人民共和国刑事诉讼法〉的决定》增加。

法资源配置不合理等问题，进一步推动刑事案件繁简分流，优化司法资源配置，2014 年 6 月，全国人大常委会审议授权最高人民法院、最高人民检察院在北京、天津、上海等地开展刑事案件速裁程序试点工作。2016 年 9 月，全国人大常委会又授权最高人民法院、最高人民检察院在部分地区开展刑事案件认罪认罚从宽制度试点工作，并明确在原速裁程序试点地区开展的试点工作，按照新的试点办法继续试行。为落实全国人大常委会授权决定，2016 年 11 月 11 日，最高人民法院、最高人民检察院、公安部、国家安全部、司法部联合发布了《关于在部分地区开展刑事案件认罪认罚从宽制度试点工作的办法》。试点办法第十九条规定："人民法院适用速裁程序或者简易程序审查的认罪认罚案件，有下列情形之一的，应当转为普通程序审理：（一）被告人违背意愿认罪认罚的；（二）被告人否认指控的犯罪事实的；（三）其他不宜适用速裁程序或者简易程序审理的情形。"

2018 年修改刑事诉讼法，吸收了试点办法的上述规定，并作了进一步完善。这是考虑到，实践中有些案件可能原本不应适用速裁程序，但由于种种原因而采用了这一程序办理。比如，适用速裁程序以犯罪嫌疑人、被告人自愿认罪认罚为前提，办案过程中却发现犯罪嫌疑人、被告人的认罪认罚违背了真实意愿，等等。对于这些案件，要有一个回转程序，由速裁程序转为普通程序或者简易程序，并对案件进行重新审理，以体现司法公正。

【理解与适用】

本条对人民法院在审理案件过程中，发现不宜适用速裁程序的，应当按照本章第一节或者第三节的规定重新审理作了规定。理解本条须掌握以下几个方面：

一是转换程序的时间。根据本条规定，速裁程序转换为普通程序或者简易程序的时间，是人民法院在审理案件的过程中对于案件还没有到法院审理过程中的案件，不存在转化的问题。比如，人民检察院在审查起诉过程中对拟建议人民法院按速裁程序处理的案件，发现被告人的行为不构成犯罪或者被告人违背意愿认罪认罚的，应当依法作出不起诉决定，或者不再按办理速裁程序案件的相关要求继续办理即可。对于人民法院已经适用速裁程序审结的案件，由于人民法院已经作出生效裁判，所以已不存在转换为其他程序审理的可能。对于这些案件，如发现确属本条规定的不宜适用速裁程序情形的，应当通过审判监督程序予以纠正。根据本条规定，在案件审理过程中，人民法院只要发现存在不宜适用速裁程序的情形，都要转换为普通程序或者简易程序进行审理，不论审理已经进行了多长时间或者进行到哪一个阶段。

二是须转换的案件范围。根据本条规定，不宜适用速裁程序审理的案件，均属于须转换的案件；被告人的行为不构成犯罪或者不应当追究其刑事责任、被告人违背意愿认罪认罚、被告人否认指控的犯罪事实或者其他不宜适用速裁程序审理的案件,属于不宜适用速裁程序审理的案件。"不构成犯罪"主要包括以下情形:一是被告人的行为是合法行为,或者被告人属于无刑事责任能力的人,或者检察机关所指控的行为不是被告人所为;二是被告人的行为虽然违反了民事法律或者行政法律,但没有触犯刑法,属于虽然违法但不具有刑事违法性的行为;三是根据刑法第十三条"但书"的规定,被告人的行为情节显著轻微、危害不大,不认为是犯罪。"不应当追究刑事责任"主要是指修改后的刑事诉讼法第十六条规定的情形:一是犯罪已过追诉时效期限的;二是经过特赦令免除刑罚的;三是依照刑法规定告诉才处理的犯罪,没有告诉或者撤回告诉的;四是犯罪嫌疑人、被告人死亡的;五是其他法律规定免予追究刑事责任的。"被告人违背意愿认罪认罚"是指认罪认罚并非出于被告人真实意愿,或者是由于对法律和事实的认识错误而导致的,或者是出于外在压力原因而被迫的。"被告人否认指控的犯罪事实"是指被告人对人民检察院指控的犯罪事实予以否认。"其他不宜适用速裁程序审理的情形"是指根据刑事诉讼法其他条款规定,不适宜适用速裁程序审理的案件。刑事诉讼法第二百二十二条第一款对适用速裁程序的条件作了规定,第二百二十三条对不宜适用速裁程序的情形作了明确。凡是不符合刑事诉讼法第二百二十二条规定条件的案件,或者属于刑事诉讼法第二百二十三条规定情形之一的,均属于本条中的"其他不宜适用速裁程序审理的情形"。

三是转换程序后的处理。根据本条规定,人民法院在审理过程中,发现不宜适用速裁程序审理的,应当按照本章第一节关于普通程序或者第三节关于简易程序的规定重新审理。与普通程序相比,速裁程序在法庭审理程序和期限上有很多不同,体现了程序从简的特点。比如:根据刑事诉讼法第二百二十四条规定,适用速裁程序审理案件,不受送达期限的限制,不进行法庭调查、法庭辩论,应当当庭宣判;根据刑事诉讼法第二百二十五条的规定,适用速裁程序的案件,人民法院应当在受理后十日内审结;对可能判处的刑罚超过一年的,可以延长至十五日;等等。与简易程序相比,速裁程序也更为简化。转换为普通程序或者简易程序审理,就是不再适用刑事诉讼法关于速裁程序的规定,要依照刑事诉讼法关于普通程序或者简易程序的规定重新审理。

需要注意的是,刑事诉讼法第二百二十一条对简易程序向普通程序的转换作了规定。该条规定:"人民法院在审理过程中,发现不宜适用简易程序的,应当按照本章第一节或者第二节的规定重新审理。"而本条规定:"人民法院在审理过程中,发现有被告人的行为不构成犯罪或者不应当追究其刑事责任、被告人违背意愿认罪认罚、被告人否认指控的犯罪事实或者其他不宜适用速裁程序审理的情形的,应当按照本章第一节或者第三节的规定重新审理。"对比看,不难发现,如果是自诉案件适用简易程序,在审理过程中发现不宜适用简易程序的,应当转换为刑事诉讼法规定的自诉案件的审理程序，而速裁程序只适用于公诉案件，因此也只能转换为公诉案件的普通程序或者简易程序。根据刑事诉讼法关于速裁程序的制度设计，速裁程序只适用于公诉案件，不适用于自诉案件。因此，也就不具备向自诉案件审理程序转换的前提。

第三章　第二审程序

第二百二十七条　被告人、自诉人和他们的法定代理人，不服地方各级人民法院第一审的判决、裁定，有权用书状或者口头向上一级人民法院上诉。被告人的辩护人和近亲属，经被告人同意，可以提出上诉。

附带民事诉讼的当事人和他们的法定代理人，可以对地方各级人民法院第一审的判决、裁定中的附带民事诉讼部分，提出上诉。

对被告人的上诉权，不得以任何借口加以剥夺。

【修改提示】

本条是1979年刑事诉讼法的规定，1996年作过修改，2012年、2018年修改刑事诉讼法时对本条未作修改。

【背景解读】

两审终审制是我国基本的司法制度，这一制度可以使确有错误的一审判决、裁定在发生法律效力前得到及时的纠正，使对一审判决、裁定不服的诉讼参与人获得申请法律救济的机会，保障办案质量和司法公正。有关当事人的上诉是二审程序启动的重要前提，本条对有关当事人提起上诉的权利作了规定。

1979年刑事诉讼法第一百二十九条第一款规定："当事人或者他们的法定代理人，不服地方各级人民法院第一审的判决、裁定，有权用书状或者口头向上一级人民法院上诉。被告人的辩护人和近亲属，经被告人同意，可以提出上诉。"1996年刑事诉讼法将原条文第一款规定的"当事人"修改为"被告人、自诉人"。这样修改，是因为本法规定的"当事人"的范围发生了变化。1979年刑事诉讼法第五十八条第二项规定，"当事人"是指自诉人、被告人、附带民事诉讼的原告人和被告人；1996年刑事诉讼法第八十二条对此作了修改，规定"当事人"是指被害人、自诉人、犯罪嫌疑人、被告人、附带民事诉讼的原告人和被告人。增加规定了"被害人"和"犯罪嫌疑人"为当事人。在修改后的"当事人"中，犯罪嫌疑人没有经过审判,当然不存在上诉问题。被害人规定为当事人后,要不要赋予上诉权,在修改中有不同意见。一些意见认为,给被害人上诉权的想法是积极的,但是如果被害人可以上诉,刑事诉讼法确定的“上诉不加刑”原则可能会名存实亡,而且实际操作起来也会有许多问题。考虑到上述情况,1996 年的修改未规定被害人有上诉权。因此,本条规定虽然在文字上作了修改,上诉人的范围实际没有变化。本条所说的判决,是指人民法院对案件实体问题所作的处理决定,包括刑事判决和附带民事诉讼的判决。“裁定”,主要是指人民法院在审理案件过程中对诉讼程序问题所作的决定,如移送案件的裁定、驳回自诉的裁定等。“上诉”,是指被告人、自诉人和他们的法定代理人以及附带民事诉讼的当事人和他们的法定代理人不服地方各级人民法院第一审的判决、裁定,在法定期限内,以书状或者口头形式向上一级人民法院请求改变原判决、裁定,以保护自己合法权利的诉讼行为。2012 年和 2018 年修改刑事诉讼法未作修改。

【理解与适用】

本条是关于哪些人有权提起上诉的规定。

本条共分为三款。第一款是关于刑事案件被告人、自诉人和他们的法定代理人对地方各级人民法院第一审的判决、裁定不服,有权提出上诉的规定。本款规定包含以下四层意思:一是被告人、自诉人和他们的法定代理人的上诉权。根据本款规定,对刑事判决、裁定提出上诉的主体是被告人、自诉人及其法定代理人。如果被告人、自诉人在案件发生时是未成年人或者精神上有缺陷而不能正常进行诉讼活动的人,其法定代理人应当有独立的上诉权。根据本法第一百零八条的规定,“法定代理人”是指被代理人的父母、养父母、监护人和负有保护责任的机关、团体的代表。二是辩护人和被告人的近亲属的上诉权。本款规定,经被告人同意,其辩护人和近亲属可以提出上诉。根据本法第三十三条的规定,“辩护人”可以由律师、人民团体或者被告人所在的单位推荐的人以及被告人的监护人或亲友担任。但正在被执行刑罚或者依法被剥夺、限制人身自由的人,不得担任辩护人。“近亲属”是指夫、妻、父、母、子女、同胞兄弟姊妹。三是上诉的理由。上诉的理由是对地方各级人民法院的第一审判决、裁定不服。对最高人民法院作出的第一审判决、裁定,或者对中级人民法院以上各级人民法院作出的第二审判决、裁定,不得上诉。四是上诉的形式。可以是书面形式向法院递交上诉状,也可以是口头形式。对口头上诉,人民法院应当接受,并且应当制作笔录。

第二款是关于附带民事诉讼的当事人及其法定代理人上诉权的规定。本款规定包括以下两层意思:一是上诉的主体是附带民事诉讼的当事人和他们的法定代理人,根据本法第一百零八条的规定,“附带民事诉讼的当事人”是指附带民事诉讼的原告人、被告人。二是上诉的内容。根据本款规定，上诉的内容，只限于对地方各级人民法院第一审的判决、裁定中附带民事诉讼部分，提出上诉。对刑事判决、裁定部分无权提出上诉。

第三款是对被告人的上诉权不得剥夺的规定。我国法律规定的两审终审制度、赋予被告人上诉权，目的是为了通过这个程序来保证判决和裁定的正确性，及时纠正错误，减少和杜绝冤、假、错案，提高办案质量，从而保证准确地惩罚犯罪，保护公民的合法权利，维护法律的尊严。上诉权是我国法律赋予公民的一项基本诉讼权利，不受剥夺。剥夺了上诉权，同时也等于破坏了两审终审制度。“对被告人的上诉权，不得以任何借口加以剥夺”，是指对所有被告人，不论犯什么罪，罪轻还是罪重、认罪态度好或恶劣以及地方各级人民法院第一审的判决、裁定有利或不利于被告人的，都不影响其依法行使上诉权，人民法院应当依法保障其权利的行使，任何个人、单位不得以任何理由将其剥夺。根据本款规定，被告人只要“不服地方各级人民法院第一审的判决、裁定”，就可以在法定的时间内提出上诉，不受上诉理由是否充分等限制。而且，在法定时间内提出上诉即具法律效力，必然引起第二审程序。

实践中要正确理解本条第三款规定的“被告人的上诉权”，这里的“被告人”是指公诉案件的被告人和自诉案件的被告人。本条单用一款规定被告人的上诉权不得剥夺，进一步强调了保障被告人的诉讼权利的重要性。当然，对自诉人、附带民事诉讼的当事人和他们的法定代理人的上诉权也应予以保障，不得以任何借口加以剥夺。

第二百二十八条　地方各级人民检察院认为本级人民法院第一审的判决、裁定确有错误的时候，应当向上一级人民法院提出抗诉。

【修改提示】

本条是 1979 年刑事诉讼法的规定，1996 年、2012 年、2018 年修改刑事诉讼法时对本条均未作修改。

【背景解读】

人民检察院提起抗诉是二审程序启动的另一途径。我国宪法规定，人民检察院是国家的法律监督机关，本法规定人民检察院依法对刑事诉讼实行法律监督。抗诉是人民检察院行使检察权的重要内容，也可以说是对人民法院的审判活动实行监督的一种形式。1979 年刑事诉讼法对人民检察院对人民法院第一审判决、裁定提出抗诉的职责作了规定。1996 年、2012 年和 2018 年修改刑事诉讼法均未作修改。

【理解与适用】

本条是关于人民检察院依法提出抗诉的规定。

根据本条规定，地方各级人民检察院认为本级人民法院的第一审判决、裁定确有错误的，应当向上一级人民法院提出抗诉。这里的“抗诉”，是指人民检察院发现或者认为判决、裁定确有错误，提请审判机关重新审理并予以纠正的诉讼行为。抗诉通常分为对一审未生效裁判的抗诉和对生效裁判的抗诉，本条规定的抗诉是指对一审未生效裁判的抗诉。“地方各级人民检察院认为本级人民法院的第一审判决、裁定确有错误的”，主要是指人民检察院认为本级人民法院第一审的判决、裁定存在以下情况之一的：(1)认定事实不清楚或者有错误；(2)定案的证据不确实、充分；(3)适用法律不当，定罪有错误；(4)处刑不当，量刑过轻或者过重；(5)审判程序严重违法；(6)原判决、裁定是审判人员徇私舞弊、枉法裁判的结果。这种“确有错误”不论是减轻了被告人的罪责，还是加重了被告人的罪责，人民检察院都有权利也有责任向上一级人民法院提出抗诉。

司法实践中应当注意的是，对犯罪分子定罪量刑，该重则重，该轻则轻，而不是一味地从重打击，在适用本条提起抗诉时也应遵循这一原则，不能只抗轻判不抗重判。

第二百二十九条　被害人及其法定代理人不服地方各级人民法院第一审的判决的，自收到判决书后五日以内，有权请求人民检察院提出抗诉。人民检察院自收到被害人及其法定代理人的请求后五日以内，应当作出是否抗诉的决定并且答复请求人。

【修改提示】

本条是1996年修改刑事诉讼法时增加的规定，2012年、2018年修改刑事诉讼法时对本条均未作修改。

【背景解读】

被害人作为犯罪的直接受害者，在刑事诉讼中应当享有相应的诉讼地位和诉讼权利，以便能够充分地表达意见，保护自己的合法权利，国外一些国家的法律也有这方面的规定。1979年刑事诉讼法规定的当事人，不包括被害人，被害人如果对地方各级人民法院第一审公诉案件的判决有不同意见，不能提出上诉，没有上诉权。1996年修改刑事诉讼法时，对这一问题进行了专门研究，在1996年刑事诉讼法的第八十二条第二项中将被害人增加规定为诉讼当事人，提高了被害人的诉讼地位，相应享有更多的诉讼权利。考虑到对犯罪人实行追诉主要是国家公诉机关的职权（自诉案件除外），如果赋予被害人上诉权，在理论和实际操作上都有障碍，而且可能使“上诉不加刑”原则名存实亡，被害人如果对判决不服，可以向检察机关提出自己的主张，因此没有增加规定被害人的上诉权。被害人对第一审判决有意见的，就必然要通过请求人民检察院抗诉来维护自己的合法权益。本条根据这些情况，明确规定被害人及其法定代理人有权请求人民检察院提出抗诉，人民检察院应当在五日内作出是否抗诉的决定并且通知请求人。2012 年和2018 年修改刑事诉讼法未作修改。

【理解与适用】

本条是关于公诉案件的被害人及其法定代理人有权请求人民检察院抗诉的规定。

本条主要规定了以下三个方面内容：一是被害人及其法定代理人有权请求人民检察院提出抗诉。规定被害人及其法定代理人不服地方各级人民法院第一审判决的，自收到判决书后五日以内，有权请求人民检察院提出抗诉。提出请求的主体，是被害人及其法定代理人。提出请求的原因，是不服地方各级人民法院第一审判决。这里的“判决”，不包括裁定。这主要是考虑到在刑事诉讼中裁定一般是就程序方面的问题作出的，通常不涉及认定事实适用法律的问题。这里所说的“人民检察院”是指与一审人民法院同级的人民检察院。二是请求抗诉的时间和答复请求人的时间。根据本条规定，被害人提出请求的时间，是自收到判决书第二日起五日以内。这主要是考虑到本法规定的人民检察院对一审判决提起抗诉的期限是十日，规定被害人自收到判决书五日内请求人民检察院提起抗诉，既没有错过抗诉期限，又给了人民检察院对被害人的请求进行研究考虑的时间。人民检察院自收到被害人及其法定代理人的请求第二日起五日以内，作出是否抗诉的决定并答复请求人。三是人民检察院应当作出是否抗诉的决定并且答复请求人。人民检察院收到被害人及其法定代理人要求抗诉的请求后，应当对请求抗诉的理由进行审查，主要是对犯罪事实的认定和适用法律是否正确，定罪量刑是否适当进行审查，作出是否抗诉的决定。

法律赋予被害人的请求抗诉权，既体现了对被害人合法权益的保障，也体现了法律面前人人平等原则。在司法实践中，人民检察院应当切实保障本条规定赋予被害人的权利，被害人的请求有道理的，应当作出决定依法抗诉。

第二百三十条　不服判决的上诉和抗诉的期限为十日，不服裁定的上诉和抗诉的期限为五日，从接到判决书、裁定书的第二日起算。

【修改提示】

本条是1979年刑事诉讼法的规定，1996年、2012年、2018年修改刑事诉讼法时对本条均未作修改。

【背景解读】

被告人、自诉人和他们的法定代理人、被告人的辩护人和近亲属、附带民事诉讼的当事人和他们的法定代理人，不服地方各级人民法院的第一审判决提出上诉，地方各级人民检察院对认为本级人民法院确有错误的第一审判决提出抗诉，都应该在法定的期限内提出。法律规定上诉、抗诉期限的目的，一方面是为了让上诉权人和检察机关有一定的期间充分考虑是否提出上诉、抗诉和准备上诉、抗诉的理由，以保障上诉权和抗诉权的行使；另一方面也是为了保证上级人民法院能够迅速地审判上诉、抗诉案件，使有错误的判决、裁定能及时得到纠正，以免拖延诉讼。

【理解与适用】

本条是关于上诉、抗诉期限的规定。

本条规定的上诉和抗诉期限，是指上诉人根据本法第二百二十七条的规定提出上诉和人民检察院根据本法第二百二十八条的规定提出抗诉的有效期限。在这个期限内，提出的上诉和抗诉具有法律效力，使案件进入第二审程序；超出这个期限，如果不属于本法第一百零六条规定的可以申请顺延期间的情况，并没有人民法院认定的合理理由，提出的上诉和抗诉就不具有法律效力，第一审判决、裁定即告生效。本条规定了以下三个方面内容：(1)不服判决的上诉和抗诉的期限为十日。即指被告人、自诉人和他们的法定代理人、被告人的辩护人和近亲属、附带民事诉讼的当事人和他们的法定代理人，不服地方各级人民法院的第一审判决的上诉期限为十日；地方各级人民检察院对认为本级人民法院确有错误的第一审判决的抗诉期限为十日。(2)不服裁定的上诉和抗诉的期限为五日。即上诉人不服地方各级人民法院第一审的裁定，提出上诉的期限为五日；地方各级人民检察院对本级人民法院确有错误的第一审裁定，提出抗诉的期限为五日。(3)上诉和抗诉的期限的计算。从接到判决书或裁定书的第二日起计算。根据本法第一百零六条的规定，当事人由于不能抗拒的原因或者有其他正当理由而耽误期限的，在障碍消除后五日以内，可以申请继续进行应当在期满以前完成的诉讼活动。这种申请是否准许，由人民法院裁定。如果没有正当理由的，人民法院即予裁定驳回申请。当事人仍坚持上诉的，按本法规定的审判监督程序处理。

第二百三十一条　被告人、自诉人、附带民事诉讼的原告人和被告人通过原审人民法院提出上诉的，原审人民法院应当在三日以内将上诉状连同案卷、证据移送上一级人民法院，同时将上诉状副本送交同级人民检察院和对方当事人。

被告人、自诉人、附带民事诉讼的原告人和被告人直接向第二审人民法院提出上诉的，第二审人民法院应当在三日以内将上诉状交原审人民法院送交同级人民检察院和对方当事人。

【修改提示】

本条是1979年刑事诉讼法的规定，1996年作过修改，2012年、2018年修改刑事诉讼法时对本条未作修改。

【背景解读】

为便于被告人、自诉人、附带民事诉讼的原告人和被告人行使上诉权，本条规定他们既可以通过原审人民法院提出上诉，也可以直接向第二审人民法院提出上诉，由第二审人民法院审理。人民检察院和对方当事人为了解上诉理由，准备参加第二审诉讼，也需要阅读有关当事人的上诉状。为此，本条规定了当事人通过两种方式提出上诉时递送案件材料的程序和期限。本条所说的“对方当事人”，要根据具体案件中上诉人是哪一方来确定。主要包括被告人、被害人、自诉人、附带民事诉讼的原告人和被告人。根据本法第一百零五条的规定，本条规定的“三日以内”不包括在路途上的时间，在法定期满前交邮的，不属于超过法定期限。

【理解与适用】

本条是关于上诉案件材料的移送的规定。

本条共分为两款。第一款是关于上诉人通过原审（即一审）人民法院提出上诉，原审人民法院如何移送上诉状的规定。这里规定的“被告人、自诉人、附带民事诉讼的原告人和被告人通过原审人民法院提出上诉”，是上诉人提出上诉的途径之一，指上诉人对地方各级人民法院的第一审判决、裁定不服，向作出第一审判决的人民法院口头表示上诉的要求或者递交上诉状。根据本款规定，上诉人通过原审人民法院提出上诉的，原审人民法院应当审查上诉是否符合法律规定。符合法律规定的，原审人民法院应当在三日以内将上诉状连同案卷、证据移送上一级人民法院，同时将上诉状副本送交同级人民检察院和对方当事人。

第二款是关于上诉人直接向第二审人民法院提出上诉，第二审人民法院如何移送上诉状的规定。当事人“直接向第二审人民法院提出上诉”，是上诉人提出上诉的又一途径，指上诉人不经过第一审人民法院，直接向第二审人民法院表示上诉的要求或者递交上诉状。根据本款规定,被告人、自诉人、附带民事诉讼的原告人和被告人直接向第二审人民法院提出上诉的,第二审人民法院应当在收到上诉状后三日以内将上诉状交第一审(即原审)人民法院。第一审人民法院应当审查上诉是否符合法律规定。符合法律规定的,应当在接到上诉状后三日以内将上诉状连同案卷、证据移送上一级人民法院,同时将上诉状副本送交同级人民检察院和对方当事人。

第二百三十二条　地方各级人民检察院对同级人民法院第一审判决、裁定的抗诉,应当通过原审人民法院提出抗诉书,并且将抗诉书抄送上一级人民检察院。原审人民法院应当将抗诉书连同案卷、证据移送上一级人民法院,并且将抗诉书副本送交当事人。

上级人民检察院如果认为抗诉不当,可以向同级人民法院撤回抗诉,并且通知下级人民检察院。

【修改提示】

本条是1979年刑事诉讼法的规定,1996年、2012年、2018年修改刑事诉讼法均未作修改。

【背景解读】

人民检察院对同级人民法院的一审判决、裁定提出抗诉,是其依法行使检察权的重要内容,本条对人民检察院提出抗诉的程序作了比当事人提出上诉较为严格的规定。人民检察院提出抗诉的,原审人民法院应当将案件材料、证据和抗诉书一并移送上一级人民法院,将抗诉书副本送交当事人,以便他们准备二审。

根据宪法和人民检察院组织法有关规定,最高人民检察院领导地方各级人民检察院的工作,上级人民检察院领导下级人民检察院的工作。提起抗诉的人民检察院将抗诉书抄送上一级人民检察院,是为了便于上一级人民检察院对案件进行审查和派员出席第二审审判,支持抗诉。上级人民检察院有权向同级人民法院撤回下级人民检察院提出的抗诉。本条的这些规定是宪法和人民检察院组织法有关规定的具体体现。

【理解与适用】

本条是关于抗诉案件材料的移送以及撤回抗诉的规定。

本条共分为两款。第一款是关于地方各级人民检察院对本级人民法院第一审的判决、裁定如何提出抗诉以及人民法院对人民检察院提出的抗诉案件如何移送的规定。根据本法第二百二十八条的规定，地方各级人民检察院认为本级人民法院第一审的判决、裁定，如果认为确有错误的，应当提出抗诉。根据本款的规定，提出抗诉的程序主要是：(1)书面形式提出。人民检察院应当制作抗诉书，通过原审人民法院向上一级人民法院提出抗诉。上诉可以通过原审人民法院提出，也可以直接向第二审人民法院提出，但抗诉不能直接向第二审人民法院提出抗诉。(2)在向原审人民法院递交抗诉书的同时，将抗诉书抄送上一级人民检察院。在二审中，上一级人民检察院应当派员出席第二审审判，支持抗诉，将抗诉书抄送上一级人民检察院也是为其做好出庭的准备。(3)原审人民法院接到同级人民检察院的抗诉书后，应当将抗诉书连同案卷、证据一并移送上一级人民法院，并将抗诉书副本送交当事人。

第二款是关于上级人民检察院认为抗诉不当，应当如何处理的规定。“抗诉不当”，主要是指第一审的判决、裁定没有错误，而人民检察院对同级人民法院第一审的判决、裁定提出抗诉的理由不正确、不充分，缺乏法律依据。根据本款规定，上级人民检察院接到下级人民检察院抄送的抗诉书后，一般应当在第二审人民法院审判以前，对抗诉的案件进行认真审查，如果认为抗诉不当，可以向同级人民法院撤回抗诉，并且通知下级人民检察院。认为抗诉正确的，应当支持抗诉。

第二百三十三条　第二审人民法院应当就第一审判决认定的事实和适用法律进行全面审查，不受上诉或者抗诉范围的限制。

共同犯罪的案件只有部分被告人上诉的，应当对全案进行审查，一并处理。

【修改提示】

本条是1979年刑事诉讼法的规定，1996年、2012年、2018年修改刑事诉讼法均未作修改。

【背景解读】

实事求是，以事实为依据、以法律为准绳是我国刑事诉讼法的基本原则。为了贯彻这一原则，保证司法公正，第二审人民法院对于上诉、抗诉案件不应当只审查上诉、抗诉的理由和要求，而应当对一审判决所认定的事实、适用的法律和诉讼程序进行全面的审查，既重实体也重程序审查，体现了对案件高度负责的精神，有利于最大限度地发现第一审判决存在的错误，维护司法公正。

【理解与适用】

本条是关于第二审人民法院对上诉、抗诉案件应当全面审查的规定。

本条共分为两款。第一款是关于第二审人民法院对上诉、抗诉案件应当进行全面审查的规定。根据本款规定，第二审人民法院应当就第一审判决认定的事实和适用法律进行全面审查，不受上诉或者抗诉范围的限制。这里规定的"全面审查"，是指对一审判决所认定的事实、适用的法律和诉讼程序进行全面的审查。主要包括以下几个方面：(1)第一审判决认定的事实是否清楚，证据是否确实、充分，证据之间有无矛盾，有无遗漏罪行和犯罪分子；(2)适用法律是否正确，定罪量刑是否适当；(3)侦查、起诉和第一审程序中有无严重违反法定程序的情形；(4)上诉、抗诉是否具备法定的主体资格，提出的理由是否有新的事实和证据；(5)被告人有无翻供的情况及原因；(6)辩护人的意见应否采纳；(7)一审合议庭或审判委员会讨论的意见；(8)其他与第一审判决是否正确有关的情况。"不受上诉和抗诉范围的限制"，是指第二审人民法院在对上诉和抗诉案件认定的事实和适用的法律进行全面审查时，既要对提出上诉或者抗诉的部分进行审查，也要对没有提出上诉或者抗诉的部分进行审查，在审查的范围上，不受上诉人上诉和人民检察院抗诉范围的限制。本款所说的"上诉""抗诉"案件，包括人民检察院提起公诉的案件、自诉案件和刑事附带民事诉讼的案件。

第二款是关于第二审人民法院对部分被告人提出上诉的共同犯罪案件如何进行审查的规定。"共同犯罪案件"，是指刑法规定的二人以上共同故意犯罪的案件。根据本款规定，共同犯罪的案件只有部分被告人上诉的，应当对全案进行审查，一并处理。这里规定的"对全案进行审查，一并处理"，是指不仅要对提出上诉的被告人的判决部分所认定的事实和运用的法律进行全面审查，其他被告人未提出上诉或者被人民检察院提出抗诉的，对未提出上诉的被告人的判决部分也要进行全面审查。如果提出上诉的被告人在二审程序中死亡，二审人民法院仍应对全案进行审查。死亡的被告人不构成犯罪的，应当宣告无罪；构成犯罪的，应对其宣告终止审理。对其他同案的被告人，应当根据事实和法律作出二审判决或者裁定。

审理附带民事诉讼的上诉、抗诉案件，应当对全案进行审查。如果第一审判决的刑事部分并无不当，第二审人民法院只需要就附带民事诉讼部分作出处理。如果第一审判决附带民事部分事实清楚，适用法律正确的，应当以刑事附带民事裁定维持原判，驳回上诉、抗诉。

在二审的审理中，要处理好重点审理和全面审理以及全案审理的关系。重点审理的应当是上诉和抗诉的理由和要求是否正当和应否采纳，全面审理和全案审理又是查清和解决重点问题的基础和条件。对二审中发现和涉及的一切问题，都应当有错必纠。

第二百三十四条　第二审人民法院对于下列案件，应当组成合议庭，开庭审理：

（一）被告人、自诉人及其法定代理人对第一审认定的事实、证据提出异议，可能影响定罪量刑的上诉案件；

（二）被告人被判处死刑的上诉案件；

（三）人民检察院抗诉的案件；

（四）其他应当开庭审理的案件。

第二审人民法院决定不开庭审理的，应当讯问被告人，听取其他当事人、辩护人、诉讼代理人的意见。

第二审人民法院开庭审理上诉、抗诉案件，可以到案件发生地或者原审人民法院所在地进行。

【修改提示】

本条是1996年修改刑事诉讼法时增加的规定，2012年作了修改，2018年修改刑事诉讼法时未作修改。

【背景解读】

1996年修改刑事诉讼法新增第一百八十七条，将对上诉和抗诉案件应当开庭审理作为第二审人民法院审理二审案件的一般原则加以规定。也就是说，第二审人民法院审理二审案件原则上都要开庭。我国实行两审终审的刑事审判制度，第二审的任务是通过对第一审人民法院所作的判决、裁定进行全面审查，查明所认定的事实是否清楚，证据是否确实充分，适用法律是否正确，处理是否适当，诉讼程序是否合法，作出二审裁判，维护正确的判决、裁定，纠正错误的判决、裁定。不开庭审理，不利于发现错误、改正错误，难以做到准确地惩罚犯罪和保护公民的权利。同时考虑到有些二审案件事实清楚，证据比较充分，没有必要一律开庭审理，为简便诉讼，提高诉讼效率，本条规定了例外的情况，即合议庭经过阅卷，讯问被告人、听取其他当事人的意见，对事实清楚的，可以不开庭审理。近十几年的司法实践证明，有些地方审理二审的上诉、抗诉案件，大多通过书面审就作出判决，原则上不开庭审理。这与刑事诉讼法规定的精神有所不符。为了更好地完成二审的任务，充分体现二审全面审查的特点，保证案件的质量，充分保障当事人的诉讼权利，避免冤假错案，也为便于司法机关实践中具体判断操作，2012年修改刑事诉讼法，对本条第一款明确增加了二审应当开庭审理的三个内容：第一，被告人、自诉人及其法定代理人对第一审认定的事实或者证据有异议并提出上诉，人民法院认为可能影响定罪量刑的案件。第二，被告人被判处死刑的上诉案件，体现了少杀、慎杀的原则。第三，其他应当开庭审理的案件，可由人民法院根据案件具体情况决定，或由司法解释予以明确。考虑到检察机关是国家的法律监督机关，应当充分保障其行使法律监督职能，开庭审理可以保障人民检察院在法庭上充分发表意见，更好地行使监督权。同时人民检察院又是公诉机关，开庭审理控辩双方可以互相辩论，被告人也可在法庭上充分为自己辩护，保证判决的公正，本款保留了对人民检察院抗诉的案件，第二审人民法院应当开庭审理的规定。本条第一款将应当开庭的范围作了明确的规定，只要具备其中一项，第二审人民法院就应当开庭审理。从条文本身的规定看，2012 年刑事诉讼法的修改比 1996 年刑事诉讼法原条文规定范围缩小了，但其精神是一致的，并更具有可操作性。这样规定的目的，有利于纠正实践中该开庭而不开庭的做法，有利于保障当事人的诉讼权利，有效地防止冤假错案的发生，体现了对死刑案件格外慎重的态度，更好地保证案件质量。

为了便利诉讼参与人进行诉讼，解决一些实际困难，2012 年修改刑事诉讼法还规定人民法院开庭审理上诉、抗诉案件，可以到案件发生地或者原审人民法院所在地进行。这既便于诉讼参与人到庭参加诉讼，保证审判活动的正常进行，也便于被告人犯罪行为实施地的群众参加公开审判，受到法治教育。

【理解与适用】

本条是关于第二审案件的审理方式的规定。

本条共分为三款。第一款是关于二审案件的审理方式和范围的规定。开庭审理是人民法院依法审理刑事案件的一般形式，也是实现审判公平正义，树立公信和权威所不可缺少的。考虑到二审是在一审的基础上进行审判，本条第一款针对二审的实际情况，对二审的审理方式和审理范围作了明确的规定，对以下四种情况，第二审人民法院应当组成合议庭，开庭审理：第一，被告人、自诉人及其法定代理人对第一审认定的事实或者证据有异议并提出上诉，人民法院认为可能影响定罪量刑的案件。这里所说的“事实或者证据”，二者是选择关系，是指对其中之一有异议。所谓“异议”即不同意见。本项规定并不是说只要诉讼当事人有异议提出上诉，第二审人民法院就要开庭审理，而是要求人民法院根据诉讼当事人提出上诉的理由，结合案件的事实、证据等具体情况，分析后认为可能会影响到本案的定罪量刑，才决定应当开庭审理。第二，被告人被判处死刑的上诉案件。被判处死刑的案件，都是案情重大，也是人命关天的大事，需要慎之再慎，只要被告人提出上诉，就应开庭审理。这里的“死刑案件”，既包括被判处死刑立即执行的案件，也包括被判处死刑缓期二年执行的案件。第三，人民检察院抗诉的案件。对人民检察院抗诉的案件，不论当事人是否同时提出上诉，也不论案件事实是否清楚，第二审人民法院都应当开庭审理。第四，其他应当开庭审理的案件。可以由二审人民法院根据上诉案件的情况决定，也可以由最高人民法院根据司法实践的具体情况作出如何适用法律的解释。本款所说的“开庭审理”,是指参照第一审案件的开庭程序进行审理,即应当通知检察院派员出庭,通知辩护人、代理人、证人及其他诉讼参与人到庭,经过法庭调查、法庭辩论、听取被告人最后陈述,合议庭评议后作出判决。本款所说的“组成合议庭”,是指根据本法第一百八十三条第四款和第五款的规定,人民法院审判上诉和抗诉案件,由审判员三人或者五人组成合议庭进行。合议庭的成员人数应当是单数。

第二款是关于不开庭审理的规定。除按本条第一款规定第二审人民法院应当开庭的情况外,对于犯罪事实清楚,定罪的证据充分,被告人、自诉人及其法定代理人对第一审认定的事实、证据没有异议的,人民法院可以不开庭审理。根据本款规定,对于不开庭审理的案件,审判人员也应当阅卷,了解案件的基本情况,讯问被告人、听取其他当事人、辩护人、诉讼代理人对案件的意见。

第三款是关于第二审审判地点的规定。根据本款规定,第二审人民法院开庭审理上诉、抗诉案件,可以在第二审人民法院所在地进行,也可以到案件发生地或者原审人民法院所在地进行。这样规定:一是方便诉讼,人民法院可以根据案件情况,从法律效率和社会效果的统一出发选择审判地点,二是在案发地、原审地点进行二审更便于了解案情,方便当事人应诉,节省人力、物力资源。开庭还能起到更好的宣传法治,教育群众的效果。

第二百三十五条　人民检察院提出抗诉的案件或者第二审人民法院开庭审理的公诉案件,同级人民检察院都应当派员出席法庭。第二审人民法院应当在决定开庭审理后及时通知人民检察院查阅案卷。人民检察院应当在一个月以内查阅完毕。人民检察院查阅案卷的时间不计入审理期限。

【修改提示】

本条是1979年刑事诉讼法的规定,1996年、2012年均作过修改,2018年修改刑事诉讼法时未作修改。

【背景解读】

人民检察院提出抗诉的案件和人民法院开庭审理的公诉案件,在开庭审理的过程必然需要检察人员在场支持公诉,必要时检察人员和被告人、辩护人还可以进行辩论、质证。人民检察院派员出庭,有利于查明事实,更准确地判定被告人是否有罪和罪行轻重,从而正确适用法律。也便于人民检察院掌握审判活动情况,进行法律监督。1996年修改后的刑事诉讼法第一百八十八条规定,人民检察院提出抗诉的案件或者第二审人民法院开庭审理的公诉案件,人民检察院应当派员出庭。为了保证人民检察院能按时出庭，本条还规定了人民法院在开庭十日以前应通知人民检察院查阅案卷。一些司法实际部门提出，法律规定人民法院在开庭十日以前通知人民检察院查阅案卷，实践中存在两个问题：一是1996年刑事诉讼法第一百九十六条规定，第二审人民法院审理上诉、抗诉案件，应当在一个月以内审结，至迟不得超过一个半月。按此规定，人民法院审理二审案件的期限最长是一个半月，对有些案件来说是不够的，而人民检察院阅卷的十天时间又占用了人民法院的审理期限，时间更显仓促，不利于保证审判质量。二是人民检察院提出，实践中他们的阅卷时间是不够的。因为案件到了二审阶段，同级人民检察院对于原来案情、被告人上诉的理由或其辩护人为法庭提供的新的证据等情况不了解，有的案件比较复杂，如多个被告人的案子，证据繁多，案卷材料很多，仅给十天的时间阅不完卷，出庭支持公诉既不严肃，也显得非常草率，不利于对案件的公正审判。2012年修改刑事诉讼法，主要修改了以下三点：一是在第二审人民法院后增加了“应当在决定开庭审理后及时”通知人民检察院阅卷。二是在通知人民检察院查阅案卷后增加了“人民检察院应当在一个月以内查阅完毕”，延长了人民检察院阅卷时间和准备时间，符合实际情况的需要。三是增加了“人民检察院查阅案卷的时间不计入审理期限”的规定。考虑到司法实践中的具体情况，在法律中对人民检察院阅卷期限适当延长并加以明确的规定，案件在法定期限内审结，有利于人民检察院充分了解案件情况、有准备的出庭支持公诉，保证案件质量。

【理解与适用】

本条是关于审理二审案件检察人员应当出庭以及查阅案卷的规定。

本条规定包括以下四个方面的内容：一是人民检察院应当派员出庭的二审案件有两种：(1)人民检察院提出抗诉的案件。(2)第二审人民法院通过审阅卷宗材料决定开庭审理的公诉案件。上述两种案件，同级人民检察院都应派员出庭支持公诉。人民检察院是国家法律监督机关，有权对人民法院的审判活动是否合法，实行监督。出庭支持公诉也是法定职责的体现。二是二审人民法院决定开庭审理后须及时通知人民检察院查阅案卷。即人民检察院提出抗诉和人民法院通过审阅卷宗材料，决定需要开庭审理的案件，人民法院都应当在决定开庭审理后及时通知人民检察院对全部案卷进行查阅，对第一审判决认定的事实和适用法律，认真加以审查，便于人民检察院做好派员出庭支持公诉的准备。本条虽然没有规定通知的具体时间，但规定人民法院要及时通知人民检察院。这里的“决定开庭审理”，不是指具体的开庭时间，而是指此案件需要开庭审理的决定。三是根据本条规定，人民检察院查阅案卷的时间是一个月，以人民法院通知人民检察院查阅案卷之日起计算。这样人民检察院可以有充足的阅卷和准备出庭支持公诉的时间。四是人民检察院查阅案卷的时间不计入人民法院二审的审理期限。根据本法第二百四十三条的规定，人民法院审理一般的二审案件，应当在二个月以内审结；对于可能判死刑或者附带民事诉讼等法律规定情形的案件，需要延长的，经省、自治区、直辖市高级人民法院批准或者决定，可以延长二个月；因案件的特殊情况还需要延长的，报请最高人民法院批准。这些审限都不包括人民检察院的阅卷时间。

第二百三十六条　第二审人民法院对不服第一审判决的上诉、抗诉案件，经过审理后，应当按照下列情形分别处理：

（一）原判决认定事实和适用法律正确、量刑适当的，应当裁定驳回上诉或者抗诉，维持原判；

（二）原判决认定事实没有错误，但适用法律有错误，或者量刑不当的，应当改判；

（三）原判决事实不清楚或者证据不足的，可以在查清事实后改判；也可以裁定撤销原判，发回原审人民法院重新审判。

原审人民法院对于依照前款第三项规定发回重新审判的案件作出判决后，被告人提出上诉或者人民检察院提出抗诉的，第二审人民法院应当依法作出判决或者裁定，不得再发回原审人民法院重新审判。

【修改提示】

本条是1979年刑事诉讼法的规定，1996年未作修改，2012年修改刑事诉讼法时对本条作了修改，2018年修改刑事诉讼法时未作修改。

【背景解读】

由于不服第一审判决的上诉、抗诉案件，情况复杂多样，所以第二审人民法院对案件进行审理之后，应该区分不同的情况分别予以处理。1996年修改刑事诉讼法在本条规定了三种处理原则：一是对原判决在认定事实和适用法律和量刑方面都正确、适当的案件，应当驳回上诉或者抗诉，维持原判。二是对原判决认定事实没有错误，但适用法律有错误或者量刑不当的案件，由二审人民法院直接改判。这样可以较快地纠正错误的判决，实现司法公正。三是对原判决事实不清楚或者证据不足的案件，二审人民法院可以在查清事实后改判；对于二审人民法院认为直接改判有困难的，也可以撤销原判，发回原审人民法院重新审判，由一审人民法院进一步查清事实后再作出判决。根据多年的司法实践情况看，由于法律对于发回重审的次数没有规定，导致有的地方由于各种原因，一个案件多次发回重审，既影响了结案，也影响了案件的及时审理，同时还影响到司法高效率和司法公正的实现。为了能在法定的时间内结案,解决案件久拖不决的问题,提高诉讼效率,保障被告人权益,2012 年修改刑事诉讼法在本条中增加了一款,即二审人民法院对于不服发回原审人民法院重审的上诉、抗诉案件,必须依法作出判决或者裁定。不得再发回原审人民法院重新审判。

【理解与适用】

本条是关于第二审人民法院对上诉、抗诉案件如何处理的规定。

本条共有两款。第一款是关于二审人民法院对上诉、抗诉案件的处理规定。根据本款规定,第二审人民法院对上诉、抗诉案件,经过审理后,应当按照以下情况分别处理:

1. 原判决认定事实和适用法律正确、量刑适当的,应当裁定驳回上诉或者抗诉,维持原判。"原判决认定事实和适用法律正确",是指原判决对是否有犯罪事实、被告人的行为是否构成犯罪等的认定没有错误,适用的法律符合刑法总则和分则以及有关单行刑法的有关规定。"量刑适当",是指根据犯罪事实和法律规定,对犯罪分子决定的刑罚得当,不畸轻畸重。二审人民法院维持原判以裁定的形式作出。

2. 原判决认定事实没有错误,但适用法律有错误或者量刑不当的,应当改判。"适用法律有错误",是指根据被告人的情况和犯罪事实,一审判决中适用的有关法律规定不正确、不恰当,主要是对案件的定性错误。"量刑不当",是指根据犯罪情节、被告人的情况和法律规定,对被告人判刑过重或者过轻。"改判",是指二审人民法院直接作出判决,改变一审判决的内容。

3. 原判决事实不清楚或者证据不足的,可以在查清事实后改判;也可以裁定撤销原判,发回原审人民法院重新审判。"原判决认定事实不清楚或者证据不足",主要是指犯罪时间、地点、手段、危害后果等事实没有全部查清,证据不够充分或者遗漏了犯罪事实,原审收集的证据未经调查核实等。在上述情况下,第二审人民法院既可以依职权,通过审理或者调查核实证据等方式,自己查清事实,直接依法改判;也可以裁定撤销原判,发回原审人民法院重新审判。发回重审的案件,原审人民法院应当另行组成合议庭审理,按第一审程序进行审理,对其判决、裁定仍可提出上诉或者抗诉。

第二款是关于二审人民法院不得再发回重审的规定。

根据本款规定,原审人民法院对于二审人民法院因原判决事实不清楚或者证据不足裁定撤销原判,发回其重新审判的案件,应当按照本法规定的一审程序进行审判后,作出判决或裁定。被告人对此判决或者裁定仍不服的,可以再提出上诉,人民检察院也可以提出抗诉。第二审人民法院对被告人的再次上诉或人民检察院的抗诉必须受理,并依法作出判决。依据本款规定,此判决或者裁定是终审的判决或者裁定，二审人民法院不得再发回原审人民法院重新审判。也就是说，二审案件发回重审仅限于一次。

第二百三十七条　第二审人民法院审理被告人或者他的法定代理人、辩护人、近亲属上诉的案件，不得加重被告人的刑罚。第二审人民法院发回原审人民法院重新审判的案件，除有新的犯罪事实，人民检察院补充起诉的以外，原审人民法院也不得加重被告人的刑罚。

人民检察院提出抗诉或者自诉人提出上诉的，不受前款规定的限制。

【修改提示】

本条是1979年刑事诉讼法的规定，1996年未作修改，2012年修改刑事诉讼法时对本条作了修改，2018年修改刑事诉讼法时未作修改。

【背景解读】

根据本法第二百二十七条的规定，被告人或者他的法定代理人，对地方各级人民法院第一审的判决、裁定不服，有权向上一级人民法院提出上诉；被告人的辩护人和近亲属，经被告人同意，也可以提出上诉。为了有效地保障被告人的上诉权，消除被告人因害怕上诉后被加重刑罚而不敢上诉的顾虑，保证法律的正确实施，本条规定了上诉不加刑原则。同时，为保证上诉不加刑原则的贯彻落实，保证上诉人上诉权利的依法行使，避免利用将案件发回重审而变相加重被告人刑罚的情况发生，2012年修改刑事诉讼法明确规定了"第二审人民法院发回原审人民法院重新审判的案件，除有新的犯罪事实，人民检察院补充起诉的以外，原审人民法院也不得加重被告人的刑罚"，进一步体现了对被告人权益的保障。为了保障人民检察院通过抗诉进行法律监督的职权和保护上诉的自诉人的合法权益，本条又规定，对于人民检察院提出抗诉的案件或者自诉人和他的法定代理人提出上诉的案件，不论被告人或者他的法定代理人、辩护人、近亲属是否同时提出上诉，均不受上诉不加刑原则的限制。

【理解与适用】

本条是关于上诉不加刑原则的规定。

本条共有两款。第一款包括以下两方面内容：一是对上诉不加刑原则的规定，即第二审人民法院审理被告人一方上诉的案件，不得加重被告人的刑罚。第二审人民法院审判被告人或者他的法定代理人、辩护人、近亲属上诉的案件，经过审理决定改判的，对被告人只能适用比原判决轻的刑罚，不能加重被告人的刑罚，即不得判处比原判决重的刑种,不得加长原判同一刑种的刑期或者增加原判罚金刑的金额,对被告人判处拘役或者有期徒刑宣告缓刑的,不得撤销原判决宣告的缓刑或者延长缓刑考验期。此外,在司法实践中还应当注意,对于共同犯罪案件,只有部分被告人上诉的,既不得加重提出上诉的被告人的刑罚,也不得加重其他未上诉的同案被告人的刑罚;对于数罪并罚的案件,既不得加重决定执行的刑罚,也不能在保持决定执行的刑罚不变的情况下,加重数罪中部分罪的刑罚;对应当适用附加刑而没有适用的案件,不得直接判决适用附加刑。二是第二审人民法院发回原审人民法院重审的案件,原审人民法院也不得加重被告人的刑罚。但对于有新的犯罪事实,人民检察院补充起诉的情况除外。根据本法第二百三十九条的规定,原审人民法院对于发回重新审判的案件,应当另行组成合议庭,依照第一审程序进行审判。也就是说,人民法院审理发回重新审判的案件,应当依照本法第三编第二章关于第一审程序的所有规定进行。但合议庭的人员应当重新确定,不能由原来的合议庭成员重新审理此案。这样规定,主要考虑到发回重审的案件,一般都是二审人民法院认为原判决事实不清,证据不足的案件,原审人民法院要重新查明犯罪事实和收集犯罪证据。为防止先入为主,应当由原审合议庭以外的人重新审理该案。这里所说的"新的犯罪事实"是指,原审人民法院在重新审判的过程中,或者人民检察院发现了被告人除一审被起诉的犯罪外的新的犯罪事实,人民检察院需要对新的犯罪补充起诉的情况。根据本款规定,对于属于上述情况的,人民法院对被告人进行判决时,不受上诉不加刑的限制,即根据案件的情况依法判处。人民法院所作的判决,被告人可以提出上诉,人民检察院也可以抗诉。

应当注意的是,本款所说的"不得加重被告人的刑罚"中的"刑罚",是指刑法第三章所规定的主刑和附加刑。

第二款是对二审案件中不受上诉不加刑原则限制的两种情况的规定。对于人民检察院提出抗诉的案件或者自诉人和他的法定代理人提出上诉的案件,不论被告人或者他的法定代理人、辩护人、近亲属是否同时提出上诉,均不受前款规定的上诉不加刑原则的限制。第二审人民法院经过审理,对案件进行全面审查,如果认为原判决确属过轻,需要改判的,则可以作出比原判决重的刑罚。这里所说的"人民检察院提出抗诉的案件",包括地方各级人民检察院认为本级人民法院第一审的判决确有错误,处刑过轻,提出抗诉的,以及被害人及其法定代理人不服地方各级人民法院第一审的判决,请求人民检察院提出抗诉,人民检察院经审查后提出抗诉的案件。但人民检察院认为第一审判决确有错误,处刑过重而提出抗诉的,第二审人民法院经过审理也不应当加重被告人的刑罚。

第二百三十八条　第二审人民法院发现第一审人民法院的审理有下列违反法律规定的诉讼程序的情形之一的，应当裁定撤销原判，发回原审人民法院重新审判：

（一）违反本法有关公开审判的规定的；

（二）违反回避制度的；

（三）剥夺或者限制了当事人的法定诉讼权利，可能影响公正审判的；

（四）审判组织的组成不合法的；

（五）其他违反法律规定的诉讼程序，可能影响公正审判的。

【修改提示】

本条是1979年刑事诉讼法的规定，1996年作过修改，2012年、2018年修改刑事诉讼法时均未作修改。

【背景解读】

刑事诉讼法是程序法，刑事诉讼法规定的审理案件的法定程序，体现了司法正义的价值，对保障审判的公正性具有重要的意义。第一审人民法院违反法定的诉讼程序，本身就是对这些程序所体现的法治价值的破坏，同时也很可能造成案件实体处理的不公。第二审人民法院在这种情况下应当将案件发回原审人民法院重新审理，由原审人民法院纠正程序违法。1996年修改刑事诉讼法是对1979年刑事诉讼法关于“违反法律规定的诉讼程序，可能影响正确判决”的规定具体化。关于“违反法律规定的诉讼程序”，1979年条文只规定一个限定条件，即“可能影响公正判决”。有关部门反映，这一规定不够具体，实践中难以把握，有必要通过法律规定，进一步具体化，以便于操作。考虑到在司法实践中违反诉讼程序可能影响正确判决的情况比较复杂，难以全部列举，本条在具体列举了四项较为严重的违反诉讼程序，影响公正审判的情形之外，又规定了第五项“其他违反法律规定的诉讼程序，可能影响公正审判的”作为补充，赋予第二审人民法院根据案件情况有一定的裁量权。

【理解与适用】

本条是关于第二审人民法院发现第一审人民法院违反法定程序审理案件的处理规定。

根据本条规定，第二审人民法院在审理上诉或者抗诉案件过程中，合议庭经过开庭审理或经过阅卷、讯问被告人、听取其他当事人、公诉人、辩护人、诉讼代理人的意见等，发现第一审人民法院的审理具有违反本条规定的法定诉讼程序的情形，并经查证属实的时候，应当作出裁定，撤销原判决，发回原审人民法院按照第一审程序重新审判。原审人民法院应当重新组成合议庭对案件进行审判，必须纠正违反法律规定的诉讼程序的做法。关于“违反法律规定的诉讼程序的情形”，本条共规定了五项。第一项是“违反本法有关公开审判的规定的”。公开审判是我国刑事诉讼法的一项重要原则，而且也是一条重要的宪法原则。本法第十一条规定，人民法院审理案件，除本法另有规定的以外，一律公开进行。本法第一百八十八条规定，人民法院审判第一审案件应当公开进行。但是有关国家秘密或者个人隐私的案件，不公开审理；涉及商业秘密的案件，当事人申请不公开审理的，可以不公开审理。不公开审理的案件，应当当庭宣布不公开审理的理由。“违反本法有关公开审判的规定”主要是指，依法应当公开审判的而未公开审判或者不应当公开审判而公开审判的情况。第二项是“违反回避制度的”。为了防止审判人员、检察人员、监察人员、侦查人员、书记员、翻译人员和鉴定人与案件或案件的当事人有某种关系或违反一定的工作纪律，可能影响公正处理案件，本法第一编第三章对回避专门作了规定。“违反回避制度”，是指违反本法有关回避制度的规定，让不应该参与案件审理的人员参与了案件审理。第三项是“剥夺或者限制当事人的法定诉讼权利，可能影响公正审判的”。人民法院应当保障当事人依法享有的诉讼权利，如辩护权，申请法律援助的权利，向被告人、证人、鉴定人发问的权利、申请通知新的证人到庭，调取新的物证，申请重新鉴定或者勘验的权利等。“剥夺”当事人的诉讼权利，是指法庭禁止或者通过强制力制止当事人行使其依法应当享有的全部或部分诉讼权利。“限制”则是法庭对当事人依法行使其诉讼权利加以限制。使当事人的诉讼权利不能正常行使。应当注意的是这种对诉讼权利的剥夺和限制只有达到了可能影响公正审判的程度才应当被发回重审。第四项是“审判组织的组成不合法的”，关于审判组织，本法第三编第一章作了专章规定。这里所说的“审判组织的组成不合法”包括在组成人数上不符合法律规定和审判组织的成员不具备法律规定的资格。第五项是“其他违反法律规定的诉讼程序，可能影响公正审判的”，这项规定是对前四项规定的补充。除了前四项列举的违反法定诉讼程序的情形外，第一审人民法院可能还有其他违反法定诉讼程序的情形，如不按法定程序对证据进行调查核实等，对于第一审人民法院有其他违反法定诉讼程序的情形的，如果该情形可能影响公正审判，影响一审判决正确认定案件事实，正确适用法律的，第二审人民法院也应当撤销原判，将案件发回原审人民法院重新审理。

第二百三十九条　原审人民法院对于发回重新审判的案件，应当另行组成合议庭，依照第一审程序进行审判。对于重新审判后的判决，依照本法第二百二十七条、第二百二十八条、第二百二十九条的规定可以上诉、抗诉。

【修改提示】

本条是1979年刑事诉讼法的规定，1996年作过修改，2012年未作修改，2018年修改刑事诉讼法对本条的具体内容未作修改，只对本条中引用的条文序号按照修改后的条文序号作了相应调整。

【背景解读】

1979年刑事诉讼法规定："原审人民法院对于发回重新审判的案件，应当依照第一审程序进行审判。对于重新审判后的判决，当事人可以上诉，同级人民检察院可以抗诉。"考虑到发回重新审判的案件主要是由于原审事实不清，证据不足或者违反诉讼程序，通过重新审理纠正原审的错误或缺陷，如果仍由原来的审判组织审理，可能会由于对案件存在成见或者有先入为主的情况，从而可能影响案件重新审判时正确认定案件事实和正确适用法律，不能保证判决的公正。因此，为了慎重起见，1996年修改刑事诉讼法时，增加"原审人民法院对于发回重新审判的案件，应当另行组成合议庭"的规定。对于原第一审是适用简易程序进行审理的案件，考虑到发回重审的案件是事实不清楚或者证据不足的或者是原审法院的审理违反法定程序的，应当慎重审理，不宜适用简易程序，为了保证案件重新审判的质量，也应当另行组成合议庭进行审判。2012年和2018年修改刑事诉讼法均只对条文序号作了相应调整。

【理解与适用】

本条是关于原审人民法院审判发回重新审判案件的程序的规定。

本条所规定的"发回重新审判的案件"包括两种案件：一是指本法第二百三十六条规定的第二审人民法院对上诉、抗诉案件，经过审理后，认为原判决事实不清楚或者证据不足的，裁定撤销原判，发回原审人民法院重新审判的案件；二是指本法第二百三十八条规定的第二审人民法院发现第一审人民法院的审理有违反法律规定的诉讼程序的情形的，裁定撤销原判，发回原审人民法院重新审判的案件。

根据本条规定，原审人民法院对于上述两类案件，无论原来第一审是适用简易程序还是普通程序，都应当另行组成合议庭按照第一审程序进行审判。对于因为原判决事实不清楚或者证据不足发回重审的公诉案件，原审人民法院不能将案件退回人民检察院补充侦查，但根据本法第一百九十六条的规定，对于个别证据不清楚，有疑问的，合议庭可以对证据进行调查核实；检察人员认为案件需要补充侦查，根据本法第二百零四条的规定提出建议的，原审人民法院可以决定延期审理。经过合议庭调查核实或者人民检察院补充侦查后仍然事实不清楚或者证据不足,不能认定被告人有罪的,根据本法第二百条的规定,应当作出证据不足、指控的犯罪不能成立的无罪判决。对于因为原判决事实不清楚或者证据不足发回重审的自诉案件,应当依照本法第三编第二章第二节“自诉案件”的程序进行审判,根据本法第二百一十一条的规定,合议庭对证据有疑问的,可以对证据进行调查核实,自诉人也可以提出补充证据。对于第二审人民法院发现第一审人民法院的审理有违反法律规定的诉讼程序的情形撤销原审,发回重审的案件,新的合议庭在重新开始的一审程序中,应当切实纠正原审违反法律规定的诉讼程序的情形。依据本条规定重新审判后的判决,仍然是一审判决,被告人、自诉人和他们的法定代理人、附带民事诉讼的当事人和他们的法定代理人可以依照本法第二百二十七条的规定提出上诉;同级人民检察院可以依照本法第二百二十八条的规定提出抗诉;被害人及其法定代理人有权依照本法第二百二十九条的规定请求人民检察院提出抗诉。

第二百四十条　第二审人民法院对不服第一审裁定的上诉或者抗诉,经过审查后,应当参照本法第二百三十六条、第二百三十八条和第二百三十九条的规定,分别情形用裁定驳回上诉、抗诉,或者撤销、变更原裁定。

【修改提示】

本条是1979年刑事诉讼法的规定,1996年、2012年均未作修改,2018年修改刑事诉讼法对本条的具体内容未作修改,只是对本条中引用的条文序号按照修改后的条文序号作了相应调整。

【背景解读】

裁定是人民法院在审理案件过程中对有关诉讼程序和部分实体问题所作的一种处理决定。裁定虽然不涉及案件审判的最终结果,但也会对当事人的权利义务产生影响。有关诉讼参与人不服人民法院一审裁定的,有权向上一级人民法院提出上诉。人民检察院认为裁定确有错误的,有权向上一级人民法院提出抗诉。对裁定提出上诉、抗诉的案件的二审,除上诉、抗诉期限与对判决的上诉、抗诉不同外,二审之后的处理均参照本法有关对判决提出上诉、抗诉二审的规定进行。

【理解与适用】

本条是关于第二审人民法院审查不服一审裁定的上诉或者抗诉案件后,根据不同情形分别处理的规定。

根据本条规定，第二审人民法院对不服第一审裁定的上诉或者抗诉案件，组成合议庭进行审查后，应当参照本章关于审理不服第一审判决的上诉或者抗诉案件的有关规定，根据不同情形分别处理：

1. 参照本法第二百三十六条的规定，原裁定认定事实和适用法律正确的，应当裁定驳回上诉或者抗诉，维持原裁定；原裁定认定事实没有错误，但适用法律有错误的，应当以裁定形式变更原裁定；原裁定事实不清楚或者证据不足的，可以在查清事实后以裁定形式变更原裁定，也可以裁定撤销原裁定，发回原审人民法院重新审判。

2. 参照本法第二百三十八条的规定，第二审人民法院发现第一审人民法院的审理有违反本法有关公开审判的规定、违反回避制度、剥夺或者限制了当事人的法定诉讼权利，可能影响公正审判、审判组织的组成不合法或者其他违反法律规定的诉讼程序，可能影响公正审判的情形的，应当裁定撤销原裁定，发回原审人民法院重新审判。

3. 参照本法第二百三十九条的规定，原审人民法院对于发回重新审判的案件，应当另行组成合议庭，依照第一审程序进行审判，重新作出裁定。对于重新审判后的裁定，被告人、自诉人和他们的法定代理人、附带民事诉讼的当事人和他们的法定代理人可以依照本法第二百二十七条的规定提出上诉；同级人民检察院可以依照本法第二百二十八条的规定提出抗诉；被害人及其法定代理人有权依照本法第二百二十九条的规定请求人民检察院提出抗诉。

第二百四十一条　第二审人民法院发回原审人民法院重新审判的案件，原审人民法院从收到发回的案件之日起，重新计算审理期限。

【修改提示】

本条是 1996 年修改刑事诉讼法时增加的规定，2012 年、2018 年修改刑事诉讼法时均未作修改。

【背景解读】

1979 年刑事诉讼法规定：“第二审人民法院受理上诉、抗诉案件后，应当在一个月以内审结，至迟不得超过一个半月。”但对于第二审人民法院发回第一审人民法院重新审判的案件，是否还受审限的限制，应当如何计算审限，法律并未作出规定。考虑到被第二审人民法院发回重新审判的案件，原审人民法院应当重新组成审判组织进行审判。对案件事实和证据都要重新进行核实、调查，在审理的程序上与一审基本上是相同的。在审理的期限上，仍应按照一审的审理期限计算。因此，1984 年全国人大常委会通过的《关于刑事案件办案期限的补充规定》对 1979 年刑事诉讼法作了修改补充，规定："第二审人民法院发回原审人民法院重新审判的案件，原审人民法院从收到发回案件之日起，重新计算审理期限。"上述规定，明确了对发回重审案件的审理期限如何计算的问题，对于保证人民法院依法办案，提高办案质量和工作效率，保护公民合法权利起了积极作用。1996 年修改刑事诉讼法时，将上述规定纳入了刑事诉讼法。

【理解与适用】

本条是关于原审人民法院对发回重新审判的案件如何计算审理期限的规定。

根据本法规定，第二审人民法院对不服第一审判决，裁定的上诉、抗诉案件，经过审理后，认为原判决、裁定认定事实不清楚或者证据不足的，可以裁定撤销原判决、裁定，发回原审人民法院重新审判，认为第一审人民法院违反法律规定的诉讼程序，可能影响正确判决的时候，应当撤销原判决、裁定，发回原审人民法院重新审判。第二审人民法院对于上诉、抗诉案件，应当在本法第二百四十三条规定的审理期限内审结。原审人民法院对于第二审人民法院撤销原判决、裁定，发回重新审判的案件，应当另行组成合议庭，依照第一审程序进行审判。其审理期限，应当按照本法第二百零八条的规定，从收到发回重新审判的案件之日起计算办案期限。

第二百四十二条　第二审人民法院审判上诉或者抗诉案件的程序，除本章已有规定的以外，参照第一审程序的规定进行。

【修改提示】

本条是 1979 年刑事诉讼法的规定，1996 年、2012 年、2018 年修改刑事诉讼法时均未作修改。

【背景解读】

第二审人民法院对于上诉或者抗诉案件，应当在控辩双方参与下，对一审判决所认定的事实、适用的法律和诉讼程序进行全面的审查。第二审与第一审都是对案件的事实和证据进行审查，确定被告人是否犯罪，犯什么罪，应当如何判处刑罚的审判活动。因此，第二审的审理程序，除本章有特别规定的以外，应参照第一审程序的规定进行。

【理解与适用】

本条是关于第二审人民法院审判上诉或者抗诉案件的审判程序的规定。

根据本章规定和其他有关规定，第二审程序不同于第一审程序的主要有以下几点：(1)不能适用简易程序；(2)合议庭只能由审判员组成，人民陪审员不能作为合议庭的组成人员；(3)可以开庭审理，也可以不开庭审理，可以到案件发生地或者原审人民法院所在地进行审理；(4)人民检察院派员出庭的案件，通知人民检察院阅卷；(5)通过二审程序对一审判决或者裁定进行全面审查，查明一审判决或者裁定认定事实和适用法律是否正确；(6)对被告方提出上诉的案件，不能加重被告人的刑罚；(7)所作的判决、裁定是终审判决、裁定，不能再上诉或者抗诉，等等。

根据本条规定，除上述规定外，第二审人民法院开庭审理上诉或者抗诉案件，应参照刑事诉讼法规定的第一审程序进行。

第二百四十三条　第二审人民法院受理上诉、抗诉案件，应当在二个月以内审结。对于可能判处死刑的案件或者附带民事诉讼的案件，以及有本法第一百五十八条规定情形之一的，经省、自治区、直辖市高级人民法院批准或者决定，可以延长二个月；因特殊情况还需要延长的，报请最高人民法院批准。

最高人民法院受理上诉、抗诉案件的审理期限，由最高人民法院决定。

【修改提示】

本条是1979年刑事诉讼法的规定，1996年、2012年均作过修改。2018年修改刑事诉讼法时未作修改，只是对本条中引用的条文序号按照修改后的条文序号作了相应调整。

【背景解读】

1979年刑事诉讼法规定：“第二审人民法院受理上诉、抗诉案件，应当在一个月以内审结，至迟不得超过一个半月。”但对于一些特殊的案件，在一个半月内审结有困难，为此，1984年全国人大常委会在《关于刑事案件办案期限的补充规定》中对此规定作了修改补充，根据补充规定，重大的犯罪集团案件和流窜作案的重大复杂案件，在刑事诉讼法规定的二审期限内不能办结的，二审期限经省、自治区、直辖市高级人民法院批准或者决定，可以延长一个月。交通十分不便的边远地区的重大复杂的刑事案件，按照刑事诉讼法规定的二审期限不能办结的，依照上述规定办理。1996年修改刑事诉讼法时，将《关于刑事案件办案期限的补充规定》这一规定纳入刑事诉讼法，并增加规定犯罪涉及面广，取证困难的，也作为可以延长办案期限的一种情形，同时考虑到最高人民法院受理的上诉、抗诉案件，有的也需要延长办案期限，因此，还增加规定："最高人民法院受理的上诉、抗诉案件，由最高人民法院决定"。

2012年修改刑事诉讼法对本条作了五处修改：一是将一般案件的二审审限延长至二个月。二是增加规定对于可能判处死刑的案件或者附带民事诉讼的案件，经省、自治区、直辖市高级人民法院批准或者决定，审理期限可以延长二个月。三是将有本法第一百五十八条规定情形之一的案件，经省、自治区、直辖市高级人民法院批准或者决定后可以延长的时间由一个月修改为二个月。四是增加规定因特殊情况还需要延长的，报请最高人民法院批准。五是明确最高人民法院对于其受理的上诉、抗诉案件的审理期限，自行决定。

具体而言：(1)2012年修改将一般案件的二审审限延长至二个月，主要是考虑原来一个月至迟不得超过一个半月的规定导致有些案件二审审限极为紧张，在司法实践中，由于二审案件多属于复杂、疑难案件，出现了超期审理、以其他理由借用审限等情况，为解决二审审限紧张的问题，保证二审的审判质量，维护司法公正，根据有关方面的意见和建议作出的。(2)增加规定对于可能判处死刑的案件或者附带民事诉讼的案件，经省、自治区、直辖市高级人民法院批准或者决定，审理期限可以延长二个月，是因为死刑案件关乎公民的生命权，事关重大，案件往往较为复杂，经批准适当延长审限有利于保证审判公正，防止冤假错案的发生；附带民事诉讼的案件实际是一个刑事案件外加了一个民事案件，附带民事案件在正常的刑事案件审理之外，还涉及民事赔偿范围的确定、财产保全措施的申请与实施等问题，尤其是对此类案件的调解往往占用一定时间。从实践看，对附带民事诉讼的调解需要做大量工作，2010年《最高人民法院关于贯彻宽严相济刑事政策的若干意见》要求，要充分发挥被告人、被害人所在单位、社区基层组织、辩护人、诉讼代理人和近亲属在附带民事诉讼调解工作中的积极作用，协调各方共同做好促进调解工作，尽可能通过调解达成民事赔偿协议并以此取得被害人及其家属对被告人的谅解，化解矛盾，促进社会和谐。2012年修改综合考虑各种情况，规定对附带民事诉讼案件，经批准可以延长审限，以保证附带民事诉讼的妥善解决，维护双方当事人的合法权利。(3)将有本法第一百五十八条规定情形之一的案件，经省、自治区、直辖市高级人民法院批准或者决定后可以延长的时间由一个月修改为二个月，主要考虑到有本法第一百五十八条规定情形的案件主要是交通十分不便的边远地区的重大复杂案件、重大的犯罪集团案件，流窜作案的重大复杂案件、犯罪涉及面广取证困难的重大复杂案件，在第二审程序中，这些案件有可能面临边远地区的证人出庭作证、补充侦查、调取新的证据等各种情况，考虑到办案的实际需要，将经批准可以延长的时间由一个月修改为二个月。(4)增加规定因案件特殊情况还需要延长的，报请最高人民法院批准，这样修改主要是为了解决部分案件因特殊情况还需要继续延长审理期限的情况。明确最高人民法院对于其受理的上诉、抗诉案件的审理期限，自行决定，这样规定与1996年修改刑事诉讼法“最高人民法院受理的上诉、抗诉案件，由最高人民法院决定”的规定意思一致，并未作实质修改，只是进一步明确了最高人民法院决定的内容是“审理期限”。

【理解与适用】

本条是关于第二审人民法院审理期限的规定。

本条共分为两款。第一款是关于第二审人民法院审理上诉、抗诉案件期限的规定。有三层意思：一是对于一般案件，第二审人民法院审理被告人被羁押的上诉、抗诉案件，应当在二个月内审结，这是第二审审限的一般规定，多数二审案件应当在这一期限内审结。二是对于可能判处死刑的案件或者附带民事诉讼的案件，以及有本法第一百五十八条规定情形之一的，经省、自治区、直辖市高级人民法院批准或者决定，可以延长二个月。“可能判处死刑的案件”是指被告人由于其犯罪行为依刑法规定有可能被判处死刑的案件，“附带民事诉讼的案件”是指依本法第一编第七章的规定，被害人、被害人的法定代理人、近亲属（被害人死亡或者丧失行为能力情况下）或者是人民检察院提起附带民事诉讼的案件，“本法第一百五十八条规定情形之一”是指符合下列四种情形之一：(1)交通十分不便的边远地区的重大复杂案件；(2)重大的犯罪集团案件；(3)流窜作案的重大复杂案件；(4)犯罪涉及面广，取证困难的重大复杂案件，即犯罪地点涉及很多地区或者犯罪人、证人涉及多地，取证困难的重大复杂案件。三是如果案件因为特殊情况经延长二个月仍不能审结，可以报请最高人民法院批准，继续延长审理期限。“因特殊情况”是指案情特别重大、复杂或者涉及国家安全、重大利益需格外慎重等情况，对于这类案件，法律并未对最高人民法院批准延长的期限作出规定，主要是考虑这种案件的数量极少，实践中的情况比较复杂，由最高人民法院依案件具体情况处理更为有利。

第二款规定最高人民法院受理上诉、抗诉案件的审理期限，由最高人民法院决定。最高人民法院受理的上诉、抗诉案件，都是重大复杂的案件，一般都是由高级人民法院一审的在本辖区内有重大影响的刑事案件，为慎重、公正审理，通常需要较长的审理期限，因此，法律未作强制性规定，而由最高人民法院决定。

执行中应当注意两点：一是人民法院要不断改进工作，提高办案质量和办案效率，不是一遇有可以延长审限情形的案件，都需要延长审理期限，而应当实事求是地尽可能缩短办案期限；二是对于被告人被羁押的上诉、抗诉案件，如果在本条规定的期限内仍不能办结的，应当变更对被告人强制措施，对被告人采取取保候审或者监视居住。取保候审或者监视居住的期限不计入本条规定的办案期限，但是不能中断对案件的审理。对于被告人没有被羁押的上诉、抗诉案件，不受本条规定的办案期限的限制。

第二百四十四条 第二审的判决、裁定和最高人民法院的判决、裁定，都是终审的判决、裁定。

【修改提示】

本条是1979年刑事诉讼法的规定，1996年、2012年、2018年修改刑事诉讼法时均未作修改。

【背景解读】

我国刑事诉讼法规定了两审终审制的原则，第二审人民法院的判决和裁定是终审的判决、裁定，一经宣布即发生法律效力。在我国，最高人民法院是全国的最高审判机关，最高人民法院作出的判决、裁定，不论是按照第一审程序还是按照第二审程序进行审理的，都是终审的判决、裁定，都立即发生法律效力。

【理解与适用】

本条是关于终审判决、裁定的规定。

"终审的判决、裁定"是指一经人民法院宣布，即发生法律效力的判决、裁定，对于这种判决、裁定，应当立即依法交付执行。它表示人民法院对案件的审理宣告终结。根据我国刑事诉讼法的规定，对于终审的判决、裁定，即已经发生法律效力的判决、裁定，不能再提出上诉、抗诉。如果该判决、裁定确有错误，只能通过审判监督程序进行纠正。根据本条规定，人民法院终审的判决、裁定有两种：一是第二审人民法院的判决、裁定；二是最高人民法院的判决、裁定。

需要特别指出的是，我国刑事诉讼法还规定了死刑复核程序，因此，二审判处死刑立即执行和死刑缓期执行的案件，其判决或者裁定虽然也不能再提出上诉、抗诉，但在宣告后并不立即发生法律效力，而是必须依照本法第三编第四章"死刑复核程序"的规定报最高人民法院或者高级人民法院核准后才能发生法律效力，依法交付执行。

第二百四十五条 公安机关、人民检察院和人民法院对查封、扣押、冻结的犯罪嫌疑人、被告人的财物及其孳息，应当妥善保管，以供核查，并制作清单，随案移送。任何单位和个人不得挪用或者自行处理。对被害人的合法财产，应当及时返

还。对违禁品或者不宜长期保存的物品，应当依照国家有关规定处理。

对作为证据使用的实物应当随案移送，对不宜移送的，应当将其清单、照片或者其他证明文件随案移送。

人民法院作出的判决，应当对查封、扣押、冻结的财物及其孳息作出处理。

人民法院作出的判决生效以后，有关机关应当根据判决对查封、扣押、冻结的财物及其孳息进行处理。对查封、扣押、冻结的赃款赃物及其孳息，除依法返还被害人的以外，一律上缴国库。

司法工作人员贪污、挪用或者私自处理查封、扣押、冻结的财物及其孳息的，依法追究刑事责任；不构成犯罪的，给予处分。

【修改提示】

本条是1979年刑事诉讼法的规定，1996年、2012年均作过修改，2018年修改刑事诉讼法时未作修改。

【背景解读】

查封、扣押、冻结的犯罪嫌疑人、被告人的财物及其孳息如何处理的问题，是办理刑事案件中的一个重要问题，是打击犯罪、维护被害人合法权益的一个重要方面。在这个问题上，必须严格依法办事，防止出现违法乱纪甚至腐败问题。由于1979年刑事诉讼法对这些财物的返还、移送、没收等问题没有具体规定，实践中做法不统一、不规范，有时出现一些“扯皮”甚至违法处理的情况。如应当即时返还被害人的财产没有即时返还，使被害人的合法权益得不到及时的保障；由于对应当移送的扣押、冻结的财物、赃款赃物认识不一致，有些人民法院对未移送赃款赃物的案件不予受理，对犯罪分子不能及时予以应有的惩罚；一些被扣押、冻结的财物、赃款赃物丢失、损坏或被非法挪用，损害了被害人的利益并使一些证据灭失，影响打击犯罪等。在1996年修改刑事诉讼法的过程中，公安机关、人民检察院和人民法院一致要求对被扣押、冻结的财物及其孳息的处理作出具体规定，明确哪些应当随案移送，如何移送，哪些应当即时返还，哪些应当及时处理和妥善保管以及相应的法律责任。因此，在1996年修改刑事诉讼法时对被扣押、冻结的犯罪嫌疑人、被告人的财物及其孳息如何处理作出了规定。1996年刑事诉讼法修改后，虽然对扣押、冻结的财物及其孳息的移送、返还以及赃款赃物及其孳息的处理作了规定，但对于由哪个机关作出决定，依据什么法律文书处理，没有明确规定，实践中仍然存在由于查封、扣押、冻结的财产权属不明确而无法处理的问题。有些既不能判断属于赃款赃物，无法予以没收上缴国库，也不能判断属于被害人的财产予以返还；有些财产如何处理，各机关认识不一致，相互争执“扯皮”；公安机关、人民检察院无法妥善处理查封、扣押、冻结的财产，而法院在判决书中也没有对该财产作出处理决定，导致大量的涉案财产搁置，无人问津，社会反映强烈。公安机关、人民检察院和人民法院也提出应当在法律中对涉案财产的处理依据作出进一步明确的规定。因此，2012 年修改刑事诉讼法时，根据实践的需要和各方面意见，增加规定：人民法院作出的判决，应当对查封、扣押、冻结的财物及其孳息作出处理，同时规定人民法院作出的判决生效以后，有关机关应当根据判决对查封、扣押、冻结的财物及其孳息进行处理。这样规定，对于司法机关正确执法，及时有效地打击犯罪，保护被害人的合法权益具有重要意义。此外，2012 年修改刑事诉讼法还作了两处修改：一是根据实践需要增加了对"查封"财物及其孳息的处理；二是为了保证人民法院正确处理查封、扣押、冻结的财物及其孳息，增加对于查封、扣押、冻结的财物应当制作清单，随案移送的规定。

【理解与适用】

本条是关于对查封、扣押、冻结的犯罪嫌疑人、被告人的财物及其孳息如何处理的规定。

本条共分为五款。第一款是关于对查封、扣押、冻结的财物及其孳息如何保管、返还和处理的规定。本款主要规定了四个方面的内容：一是公安机关、人民检察院和人民法院对查封、扣押、冻结的犯罪嫌疑人、被告人的财物及其孳息，应当妥善保管，以供核查，并制作清单，随案移送。这里所说的"查封、扣押、冻结的犯罪嫌疑人、被告人的财物"，主要是指公安机关、人民检察院和人民法院根据本法第二编第二章第六节"查封、扣押物证、书证"的规定以及本法第一百九十六条的规定，查封、扣押的与案件有关的，可用来证明犯罪嫌疑人、被告人有罪或者无罪的各种财物和文件以及根据侦查犯罪的需要冻结的犯罪嫌疑人、被告人的存款、汇款债券、股票、基金份额等财产。这里所说的"孳息"，是指由物或者权利而产生的收益，包括天然孳息和法定孳息，如从奶牛身上挤出的鲜奶、存款的利息等。根据本款规定，公安机关、人民检察院和人民法院对于查封、扣押、冻结的犯罪嫌疑人、被告人的财物及其孳息，应当妥善保管或者封存，不能随便存放，要采取有效措施保证查封、扣押、冻结的财物不会丢失或者损毁，以便案件办理过程中随时核查，同时还应当制作清单明细，随案移送。应当注意的是，这里所说的"随案移送"是指将查封、扣押、冻结的财物及其孳息制作清单明细后，将清单明细附卷随案移送，而不是将所查封、扣押、冻结的财物及其孳息随案移送。二是对于查封、扣押、冻结的财物及其孳息，任何单位和个人不得挪用或者自行处理。也就是说查封、扣押、冻结的财物及其孳息，既不能挪作公用，如使用扣押的汽车办案等，也不能挪作私用，更不能自行处理。三是对被害人的合法财产，应当及时返还。对于查封、扣押、冻结的财物及其孳息，如果有证据证明是被害人的合法财产，且不是必须在法庭上作为证据出示的，应当及时返还给被害人，以保证被害人的生产、生活需要。四是对违禁品或者不宜长期保存的物品，应当依照国家有关规定处理。对于国家禁止持有、经营、流通的违禁品，如枪支弹药、易燃易爆物品、毒品、淫秽物品等，应当依照国家有关规定处理；对于易腐烂变质及其他不宜长期保存的物品，应当依照国家有关规定予以变卖处理。

第二款是关于查封、扣押、冻结的财物作为证据使用的如何处理的规定。根据本款规定，查封、扣押、冻结的财物及其孳息中，对于其中与案件定罪量刑有直接关系，应当作为证据在法庭上使用的实物，主要是物证、书证等原则上应当随案移送，考虑到有些实物由于其性质、体积、重量等原因不宜移送的，如不动产、生产设备、珍贵文物、珍贵动物、珍稀植物、秘密文件等，应当由查封、扣押、冻结的机关查点清楚，对原物进行拍照，开列清单，并将其清单、照片或者其他证明文件随案移送。

第三款是关于人民法院对查封、扣押、冻结的财物及其孳息应当在判决中作出处理的规定。在办理刑事案件过程中，对与案件有关的犯罪嫌疑人、被告人的财物进行查封、扣押、冻结的情况很复杂，有的财物是被害人的，有的是犯罪工具，有的是赃款赃物，有的是善意第三人的，有的财物所有者明确，有的不清楚、存在争议，如何认定和处理，本款作了明确规定。根据本款规定，人民法院作出的判决，应当对查封、扣押、冻结的财物及其孳息作出处理。也就是说，人民法院在对被告人作出定罪量刑判决的同时，应当在查明案情的基础上，对该案中查封、扣押、冻结的财物一并作出处理决定。

第四款是关于有关机关根据判决对查封、扣押、冻结的财物及其孳息进行处理的规定。根据本款规定，人民法院作出的判决生效以后，有关机关应当根据判决对查封、扣押、冻结的财物及其孳息进行处理。这里的"有关机关"既包括办理查封、扣押、冻结财物的办案机关，也包括金融机构和特定非金融机构等。对于查封、扣押、冻结的财物中的赃款赃物及其孳息，属于被害人合法财产的，应当及时返还被害人，其他的赃款赃物及其孳息，应当一律予以没收，上缴国库。

第五款是关于司法工作人违法处理涉案财物及孳息的法律责任的规定。根据本款规定，司法工作人员贪污、挪用或者私自处理查封、扣押、冻结的财物及其孳息的，依法追究刑事责任；不构成犯罪的，给予处分。这里的"司法工作人员"，根据刑法第九十四条的规定，是指有侦查、检察、审判、监管职责的工作人员。司法工作人员在办理案件过程中，如果贪污、挪用或者私自处理查封、扣押、冻结的财物及其孳息，构成犯罪的，应当依照刑法关于贪污罪、挪用公款罪等规定依法追究刑事责任；对于不构成犯罪的，应当依照公务员法等有关法律法规给予处分。

第四章　死刑复核程序

第二百四十六条　死刑由最高人民法院核准。

【修改提示】

本条是1979年刑事诉讼法的规定，1996年、2012年、2018年修改刑事诉讼法均未作修改。

【背景解读】

死刑是最严厉的刑罚，剥夺罪犯的生命，而且一旦执行就无法改变。我国对死刑的政策是，为了严惩罪行极其严重的危害国家安全、公共安全和社会秩序的犯罪分子，有必要适用死刑，但适用死刑要非常慎重，必须对案件的事实、证据反复核实，达到确凿无疑的程度。死刑复核程序是对判处死刑的案件进行审查核准的特殊审判程序。为了保证正确地适用死刑，惩处罪行极其严重的犯罪，同时严格控制死刑，贯彻少杀、慎杀原则，统一死刑标准，防止错杀，我国刑事诉讼法规定了死刑复核程序。

1979年刑事诉讼法规定："死刑由最高人民法院核准。"这里所说的死刑是指判处死刑立即执行。1983年9月2日第六届全国人民代表大会常务委员会第二次会议在修改人民法院组织法时，对有关死刑核准权问题作了补充修改，该次修改后的人民法院组织法第十三条规定："死刑案件除由最高人民法院判决的以外，应当报请最高人民法院核准。杀人、强奸、抢劫、爆炸以及其他严重危害公共安全和社会治安判处死刑的案件的核准权，最高人民法院在必要的时候，得授权省、自治区、直辖市的高级人民法院行使。"1983年9月7日，最高人民法院发出《关于授权高级人民法院核准部分死刑案件的通知》规定："对杀人、强奸、抢劫、爆炸以及其他严重危害公共安全和社会治安判处死刑的案件的核准权，本院依法授权由各省、自治区、直辖市高级人民法院和解放军军事法院行使。"1991年至1997年，最高人民法院先后又将部分毒品犯罪死刑案件的核准权，授权给云南省、广东省、广西壮族自治区、四川省、甘肃省、贵州省高级人民法院行使。死刑核准权的下放，是在特殊时期对特定案件采取的暂时措施，适应了打击严重危害公共安全和社会治安犯罪的需要。但在执行中也存在一些问题，如各省、自治区、直辖市高级人民法院核准死刑案件掌握的标准不尽一致，有的地方将二审与死刑核准程序合二为一，使死刑核准程序的作用无法有效的发挥等。针对上述问题，为了进一步严格死刑程序，2006 年 10 月 31 日第十届全国人民代表大会常务委员会第二十四次会议通过了关于修改人民法院组织法的决定，将人民法院组织法原第十三条修改为第十二条："死刑除依法由最高人民法院判决的以外，应当报请最高人民法院核准。"删去了最高人民法院在必要的时候，得授权省、自治区、直辖市的高级人民法院行使死刑核准权的规定。自 2007 年 1 月 1 日起，死刑除依法由最高人民法院判决的以外，各高级人民法院和解放军军事法院依法判处和裁定的，均应当报请最高人民法院核准。

【理解与适用】

本条是关于死刑核准权由谁行使的规定。

根据本条规定，死刑由最高人民法院核准。根据有关司法解释的规定，最高人民法院核准死刑案件，应当根据不同情况作出如下处理：一是原判认定事实和适用法律正确、量刑适当、诉讼程序合法的，裁定予以核准。二是原判判处被告人死刑并无不当，但具体认定的某一事实或者引用的法律条款等不完全准确、规范的，可以在纠正后作出核准死刑的判决或者裁定。三是原判认定事实不清、证据不足的，裁定不予核准，并撤销原判，发回重新审判。四是原判认定事实正确，但依法不应当判处死刑的，裁定不予核准，并撤销原判，发回重新审判。五是原审人民法院违反法定诉讼程序，可能影响公正审判的，裁定不予核准，并撤销原判，发回重新审判。六是数罪并罚案件，一人有两罪以上被判处死刑，最高人民法院复核后，认为其中部分犯罪的死刑裁判认定事实不清、证据不足的，对全案裁定不予核准，并撤销原判，发回重新审判。认为其中部分犯罪的死刑裁判认定事实正确，但依法不应当判处死刑的，可以改判并对其他应当判处死刑的犯罪作出核准死刑的判决。七是一案中两名以上被告人被判处死刑，最高人民法院复核后，认为其中部分被告人的死刑裁判认定事实不清、证据不足的，对全案裁定不予核准，并撤销原判，发回重新审判。认为其中部分被告人的死刑裁判认定事实正确，但依法不应当判处死刑的，可以改判并对其他应当判处死刑的被告人作出核准死刑的判决。

第二百四十七条　中级人民法院判处死刑的第一审案件，被告人不上诉的，应当由高级人民法院复核后，报请最高人民法院核准。高级人民法院不同意判处死刑的，可以提审或者发回重新审判。

高级人民法院判处死刑的第一审案件被告人不上诉的，和判处死刑的第二审案件，都应当报请最高人民法院核准。

【修改提示】

本条是1979年刑事诉讼法的规定,1996年、2012年、2018年修改刑事诉讼法均未作修改。

【背景解读】

根据宪法和有关法律的规定,最高人民法院监督地方各级人民法院和专门人民法院的审判工作,上级人民法院监督下级人民法院的审判工作。为了正确适用和控制死刑,贯彻少杀、慎杀原则,本条规定中级人民法院判处死刑的第一审案件,被告人不上诉的,应当先由高级人民法院复核后,再报请最高人民法院核准。高级人民法院判处死刑的第一审案件被告人不上诉的,和判处死刑的第二审案件,则应当报请最高人民法院核准。这一规定,为正确、慎重适用死刑作了程序上的保障。

【理解与适用】

本条是关于复核死刑立即执行案件具体程序的规定。

本条包含两个方面的内容:一是复核死刑案件的范围。根据本条规定,最高人民法院进行核准的死刑案件,包括中级人民法院判处死刑,被告人不上诉的第一审案件。高级人民法院判处死刑,被告人不上诉的第一审案件和高级人民法院判处死刑的第二审案件。二是复核死刑案件的具体程序。对于中级人民法院判处死刑立即执行,被告人不上诉的案件,应当先由高级人民法院进行复核。高级人民法院在复核的时候,必须提审被告人,核对事实和证据。针对案件复核的不同情况,高级人民法院可以作出以下两种决定:(1)高级人民法院同意判处死刑的,由高级人民法院报请最高人民法院核准;(2)高级人民法院不同意判处死刑的,可以提审直接改判或者将案件发回原审中级人民法院重新审判。这里所说的提审,是指由高级人民法院直接对案件进行审理,作出判决。案件发回原审中级人民法院重新审判后仍然判处死刑的,应当再报请高级人民法院复核。对于高级人民法院作为第一审法院,对被告人判处死刑立即执行,被告人不上诉的案件和高级人民法院作为第二审法院,维持原一审中级人民法院对被告人判处死刑立即执行的和改判被告人死刑立即执行的案件,高级人民法院应当报请最高人民法院核准。

报送死刑复核案件,必须做到犯罪事实清楚,证据确实、充分,适用法律正确,诉讼文件齐备。高级人民法院向最高人民法院报送死刑复核案件时,必须报送死刑案件综合报告和判决书,一案一报,并报送全部诉讼案卷和证据。对于共同犯罪的案件，应当报送全案、全部的诉讼卷宗和证据，对共同犯罪而判处其他刑罚的罪犯的案卷也要报送。死刑案件综合报告，应当写明被告人的姓名、性别、年龄、民族、籍贯、住址、职业、简历，拘留、逮捕、起诉的时间，现在羁押的处所，被告人的犯罪事实和情节，认定犯罪的证据，定罪量刑的法律依据及其他需要说明的问题。报送的案卷材料是指依法进行诉讼所形成的一切与定罪量刑有关的材料。

第二百四十八条　中级人民法院判处死刑缓期二年执行的案件，由高级人民法院核准。

【修改提示】

本条是1979年刑事诉讼法的规定，1996年、2012年、2018年修改刑事诉讼法均未作修改。

【背景解读】

死刑缓期二年执行不是一种单独的刑罚种类，而是死刑的一种执行方式。依照刑法规定，对于应当判处死刑的犯罪分子，如果不是必须立即执行的，可以判处死刑同时宣告缓期二年执行。考虑到死刑缓期二年执行作为死刑的一种执行方式，为保证慎重、准确适用，规定比适用其他刑罚更为严格的程序是必要的。而且，判处死刑缓期二年执行的案件，毕竟不像死刑立即执行那样一经执行即不可挽回和补救。且在司法实践中，被判处死刑缓期二年执行的犯罪分子，缓刑期满后一般都被减为无期徒刑或者有期徒刑。当然，其程序也无须像判处死刑立即执行那样复杂，必须经过最高人民法院核准。因此，本条规定将中级人民法院判处死刑缓期二年执行的案件交由高级人民法院核准。如果缓刑期间故意犯罪查证属实，应当执行死刑的，则需要再报请最高人民法院核准。

【理解与适用】

本条是关于死刑缓期二年执行核准程序的规定。

根据本条规定，中级人民法院判处死刑缓期二年执行的案件，由高级人民法院核准。对于中级人民法院判处死刑缓期二年执行的案件，在法定期限内被告人、自诉人和他们的法定代理人、被告人的辩护人和近亲属没有提出上诉，同级人民检察院没有提出抗诉的，高级人民法院应当组成合议庭进行复核，经复核认为原判决正确的，应当核准中级人民法院判决，通知中级人民法院执行；如果认为原判决有错误而不同意判处死刑缓期执行的，应当撤销原判，发回原审中级人民法院重新审判，或者由高级人民法院提审，予以改判。对于中级人民法院判处死刑缓期二年执行的案件，在法定期限内被告人、自诉人和他们的法定代理人、被告人的辩护人和近亲属提出上诉或者同级人民检察院提出抗诉的，高级人民法院应当按照第二审程序对案件进行审理。高级人民法院按照第二审程序进行审理后维持原死刑缓期二年执行判决的案件，应当另行组成合议庭进行复核。

在理解和执行本条的规定时应当注意：高级人民法院核准死刑缓期二年执行的案件，应当作出核准或者不核准的决定，不能加重被告人的刑罚。高级人民法院核准死刑缓期二年执行的案件，认为原判刑罚过重的，可以直接提审改判，也可以发还原审人民法院重审，但是，认为原判刑罚过轻的，不得直接提审改判，应当发回原审人民法院重审，以保障被告人的上诉权。

第二百四十九条　最高人民法院复核死刑案件，高级人民法院复核死刑缓期执行的案件，应当由审判员三人组成合议庭进行。

【修改提示】

本条是1979年刑事诉讼法的规定，1996年、2012年、2018年修改刑事诉讼法均未作修改。

【背景解读】

死刑复核程序是对判处死刑的案件进行审查核准的特殊审判程序。判处死刑立即执行和死刑缓期二年执行的案件都是较为重大、复杂、疑难的案件。复核死刑案件，难度大，专业性、政策性强，事关人的生命权，为贯彻慎重适用死刑的政策，保证复核死刑案件的质量，保证正确认定案件事实和正确适用法律，本条对复核死刑立即执行案件和死刑缓期二年执行案件的审判组织作出了明确规定。

【理解与适用】

本条是关于死刑复核程序审判组织的规定。

根据本条规定，最高人民法院、高级人民法院复核死刑立即执行案件和高级人民法院复核死刑缓期二年执行案件，对审判组织有明确的要求：第一，应当组成合议庭审理，不能由审判员独任审理；第二，应当由审判员组成合议庭，不能有人民陪审员参加合议庭；第三，组成合议庭的审判员人数应当是三人。最高人民法院和高级人民法院复核死刑立即执行或死刑缓期二年执行案件，必须全面认真地审查全部案卷材料，复核证据。合议庭应就案件事实是否清楚，证据是否确实、充分，适用法律是否正确，定罪量刑是否适当等问题进行评议，作出结论，如果意见分歧，应当按多数人的意见作出决定，但是少数人的意见应当写入合议庭笔录。

对于疑难、复杂、重大的案件，合议庭认为难以作出决定的，由合议庭提请院长决定提交审判委员会讨论决定。审判委员会的决定，合议庭应当执行。

第二百五十条　最高人民法院复核死刑案件，应当作出核准或者不核准死刑的裁定。对于不核准死刑的，最高人民法院可以发回重新审判或者予以改判。

【修改提示】

本条是2012年修改刑事诉讼法时增加的规定，2018年修改刑事诉讼法未作修改。

【背景解读】

本条是2012年3月14日第十一届全国人民代表大会第五次会议通过的《关于修改〈中华人民共和国刑事诉讼法〉的决定》新增加的规定。

1979年刑事诉讼法和1996年修改的刑事诉讼法在死刑复核程序一章中都只原则规定了死刑由最高人民法院核准，但是对于应当作出何种复核结果，不核准死刑的案件应当如何处理等缺乏具体明确的程序性规定，使得实践中如何具体操作缺乏遵循的法律依据。2018年修改刑事诉讼法时增加本条规定，是对死刑复核程序进行补充、完善。

【理解与适用】

本条是关于最高人民法院不核准死刑的案件如何处理的规定。

本条规定有两层意思：一是最高人民法院复核死刑案件只能作出核准或者不核准的裁定。对于原判认定事实和适用法律正确、量刑适当、诉讼程序合法的，应当作出核准死刑的裁定；对于事实不清、证据不足，或者原判认定事实正确，但依法不应当判处死刑，或者原审人民法院违反法定诉讼程序，可能影响公正审判的案件，应当作出不核准死刑的裁定。最高人民法院核准或者不予核准死刑的，应当说明理由。二是最高人民法院不核准死刑的案件，可以发回重新审判或者予以改判。“发回重新审判”是指最高人民法院对于不核准死刑的案件，可以根据案件具体情形发回第二审人民法院或者第一审人民法院重新审判。下级人民法院依照第一审或者第二审程序重新审理，可以改变原来的死刑判决，也可以维持原来的死刑判决，依法报请最高人民法院核准。“改判”是指通过死刑复核程序对案件进行改判，对于死刑复核的案件，最高人民法院认为原判事实清楚，证据确实、充分，但是依法不应当判处死刑的，可以直接改判。对于原判认定的某一事实或者引用的法律条款等不完全准确、规范的，最高人民法院也可以不发回重新审判，直接在查清事实的基础上改判。

在理解和执行本条的规定时应当注意：最高人民法院核准或者不核准死刑的裁定以及通过死刑复核程序作出改判的判决都是最终的判决、裁定，不能上诉、抗诉。

第二百五十一条　最高人民法院复核死刑案件，应当讯问被告人，辩护律师提出要求的，应当听取辩护律师的意见。

在复核死刑案件过程中，最高人民检察院可以向最高人民法院提出意见。最高人民法院应当将死刑复核结果通报最高人民检察院。

【修改提示】

本条是2012年修改刑事诉讼法时增加的规定，2018年修改刑事诉讼法未作修改。

【背景解读】

2012年3月14日第十一届全国人民代表大会第五次会议通过的《关于修改〈中华人民共和国刑事诉讼法〉的决定》在刑事诉讼法中增加了本条规定。

死刑是剥夺公民生命权的刑罚，是最为严厉的刑罚，判处死刑、核准死刑的过程都需要极为慎重。自2007年1月1日起，最高人民法院统一行使死刑案件核准权，更是体现了国家对于死刑的慎重态度。为进一步规范死刑复核程序，保证死刑复核案件质量，本条规定了辩护律师和最高人民检察院在死刑复核程序中的作用，这是一个新的制度性规定，目的是保障死刑复核程序中被告人的合法权利的行使，发挥最高人民检察院在死刑复核程序中的监督作用，切实做到正确适用、慎重适用死刑。

【理解与适用】

本条是关于死刑复核程序中讯问被告人、听取辩护律师意见以及最高人民检察院可以提出意见的规定。

本条共分为两款。第一款是关于最高人民法院复核死刑案件讯问被告人、听取辩护律师意见的规定。有两层意思：一是在死刑复核程序中，应当讯问被告人。对于所有的死刑复核案件，死刑复核办案人员都必须对被告人进行讯问。至于讯问形式，实践中可以采用当面讯问或者远程视频讯问等方式进行，法律没有作出强制要求，可由办案人员根据案件具体情况确定采用何种方式讯问被告人。之所以规定讯问被告人，主要为了准确查明案情，保证死刑复核案件质量。考虑到在死刑复核程序中,被告人面临可能被剥夺生命的境况,他知晓案情,也最为关心死刑复核结果,由办案人员亲自听取被告人对案情的供述,听取他对一审、二审判决认定事实、适用法律以及是否存在违反法定程序审理案件情况的意见,是查明案情,判断原判决是否事实清楚、证据确实充分,是否应当核准死刑的必经途径。这样做,也是给被告人一个充分陈述的权利,让其有机会亲口对办理死刑复核案件人员讲清自己的所作所为、所思所想,为自己进行辩解。二是辩护律师提出要求的,应当听取辩护律师的意见。"辩护律师提出要求的",是指辩护律师在死刑复核期间向办理死刑复核案件的人员提出要求,要求听取自己对案件事实、证据、审判程序以及是否应当判处死刑、核准死刑等的意见,在这种情况下,办案人员应当听取。辩护律师提出要求的方式可以是来电、来函等方式,办案人员听取辩护律师的意见之后,应当在决定是否核准死刑时综合考虑。

第二款是关于最高人民检察院可以对死刑复核进行法律监督的规定。有两层意思:一是在死刑复核程序中最高人民检察院可以向最高人民法院提出意见。本法第八条规定,人民检察院依法对刑事诉讼实行法律监督。最高人民法院的死刑复核程序是刑事诉讼程序的一个重要环节,应当受到最高人检察院的监督,这样规定主要是为了保证死刑复核案件的质量,切实体现少杀、慎杀的死刑政策。二是最高人民法院应当将死刑复核结果通报最高人民检察院,是指最高人民法院作出核准死刑或者不核准死刑的裁定之后,都要通报最高人民检察院。

第五章　审判监督程序

第二百五十二条　当事人及其法定代理人、近亲属,对已经发生法律效力的判决、裁定,可以向人民法院或者人民检察院提出申诉,但是不能停止判决、裁定的执行。

【修改提示】

本条是1979年刑事诉讼法的规定,1996年作过修改,2012年修改刑事诉讼法未作修改,2018年修改刑事诉讼法未作修改。

【背景解读】

审判监督程序是有关机关发现或者依当事人及其法定代理人、近亲属的申诉发现人民法院已经发生法律效力的判决、裁定确有错误,由人民法院对案件进行重新审理的程序。已经发生法律效力的人民法院判决、裁定，由于各种原因仍然有可能存在错误。为最大限度地纠正确有错误的已生效判决、裁定，保证有罪的人受到应有的惩罚，保证无罪的人不受刑事法律追究，维护人民群众合法权益和司法公正，维护法律的正确实施，同时也为了加强对各级人民法院审判工作的监督，刑事诉讼法规定了审判监督程序。为赋予不服已生效判决、裁定的当事人及其近亲属等人以救济手段，1979 年刑事诉讼法第一百四十八条规定："当事人、被害人及其家属或者其他公民，对已经发生法律效力的判决、裁定，可以向人民法院或者人民检察院提出申诉，但不能停止判决、裁定的执行。"1996 年修改刑事诉讼法第二百零三条将"当事人、被害人及其家属或者其他公民"修改为"当事人及其法定代理人、近亲属"。2012 年和 2018 年修改刑事诉讼法对本条规定未作修改。

【理解与适用】

本条是关于申诉的主体及其效力的规定。

申诉是当事人及其法定代理人、近亲属认为人民法院已经生效的判决、裁定有错误，要求人民法院或者人民检察院进行审查处理的一种请求。根据本条规定，有权提出申诉的是刑事诉讼中的当事人及其法定代理人、近亲属。申诉的对象是已经发生法律效力的判决和裁定。接受申诉的机关是人民法院或者人民检察院。这里所说的"当事人"，是指被害人、自诉人、犯罪嫌疑人、被告人、附带民事诉讼的原告人和被告人。"法定代理人"是指当事人的父母、养父母、监护人和负有保护责任的机关、团体的代表。"近亲属"是指夫、妻、父、母、子、女、同胞兄弟姊妹。"发生法律效力的判决、裁定"是指本法第二百五十九条所规定的三种判决、裁定，即已过法定期限没有上诉、抗诉的判决和裁定；终审的判决和裁定；最高人民法院核准的死刑的判决和高级人民法院核准的死刑缓期二年执行的判决。

为了维护人民法院生效判决、裁定的严肃性，本条还规定，当事人及其法定代理人、近亲属提出申诉，不能停止判决、裁定的执行。只有当申诉引起人民法院按照审判监督程序对案件重新进行审理，并作出不同于原判决、裁定的新判决、裁定，或者根据本法第二百五十七条第二款的规定，人民法院按照审判监督程序审判案件，作出中止执行原判决、裁定的决定时，才能停止原判决、裁定的执行。

在理解和执行本条的规定时应当注意，人民法院、人民检察院收到申诉案件，应当认真进行审查。经审查认为申诉符合本法第二百五十三条规定的情形之一的，人民法院应当依法按照审判监督程序对案件重新进行审判，人民检察院应当按照审判监督程序向人民法院提出抗诉。对于申诉不具有本法第二百五十三条规定的情形，原判决或裁定正确，申诉无理的，应当驳回申诉，并将驳回理由告诉申诉人。

第二百五十三条　当事人及其法定代理人、近亲属的申诉符合下列情形之一的，人民法院应当重新审判：

（一）有新的证据证明原判决、裁定认定的事实确有错误，可能影响定罪量刑的；

（二）据以定罪量刑的证据不确实、不充分、依法应当予以排除，或者证明案件事实的主要证据之间存在矛盾的；

（三）原判决、裁定适用法律确有错误的；

（四）违反法律规定的诉讼程序，可能影响公正审判的；

（五）审判人员在审理该案件的时候，有贪污受贿，徇私舞弊，枉法裁判行为的。

【修改提示】

本条是1979年刑事诉讼法的规定，1996年作过修改。2012年修改刑事诉讼法时对本条作了三处修改：一是在第一项中增加"可能影响定罪量刑"的限制条件。二是在第二项中增加据以定罪量刑的证据"依法应当予以排除"的情形。三是增加"（四）违反法律规定的诉讼程序，可能影响公正审判的"情形。2018年修改刑事诉讼法对本条未作修改。

【背景解读】

2012年3月14日第十一届全国人民代表大会第五次会议通过的《关于修改〈中华人民共和国刑事诉讼法〉的决定》对本条作了修改。

1979年刑事诉讼法只是原则规定"发生法律效力的判决和裁定，如果发现在认定事实上或者在适用法律上确有错误"，应当再审，缺乏对重新审判条件的细化规定，缺乏可操作性，各地法院掌握标准也不统一，不利于处置、甄别申诉是否符合再审条件。在总结实践经验的基础上，1996年修改刑事诉讼法明确四种情形，当事人及其法定代理人、近亲属的申诉符合其中之一的，人民法院应当重新审判，这样规定有利于严格执法，保证错误的判决、裁定能够得到及时纠正，而且也可以减少不必要的申诉和无理申诉。2012年修改刑事诉讼法，根据司法实践的需要和民主法制进步的要求，对原条文作了三处修改：一是在第一项中增加"可能影响定罪量刑"的限制条件。这一修改进一步严格了重新审判的条件，是为了增强司法实践中的可操作性，使启动审判监督程序的标准进一步科学、合理。原来"有新的证据证明原判决、裁定认定的事实确有错误的"再审启动条件范围过于宽泛，在实践中出现一些问题，比如，已经生效的判决、裁定认定的部分事实的确存在错误，但是这些认定错误的事实在整个案件中不会影响对被告人的定罪量刑，如果启动审判监督程序没有实质意义,反而浪费宝贵的司法资源。二是在第二项中增加据以定罪量刑的证据“依法应当予以排除”的情形。这一修改主要是与本法第五十六条排除非法证据的规定相衔接,如果已经发生法律效力的判决、裁定的案件在审判过程中有违反本法第五十六条规定的情形,依法应当予以排除的证据没有排除,而据以定罪量刑,就构成本项规定的条件,应当启动审判监督程序。这体现了尊重和保障人权的原则,体现了对被告人合法权益的保护。三是增加“(四)违反法律规定的诉讼程序,可能影响公正审判的”情形。刑事诉讼法规定的诉讼程序是刑事诉讼实现程序正义和实体公正的保障,必须严格遵循,增加此种启动再审程序的情形,主要是解决原审判决、裁定因为违反法律规定的诉讼程序,而可能影响公正审判的问题。2018 年修改刑事诉讼法对本条的具体内容未作修改。

【理解与适用】

本条是关于应当再审的情形的规定。

当事人及其法定代理人、近亲属的申诉符合下列五种法定情形之一的,人民法院应当重新审判:

1. 有新的证据证明原判决、裁定认定的事实确有错误,可能影响定罪量刑的。法院判决、裁定必须以事实为根据,有新的证据证明原来事实认定错误,可能影响到原判决适用的罪名和刑罚的,人民法院应当重新对案件进行审判。“新的证据”是指能够证明该案件真实情况,符合刑事诉讼法第五十条规定的,在一、二审或者死刑复核程序中没有发现或者没有使用的证据。“可能影响定罪量刑”是指原来的判决、裁定认定错误的事实会影响对被告人适用的罪名、刑罚等,比如发现新的被告人不在犯罪现场的证据,或者被告人不是主犯而是被胁迫参与犯罪等证据,可能影响定罪量刑的。

2. 据以定罪量刑的证据不确实、不充分、依法应当予以排除,或者证明案件事实的主要证据之间存在矛盾的。人民法院认定案件事实,定罪量刑,必须以证据为依据。如果证据不确实、证据之间存在矛盾,那么判决、裁定认定的事实就可能有错误。考虑到证据之间的关联性,如果证据不充分,即不足以证明案件事实,或者证明案件事实的主要证据之间存在矛盾,不同证据能够证明的事实情况不一致或者正相反,那么判决、裁定认定的事实也可能有错误。此外,如果据以定罪量刑的证据是依法应当排除的证据,在这种情况下,判决、裁定认定的事实也可能有错误。当事人及其法定代理人、近亲属的申诉指出生效判决、裁定认定的证据不确实、不充分、依法应当予以排除,或者主要证据之间有矛盾的,人民法院应当对案件重新进行审判。“不确实”是指原来据以定罪量刑的证据是虚假的或者部分虚假的。“不充分”是指根据现有证据不足以证明案件事实的存在或者不能排除其他的合理怀疑。“依法应当予以排除”是指依照刑事诉讼法第五十六条规定,采用刑讯逼供等非法方法收集的犯罪嫌疑人、被告人供述和采用暴力、威胁等非法方法收集的证人证言、被害人陈述，或者是收集物证、书证不符合法定程序，可能严重影响司法公正，而不能补正或者作出合理解释的，对上述证据不能在刑事诉讼中作为起诉意见、起诉决定和判决的依据。“证据有矛盾”是指据以证明案件事实的主要证据之间相互排斥，存在矛盾。

3. 原判决、裁定适用法律确有错误的。人民法院的判决、裁定应当正确认定案件事实，正确适用法律。如果原判决、裁定适用法律确有错误的，当事人及其法定代理人、近亲属提出申诉的，人民法院也应当通过重新审判予以纠正。“适用法律确有错误”，是指据以定罪量刑所适用的法律确有错误，包括确定罪名错误、确定量刑档次错误和具体量刑畸轻畸重等情况。

4. 违反法律规定的诉讼程序，可能影响公正审判的。当事人及其法定代理人、近亲属指出已经发生法律效力的判决、裁定在审理过程中存在违反法律规定的诉讼程序，可能影响案件公正审判的情形，提出申诉的，人民法院应当重新审判。“违反法律规定的诉讼程序”是指已经发生法律效力的判决、裁定在审判过程违中反了本法有关公开审判的规定、违反了回避制度、剥夺或者限制了当事人的法定诉讼权利、审判组织的组成不合法以及其他违反法律规定的诉讼程序的情形。“可能影响公正审判的”是指由于存在违反法律规定的诉讼程序的行为，可能影响到对案件事实的认定，影响对被告人的定罪量刑。“可能影响公正审判的”是对“违反法律规定的诉讼程序”这一条件的限制，两个条件必须同时具备才能对案件进行重新审理，如果已经发生法律效力的判决、裁定存在违反法律规定的诉讼程序的情形，但是不致影响案件的公正审判的，就没有必要启动审判监督程序。

5. 审判人员在审理该案件的时候，有贪污受贿，徇私舞弊，枉法裁判行为的。审判人员审判案件，应当清正廉明，忠于职守，秉公办案，不得徇私枉法。如果当事人及其法定代理人、近亲属提出申诉指出审判人员在审理该案件时有贪污受贿，徇私舞弊，枉法裁判行为的，人民法院应当重新审判，纠正原判决、裁定的错误。“贪污”是指利用职务上的便利，侵吞、窃取、骗取或者以其他手段非法占有公共财物。“受贿”是指利用职务上的便利索取他人财物或者非法收受他人财物，为他人谋取利益。“徇私舞弊”是指为了私情、贪利、收受贿赂等而故意歪曲事实真象，违反法律，使无罪的人受追诉或者对明知有罪的人而不使他受追诉。“枉法裁判”是指明知违法而故意作出违反法律的判决或者裁定。

第二百五十四条　各级人民法院院长对本院已经发生法律效力的判决和裁定，如果发现在认定事实上或者在适用法律上确有错误，必须提交审判委员会处理。

最高人民法院对各级人民法院已经发生法律效力的判决和裁定，上级人民法院对下级人民法院已经发生法律效力的判决和裁定，如果发现确有错误，有权提审或者指令下级人民法院再审。

最高人民检察院对各级人民法院已经发生法律效力的判决和裁定，上级人民检察院对下级人民法院已经发生法律效力的判决和裁定，如果发现确有错误，有权按照审判监督程序向同级人民法院提出抗诉。

人民检察院抗诉的案件，接受抗诉的人民法院应当组成合议庭重新审理，对于原判决事实不清楚或者证据不足的，可以指令下级人民法院再审。

【修改提示】

本条是1979年刑事诉讼法的规定，1996年作过修改，2012年、2018年修改刑事诉讼法未作修改。

【背景解读】

我国刑事诉讼法实行实事求是，以事实为依据、以法律为准绳的原则，各级人民法院院长作为法院的负责人，有责任监督本院生效判决、裁定是否存在错误。根据宪法和有关法律的规定，最高人民法院监督地方各级人民法院和专门人民法院的审判工作，上级人民法院监督下级人民法院的审判工作；人民检察院对刑事诉讼实行法律监督。因此，1979年刑事诉讼法规定，各级人民法院院长对本院已经发生法律效力的判决和裁定，如果发现在认定事实上或者在适用法律上确有错误，必须提交审判委员会处理。最高人民法院对各级人民法院已经发生法律效力的判决和裁定，上级人民法院对下级人民法院已经发生法律效力的判决和裁定，如果发现确有错误，有权提审或者指令下级人民法院再审。最高人民检察院对各级人民法院已经发生法律效力的判决和裁定，上级人民检察院对下级人民法院已经发生法律效力的判决和裁定，如果发现确有错误，有权按照审判监督程序提出抗诉。为解决上级人民检察院对下级法院的判决、裁定提出抗诉的具体程序以及人民法院接到抗诉后如何处理的问题，1996年修改刑事诉讼法在1979年刑事诉讼法的基础上，明确规定了人民检察院按照审判监督程序向“同级”人民法院提出抗诉；同级人民法院接到抗诉后，应当组成合议庭重新审理，不能直接发回下级人民法院，对于其中认为原判决事实不清楚或者证据不足的，可以指令下级人民法院重新审理。2012年和2018年修改刑事诉讼法对本条规定未作修改。

【理解与适用】

本条是关于人民法院、人民检察院如何提起审判监督程序的规定。

本条共分为四款。第一款是关于各级人民法院对本院判决、裁定进行审判监督的规定。根据本款规定,作为法院的负责人,各级人民法院院长对本院已经发生法律效力的判决和裁定,如果发现在认定事实上或者在适用法律上确有错误,必须提交审判委员会讨论是否再审,审判委员会讨论决定再审的,应当另行组成合议庭对案件重新审理。这里所说的"在认定事实上或者适用法律上确有错误",是指对于是否有犯罪行为,犯罪情节轻重,是否属于应追究刑事责任的以及适用刑法条款定罪量刑上确实存在错误。对于当事人及其法定代理人、近亲属按照本法第二百五十二条的规定向作出判决、裁定的人民法院提出申诉,符合本法第二百五十三条规定的情形之一的,人民法院也应当根据本款的规定处理。

第二款是关于最高人民法院对各级人民法院、上级人民法院对下级人民法院的判决和裁定进行审判监督的规定。根据本款规定,最高人民法院对各级人民法院已经发生法律效力的判决和裁定,上级人民法院对下级人民法院已经发生法律效力的判决和裁定,如果发现确有错误,有权提审,由本院对案件进行审理或者指令下级人民法院对案件重新审理。对于当事人及其法定代理人、近亲属向作出判决、裁定的人民法院的上级人民法院或最高人民法院提出申诉,符合本法第二百五十三条规定的情形之一的,人民法院应当根据本款的规定处理。

第三款是关于人民检察院对人民法院判决、裁定进行审判监督的规定。根据本款规定,最高人民检察院对各级人民法院已经发生法律效力的判决和裁定,上级人民检察院对下级人民法院已经发生法律效力的判决和裁定,如果发现确有错误,有权按照审判监督程序向同级人民法院提出抗诉,也可以指令作出判决、裁定的人民法院的上级人民检察院向同级人民法院提出抗诉。有权按照审判监督程序提出抗诉的人民检察院,只能是最高人民检察院和作出判决、裁定的人民法院的上级人民检察院,地方各级人民检察院发现同级人民法院已经发生法律效力的判决、裁定确有错误的,应提请上级人民检察院按照法律监督程序提出抗诉。

第四款是关于人民法院对于人民检察院按照审判监督程序提出的抗诉如何进行审理的规定。根据本款规定,对于人民检察院按照本条第三款的规定提出抗诉的案件,接受抗诉的同级人民法院应当组成合议庭对案件进行审理。合议庭经过审理后,可以作出判决或者裁定,对于其中认为原判决事实不清楚或者证据不足的,可以指令下级人民法院重新审理。

第二百五十五条　上级人民法院指令下级人民法院再审的,应当指令原审人民法院以外的下级人民法院审理;由原审人民法院审理更为适宜的,也可以指令原审人民法院审理。

【修改提示】

本条是2012年修改刑事诉讼法时增加的规定,2018年修改刑事诉讼法未作修改。

【背景解读】

2012年3月14日第十一届全国人民代表大会第五次会议通过的《关于修改〈中华人民共和国刑事诉讼法〉的决定》在刑事诉讼法中增加了本条规定。

1979年刑事诉讼法和1996年修改刑事诉讼法规定,在审判监督程序中上级人民法院可以指令下级人民法院再审,但是对于是指令原审人民法院再审还是指令其他人民法院再审没有作出明确规定。司法实践中采用比较多的是指令原审人民法院再审,这一做法在实践中遇到了一些问题:有的原审人民法院在之前的判决、裁定作出过程中对案件情况、证据采信、法律适用等问题已作了充分讨论,有的还经过审判委员会讨论,形成了比较固定的看法和认识,由其再审难以改变原有的认识、纠正错误,不利于保证再审案件质量;也有部分被指令再审的案件,原来的判决、裁定之所以出现错误,之所以被发回重审,是由于原审人民法院审判人员有枉法裁判等行为或者受当地有关部门、领导同志个人干涉,如果指令原审人民法院重新审理,仍然可能影响对案件的公正审理。为了解决司法实践中的问题,保证再审案件得以公正审理,保证案件质量,2018年修改刑事诉讼法增加了本条的规定,明确原则上应当指令原审人民法院以外的下级人民法院审理,同时,考虑到有的案件因特殊情况,由原审法院以外的法院审理并不适宜,在能够保证公正审判情况下,由原审法院再审更为方便高效,可以取得更好的社会效果和法律效果,因此,作了例外规定:由原审人民法院审理更为适宜的,也可以指令原审人民法院审理。对于这种情况,应当由上级人民法院根据再审案件的具体情况严格掌握。

【理解与适用】

本条是关于上级人民法院指令下级人民法院再审的规定。

本条规定了两层意思:一是上级人民法院指令下级人民法院再审的,应当指令原审人民法院以外的下级人民法院审理。这是对于指令再审的原则性规定,即应当指令原审法院以外的下级法院审理。“原审人民法院”是作出原来的判决、裁定的人民法院,“原审人民法院以外的下级人民法院”原则上应当是与原审人民法院同级的人民法院,原审人民法院以外的下级人民法院之前没有办理该被指令再审的案件,不会受到固有认识的影响,由其重新审理有利于案件的公正审理,纠正原判决、裁定中的错误。二是如果指令由原审人民法院再审更为适宜,也可以指令原审人民法院再审。相对于应当指令原审人民法院以外的下级人民法院审理的一般性规定,这是针对特定情况的例外规定,“由原审人民法院审理更为适宜”是指从纠正原判决、裁定的错误,方便当事人参与诉讼以及取得更好社会效果和法律效果的角度考虑,由原审人民法院审理更为适宜,比如原审人民法院能够公正审理再审案件,由其再审能够取得更好的社会效果,或者由原审人民法院审理可以减少当事人、诉讼参与人因可能改变管辖而产生的诉累等情况。

在理解和执行本条的规定时主要应当注意:上级人民法院在指令再审法院时一般应指定原审人民法院以外的下级人民法院审理,只有在特殊情况下,综合案件情况和社会效果判断由原审人民法院审理确实更为适宜的,才能指令由原审人民法院审理。

第二百五十六条　人民法院按照审判监督程序重新审判的案件,由原审人民法院审理的,应当另行组成合议庭进行。如果原来是第一审案件,应当依照第一审程序进行审判,所作的判决、裁定,可以上诉、抗诉;如果原来是第二审案件,或者是上级人民法院提审的案件,应当依照第二审程序进行审判,所作的判决、裁定,是终审的判决、裁定。

人民法院开庭审理的再审案件,同级人民检察院应当派员出席法庭。

【修改提示】

本条是1979年刑事诉讼法的规定,1996年未作修改。2012年修改刑事诉讼法时对本条作了两处修改:一是对于“应当另行组成合议庭进行”,增加“由原审人民法院审理的”条件;二是增加一款作为第二款,规定“人民法院开庭审理的再审案件,同级人民检察院应当派员出席法庭”。2018年修改刑事诉讼法未作修改。

【背景解读】

2012年3月14日第十一届全国人民代表大会第五次会议通过的《关于修改〈中华人民共和国刑事诉讼法〉的决定》对本条作了修改。

1979年刑事诉讼法第一百五十条规定:“人民法院按照审判监督程序重新审判的案件,应当另行组成合议庭进行。如果原来是第一审案件,应当依照第一审程序进行审判,所作的判决、裁定,可以上诉、抗诉;如果原来是第二审案件,或者是上级人民法院提审的案件,应当依照第二审程序进行审判,所作的判决、裁定,是终审的判决、裁定。”这样规定,主要是为了切实有效地纠正错误,保证案件重新审判时正确认定案件事实和正确适用法律,保障当事人的合法权利。2012 年刑事诉讼法作了两处修改:一是对于“应当另行组成合议庭进行”,增加“由原审人民法院审理的”条件,这是考虑到本法第二百四十四条已作了修改,规定上级人民法院原则上应指定原审以外的人民法院再审,这种情况下不存在另行组成合议庭审理的问题,只有指令原审人民法院审理的,为了防止先入为主,切实有效地纠正错误,保证案件重新审判时正确认定案件事实和适用法律,才有必要另行组成合议庭进行审判,因此作了相应修改;二是增加一款作为第二款,规定“人民法院开庭审理的再审案件,同级人民检察院应当派员出席法庭”,这主要是为了解决再审案件审理中有时检察人员不出庭的问题,为了更好地体现检察机关支持公诉、法律监督的职能作用,保证案件审判质量。2018 年修改刑事诉讼法对本条的具体内容未作修改。

【理解与适用】

本条是关于再审案件的审理的规定。

本条共分为两款。第一款是关于再审案件的审判组织和审理程序的规定,有三层意思:一是由原审人民法院再审的,应当另行组成合议庭进行审判;由原审人民法院以外的人民法院再审的,也应当组成合议庭进行审判。对于原审是适用简易程序进行审理的案件,考虑到再审的案件是原审判决、裁定可能存在错误的案件,为了保证案件重新审判的质量,也应当另行组成合议庭进行审判。原来合议庭的审判员、人民陪审员,适用简易程序审理案件的独任审判员都不得作为另行组成的合议庭的组成人员。如果适用一审程序审判,应依照本法关于一审合议庭组成的规定组成合议庭;如果适用二审程序审判,则应依照本法关于二审合议庭组成的规定组成合议庭。对于上级人民法院指令原审人民法院以外的下级人民法院再审的,鉴于再审程序的目的在于纠正原审判决、裁定的错误,应当慎重进行,也应当组成合议庭进行审判。二是原来是第一审案件,应当依照第一审程序进行审判,所作的判决、裁定,被告人、自诉人和他们的法定代理人、附带民事诉讼的当事人和他们的法定代理人可以依照本法第二百二十七条的规定提出上诉;同级人民检察院可以依照本法第二百二十八条的规定提出抗诉;被害人及其法定代理人有权依照本法第二百二十九条的规定请求人民检察院提出抗诉。三是如果原来是第二审案件,或者是上级人民法院按照审判监督程序提审的案件,应当依照第二审程序进行审判,所作的判决、裁定,是终审的判决、裁定。被告人、自诉人和他们的法定代理人、附带民事诉讼的当事人和他们的法定代理人不能上诉,同级人民检察院不能抗诉,被害人及其法定代理人也不能申请人民检察院提出抗诉。

第二款规定人民法院开庭审理的再审案件,同级人民检察院应当派员出席法庭。本法第三条规定,提起公诉由人民检察院负责。第八条规定,人民检察院依法对刑事诉讼实行法律监督。因此，人民法院开庭审理再审案件，公诉人出庭有利于支持公诉，进行法律监督。这里所说的“同级人民检察院”，是指与审理再审案件的人民法院同级的人民检察院。

在理解和执行本条的规定时主要应当注意：人民法院按照审判监督程序重新审判的案件，应当对原判决、裁定认定的事实、证据和适用法律进行全面审查。对按照审判监督程序提出抗诉的案件，人民检察院认为人民法院再审作出的判决、裁定仍然确有错误的，仍然可以依照法律规定提出抗诉。

第二百五十七条　人民法院决定再审的案件，需要对被告人采取强制措施的，由人民法院依法决定；人民检察院提出抗诉的再审案件，需要对被告人采取强制措施的，由人民检察院依法决定。

人民法院按照审判监督程序审判的案件，可以决定中止原判决、裁定的执行。

【修改提示】

本条是 2012 年修改刑事诉讼法时增加的规定，2018 年修改刑事诉讼法对本条未作修改。

【背景解读】

2012 年 3 月 14 日第十一届全国人民代表大会第五次会议通过的《关于修改〈中华人民共和国刑事诉讼法〉的决定》在刑事诉讼法中增加了本条规定。

对于再审案件中未被羁押或者已经释放的被告人，如果需要采取强制措施应当如何决定处理，1979 年和 1996 年刑事诉讼法没有明确规定。实践中对于这种情况各地司法机关认识不一致，做法也不相同，容易造成互相推诿、甚至放任被告人不管等情况，导致被告人不能及时到案，影响案件审理。为了解决这一问题，本次修改刑事诉讼法明确规定，区别再审案件的情况处理，人民法院决定再审的，由人民法院决定对被告人采取强制措施；人民检察院提出抗诉再审的，由人民检察院决定。这样规定是考虑到提起再审的司法机关对提起的理由、被告人的人身危险性等情况更加了解，有利于及时、正确采取强制措施，保证案件审理顺利进行，同时也有利于采取合理的强制措施，保障被告人的合法权益。对于人民法院按照审判监督程序审判的案件，是否可以决定中止原判决、裁定的执行，1979 年和 1996 年修改刑事诉讼法没有规定，考虑到实践中有的再审案件在审理过程中，合议庭认为已经有充分确实的证据证明原判决、裁定确有错误，再继续执行原判决、裁定既不公正，也不利于保障被告人的人身权利，如发现了新的作案人，原被告人确属被冤枉的，应当立即释放，司法实践中也发生了这样的情况。因此，2012 年修改刑事诉讼法作出明确规定：人民法院按照审判监督程序审判的案件，可以决定中止原判决、裁定的执行，以维护被告人的合法权利。2018 年修改刑事诉讼法对本条未作修改。

【理解与适用】

本条是关于再审案件对被告人采取强制措施以及人民法院可以决定中止执行原判决、裁定的规定。

本条共分为两款。第一款是关于由提起再审机关决定对被告人采取强制措施的规定，有两层意思：一是人民法院决定再审的案件，需要对被告人采取强制措施的，由人民法院决定。"人民法院决定再审的案件"，是指人民法院认为已经发生法律效力的判决、裁定符合本法第二百五十三条、第二百五十四条第一款、第二款的规定决定再审的案件。"需要对被告人采取强制措施"是指人民法院认为再审案件的被告人符合本法第一编第六章规定的适用逮捕、取保候审、监视居住等强制措施的条件，根据案件情况需要采取强制措施以保证再审的正常进行的，可以决定采取强制措施，依照有关规定执行。二是人民检察院提出抗诉的再审案件，需要对被告人采取强制措施的，由人民检察院依法决定。对于人民检察院依照本法第二百五十四条第三款规定提起抗诉的再审案件，由人民检察院决定是否需要对被告人采取强制措施，依照有关规定执行。

第二款是关于人民法院审判再审案件可以决定中止原判决、裁定的执行的规定。原则上，在再审作出新的判决之前，原来的判决、裁定在法律上依然有效，但是有些案件再审程序启动后，合议庭根据证据判断原来的判决、裁定确实存在错误，继续执行有损司法公正，有损被告人合法权益，比如，现在有新的证据证明被告人的行为不构成犯罪或者是犯罪行为系他人所为，而被告人还因原判决、裁定而继续服刑，合议庭可以根据本条规定决定中止原判决、裁定的执行。需要注意的是，与上述规定相关，本法第二百五十二条规定，当事人及其法定代理人、近亲属对已经发生法律效力的判决、裁定提出申诉的，不能停止判决、裁定的执行，与本条的规定并不存在冲突，因为申诉只是当事人的一种申请权利，并不必然引起再审程序，如果当事人的再审申诉被接受，人民法院决定再审或者人民检察院提出抗诉之后人民法院再审，则可以适用本条的规定，由人民法院根据案件情况决定是否中止原判决、裁定的执行。

第二百五十八条　人民法院按照审判监督程序重新审判的案件，应当在作出提审、再审决定之日起三个月以内审结，需要延长期限的，不得超过六个月。

接受抗诉的人民法院按照审判监督程序审判抗诉的案件，审理期限适用前款规定；对需要指令下级人民法院再审的，应当自接受抗诉之日起一个月以内作出

决定，下级人民法院审理案件的期限适用前款规定。

【修改提示】

本条是1996年修改刑事诉讼法时增加的规定，2012年修改刑事诉讼法未作修改，2018年修改刑事诉讼法未作修改。

【背景解读】

1979年刑事诉讼法没有规定人民法院按照审判监督程序重新审判案件的审理期限，不利于人民法院按照审判监督程序及时审判案件。人民法院按照审判监督程序重新审判的案件，都是人民法院或者人民检察院通过处理申诉案件或者其他渠道发现原判决、裁定在认定事实上或者在适用法律上确有错误的案件。为了保障法律的正确实施，维护公民的合法权益，对于错案应当及时纠正，而且如果案件拖延时间过长，由于时过境迁，有些证据可能灭失，不利于通过重新审理，查清案件的真实情况。1996年修改刑事诉讼法时增加了本条规定，有利于促进人民法院及时审结按照审判监督程序重新审判的案件。同时，考虑到人民法院按照审判监督程序重新审判的案件，一般情况比较复杂，且往往距案发时间较久远，查证困难，本条对其审理期限作了比一审、二审期限较长的规定。2012年和2018年修改刑事诉讼法对本条规定未作修改。

【理解与适用】

本条是关于再审的期限的规定。

本条共分为两款。第一款是关于人民法院根据审判监督程序重新审判案件的审理期限的规定。人民法院依照审判监督程序重新审判的案件，包括以下两种情况：一是各级人民法院院长对本院已经发生法律效力的判决和裁定，如果发现在认定事实上或者在适用法律上确有错误，按照审判监督程序提交审判委员会处理的案件。对于这类案件，审判委员会决定再审的，应当在作出再审决定之日起三个月以内审结，三个月以内不能审结需要延长期限的，不得超过六个月，即最长审理期限为六个月；二是最高人民法院对各级人民法院已经发生法律效力的判决和裁定，上级人民法院对下级人民法院已经发生法律效力的判决和裁定，如果发现确有错误，按照审判监督程序提审或者指令下级人民法院再审的案件。对于这类案件，也应当在人民法院作出提审或者指令再审决定之日起三个月以内审结，需要延长期限的，不得超过六个月。对于什么情况属于“需要延长期限”，由于这类案件一般情况比较复杂，且往往距案发时间较久远，时过境迁，查证困难，因此法律中未作具体规定，可以在实践中根据实际情况具体掌握。

第二款是关于人民法院对人民检察院按照审判监督程序提出抗诉的案件的审理期限的规定。根据本法第二百五十四条第三款的规定，最高人民检察院对各级人民法院已经发生法律效力的判决和裁定，上级人民检察院对下级人民法院已经发生法律效力的判决和裁定，如果发现确有错误，有权按照审判监督程序向同级人民法院提出抗诉。接受抗诉的人民法院应当组成合议庭对案件重新进行审理，并在接受抗诉之日起三个月以内审结，需要延长期限的，不得超过六个月。经过审理后认为原判决事实不清楚或者证据不足，需要指令下级人民法院再审的，应当自接受抗诉之日起一个月以内作出指令再审的决定。下级人民法院接到上级人民法院再审指令后，应当在上级人民法院作出指令再审决定之日起三个月以内审结，需要延长期限的，不得超过六个月。

第四编　执　　行

第二百五十九条　判决和裁定在发生法律效力后执行。

下列判决和裁定是发生法律效力的判决和裁定：

（一）已过法定期限没有上诉、抗诉的判决和裁定；

（二）终审的判决和裁定；

（三）最高人民法院核准的死刑的判决和高级人民法院核准的死刑缓期二年执行的判决。

【修改提示】

本条是1979年刑事诉讼法的规定，1996年、2012年、2018年修改刑事诉讼法均未作修改。

【背景解读】

我国刑事诉讼法实行两审终审制度、死刑复核制度，人民法院作出的判决、裁定只有在具备特定的条件，使判决、裁定发生法律效力以后，才能执行。本条明确规定了判决、裁定在发生法律效力后执行，并规定了判决、裁定发生法律效力的情形，为刑事执行工作提供了法律依据。

【理解与适用】

本条是关于执行判决、裁定的条件以及发生法律效力的判决和裁定种类的规定。

本条共分为两款。第一款是关于执行判决和裁定的前提条件的规定。根据本款规定，判决和裁定必须在发生法律效力后才能执行，判决和裁定发生法律效力是执行的前提条件，尚未发生法律效力的判决和裁定不能执行。

第二款是关于发生效力的判决和裁定的种类的规定。根据本款规定，发生法律效力的判决和裁定有以下几种：

1. 上诉、抗诉期限届满而未上诉、抗诉的判决和裁定，即在法定期限内被告人、自诉人和他们的法定代理人、被告人的辩护人和近亲属没有提出上诉，同级人民检察院没有提出抗诉的地方各级人民法院第一审的判决和裁定。也就是说，对于一审判决、裁定，如果在法定期限内没有提出上诉、抗诉的，即发生法律效力；如果在法定期限内提出上述、抗诉，但在上诉、抗诉期满前撤回上诉、抗诉的，第一审判决、裁定在上诉、抗诉期满之日起生效。关于上诉、抗诉的期限，根据本法第二百三十条的规定，不服判决的上诉和抗诉的期限为十日，不服裁定的上诉和抗诉的期限为五日，从接到判决书、裁定书的第二日起算。

2. 终审的判决和裁定。根据本法第二百四十四条的规定，终审的判决、裁定是指上级人民法院对上诉或抗诉的案件所作的第二审的判决和裁定，包括中级人民法院、高级人民法院和最高人民法院审判的第二审的判决和裁定和最高人民法院的判决、裁定。此外，由于最高人民法院是我国最高审判机关，最高人民法院审判的第一审案件的判决和裁定，也是终审的判决和裁定。终审的判决、裁定一经宣告即发生法律效力。

3. 最高人民法院核准的死刑的判决和高级人民法院核准的死刑缓期二年执行的判决。我国刑事诉讼法规定了死刑复核程序，对于判处死刑立即执行、死刑缓期二年执行的案件，无论是一审程序还是二审程序的判决都不立即发生法律效力，必须经过死刑复核程序进行核准后才能最终确定生效。死刑的判决一经核准即发生法律效力。本法第二百四十六条规定，死刑由最高人民法院核准。本法第二百四十八条规定，中级人民法院判处死刑缓期二年执行的案件，由高级人民法院核准。因此，最高人民法院依照法律规定核准的死刑的判决和高级人民法院核准的死刑缓期二年执行的判决是发生法律效力的判决。

在理解和执行本条的规定时应当注意：一审的判决、裁定在宣判后并不立即生效，不能作为执行的依据，只有在超过法定的上诉、抗诉期限后方才生效。我国实行两审终审制度，因此，二审的判决、裁定为终审的判决、裁定，一经宣告即发生法律效力，可以作为执行的依据。核准死刑、核准死缓的裁定也是最终的裁定，一经宣告即发生法律效力，可以作为执行的依据。

第二百六十条　第一审人民法院判决被告人无罪、免除刑事处罚的，如果被告人在押，在宣判后应当立即释放。

【修改提示】

本条是1979年刑事诉讼法的规定，1996年、2012年、2018年修改刑事诉讼法均未作修改。

【背景解读】

在审判阶段，被告人一般会被采取羁押的强制措施，主要是为了防止被告人有继续犯罪、逃避审判、妨碍诉讼顺利进行等危害社会的行为。本条这样规定，一方面，考虑到一审程序结束后，人民法院判处无罪或免除刑事处分的前提是被告人的行为不构成犯罪，不应当受到刑事追究或者被告人的行为虽然已构成犯罪，但从情节、后果等各方面考虑，依法可以免予刑罚的，这就失去了对被告人继续羁押的条件和法律上的根据，必须解除对被告人的羁押。另一方面，被告人被宣告无罪或免除刑事处罚后，如果继续对其进行羁押相当于对其人身权利进行不合法的限制，是对被告人权利的侵犯，也可能引发国家赔偿。

【理解与适用】

本条是关于一审判决无罪、免除刑事处罚后对被告人如何处理的规定。

本条是对执行的特殊规定。一般情况下，一审判决在宣判后并不立即发生法律效力，但无罪或者免除刑事处分的判决一经宣判，就要释放在押被告人，无论被告人、自诉人和他们的法定代理人、附带民事诉讼的当事人和他们的法定代理人是否上诉，同级人民检察院是否抗诉，都应当立即释放。

理解和执行本条的规定时应当注意：第一审人民法院判决被告人无罪、免除刑事处罚的，如果被告人在押，在宣判后应当立即释放。如果在法定期限内有上诉或者抗诉，二审判决发生变化的，可以重新对被告人依据终审判决执行刑罚。

第二百六十一条①　最高人民法院判处和核准的死刑立即执行的判决，应当由最高人民法院院长签发执行死刑的命令。

被判处死刑缓期二年执行的罪犯，在死刑缓期执行期间，如果没有故意犯罪，死刑缓期执行期满，应当予以减刑的，由执行机关提出书面意见，报请高级人民法院裁定；如果故意犯罪，情节恶劣，查证属实，应当执行死刑的，由高级人民法院报请最高人民法院核准；对于故意犯罪未执行死刑的，死刑缓期执行的期间重新计算，并报最高人民法院备案。

---

① 2018年10月26日第十三届全国人民代表大会常务委员会第六次会议通过的《关于修改〈中华人民共和国刑事诉讼法〉的决定》修改。修改前的条文是："最高人民法院判处和核准的死刑立即执行的判决，应当由最高人民法院院长签发执行死刑的命令。

被判处死刑缓期二年执行的罪犯，在死刑缓期执行期间，如果没有故意犯罪，死刑缓期执行期满，应当予以减刑，由执行机关提出书面意见，报请高级人民法院裁定；如果故意犯罪，查证属实，应当执行死刑，由高级人民法院报请最高人民法院核准。"

【修改提示】

本条是1979年刑事诉讼法的规定，1996年作过修改，2012年未作过修改，2018年修改刑事诉讼法对本条作了两处修改：一是对死刑缓期执行的罪犯执行死刑的条件作了修改，增加“情节恶劣”限制性规定，将死刑缓期执行期间“如果故意犯罪，查证属实，应当执行死刑，由高级人民法院报请最高人民法院核准”修改为“如果故意犯罪，情节恶劣，查证属实，应当执行死刑的，由高级人民法院报请最高人民法院核准后执行死刑”。二是增加规定“对于故意犯罪未执行死刑的，死刑缓期执行的期间重新计算，并报最高人民法院备案”。

【背景解读】

严格控制、慎重适用死刑是我国一贯坚持的死刑政策，为此刑法、刑事诉讼法对死刑的程序作了非常严格的规定。1979年刑事诉讼法即在本条中对执行死刑的命令的签发，明确由最高人民法院院长进行，并对死刑缓期执行的罪犯执行死刑的程序作了严格规定，即应当由高级人民法院报请最高人民法院核准。需要说明的是，关于死刑缓期执行的罪犯执行死刑的条件，是由刑法、刑事诉讼法明确加以规定的。我国法律对死刑缓期执行的罪犯执行死刑的条件作过两次调整，刑事诉讼法对其程序规定也作了两次调整性规定。一是1996年修改刑事诉讼法将原来规定的“如果抗拒改造情节恶劣”修改为“如果故意犯罪”，明确了死刑缓期执行的罪犯执行死刑的条件。二是这次修改，将“故意犯罪”修改为“故意犯罪，情节恶劣”，这主要是因为2015年8月29日第十二届全国人民代表大会常务委员会第十六次会议通过的刑法修正案（九）对死刑缓期执行的罪犯执行死刑的条件作了修改，进一步提高了故意犯罪执行死刑的门槛，对刑法原规定的“故意犯罪”的执行死刑的条件增加了情节恶劣的限制。为与刑法相关规定相衔接，刑事诉讼法此次作了相应修改。

【理解与适用】

本条是关于死刑执行命令的签发和死刑缓期执行的减刑或者执行死刑程序的规定。

本条共分为两款。第一款是关于签发执行死刑的命令的规定。根据刑法和刑事诉讼法等法律的规定，除最高人民法院有权判处被告人死刑立即执行的案件外，中级人民法院及高级人民法院判处的死刑立即执行的案件，在判决或裁定生效后，都应当报请最高人民法院核准，也就是说，所有的死刑立即执行案件都必须经过最高人民法院的审理或复核程序。同时，为体现对死刑案件谨慎、严肃的态度，第一款规定执行死刑的命令应当由最高人民法院院长签发。根据本款规定，最高人民法院判处或者核准的死刑立即执行的判决，在交付执行前，应当由最高人民法院院长签发执行死刑的命令，经高级人民法院转交原审人民法院交付执行。原审人民法院执行死刑时，除依据死刑案件的判决外，还必须有最高人民法院院长签发的执行死刑的命令。

第二款是关于被判处死刑缓期二年执行的罪犯的减刑或者执行死刑的程序的规定。本款共规定了三层意思：

1. 结合刑法的规定，被判处死刑缓期二年执行的罪犯缓刑期满后的处理有两种：一是在考验期满后应当减刑的；二是因故意犯罪被执行死刑。

2. 在考验期内是否故意犯罪是决定被判处死缓的罪犯在缓刑期满后如何执行的法定条件。罪犯只要在死刑缓期执行期间没有故意犯罪，即使有抗拒改造的行为甚至过失犯罪，应当予以减刑。如果被判处死刑缓期二年执行的罪犯，在死刑缓期执行期间故意犯罪，情节恶劣，查证属实，应当执行死刑。这里所说的“故意犯罪”，依照刑法第十四条的规定，是指明知自己的行为会发生危害社会的结果，并且希望或者放任这种结果发生，因而构成犯罪的。

3. 关于报请减刑、执行死刑的程序，根据本款规定，被判处死刑缓期二年执行的罪犯，在死刑缓期执行期间，如果没有故意犯罪，符合减刑条件的，考验期满，由所在监狱提出减刑建议，报经省、自治区、直辖市监狱管理机关审核后，报请当地高级人民法院裁定；如果故意犯罪，情节恶劣，应当依照法定程序，经监狱侦查终结后移送人民检察院处理，并经人民法院查证属实，由当地高级人民法院报请最高人民法院核准执行死刑。最高人民法院核准后，由院长签发执行死刑命令，交付执行。

第二百六十二条　下级人民法院接到最高人民法院执行死刑的命令后，应当在七日以内交付执行。但是发现有下列情形之一的，应当停止执行，并且立即报告最高人民法院，由最高人民法院作出裁定：

（一）在执行前发现判决可能有错误的；

（二）在执行前罪犯揭发重大犯罪事实或者有其他重大立功表现，可能需要改判的；

（三）罪犯正在怀孕。

前款第一项、第二项停止执行的原因消失后，必须报请最高人民法院院长再签发执行死刑的命令才能执行；由于前款第三项原因停止执行的，应当报请最高人民法院依法改判。

【修改提示】

本条是 1979 年刑事诉讼法的规定,1996 年作过修改,2012 年、2018 年修改刑事诉讼法未修改。

【背景解读】

我国对死刑的态度是严格控制死刑适用范围,贯彻少杀、慎杀原则。因此,本条除规定死刑交付执行的期限以外,还规定了几种死刑停止执行的情形,在死刑的适用上最大限度地做到慎重。本条第一款规定的死刑停止执行的情况有三种,一是执行前发现判决可能有错误的。死刑一旦执行就无法挽回,判决死刑和执行死刑都应当非常慎重,只有对证据确凿、罪大恶极的犯罪分子,才能判决死刑和执行死刑。因此,如果在执行前发现判决可能有错误的,就应当停止执行死刑。二是在执行前罪犯揭发重大犯罪或者有其他重大立功表现,可能需要改判的。这是 1996 年修改刑事诉讼法时新增加的规定。根据刑法第六十八条的规定,犯罪分子有重大立功表现的,可以减轻或者免除处罚。规定这一停止执行的情形,可以以法律形式鼓励被判处死刑的罪犯检举揭发犯罪,以利于进一步查清其他犯罪事实,或者鼓励其为国家和社会做有益的事。三是罪犯正在怀孕的。根据刑法第四十九条的规定,审判的时候怀孕的妇女,不适用死刑。执行前发现罪犯正在怀孕,应当停止执行,报请最高人民法院依法予以改判,这样规定主要是出于人道主义的考虑。

发生死刑停止执行的情形后,随着情况的变化,停止执行的情形可能消失或经查证后不存在,在这种情况下,需要恢复执行死刑。本条第二款还规定了恢复执行死刑的具体程序。

【理解与适用】

本条是关于死刑的执行期限和停止执行、恢复执行的规定。

本条共分为两款。第一款是对死刑交付执行、停止执行的规定。根据本款规定,执行死刑的人民法院在接到执行死刑命令后,应当在七日以内交付执行。在执行前,执行死刑的人民法院应当提审被告人,查明其身份,核实犯罪事实及证据;在临场执行时,指挥执行的审判人员对罪犯应当验明正身,讯问有无遗言、信札。在死刑执行前,如果发现有本款规定的停止执行的情形之一的,应当停止执行,并立即向判处或者核准死刑的最高人民法院报告,由最高人民法院作出裁定。本款对停止执行的情形共规定了三项:(1)在执行前发现判决可能有错误的。"判决可能有错误"应包括查明被告人罪重和罪轻或者无罪的情况,具体而言指的是:①发现罪犯可能有其他犯罪的;②共同犯罪的其他犯罪嫌疑人归案,可能影响罪犯量刑的;③共同犯罪的其他罪犯被暂停或者停止执行死刑,可能影响罪犯量刑的;④判决可能有其他错误的。最高人民法院审查后,认为确认判决确实有错误的,应当依法予以改判。(2)在执行前罪犯揭发重大犯罪事实或者有其他重大立功表现,可能需要改判的。"揭发重大犯罪事实"是指检举揭发司法机关尚未掌握或者尚未完全掌握的重大犯罪的嫌疑人、重大线索或者主要证据等。"其他重大立功表现"是指除揭发重大犯罪事实以外的重大立功表现,包括在涉及国家安全、公共安全、经济、科技等各方面的重大立功表现。最高人民法院审查后,确认罪犯揭发重大犯罪事实或者有其他重大立功表现属实的,可以视具体情况,予以改判。(3)罪犯正在怀孕的,应当停止执行死刑,报请最高人民法院依法予以改判。

第二款是对恢复执行死刑和对罪犯正在怀孕的案件报请依法改判的规定。本款共规定了两层意思:一是关于恢复执行死刑的规定,根据本款规定,对于停止执行死刑的案件,前款规定第一项、第二项停止执行的原因消失后,必须报请原判决或者核准死刑的最高人民法院院长再签发执行死刑的命令才能恢复执行死刑。前款规定第一项、第二项停止执行的原因消失,是指最高人民法院审查后,确认原判决没有错误或者其错误已经纠正,并不影响判处死刑的和确认罪犯揭发重大犯罪事实或者有其他重大立功表现的情况不属实,仍应执行死刑的。二是对罪犯正在怀孕的案件报请依法改判的规定,对于执行前发现罪犯正在怀孕的,最高人民法院应当予以改判。

第二百六十三条　人民法院在交付执行死刑前,应当通知同级人民检察院派员临场监督。

死刑采用枪决或者注射等方法执行。

死刑可以在刑场或者指定的羁押场所内执行。

指挥执行的审判人员,对罪犯应当验明正身,讯问有无遗言、信札,然后交付执行人员执行死刑。在执行前,如果发现可能有错误,应当暂停执行,报请最高人民法院裁定。

执行死刑应当公布,不应示众。

执行死刑后,在场书记员应当写成笔录。交付执行的人民法院应当将执行死刑情况报告最高人民法院。

执行死刑后,交付执行的人民法院应当通知罪犯家属。

【修改提示】

本条是1979年刑事诉讼法的规定,1996年作过修改,2012年、2018年修改刑事诉讼法未作修改。

【背景解读】

死刑的执行是一项严肃的司法活动，应当严格按照法律规定的程序进行，以体现国家刑罚的严肃性。本条对死刑执行的具体程序作出了规定，为司法机关死刑执行工作提供了法律依据。

人民检察院是法律监督机关，依法对刑事诉讼的侦查、审判以及执行工作进行监督。死刑是刑罚体系中最为严厉的刑罚，对执行这一刑罚进行监督更为必要。因此本条规定，人民法院在交付执行死刑前，应当通知同级人民检察院派员到死刑执行现场对死刑执行活动进行监督。

关于死刑执行的方法，规定采用枪决或者注射等方法执行。这是1996年修改刑事诉讼法时作的补充规定。这样规定的主要理由是：枪决和注射的方法均不违反死刑执行的人道主义原则，枪决是传统的执行死刑的方式，而用注射等方法执行死刑，更为文明、人道，因此，刑事诉讼法从我国的现实情况出发，明确规定了枪决和注射两种执行死刑的方法，随着科学技术的发展，也不排除今后会使用更加文明、人道的执行方法。

关于死刑的执行场所，在1996年修改刑事诉讼法时作了补充规定，规定死刑可以在刑场或者指定的羁押场所内执行，主要是考虑，在指定的羁押场所内执行死刑，有利于避免发生对罪犯游街示众和其他公开侮辱罪犯人格的行为发生，也可节省人力、物力和财力，而且注射等方法更适宜在羁押场所内执行。

为规范死刑执行的具体程序，保障罪犯尊严，保证正确执行死刑和死刑执行过程的严肃性，本条还对死刑执行前的具体工作、执行后报告核准法院、通知罪犯家属等作了规定。

【理解与适用】

本条是关于死刑执行程序的规定。

本条共分为七款。第一款是关于通知同级人民检察院派员临场监督的规定。根据本款规定，人民法院在交付执行死刑前，应当通知同级人民检察院派员临场监督。执行死刑临场监督，由检察长、检察员一至数人担任，并配备书记员担任记录。临场监督的主要任务是：(1)查明被执行人的身份；(2)查看执行死刑的场地和现场秩序是否会造成他人伤亡；(3)了解是否有本法第二百六十二条规定的停止执行死刑的情形，如果发现有应当停止执行死刑的情形，应建议人民法院停止执行；(4)监督执行过程是否合法，发现违法情况，应提出纠正意见；(5)查看被执行死刑的罪犯是否确已死亡，发现罪犯尚未死亡的，应提出补充执行。临场监督应制作临场监督执行笔录。

第二款是关于死刑执行方法的规定。根据本款规定，死刑采用枪决或者注射等方法执行。“注射”是指通过注射致命性药物使被执行人迅速并尽可能少痛苦地死亡的执行方法。应当注意的是，这里所说的“等方法”，是指其他文明、人道的方法，不能随便采用一些不文明或者不人道的死刑执行方法。本款明确规定了“枪决”“注射”方法，对于还可采用何种方法，法律没有规定，目前执行死刑应按这两种方法进行。如果法律或者司法解释中规定了其他文明、人道的死刑执行方法，则可再按其他方法执行。

第三款是关于死刑执行场所的规定。根据本款规定，死刑可以在刑场或者指定的羁押场所内执行。执行死刑的刑场，不得设在繁华地区、交通要道和旅游区附近。这里所说的“指定的羁押场所”，是指由司法机关统一规定的羁押场所，而不是在所有羁押场所都可以执行死刑。这种羁押场所应当具备执行死刑所需要的条件，如执行的场地、设备等。至于在具体执行死刑时采取何种方法在什么场所执行死刑，由交付执行死刑的人民法院根据实际情况确定。

第四款是关于临场执行死刑的程序的规定。根据本款规定，指挥执行的审判人员，在执行前应当先对罪犯验明正身，讯问有无遗言、遗物、信札等，然后再交付执行人员执行死刑。在执行前，如果发现有本法第二百六十二条规定的停止执行的情形之一的，应当暂停执行，报请最高人民法院裁定。

第五款是关于执行死刑应当公布，不应示众的规定。执行死刑应当通过布告进行公布，布告一般应贴在专门的布告栏或在机关、团体、企事业单位的内部张贴。执行死刑不准示众。

第六款是关于执行死刑的笔录的规定。执行死刑时，人民法院应当派书记员在场，在场书记员应当将执行死刑的经过、情况写成笔录。死刑执行完毕后，交付执行的人民法院应当将执行死刑的情况报告最高人民法院。

第七款是关于执行死刑后通知罪犯家属的规定。对罪犯执行死刑后，交付执行的人民法院应当通知罪犯家属，罪犯家属可以在限期内领取罪犯尸体或骨灰，对于罪犯家属不领的，由交付执行的人民法院通知有关单位处理。

第二百六十四条　罪犯被交付执行刑罚的时候，应当由交付执行的人民法院在判决生效后十日以内将有关的法律文书送达公安机关、监狱或者其他执行机关。

对被判处死刑缓期二年执行、无期徒刑、有期徒刑的罪犯，由公安机关依法将该罪犯送交监狱执行刑罚。对被判处有期徒刑的罪犯，在被交付执行刑罚前，剩余刑期在三个月以下的，由看守所代为执行。对被判处拘役的罪犯，由公安机关执行。

对未成年犯应当在未成年犯管教所执行刑罚。

执行机关应当将罪犯及时收押，并且通知罪犯家属。

判处有期徒刑、拘役的罪犯，执行期满，应当由执行机关发给释放证明书。

【修改提示】

本条是1979年刑事诉讼法的规定，1996年、2012年作过修改，2018年修改刑事诉讼法未修改。

【背景解读】

死缓、无期徒刑、有期徒刑、拘役的执行，涉及人民法院、公安机关、司法行政机关等多个部门和监狱、看守所、未成年犯管教所等多个执行场所。本条规定了对被判处死缓、无期徒刑、有期徒刑、拘役的罪犯交付执行的具体程序和各部门、各场所的职责分工，为他们做好这些刑罚的执行工作提供了法律依据。

关于交付执行。判决生效后，应当由人民法院交付执行。为避免出现判决生效后罪犯长期关押在看守所，交付执行久拖不决的问题，增加规定交付执行的人民法院在判决生效后十日以内将有关的法律文书送达执行机关，使罪犯能够被及时送监执行。

关于送交执行。由于将罪犯送交服刑的监狱需要一定的警力，由公安机关交送更为便利，1994年全国人大常委会通过的监狱法第十五条第一款规定："人民法院对被判处死刑缓期二年执行、无期徒刑、有期徒刑的罪犯，应当将执行通知书、判决书送达羁押该罪犯的公安机关，公安机关应当自收到执行通知书、判决书之日起一个月内将该罪犯送交监狱执行刑罚。"1996年修改刑事诉讼法时明确规定："对于被判处死刑缓期二年执行、无期徒刑、有期徒刑的罪犯，由公安机关依法将该罪犯送交监狱执行刑罚。"确定了将罪犯交付执行由人民法院和公安机关共同负责。因此，本条增加规定，人民法院交付执行时，还应当将相关的法律文书送达公安机关，为公安机关送交执行提供依据。

关于刑罚的执行机关。1994年监狱法第十五条第二款明确规定罪犯被交付执行刑罚前，剩余刑期在一年以下的，由看守所代为执行。1996年修改刑事诉讼法时，吸收了监狱法的规定，并增加规定："对于被判处拘役的罪犯，由公安机关执行。"规定由看守所代为执行的情形，主要是考虑到剩余刑期较短，再转交监狱执行，没有必要。看守所一般主要是解决相对短时间的羁押问题，主要是为了保障诉讼的顺利进行，对被采取强制措施的犯罪嫌疑人进行关押。考虑到看守所毕竟不是刑罚执行机关，为保障刑罚执行的严肃性、专门性和规范性，使罪犯得到更好的改造和矫治，同时从司法资源合理配置，减少看守所压力等多方面因素考虑，2012年修改刑事诉讼法时将看守所代为执行的刑期缩短至三个月，规定在被交付执行前，剩余刑期在三个月以下的，由看守所代为执行。

关于未成年犯的执行机关。对未成年犯的教育改造应当区别于对成年犯的教育改造,在对罪犯进行教育改造方面,我国一直坚持对成年罪犯与未成年罪犯"分押分管"的原则,监狱法、未成年人保护法、预防未成年人犯罪法都有这方面的专门规定。1996 年修改刑事诉讼法时,吸收了这一规定。

关于及时收押。规定"执行机关应当将罪犯及时收押",主要是考虑到实践中在罪犯收押问题上有时会出现一些推诿扯皮的现象,罪犯得不到及时收押,从而损害了人民法院生效判决的严肃性,也不利于对罪犯的改造。

关于刑满释放证明书。罪犯刑满释放后,完成了教育改造,为使其能够更好地回归社会,正常地就业、生活,应当由执行机关发给释放证明书。

【理解与适用】

本条是关于死缓、无期徒刑、有期徒刑、拘役如何执行的规定。

本条共分为五款。第一款是关于交付执行的人民法院向监狱或者其他执行机关送达有关法律文书的规定。根据本款规定,人民法院的判决生效后,应当将罪犯交付执行刑罚,交付时,由交付执行的人民法院将有关的法律文书送达公安机关、监狱或者其他执行机关。这里所说的"法律文书",是指人民检察院的起诉书副本、人民法院的判决书、执行通知书和结案登记表。"其他执行机关"是指看守所、未成年犯管教所等执行机关。

第二款是关于由公安机关将罪犯送交监狱的规定和刑罚执行机关分工的规定。根据本款规定和监狱法的有关规定,对于被判处死刑缓期二年执行、无期徒刑、有期徒刑的罪犯,人民法院应当在判决生效以后,将执行通知书、判决书送达羁押该罪犯的公安机关,由公安机关自收到执行通知书、判决书之日起一个月内依法将该罪犯送交监狱执行刑罚。关于刑罚执行机关的分工,根据本款规定,被判处死刑缓期二年执行、无期徒刑、有期徒刑的罪犯,由监狱执行;被判处有期徒刑,在被交付执行刑罚前,剩余刑期在三个月以下的罪犯,由看守所代为执行;被判处拘役的罪犯,由公安机关执行。

第三款是关于对未成年犯在未成年犯管教所执行刑罚的规定。对未成年犯,应当在未成年犯管教所执行刑罚。根据监狱法的有关规定,对未成年犯执行刑罚应当以教育改造为主,未成年犯的劳动,应当符合未成年人的特点,以学习文化和生产技能为主。未成年犯管教所应当配合国家、社会、学校,为未成年犯接受义务教育提供必要的条件。未成年犯年满十八周岁,剩余刑期不超过二年的,仍可以留在未成年犯管教所执行剩余刑期。

第四款是关于执行机关应当将罪犯及时收押,并且通知罪犯家属的规定。根据本款规定,监狱等执行机关对于公安机关送交执行刑罚的罪犯,如无法定不得收押的情况,必须立即收押。法定不得收押的情况主要包括以下三种:(1)人民法院未将人民检察院起诉书副本、人民法院的判决书、执行通知书和结案登记表送达执行机关;(2)人民法院送达的上述文书不齐全或者记载有误,可能导致错误收押的;(3)执行机关对交付执行的罪犯进行身体检查后,认为符合监外执行条件的。对于法定不得收押的情况,人民法院应当及时作出相应的处理。执行机关对罪犯收押后,应当通知罪犯家属。监狱应当自罪犯收押之日起五日内发出通知书。

第五款是关于刑罚执行期满释放罪犯的规定。被判处有期徒刑、拘役的罪犯,服刑期满,执行机关应当按期释放并发给释放证明书。罪犯释放后,凭释放证明书到公安机关办理户籍登记。刑满释放人员如果没有附加剥夺政治权利的,依法享有与其他公民平等的权利,对刑满释放人员不得歧视。

第二百六十五条　对被判处有期徒刑或者拘役的罪犯,有下列情形之一的,可以暂予监外执行:

(一)有严重疾病需要保外就医的;

(二)怀孕或者正在哺乳自己婴儿的妇女;

(三)生活不能自理,适用暂予监外执行不致危害社会的。

对被判处无期徒刑的罪犯,有前款第二项规定情形的,可以暂予监外执行。

对适用保外就医可能有社会危险性的罪犯,或者自伤自残的罪犯,不得保外就医。

对罪犯确有严重疾病,必须保外就医的,由省级人民政府指定的医院诊断并开具证明文件。

在交付执行前,暂予监外执行由交付执行的人民法院决定;在交付执行后,暂予监外执行由监狱或者看守所提出书面意见,报省级以上监狱管理机关或者设区的市一级以上公安机关批准。

【修改提示】

本条是1979年刑事诉讼法的规定,1996年、2012年作过修改,2018年修改刑事诉讼法未作修改。

【背景解读】

对于被判处监禁刑但因为疾病、哺乳婴儿等原因不适合在监狱等执行场所内执行刑罚的罪犯,暂时采用不予关押但对其严格监督管理的方式执行原判刑罚,符合人道主义原则。但也要防止暂予监外执行被滥用,损害人民法院判决的权威性。本条从贯彻人道主义原则和规范暂予监外执行程序的考虑出发,对暂予监外执行的条件和具体程序作了规定。

1979 年刑事诉讼法第一百五十七条规定:“对于被判处无期徒刑、有期徒刑或者拘役的罪犯,有下列情形之一的,可以暂予监外执行:(一)有严重疾病需要保外就医的;(二)怀孕或者正在哺乳自己婴儿的妇女。对于监外执行的罪犯,可以由公安机关委托罪犯原居住地的公安派出所执行,基层组织或者原所在单位协助进行监督。”1996 年修改刑事诉讼法时对暂予监外执行的条件、范围、审批及取消程序等进行修改补充,2012 年修改刑事诉讼法时在 1996 年刑事诉讼法规定的基础上,根据实践需要,作了进一步修改完善:(1)关于暂予监外执行的对象,1996 年修改为“被判处有期徒刑或者拘役的罪犯”,即被判处无期徒刑的罪犯不能暂予监外执行,这样修改主要是考虑被判处无期徒刑的罪犯,都是罪行比较严重的罪犯,具有一定的社会危险性,而且实践中有些被判处无期徒刑的罪犯被暂予监外执行,在社会上造成了很坏的影响。2012 年修改将“生活不能自理,适用暂予监外执行不致危害社会的罪犯”归入第一款暂予监外执行的适用对象中,使得条文结构更加精炼、合理。另外,为体现人道主义原则,使无辜的胎儿或婴儿受到更好的照顾,作为暂予监外执行的例外情况,对于怀孕或者正在哺乳自己婴儿的妇女,即使被判处无期徒刑,也可以暂予监外执行,待哺乳期结束再收监执行。(2)关于暂予监外执行的除外条件,1996 年修改刑事诉讼法时增加规定:“对于适用保外就医可能有社会危险性的罪犯,或者自伤自残的罪犯,不得保外就医。”对罪犯暂予监外执行,主要是出于人道主义的考虑,对有严重疾病需要保外就医的罪犯和怀孕或者正在哺乳自己婴儿的妇女不在执行场所内执行刑罚,以使罪犯在医疗机构或家庭中,得到更好的医治和照顾。对于符合保外就医条件但可能有社会危险性的罪犯,虽然暂予监外执行可能使其得到更好的医治条件,考虑到保护社会利益、保护其他公民人身安全的需要,不宜对其适用暂予监外执行。对于自伤自残的罪犯,因为罪犯自伤自残,是为了要求保外就医,从而达到逃避执行机关对其执行刑罚,因此也不能对其适用暂予监外执行。(3)关于保外就医的证明条件,2012 年修改了 1996 年刑事诉讼法的规定:“对于罪犯确有严重疾病,必须保外就医的,由省级人民政府指定的医院诊断并开具证明文件。”为防止保外就医被滥用,原条文规定了保外就医应由省级人民政府指定的医院开具证明文件,而医院必须在诊断的基础上才能开具证明文件,为进一步规范保外就医的证明条件,2012 年修改增加规定了应由省级人民政府指定的医院诊断并开具证明文件。(4)关于暂予监外执行的审批主体及程序,1996 年刑事诉讼法没有对批准暂予监外执行的主体及程序作出规定。暂予监外执行是一项重要的刑罚执行制度,涉及刑罚的威慑性和对罪犯矫治的有效性等,应当有严格的审批程序保证其依法、有效地进行,同时也为防止各机关之间在此问题上职责不清、责任不明,2012 年修改增加规定了暂予监外执行在不同阶段的审批主体及程序,在交付执行前,交付执行的人民法院掌握罪犯的身体状况,应由交付执行的人民法院决定暂予监外执行;交付执行后,负责执行的监狱或看守所掌握罪犯的身体状况,应由其提出意见,报省级以上监狱管理机关或者设区的市一级以上公安机关批准。

【理解与适用】

本条是关于暂予监外执行的条件和决定程序的规定。

本条共分为五款。第一款是关于对哪些罪犯可以暂予监外执行的规定。所谓“暂予监外执行”,是指对依照法律规定不适宜在监狱或者其他执行机关执行刑罚的罪犯,暂时采用不予关押的方式执行原判刑罚的变通方法。根据本款规定,对于被判处有期徒刑或者拘役的罪犯,如果该罪犯患有严重疾病符合保外就医条件的,或者该罪犯是正在怀孕或者正在哺乳自己婴儿的妇女,或者生活不能自理,适用暂予监外执行不致危害社会的,可以暂予监外执行。根据本款规定,被判处无期徒刑的罪犯,不得暂予监外执行。当无期徒刑减刑为有期徒刑后,如果符合本条规定的条件,是可以暂予监外执行的。

第二款是关于被判处无期徒刑的罪犯暂予监外执行的例外规定。根据本款的规定,并不是所有被判处无期徒刑的罪犯都不得暂予监外执行,如果罪犯正在怀孕或者正在哺乳自己的婴儿的,可以暂予监外执行,待该情形消失后,应当及时予以收监。

第三款是不得保外就医的两种情况的规定。即对于适用保外就医可能有社会危险性的罪犯,或者自伤自残的罪犯,不得保外就医。本款规定是对第一款规定的补充。这里所说的“可能有社会危险性”,包括可能再犯罪的,可能有打击报复等行为的以及可能有其他严重违法行为的。“自伤自残”,是指罪犯为逃避服刑,吞食异物、故意伤残自己肢体等。实践中应当注意的是,对于这两类罪犯,虽然不得保外就医,但执行机关也不能对他们放任不管,而应当及时采取必要的措施对罪犯的伤病进行治疗。

第四款是关于保外就医证明条件的规定。被判处有期徒刑或者拘役的罪犯是否确有严重疾病,需要保外就医,应由指定的医疗机构予以诊断,并出具证明书。指定的医疗机构即本款规定的“由省级人民政府指定的医院”,应当注意的是,这里所说的“省级人民政府指定的医院”是指省级人民政府事先指定的医院,不能针对某一名罪犯临时指定医院出证明文件。被判处有期徒刑或者拘役的罪犯,确有严重疾病,需要保外就医的,依法经省级人民政府指定的医院诊断并出具的证明文件后,再依照法律规定的审批程序报请审核批准。

第五款是关于暂予监外执行批准主体及批准程序的规定。在交付执行前,人民法院发现罪犯符合暂予监外执行的情形,可以对其暂予监外执行,由人民法院直接作出决定;在交付执行后,负责执行的监狱或者看守所发现罪犯符合暂予监外执行的情形,可以由监狱或看守所提出暂予监外执行的书面意见,报省级以上监狱管理机关或者社区的市一级以上公安机关批准后执行，监狱或看守所只能提出建议，不能直接作出决定。

第二百六十六条　监狱、看守所提出暂予监外执行的书面意见的，应当将书面意见的副本抄送人民检察院。人民检察院可以向决定或者批准机关提出书面意见。

【修改提示】

本条是2012年修改刑事诉讼法时增加的规定，2018年修改刑事诉讼法未作修改。

【背景解读】

我国宪法规定，人民检察院是国家的法律监督机关。本法第八条规定："人民检察院依法对刑事诉讼实行法律监督。"为了使人民检察院的法律监督落到实处，具有可操作性，加强其监督力度，保证刑事诉讼正确进行，有必要在刑事诉讼的各个环节对人民检察院的法律监督的权限、程序等作出具体规定。1996年刑事诉讼法规定的人民检察院对暂予监外执行的监督是一种事后监督。为了有助于决定或者批准机关及时获取更多的情况和意见，作出客观公正的决策，防止作出错误决定，将检察机关监督暂予监外执行的时间提前到监狱、看守所提出书面意见后，省级以上监狱管理机关或者设区的市一级以上公安机关批准前。

【理解与适用】

本条是关于人民检察院对暂予监外执行在决定前进行监督的规定。

本条包含了两层意思：一是监狱、看守所认为罪犯存在患有严重疾病需要保外就医的、怀孕或者正在哺乳自己婴儿的、生活不能自理适用暂予监外执行不致危害社会情形的，向省级以上监狱管理机关或者设区的市一级以上公安机关报送书面意见的正本，同时应当将副本抄送人民检察院。人民检察院设有监所检察部门，并在监狱、看守所派驻人员，监狱、看守所可将书面意见的副本交予监所检察部门的派驻人员。二是人民检察院收到监狱、看守所的书面意见后，应当及时开展监督，可以对罪犯的实际情况进行核实，认为罪犯不符合本法第二百六十五条规定的暂予监外执行的情形，暂予监外执行不当的，可以向决定或批准机关提出书面意见。决定或批准机关收到人民检察院的书面建议后，应当认真核查，作为决定或批准暂予监外执行的重要参考。

第二百六十七条 决定或者批准暂予监外执行的机关应当将暂予监外执行决定抄送人民检察院。人民检察院认为暂予监外执行不当的,应当自接到通知之日起一个月以内将书面意见送交决定或者批准暂予监外执行的机关,决定或者批准暂予监外执行的机关接到人民检察院的书面意见后,应当立即对该决定进行重新核查。

【修改提示】

本条是1996年修改刑事诉讼法时增加的规定,2012年作了修改,2018年修改刑事诉讼法未作修改。

【背景解读】

本条规定了人民检察院对暂予监外执行的批准决定进行监督的程序。由于在司法实践中有些不符合暂予监外执行条件的罪犯被错误地适用暂予监外执行,一些罪犯想方设法通过暂予监外执行逃避执行机关对其执行刑罚,为了改变这种状况,加强对暂予监外执行的监督措施,1994年全国人大常委会通过的监狱法第二十六条规定:"暂予监外执行,由监狱提出书面意见,报省、自治区、直辖市监狱管理机关批准。批准机关应当将批准的暂予监外执行决定通知公安机关和原判人民法院,并抄送人民检察院。人民检察院认为对罪犯适用暂予监外执行不当的,应当自接到通知之日起一个月内将书面意见送交批准暂予监外执行的机关,批准暂予监外执行的机关接到人民检察院的书面意见后,应当立即对该决定进行重新核查。"1996年修改刑事诉讼法时,吸收了监狱法的规定,并将其适用范围扩大到所有有批准暂予监外执行权的机关批准的暂予监外执行。2012年修改刑事诉讼法时,明确了罪犯交付执行前后的暂予监外执行的决定与批准机关及程序,因此,相应地将原条文中"批准暂予监外执行的机关"改为"决定或者批准暂予监外执行的机关";将"批准的决定"统一为"暂予监外执行的决定"。

【理解与适用】

本条是关于对暂予监外执行的决定如何监督的规定。

本条适用于以下三种情况:一是人民法院在判决时发现未被羁押的罪犯符合法律规定的暂予监外执行条件的,在判处刑罚的同时,决定暂予监外执行。二是公安机关将罪犯送交监狱时,监狱在将罪犯收押前,应当对交付执行的罪犯进行身体检查,对于符合监外执行条件的罪犯可以暂不收监,由交付执行的人民法院决定暂予监外执行。三是在刑罚执行过程中发现罪犯符合暂予监外执行条件的,由执行机关提出书面材料和意见,报请省、自治区、直辖市监狱管理机关或者看守所的主管公安机关批准，暂予监外执行。因此，有权决定或者批准暂予监外执行的机关包括交付执行的人民法院、省、自治区、直辖市监狱管理机关和主管看守所的设区的市一级以上公安机关。根据本条规定，决定或者批准暂予监外执行的机关应当将批准的决定抄送人民检察院。人民检察院经审查后，认为被暂予监外执行的罪犯不符合本法第二百六十五条规定的条件，决定或者批准暂予监外执行不当的，应当自接到通知之日起一个月以内将书面意见送交决定或者批准暂予监外执行的机关。决定或者批准暂予监外执行的机关接到人民检察院的书面意见后，应当立即对该决定进行重新核查，对于确属批准暂予监外执行不当的，应当及时予以纠正。

第二百六十八条　对暂予监外执行的罪犯，有下列情形之一的，应当及时收监：

（一）发现不符合暂予监外执行条件的；

（二）严重违反有关暂予监外执行监督管理规定的；

（三）暂予监外执行的情形消失后，罪犯刑期未满的。

对于人民法院决定暂予监外执行的罪犯应当予以收监的，由人民法院作出决定，将有关的法律文书送达公安机关、监狱或者其他执行机关。

不符合暂予监外执行条件的罪犯通过贿赂等非法手段被暂予监外执行的，在监外执行的期间不计入执行刑期。罪犯在暂予监外执行期间脱逃的，脱逃的期间不计入执行刑期。

罪犯在暂予监外执行期间死亡的，执行机关应当及时通知监狱或者看守所。

【修改提示】

本条是1996年修改刑事诉讼法时增加的规定，2012年修改刑事诉讼法作了修改，2018年修改刑事诉讼法未作修改。

【背景解读】

关于暂予监外执行，1979年刑事诉讼法规定的比较原则。为了完善关于暂予监外执行的规定，1994年全国人大常委会通过的监狱法对监外执行专门规定了一节，使监外执行的规定更加具体、明确，便于执行。1996年修改刑事诉讼法时，吸收了监狱法的有关规定，在本条中增加了关于暂予监外执行的情形消失和罪犯在暂予监外执行期间死亡的如何处理的规定。2012年修改刑事诉讼法时，结合实践需要，对该条进行了补充修改：（1）关于对暂予监外执行的罪犯及时收监的规定。1996年刑事诉讼法规定："暂予监外执行的情形消失后，罪犯刑期未满的,应当及时收监。”这样规定,主要是考虑到暂予监外执行是对依照法律规定不适宜在监狱或者其他执行机关执行刑罚的罪犯,暂时采取不予关押的方式执行原判刑罚的变通方法。如果该罪犯在暂予监外执行期间,由于情况变化,不再符合暂予监外执行的条件,如身体恢复健康、规定的婴儿哺乳期已满等,而且刑期未满的就应当及时收监,不能再继续适用监外执行。2012 年修改刑事诉讼法时,本条合并了 1996 年刑事诉讼法第二百一十四条第四款的规定,明确列举了取消暂予监外执行的三种情况:实践中有的罪犯本身并不符合暂予监外执行的条件而被暂予监外执行的;被暂予监外执行后严重违反暂予监外执行监督管理规定的;暂予监外执行的情形消失而刑期未满的。出现上述三种情形,均应取消暂予监外执行,对罪犯及时收监。(2)关于收监执行的程序。本条规定:“对于人民法院决定暂予监外执行的罪犯应当予以收监的,由人民法院作出决定,将有关的法律文书送达公安机关、监狱或者其他执行机关。”这样规定,是因为 2012 年刑事诉讼法第二百五十四条第五款明确划分了在交付执行前后法院与监狱管理机关或公安机关对暂予监外执行的决定权或者批准权,因此,对于人民法院作出决定暂予监外执行的,监狱或看守所对罪犯并未收监执行,出现应终止暂予监外执行情形的,应当由人民法院决定终止,并将有关的法律文书送达公安机关、监狱或者其他执行机关,以便对罪犯收监执行。(3)关于通过非法手段被暂予监外执行及暂予监外执行期间脱逃的如何计算执行刑期。本条规定:“不符合暂予监外执行条件的罪犯通过贿赂等非法手段被暂予监外执行的,在监外执行的期间不计入执行刑期。罪犯在暂予监外执行期间脱逃的,脱逃的期间不计入执行刑期。”针对实践中有的罪犯通过贿赂等不正当手段获取医疗诊断证明、收买国家工作人员骗取暂予监外执行等情况,除依法追究刑事责任外,本条还规定了通过非法手段获取的暂予监外执行期间不计入刑期。另外,罪犯在暂予监外执行期间脱逃的,严重违反监管规定,不接受教育改造,脱逃期间不应计入执行刑期。(4)关于罪犯在暂予监外执行期间死亡的如何处理的规定是 1996 年修改刑事诉讼法时增加的,主要是考虑到罪犯在暂予监外执行期间死亡,依法判处应当执行的刑罚即告终结,作为对罪犯执行刑罚的执行机关监狱或者看守所等应当及时掌握这一情况,将罪犯已死亡的情况注明,并办理相关手续。考虑到 2012 年刑事诉讼法第二百五十三条规定,剩余刑期在三个月以下的,由看守所代为执行。2012 年修改刑事诉讼法时还修改补充了 1996 年刑事诉讼法第二百一十六条第二款的规定,罪犯在暂予监外执行期间死亡的,执行机关还应当及时通知看守所,因此,在应当及时通知的机关中增加了看守所。

【理解与适用】

本条是关于对暂予监外执行的罪犯收监执行的情形、程序,通过非法手段被暂予监外执行的和在暂予监外执行期间脱逃的刑期如何计算以及罪犯在暂予监外执行期间死亡的如何处理的规定。

本条共分为四款。第一款是关于暂予监外执行终止情形的规定。本款规定主要包括以下几种情况:(1)人民检察院或者执行暂予监外执行的社区矫正机构在执行中发现该罪犯不符合暂予监外执行条件的,应当向决定或者批准机关提出纠正意见,决定或者批准机关应当进行核查,对于确实不符合暂予监外执行条件的,应当及时将该罪犯收监执行。(2)社区矫正机构在执行中发现被暂予监外执行的罪犯严重违反有关暂予监外执行规定的,比如再犯新罪、有打击报复等行为以及有其他严重违法行为的,应当通知执行机关及时收监。(3)社区矫正机构在执行中发现罪犯被暂予监外执行的情形消失,如身体恢复健康、规定的婴儿哺乳期已满等,而且刑期未满的,应当及时收监。

第二款是关于人民法院决定暂予监外执行的如何收监的规定。在交付执行前,暂予监外执行由交付执行的人民法院决定。对于由人民法院决定暂予监外执行的罪犯出现应当终止暂予监外执行情形的,应当由人民法院进行核查,情况属实,应当收监执行的,由人民法院作出决定,并将判决书、交付执行书等法律文书送达公安机关、监狱或者其他执行机关,履行正常的交付执行程序。

第三款是关于通过非法手段被暂予监外执行及暂予监外执行期间脱逃的如何计算执行刑期的规定。暂予监外执行是有条件地在监外执行刑罚,暂予监外执行一日相当于服刑一日,但是在下列两种情况下,暂予监外执行的期间不计入执行刑期:一是不符合暂予监外执行条件的罪犯通过贿赂等非法手段被暂予监外执行的。这里的"不符合暂予监外执行条件"应结合刑事诉讼法第二百六十五条来理解,与本条第一款第一项中的"不符合暂予监外执行条件"相同。这里的"非法手段"不仅指贿赂的非法手段,还包括隐瞒、欺骗等手段。二是罪犯在暂予监外执行期间脱逃的,脱逃期间不计入执行刑期。脱逃是指违反暂予监外执行需要遵守的规定,未向执行机关报告而逃离执行地,脱离执行机关监管的行为。值得注意的是,在暂予监外执行期间脱逃的罪犯自脱逃之日起至被抓获止的期间不计入执行刑期,其在脱逃前被暂予监外执行的期间仍应计入执行刑期。

第四款是关于罪犯在暂予监外执行期间死亡的应如何处理的规定。根据本款规定,执行暂予监外执行的社区矫正机构应当及时通知原执行该罪犯刑罚的监狱或者看守所等执行机关。本款所说的"死亡",既包括自然死亡,如因病、年老等,也包括非正常死亡,如他杀、自杀、发生事故死亡等。执行暂予监外执行的社区矫正机构在通知监狱、看守所等执行机关罪犯已死亡的同时,应当将该罪犯死亡的原因及过程告知监狱、看守所等执行机关。

第二百六十九条　对被判处管制、宣告缓刑、假释或者暂予监外执行的罪犯，依法实行社区矫正，由社区矫正机构负责执行。

【修改提示】

本条是1979年刑事诉讼法的规定，1996年修改刑事诉讼法未作修改，2012年修改刑事诉讼法作了修改，2018年修改刑事诉讼法未作修改。

【背景解读】

管制是主刑的一种，是对罪犯不予关押，强制其履行一定义务，对其进行监督管理改造的刑罚。管制是唯一不完全剥夺罪犯人身自由的相对开放的主刑刑种。原刑法和刑事诉讼法都规定，管制由公安机关执行。缓刑是对符合一定条件的罪犯先不予关押，而在一定期限内予以考察的刑罚执行方式。原刑事诉讼法规定，由公安机关交其所在单位或者基层组织予以考察。假释是对符合一定条件的罪犯，实行有条件地提前释放的制度。原刑事诉讼法规定，对被假释的罪犯，由公安机关予以监督。

原来的法律规定对被判处管制、宣告缓刑、假释的罪犯，由公安机关执行或考察监督，从多年来具体执行的司法实践看，这种制度存在一些问题：一是随着经济社会情况的变化，人口流动性增大，基层管理工作任务更重，难度更大，管制、缓刑、假释等在实际执行中难以落到实处，往往流于形式，对罪犯疏于监管；二是公安机关本身肩负着维护社会治安、打击违法犯罪的重要任务，再对这些罪犯进行日常监管，难以承担；三是由于实际执行不到位，限制了司法机关适用管制刑以及缓刑、假释，使之没有充分发挥应有的积极作用；四是公安机关执行或考察监督，侧重于管理和违规的处罚，难以对这些罪犯进行有针对性的帮教，不利于他们早日回归社会、融入社会。针对这些情况，近年来有关部门从社会管理创新、创建和谐社会的角度，对刑罚执行制度进行了积极有益的探索。2003年有关部门在一些地方开展社区矫正试点工作，2009年又进一步在全国试行，取得了积极的成果。社区矫正是非监禁刑罚的执行方式，有利于动员社会力量，对罪犯有针对性的监管、帮教，促使其顺利回归社会。实践证明，这是一种行之有效的制度。2011年刑法修正案（八）考虑到以上因素，修改了管制、宣告缓刑、假释的执行方式，规定由社区矫正机构执行。2012年修改刑事诉讼法对本条作了相应修改，以与刑法有关规定相一致。同时，考虑到暂予监外执行的执行方式与管制、缓刑、假释的执行方式相类似，因此，在刑法修正案（八）规定的基础上，增加规定了对暂予监外执行的罪犯也实行社区矫正。

【理解与适用】

本条是关于被判处管制、宣告缓刑、假释或者暂予监外执行的罪犯的执行方式和执行机构的规定。

根据本条的规定，被判处管制、宣告缓刑、假释或者暂予监外执行的罪犯，不再由公安机关或者罪犯所在单位、基层组织予以监督、考察，而是实行社区矫正，由社区矫正机构负责执行。这里的“社区矫正”是指将符合法定条件的罪犯置于社区内，由专门的社区矫正机构在相关社会团体、民间组织和社会志愿者的协助下，在判决、裁定或决定确定的期限内，矫正其犯罪心理和行为习惯，促进其顺利回归社会的非监禁刑罚执行活动。关于社区矫正的具体做法，可以在总结试点经验的基础上，在正在起草中的社区矫正法当中进行具体规定。

在理解和执行本条的规定时应当注意：关于管制、宣告缓刑、假释、暂予监外执行的执行机关的修改，并不是简单地将执行机关从一个部门转移到另一个部门。社区矫正是一项综合性很强的工作，需要各有关部门分工配合，并充分动员社会各方面力量，共同做好工作，公安机关、罪犯所在单位或者基层组织在社区矫正工作中仍然承担着重要的职责，发挥着重要的作用。

第二百七十条　对被判处剥夺政治权利的罪犯，由公安机关执行。执行期满，应当由执行机关书面通知本人及其所在单位、居住地基层组织。

【修改提示】

本条是1979年刑事诉讼法的规定，1996年修改刑事诉讼法未作修改，2012年修改刑事诉讼法作了修改，2018年修改刑事诉讼法未作修改。

【背景解读】

剥夺政治权利是我国刑法规定的附加刑的一种，可以附加于主刑适用，也可以单独适用，是依法剥夺罪犯参加国家管理和政治活动等权利，对其进行监督管理改造的刑罚。被判处剥夺政治权利的罪犯不得行使选举权与被选举权，不得行使言论、出版、集会、结社、游行、示威自由的权利，不得担任国家机关职务，不得担任国有公司、企业、事业单位和人民团体领导职务。不同于管制、减刑、假释、暂予监外执行，剥夺政治权利不需要由社区矫正机构对罪犯进行综合的教育改造以及监督，而是需要执行机关监督罪犯不行使某些权利，规定由公安机关执行剥夺政治权利，尤其是不得行使集会、结社、游行、示威自由的权利，由公安机关进行日常的监督和管理更为便利、有效。

1996年刑事诉讼法规定剥夺政治权利执行期满，应当由执行机关通知本人，并向有关群众公开宣布恢复政治权利。2012年修改刑事诉讼法，将期满后解除的方式规定为由执行机关书面通知本人及其所在单位、居住地基层组织。这样规定主要是考虑：第一，由执行机关书面通知本人及其所在单位、居住地基层组织体现了刑罚执行程序的严肃性。第二，政治权利的行使与罪犯所在单位、居住地的基层组织关系十分密切，如选民登记、发放选票等多由选举人与被选举人所在单位或居住地基层组织负责，并且原刑事诉讼法规定的“有关群众”的范围不明确，给执行机关的工作带来困扰，因此规定期满后由执行机关书面通知本人及其所在单位、居住地基层组织。第三，“公开宣布恢复政治权利”这一表述在刑法中并无根据，剥夺政治权利执行期满，公民的政治权利自动恢复，照常行使，无须再由执行机关对外宣布。

【理解与适用】

本条是关于剥夺政治权利的执行和期满后解除的规定。

根据本条规定，被判处剥夺政治权利的罪犯，由人民法院将判决书、执行通知书送交公安机关，由公安机关执行。公安机关可以委托罪犯居住地基层组织或其所在单位协助执行。这样有利于依靠群众进行有效监督。被判处剥夺政治权利的罪犯，如果是并处剥夺政治权利的，剥夺政治权利的刑期，从徒刑、拘役执行完毕之日或者从假释之日起计算；剥夺政治权利的效力当然施用于主刑执行期间。如果是判处管制附加剥夺政治权利的，剥夺政治权利的期限与管制的期限相等，同时执行。执行剥夺政治权利时，执行机关应向罪犯所在单位或居住地的有关群众，宣布罪犯的犯罪事实、剥夺政治权利的内容及刑期。执行期满，执行机关应当书面通知本人及其所在单位、居住地基层组织。

在理解和执行本条的规定时应当注意：本条规定了剥夺政治权利的执行机关是公安机关，公安机关也要依靠群众进行监督，其他有关单位和群众如果发现罪犯违反剥夺政治权利应当遵守的规定的，应当及时向公安机关报告。对于违反剥夺政治权利应当遵守的规定，尚未构成新的犯罪的，由公安机关依法给予治安管理处罚。

第二百七十一条[①]　**被判处罚金的罪犯，期满不缴纳的，人民法院应当强制缴纳；如果由于遭遇不能抗拒的灾祸等原因缴纳确实有困难的，经人民法院裁定，可以延期缴纳、酌情减少或者免除。**

---

① 2018年10月26日第十三届全国人民代表大会常务委员会第六次会议通过的《关于修改〈中华人民共和国刑事诉讼法〉的决定》修改。修改前的刑事诉讼法条文是：“被判处罚金的罪犯，期满不缴纳的，人民法院应当强制缴纳；如果由于遭遇不能抗拒的灾祸缴纳确实有困难的，可以裁定减少或者免除。”

【修改提示】

本条是1979年刑事诉讼法的规定,1996年、2012年修改刑事诉讼法未作修改,2018年修改刑事诉讼法对本条作了三处修改:一是增加了罚金可以延期缴纳的规定。二是将可以减少、免除罚金的情形由“遭遇不能抗拒的灾祸”修改为“遭遇不能抗拒的灾祸等原因”,扩大了适用范围。三是明确延期缴纳、酌情减少或者免除罚金由人民法院作出裁定。

【背景解读】

罚金是我国刑法规定的一种附加刑,适用广泛。1979年刑事诉讼法即对罚金刑的执行作了规定,刑事诉讼法的规定与刑法中关于罚金刑的规定是一致的。刑法、刑事诉讼法执行中,有关方面反映,一些案件出现罚金执行难,空判率高,影响司法权威的情况。造成罚金空判的原因是多方面的,有的是判决时罚金数额超出犯罪分子的个人经济能力,有的是罚金执行机制不健全,该执行没有完全执行,也有的是犯罪分子经济状况发生变化,难以再执行原判决确定的罚金。为此,2015年8月29日第十二届全国人大常委会第十六次会议通过的刑法修正案(九),针对上述情况对刑法关于罚金刑的相关规定作了修改,在减免罚金之外增加延期缴纳的处理,并适当扩大其适用范围,具体的可以由人民法院根据案件情况作出裁定。为与刑法修正案(九)关于罚金刑执行的规定相衔接,此次修改刑事诉讼法,对该条内容进行了相应的衔接性规定修改。

【理解与适用】

本条是关于执行罚金刑的规定。

本条规定了两层意思。一是关于强制缴纳的规定,被判处罚金的罪犯,应当在判决规定的期限内主动向人民法院缴纳罚金。如果判决规定期限届满仍不缴纳的,人民法院应当强制缴纳。所谓“强制缴纳”,是指人民法院可以采取查封、拍卖其财产,冻结、扣划存款,扣留工资或者其他收入等办法,强制其缴纳罚金。二是关于延期缴纳、酌情减少或者免除罚金的规定。犯罪分子由于遭遇不能抗拒的灾祸等原因缴纳罚金确实有困难的,经人民法院裁定,可以延期缴纳、酌情减少或者免除。所谓“不能抗拒的灾祸等原因”,就是通常所说的“天灾人祸”,如遭遇火灾、水灾、地震等自然灾害或者罪犯及其家属重病、伤残等,以及其他一些导致缴纳罚金确实有困难的情形。对存在这些情形的,可以延期缴纳、酌情减少或者免除。“延期缴纳”,是指期满不能缴纳或者不能全部缴纳的,给予一定的延长期限缴纳罚金。具体延长多长时间,由人民法院根据犯罪分子的犯罪情节、经济状况、缴纳困难原因预期消除的时间等因素进行裁定。延期缴纳罚金、酌情减少罚金或者免除罚金,均涉及对原判决的变更,程序上应当严格。根据本款规定,罚金延期缴纳、减少或者免除,须经人民法院裁定。根据《最高人民法院关于适用〈中华人民共和国刑事诉讼法〉的解释》第四百四十六条的规定,当事人提出罚金延期缴纳、减少或者免除的申请的,应当提交相关证明材料。人民法院应当在收到申请后一个月内作出裁定。符合法定条件的,应当准许;不符合条件的,驳回申请。人民法院也可以依职权对符合本条规定条件的作出罚金延期缴纳、减少或者免除的裁定。此外,需要注意的是,我国刑法不允许用缴纳罚金代替徒刑、拘役,同样也不允许用徒刑、拘役代替罚金。

第二百七十二条　没收财产的判决,无论附加适用或者独立适用,都由人民法院执行;在必要的时候,可以会同公安机关执行。

【修改提示】

本条是1979年刑事诉讼法的规定,1996年、2012年、2018年修改刑事诉讼法均未作修改。

【背景解读】

没收财产,是刑法规定的附加刑的一种,属于财产刑,既可以附加适用,也可以独立适用。本条规定明确了人民法院负责没收财产的执行工作。考虑到执行没收财产刑时,有时可能会遇到较大的阻碍,需要强制力的保障,为了保证刑罚的顺利执行和司法的严肃性,本条规定必要的时候可以会同公安机关执行,为人民法院和公安机关做好没收财产的执行工作提供了法律依据。

【理解与适用】

本条是关于执行没收财产的规定。

根据本条规定,没收财产的判决,无论是附加适用还是独立适用,都由人民法院负责执行。必要时,人民法院可以会同公安机关执行。这里所规定的"在必要的时候",主要是指人民法院执行没收财产可能遇到干涉、阻挠、妨碍判决的执行,需要采取强制措施的时候。人民法院可以会同公安机关执行,有利于保证没收财产判决的顺利进行。

在理解和执行本条的规定时应当注意:没收财产的范围只限于犯罪分子本人所有的财产的一部分或全部,不得没收其亲属所有的财产。对于共有财产,只能没收犯罪分子本人应占的份额。对查封财产以前犯罪分子所负的正当债务,需要以没收的财产偿还的，债权人可以向执行没收财产的人民法院提出申请，由人民法院裁定。在执行没收财产的判决时，对于赃款、赃物或者违禁品，应一并没收，按照本法第二百四十五条的规定及其他法律、法规关于赃款、赃物的有关规定处理。

第二百七十三条　罪犯在服刑期间又犯罪的，或者发现了判决的时候所没有发现的罪行，由执行机关移送人民检察院处理。

被判处管制、拘役、有期徒刑或者无期徒刑的罪犯，在执行期间确有悔改或者立功表现，应当依法予以减刑、假释的时候，由执行机关提出建议书，报请人民法院审核裁定，并将建议书副本抄送人民检察院。人民检察院可以向人民法院提出书面意见。

【修改提示】

本条是1979年刑事诉讼法的规定，1996年、2012年刑事诉讼法作过修改，2018年修改刑事诉讼法未作修改。

【背景解读】

根据刑法等有关法律的规定，判决宣告以后，刑罚执行完毕以前，被判刑的犯罪分子又犯罪的，和发现被判刑的犯罪分子在判决宣告以前还有其他罪没有判决的，应当对新罪和漏罪作出判决，再依法把两个犯罪所判处的刑罚实行并罚，执行机关发现上述两种情况的，应当及时移送人民检察院处理。被判处管制、拘役、有期徒刑或者无期徒刑的罪犯，在执行期间确有悔改或者立功表现，可以依法予以减刑或者假释。2012年修改刑事诉讼法时增加规定了执行机关向人民法院提出减刑、假释建议书的，应当将建议书副本抄送人民检察院。人民检察院可以向人民法院提出书面意见。将检察机关对刑罚执行活动的监督由裁定后监督提前到裁定前，有利于检察机关更好地履行监督职责，也有助于人民法院及时获取更多的情况和意见，作出正确的裁定。本条规定了处理罪犯服刑期间发现新罪、漏罪和对罪犯减刑、假释的具体程序，明确了执行机关、人民检察院、人民法院等机关在处理新罪、漏罪和决定减刑、假释工作中的职责，为他们做好这些方面的工作提供了法律依据。

【理解与适用】

本条是关于刑罚执行期间新罪、漏罪的追诉和减刑、假释的决定程序的规定。

本条共分为两款。第一款是关于罪犯在服刑期间又犯罪，或者发现了判决时所没有发现的罪行如何处理的规定。本款所说的“执行机关”，包括监狱、看守所、公安机关等执行刑罚的机关。本款共规定了两层意思:(1)对于罪犯在服刑期间又犯罪的,监狱法第六十条规定:“对罪犯在监狱内犯罪的案件,由监狱进行侦查。侦查终结后,写出起诉意见书或者免予起诉意见书,连同案卷材料、证据一并移送人民检察院。”本法第三百零八条第三款、第四款中规定:“对罪犯在监狱内犯罪的案件由监狱进行侦查。”“监狱办理刑事案件,适用本法的有关规定。”因此,对于罪犯在服刑期间又犯罪的,如果罪犯是在监狱内服刑的,根据本款的规定和监狱法第六十条、本法第三百零八条的规定,应当由监狱进行侦查,侦查终结后,由监狱写出起诉意见书,连同案卷材料、证据一并移送人民检察院处理;如果罪犯不是在监狱内服刑的,由公安机关进行侦查,侦查终结后,由公安机关写出起诉意见书,连同案卷材料、证据一并移送人民检察院处理。(2)发现了判决时所没有发现的罪行的,应当按照本法第十九条规定的管辖范围,由公安机关等侦查机关进行侦查,侦查终结后,再写出起诉意见书,连同案卷材料、证据一并移送人民检察院处理。

第二款是关于罪犯在服刑期间确有悔改、立功表现的,如何处理的规定。根据本款和监狱法第三十条、第三十二条的规定,被判处管制、拘役、有期徒刑或者无期徒刑的罪犯,在执行期间确有悔改或者立功表现,符合法律规定的减刑、假释条件,依法应当予以减刑、假释的,由执行机关根据考核结果,向人民法院提出减刑、假释建议。在向人民法院提出减刑、假释建议的同时,执行机关应当将建议书副本抄送人民检察院。人民检察院提出应当或不应当减刑、假释的依据或意见的,应当以书面的形式向人民法院提出。人民法院应当自收到减刑、假释建议书之日起一个月内予以审核裁定;案情复杂或者情况特殊的,可以延长一个月。人民法院减刑、假释裁定的副本应当抄送人民检察院。

第二百七十四条　人民检察院认为人民法院减刑、假释的裁定不当,应当在收到裁定书副本后二十日以内,向人民法院提出书面纠正意见。人民法院应当在收到纠正意见后一个月以内重新组成合议庭进行审理,作出最终裁定。

【修改提示】

本条是1996年修改刑事诉讼法时增加的规定,2012年、2018年修改刑事诉讼法未作修改。

【背景解读】

宪法规定,人民检察院是国家的法律监督机关。本法第八条规定:“人民检察院依法对刑事诉讼实行法律监督。”为了使人民检察院的法律监督落到实处,具有可操作性,加强其监督力度,有必要在刑事诉讼的各个环节对人民检察院的法律监督的权限、程序等作出具体规定。因此,本条规定了人民检察院对人民法院减刑、假释的裁定进行监督的程序。1994 年全国人大常委会通过的监狱法第三十四条第二款对人民检察院监督减刑、假释裁定的程序作了以下规定:"人民检察院认为人民法院减刑、假释的裁定不当,应当依照刑事诉讼法规定的期间提出抗诉,对于人民检察院抗诉的案件,人民法院应当重新审理。"1996 年修改刑事诉讼法时,吸收了监狱法的这一规定并作了一些修改:一是考虑到人民法院决定减刑、假释的程序并不是审判程序,减刑、假释的裁定不是审判中的裁定,而是执行中的一种裁定,人民检察院认为减刑、假释不当,要求纠正,不宜称为抗诉,将"抗诉"改为"提出纠正意见"。二是增加规定了提出纠正意见的期限为"二十日"。三是增加规定人民法院应当重新组成合议庭进行审理、审理期限和再审裁定的效力。这样规定更为具体,便于执行,也能促进人民法院及时对案件进行处理。

【理解与适用】

本条是关于人民检察院对减刑、假释裁定的监督的规定。

依照本法第二百七十三条的规定,被判处管制、拘役、有期徒刑或者无期徒刑的罪犯,在执行期间确有悔改或者立功表现,应当依法予以减刑或者假释的,由人民法院审核裁定。根据监狱法第三十条、第三十二条的规定,人民法院的减刑裁定和假释裁定的副本应当抄送人民检察院。人民检察院应当对人民法院减刑、假释的裁定进行监督,认为人民法院减刑、假释的裁定不当的,应当在收到减刑、假释裁定书副本后二十日以内,向人民法院提出书面的纠正意见。这里的所谓减刑、假释的裁定不当,是指减刑、假释的对象不符合减刑、假释的法定条件,减刑、假释的报请和裁定不符合法定的程序,或者减刑的幅度不当等。根据本条规定,人民检察院的纠正意见必然引起作出裁定的人民法院重新审理。人民法院收到纠正意见后应当重新组成合议庭,原来参加减刑、假释审核裁定的审判人员不能成为合议庭的成员。人民法院重新组成合议庭进行审理,应当对案件进行认真、全面的审查,并在收到人民检察院的纠正意见后一个月以内,作出最终裁定。

第二百七十五条　监狱和其他执行机关在刑罚执行中,如果认为判决有错误或者罪犯提出申诉,应当转请人民检察院或者原判人民法院处理。

【修改提示】

本条是 1979 年刑事诉讼法的规定,1996 年作过修改,2012 年、2018 年修改刑事诉讼法未作修改。

【背景解读】

根据本法第二百五十二条的规定，正在监狱或者其他执行机关被执行刑罚的罪犯，有权就人民法院已经生效的判决、裁定向人民法院或者人民检察院提出申诉。监狱和其他执行机关在执行刑罚的过程中，也可能发现人民法院已经生效的判决存在错误。根据本法第二百五十三条、第二百五十四条的规定，只有通过人民法院的决定或者人民检察院的抗诉才能依照审判监督程序，对已执行的案件进行重新审理。因此，本条规定监狱和其他执行机关在刑罚执行中，如果认为判决有错误或者罪犯提出申诉，应当转请人民检察院或者原判人民法院处理，使得错误的判决能够得到及时的纠正。

【理解与适用】

本条是关于执行机关对错案、申诉的处理的规定。

本条共规定了两层意思：（1）监狱和其他执行机关在刑罚执行过程中，认为判决在认定事实上或者适用法律上有错误的，应当转请人民检察院或者原判人民法院处理。根据监狱法第二十四条的规定，监狱在执行刑罚过程中，根据罪犯的申诉，认为判决可能有错误，提请人民检察院或者人民法院处理的，人民检察院或者人民法院应当自收到监狱提请处理意见书之日起六个月内将处理结果通知监狱。（2）罪犯提出申诉的，监狱和其他执行机关应当及时转递人民检察院或者原判人民法院处理。人民检察院或者人民法院对监狱和其他执行机关转递的罪犯申诉案件，应当及时进行审查，对于符合本法第二百五十三条规定的情形之一的，人民检察院应当按照审判监督程序向人民法院提出抗诉，人民法院应当按照审判监督程序对案件重新审判。执行中应当注意，申诉是宪法规定的公民的权利，申诉权不受侵犯，罪犯对已经发生法律效力的判决不服的，有权提出申诉。对于罪犯的申诉，执行机关应当及时转递，不得以任何形式阻拦或者扣压，更不能因为罪犯依法提出申诉而认为罪犯表现不好，予以处罚。

第二百七十六条　人民检察院对执行机关执行刑罚的活动是否合法实行监督。如果发现有违法的情况，应当通知执行机关纠正。

【修改提示】

本条是1979年刑事诉讼法的规定，1996年作过修改，2012年、2018年修改刑事诉讼法未作修改。

【背景解读】

宪法规定，人民检察院是国家的法律监督机关。本法第八条规定："人民检察院依法对刑事诉讼实行法律监督。"本条在本编有关人民检察院对死刑执行、暂予监外执行、减刑、假释等执行活动实行监督的规定基础上，再次明确规定了人民检察院对执行机关执行刑罚的活动是否合法实行监督并通知执行机关纠正违法的职责，明确了人民检察院执行监督的对象和范围，有利于发挥人民检察院的监督作用，保证执行机关严格依法执行人民法院的判决、裁定，维护法治的严肃性和被判处刑罚人的合法权益。

【理解与适用】

本条是关于人民检察院对刑罚执行活动进行监督的规定。

根据本条规定，人民检察院对执行机关执行刑罚的活动是否合法实行监督。"执行机关"是指负有执行刑罚职责的监狱、未成年犯管教所、公安机关、人民法院等。执行机关执行刑罚的活动是否合法主要包括以下几个方面：(1)交付执行是否合法，如已交付执行的判决、裁定是否已经发生法律效力，交付执行的法律手续是否完备，应当收押的罪犯是否按时全部收押，已收押的罪犯有无依法应当监外执行的情况，等等；(2)变更执行是否合法，如依法应当减刑、假释的罪犯是否已被减刑、假释，已被减刑、假释的罪犯是否符合法律规定的减刑、假释条件，减刑、假释的法律手续是否完备，是否依法执行，暂予监外执行的罪犯是否符合法律规定的暂予监外执行条件，法律手续是否完备，暂予监外执行的条件已经消失或者被假释、监外执行的罪犯违反法律规定，依法应当收监执行的是否按时收监执行等；(3)执行机关具体的执行活动是否合法，如执行死刑的程序是否合法，监管罪犯时有无阻拦、扣压罪犯申诉的情况，有无对罪犯刑讯逼供、侮辱罪犯人格、体罚虐待罪犯的情况，等等。根据本条规定，人民检察院发现执行机关执行刑罚的活动有违法情况的，应当及时通知有关的执行机关纠正，并可以建议有关部门给予有关人员行政处分；对构成犯罪的，应当及时立案侦查，依法追究有关人员的刑事责任。有关执行机关应当接受人民检察院的监督，接到人民检察院纠正违法的通知后，应当及时纠正违法行为。

第五编　特别程序

第一章　未成年人刑事案件诉讼程序

2012年3月14日第十一届全国人民代表大会第五次会议通过的《关于修改〈中华人民共和国刑事诉讼法〉的决定》，在新增的第五编特别程序中增加了未成年人刑事案件诉讼程序一章。2012年修改刑事诉讼法时，我国的司法机关在完善未成年人刑事司法制度方面已经进行了探索和实践，积累了经验，起到了良好的社会效果。中央深化司法体制和工作机制改革明确要求，按照教育为主、惩罚为辅的原则，探索处理未成年人犯罪的司法制度，明确其条件、期限、程序和法律后果。2012年关于修改刑事诉讼法的决定根据中央司法体制改革的要求，在此前刑事诉讼法和其他相关法律中关于未成年人刑事案件程序规定的基础上，结合一些全国人大代表以及有关方面的意见和建议，总结实践经验，将未成年人刑事案件程序集中在特别程序一编中，作为专章加以规定。这一做法有利于刑事诉讼中未成年人权益的保障，有利于结合未成年人的特点，对未成年人犯罪人教育改造，促其回归社会。这是司法改革成果的重要体现，也是我国诉讼制度的重要完善。本章规定了办理未成年人案件的方针、原则，办理案件的特别规定以及适用于未成年人的附条件不起诉制度和犯罪记录封存制度。

第二百七十七条　对犯罪的未成年人实行教育、感化、挽救的方针，坚持教育为主、惩罚为辅的原则。

人民法院、人民检察院和公安机关办理未成年人刑事案件，应当保障未成年人行使其诉讼权利，保障未成年人得到法律帮助，并由熟悉未成年人身心特点的审判人员、检察人员、侦查人员承办。

【修改提示】

本条是2012年修改刑事诉讼法时增加的规定，2018年修改刑事诉讼法未作修改。

【背景解读】

我国一贯重视对未成年人的保护，并着眼于形成行之有效的针对未成人犯罪治理与预防的刑事政策。自1979年中央首次提出对违法犯罪的未成年人要实行“教育、挽救、改造”的方针以来，发布了一系列文件，明确要求对违法犯罪的未成年人“必须坚决实行教育、感化、挽救的方针，着眼于挽救”，强调对未成年人要始终立足于教育的政策思想。这一政策，在随后的立法中以法律形式予以确立，成为一项法律原则。《中华人民共和国未成年人保护法》第五十四条第一款明确规定：“对违法犯罪的未成年人，实行教育、感化、挽救的方针，坚持教育为主、惩罚为辅的原则。”《中华人民共和国预防未成年人犯罪法》也就此作了明确规定。2012年修改刑事诉讼法，也将其作为办理未成年人刑事案件的方针和原则，并通过一系列的具体措施，确保这一方针、原则在刑事诉讼中得以贯彻落实。

【理解与适用】

本条是关于办理未成年人刑事案件原则和总体要求的规定。

本条共分为两款。第一款是关于办理未成年人刑事案件的方针和原则的规定。“教育、感化、挽救”的方针，是指办理未成年人刑事案件，不能只注重追究犯罪未成年人的刑事责任，而是要将相关工作的目的和出发点建立在教育、感化、挽救未成年人之上，通过教育、感化、增强法治观念，使其认识错误，改过自新，重新回归社会。“教育为主、惩罚为辅的原则”，主要是指，在依法追究犯罪未成年人刑事责任时，要正确处理惩罚与教育的关系，对未成年人要以教育为主，辅之以必要的惩罚，而这种必要的惩罚本身不是目的，而是作为对其教育的一种手段，这种手段是否使用，如何使用，要服从于教育、感化、挽救的工作方针，服务于最终促使犯罪未成年人顺利回归社会的目的。这就要求在办理未成年人犯罪案件过程中应当查清犯罪事实，确保法律正确适用，保护其合法权利，同时根据犯罪原因和个人情况，有针对性地对其进行法治教育，以矫正其犯罪心理和不良行为习惯，促其改过自新，重新融入社会。

本条第二款是关于司法机关办理未成年人案件应当保障未成年人诉讼权利，以及对办理未成年人案件人员应当具备的条件的要求。

我国刑事诉讼法第十四条规定，人民法院、人民检察院和公安机关应当保障犯罪嫌疑人、被告人和其他诉讼参与人依法享有的辩护权和其他诉讼权利。对于未成年犯罪嫌疑人、被告人来说，不仅享有与成年犯罪嫌疑人、被告人相同的诉讼权利，如以本民族语言文字进行诉讼；申请审判人员等回避；参加法庭调查和法庭辩论；对地方各级人民法院作出的一审判决、裁定有上诉的权利，等等。同时，未成年人在刑事诉讼中还享有一些特殊的权利，如刑事诉讼法规定，对未成年人犯罪的案件，犯罪嫌疑人、被告人没有委托辩护人的，司法机关应当通知法律援助机构指派律师为其提供辩护；在讯问和审判时，应当通知未成年犯罪嫌疑人、被告人的法定代理人到场；审判时被告人不满十八周岁的案件不公开审理，等等，对这些权利都应当依法予以保障。

"保障未成年人得到法律帮助"则要求司法机关在办理未成年人案件时，第一，要让未成年人了解法律的有关规定，包括涉及其犯罪行为定罪量刑的有关规定，也包括其享有的诉讼权利和其他合法权利的法律规定。第二，根据刑事诉讼法第二百七十八条的规定，如果未成年犯罪嫌疑人、被告人没有委托辩护人的，司法机关应当通知法律援助机构指派律师为其提供辩护，以使其获得法律帮助。

由熟悉未成年人身心特点的审判人员、检察人员、侦查人员办理未成年人案件，是对人民法院、人民检察院和公安机关在办理未成年人刑事案件时人员安排上的特别要求。司法人员熟悉未成年人身心特点，善于做未成年人的思想教育工作，有利于教育、感化、挽救方针的落实，也有利于与未成年的沟通，促进其悔过自新。因此，2012 年修改刑事诉讼法将其作为办理未成年人案件的一项人员条件予以规定。

在刑事诉讼中贯彻教育、感化、挽救的方针和教育为主、惩罚为辅的原则，需要注意以下几个问题：第一，上述方针和原则不仅仅体现在刑事审判和刑罚执行环节，而应贯穿于刑事诉讼的全部过程。例如在侦查阶段，公安机关对被羁押的未成年人应当与成年人分押分管。对未成年人刑事案件的侦查、预审工作，由专门办案人员或者侧重办理未成年人刑事案件的人员进行。对未成年犯罪嫌疑人，在讯问中应进行耐心细致的教育；注意了解未成年人作案的动机和成因等。在检察机关提起公诉阶段，应同有关部门加强联系，充分了解案件情况，对符合条件的未成年犯罪嫌疑人作出附条件不起诉的决定。人民检察院还要加强对侦查活动、审判活动和未成年人羁押场所的监督，保证准确执行法律，保障未成年人的合法权益。第二，坚持教育、感化、挽救的原则，必须处理好惩罚与教育的关系。对犯罪的未成年人进行教育、感化和挽救，并不意味着对其犯罪行为的纵容和不处罚。既要与成年人犯罪区别对待，尽可能多地给予未成年犯罪人改过自新的机会，但同时也要防止对未成年犯罪人盲目减轻处罚，甚至不处罚的错误做法。对那些社会危害严重、主观恶性大的未成年犯罪人，也要在法律规定的原则和范围内予以必要的惩罚，以发挥刑罚的教育功能。

第二百七十八条　未成年犯罪嫌疑人、被告人没有委托辩护人的，人民法院、人民检察院、公安机关应当通知法律援助机构指派律师为其提供辩护。

【修改提示】

关于为未成年人提供法律帮助,1979 年刑事诉讼法已有相应规定,1996 年、2012 年作了修改,2018 年修改刑事诉讼法未作修改。

【背景解读】

我国 1979 年刑事诉讼法就有关于对未成年被告人指定律师提供辩护的规定,1979 年刑事诉讼法第二十七条中规定,被告人是聋、哑或者未成年人而没有委托辩护人的,人民法院应当为他指定辩护人。1996 年修改刑事诉讼法时,在第三十四条进一步规定,被告人是盲、聋、哑或者未成年人而没有委托辩护人的,人民法院应当指定承担法律援助义务的律师为其提供辩护。2012 年修改刑事诉讼法时,在上述规定的基础上,作了进一步修改完善,并移入未成年人刑事诉讼程序专章中加以规定。未成年犯罪嫌疑人、被告人因为尚未成年,在对刑事诉讼中相关活动的性质、后果的认知,正确表达个人意见、充分依法行使诉讼权利方面可能会受到一定限制,因而由辩护人帮助他们维护合法权益尤为重要。在未成年犯罪嫌疑人、被告人没有委托辩护人时,应当对其提供法律援助,指派律师为其提供辩护。

【理解与适用】

本条是关于为没有委托辩护人的未成年犯罪嫌疑人、被告人提供法律援助的规定。

根据本条规定,在未成年犯罪嫌疑人、被告人没有委托辩护时,人民法院、人民检察院、公安机关应当通知法律援助机构指派律师为其提供辩护。1996 年刑事诉讼法第三十四条第二款规定,公诉人出庭公诉的案件,人民法院应当指定承担法律援助义务的律师为没有委托辩护人的未成年被告人提供辩护。2012 年修改刑事诉讼法时,除了将该规定移入未成年人刑事案件诉讼程序一章外,还作了修改完善。

理解本条规定,需要把握以下几点:第一,为未成年人提供律师法律援助的时间不仅包括审判阶段,还包括侦查和审查起诉阶段。只要办理案件的公安机关、人民检察院发现该未成年犯罪嫌疑人没有委托辩护人的,就应当及时通知有关部门为其提供法律援助,以保障其诉讼权利的充分行使。第二,保障未成年人获得法律援助,是公检法三机关的义务,一旦发现未成年人没有委托辩护人,则应当通知法律援助机构。第三,为未成年犯罪嫌疑人、被告人提供法律援助的工作机制,是由公检法机关通知,由法律援助机构指派律师提供辩护。根据相关法律规定,直辖市、设区的市或者县级人民政府司法行政部门根据需要设立本行政区域的法律援助机构。法律援助机构负责受理、审查法律援助申请，指派或者安排人员为符合条件的公民提供法律援助。法律援助机构接到司法机关通知后，应当及时指派律师为未成年犯罪嫌疑人、被告人提供法律援助服务，并对律师的法律援助活动进行业务指导和监督，以确保法律援助案件的办理质量。接受指派的辩护律师应当根据事实和法律，提出未成年犯罪嫌疑人、被告人无罪、罪轻或者减轻、免除刑事责任的材料和意见，维护未成年犯罪嫌疑人、被告人的诉讼权利和其他合法权益。

第二百七十九条　公安机关、人民检察院、人民法院办理未成年人刑事案件，根据情况可以对未成年犯罪嫌疑人、被告人的成长经历、犯罪原因、监护教育等情况进行调查。

【修改提示】

本条是2012年修改刑事诉讼法时增加的规定，2018年修改刑事诉讼法未作修改。

【背景解读】

在办理未成年人案件时进行社会调查，了解其生活背景，分析其犯罪原因，从而有针对性的采取相应措施，对其施以教育，矫正其不良习性，可以起到更加良好的社会效果。因此，2012年修改刑事诉讼法时，明确规定司法机关在办理未成年人案件时可以进行社会调查。

【理解与适用】

本条是关于司法机关办理未成年人案件可以进行社会调查的规定。

根据本条规定，司法机关，包括公安机关、人民检察院和人民法院在办理未成年人案件时，根据案件的具体情况，都可以对该未成年人的成长经历、犯罪原因、日常所受到的监护、教育情况进行调查。司法机关工作人员既可以在案件的侦查、起诉和审理过程中自行了解未成年犯罪嫌疑人、被告人的个人情况，也可以委托有关组织和机构了解未成年犯罪嫌疑人、被告人的相关情况。调查的内容包括未成年犯罪嫌疑人、被告人的性格特点、家庭情况、社会交往、成长经历、是否具备有效监护条件或者社会帮教条件，以及涉嫌犯罪前后表现等情况，以对未成年人的犯罪情况全面了解。根据所获取信息来判定该未成年人犯罪的主观恶性程度、是否有再犯罪的可能等，为确定是否采取强制措施，是否适用附条件不起诉，以及施以何种刑罚提供参考。应当注意的是，调查获得的信息形成材料，只能对司法机关办理未成年人刑事案件提供一定的参考，但不是定罪量刑的依据。

第二百八十条　对未成年犯罪嫌疑人、被告人应当严格限制适用逮捕措施。人民检察院审查批准逮捕和人民法院决定逮捕，应当讯问未成年犯罪嫌疑人、被告人，听取辩护律师的意见。

对被拘留、逮捕和执行刑罚的未成年人与成年人应当分别关押、分别管理、分别教育。

【修改提示】

本条是2012年修改刑事诉讼法时增加的规定，2018年修改刑事诉讼法未作修改。

【背景解读】

2012年3月14日第十一届全国人民代表大会第五次会议通过的《关于修改〈中华人民共和国刑事诉讼法〉的决定》增加了本条规定。根据“教育、感化、挽救”的方针以及“教育为主、惩罚为辅”的原则，办理未成年人案件，应当充分保护未成年犯罪嫌疑人、被告人的合法权益不受侵犯。严格限制逮捕强制措施的适用，在决定逮捕前听取当事人与其辩护律师的意见，是维护未成年犯罪嫌疑人、被告人的人身权利的有力保障。对被羁押的未成年犯罪嫌疑人和被执行刑罚的未成年罪犯与成年人隔离，实行分别关押、分别管理和分别教育，有利于未成年人的身心健康，是对未成年犯罪嫌疑人、被告人、罪犯关押、管理和教育必须遵守的规范。

【理解与适用】

本条是关于对未成年犯罪嫌疑人、被告人严格限制适用逮捕措施，避免与成年人混押的规定。

本条共分为二款。第一款是关于对未成年犯罪嫌疑人、被告人严格适用逮捕措施的规定，主要体现在以下两个方面：第一，人民检察院或者人民法院在批准或者决定对未成年人适用逮捕措施时，应严格把握适用逮捕措施的条件。根据刑事诉讼法对适用逮捕条件的规定：其一，对有证据证明有犯罪事实，可能判处徒刑以上刑罚的犯罪嫌疑人、被告人，采取取保候审尚不足以防止发生法律列明的社会危险性，包括可能实施新的犯罪；有危害国家安全、公共安全或者社会秩序的现实危险；可能毁灭、伪造证据，干扰证人作证或者串供；可能对被害人、举报人、控告人实施打击报复；企图自杀或者逃跑的社会危险性的，应当予以逮捕。其二，对有证据证明有犯罪事实,可能判处十年有期徒刑以上刑罚的,或者有证据证明有犯罪事实,可能判处徒刑以上刑罚,曾经故意犯罪或者身份不明的,应当予以逮捕。其三,被取保候审、监视居住的犯罪嫌疑人、被告人违反取保候审、监视居住规定,情节严重的,可以予以逮捕。在批准或者决定逮捕未成年犯罪嫌疑人、被告人时,应当根据未成年犯罪嫌疑人、被告人的实际情况,依法适用逮捕措施,防止错误或者不必要的逮捕。在确定是否有逮捕必要时,要从严掌握,不是必须逮捕的,尽可能不采取逮捕措施。对于罪行较轻,具备有效监护条件或者社会帮教措施,没有社会危险性,不会妨害诉讼正常进行的未成年犯罪嫌疑人、被告人,不应适用逮捕措施。

第二,在人民检察院审查批准逮捕或者人民法院决定逮捕未成年犯罪嫌疑人、被告人时,程序上有更严格的要求。根据本条规定,人民检察院、人民法院在批准或者决定逮捕前,应当讯问未成年犯罪嫌疑人、被告人,并听取辩护律师的意见。这一程序的设置,有利于核实其是否具有犯罪行为,是否符合逮捕条件,防止错误逮捕或者不必要的逮捕。根据刑事诉讼法第二百八十一条的规定,讯问未成年犯罪嫌疑人、被告人,应当通知法定代理人到场,无法通知、法定代理人不能到场或者法定代理人是共犯的,也可以通知未成年犯罪嫌疑人、被告人的其他成年亲属,所在学校、单位、居住地基层组织或者未成年人保护组织的代表到场,到场的法定代理人可以代为行使未成年犯罪嫌疑人、被告人的诉讼权利。讯问女性未成年犯罪嫌疑人,应当有女性工作人员在场。除讯问之外,检察机关、人民法院在批准或者决定逮捕未成年犯罪嫌疑人、被告人之前,还应听取其辩护律师的意见。辩护律师可以就该未成年犯罪嫌疑人、被告人是否应当适用逮捕措施提出意见。

本条第二款是关于对被拘留、逮捕和执行刑罚的未成年人与成年人分别关押、分别管理、分别教育的规定。被拘留、逮捕的未成年犯罪嫌疑人、被告人由看守所羁押。根据相关法律规定,看守所对成年人和未成年人,应当分别羁押。这样规定可以让未成年人在羁押过程中免受成年人的不良影响,防止发生对未成年人的不法侵害,更有利于对未成年人教育、矫治工作的开展。根据刑事诉讼法和监狱法的相关规定,未成年犯由未成年犯管教所执行刑罚。未成年犯管教所按照未成年犯的刑期、犯罪类型等情况,实行分别关押和管理,并根据未成年犯的改造表现,在活动范围、通信、会见、收受物品、离所探亲、考核奖惩等方面给予不同的处遇。对未成年犯的教育采取集体教育与个别教育相结合,课堂教育与辅助教育相结合,所内教育与社会教育相结合的方法。对未成年犯进行思想教育,内容包括法律常识、形势政策、道德修养、人生观、爱国主义、劳动常识等。根据未成年犯的文化程度,分别进行扫盲教育、小学教育、初中教育等不同层次的文化教育。根据刑期、文化程度和刑满释放后的就业需要,重点进行职业技术教育和技能培训。

管教人员还应当根据未成年犯的案情、刑期、心理特点和改造表现进行有针对性的个别教育。未成年犯管教所还应当按照规定建立心理矫治机构，对未成年犯进行生理、心理健康教育，进行心理测试、心理咨询和心理矫治。这种专门的管理和教育有利于对未成年罪犯的教育改造，也是通过实践取得的经验。

第二百八十一条　对于未成年人刑事案件，在讯问和审判的时候，应当通知未成年犯罪嫌疑人、被告人的法定代理人到场。无法通知、法定代理人不能到场或者法定代理人是共犯的，也可以通知未成年犯罪嫌疑人、被告人的其他成年亲属，所在学校、单位、居住地基层组织或者未成年人保护组织的代表到场，并将有关情况记录在案。到场的法定代理人可以代为行使未成年犯罪嫌疑人、被告人的诉讼权利。

到场的法定代理人或者其他人员认为办案人员在讯问、审判中侵犯未成年人合法权益的，可以提出意见。讯问笔录、法庭笔录应当交给到场的法定代理人或者其他人员阅读或者向他宣读。

讯问女性未成年犯罪嫌疑人，应当有女工作人员在场。

审判未成年人刑事案件，未成年被告人最后陈述后，其法定代理人可以进行补充陈述。

询问未成年被害人、证人，适用第一款、第二款、第三款的规定。

【修改提示】

1979 年刑事诉讼法第十条中规定，对于不满十八岁的未成年人犯罪的案件，在讯问和审判时，可以通知被告人的法定代理人到场。2012 年修改刑事诉讼法时在该规定的基础上，作了比较大的补充完善。2018 年修改刑事诉讼法未作修改。

【背景解读】

1979 年刑事诉讼法第十条中规定，对于不满十八岁的未成年人犯罪的案件，在讯问和审判时，可以通知被告人的法定代理人到场。2012 年 3 月 14 日第十一届全国人民代表大会第五次会议通过的《关于修改〈中华人民共和国刑事诉讼法〉的决定》，在上述规定基础上，增加了本条规定。未成年人由于其认知能力和表达能力的局限，在刑事诉讼中难以充分行使诉讼权利。本条针对未成年人的特点，作了一系列的规定，以保障未成年犯罪嫌疑人、被告人的诉讼权利。如允许法定代理人到场，并参与到对未成年犯罪嫌疑人、被告人的讯问和审判活动中，代为行使未成年人的诉讼权利，这样做一方面可以弥补未成年人诉讼能力局限的不足，消除未成年人心理上的恐惧和抗拒，有利于刑事诉讼的正常开展；另一方面还可以防止在诉讼活动中，由于违法行为对未成年人合法权益造成侵害。

【理解与适用】

本条是关于讯问、审判未成年犯罪嫌疑人、被告人的特别规定。

本条共分为五款。第一款是关于司法机关讯问、审判未成年犯罪嫌疑人、被告人，应当通知其法定代理人到场的规定。1996 年刑事诉讼法第十四条第二款规定，对于不满十八岁的未成年人犯罪的案件，在讯问和审判时，“可以”通知犯罪嫌疑人、被告人的法定代理人到场。2012 年修改刑事诉讼法将上述规定修改为“应当”通知其法定代理人到场，进一步加强了对未成年人诉讼权利的保护。更为重要的是，本款规定在法定代理人无法通知，或者虽经通知但因故不能到场，或者法定代理人是同案犯，到场可能发生串供等妨碍讯问、审判活动的，司法机关可以选择通知未成年犯罪嫌疑人、被告人的其他成年亲属、所在学校、单位、居住地基层组织或者未成年人保护组织的代表到场。这一规定为法定代理人不能到场的未成年人提供了保护措施，进一步体现了对未成年人在讯问中权利的保护。通知法定代理人以外的其他人员到场的，司法机关工作人员应当将法定代理人不能到场的原因、相关人员到场的具体情况等信息在讯问笔录、庭审笔录等文件中予以记载、说明。

根据本款规定，到场的法定代理人可以代为行使未成年犯罪嫌疑人、被告人的诉讼权利，具体包括：使用本民族语言文字进行诉讼；申请侦查人员、检察人员、审判人员、书记员、鉴定人、翻译人员回避；自行或在辩护人协助下进行辩护；讯问时拒绝回答侦查人员提出的与本案无关的问题；对审判人员、检察人员和侦查人员侵犯公民诉讼权利和有人身侮辱的行为，有权提出控告；参加法庭调查、法庭辩论，对证据、案件情况和定罪、量刑发表意见。

第二款是关于到场的法定代理人或者其他人员有权对司法机关工作人员侵犯未成年人权益的行为提出意见，以及有权阅读讯问笔录、法庭笔录的规定。到场的未成年犯罪嫌疑人、被告人的法定代理人或者其他人员对办案人员侵犯未成年人合法权益的行为提出意见，司法机关及其工作人员对提出的意见，应当充分重视，如确实侵犯了未成年犯罪嫌疑人、被告人合法权益的，应当及时予以纠正。讯问笔录和法庭审理笔录是刑事诉讼中的重要法律文书，前者是犯罪嫌疑人、被告人供述等言辞证据的重要载体，后者记载了全部审判活动，是合议庭分析研究案情的重要依据。根据刑事诉讼法的相关规定，讯问笔录和法庭笔录必须交当事人核对无误，并签名盖章，确保其合法性和真实性。在办理未成年人案件时，由到场的法定代理人或者其他人员阅读或者向他宣读讯问笔录、法庭笔录，可以协助未成年犯罪嫌疑人、被告人对讯问笔录、法庭笔录的内容、制作过程是否真实进行核对，以保证讯问、审判的有效性。

第三款是关于讯问女性未成年犯罪嫌疑人必须有女性工作人员在场的规定。女性工作人员在场，可以充分照顾到女性未成年犯罪嫌疑人的生理、心理特点，缓解其紧张、畏惧情绪，有利于保护女性未成年人的特殊权益，也有利于讯问工作的顺利进行。

第四款是关于审理未成年人案件在被告人最后陈述阶段，其法定代理人可以进行补充陈述的规定。最后陈述权是刑事被告人在庭审中所享有的一项重要的诉讼权利。被告人的最后陈述有助于法官全面地了解被告人对指控犯罪的态度、悔罪表现，更全面地了解犯罪情况和案件事实，同时还凸显了对被告人的尊重，让被告人有充分的机会为自己进行辩护或表达自己对犯罪的悔悟，也有助于对旁听民众的法治教育。未成年被告人在行使此项权利时，因其在智力和表达能力上的不足，可能难以充分表达意见，因此，规定在其最后陈述后，到场的法定代理人可以进行补充陈述。这一规定，体现了对未成年被告人诉讼权利的充分保护，也有利于人民法院准确定罪量刑，对案件作出正确判决。

第五款是关于询问未成年被害人、证人适用本条相关规定的规定。根据本款规定，询问未成年被害人、证人应当遵守本条关于法定代理人或者相关人员到场，法定代理人可以代为行使未成年证人的诉讼权利，对询问过程中侵害未成年人权益的行为，法定代理人或到场的其他人有权提出意见，并有权阅读询问笔录以及询问女性未成年人，女性工作人员在场等规定。

第二百八十二条[①]　**对于未成年人涉嫌刑法分则第四章、第五章、第六章规定的犯罪，可能判处一年有期徒刑以下刑罚，符合起诉条件，但有悔罪表现的，人民检察院可以作出附条件不起诉的决定。人民检察院在作出附条件不起诉的决定以前，应当听取公安机关、被害人的意见。**

对附条件不起诉的决定，公安机关要求复议、提请复核或者被害人申诉的，适用本法第一百七十九条、第一百八十条的规定。

未成年犯罪嫌疑人及其法定代理人对人民检察院决定附条件不起诉有异议的，人民检察院应当作出起诉的决定。

① 2014年4月24日第十二届全国人民代表大会常务委员会第八次会议通过的《关于〈中华人民共和国刑事诉讼法〉第二百七十一条第二款的解释》规定："人民检察院办理未成年人刑事案件，在作出附条件不起诉的决定以及考验期满作出不起诉的决定以前，应当听取被害人的意见。被害人对人民检察院对未成年犯罪嫌疑人作出的附条件不起诉的决定和不起诉的决定，可以向上一级人民检察院申诉，不适用刑事诉讼法第一百七十六条关于被害人可以向人民法院起诉的规定。"（该条文序号已在2018年修改中调整为第二百八十二条）

【修改提示】

本条是2012年修改刑事诉讼法时增加的规定,2018年修改刑事诉讼法未作修改。

【背景解读】

2012年3月14日第十一届全国人民代表大会第五次会议通过的《关于修改〈中华人民共和国刑事诉讼法〉的决定》增加了本条规定。附条件不起诉,是指对一些犯轻罪的未成年人,有悔罪表现,人民检察院决定暂不起诉,对其进行监督考察,根据其表现,再决定是否起诉的制度。附条件不起诉制度也给犯轻罪的未成年人一次改过自新的机会,避免了执行刑罚对其造成的不利影响,有利于其接受教育,重新融入正常的社会生活。一段时间以来,司法机关对未成年人犯罪附条件不起诉制度的建立进行积极的探索,2012年修改刑事诉讼法将附条件不起诉作为办理未成年人刑事案件的一项制度作出了规定。

【理解与适用】

本条是关于检察机关办理未成年人案件可以作出附条件不起诉决定的规定。

本条共分为三款。第一款是关于附条件不起诉适用条件的规定。根据本款规定,对涉嫌犯罪的未成年人适用附条件不起诉应当同时符合下列条件:第一,未成年人所犯罪名为刑法分则第四章侵犯公民人身权利、民主权利罪,第五章侵犯财产罪,第六章妨害社会管理秩序罪中规定的罪名。在此范围之外的其他罪名,不得适用附条件不起诉。第二,根据法律规定,该未成年人的罪行可能会被判处一年有期徒刑以下刑罚。应当指出的是,这里所说的"一年有期徒刑以下刑罚"是指对该未成年被告人可能运用的刑罚,而不是指其所犯罪的法定刑。第三,犯罪事实已经查清,证据确实、充分,符合起诉条件的。如果其犯罪情节轻微,依照刑法规定不需要判处刑罚或者免除刑罚的,人民检察院则可以直接作出不起诉决定。需要指出的是,对于事实不清、证据达不到确实充分的,应当不起诉或者补充侦查,查明犯罪事实,而不得适用附条件不起诉。第四,未成年人具有悔罪表现。表现为认罪态度好,向被害人赔礼道歉,积极赔偿,取得被害人谅解等。人民检察院只有在上述条件都具备时,才能对涉案未成年人作出附条件不起诉的决定。同时,根据本款规定,人民检察院在作出决定前还应听取公安机关和被害人的意见,充分了解案件情况和未成年人的个人情况,在此基础上判断对其使用附条件不起诉是否合适。

第二款是关于公安机关、被害人对检察机关附条件不起诉决定有异议如何救济的规定。根据本款规定，公安机关认为检察机关附条件不起诉的决定不符合法定条件的，可以依据刑事诉讼法第一百七十九条的规定，要求作出决定的检察机关对该决定进行复议，如果请求复议的意见不被接受，可以向上一级人民检察院提请复核。案件被害人对附条件不起诉决定不服的，根据刑事诉讼法第一百八十条的规定，可以自收到决定书后七日以内向上一级人民检察院申诉，请求提起公诉。人民检察院应当将复查决定告知被害人。

有一个问题需要说明。2012 年刑事诉讼法修改增加附条件不起诉制度以后，实践中人民检察院办理未成年人刑事案件，对符合条件的未成年犯罪嫌疑人决定附条件不起诉，被害人不服的，能否自行再向人民法院起诉，执行中处理不统一。有关方面建议对此予以明确。2014 年 4 月 24 日第十二届全国人民代表大会常务委员会第八次会议通过了《关于〈中华人民共和国刑事诉讼法〉第二百七十一条第二款的解释》，明确：人民检察院办理未成年人刑事案件，在作出附条件不起诉的决定以及考验期满作出不起诉的决定以前，应当听取被害人的意见。被害人对人民检察院对未成年犯罪嫌疑人作出的附条件不起诉的决定和不起诉的决定，可以向上一级人民检察院申诉，不适用刑事诉讼法第一百八十条关于被害人可以向人民法院起诉的规定。全国人大常委会作出上述解释，主要考虑附条件不起诉是针对犯罪较轻的未成年人，给予其改过机会而在刑事诉讼法中设置的特别程序，体现了对未成年人的教育、感化、挽救方针。在附条件不起诉的程序中，也只规定被害人申诉的，适用刑事诉讼法第一百八十条的规定，因此，不宜在人民检察院综合考虑了各方面因素依法作出不起诉决定后，再由被害人提起自诉再行追究。同时，人民检察院对于附条件不起诉的案件，应当依法做好听取被害人意见的工作，充分保障被害人的申诉权。

第三款是关于未成年犯罪嫌疑人及其法定代理人对附条件不起诉的决定有异议如何处理的规定。如果未成年犯罪嫌疑人或者其法定代理人认为，该未成年人的行为不构成犯罪，或者犯罪情节轻微，依照刑法规定不需要判处刑罚或者免除刑罚，对检察机关附条件不起诉的决定提出异议的，检察机关应当作出起诉的决定，依法提起公诉，由人民法院对其是否构成犯罪以及如何定罪量刑作出判决。

第二百八十三条　在附条件不起诉的考验期内，由人民检察院对被附条件不起诉的未成年犯罪嫌疑人进行监督考察。未成年犯罪嫌疑人的监护人，应当对未成年犯罪嫌疑人加强管教，配合人民检察院做好监督考察工作。

附条件不起诉的考验期为六个月以上一年以下，从人民检察院作出附条件不起诉的决定之日起计算。

被附条件不起诉的未成年犯罪嫌疑人,应当遵守下列规定:
(一)遵守法律法规,服从监督;
(二)按照考察机关的规定报告自己的活动情况;
(三)离开所居住的市、县或者迁居,应当报经考察机关批准;
(四)按照考察机关的要求接受矫治和教育。

【修改提示】

本条是2012年修改刑事诉讼法时增加的规定,2018年修改刑事诉讼法未作修改。

【背景解读】

2012年3月14日第十一届全国人民代表大会第五次会议通过的《关于修改〈中华人民共和国刑事诉讼法〉的决定》增加了本条规定。“附条件不起诉”是通过一段时期的监督考察,检察机关再决定是否对未成年犯罪嫌疑人起诉的制度。本条对附条件不起诉的监督考察机关、考验期限以及监督考察内容作了规定,增强了这一制度在实践中的可操作性。

【理解与适用】

本条是关于对被附条件不起诉的未成年犯罪嫌疑人进行监督考察的规定。

本条共分为三款。第一款是关于附条件不起诉监管主体的规定。根据本款规定,对被决定附条件不起诉的未成年犯罪嫌疑人,由人民检察院对其进行监督考察,其监护人予以协助。检察机关在决定对该未成年犯罪嫌疑人适用附条件不起诉前,已经充分了解案情和未成年人的个人情况,由检察机关在考验期间对其进行监督考察,有利于监督考察工作的顺利进行,也有利于工作上的衔接,在考验期满后及时作出不起诉的决定,或者继续提起公诉。监护人本身就有抚养、教育未成年人的义务,在考验期间内,监护人应当加强对未成年犯罪嫌疑人的管教,协助、配合检察机关做好对未成年犯罪嫌疑人的监督考察工作。

第二款是关于附条件不起诉考验期限的规定。根据本款规定,附条件不起诉的期限为六个月以上一年以下,从人民检察院作出决定之日起计算。实践中,检察机关应综合考虑未成年犯罪嫌疑人罪行的轻重、主观恶性的大小等因素,确定具体的考验期限。

第三款是关于被附条件不起诉的未成年犯罪嫌疑人,应当遵守的规定,具体包括:第一,遵守法律法规,服从监督。遵纪守法、服从监督是对被附条件不起诉未成年犯罪嫌疑人最基本的行为要求，如果发现其在考验期内重新违法、犯罪的，则应当承担被公诉等相应的法律后果。第二，按照考察机关的规定报告自己的活动情况。考验期内，检察机关应掌握被附条件不起诉的未成年犯罪嫌疑人的活动情况，以及时掌握其思想、行为动向，防止重新犯罪；被监督的未成年人应按照考察机关的要求报告自己的活动情况，为评估考验效果提供参考依据。第三，离开所居住的市、县或者迁居，应当报经考察机关批准。被监督的未成年人离开原居住地或者迁居，可能会脱离检察机关的监督考察，而且，附条件不起诉处于刑事诉讼尚未完结的状态，被附条件不起诉的未成年犯罪嫌疑人可能会被提起公诉，检察机关必须掌握其行踪。因此，被附条件不起诉的未成年犯罪嫌疑人如需要离开或者迁居的，必须报考察机关批准。第四，按照考察机关的要求接受矫治和教育。考察机关在决定附条件不起诉后，会针对被附条件不起诉的未成年犯罪嫌疑人的特点和情况，决定采取一定的矫治和教育措施，以利于其认识错误、悔过自新。被附条件不起诉的未成年犯罪嫌疑人必须按照考察机关的要求，参加考察机关安排的矫治、教育活动。

第二百八十四条　被附条件不起诉的未成年犯罪嫌疑人，在考验期内有下列情形之一的，人民检察院应当撤销附条件不起诉的决定，提起公诉：

（一）实施新的犯罪或者发现决定附条件不起诉以前还有其他犯罪需要追诉的；

（二）违反治安管理规定或者考察机关有关附条件不起诉的监督管理规定，情节严重的。

被附条件不起诉的未成年犯罪嫌疑人，在考验期内没有上述情形，考验期满的，人民检察院应当作出不起诉的决定。

【修改提示】

本条是2012年修改刑事诉讼法时增加的规定，2018年修改刑事诉讼法未作修改。

【背景解读】

2012年3月14日第十一届全国人民代表大会第五次会议通过的《关于修改〈中华人民共和国刑事诉讼法〉的决定》增加了本条规定。对被适用附条件不起诉的未成年犯罪嫌疑人，考验期间的表现是衡量其是否确已悔改，是否需要追究其刑事责任的重要考量指标。如果在考验期间，该未成年人继续实施犯罪行为或者是有其他法定情形，应当提起诉讼的，检察机关应当启动后续的刑事诉讼程序，依法对其提起公诉，由法院对其判处刑罚；如果在考验期内，被附条件不起诉的未成年犯罪嫌疑人没有应当起诉情形的，考验期满则应当作出不起诉的决定。本条规定了对适用附条件不起诉的未成年犯罪嫌疑人，最终决定是否起诉的程序。

【理解与适用】

本条是对适用附条件不起诉的未成年犯罪嫌疑人作出起诉或者不起诉决定的规定。

第一款是关于对被附条件不起诉的未成年犯罪嫌疑人撤销附条件不起诉决定，提起公诉的规定。根据本款规定，对有以下两种情形的，检察机关应当撤销附条件不起诉的决定，提起公诉：第一，被附条件不起诉的未成年犯罪嫌疑人在考验期内实施新的犯罪，或者发现在决定附条件不起诉以前还有其他需要追诉的犯罪行为。在这种情况下，无论新实施的犯罪或者被发现的漏罪是否属于严重罪行，检察机关都应当依法撤销对该未成年犯罪嫌疑人的附条件不起诉决定，提起公诉，由人民法院依据刑法的规定对其判处相应的刑罚。第二，有违反治安管理规定或者考察机关有关附条件不起诉的监督管理规定，情节严重的行为。违反治安管理的规定属于违法行为，附条件不起诉的，只有在其违法行为情节较为严重时，才应决定撤销，提起公诉。“情节严重”主要包括违反治安管理规定，情节严重，或者多次违反治安管理规定，屡教不改等情形。违反考察机关有关附条件不起诉的监督管理规定，是指违反刑事诉讼法第二百八十三条关于被附条件不起诉的未成年犯罪嫌疑人应当遵守法律法规，服从监督；按照考察机关的规定报告自己的活动情况；离开所居住的市、县或者迁居，应当报经考察机关批准；按照考察机关的要求接受矫治和教育的规定。违反上述监管规定的应先以教育为主，只有在该未成年人的行为达到“情节严重”程度，才能撤销附条件不起诉的决定，提起公诉。这里的“情节严重”主要是指违反监督管理规定，情节严重，或者多次违反监督管理规定的情形。

第二款是关于检察机关在考验期满后，对符合条件的未成年犯罪嫌疑人作出不起诉决定的规定。根据本款规定，对被附条件不起诉的未成年犯罪嫌疑人，在考验期内，如果没有实施新的犯罪、未发现决定之前有漏罪；没有实施违反治安管理规定、违反考察机关监管规定，情节严重的行为，考验期满后，检察机关应当依法作出不起诉的决定。

第二百八十五条　审判的时候被告人不满十八周岁的案件，不公开审理。但是，经未成年被告人及其法定代理人同意，未成年被告人所在学校和未成年人保护组织可以派代表到场。

【修改提示】

关于未成年人案件不公开审理,1979 年刑事诉讼法即有规定,即十四岁以上不满十六岁未成年人犯罪的案件,一律不公开审理。十六岁以上不满十八岁未成年人犯罪的案件,一般也不公开审理。1996 年修改刑事诉讼法时没有修改。2012 年修改刑事诉讼法时作了修改完善并移入未成年人刑事案件诉讼程序专章进行规定。2018 年修改刑事诉讼法未作修改。

【背景解读】

对未成年人案件不公开审理,是对未成年人保护的重要措施。未成年人还在成长时期,避免其以罪犯身份出现在公众视野,有利于其今后回归社会,避免因犯罪受到歧视,从而影响其将来的工作和生活。同时,未成年人的心智尚未成熟,不公开审理,也可以避免使被告人受到刺激,对身心健康造成不利影响。

【理解与适用】

本条是关于未成年人案件不公开审理原则的规定。

1996 年刑事诉讼法第一百五十二条第二款对未成年人案件不公开审理作了规定:"十四岁以上不满十六岁未成年人犯罪的案件,一律不公开审理。十六岁以上不满十八岁未成年人犯罪的案件,一般也不公开审理。"2012 年修改刑事诉讼法时,对该规定作了修改完善。主要是:第一,明确了凡是不满十八周岁的未成年人案件,一律不公开审理。同时,进一步明确以审判当时来衡量被告人是否已满十八周岁,解决了实践中对未成年人不公开审理的年龄依据究竟是被告人"犯罪时"的年龄,还是"审判时"的年龄,认识不统一的问题。第二,对未成年人案件不公开审理的原则作了例外的规定,即经本人及其法定代理人同意,特定人员可以到场旁听未成年人案件的审理。

本条规定有两层含义:其一,被告人审判时不满十八周岁的案件,不公开审理。人民法院在对检察机关提起公诉的涉及未成年人的案件进行审查时,应当对证明该未成年人年龄的材料认真进行核实。如果该被告人在人民法院决定开庭审理时,未满十八周岁的,不公开审理。对不公开审理的未成年人案件,既不允许除诉讼参与人以外的其他人员旁听案件审理,也不允许媒体对案件的审理情况进行报道。其二,是关于对不公开审理原则例外的规定,经未成年被告人及其法定代理人同意,未成年被告人所在学校和未成年人保护组织可以派代表到场。规定上述人员到场,主要是为了便于他们了解案件有关情况,在审判结束后对未成年罪犯进行法治教育。一段时间以来,一些地方在法庭判决后对未成年人教育进行了探索,这一规定有利于这种教育的开展。但是,这些人员到场必须取得未成年被告人及其法定代理人的同意,如果被告人及其法定代理人由于保护隐私等原因,不同意其他人员到场的,人民法院应当尊重其意见。

第二百八十六条 犯罪的时候不满十八周岁,被判处五年有期徒刑以下刑罚的,应当对相关犯罪记录予以封存。

犯罪记录被封存的,不得向任何单位和个人提供,但司法机关为办案需要或者有关单位根据国家规定进行查询的除外。依法进行查询的单位,应当对被封存的犯罪记录的情况予以保密。

【修改提示】

本条是2012年修改刑事诉讼法时增加的规定,2018年修改刑事诉讼法未作修改。

【背景解读】

2012年3月14日第十一届全国人民代表大会第五次会议通过的《关于修改〈中华人民共和国刑事诉讼法〉的决定》增加了本条规定。犯罪记录的存在,会给被判处刑罚的未成年人在升学、就业、生活等方面带来一些消极影响,甚至为他们重新犯罪埋下隐患。根据"教育、感化、挽救"的方针,以及"教育为主,惩罚为辅"的原则,我国的未成年人刑事司法应注重对未成年人的教育、感化和挽救,目的是使他们能较好地回归社会。未成年人犯罪记录封存制度不仅有效巩固了刑事诉讼过程中已经实现的对未成年人的教育功能,同时还体现了刑事司法制度对未成年人的人文关怀,也是贯彻落实宽严相济刑事政策的应有之义。2012年修改后的刑事诉讼法确立了未成年人犯罪记录封存制度,同时也为合理的需求留有余地,规定司法机关为办案需要或者有关单位根据法律规定可以进行查询。

【理解与适用】

本条是关于未成年人犯罪记录封存的规定。

本条共分为二款。第一款是关于对犯罪时不满十八周岁,并且被判处五年有期徒刑以下刑罚的未成年人犯罪记录予以封存的规定。根据本款规定,封存犯罪记录应当符合以下条件:第一,年龄条件,以行为时为准,该未成年人犯罪时未满十八周岁;第二,刑罚条件,根据法院生效判决,该未成年人被判处了五年有期徒刑以下刑罚。如果依据刑法规定,该未成年人被判处的刑罚超过五年有期徒刑,说明其行为的社会危害性较大,其个人的人身危险性也较大,将其犯罪记录予以封存,不利于刑法社会防卫功能的发挥。被封存的犯罪记录包括在侦查、审查起诉和审理过程中形成的与未成年人犯罪相关的各种材料。司法机关封存符合条件的未成年人犯罪记录,不仅要对未成年犯罪嫌疑人、被告人的材料采取保密措施,妥善保存,非因法定事由不得向外界提供;在未成年人需要对外提供有无犯罪记录证明时,司法机关还应当依照规定提供相应的证明。此外,我国刑法第一百条规定,依法受过刑事处罚的人,在入伍、就业的时候,应当如实向有关单位报告自己曾受过刑事处罚,不得隐瞒。犯罪的时候不满十八周岁被判处五年有期徒刑以下刑罚的人,免除上述报告义务。

本条第二款是关于不得向任何单位、个人提供犯罪记录及例外的规定。对被封存的犯罪记录,除法律规定的例外情形外,司法机关不得向任何单位和个人提供,不允许其他人员查阅、摘抄或者复制未成年犯罪材料。本款规定了可以对未成年人犯罪记录进行查询的两种例外情形:其一,司法机关为办理案件需要可以查询。当司法机关办理具体案件需要从未成年犯罪嫌疑人、被告人的犯罪记录中获取线索及有关定罪量刑的信息时,可查询其犯罪记录。其二,有关单位根据国家规定可进行查询。在这种情况下,相关单位要查询犯罪记录,必须有相应的国家规定作为法律依据,只有确有国家规定确定的事由的,方能查询。本款同时规定了查询单位的保密义务。依法进行查询的单位,应当对被封存的犯罪记录的情况予以保密,其经查询获取的信息只能用于特定事项、特定范围。

第二百八十七条　办理未成年人刑事案件,除本章已有规定的以外,按照本法的其他规定进行。

【修改提示】

本条是2012年修改刑事诉讼法时增加的规定,2018年修改刑事诉讼法未作修改。

【背景解读】

2012年3月14日第十一届全国人民代表大会第五次会议通过的《关于修改〈中华人民共和国刑事诉讼法〉的决定》在刑事诉讼法将未成年人刑事案件程序作为一种特别程序,单列一章作出规定,既突出了对未成年人的特殊保护,也更便于法律在司法实践中的应用实施。考虑到除了该章针对未成年人对刑事诉讼程序作出特别规定以外,刑事诉讼活动中还有其他一些该章中没有专门规定的,需要适用刑事诉讼法的其他规定。因此,本条对此作出了衔接性规定。

【理解与适用】

本条是关于办理未成年人刑事案件如何适用法律的规定。

本条规定，司法机关办理未成年人刑事案件，除本章已有规定的以外，适用刑事诉讼法的其他相关规定。根据这一规定，办理未成年人案件，对本章有规定的，适用本章的规定办理，对本章没有规定的事项，应遵照刑事诉讼法关于案件办理的一般规定执行。

第二章　当事人和解的公诉案件诉讼程序

第二百八十八条　下列公诉案件，犯罪嫌疑人、被告人真诚悔罪，通过向被害人赔偿损失、赔礼道歉等方式获得被害人谅解，被害人自愿和解的，双方当事人可以和解：

（一）因民间纠纷引起，涉嫌刑法分则第四章、第五章规定的犯罪案件，可能判处三年有期徒刑以下刑罚的；

（二）除渎职犯罪以外的可能判处七年有期徒刑以下刑罚的过失犯罪案件。

犯罪嫌疑人、被告人在五年以内曾经故意犯罪的，不适用本章规定的程序。

【修改提示】

本条是2012年修改刑事诉讼法时增加的规定，2018年修改刑事诉讼法未作修改。

【背景解读】

1979年刑事诉讼法和1996年刑事诉讼法对自诉案件的和解程序作出了规定，对公诉案件没有规定当事人和解程序。长期以来，公诉案件被认为是司法机关代表国家执行法律、追诉犯罪的诉讼，被害人的诉讼地位和精神、物质方面损失的补偿未得到应有的重视。一段时间以来，在创新社会管理、创建和谐社会的司法实践中，有些地方尝试在公诉案件中加强对被害人的保护，在国家追诉犯罪的前提下，允许真诚悔罪的犯罪嫌疑人、被告人通过向被害人赔偿损失、赔礼道歉等方式获得被害人的谅解，被害人自愿与犯罪嫌疑人、被告人和解的，可以对犯罪嫌疑人、被告人从宽处理，同时也使被害人在精神上得到抚慰、在经济上得到一定赔偿，从而最大限度地化解矛盾，修复被犯罪破坏的社会关系，有利于社会和谐，取得了较好的社会效果与法律效果。2012 年修改刑事诉讼法，根据各方面意见，吸收了司法实践中的有益做法，规定了公诉案件的和解程序。同时，考虑到公诉案件的国家追诉性质和刑法的严肃性，防止出现以罚代刑或者放纵严重犯罪等影响司法公正的情况发生，对建立这一新的诉讼制度宜审慎把握。为此，本条对公诉案件当事人和解的适用条件、案件范围以及除外情况、和解协议的形成、和解协议的法律效果作出了明确的规定。

2012 年 3 月 14 日第十一届全国人民代表大会第五次会议通过的《关于修改〈中华人民共和国刑事诉讼法〉的决定》在刑事诉讼法中增加了本条的规定。2012 年修改刑事诉讼法，根据各方面意见，吸收了司法实践中的有益做法，规定了公诉案件的和解程序。本条对公诉案件当事人和解的适用条件、案件范围以及除外情况作出了明确的规定。

【理解与适用】

本条是关于公诉案件当事人和解的适用条件、案件范围以及除外情况的规定。

本条共分为两款。第一款是关于当事人和解的适用条件和案件范围的规定。关于当事人和解的条件：一是犯罪嫌疑人、被告人必须真诚悔罪。这里的“真诚悔罪”是指犯罪嫌疑人、被告人出于自己的意愿，发自内心地认识到自己的行为给被害人带来的伤害，对自己的犯罪行为真诚悔过，诚恳地希望得到被害人的谅解。二是获得被害人的谅解。犯罪嫌疑人、被告人通过赔偿损失、赔礼道歉等方式弥补被害人因犯罪行为遭受的物质损失和精神伤害，从而获得被害人的谅解。这里规定的“谅解”是指被告人通过各种方式真诚悔罪，使被害人体察并同情其处境，原谅其错误。三是被害人自愿和解。将被害人自愿和解作为公诉案件当事人和解的条件之一，是为防止被害人在受到暴力、胁迫等情况下违背自己的意志同意和解，影响和解的公正性。这里的“自愿和解”是指被害人不受外力的干扰，在谅解犯罪嫌疑人、被告人的基础上，出于自己的意愿，与犯罪嫌疑人、被告人和解。关于当事人和解的案件范围有两种：一种是因民间纠纷引起的，涉嫌刑法分则第四章、第五章规定的犯罪案件，可能判处三年有期徒刑以下刑罚的。“因民间纠纷引起”是指犯罪的起因，是公民之间因财产、人身等问题引发的纠纷，既包括因婚姻家庭、邻里纠纷等民间矛盾激化引发的案件，也包括因口角、泄愤等偶发性矛盾引发的案件。因民间纠纷引起的，涉嫌刑法分则第四章规定的侵犯公民人身权利、民主权利罪和第五章规定的侵犯财产罪，无论是故意犯罪还是过失犯罪，可能判处三年有期徒刑以下刑罚的，双方当事人可以和解。这样规定是考虑到这类犯罪往往事出有因，情节也较轻，且其侵犯的客体是公民的人身权利、民主权利、财产权利，并不涉及国家利益、公共利益，允许公民有一定的处分权，更有利于修复社会关系。另一种是，除渎职犯罪以外的可能判处七年有期徒刑以下刑罚的过失犯罪案件，当事人可以和解。这里的“过失犯罪案件”是指刑法分则中规定的除第九章渎职罪以外可能判处七年有期徒刑以下刑罚的过失犯罪案件。这样规定是考虑到过失犯罪，行为人主观上出于过失，可以给予其悔过自新、从宽处理的机会。而渎职罪中的过失表现为国家机关工作人员滥用职权、玩忽职守、严重不负责任等行为，是构成犯罪的要件之一，对国家机关工作人员履行职责应有更高要求，且渎职罪侵犯了国家机关的正常管理活动，因而规定渎职犯罪案件不在和解案件范围之内。

第二款是关于当事人和解的除外规定。根据本款的规定，犯罪嫌疑人、被告人在五年以内曾经故意犯罪的，不适用本章规定的当事人和解的公诉案件诉讼程序。这里的“五年以内”指的是犯后罪的时间距离犯前罪的时间不超过五年。前罪是故意犯罪的，无论后罪是故意犯罪还是过失犯罪，都不能适用本章关于当事人和解的规定。前罪是过失犯罪的，满足本条规定的其他条件的，当事人之间仍然可以和解。

第二百八十九条　双方当事人和解的，公安机关、人民检察院、人民法院应当听取当事人和其他有关人员的意见，对和解的自愿性、合法性进行审查，并主持制作和解协议书。

【修改提示】

本条是2012年修改刑事诉讼法时增加的规定，2018年修改刑事诉讼法未作修改。

【背景解读】

2012年3月14日第十一届全国人民代表大会第五次会议通过的《关于修改〈中华人民共和国刑事诉讼法〉的决定》在刑事诉讼法中增加了本条的规定。

公诉案件是国家追诉犯罪的案件，因此，在刑事诉讼的侦查、起诉、审判等各个阶段，有关机关履行代表国家追诉犯罪职责，应起主导作用。双方当事人无论是自行和解还是在有关机关主持下和解，都不能自行制作和解协议，而是需要由公安机关、人民检察院、人民法院在听取当事人和有关人员意见的基础上，对和解进行审查。主要是审查当事人是否自愿和解、有无被胁迫的情况以及和解的内容和形式是否合法合理，如有无过分索赔或赔偿不够、违反法律的内容等，并由有关机关主持制作和解协议，督促当事人双方严格按协议执行。

【理解与适用】

本条是关于有关机关对当事人和解的审查并主持制作和解协议的规定。

本条对和解协议形成的程序进行了规定：首先，双方当事人达成和解。公安机关、人民检察院、人民法院可以向犯罪嫌疑人、被告人或者被害人告知对方的和解意向、和解的相关规定以及双方当事人各自的权利、义务，由双方当事人自行协商，公安机关、人民检察院、人民法院也可以在各自的诉讼阶段作为中立的第三方积极促成当事人之间的沟通、会面、交谈，组织和主持双方当事人协商以达成和解。在和解的过程中，主持者应保持客观、中立，不得偏袒或欺瞒任何一方；犯罪嫌疑人、被告人应承认自己的罪行并真诚悔罪，认识到自己的行为给被害人带来的伤害，通过赔偿损失、赔礼道歉等方式获得被害人的谅解，双方最终就上述问题形成一致的意见，被害人自愿和解的，即达成和解。其次，双方当事人自行和解的，可以以书面形式交公安机关、人民检察院、人民法院审查，也可以以口头形式向公安机关、人民检察院、人民法院陈述。公安机关、人民检察院、人民法院应当听取双方当事人的意见，发现任何一方采取暴力、胁迫、欺骗等方式使另一方在违背真实意愿的基础上和解的，应当认定和解无效，和解过程有其他人参加的，还应当听取其他有关人员的意见。这里规定的“其他有关人员”是指与该案有利害关系人的当事人以外的其他人员，如被害人的法定代理人、被告人的辩护律师等，也应当听取他们的意见。双方当事人如果是在公安机关、人民检察院、人民法院的主持下达成和解的，公安机关、人民检察院、人民法院应当对双方当事人的自愿性进行确认，并审查和解的内容是否违反法律的强制性规定，是否损害国家利害、社会利益和他人的合法权益。最后，经审查，认为和解是在双方自愿的前提下达成且内容合法，符合本法第二百八十八条规定的条件的，应当由公安机关、人民检察院或者人民法院主持制作和解协议书，由双方签字，作为履行和解协议和依法从宽处理的依据。

在理解和执行本条时应当注意：公诉案件双方当事人和解的，和解协议中应有被害人谅解的内容，但不应涉及刑事责任的处理。和解协议中包含被害人表示不追究犯罪嫌疑人、被告人刑事责任意愿的内容的，对司法机关没有约束力。刑事责任的追究最终取决于公安机关、人民检察院、人民法院根据刑法和刑事诉讼法对犯罪嫌疑人、被告人作出的处理，犯罪嫌疑人、被告人不得以此作为不履行和解协议的理由。

第二百九十条　对于达成和解协议的案件，公安机关可以向人民检察院提出从宽处理的建议。人民检察院可以向人民法院提出从宽处罚的建议；对于犯罪情

节轻微，不需要判处刑罚的，可以作出不起诉的决定。人民法院可以依法对被告人从宽处罚。

【修改提示】

本条是2012年修改刑事诉讼法时增加的规定，2018年修改刑事诉讼法未作修改。

【背景解读】

2012年3月14日第十一届全国人民代表大会第五次会议通过的《关于修改〈中华人民共和国刑事诉讼法〉的决定》在刑事诉讼法中增加了本条规定。

一段时间以来，在司法实践中，有不少地方积极探索公诉案件的当事人和解制度。有的地方将当事人和解的案件限定在较小的范围内，双方当事人达成和解协议后，对犯罪嫌疑人不移送审查起诉或者不起诉。有的地方则不限定案件范围，将达成和解作为从轻处罚的考量因素。2012年修改刑事诉讼法，根据各方面意见和总结各地的司法实践经验，规定了对达成和解协议案件的处理原则：公安机关可以向人民检察院提出从宽处理的建议。人民检察院可以向人民法院提出从宽处罚的建议；对于犯罪情节轻微，不需要判处刑罚的，可以作出不起诉的决定。人民法院可以依法对被告人从宽处罚。这里规定的"从宽处罚"是指对犯罪嫌疑人、被告人从轻或者减轻处罚。这样规定，使和解协议具有一定的法律后果，促使犯罪嫌疑人、被告人真诚悔罪，改过自新，又不致影响对犯罪的追诉、打击，避免依和解协议免除处罚而放纵犯罪。如何从宽处罚可以由人民法院根据公安机关、人民检察院的建议和案件情况、当事人和解协议依法裁量。

【理解与适用】

本条是关于当事人和解的法律后果的规定。

根据本条的规定，双方当事人在侦查阶段达成和解协议的，公安机关应当对和解协议的自愿性和合法性进行审查，将和解协议的内容及履行情况记录在案，并根据情况写出从宽处理的建议，同时仍应当查清案件事实，对于犯罪事实清楚，证据确实、充分的，应当写出起诉意见书，连同案卷材料、证据、和解协议书、从宽处理的建议一并移送人民检察院审查起诉。人民检察院收到公安机关移送审查起诉的相关材料后，认为犯罪嫌疑人的犯罪事实已经查清，证据确实、充分，依法应当追究刑事责任的，应当提起公诉，并根据案件情况写出从宽处罚的建议，连同案卷材料、证据、和解协议书一并移送人民法院；对于犯罪情节轻微，不需要判处刑罚的，可以作出不起诉的决定。人民法院收到人民检察院提起公诉的相关材料后，对于案件事实清楚，证据确实、充分，依据法律认定被告人有罪的，应当作出有罪判决，但是可以根据案件情况依法在量刑上对被告人从轻或者减轻处罚；对于犯罪情节轻微不需要判处刑罚的，可以依法免予刑事处罚。

双方当事人在审查起诉阶段达成和解协议的，人民检察院应当对和解协议的自愿性和合法性进行审查，将和解协议的内容及履行情况记录在案，认为犯罪嫌疑人的犯罪事实已经查清，证据确实、充分，依法应当追究刑事责任的，应当提起公诉，并根据案件情况写出从宽处罚的建议，连同案卷材料、证据、和解协议书一并移送人民法院；对于犯罪情节轻微，不需要判处刑罚的，可以依法作出不起诉的决定。

双方当事人在审判阶段达成和解协议的，人民法院应当对和解协议的自愿性和合法性进行审查，将和解协议的内容及履行情况记录在案，对于案件事实清楚，证据确实、充分，依据法律认定被告人有罪的，应当作出有罪判决，但是可以根据案件情况依法在量刑上对被告人从轻或者减轻处罚；对于犯罪情节轻微不需要判处刑罚的，可以免予刑事处罚。

在理解和执行本条时应当注意：公安机关可以根据双方达成和解协议的情况和案件情况向人民检察院提出从宽处理的建议，但是不得在侦查阶段因双方当事人达成和解协议而作出撤销案件的决定。

第三章　缺席审判程序

第二百九十一条[①]　**对于贪污贿赂犯罪案件，以及需要及时进行审判，经最高人民检察院核准的严重危害国家安全犯罪、恐怖活动犯罪案件，犯罪嫌疑人、被告人在境外，监察机关、公安机关移送起诉，人民检察院认为犯罪事实已经查清，证据确实、充分，依法应当追究刑事责任的，可以向人民法院提起公诉。人民法院进行审查后，对于起诉书中有明确的指控犯罪事实，符合缺席审判程序适用条件的，应当决定开庭审判。**

前款案件，由犯罪地、被告人离境前居住地或者最高人民法院指定的中级人民法院组成合议庭进行审理。

---

① 根据2018年10月26日第十三届全国人民代表大会常务委员会第六次会议通过的《关于修改〈中华人民共和国刑事诉讼法〉的决定》增加。

【修改提示】

本条是2018年修改刑事诉讼法增加的规定。

【背景解读】

我国民事诉讼法、行政诉讼法规定了特定情形下的缺席审判程序。民事诉讼法第一百四十四条规定，被告经传票传唤，无正当理由拒不到庭的，或者未经法庭许可中途退庭的，可以缺席判决。行政诉讼法第五十八条规定，经人民法院传票传唤，原告无正当理由拒不到庭，或者未经法庭许可中途退庭的，可以按照撤诉处理；被告无正当理由拒不到庭，或者未经法庭许可中途退庭的，可以缺席判决。刑事诉讼法没有规定对未到庭的被告人进行定罪量刑的审判制度，同时，刑事诉讼法还明确规定在刑事审判程序中的讯问被告人的环节和被告人提出证据、质证、辩论和最后陈述等诉讼权利。2012年修改刑事诉讼法时，针对贪污贿赂、恐怖活动犯罪等重大犯罪案件，犯罪嫌疑人、被告人逃匿、死亡涉案财产依法处置的问题，增加规定了犯罪嫌疑人、被告人逃匿、死亡案件违法所得没收程序。近年来，有关部门不断加大国际追逃追赃工作力度，缉捕外逃人员人数逐年上升，从欧美国家引渡、遣返取得新突破。有关方面提出，为加强国际追逃追赃工作力度，丰富国际追逃追赃工作手段，通过"以审促返"加大劝返力度，有必要研究建立刑事缺席审判制度。

从国外立法情况看，总体上对缺席审判持谨慎态度，但也有一些国家法律中规定了刑事缺席审判制度，一些国家的法律不排斥在严格保障被告人权利的前提下进行缺席审判。规定了刑事缺席审判制度的国家多数在适用上要求针对特定情形或条件的案件。另外，由于法律传统的差异，不同国家和地区对刑事缺席审判制度的定义也不统一，关于刑事缺席审判程序的规定差异较大。一是有的国家如俄罗斯、英国、法国、德国、意大利、西班牙、澳大利亚等，明确规定了一定条件下的刑事缺席审判制度。俄罗斯规定，轻罪或者中等严重的刑事案件，被告人可以申请进行缺席审判；重罪或者特别严重的刑事案件，被告人在境外、逃避出庭，且所犯罪行在外国未被追诉的，可以缺席审判。英国规定，对所有刑事案件，犯罪嫌疑人逃匿或者因其他原因经传唤未到庭的，法院可行使自由裁量权决定是否缺席审判。法国规定，轻罪案件被告人经传唤无正当理由不到庭的，重罪案件被告人逃匿或者未到庭的，可以缺席审判。德国规定，对于轻罪案件，被告人经传唤未到庭的，可以缺席审判。对于重罪案件被告人潜逃境外的，可以为保全证据和迫使被告人到案而进行审理，但不得作出实体处罚。澳大利亚规定，对于判处罚金的案件，可以缺席审判。二是有的国家如美国、加拿大、日本、土耳其等不承认刑事缺席审判制度,但同时规定了对被告人未到庭的审判程序。美国规定,被告人在首次出庭后放弃继续到庭权利的,或者因破坏法庭秩序被驱离法庭的,法院可以继续审判。加拿大规定,被告人在庭审过程中逃匿的,法院可以继续审判,也可以发出逮捕令,待被告人归案后再行审判。日本规定,对于可能判处 50 万日元以下罚金的,被告人可以不出庭;对于可能判处拘役、三年以下监禁或者超过 50 万日元罚金的,被告人在特定审判环节(首次开庭、宣判)必须到庭,其他时间经许可可以不出庭。三是有的国家如新西兰、新加坡、马来西亚等则完全不允许在被告人缺席的情况下进行刑事审判。

【理解与适用】

本条是关于犯罪嫌疑人、被告人在境外的缺席审判案件范围和管辖的规定。

本条共分为两款。第一款是关于缺席审判案件范围、条件和程序等的规定。本款规定可以从以下三个方面来理解:

1. 缺席审判的案件范围

根据本条规定,对贪污贿赂犯罪案件,以及需要及时进行审判,经最高人民检察院核准的严重危害国家安全犯罪、恐怖活动犯罪案件可以适用刑事缺席审判。在刑事诉讼法修改过程中,适用刑事缺席审判的案件范围立法过程中的一个重点问题。修正草案一审稿对案件范围规定的是“贪污贿赂等犯罪案件”,对于“等”如何理解,是否还包括其他犯罪案件,如果包括其他案件,具体是哪些案件,对此尚不明确。在之后常委会审议和研究过程中,有的常委委员、地方、部门和社会公众建议根据实际需要,适当扩大缺席审判的适用范围。经反复研究,建立缺席审判制度主要针对反腐败犯罪的,但对于贪污贿赂案件以外的其他重大案件确有必要及时追究的,在充分保障诉讼权利的前提下,也可以研究进行缺席审判的可行性。同时,考虑到这是一项新制度,尚缺乏实践经验,且有的缺席审判案件,文书送达和判决执行可能需要外国协助,在制度设计上需要考虑到国际影响和外国通行做法,对贪污贿赂之外的其他案件,还是应当严格限制范围并规定严格的核准程序,稳妥实施,适用案件范围不宜过大。为此,最终通过的修改决定将缺席审判的案件范围修改为“贪污贿赂犯罪案件,以及需要及时进行审判,经最高人民检察院核准的严重的危害国家安全犯罪、恐怖活动犯罪案件”。即明确了适用缺席审判案件的具体范围,三种类型的犯罪很确定,没有留有其他余地。也有意见提出,应当进一步扩大缺席审判案件范围,将一些严重的经济犯罪、毒品犯罪、黑社会性质的组织犯罪、电信诈骗犯罪等规定适用缺席审判。这些都还需要将来在深入总结缺席审判实践经验的基础上再作研究。

根据本条第一款的规定,缺席审判适用于三类案件。一是贪污贿赂犯罪案件,这是设立刑事缺席审判制度最初的考虑。贪污贿赂犯罪是指由监察机关调查的刑法分则第八章规定的国家工作人员犯罪，以及其他章节中明确规定按照刑法分则第八章贪污贿赂罪的规定定罪处罚的犯罪。对于贪污贿赂犯罪案件适用刑事缺席审判不需要经过最高人民检察院核准。对于犯罪嫌疑人、被告人在境外的贪污贿赂犯罪案件，实践中还是应当尽可能地依法通过引渡、遣返、劝返等方式，使其回国接受审判，而不能因为有缺席审判程序，就不尽力追逃，只是缺席审判。另外，实践中，对于适用缺席审判的贪污贿赂犯罪案件、批准程序等，还可以在总结实践经验的基础上，通过有关文件等进一步研究和明确。

二是严重危害国家安全犯罪、恐怖活动犯罪案件。危害国家安全犯罪、恐怖活动犯罪涉及国家利益和社会公共利益，对其中的严重案件根据案件具体情况，经过严格的批准程序，予以缺席审判，即满足了可能的现实需要，也严格限制了情形。危害国家安全犯罪主要是指刑法分则第一章规定的危害国家安全罪。根据反恐怖主义法第三条的规定，恐怖活动犯罪是指通过暴力、破坏、恐吓等手段，制造社会恐慌、危害公共安全、侵犯人身财产，或者胁迫国家机关、国际组织，以实现其政治、意识形态等目的，构成犯罪的行为。不仅包括组织、领导、参加恐怖组织罪，帮助恐怖活动罪，准备实施恐怖活动罪，宣扬恐怖主义、极端主义、煽动实施恐怖活动罪等刑法明确规定的恐怖活动犯罪，还包括具有恐怖主义性质的放火、爆炸、投放危险物质、破坏交通工具、破坏电力设备、劫持航空器等恐怖活动犯罪。同时，这两类案件适用刑事缺席审判需要进一步判断条件，应当是“严重”危害国家安全犯罪、恐怖活动犯罪案件，案件需要及时进行审判，程序上需要经过最高人民检察院核准。是否需要及时进行审判，应当根据实际情况进行判断。对于这两类案件公安机关移送起诉，人民检察院认为犯罪事实已经查清，证据确实、充分，依法应当追究刑事责任，拟向人民法院提起公诉的，应当先报经最高人民检察院核准，经核准后依法提起公诉。

2. 本条规定的缺席审判适用于犯罪嫌疑人、被告人在境外的情形

根据本条规定，缺席审判适用于贪污贿赂犯罪案件，以及需要及时进行审判，经最高人民检察院核准的严重危害国家安全犯罪、恐怖活动犯罪案件的“犯罪嫌疑人、被告人在境外”的情形。也就是说，缺席的原因是犯罪嫌疑人、被告人“在境外”。“在境外”是指犯罪后潜逃境外，或者因其他原因出境后在境外滞留不归等情况。需要注意的是，对于犯罪嫌疑人、被告人因逃匿不能到案，但没有在境外的，不适用缺席审判程序。研究过程中也有意见提出，将在境内逃匿、下落不明的案件也纳入缺席审判的情形。对此，经研究认为，对境内藏匿不能到案的，有关部门应当继续追查犯罪嫌疑人、被告人下落。当然，这种情况如果案件久拖不决，有涉案财物需要先行处置的，可以根据 2012 年修改刑事诉讼法增加的违法所得没收程序规定，对符合条件的适用该程序，对涉案财物作出判决。“在境外”是需要

证明的条件,人民检察院在提起公诉时应当有证据确认犯罪嫌疑人、被告人“在境外”,才符合适用缺席审判的条件。

3. 缺席审判案件办理的程序

一是缺席审判案件由监察机关、公安机关移送起诉。贪污贿赂犯罪案件由监察机关移送起诉,危害国家安全犯罪、恐怖活动犯罪案件由公安机关移送。根据刑事诉讼法第四条的规定,国家安全机关依照法律规定,办理危害国家安全的刑事案件,行使与公安机关相同的职权,国家安全犯罪按照规定由国家安全机关侦查的,由国家安全机关移送起诉。二是人民检察院提起公诉。对于监察机关、公安机关移送起诉的案件,人民检察院经审查认为犯罪事实已经查清,证据确实、充分,依法应当追究刑事责任,犯罪嫌疑人在境外,需要进行缺席审判的,应当在报请最高人民检察院核准后,向人民法院依法提起公诉。根据修改后的刑事诉讼法第五十五条规定,认定证据确实、充分,应当符合以下条件:定罪量刑的事实都有证据证明;据以定案的证据均经法定程序查证属实;综合全案证据,对所认定事实已排除合理怀疑。三是人民法院决定缺席审判。对于人民检察院提起公诉的缺席案件,人民法院要进行审查判断,以决定是否开庭审理:第一,对起诉书审查是否具有明确的指控犯罪事实;第二,是否符合缺席审判条件,包括是否属于法律规定的缺席审判案件范围、是否经过最高人民检察院核准、被告人是否在境外、传票和人民检察院的起诉书副本是否通过国际刑事司法协助等法律规定的方式予以送达被告人等。对于符合上述条件的,人民法院应当决定开庭审判。决定开庭审判的,人民法院应当依法组成合议庭。

第二款是关于缺席审判案件管辖的规定。对于刑事缺席审判的案件,由犯罪地、被告人离境前居住地或者最高人民法院指定的中级人民法院管辖,组成合议庭进行审理。一是在级别管辖上案件由中级人民法院管辖。根据刑事诉讼法的规定,除了法律另有规定外,第一审普通刑事案件由基层人民法院管辖,中级人民法院管辖危害国家安全、恐怖活动案件和可能判处无期徒刑、死刑的第一审刑事案件。本条规定缺席审判案件由中级人民法院管辖,一方面是因为缺席审判案件类型中的危害国家安全、恐怖活动犯罪案件依法应当由中级人民法院管辖。另一方面,也主要是考虑到缺席审判是一项新的制度,证据、程序、审判方面具有更高要求,涉及被告人诉讼权利的审慎把握,由中级人民法院审判更有利于案件公正审判、妥当处理。二是在地域管辖上案件由犯罪地、被告人离境前居住地或者最高人民法院指定的中级人民法院管辖。修改后的刑事诉讼法第二十五条规定了刑事案件的地域管辖,即刑事案件由犯罪地的人民法院管辖。如果由被告人居住地的人民法院审判更为适宜的,可以由被告人居住地的人民法院管辖。因此,本条有关地域管辖的规定与刑事诉讼法第二十五条的规定是一致的,是第二十五条规定的具体体现。犯罪地包括犯罪行为发生地和结果发生地;离境前居住地是指离境前犯罪嫌疑人、被告人的户籍所在地或者经常居住地。居住地前加了离境前的限制，这是由于缺席审判的被告人在境外，居住地只能是“离境前的居住地”。另外，本条还规定缺席审判案件可由最高人民法院指定的中级人民法院管辖。这是在常委会第三次审议时，根据常委会审议意见增加的规定。修改后的刑事诉讼法第二十七条规定了指定管辖，上级人民法院可以指定下级人民法院审判管辖不明的案件，也可以指定下级人民法院将案件移送其他人民法院审判。因此，本条有关最高人民法院指定管辖的规定与刑事诉讼法第二十七条的规定是一致的，此处作了专门规定。这是考虑到，实践中情况比较复杂，对这类案件有时由犯罪地法院管辖不适宜，如犯罪地有多个，犯罪地不明确，或者被告人离境前的居住地不能确定等，规定由最高人民法院根据案件具体情况和审判需要，指定中级人民法院管辖，有利于合理确定案件管辖法院。三是组成合议庭进行审理。缺席审判应当开庭，依法组成合议庭审理，不能采取书面审理的方式，也不适用独任审理。根据修改后的刑事诉讼法第一百八十三条的规定，中级人民法院审判第一审刑事案件，应当由审判员三人或者审判员和人民陪审员共三人或者七人组成合议庭进行。

实践中需要注意：一是刑事缺席审判是一项新的制度，实践中还需要进一步总结经验，在适用中应当严格依法进行，按照规定进行审批决定。同时，应当注意的是，刑事缺席审判丰富了追逃追赃等工作的手段，对于犯罪嫌疑人、被告人在境外的案件，可以适用缺席审判，但并非都适宜采取缺席审判的方式，要综合考虑各方面情况。因此，开展好国际追逃追赃等工作，应当综合运用政治、外交、法律等多种手段，根据案件和对象国的不同情况，有针对性地运用引渡、遣返、劝返等不同方法和刑事追诉、刑事缺席审判、违法所得没收等不同程序，以确保取得最好的效果。同时，还应当注意加强与有关国家就开展国际刑事司法合作条约、引渡条约的谈判，与缺席审判制度综合运用，以保证判决执行，促使罪犯回国，以取得最大法律效果。

二是处理好适用缺席审判程序和适用违法所得没收程序的关系。违法所得没收程序是2012年修改刑事诉讼法增加的规定。从实践情况看，这一程序目前各地适用情况不平衡，还需要进一步探索和积累经验。适用积极性不高。这一程序将来还有很大的运用空间。缺席审判的适用需要根据案件的情况，统筹考虑各方面情况作出决定。对于同时符合违法所得没收程序和缺席审判条件的案件，并非都要优先适用缺席审判。对于有的犯罪嫌疑人、被告人逃匿到境外的案件，有关机关应当继续进行追查。对于查找到其违法所得或者其他涉案财产的，适用违法所得没收程序对涉案财产作出处理，也可以达到惩治犯罪、追逃追赃的目的。

第二百九十二条[①]　**人民法院应当通过有关国际条约规定的或者外交途径提出的司法协助方式，或者被告人所在地法律允许的其他方式，将传票和人民检察院的起诉书副本送达被告人。传票和起诉书副本送达后，被告人未按要求到案的，人民法院应当开庭审理，依法作出判决，并对违法所得及其他涉案财产作出处理。**

【修改提示】

本条是2018年修改刑事诉讼法增加的规定。

【背景解读】

缺席审判是在被告人不在场的情况进行审判，涉及被告人辩护权等诉讼权利的行使，通过送达开庭传票、起诉书副本，告知被告人将对其涉嫌犯罪进行审判，给予被告人行使辩护权的机会，是对被告人权利的保障，这一程序设置符合惩罚犯罪与保障人权平衡的需要。同时，通过送达有关司法文书，通知其开庭审判，也有利于开展劝返工作，促使其回国接受公正审判。另外，从国际刑事司法协助的实践看，如果未经送达或者通知，在被告人不知情的情况下对其审判，各国一般会拒绝引渡及提供刑事司法协助。因此，规定送达程序也是为了便于开展国际刑事司法合作，为缺席审判罪犯的引渡、判决执行等工作提供便利，增强缺席审判的实际效果。

【理解与适用】

本条是关于缺席审判送达的规定。

送达是一项诉讼活动，是诉讼程序的组成部分，它直接关系到整个刑事诉讼程序能否顺利进行。根据本条规定，向在境外的被告人送达人民法院开庭传票和人民检察院起诉书副本是人民法院缺席审判的必经程序。对本条规定可以从以下几个方面进行理解：

1. 关于送达的方式

一是有关国际条约规定的司法协助方式。国际条约主要是指我国与外国签订的有关刑事司法协助方面的双边条约，目前我国已经批准了54件有关刑事司法协助的双边条约。国际条约还包括多边条约、国际公约，我国已经批准和加入了包括《联合国反腐败公约》《联合国打击跨国有组织犯罪公约》等多项含有刑事

---

① 根据2018年10月26日第十三届全国人民代表大会常务委员会第六次会议通过的《关于修改〈中华人民共和国刑事诉讼法〉的决定》增加。

司法协助内容的国际公约，共同参加国际公约的双方国家进行刑事司法合作，请求协助送达可以依照国际公约中有关刑事司法协助的规定进行。从我国与外国签订的国际刑事司法协助条约规定的情况看，一般都对送达文书作了专门规定。在向外国请求送达时，应当依照条约的具体规定进行。有的条约对送达开庭传票规定了提前的日期。如与美国的刑事司法协助条约规定，请求方应在离预定的出庭日期至少四十五天前转交，除非被请求方同意在紧急情形下在较短期限内转交开庭传票；与韩国的刑事司法合作条约规定，开庭传票送达请求不迟于要求出庭日前六十天递交给被请求方。被请求国完成送达后应向请求方出具送达证明，送达证明应包括送达日期、地点和方法的说明，并应由送达文书的机关签署或盖章。如果不能完成送达，则应通知请求方，并说明理由。此外，我国国际刑事司法协助法第二十条、第二十一条对向外国请求送达文书作了规定。根据该规定，人民法院缺席审判请求外国送达法律文书的，应当制作刑事司法协助请求书并附相关材料，经所属主管机关，即最高人民法院审核同意后，由对外联系机关及时向外国提出请求。请求送达文书的，请求书应当载明受送达人的姓名或者名称、送达的地址以及需要告知受送达人的相关权利和义务。

二是外交途径提出的司法协助方式。这种情况针对的是双方国家尚未签订国际刑事司法协助条约，需要进行国际刑事司法合作的情况。国际刑事司法协助法第五条中规定，我国和外国之间没有刑事司法协助条约的，通过外交途径联系开展刑事司法合作。通过外交途径联系送达开庭传票、起诉书的，应当按照双方协商确定的具体方式、要求进行。

三是被告人所在地法律允许的其他方式。送达文书属于一国的司法主权事务，一般来说需要请求被告人所在地国家协助送达。同时，由于各国法律制度和刑事司法协助实践的情况不同，也不排除有的国家法律规定在一定条件下允许其他方式送达，或者随着国际刑事司法协助的发展，将来作出这方面的安排。因此，规定被告人所在地法律允许的其他方式是考虑到了各种其他情况，所作的留有空间的规定。比如领事送达，目前国际上对于通过领事送达民商事司法文书具有规定和实践。1954 年《民事诉讼程序公约》、1965 年《关于向国外送达民事或商事司法文书和司法外文书公约》中有明确规定。我国于 1991 年加入了后一公约，根据 1992 年《最高人民法院、外交部、司法部关于执行〈关于向国外送达民事或商事司法文书和司法外文书公约〉有关程序的通知》第三条的规定："对公约成员国驻华使、领馆直接向其在华的本国公民送达民事或商事司法文书，如不违反我国法律，可不表示异议。"第五条中规定："我国法院欲向在公约成员国的中国公民送达民事或商事司法文书，可委托我国驻该国的使、领馆代为送达。"我国民事诉讼法第二百七十七条第二款中规定："外国驻中华人民共和国的使领馆可以向该国公民送达文书和调查取证，但不得违反中华人民共和国的法律，并不得采取强制措施。”因此，从国际法和国内法上看，领事送达民事或者商事司法文书都是不禁止的。对于刑事司法文书，是否能够通过领事送达，从了解的情况看，这方面的实践较少，但国际公约、一些国家的法律也没有明确禁止。1961 年《维也纳领事关系公约》第五条第十项对领事职务作了规定，“依现行国际协定之规定或于无此种国际协定时，以符合接受国法律规章之任何其他方式，转送司法书状与司法以外文件或执行嘱托调查书或代派遣国法院调查证据之委托书”，对司法文书的范围没有限定。因此，如果被告人所在国法律允许领事送达刑事司法文书，则一方面能够保证被告人的知情权和享有辩护权的机会，另一方面也将保证缺席审判送达的顺利完成。

2. 对于送达后未按要求到案的，人民法院作出缺席判决

一是传票和起诉书副本送达后，被告人未按要求到案。送达是缺席审判的前置条件。送达制度的设定，一方面要确保程序公正，将有关司法文书实际送达被告人，另一方面也要防止因犯罪嫌疑人、被告人恶意拒收等而无法送达，造成缺席审判的障碍。修正草案一审稿规定的是“被告人收到传票和起诉书副本后未按要求归案的”，之后根据常委会审议意见和有关方面意见，将“被告人收到传票和起诉书副本”修改为“传票和起诉书副本送达后”。这样修改，考虑到了送达传票和起诉书副本过程中，可能会出现被告人拒不见面、拒收等情况，这样可以防止缺席审判制度被虚置。对于逃避、拒收传票和起诉书副本的，按照我国或者被请求国法律规定，属于视为送达的情形的，被告人未归案的，人民法院可以缺席审判。送达后被告人应当按照要求归案，归案的具体时间、方式等要求，可以在传票中作出明确，或者通过有关方式告知。

二是对于经送达，被告人未按要求到案的，人民法院应当开庭审理，依法作出判决，并对违法所得及其他涉案财产作出处理。根据本法第二百九十一条的规定，人民法院应当组成合议庭进行开庭审理，依法作出判决。由于审判时被告人缺席，具体审判程序还需要在实践中总结经验，将来进一步明确，原则上应当参照第一审普通程序进行，但也有一些地方会有不同，如被告人不能依照一般程序规定当庭进行自我辩护和陈述。需要注意的是，缺席审判案件是否作出有罪判决，需要根据刑事诉讼法的规定，对事实、证据作出认定，这与对席审判的要求标准是一样的。人民法院在认定事实、审查判断证据时，由于被告人缺席，应当更为审慎审理。对于案件事实清楚，证据确实、充分，依据法律认定被告人有罪的，应当作出有罪判决。除了判处刑罚外，还应当对被告人犯罪所得，以及犯罪工具、被害人合法财产等涉案财物作出处置。对于刑罚执行、涉案财物处理需要进行国际刑事司法协助的，可以按照国际刑事司法协助法、引渡法的规定，提出有关请求，促使缺席判决得到执行。

第二百九十三条[①]　**人民法院缺席审判案件，被告人有权委托辩护人，被告人的近亲属可以代为委托辩护人。被告人及其近亲属没有委托辩护人的，人民法院应当通知法律援助机构指派律师为其提供辩护。**

【修改提示】

本条是2018年修改刑事诉讼法时增加的规定。

【背景解读】

辩护权是犯罪嫌疑人、被告人最重要的诉讼权利。依法保障犯罪嫌疑人、被告人的辩护权，对于保证案件得到公正准确的处理，维护犯罪嫌疑人、被告人的诉讼权利和其他合法权益，具有十分重要的意义。特别是缺席审判案件，被告人不在庭，不能自我进行辩护，委托辩护人或者指定辩护人辩护，对于被告人诉讼权利保障、案件公正审理具有重要意义。为了保证缺席审判的程序公正和被告人权利，本条对缺席审判被告人委托辩护和指定辩护作了专门规定，为缺席审判中被告人诉讼权利提供了重要保障。立法过程中也有意见提出，缺席审理的案件，有的犯罪嫌疑人、被告人犯罪性质恶劣，潜逃国外，意图逃避法律制裁，经济上也不困难，为其提供法律援助，指派律师辩护，不符合法律援助的定位，浪费有限司法资源。从缺席审判程序公正、保障罪犯人权的角度，法律规定了法律援助机构为缺席审判被告人指定辩护制度。

【理解与适用】

本条是关于缺席审判中被告人委托辩护和指定辩护的规定。一是人民法院缺席审判案件，被告人有权委托辩护人，被告人的近亲属可以代为委托辩护人。刑事诉讼法第一编第四章对辩护与代理作了规定。在人民法院审判阶段，委托辩护人是所有被告人的权利。同时，考虑到被告人身在境外，在挑选辩护人、办理有关委托手续等方面可能会存在困难或者不便，本条还专门规定，被告人的近亲属可以代为委托辩护人。人民法院应当告知犯罪嫌疑人、被告人或者犯罪嫌疑人、被告人的近亲属有权委托辩护人。根据本法第一百零八条的规定，近亲属是指夫、妻、父、母、子、女、同胞兄弟姊妹。

二是被告人及其近亲属没有委托辩护人的，人民法院应当通知法律援助机构指派律师为其提供辩护。对于被告人不愿接受审判，被告人近亲属不配合对被告

---

①　根据2018年10月26日第十三届全国人民代表大会常务委员会第六次会议通过的《关于修改〈中华人民共和国刑事诉讼法〉的决定》增加。

人缺席审理，或者由于其他原因，没有委托辩护人的，人民法院缺席审理时应当通知法律援助机构指派律师为被告人提供辩护，这是为缺席审判程序所作的专门规定。2012 年修改的刑事诉讼法规定的由法律援助机构指派律师提供辩护的情况包括四种：(1)犯罪嫌疑人、被告人因经济困难或者其他原因没有委托辩护人的，本人及其近亲属可以向法律援助机构提出申请。对符合法律援助条件的，法律援助机构应当指派律师为其提供辩护。(2)犯罪嫌疑人、被告人是盲、聋、哑人，或者是尚未完全丧失辨认或者控制自己行为能力的精神病人，没有委托辩护人的，人民法院、人民检察院和公安机关应当通知法律援助机构指派律师为其提供辩护。(3)犯罪嫌疑人、被告人可能被判处无期徒刑、死刑，没有委托辩护人的，人民法院、人民检察院和公安机关应当通知法律援助机构指派律师为其提供辩护。(4)未成年犯罪嫌疑人、被告人没有委托辩护人的，人民法院、人民检察院、公安机关应当通知法律援助机构指派律师为其提供辩护。2018 年刑事诉讼法修改增加了人民法院缺席审判案件，被告人及其近亲属没有委托辩护人的，人民法院应当通知法律援助机构指派律师为其辩护。与上述四种指定辩护的情况不同，缺席审判案件的指定辩护是在被告人完全不在场的情况下进行的，被告人与指派律师之间没有会见，对案件了解不直接，因而要特别注意辩护工作不能走过场，辩护律师应当尽职尽责，根据事实和法律，提出被告人无罪、罪轻或者减轻、免除其刑事责任的材料和意见，维护被告人的诉讼权利。人民法院应当为辩护律师履行辩护职责依法提供便利。

需要注意的是，本条是对人民法院审判阶段被告人委托辩护等的规定。对犯罪嫌疑人缺席的案件，在人民检察院审查起诉阶段，犯罪嫌疑人及其近亲属也可委托辩护人，但对于这个阶段没有委托辩护人的，人民检察院不必通知法律援助机构为其指派律师辩护，但应当根据刑事诉讼法的规定，告知有权委托辩护人。

第二百九十四条①　人民法院应当将判决书送达被告人及其近亲属、辩护人。被告人或者其近亲属不服判决的，有权向上一级人民法院上诉。辩护人经被告人或者其近亲属同意，可以提出上诉。

人民检察院认为人民法院的判决确有错误的，应当向上一级人民法院提出抗诉。

---

① 根据 2018 年 10 月 26 日第十三届全国人民代表大会常务委员会第六次会议通过的《关于修改〈中华人民共和国刑事诉讼法〉的决定》增加。

【修改提示】

本条是2018年修改刑事诉讼法时增加的规定。

【背景解读】

刑事缺席审判制度在理论和实践中,都存在一定争议。不赞成缺席审判制度的意见,主要是从追究刑事责任的目的、查明案情的需要及对被告人诉讼权利的保障考虑认为,缺席审判不利于查清案件事实,没有被告人的陈述和对指控提出的异议,法庭很难判断其究竟有罪还是无罪;被告人没有到场对质,被告人不知道可能面临的处罚,不能够当场对指控予以答辩,客观上会导致控辩双方失衡,可能影响司法公正。赞成的意见认为特定条件下,实行有条件的缺席审判,对于实现社会总体的公平正义,也是有积极意义的。如果能够严格限定条件,做到追求社会公平正义和人权保障的平衡,也是可以的。立法机关经综合考虑各方面因素,并反复与各方面共同研究,确立了一定范围内的缺席审判制度。同时,为维护司法公正,尽可能减少因被告人缺席对其诉讼权利造成的不利影响,在设置缺席审判制度时,还格外注重对被告人权利的保障和救济。如为保障被告人的知情权,刑事诉讼法第二百九十二条规定了传票和起诉书副本的送达;为保障被告人的辩护权,第二百九十三条规定了委托辩护人和指派律师为其提供辩护的制度。本条则从判决书的送达和不服判决的上诉方面对被告人的权利保障和救济作了规定。

本条规定了以下内容:一是判决书的送达。这是为了让被告人、被告人的近亲属、辩护人及时知道案件已经判决和具体的判决结果。二是被告人、被告人的近亲属不服判决的上诉,以及被告人的辩护人经被告人或者其近亲属同意的上诉。三是人民检察院的抗诉。规定上诉既是对被告人权利的保障,也是被告人权利的有效救济渠道,可以使不服判决的相关人员获得法律救济的机会,让确有错误的判决在发生法律效力前得到及时的纠正。同时,相应规定人民检察院的抗诉,也有利于人民检察院发挥诉讼主体作用,保证办案质量和司法公正。

【理解与适用】

本条是关于缺席审判的判决书送达,对判决不服的上诉以及人民检察院抗诉的规定。

本条共分为二款。第一款是判决书的送达以及不服判决的上诉的规定。

1. 关于判决书的送达

判决书的送达具有重要法律意义。一是判决书的送达是实现审判结果的必然要求。二是判决书的送达可以保障被告人及其近亲属、辩护人的知情权及后续的相关权利,法定期限内送达判决书可以让被告人及其近亲属、辩护人及时知道案件已经判决和判决结果的情况,有助于被告人及其近亲属、辩护人提出上诉或者依法行使其他诉讼权利。三是判决书的送达也是判决生效的程序法上的条件。

判决书的送达要求比较严格。一是送达方式方面,对于在境外的被告人,可以依据第二百九十二条的规定,通过有关国际条约中规定的或者外交途径提出的司法协助方式,或者被告人所在地法律允许的其他方式进行送达。二是关于送达对象,包括被告人及其近亲属、辩护人。比刑事诉讼法第二百零二条规定的范围更广泛。根据第二百零二条的规定,判决书应当送达到当事人和提起公诉的人民检察院、辩护人、诉讼代理人。根据本条规定,判决书除了要送达到上述对象外,还需要送达到被告人的近亲属,这是因为这里的被告人在境外,可能需要由近亲属帮助其行使权利。根据刑事诉讼法的规定,这里的“近亲属”的范围包括夫、妻、父、母、子、女、同胞兄弟姊妹。

2. 关于不服判决的上诉

两审终审制是人民法院审判案件的一项重要制度。根据这一制度,在一般情况下,一个案件经过两级人民法院审判即告审判终结,判决和裁定才发生法律效力。具体讲,审判第一审案件所作出的判决和裁定,在法律规定的期限内,被告人不服提出上诉,或者人民检察院认为判决和裁定有错误提出抗诉的,上一级人民法院对上诉、抗诉案件应当进行审判,第二审人民法院作出的判决和裁定,就是终审的判决和裁定,是发生法律效力的判决和裁定。第一审案件的判决和裁定,如果在上诉期限内被告人不上诉、人民检察院不抗诉,也是发生法律效力的判决和裁定。

两审终审制,是我国长期司法实践经验的总结。这一制度既可以使确有错误的一审判决、裁定在发生法律效力前得到及时地纠正,使对一审判决、裁定不服的诉讼参与人获得申请法律救济的机会,保障办案质量和司法公正,还有助于上级人民法院对下级人民法院的审判行使监督职权,发现错误及时纠正。缺席审判也应当坚持两审终审制度。

刑事诉讼法中的上诉指的是被告人、自诉人和他们的法定代理人等不服地方各级人民法院第一审的判决、裁定,在法定期限内,以书状或者口头形式向上一级人民法院请求改变原判决、裁定,以保护自己合法权利的诉讼行为。至于被告人的近亲属,只有取得被告人同意的,才可以提出上诉,即被告人的近亲属没有独立的上诉权。

赋予被告人、自诉人和他们的法定代理人,被告人的辩护人和近亲属上诉权增加了这部分人合法权益的救济渠道,也是保证两审终审制度实现的重要途径。

作为缺席审判这一特别程序，本条专门赋予了被告人的近亲属可不经被告人同意的独立的上诉权。这是因为被告人在境外，赋予其近亲属独立的上诉权，有利于保障被告人的诉讼权利的实现。此外，根据刑事诉讼法关于普通案件上诉程序的规定，辩护人经被告人同意后，可以提出上诉。本条也是基于上述原因，还特别规定，辩护人经被告人的近亲属同意，可以提出上诉。这部分主体的其中之一提出上诉的，就会启动二审程序。

第二款是关于人民检察院抗诉的规定。根据本条规定，人民检察院认为人民法院的判决确有错误的，应当向上一级人民法院提出抗诉。

考虑到缺席审判的特殊情况，修正草案原来只规定了被告人、被告人近亲属、辩护人等的上诉，未规定人民检察院的抗诉。在法律草案审议过程中，根据常委会组成人员的意见，增加了这一规定。主要考虑是，抗诉是法律赋予人民检察院代表国家行使的检察权的重要内容，即使是缺席审判案件，也可能存在认定事实、适用法律等确有错误的情况。人民检察院在参加缺席审判诉讼活动中发现人民法院的判决确有错误的，应当有权力，也有义务提出抗诉。

本条规定的抗诉是指对一审未生效裁判的抗诉。这里规定的"确有错误"，通常是指人民检察院认为人民法院的判决存在着认定事实不清楚或者有错误；定案的证据不确实、充分；适用法律不当，定罪有错误；处刑不当，量刑过轻或者过重；审判程序严重违法；原判决、裁定是审判人员徇私舞弊、枉法裁判的结果等情形的。这种"确有错误"不论是减轻了被告人的罪责，还是加重了被告人的罪责，人民检察院都有权利也有责任向上一级人民法院提出抗诉。

根据规定，人民检察院应当在收到判决书的十日之内，提出抗诉。人民检察院对人民法院第一审判决的抗诉，应当通过原审人民法院提出抗诉书，并且将抗诉书抄送上一级人民检察院。

在本条的理解适用中，还需要注意以下几个方面的问题：

第一，本条对如何提出上诉、抗诉，接受上诉、抗诉的人民法院如何进行处理，以及如何审理上诉、抗诉案件都未作具体规定，具体做法和要求依照刑事诉讼法对一审判决不服的上诉、抗诉以及第二审人民法院审理上诉、抗诉案件的有关规定执行。如关于第二审人民法院的审理范围，根据刑事诉讼法第二百三十三条，第二审人民法院应当就第一审判决认定的事实和适用法律进行全面审查，不受上诉和抗诉范围的限制。对于缺席审判的案件，第二审人民法院关于审理范围也不应限于上诉或者抗诉的范围。

第二，本条所说的人民检察院的抗诉，是对一审未生效裁判的抗诉。对于生效判决的抗诉，应当根据刑事诉讼法第二百五十四条的规定进行，即上级人民检察院对下级人民法院已经发生法律效力的判决和裁定，如果发现确有错误，有权按照审判监督程序向同级人民法院提出抗诉。

第二百九十五条[①] **在审理过程中，被告人自动投案或者被抓获的，人民法院应当重新审理。**

罪犯在判决、裁定发生法律效力后到案的，人民法院应当将罪犯交付执行刑罚。交付执行刑罚前，人民法院应当告知罪犯有权对判决、裁定提出异议。罪犯对判决、裁定提出异议的，人民法院应当重新审理。

依照生效判决、裁定对罪犯的财产进行的处理确有错误的，应当予以返还、赔偿。

【修改提示】

本条是2018年修改刑事诉讼法时增加的规定。

【背景解读】

相对于对席审判，缺席审判的被告人没有亲自出席法庭与证人对质、未就自己的定罪及量刑问题直接发表意见，其最后陈述的诉讼权利也没有实际行使。因此，实践中在适用缺席审判时需要格外审慎，在严格限制适用条件的同时，对被告人的权利也要给予充分的保障和救济。缺席审判最主要的特殊性，在于作为案件当事人的被告人未出席法庭审判。那么，缺席审判制度不可回避的一个问题就是，如果缺席的被告人又能够出席法庭审理的情况下，之前所进行的刑事诉讼活动应如何对待。

实践中，缺席的被告人重新出现时，必然会引起相应的法律后果。此前的诉讼进程、诉讼行为的法律效力要如何处理，被告人的权利要如何保障，如何处理好这两者之间的辩证关系，都是需要考虑的重要问题。立法机关经过研究，最终的方案是根据不同的阶段和情形，作不同的处理，规定了人民法院的重新审理制度。主要有如下考虑：

一是规定缺席的被告人到案后的重新审理制度符合国际通行做法。国外有缺席审判制度的国家大多根据不同的情形规定了一定限度的重新审理制度。如俄罗斯刑事诉讼法第二百四十七条中规定，对于被告人身处俄罗斯联邦领域外或者逃避出庭的重度犯罪或者极其重度犯罪案件，法院进行缺席审判的，被判刑人归案后，经被判刑人或者其辩护人申请，法院可以撤销原判，重新审理。

再如，法国刑事诉讼法对于缺席审判，分两种情形规定了提出异议和重新审判的程序。对于可能判处十年以下监禁的轻罪案件，法国刑事诉讼法第四百八十

① 根据2018年10月26日第十三届全国人民代表大会常务委员会第六次会议通过的《关于修改〈中华人民共和国刑事诉讼法〉的决定》增加。

九条、第四百九十四条规定,法院进行缺席审判的,被告人有权对判决执行提出异议。被告人提出异议的,缺席审判的判决视为不曾作出,法院应当重新审判,但被告人在重新审判时经催告后不出庭的,所提异议失去效力。对于可能判处无期徒刑或者十年以上监禁的重罪案件,法国刑事诉讼法第三百七十九条规定,法院进行缺席审判的,审判后被告人被逮捕或者自动投案,缺席审判的判决即视为不曾作出,法院应当重新审判。

二是被告人到案后的重新审理制度这一保障被告人权利的规定,有利于丰富境外追逃追赃的手段,最大限度地寻求和实现境外追逃追赃的国际合作。从国际刑事司法协助的实际情况来看,缺席审判被很多国家作为拒绝司法协助、引渡等国际合作的一项重要理由,除非对缺席审判的被告人给予到案后的重新审判的机会。我国引渡法第八条中也规定,请求国根据缺席判决提出引渡请求,应当拒绝引渡,同时规定请求国承诺在引渡后对被请求引渡人给予在其出庭的情况下进行重新审判机会的除外。我国与外国缔结双边引渡条约时,也都谨慎处理缺席审判问题,如中国和法国的引渡条约第三条第六项将"请求方根据缺席判决提出引渡请求,并且请求方没有保证在引渡后重新进行审理"规定为"应当拒绝引渡的理由"。

三是从被告人诉讼权利的保护和救济的角度来考虑,规定缺席的被告人到案后的重新审理是必要的。根据第二百九十一条和第二百九十二条的规定,缺席审判的被告人在境外,被告人可能从未到过案,从未接受过监察机关或有关司法部门的讯问,从未当面提出过辩解。因此,区分不同阶段,对于在审理的过程中到案的被告人,赋予其重新审理的权利,有助于被告人出席法庭,对证据进行质证,提出证据或就自己的定罪及量刑问题发表意见。对于判决、裁定发生效力后被告人到案的,赋予罪犯提出异议的权利,不提出异议的,就不重新审理,但只要罪犯提出异议,就应当重新审理。这主要是考虑到,有些案件可能因时过境迁,重新审理意义不大。整体上来说,这样规定,有利于人民法院查明案件事实,综合全案情况对定罪量刑作出正确判决,也有利于保障被告人辩护权等诉讼权利和其他合法权益,是符合我国刑事诉讼法尊重和保障人权的精神的。

【理解与适用】

本条是关于缺席被告人到案的处理和财产处理错误的救济的规定。

本条共分为三款。第一款是关于在审理过程中,被告人自动投案或者被抓获的,人民法院应当重新审理的规定。

这里的"审理过程中",是指从法院收到案件、开庭审理到判决、裁定发生法律效力之前的全过程,包括一审程序,也包括二审程序。实践中,被告人一审时不在案的,对于一审判决可以根据第二百九十四条的规定,提出上诉,进入二审程序，在二审时自动投案或被抓获的，人民法院也应当重新审理。

这里的“自动投案”，是指在人民法院在审理过程中，被告人出于本人的意愿而主动向司法机关承认自己的犯罪事实，并自愿置于司法机关控制之下的行为。这里的“被抓获”，是指在人民法院审理过程中，被告人被司法机关抓捕归案。实践中，虽然人民法院已经决定缺席审理，但监察机关、公安机关等相关部门应当继续依法追逃追赃，尽可能采取劝返、遣返、引渡等方式让被告人回国接受审判。对于上述机关经过各方面工作，使得被告人自动投案或者被动归案的，就应当按照本条规定处理。

这里的“重新审理”，是指让案件回到缺席审判之前的状态地位，重新进行审判。人民法院重新审判案件，按照普通程序进行审理，审理程序包括决定开庭审理，告知诉讼权利，开展法庭调查，法庭辩论，被告人进行最后陈述，法院作出判决等。其中，被告人自动投案并如实供述自己的罪行的，根据我国刑法第六十七条的规定，构成自首的，也应按照刑法的规定，予以从宽处理，即可以从轻或者减轻处罚。

第二款是关于罪犯在判决、裁定发生法律效力后，交付执行刑罚前到案的，如何处理的规定。根据本款规定，人民法院首先得告知罪犯有权对判决、裁定提出异议，只要罪犯提出异议，人民法院应当重新审理。如果罪犯没有提出异议，就不重新审理。

这里的“判决、裁定发生法律效力”是指一审判决、裁定作出后，在法定期限内没有上诉和抗诉，判决和裁定发生法律效力，或者上诉或抗诉后，二审的判决、裁定生效的情况。这里的“交付执行刑罚前”强调的是被告人提出异议的时间节点，如果被告人在交付执行刑罚后才提出异议的，则不能重新审理，而只能按照审判监督程序处理。这里的“重新审理”和第一款规定的“重新审理”一样，都是指人民法院按照一审普通程序重新审理案件。

第三款是关于依照生效判决、裁定对罪犯的财产的处理确有错误的，应当予以返还、赔偿的规定。

这里的“依照生效判决、裁定对罪犯的财产进行的处理”是指对违法所得及其他涉案财物的处理，以及财产刑的执行等。主要包括对查封、扣押、冻结的财物及其孳息作出的处理，对违法所得的追缴和退赔被害人，对附带民事诉讼判决、裁定的财产部分的执行，对罚金和没收财产等财产刑的执行等。

这里的“确有错误”，主要是指人民法院根据本章的规定，对被告人的缺席审判的判决、裁定生效后，依照生效判决、裁定对其财产进行了处理，但人民法院经重新审理，发现对其财产所作处理确实发生了错误的情况。“返还”，是指将错误处理的财产及时退还给被告人。“赔偿”，是指错误的财产处理给被告人和有关利害关系人造成经济损失的，应当予以赔偿，财产若已经损毁或灭失的，也应当予以赔偿。

在本条的理解适用中，还需要注意以下几个方面的问题：

第一，本条规定的重新审理仅指人民法院的审判阶段，不包括监察机关的调查、公安机关的侦查和人民检察院的审查起诉阶段。若人民法院在审理过程中，对证据有疑问的，可以根据第一百九十六条的规定，宣布休庭，对证据进行调查核实；检察人员提出补充侦查的建议的，人民法院可以根据第二百零四条的规定，决定延期审理。

第二，本条规定的重新审理适用的程序为一审普通程序。根据刑事诉讼法的有关规定，简易程序和速裁程序适用于基层人民法院审理的案件。而根据第二百九十一条的规定，被告人在境外的缺席审判案件，由犯罪地或者被告人离境前居住地或者最高人民法院指定的中级人民法院组成合议庭审理。因此，这里的重新审理应当是按照普通程序进行审理，而不能适用简易程序、速裁程序审理。

第二百九十六条[①] **因被告人患有严重疾病无法出庭，中止审理超过六个月，被告人仍无法出庭，被告人及其法定代理人、近亲属申请或者同意恢复审理的，人民法院可以在被告人不出庭的情况下缺席审理，依法作出判决。**

【修改提示】

本条是2018年修改刑事诉讼法时增加的规定。

【背景解读】

中止审理是2012年修改刑事诉讼法时增加的制度。中止审理是指人民法院在受理案件后，作出判决前，出现了一些使审判在一定时间内无法继续进行的情况，决定暂时停止案件审理，待有关情形消失以后，再行恢复审判活动的制度。根据刑事诉讼法第二百零六条的规定，人民法院可以中止审理的情形包括被告人患有严重疾病，无法出庭的；被告人脱逃的；自诉人患有严重疾病，无法出庭，未委托诉讼代理人出庭的；由于不能抗拒的原因四种。这里的“患有严重疾病，无法出庭”主要指的是因患严重疾病无法辨认、控制自己的行为，无法表达自己的真实意思，也包括出庭可能影响其生命健康等，而不是一患重病，就中止审理。这里的被告人既包括公诉案件的被告人，也包括自诉案件的被告人。根据刑事诉讼法第二百零六条的规定，中止审理的原因消失后，应当恢复审理。

---

① 根据2018年10月26日第十三届全国人民代表大会常务委员会第六次会议通过的《关于修改〈中华人民共和国刑事诉讼法〉的决定》增加。

规定中止审理制度后，解决了法院在审判过程中，一些案件因客观原因在较长时间内无法继续审理，程序上应当如何处理的问题。但在司法实践中，也出现了一些新的问题和需求，有的司法机关反映，在被告人因患有严重疾病，无法出庭而中止审理的案件中，案件中止审理一段时间后，有的被告人或者其近亲属因为一些特定原因，向法院提出恢复法庭审理的要求。如有的被告人因严重疾病难以治愈，一直无法出庭，但希望案子能有个了结；有的被告人成为精神病人或者失去知觉的"植物人"，短时间内无痊愈可能，但其法定代理人、近亲属或相关人希望案件能有个结果；有的案件涉及财产的处理，被告人及其法定代理人、近亲属或相关利害关系人希望案件能早有定论，以便尽早依法对财产作出处理。

上述意见都是从审判实践的需要提出的，都有一定道理。同时，考虑到中止审理毕竟是一种悬而不决、暂时性的制度安排，长时间的中止审理不利于固定证据、查明案情，可能会导致之后的审判遇到困难，也不利于法律关系的稳定，而实践中被告人和相关利害关系人也有合理诉求，为使刑事诉讼程序进一步科学化和精细化，有必要新增加因患有严重疾病无法出庭而中止审理的案件，若中止审理超过了一定时限，被告人及其法定代理人、近亲属愿意恢复审理的，法院可以在被告人不出庭的情况下审理，依法作出判决的规定。

本条规定的被告人因病不能出庭案件的缺席审判是一种非典型的缺席审判制度，与刑事诉讼法第二百九十一条至第二百九十五条规定的缺席审判有很大的区别。第一，前文规定的缺席审判，被告人是不在案的，针对的是被告人犯有特定罪行而在境外逃避审判的情形；而本条规定的缺席审判，被告人是在案的，只是因为身体原因而导致客观上没有办法出庭。第二，本条规定的缺席审判对被告人的权利是有充分保障的。这里的被告人是在案的，对案情、证据情况以及不出庭导致的法律后果是有充分认识的，也可以由辩护人出庭辩护，可以做到其权利保障与出庭审理没有本质区别。第三，本条规定是有利于被告人的。本条规定的缺席审判程序，是经被告人及其法定代理人、近亲属申请或者同意的，非经其申请或同意，程序不会启动。可以说，本条规定赋予了被告人及其法定代理人、近亲属程序上的一种选择权，可以选择继续保持中止审理状态，也可以选择中止审理一定期限后缺席审理。第四，前文规定的缺席审判是为了加强追逃追赃工作，本条规定的缺席审判的目的在于尽快了结案件，结束法律关系不稳定的状态。第五，本条规定的缺席审判不是强制性的，而是可选择的。一是须经被告人及其法定代理人、近亲属申请或者同意，二是人民法院根据情况，可以在被告人不出庭的情况下缺席审判，也可以根据情况决定继续中止审理。

本条规定的缺席审判虽然在适用对象、条件等方面与前文规定的缺席审判不完全一样，但被告人都不能亲自出席法庭与证人对质，不能亲自就自己的定罪及量刑问题在法庭上发表意见，不能亲自发表最后陈述意见。因此，对这一制度与刑事诉讼通常所要求的公正审判、程序参与等刑事诉讼原则是否存在一定程度的冲突,如何理解其与刑事诉讼价值、原则和被告人法庭审理的在场权等的关系,需要有所考虑:

一是关于刑事诉讼公正与效率价值的权衡。刑事诉讼的价值目标应当是以公正为基础的,公正与效率的统一。公正为首要目标,同时应兼顾效率。被告人接受审判时在场是程序公正的基本要求,但司法实践中,被告人因病不能出庭的,如果单纯考虑程序公正而不允许缺席审判,可能导致一些案件久拖不决,被犯罪所破坏的社会关系难以恢复,有的情况下也不利于被告人自身权利的保护。因此,允许在一定条件下的缺席审判,并辅以相应的救济、保障措施,可能在有的情况下更有利于实现公正与效率价值的最大化。

二是关于程序参与原则。刑事诉讼的程序参与原则要求程序所涉及的利害关系人或者他们的代理人,能够参加诉讼,对与自己的人身、财产等权利有关的事项,有知悉权和发表意见权。根据中止审理的有关规定,中止审理时,被告人已经作为犯罪嫌疑人接受过公安机关、检察机关等有关机关的讯问,大部分被告人在法院也参加过庭审,对检察院的指控事项以及证据情况有了解,其知情权得到了一定程度的保障。被告人中止审理的案件,被告人主动申请缺席审判,属于其主动或者自愿的缺席,法庭并没有限制其参与审判并发表意见的途径和机会。同时,被告人还可以通过辩护人或者其他途径发表意见,人民法院实际上有条件保障被告人对程序的实质参与。

三是关于被告人法庭审理的在场权。法庭审理在场权是被告人的重要诉讼权利,是其享有其他一系列诉讼权利的基础和前提。同时,也应当允许被告人在一定条件下,放弃法庭审理的在场权。被告人作为诉讼主体,享有一系列的诉讼权利,可以在法律规定的范围内,根据自由意志行使或者放弃这些权利,国家应当尊重被告人的选择权。从其他国家的规定来看,美国、俄罗斯、德国、英国、法国、意大利、日本等国都有针对一定案件,在特定情况下经被告人申请或者同意后,进行缺席审判的规定。如美国联邦刑事诉讼规则规定,对于法定刑为罚金或者一年以下监禁,或者两者并处的案件,被告人书面同意不出庭的,不需要被告人到庭即可进行审判;对于其他案件(包括重罪案件),被告人在初次到庭后在后续的审判活动中自愿不到庭的,视为放弃到庭的权利,法院可在被告人缺席的情况下继续进行审判。又如法国刑事诉讼法规定,对于可能判处罚金或者二年以下监禁的案件,被传唤的被告人致函法院要求不出庭的,法院可以在被告人不在场的情况下进行审理,但应当听取其辩护人的意见,这一审判视为对席审判。

被告人主动缺席的审判程序,意味着其自愿放弃了审判时在场的权利,但其获得公正审判的权利并不因未到场而丧失。本条规定的被告人因病不能出庭案件的缺席审判,被告人是在案的,对案情和证据情况有充分认识,启动要经其申请或同意,可以委托辩护人出庭辩护,可以说其权利得到了充分的保障。

建立被告人因病不能出庭案件的缺席审判制度,有利于及时固定证据,避免因时过境迁导致证人记忆减退、实物证据变质灭失等情形发生,可以防止案件久拖不决,尽快修复被犯罪破坏的社会关系,实现公正与效率的平衡。因此,总体上看,该制度对于提高诉讼效率,完善刑事审判制度是必要的,但因为被告人不能出席法庭,刑事审判程序中规定的讯问被告人的环节和被告人提出证据、质证、辩论和最后陈述等诉讼权利不能予以充分保障。相对于被告人出庭的审判,缺席审判终归是一种有"天然缺陷"的程序制度,只能作为被告人审判时应当在场的例外、补充情形而存在,对其适用需要慎重,要严格限制条件,并且对被告人的权利给予充分的保障和救济。

【理解与适用】

本条是关于因被告人患有严重疾病无法出庭,中止审理的案件,在符合一定的条件时可以缺席审判的规定。

根据本条规定,被告人因病不能出庭案件的缺席审判的条件主要包括以下两个方面:一是中止审理超过六个月,被告人仍无法出庭。被告人因患严重疾病不能出庭,法院首先得依 2012 年修改后的刑事诉讼法,根据情况决定中止审理。中止审理超过六个月,被告人仍无法出庭时,才存在缺席审理的可能。

二是须经被告人及其法定代理人、近亲属申请或同意才能恢复审理。这里的"法定代理人"是指依照法律规定对无行为能力的被告人负有监护义务的人,如被告人的配偶、父母或其他监护人。根据我国民法总则的规定,无民事行为能力人、限制民事行为能力人的监护人是其法定代理人。这里的"近亲属"是指被告人的夫、妻、父、母、子、女、同胞兄弟姊妹。根据本条规定,只有被告人及其法定代理人、近亲属申请或者同意恢复案件审理,也就是放弃法庭审理的在场权时,才能缺席审理。

在符合以上两个条件的情况下,人民法院可以在被告人不出庭的情况下缺席审理。需要特别注意的是,这里规定的是"可以"而非"应当"。这就赋予了人民法院一定的程序选择权,人民法院可以根据案件的具体情况,决定是否缺席审理。实践中,案件的证据情况,被告人不出庭对查明案情的影响,被害人等其他当事人对缺席审理的意见,缺席审理可能的效果等,都可以是人民法院决定是否缺席审理的考虑因素。

在本条的理解适用中,还需要注意以下几个方面的问题:

第一,因为刑事诉讼的性质,人民法院在审理案件的过程中,要特别注意保障被告人放弃权利的自愿性,避免违背被告人的意愿进行缺席审理的情形发生。

第二,被告人的辩护权应依法予以保障。被告人可以根据刑事诉讼法第三十五条的规定，随时委托辩护人，辩护人可以出庭为其辩护。被告人没有委托辩护人，但符合法律援助情形和条件的，法律援助机构应当指派律师为其提供辩护。

第三，在人民法院缺席审理的过程中，被告人因身体状况好转而申请出庭的，人民法院应当允许其出庭。当然，被告人出庭前法院依法已经进行的审理活动是有效的。

第四，人民法院对于缺席审理的案件，在作出判决时，也是依照刑事诉讼法第二百条的规定，根据已经查明的事实、证据和有关的法律规定，分别作出判决。即，案件事实清楚，证据确实、充分，依据法律认定被告人有罪的，应当作出有罪判决；依据法律认定被告人无罪的，应当作出无罪判决；证据不足，不能认定被告人有罪的，应当作出证据不足、指控的犯罪不能成立的无罪判决。不能因系缺席审理而降低证明标准。

第五，被告人的权利救济应依法予以保障。如根据刑事诉讼法第二百二十七条至第二百三十条的规定，被告人及其法定代理人可以上诉，被告人的辩护人和近亲属，经被告人同意，可以上诉。人民检察院可以提出抗诉。根据刑事诉讼法第五章的规定，也可以依审判监督程序提请再审等。

第六，对于其他没有特别规定的事项，应适用刑事诉讼法的一般规定。被告人因病不能出庭案件的缺席审判是一种特殊的法庭审理程序，对于法律有特别规定的，应当适用该特别规定，对于法律未作特别规定的，则应适用刑事诉讼法的一般规定。

第二百九十七条①　被告人死亡的，人民法院应当裁定终止审理，但有证据证明被告人无罪，人民法院经缺席审理确认无罪的，应当依法作出判决。

人民法院按照审判监督程序重新审判的案件，被告人死亡的，人民法院可以缺席审理，依法作出判决。

【修改提示】

本条是2018年修改刑事诉讼法新增加的规定。

【背景解读】

在刑事审判的过程中，如果被告人死亡的，应当如何处理？一般来说，刑事诉讼法的目的是追究犯罪人的刑事责任，如果犯罪人死亡，刑事责任也就无从追究。

---

①　根据2018年10月26日第十三届全国人民代表大会常务委员会第六次会议通过的《关于修改〈中华人民共和国刑事诉讼法〉的决定》增加。

因此，在刑事审判过程中，被告人死亡的，刑事诉讼法明确规定应当裁定终止审理。对此，本法第十六条、2012 年《最高人民法院关于适用〈中华人民共和国刑事诉讼法〉的解释》、2012 年最高人民法院、最高人民检察院、公安部、国家安全部、司法部、全国人大常委会法制工作委员会《关于实施刑事诉讼法若干问题的规定》都作了明确规定，即人民法院在审理案件过程中，被告人死亡的，应当裁定终止审理。同时，考虑到有的案件已经审理，且根据已查明的案件事实和认定的证据，能够确认被告人无罪。对这类符合作出无罪判决的条件的案件，依法宣告无罪，更有利于保护公民及相关人员的权利，也有利于一些相关事项的处理，司法解释又进一步明确，这种情况下，应当判决宣告被告人无罪。

近年来，有意见提出还有几种情形，也可以在法律中作出规定：一是被告人死亡时，根据已在庭审中质证的证据，尚无法确认被告人无罪，但案件还存在未在庭审中质证的证据，这些证据可能足以证明被告人无罪，能否继续开庭审理？二是人民法院按照审判监督程序重新审判的案件中，有的被告人已经死亡，这种被告人死亡的案件在重新审理中，是没有被告人出庭的，也相当于是一种缺席审判的情形。为此，2018 年修改刑事诉讼法，根据司法实践情况、需求和有关方面的意见，增加了被告人死亡案件可以缺席审判的规定。

【理解与适用】

本条是关于被告人死亡案件可以缺席审判的规定。

本条共分为两款。第一款是关于被告人死亡的，人民法院应当裁定终止审理，但有证据证明被告人无罪，人民法院经缺席审理确认无罪的，应当依法作出判决。

本款含有两层意思：一是对于被告人在审判阶段死亡的，人民法院原则上应当裁定终止审理。因为根据我国刑法规定，只有对实施犯罪的人才能追究刑事责任，不能株连他人。被告人既然死亡了，没有科刑的对象，再追究其刑事责任就没有实际意义，所以就不必继续追究。需要指出的是，适用本规定的前提是被告人在人民法院审理案件过程中死亡，如果犯罪嫌疑人死亡不是发生在人民法院审判阶段，而是发生在侦查和审查起诉过程中，应当依照本法第十六条的规定，由公安机关撤销案件或者由人民检察院作不起诉处理。

二是被告人在审判阶段死亡，但有证据证明被告人无罪，人民法院经缺席审理确认无罪的，应当依法作出判决。“有证据证明被告人无罪”是指有确切的证据证明被告人不构成犯罪，比如，有证据证明没有犯罪事实发生、犯罪事实不是被告人所为、被告人的行为属于正当防卫、紧急避险行为等。对于被告人死亡，但有证据证明被告人无罪的案件，人民法院经审理确认已经死亡的被告人无罪的，应当依法作出被告人无罪的判决。实践中，如果案件经缺席审理后不能认定已经死亡的被告人无罪的，应当根据本款第一句的规定和本法第十六条的规定，裁定终止审理。

值得注意的是,在全国人大常委会审议法律草案和向社会征求意见过程中,都有意见关注本款规定和本法第十六条的关系问题。有的意见提出,本法第十六条和相关司法解释已经明确人民法院在审理案件过程中,被告人死亡的处理程序,即一般应当裁定终止审理,如果根据已查明的案件事实和认定的证据,能够确认无罪的,应当判决宣告被告人无罪,对于情节显著轻微、危害不大,不认为是犯罪的,应当作出判决,宣告无罪。是否还有必要在本款中作出规定,内容是否有重复?实际上可以理解,本款的规定与本法第十六条的规定在精神上是一致的,即不能追究已经死亡的人的刑事责任的前提下,对于无罪者要还以清白。同时,两条也存在区别:本法第十六条是从处理结果的角度对被害人死亡案件的处理作出规定,本款则是从程序角度作出规定,即可以对被害人死亡案件进行缺席审理,为被告人死亡后有证据证明被告人无罪的案件提供了可以继续开庭审理的法律依据,同时在处理结果上对本法第十六条的规定作了补充。由此,对于法院审理过程中被告人死亡的案件,有证据证明被告人无罪的,可以继续开庭审理。

本条第二款是关于被告人死亡的,再审案件可以缺席审判的规定。本款的规定主要是为被告人已经死亡,按照审判监督程序重新审判的案件提供缺席审判的法律依据。“再审案件”是指根据本法第三编第五章“审判监督程序”的规定,人民法院对符合条件的已经发生法律效力的判决、裁定,按照审判监督程序进行重新审判的案件。如果人民法院再审的案件,被告人已经死亡,事实上案件只能在没有被告人出庭的情况下审理。本款规定对于人民法院按照审判监督程序重新审判的案件,被告人死亡的,人民法院可以缺席审理,依法作出判决,为办理此类案件提供了程序上的法律依据。需要注意的是,与本条第一款的规定不同,再审的案件,是发现已经生效的裁判确有错误等法定原因而提起的。因此,经过再审后,需要根据案件审理的实际情况作出相应判决,而不是一律都是判决无罪。

在本条的理解适用中,还需要注意以下问题:

一是结合本条第一款和本法第十六条以及相关司法解释的规定,对于人民法院在审理案件过程中,被告人死亡的,应当区别以下情况分别作出处理:(1)一般应当裁定终止审理;(2)根据已查明的案件事实和认定的证据,能够确认被告人无罪的,应当判决宣告被告人无罪;(3)有证据证明被告人可能无罪,经缺席审理确认无罪的,应当判决宣告被告人无罪;(4)对于情节显著轻微、危害不大,不认为是犯罪的,也应当作出判决,宣告被告人无罪。

二是本条虽然规定在“缺席审判程序”一章中,但是与本章除第二百九十六条之外的其他条款规定的并不是同一性质的问题,除本条和第二百九十六条之外,本章其他条款的主要内容是建立犯罪嫌疑人、被告人在境外的缺席审判制度和具体的审判程序,并对这种情况下如何保障缺席被告人的诉讼权利等作出规定。本条是关于被告人死亡案件可以缺席审判的规定,属于衔接性规定。因此,本法第二百九十三条、第二百九十四条规定的被告人近亲属享有的代为委托辩护人、有权提起上诉等专为保障潜逃境外的缺席被告人诉讼权利而作出的规定,不适用于本条中的被告人的近亲属。

第四章　犯罪嫌疑人、被告人逃匿、死亡案件违法所得的没收程序

第二百九十八条　对于贪污贿赂犯罪、恐怖活动犯罪等重大犯罪案件,犯罪嫌疑人、被告人逃匿,在通缉一年后不能到案,或者犯罪嫌疑人、被告人死亡,依照刑法规定应当追缴其违法所得及其他涉案财产的,人民检察院可以向人民法院提出没收违法所得的申请。

公安机关认为有前款规定情形的,应当写出没收违法所得意见书,移送人民检察院。

没收违法所得的申请应当提供与犯罪事实、违法所得相关的证据材料,并列明财产的种类、数量、所在地及查封、扣押、冻结的情况。

人民法院在必要的时候,可以查封、扣押、冻结申请没收的财产。

【修改提示】

本条是2012年修改刑事诉讼法时增加的规定,2018年修改刑事诉讼法未作修改。

【背景解读】

随着科学技术的发展和全球一体化趋势的加强,在给人们经济活动和生活带来极大便利的同时,也为犯罪分子逃匿和隐匿财产创造了条件,尤其是腐败犯罪、恐怖犯罪等重大犯罪的跨国性、国际性因素不断增多,流动性增强,加大了对犯罪的打击难度。腐败犯罪、恐怖犯罪等重大犯罪对社会稳定与经济发展构成了严重的威胁,已成为全球需要加强合作,联手应对的严峻挑战。为此,2003年10月31日联合国大会通过了《联合国反腐败公约》,同年12月10日中国政府签署了该公约,2005年10月27日十届全国人大常委会第十八次会议批准了该公约;2001年9月29日联合国安理会通过了第1267号和第1373号决议。上述公约与决议,要

求各成员国积极采取措施,追缴犯罪资产,并规定了跨国合作机制。在我国的司法实践中,一些贪污贿赂犯罪、恐怖活动犯罪案件的犯罪嫌疑人、被告人逃匿或者死亡,由于我国法律当时没有规定缺席审判制度①,当犯罪嫌疑人逃匿或者死亡而无法到案时,诉讼程序难以进行,有些犯罪分子的违法所得及用于犯罪的财产难以处理,既不利于打击这类犯罪,也不利于国家利益、被害人利益的及时保护。为解决这一问题,严厉打击贪污贿赂犯罪、恐怖活动犯罪等重大犯罪,对犯罪所得及时采取追缴措施,并与我国已加入的《联合国反腐败公约》及有关反恐怖问题的决议的要求相衔接,2012 年修改刑事诉讼法增加了犯罪嫌疑人、被告人逃匿、死亡案件违法所得的没收程序,明确了没收程序的适用范围、申请、公告、审理和救济程序。

2012 年 3 月 14 日第十一届全国人民代表大会第五次会议通过的《关于修改〈中华人民共和国刑事诉讼法〉的决定》在刑事诉讼法中增加了本条规定。本条明确了犯罪嫌疑人、被告人逃匿、死亡案件违法所得没收程序的适用范围、申请提出、对财产的强制措施。

【理解与适用】

本条是关于犯罪嫌疑人、被告人逃匿、死亡案件违法所得的没收程序的适用范围、申请以及查封、扣押、冻结措施的规定。

本条共分为四款。第一款是关于犯罪嫌疑人、被告人逃匿、死亡案件违法所得没收程序的适用范围的规定。根据本款规定,违法所得没收程序的适用应当具备以下几个条件:

1. 该程序适用于贪污贿赂犯罪、恐怖活动犯罪等重大犯罪案件。这里的“贪污贿赂犯罪”是指由刑法分则第八章规定的国家工作人员贪贿犯罪。“恐怖活动”,根据反恐怖主义法的规定,包括:(1)组织、策划、准备实施、实施造成或者意图造成人员伤亡、重大财产损失、公共设施损坏、社会秩序混乱等严重社会危害的活动的;(2)宣扬恐怖主义,煽动实施恐怖活动,或者非法持有宣扬恐怖主义的物品,强制他人在公共场所穿戴宣扬恐怖主义的服饰、标志的;(3)组织、领导、参加恐怖活动组织的;(4)为恐怖活动组织、恐怖活动人员、实施恐怖活动或者恐怖活动培训提供信息、资金、物资、劳务、技术、场所等支持、协助、便利的;(5)其他恐怖活动。“恐怖活动犯罪”,是指实施上述恐怖活动的犯罪行为,包括刑法第一百二十条规定的组织、领导、参加恐怖组织罪,第一百二十条之一规定的资助恐怖活动罪,第一百二十条之二规定的准备实施恐怖活动罪等恐怖活动犯罪,还包括恐怖活动组织及其人员为恐怖目的实施的刑法其他条款规定的如爆炸、放火、杀人、

---

① 2018 年修改刑事诉讼法时根据实践需要,在第五编增加了“缺席审判程序”的专章。

绑架等犯罪。另外，根据最高人民法院、最高人民检察院《关于适用犯罪嫌疑人、被告人逃匿、死亡案件违法所得没收程序若干问题的规定》第一条，该程序还适用于危害国家安全、走私、洗钱、金融诈骗、黑社会性质的组织、毒品犯罪案件等犯罪。

2. 必须是犯罪嫌疑人、被告人逃匿，在通缉一年后不能到案的，或者犯罪嫌疑人、被告人死亡的。一般情况下，犯罪嫌疑人、被告人如果逃匿，诉讼程序就无法进行下去；如果犯罪嫌疑人、被告人死亡，依照刑事诉讼法第十六条的规定，就应当撤销案件，或者不起诉，或者终止审理。但是违法所得的没收程序属于特别程序，在犯罪嫌疑人、被告人不能到案的情况下，可以对其违法所得及其他涉案财产进行审理并作出裁定。因此，该程序只能适用于犯罪嫌疑人、被告人逃匿，在通缉一年后不能到案的，或者犯罪嫌疑人、被告人死亡的案件。如果犯罪嫌疑人、被告人能够到案接受处理的，应当依照刑事诉讼法有关侦查、起诉和审判的程序，在追究其刑事责任的同时依法对涉案财产作出处理。这里所说的“逃匿”是指犯罪嫌疑人、被告人在犯罪后，为逃避法律制裁而逃跑、隐匿或躲藏的。“通缉”是指公安机关或人民检察院通令缉拿应当逮捕而在逃的犯罪嫌疑人归案的一种侦查行为。实践中，一般由县级以上的公安机关发布通缉令。实践中应当注意两点：一是适用这一程序的案件，应是贪污贿赂犯罪和恐怖活动犯罪中重大的案件，而不是情节较轻的这类案件；二是对于犯罪嫌疑人、被告人逃匿的，司法机关应当尽力通缉、抓捕，以使之尽快到案并依照法定程序追诉，只有对确实在通缉一年后仍无法抓捕到案的，才可以适用这一特别程序。

3. 依照刑法规定应当追缴其违法所得及其他涉案财产的。根据刑法第六十四条规定，犯罪分子违法所得的一切财物，应当予以追缴。适用本章规定的没收程序，应当符合刑法规定的属于犯罪嫌疑人、被告人违法所得及其他涉案财产。其中“追缴”是指将违法所得的财产强制追回。“违法所得”是指因实施犯罪活动而取得的全部财物，包括金钱或者物品，如贪污贿赂得到的金钱或者物品等。“其他涉案财产”，一般是指除违法所得以外的与犯罪有关的款物、作案工具和非法持有的违禁品等。

根据本款规定，同时符合上述三个条件，需要对犯罪嫌疑人、被告人的违法所得及其他涉案财产予以没收的，应当由人民检察院向人民法院提出没收违法所得的申请。如果在审判阶段犯罪嫌疑人、被告人逃匿的，人民法院应当根据刑事诉讼法第二百零六条的规定中止审理；如果犯罪嫌疑人、被告人死亡的，人民法院应当根据刑事诉讼法第十六条的规定终止审理。如果符合没收违法所得条件的，应当再由人民检察院提出没收违法所得的申请，人民法院不能在被告人不能到案的情况下直接作出没收违法所得的裁定。

第二款是关于侦查阶段需要启动没收程序的，由公安机关写出没收意见书并移送人民检察院的规定。根据本款规定，公安机关认为有前款规定情形的，应当写出没收违法所得意见书，移送人民检察院。公安机关在侦查恐怖活动犯罪等重大犯罪案件过程中，如果存在犯罪嫌疑人逃匿，在通缉一年后不能到案，或者犯罪嫌疑人死亡，依照刑法规定应当追缴其违法所得及其他涉案财产的情形，应当写出没收违法所得意见书，移送人民检察院，由人民检察院申请人民法院对违法所得的财产予以没收。“没收违法所得意见书”，是指公安机关对认为存在前款规定情形的，应当写出书面意见并移送人民检察院处理的法律文书，其中应当写明犯罪嫌疑人的犯罪事实，违法所得的有关情况，处理的意见和理由以及所依据的法律条款等。

第三款是关于没收违法所得申请内容的规定。根据本款规定，没收违法所得的申请应当提供与犯罪事实、违法所得相关的证据材料，并列明财产的种类、数量、所在地及查封、扣押、冻结的情况。也就是说，人民检察院在向人民法院提出违法所得没收程序申请时，必须提供犯罪嫌疑人、被告人有关犯罪事实的证据材料，以及能够证明属于犯罪嫌疑人、被告人违法所得及其他涉案财产的相关证据材料。同时在案卷中还应当载明违法所得及其他涉案财产的种类、数量、存放地点以及查封、扣押、冻结有关财产的情况。这样规定主要考虑：一是只有人民检察院提供了犯罪嫌疑人、被告人犯罪事实、违法所得的证据材料，以及财产的详细情况，人民法院才能在犯罪嫌疑人、被告人不到案的情况下对是否没收犯罪嫌疑人、被告人财产作出正确的判断，从而保证案件的质量。二是明确这些内容，便于法院采取保全措施和裁定的执行。

第四款是关于必要时可以采取查封、扣押、冻结措施的规定。根据本款规定，人民法院在必要的时候，可以查封、扣押、冻结申请没收的财产。在侦查阶段，侦查机关根据侦查犯罪的需要，有权查封、扣押与犯罪有关的财物，有权冻结犯罪嫌疑人的存款、汇款、债券、股票、基金份额等财产。如果侦查机关没有对犯罪嫌疑人的财产采取查封、扣押、冻结措施，人民法院在审理没收违法所得申请时，也有权根据案件情况和审判的需要对犯罪嫌疑人、被告人的财产采取查封、扣押和冻结措施。

第二百九十九条　没收违法所得的申请，由犯罪地或者犯罪嫌疑人、被告人居住地的中级人民法院组成合议庭进行审理。

人民法院受理没收违法所得的申请后，应当发出公告。公告期间为六个月。犯罪嫌疑人、被告人的近亲属和其他利害关系人有权申请参加诉讼，也可以委托诉讼代理人参加诉讼。

人民法院在公告期满后对没收违法所得的申请进行审理。利害关系人参加诉讼的，人民法院应当开庭审理。

【修改提示】

本条是2012年修改刑事诉讼法时增加的规定,2018年修改刑事诉讼法未作修改。

【背景解读】

2012年3月14日第十一届全国人民代表大会第五次会议通过的《关于修改〈中华人民共和国刑事诉讼法〉的决定》在刑事诉讼法中增加了本条规定。对于没收违法所得的审理程序规定了几个方面的内容:一是管辖。没收违法所得案件由犯罪地或者犯罪嫌疑人、被告人居住地中级人民法院管辖。这样规定,有利于及时收集证据,查明案情,也有利于利害关系人就近参加诉讼,便于群众旁听案件的审理。同时考虑到违法所得的没收程序是2012年修改刑事诉讼法增加的特别程序,实践经验还不足,且又是在被告人不归案的情况下进行的审理程序,为了慎重起见,规定由中级人民法院组成合议庭进行审理。二是公告程序。没收程序主要在犯罪嫌疑人、被告人不到案情况下,针对其违法所得的财产进行的审理。为了保证财产利害关系人及时知悉审理活动,及时参加诉讼,依法维护自身合法权益,增加了公告程序。在公告期间,与财产有利害关系的人都可以申请参加诉讼,也可以委托诉讼代理人参加诉讼。三是法院的审理程序。人民检察院提出没收犯罪嫌疑人、被告人的违法所得的申请,如果有利害关系人参加诉讼,为了有利于查明案件事实,有利于利害关系人维护自己的诉讼权利,保证公平、公正的审理程序,专门规定有利害关系人参加诉讼的,人民法院应当开庭审理。

【理解与适用】

本条是关于犯罪嫌疑人、被告人逃匿、死亡案件没收违法所得的审理程序的规定。

本条共分为三款。第一款是关于没收违法所得案件管辖的规定。本款规定了两层意思:一是没收违法所得的申请,由犯罪地或者犯罪嫌疑人、被告人居住地中级人民法院管辖。这里所说的"犯罪地",既包括犯罪预备地、犯罪行为实施地,也包括犯罪结果发生地和销赃地。"居住地"是指犯罪嫌疑人、被告人户籍所在地或者常住地。这里的"中级人民法院",包括在省、自治区内按地区设立的中级人民法院,在直辖市内设立的中级人民法院,省、自治区下辖市的中级人民法院和自治州的中级人民法院。根据刑事诉讼法第二十一条规定,中级人民法院管辖下列第一审刑事案件:(1)危害国家安全、恐怖活动案件;(2)可能判处无期徒刑、死刑的案件。可见,中级人民法院管辖的案件一般是性质比较严重,案情重大,涉及国家安全或者处罚较重的刑事案件。将没收违法所得的案件交由中级人民法院管辖,体现了对这一特别程序的慎重态度。二是对于没收违法所得的申请,人民法院应当组成合议庭进行审理。人民法院审判案件有两种审判组织形式:一种是独任审判,对于基层人民法院适用简易程序审理的可能判处三年有期徒刑以下刑罚的案件,以及适用速裁程序审理的案件,可以由审判员一人独任审判。另一种是组成合议庭进行审判,除独任审判以外都应当组成合议庭进行审判。根据刑事诉讼法第一百八十三条的规定,中级人民法院审判第一审案件,应当由审判员三人,或者由审判员和人民陪审员共三人或者七人组成合议庭进行审理。

第二款是关于公告、利害关系人及委托诉讼代理人参加诉讼的规定。本款规定了两个方面的内容:一是人民法院受理没收违法所得的申请后,应当发出公告,公告期间为六个月。也就是说,人民法院在受理人民检察院提出的没收违法所得的申请后,应当通过公告的方式公布需要没收犯罪嫌疑人、被告人违法所得及其涉案财产的情况。这里所说的"公告"是指人民法院以张贴布告或者在报纸、刊物、网络上发布消息等方式公开向社会发布有关情况。二是犯罪嫌疑人、被告人的近亲属和其他利害关系人有权申请参加诉讼,也可以委托诉讼代理人参加诉讼。在六个月的公告期间内,犯罪嫌疑人、被告人的近亲属和其他利害关系人都有权申请参加没收违法所得的审理程序,也可以委托诉讼代理人参加审理。这里所说的"近亲属"是指犯罪嫌疑人、被告人的夫、妻、父、母、子、女、同胞兄弟姊妹。"利害关系人"是指犯罪嫌疑人、被告人的近亲属以外的与所审理案件涉及财产有利害关系的人。"诉讼代理人"是指犯罪嫌疑人、被告人的近亲属和其他利害关系人委托的律师或者其他代为参加诉讼的人,这里规定的诉讼代理人是刑事诉讼法第一百零八条规定之外专门予以规定的。

第三款是关于开庭审理的规定。本款规定了两层意思:一是人民法院在公告期满后对没收违法所得的申请进行审理。人民法院在六个月的公告期满以后,应当根据人民检察院提出的没收违法所得的申请进行审理。如果没有利害关系人参加诉讼,人民法院可以进行书面审理,但也必须组成合议庭进行。二是利害关系人参加诉讼的,人民法院应当开庭审理。也就是如果有犯罪嫌疑人、被告人的近亲属和其他利害关系人以及他们委托的诉讼代理人参加诉讼的,人民法院应当组成合议庭开庭进行审理。本章对如何开庭审理未作具体规定,可以参照公诉案件第一审程序中有关开庭审理的规定执行。如人民法院决定开庭审判后,应当确定合议庭的组成人员,将人民检察院的申请书副本送达利害关系人,确定开庭日期后,应当通知人民检察院、利害关系人,对于公开审判的案件,应当先期公布案由、开庭的时间和地点;开庭时告知利害关系人有关回避等诉讼权利,人民检察院、利害关系人或诉讼代理人应当向法庭出示证据,可以要求证人出庭,可以对证据和案件情况发表意见并且可以互相辩论等。

第三百条　人民法院经审理,对经查证属于违法所得及其他涉案财产,除依法返还被害人的以外,应当裁定予以没收;对不属于应当追缴的财产的,应当裁定驳回申请,解除查封、扣押、冻结措施。

对于人民法院依照前款规定作出的裁定,犯罪嫌疑人、被告人的近亲属和其他利害关系人或者人民检察院可以提出上诉、抗诉。

【修改提示】

本条是2012年修改刑事诉讼法时增加的规定,2018年修改刑事诉讼法未作修改。

【背景解读】

2012年3月14日第十一届全国人民代表大会第五次会议通过的《关于修改〈中华人民共和国刑事诉讼法〉的决定》在刑事诉讼法中增加了本条规定。本条规定了两个方面的内容:一是对财产的处理。人民法院审理没收违法所得的申请后应当以何种法律文书形式作出处理,是作出判决还是裁定,考虑到该程序被告人并没有到案,无法对被告人是否有罪作出判决,而只就涉案的财产部分作出是否是违法所得的认定、是否予以没收的处理,采用裁定的方式比较合适,因此,明确规定人民法院经审理后应当作出裁定予以没收或者驳回申请。二是上诉、抗诉权。为了保证公正审理,使确有错误的没收违法所得的裁定在发生法律效力前得到及时的纠正,也使对裁定不服的利害关系人有获得法律救济的机会,保障办案质量和司法公正,加强人民检察院的法律监督职责,规定了犯罪嫌疑人、被告人的近亲属和其他利害关系人或者人民检察院对人民法院的裁定不服可以提出上诉、抗诉。

【理解与适用】

本条是关于对违法所得的处理及对人民法院裁定上诉、抗诉的规定。

本条共分为两款。第一款是关于人民法院审理没收违法所得申请后应当如何作出处理的规定。根据本款规定,人民法院经审理应当作出以下裁定:一是经查证属于违法所得及其他涉案财产,除依法返还被害人的以外,应当裁定予以没收。人民法院经审理,查明犯罪嫌疑人、被告人有犯罪事实,且犯罪嫌疑人、被告人的财产属于违法所得及其他涉案财产,依照刑法规定应当予以追缴的,应当作出予以没收的裁定。但是,其中属于被害人的合法财产,应当予以返还。“裁定”,是指人民法院在案件审理或者判决执行过程中,就某些重大程序问题和部分实体问题所作的一种决定。裁定按其性质可以分为程序性裁定和实体性裁定。程序性裁定包括不受理案件、驳回起诉、撤销原判发回重审以及其他有关程序方面的裁定；实体性裁定包括驳回上诉、抗诉、申诉的裁定，决定减刑、假释的裁定，核准死刑的裁定以及其他涉及实体方面内容的裁定。本款所规定没收违法所得的裁定或者驳回申请的裁定，都属于实体性裁定。二是对不属于应当追缴的财产的，应当裁定驳回申请，解除查封、扣押、冻结措施。人民法院经审理，如果不能认定犯罪嫌疑人、被告人的犯罪事实，或者虽然能够认定犯罪嫌疑人、被告人的犯罪事实，但无法认定犯罪嫌疑人、被告人的财产属于应当追缴的违法所得及其他涉案财产的，或者涉案财产实际上属于案外第三人，因而不属于应当追缴的，应当裁定驳回人民检察院提出的没收违法所得的申请。在裁定驳回申请的同时，如果犯罪嫌疑人、被告人的财产被查封、扣押、冻结的，应当解除对犯罪嫌疑人、被告人财产的查封、扣押、冻结措施。

第二款是关于犯罪嫌疑人、被告人的近亲属和其他利害关系人或者人民检察院对裁定不服的上诉、抗诉的规定。根据本款规定，对于人民法院作出的裁定，犯罪嫌疑人、被告人的近亲属和其他利害关系人或者人民检察院可以提出上诉、抗诉。也就是说，人民法院作出裁定后，犯罪嫌疑人、被告人的近亲属和其他利害关系人如果不服该裁定，可以提出上诉；人民检察院如果不服该裁定的，可以提出抗诉。“上诉”，是指当事人对人民法院所作的尚未发生法律效力的一审判决、裁定或决定不服的，在法定期限内，提请上一级人民法院重新审判的诉讼活动。“抗诉”，是指人民检察院对人民法院作出的判决、裁定，认为确有错误时，依法向人民法院提出重新审理要求的诉讼活动，抗诉是法律授予人民检察院代表国家行使的一项法律监督权。本章对如何提出上诉、抗诉，接受上诉、抗诉的法院如何进行处理，以及如何审理上诉、抗诉案件都未作具体规定，可以参照刑事诉讼法对一审裁定不服的上诉、抗诉以及第二审人民法院审理上诉、抗诉案件的有关规定执行。

第三百零一条　在审理过程中，在逃的犯罪嫌疑人、被告人自动投案或者被抓获的，人民法院应当终止审理。

没收犯罪嫌疑人、被告人财产确有错误的，应当予以返还、赔偿。

【修改提示】

本条是2012年修改刑事诉讼法时增加的规定，2018年修改刑事诉讼法未作修改。

【背景解读】

2012年3月14日第十一届全国人民代表大会第五次会议通过的《关于修改〈中华人民共和国刑事诉讼法〉的决定》在刑事诉讼法中增加了本条规定。违法所得没收程序是在犯罪嫌疑人、被告人没有到案参加法庭审理情况下进行的，在审理过程中，在逃的犯罪嫌疑人、被告人自动投案或者被抓获的，人民法院应当终止没收程序的审理，由相关机关按照刑事诉讼法的规定，对犯罪嫌疑人、被告人进行相应的追诉程序。这样有利于查明案件事实，综合全案情况作出正确判决，也有利于保障犯罪嫌疑人、被告人辩护权等诉讼权利和其他合法权益。对于犯罪嫌疑人、被告人在人民法院作出没收裁定生效后归案的，对没收违法所得的裁定应当区别情况处理：对犯罪嫌疑人、被告人按照刑事追诉程序依法作出处理。如果经过侦查、审查起诉到最终判决，确认原裁定正确的，予以维持，不再对涉案财产作出处理；如果经过追诉程序，最终确认原裁定确有错误的，依照审判监督程序，予以撤销，对定罪量刑及涉案财产一并作出处理。本条明确规定没收犯罪嫌疑人、被告人财产确有错误的，应当予以返还、赔偿，以维护有关利害关系人的合法权益。

【理解与适用】

本条是关于终止违法所得的没收程序以及有关返还、赔偿的规定。

本条共分为两款。第一款是关于终止没收违法所得审理程序的规定。根据本款规定，在审理过程中，在逃的犯罪嫌疑人、被告人自动投案或者被抓获的，人民法院应当终止审理。“终止审理”，是指人民法院在审判案件过程中，遇有法律规定的情形致使审判不应当或者不需要继续进行时终结案件的诉讼活动。刑事诉讼法第十六条规定了有关终止审理的法定情形。本款是除刑事诉讼法第十六条规定之外法律又规定的一种终止审理的情形，即人民法院在审理没收违法所得申请过程中，在逃的犯罪嫌疑人、被告人自动投案或者被抓获的，人民法院应当终止没收违法所得的审理程序。这里所说的“自动投案”是指在人民法院审理没收违法所得申请过程中，犯罪嫌疑人、被告人出于本人的意愿而主动向司法机关承认自己的犯罪事实，并自愿置于司法机关控制之下的行为。“被抓获”，是指在人民法院审理没收违法所得申请过程中，犯罪嫌疑人、被告人被司法机关抓捕归案。

第二款是没收财产确有错误的，应当如何处理的规定。根据本款规定，没收犯罪嫌疑人、被告人财产确有错误的，应当予以返还、赔偿。本款所说的“确有错误”主要是指人民法院依据本章的规定，对犯罪嫌疑人、被告人的违法所得及其他涉案财产所作出的予以没收的裁定确实存在错误的。“返还”，是指对不该没收的财产及时退回有关利害关系人。“赔偿”，是指错误没收给有关利害关系人造成经济损失的，应当予以赔偿。根据本款规定，对于没收犯罪嫌疑人、被告人财产确有错误的，应当予以返还，对于因此造成的损失，以及财产损毁或者灭失的，应当予以赔偿。

第五章　依法不负刑事责任的精神病人的强制医疗程序

第三百零二条　**实施暴力行为，危害公共安全或者严重危害公民人身安全，经法定程序鉴定依法不负刑事责任的精神病人，有继续危害社会可能的，可以予以强制医疗。**

【修改提示】

本条是2012年修改刑事诉讼法时增加的规定，2018年修改刑事诉讼法未作修改。

【背景解读】

2012年3月14日第十一届全国人民代表大会第五次会议通过的《关于修改〈中华人民共和国刑事诉讼法〉的决定》在刑事诉讼法中增加了本条规定。精神、心理健康是人体健康的重要指标，这一问题日益受到人们的重视和社会的关注。精神病人所患疾病种类和行为表现方式多样，有的完全不能辨认或控制自己的行为，有的能够部分辨认、控制自己的行为，有的则有时能控制、有时无法控制自己的行为。对这些精神病人要关心、照顾和治疗，对其中一些实施了危害社会行为的，我国刑法第十八条规定，精神病人在不能辨认或者不能控制自己行为的时候造成危害结果，经法定程序鉴定确认的，不负刑事责任，但是应当责令他的家属或者监护人严加看管和医疗；在必要的时候，由政府强制医疗。这一规定，更多的是侧重于对精神病人的关怀和保护，同时避免他们继续危害社会。这也是世界各国通行做法。由于刑法这一规定比较原则，刑事诉讼法也没有规定具体程序，实际执行中面临一些问题：一是实施暴力行为的精神病人，一般病情都较为严重，对他们的看管和治疗需要大量的人力、物力、财力以及较强的专业知识，往往家属或监护人不具备条件和无力承担，结果导致对这些精神病人要么疏于照顾、治疗，有继续危害社会的危险；要么其家属或监护人担心他们实施危害行为，将他们长期封闭在家中，使他们得不到有效的治疗、应有的关心和照顾，其基本权利得不到根本保障。二是刑法只规定了"必要的时候"由政府强制医疗，对于适用于哪些精神病人、具体的提起、决定程序和执行机构以及在执行过程中治疗效果的评估等基本问题都没有明确的规定，刑事诉讼法也没有相关的规定，实践中一般都是由公安机关根据情况裁量，结果造成各地执法标准不统一，有的地方该强制医疗的没有强制医疗。为了保障公众安全、维护社会和谐有序，充分保护精神病人的权利，解决实践中存在的上述问题，2012 年修改刑事诉讼法时在特别程序中增加“依法不负刑事责任的精神病人的强制医疗程序”，明确了强制医疗的适用范围、决定程序、解除程序，在审理程序中设置了法律援助和法律救济程序，同时规定了人民检察院对强制医疗的决定和执行实行监督。

【理解与适用】

本条是关于强制医疗的适用范围的规定。

根据本条规定，强制医疗的适用必须同时符合以下几个条件：一是行为人必须实施了暴力行为，危害公共安全或者严重危害公民人身安全。这里的“暴力行为”是指以人身、财产等为侵害目标，采取暴力手段，对被害人的身心健康和生命财产安全造成极大的损害，直接危及人的生命、健康及公共安全的行为如放火、爆炸等。“危害公共安全”是指危害广大群众生命健康和公私财产的安全，足以使多人死伤或使公私财产遭受重大损失的行为。“人身安全”有广义狭义之说，广义的“人身安全”一般包括人的生命、健康、自由、住宅、人格、名誉等安全，狭义的“人身安全”，一般仅指人的生命、健康安全。这里所说的“严重危害公民人身安全”一般是指杀人、伤害、强奸、绑架等严重侵害公民生命、健康安全的行为。

二是行为人必须属于经法定程序鉴定依法不负刑事责任的精神病人。这里的“法定程序鉴定”，是指根据刑事诉讼法和关于司法鉴定管理问题的决定规定，由符合条件的鉴定机构和鉴定人按照法律规定的程序对精神病人进行的鉴定。鉴定人进行鉴定后，应当写出鉴定意见，并且签名。“依法不负刑事责任的精神病人”，根据刑法第十八条的规定，是指在不能辨认或者不能控制自己行为的时候造成危害结果，属于经法定程序鉴定确认不负刑事责任的精神病人。对于间歇性的精神病人在精神正常的时候犯罪，或者尚未完全丧失辨认或者控制自己行为能力的精神病人犯罪的，应当负刑事责任，即不属于依法不负刑事责任的精神病人。

三是行为人必须有继续危害社会可能的。对于实施了暴力行为，危害公共安全或者严重危害公民人身安全，经过法定程序鉴定确认属于不能辨认或者不能控制自己行为的精神病人，必须有继续危害社会可能的，才能对其进行强制医疗。行为人虽然实施了暴力行为，但不再具有继续危害社会可能的，如已经严重残疾等，丧失了继续危害社会的能力，则不需要再对其进行强制医疗。但在这种情况下，也应当责令他的家属或者监护人严加看管和医疗，而不能放任不管。

行为人必须同时符合以上三个条件，才可以予以强制医疗。

第三百零三条　根据本章规定对精神病人强制医疗的，由人民法院决定。

公安机关发现精神病人符合强制医疗条件的，应当写出强制医疗意见书，移送人民检察院。对于公安机关移送的或者在审查起诉过程中发现的精神病人符合强制医疗条件的，人民检察院应当向人民法院提出强制医疗的申请。人民法院在审理案件过程中发现被告人符合强制医疗条件的，可以作出强制医疗的决定。

对实施暴力行为的精神病人，在人民法院决定强制医疗前，公安机关可以采取临时的保护性约束措施。

【修改提示】

本条是2012年修改刑事诉讼法时增加的规定，2018年修改刑事诉讼法未作修改。

【背景解读】

2012年3月14日第十一届全国人民代表大会第五次会议通过的《关于修改〈中华人民共和国刑事诉讼法〉的决定》在刑事诉讼法中增加了本条规定。刑法对实施了危害社会行为的精神病人，规定了必要的时候由政府强制医疗的措施，但没有规定强制医疗的决定程序，实践中一般是由公安机关决定，对决定不服也缺少必要的救济途径。考虑到强制医疗毕竟是一种不特定时间限制公民人身自由的措施，由人民法院决定能体现慎重公正的原则，有利于防止"被精神病"或假冒精神病人逃避刑事处罚的情况发生，有利于维护当事人合法权利，保证司法公正，2012年修改后的刑事诉讼法明确规定，对精神病人的强制医疗由人民法院决定。

【理解与适用】

本条是关于强制医疗的决定权、申请程序及临时的保护性约束措施的规定。

本条共分为三款。第一款是关于强制医疗决定权的规定。根据本款规定，对精神病人强制医疗的，由人民法院决定。人民法院在决定对精神病人强制医疗时，首先应当判断行为人是否符合本法第三百零二条规定的条件，即行为人是否实施了危害公共安全或者严重危害公民人身安全的暴力行为，是否属于依法不负刑事责任的精神病人，是否有继续危害社会可能。如果行为人具备上述三个条件，人民法院应当作出强制医疗的决定。这里的"决定"是人民法院在办理案件过程中对某些程序性问题或者依法由人民法院依职权对某些问题进行处理的一种形式。人民法院的决定在作出后，一般都是立即生效，不能上诉或抗诉，但法律对有些决定也作了特别规定，如驳回申请回避的决定、对证人不出庭的拘留处罚决定、违反法庭秩序的罚款、拘留处罚决定和强制医疗决定等，有关人员可以申请复议。

第二款是关于强制医疗的申请程序的规定。本款规定了三个方面的内容：一是公安机关发现精神病人符合强制医疗条件的，应当写出强制医疗意见书，移送人民检察院。公安机关在侦查阶段如果发现犯罪嫌疑人可能是精神病人，应当按照有关法律规定进行鉴定，如果经鉴定确认犯罪嫌疑人是精神病人，且在不能辨认或者不能控制自己行为的时候造成危害结果的，应当撤销刑事案件。同时，如果行为人符合强制医疗条件，应当采取强制医疗措施的，写出强制医疗意见书，然后移送人民检察院。"强制医疗意见书"，是指公安机关发现精神病人符合强制医疗条件而移送人民检察院处理的法律文书，应当写明需要强制医疗的精神病人的基本情况、案件认定的犯罪事实、鉴定情况、处理的意见和理由以及所依据的法律条款等。

二是对于公安机关移送的或者在审查起诉过程中发现的精神病人符合强制医疗条件的，人民检察院应当向人民法院提出强制医疗的申请。这里包括两种情形：一种是公安机关提出强制医疗意见书的，人民检察院经过审查，对于符合强制医疗条件的，应当向人民法院提出强制医疗的申请。另一种是人民检察院在审查起诉过程中发现公安机关移送的刑事案件的犯罪嫌疑人可能是精神病人，经过审查，发现符合强制医疗条件的，也应当向人民法院提出强制医疗的申请。

三是人民法院在审理案件过程中发现被告人符合强制医疗条件的，可以作出强制医疗的决定。人民法院在审理刑事案件时，如果发现被告人可能是精神病人，需要鉴定的，可以依据本法第一百四十六条、第一百九十六条的规定，对被告人进行精神病鉴定。如果经过法定程序鉴定，确认被告人是精神病人，且属于依法不应当负刑事责任的，应当根据有关规定判决被告人不负刑事责任。在审理过程中，人民法院如果认为不负刑事责任的精神病人符合强制医疗条件的，可以依照本章的规定直接作出强制医疗的决定，而不需要将该案再退回人民检察院，由人民检察院提出强制医疗的申请。

第三款是关于采取临时的保护性约束措施的规定。根据本款规定，对实施暴力行为的精神病人，在人民法院决定强制医疗前，公安机关可以采取临时的保护性约束措施。这样规定，一方面考虑到对精神病人的鉴定需要一定时间，且人民法院决定强制医疗也需要一定的时间，需要采取强制医疗措施的精神病人本身有可能继续实施危害社会行为，如果不采取保护性措施，可能会给社会和他人造成新的危害，也可能危及其自身安全；另一方面考虑到对精神病人采取的措施应当以治疗和改善其精神状况为目的，不应当采用刑事诉讼法规定的拘留、逮捕等强制措施。因此，本款规定了一种特殊的临时的保护性约束措施。采用这种措施应当具备以下几个条件：一是行为人必须是实施暴力行为的精神病人。行为人必须实施了暴力行为，且应当是精神病人，当然既可以是经鉴定确认的，也可以是正在进行鉴定之中的。二是必须在人民法院作出强制医疗决定前采取这种保护性约束措施。如果人民法院已经作出强制医疗决定，就不能再采取这种保护性约束措施，而应当将其送交强制医疗机构执行；如果人民法院作出不予强制医疗的决定，也不能采取这种保护性约束措施。三是由公安机关执行。这里规定的“保护性约束措施”，并不是一种处罚措施，而是为了保障精神病人和社会公众安全而采取的一种带有保护性的约束措施，既要对行为人实施控制，又要对其进行保护，还应当根据需要进行一定的治疗。“临时的”，是指非正式的、较短时间的。

第三百零四条　人民法院受理强制医疗的申请后，应当组成合议庭进行审理。

人民法院审理强制医疗案件，应当通知被申请人或者被告人的法定代理人到场。被申请人或者被告人没有委托诉讼代理人的，人民法院应当通知法律援助机构指派律师为其提供法律帮助。

【修改提示】

本条是2012年修改刑事诉讼法时增加的规定，2018年修改刑事诉讼法未作修改。

【背景解读】

2012年3月14日第十一届全国人民代表大会第五次会议通过的《关于修改〈中华人民共和国刑事诉讼法〉的决定》在刑事诉讼法中增加了本条规定。本条规定了强制医疗的审理程序，包含两个方面的内容：一是人民法院应当组成合议庭审理强制医疗的申请。考虑到强制医疗直接关系到公民的人身自由、社会安全和公共秩序，且判断一个人的精神状况，以及是否符合强制医疗的条件，情况比较复杂、专业性强，组成合议庭决定更有利于保证案件的质量。二是赋予被申请人或者被告人必要的诉讼权利。考虑到精神病人不能正确辨认或者控制自己的行为，有必要通知其法定代理人到场，代行其诉讼权利，如果被申请人或者被告人没有委托诉讼代理人的，由于其无法正常行使法律赋予的诉讼权利，人民法院有必要为其提供法律援助，以更好地维护被申请人或者被告人诉讼权利和其他合法权益，保证强制医疗的申请得到公正准确的处理。

【理解与适用】

本条是关于强制医疗审理程序的规定。

本条共分为两款。第一款是关于人民法院审理强制医疗应当组成合议庭进行的规定。人民法院审判案件通常有两种组织形式：一种是独任制，根据刑事诉讼法的规定，对于基层人民法院适用简易程序审理的可能判处三年有期徒刑以下刑罚的案件，以及适用速裁程序审理的案件，可以由审判员一人独任审判。另一种是合议制，除由审判员一人独任审判的案件以外，其他案件都应当组成合议庭进行审判，主要有基层人民法院适用简易程序审理的可能判处的有期徒刑超过三年的第一审案件，基层人民法院适用普通程序审理的第一审案件，中级人民法院、高级人民法院、最高人民法院审理的第一审、第二审案件，最高人民法院复核死刑案件、高级人民法院复核死刑缓期执行的案件，按照审判监督程序重新审判的案件等。2012 年修改刑事诉讼法增加了应当组成合议庭进行审理的两类案件：一类是犯罪嫌疑人、被告人逃匿、死亡没收违法所得案件；另一类是依法不负刑事责任的精神病人强制医疗案件。2018 年刑事诉讼法又增加了缺席审判应当由中级人民法院组成合议庭进行审理的规定。由以上规定可知，采用合议庭审判，体现了对处理此类案件的慎重，也更有利于对精神病人权利的保障。

第二款是关于人民法院审理强制医疗案件，有关诉讼代理人参与诉讼的规定。根据本款规定，人民法院审理强制医疗案件，应当通知被申请人或者被告人的法定代理人到场。被申请人或者被告人没有委托诉讼代理人的，人民法院应当通知法律援助机构指派律师为其提供法律帮助。“法定代理人”，根据刑事诉讼法第一百零八条的规定，是指被代理人的父母、养父母、监护人和负有保护责任的机关、团体的代表。“诉讼代理人”，根据刑事诉讼法第一百零六条的规定，是指公诉案件的被害人及其法定代理人或者近亲属、自诉案件的自诉人及其法定代理人委托代为参加诉讼的人和附带民事诉讼的当事人及其法定代理人委托代为参加诉讼的人。由于本章规定的被申请人或者被告人属于依法不负刑事责任的精神病人，他们是无民事行为能力人，自己无法委托诉讼代理人，其法定代理人应当有权代为委托。“法律援助”，是指由政府设立的法律援助机构组织法律援助人员，为经济困难或特殊案件的人无偿提供法律服务的一项法律保障制度。

第三百零五条　人民法院经审理，对于被申请人或者被告人符合强制医疗条件的，应当在一个月以内作出强制医疗的决定。

被决定强制医疗的人、被害人及其法定代理人、近亲属对强制医疗决定不服的，可以向上一级人民法院申请复议。

【修改提示】

本条是 2012 年修改刑事诉讼法时增加的规定，2018 年修改刑事诉讼法未作修改。

【背景解读】

2012年3月14日第十一届全国人民代表大会第五次会议通过的《关于修改〈中华人民共和国刑事诉讼法〉的决定》在刑事诉讼法中增加了本条规定。人民法院审理案件的期限是诉讼公正的内在要求。在研究强制医疗审理期限时,考虑到强制医疗的审理程序不是很复杂,对精神病人的鉴定已由公安机关或人民检察院作出,在审判阶段需要进行鉴定的,其期限不计入审限,且被申请人或者被告人如果需要强制医疗的,应当尽快作出决定,及时对他们进行治疗,更有利于他们健康的恢复;如果不需要强制医疗的,也不能久拖不决,侵害当事人的合法权益。因此,本法规定人民法院应当在一个月以内作出强制医疗的决定。明确规定审理期限,对保护公民的合法权益,维护司法公正具有十分重要的意义。同时,为了进一步保障被决定强制医疗人、被害人的诉讼权利,及时纠正错误的强制医疗决定,法律还规定了救济措施,赋予了被决定强制医疗人、被害人及其法定代理人、近亲属对强制医疗决定不服的申请复议权。

【理解与适用】

本条是关于强制医疗决定期限及对决定不服申请复议的规定。

本条共分为两款。第一款是关于强制医疗决定期限的规定。根据本款规定,人民法院经审理,对于被申请人或者被告人符合强制医疗条件的,应当在一个月以内作出强制医疗的决定。这里包括两种情形:一种是人民法院受理人民检察院提出的强制医疗申请。人民检察院在提出强制医疗申请时,应当提供被申请人实施暴力行为的证据,以及依法不负刑事责任的鉴定意见等证据材料,人民法院应当根据人民检察院提供的证据材料进行审查,在受理人民检察院申请后,一个月以内作出是否予以强制医疗的决定。对于被申请人符合强制医疗条件的,应当作出强制医疗的决定;对于不符合强制医疗条件的,应当作出不予强制医疗的决定。另一种是人民法院在审理刑事案件过程中发现被告人符合强制医疗条件的,也应当在一个月以内作出强制医疗的决定。如果人民法院在审理过程中需要对被告人进行精神病鉴定的,可以依法对被告人进行精神病鉴定,对精神病鉴定的期间不计入办案期限。

本条第二款是关于对决定不服申请复议的规定。根据本款规定,被决定强制医疗的人、被害人及其法定代理人、近亲属对强制医疗决定不服的,可以向上一级人民法院申请复议。根据本款规定,有权申请复议的人员包括:一是被决定强制医疗的人及其法定代理人、近亲属。这里所说的"被强制医疗的人",是指根据本章的规定,人民法院决定对依法不负刑事责任的精神病人予以强制医疗的人。"法定代理人",是指代理被强制医疗的人进行诉讼活动的监护人和负有保护责任的机关、团体的代表。“近亲属”，是指被强制医疗的人的夫、妻、父、母、子、女、同胞兄弟姊妹。二是被害人及其法定代理人、近亲属。这里所说的“被害人”，是指人身权利、财产权利或其他合法权益受到被申请强制医疗的人实施的暴力行为直接侵害的人。被害人的“法定代理人”，是指代理被害人进行诉讼活动的监护人和负有保护责任的机关、团体的代表。

被决定强制医疗的人、被害人及其法定代理人、近亲属如果认为被决定强制医疗的人未患精神病或者虽患精神病但不符合强制医疗条件，对强制医疗决定不服的，可以向作出强制医疗决定的人民法院的上一级人民法院申请复议。这里所说的“复议”，是指对司法机关做出的具体决定不服向上级机关提起的重新审查的程序。上一级人民法院对于申请复议的，应当及时进行审查并作出处理决定。

第三百零六条　强制医疗机构应当定期对被强制医疗的人进行诊断评估。对于已不具有人身危险性，不需要继续强制医疗的，应当及时提出解除意见，报决定强制医疗的人民法院批准。

被强制医疗的人及其近亲属有权申请解除强制医疗。

【修改提示】

本条是2012年修改刑事诉讼法时增加的规定，2018年修改刑事诉讼法未作修改。

【背景解读】

2012年3月14日第十一届全国人民代表大会第五次会议通过的《关于修改〈中华人民共和国刑事诉讼法〉的决定》在刑事诉讼法中增加了本条规定。强制医疗并不是对实施暴力行为的精神病人的惩戒和制裁，而是对被强制医疗的人采取的保护性措施，并给予其必要的治疗，使其尽快解除痛苦，恢复健康，同时避免继续危害社会。因此，法律规定由强制医疗机构执行人民法院决定的强制医疗。强制医疗机构既要对被强制医疗的人实施必要的控制，防止其继续实施危害社会的行为，还应当本着治病救人的宗旨，根据被强制医疗的人的患病程度和人身危险性的不同，采用不同的治疗方法对其进行治疗，并定期进行诊断评估，对于已经恢复健康，不具有人身危险性，不需要继续强制医疗的，强制医疗机构应当及时提出解除强制医疗的意见，报请决定强制医疗的人民法院批准予以解除。同时，为了保障被强制医疗的人的合法权益，防止强制医疗措施被滥用或者不必要的延长强制医疗时间，法律还规定，被强制医疗的人及其近亲属有权申请解除强制医疗。

【理解与适用】

本条是关于强制医疗机构应当定期诊断评估及有关解除强制医疗的规定。

本条共分为两款。第一款是关于强制医疗机构应当定期诊断评估及解除强制医疗的规定。本款规定了两个方面的内容:一是强制医疗机构应当定期对被强制医疗的人进行诊断评估。强制医疗机构在对被强制医疗的人进行必要治疗的同时,还应当根据被强制医疗的人病情,定期组织专业医师对其进行检查评估,确认其精神状况。二是对于已不具有人身危险性,不需要继续强制医疗的,应当及时提出解除意见,报决定强制医疗的人民法院批准。强制医疗机构在对被强制医疗的人进行诊断评估时,如果发现被强制医疗的人不具有人身危险性,不需要继续强制医疗的,应当提出解除强制医疗的意见,报请决定强制医疗的人民法院批准,解除对其的强制医疗。这里所说的"不具有人身危险性",是指被强制医疗的人已经具有辨认或者控制自己行为的能力,不会再危害公共安全或者他人的人身安全。人民法院收到强制医疗机构提出解除强制医疗的意见后,应当及时予以处理,作出批准或不予批准的决定。

第二款是关于申请解除强制医疗的规定。根据本款规定,被强制医疗的人及其近亲属有权申请解除强制医疗。也就是说被强制医疗的人认为自己不应当被强制医疗,或者经过强制医疗的治疗已经痊愈,符合解除强制医疗的条件,有权向强制医疗机构提出申请,要求强制医疗机构作出诊断评估,提出解除意见,报请决定强制医疗的人民法院批准;也有权直接向作出强制医疗决定的人民法院提出解除强制医疗的申请。被强制医疗的人的近亲属如果认为被强制医疗的人不应当被强制医疗或者已经治愈,也有权申请解除强制医疗。

第三百零七条　人民检察院对强制医疗的决定和执行实行监督。

【修改提示】

本条是2012年修改刑事诉讼法时增加的规定,2018年修改刑事诉讼法未作修改。

【背景解读】

2012年3月14日第十一届全国人民代表大会第五次会议通过的《关于修改〈中华人民共和国刑事诉讼法〉的决定》在刑事诉讼法中增加了本条规定。在我国,公安机关、人民检察院、人民法院三机关共同担负保证刑法的正确实施,保护人民，保障国家安全和社会公共安全的职责，且又要分工负责、各司其职，既互相配合，又互相制约，并通过人民检察院发挥检察监督的职能，从而保证准确有效地执行法律。我国宪法和人民检察院组织法明确规定，人民检察院是国家的法律监督机关。人民检察院对诉讼活动实行法律监督，是法律赋予人民检察院的一项重要的职权。根据这一规定以及为了防止和及时纠正在强制医疗决定和执行环节中出现的错误和违法行为、正确应用法律、保障精神病人的合法权利、保证强制医疗程序的正确实施，2012 年修改刑事诉讼法时在增加了强制医疗程序的同时，规定人民检察院对强制医疗的决定和执行实行监督。

【理解与适用】

本条是关于对强制医疗实行监督的规定。

根据本条规定，人民检察院有权对强制医疗的决定和执行实行监督。人民检察院对强制医疗的监督主要包括两个方面：一是对强制医疗的决定实行监督。在强制医疗的决定程序中，既包括公安机关的侦查活动，也包括人民法院的审理活动。人民检察院对公安机关在侦查阶段的监督，是其法律监督职能的重要体现，是通过审查公安机关提出的强制医疗意见及日常侦查工作来实现监督的，包括侦查机关在收集精神病人实施暴力行为的证据材料，对精神病人进行鉴定的程序，对实施暴力行为的精神病人采取临时的保护性约束措施等是否合法等。人民检察院对人民法院在审理阶段的监督，主要通过审查人民法院审理强制医疗是否符合法律规定的程序，对强制医疗的决定是否正确、合法等来实现的。

二是对强制医疗的执行实行监督。在强制医疗的执行程序中，既包括强制医疗机构的执行活动，也包括人民法院解除批准活动。人民检察院对强制医疗机构的执行活动进行监督，主要有审查强制医疗机构是否对被强制医疗的人实施必要的治疗，是否按照要求定期对被强制医疗的人进行诊断评估，是否按照要求提出解除强制医疗的申请，是否保障被强制医疗的人合法权利等。人民检察院对人民法院批准解除强制医疗的监督，主要体现在人民法院解除强制医疗的批准程序和批准决定是否合法，是否存在徇私舞弊行为等。

人民检察院对强制医疗的决定和执行实行监督，如果发现公安机关、人民法院、强制医疗机构有违法行为，可以提出纠正意见，通知有关机关予以纠正。有关机关应当接受人民检察院的监督，及时纠正自己的违法行为。同时，人民检察院的监督活动，也必须依照本法以及有关法律的规定进行，不得违背或者超越法律的规定，滥用法律监督职能，只有这样，才能保证强制医疗的正确适用和执行。

附　　则

第三百零八条①　军队保卫部门对军队内部发生的刑事案件行使侦查权。

中国海警局履行海上维权执法职责，对海上发生的刑事案件行使侦查权。

对罪犯在监狱内犯罪的案件由监狱进行侦查。

军队保卫部门、中国海警局、监狱办理刑事案件，适用本法的有关规定。

【修改提示】

本条1979年刑事诉讼法未作规定，1996年修改刑事诉讼法时对军队保卫部门和监狱的侦查权作了规定，2012年修改刑事诉讼法未作修改，2018年修改刑事诉讼法增加了中国海警局对海上发生的刑事案件行使侦查权的规定。

【背景解读】

关于军队保卫部门和监狱对特定刑事案件的侦查权，1979年刑事诉讼法未作规定。1996年修改刑事诉讼法时，在附则中对军队保卫部门和监狱对特定刑事案件的侦查权作出了规定，为他们依法办理相关的刑事案件提供了法律依据。增加这一规定，对于明确军队保卫部门和监狱在刑事诉讼中的法律地位，规范军队保卫部门和监狱对特定刑事案件的侦查活动，维护司法公正，具有重要意义。

2013年3月14日，全国人大通过了《国务院机构改革和职能转变方案》，为推进海上统一执法，提高执法效能，将国家海洋局及其中国海监、公安部边防海警、农业部中国渔政、海关总署、海上缉私警察的队伍和职责整合，重新组建国家海洋局，由国土资源部管理。重组后的国家海洋局的主要职责是，拟定海洋发展规划，实施海上维权执法，监督管理海域使用、海洋环境保护等。国家海洋局以中国海警局名义开展海上维权执法，接受公安部业务指导。根据这一决定，中国海警局行使原公安边防海警、海关总署海上缉私警察的刑事执法权。此后，中国海警局依法履行职权，侦查办理海上发生的案件，比如走私、毒品、偷越国（边）境、

---

①　根据2018年10月26日第十三届全国人民代表大会常务委员会第六次会议通过的《关于修改〈中华人民共和国刑事诉讼法〉的决定》修改。修改前的刑事诉讼法条文是："第二百九十条　军队保卫部门对军队内部发生的刑事案件行使侦查权。对罪犯在监狱内犯罪的案件由监狱进行侦查。军队保卫部门、监狱办理刑事案件，适用本法的有关规定。"

非法捕捞、破坏海洋资源等刑事案件，对于维护海上治安和安全，维护国家海洋权益，发挥了重要作用。

2018 年，为了有效维护我国海洋权益，根据党的十九大和十九届三中全会精神，按照《深化党和国家机构改革方案》和党中央、中央军委关于武警部队改革的决策部署，海警队伍转隶武警部队，调整组建中国人民武装警察部队海警总队，对外称中国海警局，统一履行海上维权执法职责，行使公安机关、有关行政机关的相应执法职权。海警转隶后，由于其领导指挥体制、运行机制、协作关系等都将发生重大变化，2013 年十二届全国人大一次会议审议通过的《国务院机构改革和职能转变方案》关于中国海警局履行海上维权执法职责的相关规定，以及刑事诉讼法、治安管理处罚法、渔业法、海关法、海域使用管理法、海洋环境保护法、海岛保护法、野生动物保护法等法律中关于海警队伍执行海上维权执法任务、行使公安机关和有关行政机关相应执法职权等的有关规定，需要作出调整修改，以适应重新调整组建的中国海警局履行维权执法职能，打击海上违法犯罪的需要。

为了保证机构改革方案的顺利完成，平稳有序调整法律规定的行政机关职责和工作，确保行政机关依法履行职责、开展工作，推进国家机构设置和职能配置优化协同高效，全国人大常委会于 2018 年 4 月 27 日通过了《全国人民代表大会常务委员会关于国务院机构改革涉及法律规定的行政机关职责调整问题的决定》，明确规定，现行法律规定的行政机关职责和工作，《国务院机构改革方案》确定由组建后的行政机关或者划入职责的行政机关承担的，在有关法律规定尚未修改之前，调整适用有关法律规定，由组建后的行政机关或者划入职责的行政机关承担；相关职责尚未调整到位之前，由原承担该职责和工作的行政机关继续承担。同时，为了保证海警队伍改革于法有据、稳妥推进，转隶后海上维权执法任务接续完成，考虑到改革任务较为紧迫，而法律修改的周期较长，2018 年 6 月 22 日第十三届全国人民代表大会常务委员会第三次会议通过了《全国人民代表大会常务委员会关于中国海警局行使海上维权执法职权的决定》（以下简称《决定》）。《决定》作了三个方面的规定：一是明确中国海警局海上维权执法职责任务。中国海警局履行海上维权执法职责，包括执行打击海上违法犯罪活动、维护海上治安和安全保卫、海洋资源开发利用、海洋生态环境保护、海洋渔业管理、海上缉私等方面的执法任务，以及协调指导地方海上执法工作。二是明确中国海警局履行海上维权执法相应法定职权。中国海警局执行打击海上违法犯罪活动、维护海上治安和安全保卫等任务，行使法律规定的公安机关相应执法职权；执行海洋资源开发利用、海洋生态环境保护、海洋渔业管理、海上缉私等方面的执法任务，行使法律规定的有关行政机关相应执法职权。主要包括执行海上打击违法犯罪活动、维护治安和安全保卫等任务时，行使刑事诉讼法、治安管理处罚法等法律规定的公安机关相应执法职权；执行海洋资源开发利用、海洋生态环境保护、海洋渔业管理、海上缉私等方面执法任务时，行使渔业法、海关法、海域使用管理法、海洋环境保护法、海岛保护法、野生动物保护法等法律规定的有关行政机关相应执法职权。《决定》还明确规定中国海警局与公安机关、有关行政机关建立执法协作机制。三是明确了制定和修改有关法律的要求。为了确保立法与改革紧密衔接，明确条件成熟时及时制定和修改完善中国海警局履行海上维权执法职责的现行有关法律法规，提供更加完备的法律保障。条件成熟时，有关方面应当及时提出制定、修改有关法律的议案，依照法定程序提请审议。《决定》自 2018 年 7 月 1 日起施行。在这次修改刑事诉讼法征求意见过程中，有关方面和社会公众提出，为做好与《决定》的衔接，保障打击海上犯罪工作依法顺利开展，建议在刑事诉讼法中增加相应规定，明确中国海警局的侦查主体地位。2018 年修改刑事诉讼法，在附则中增加规定中国海警局履行海上维权执法职责，对海上发生的刑事案件行使侦查权；中国海警局办理刑事案件，适用刑事诉讼法的有关规定。

【理解与适用】

本条是关于军队保卫部门、中国海警局、监狱的侦查权，以及适用本法有关规定办理刑事案件的规定。

本条共分为四款。第一款是关于军队保卫部门对军队内部发生的刑事案件行使侦查权的规定。1979 年刑事诉讼法未对军队保卫部门的侦查权作出规定。1993 年全国人大常委会通过的《关于中国人民解放军保卫部门对军队内部发生的刑事案件行使公安机关的侦查、拘留、预审和执行逮捕的职权的决定》规定："中国人民解放军保卫部门承担军队内部发生的刑事案件的侦查工作，同公安机关对刑事案件的侦查工作性质是相同的，因此，军队保卫部门对军队内部发生的刑事案件，可以行使宪法和法律规定的公安机关的侦查、拘留、预审和执行逮捕的职权。"1996 年修改刑事诉讼法时吸收了相关内容。根据本款的规定，军队保卫部门负责军队内部发生的刑事案件的侦查工作，其性质同公安机关对刑事案件的侦查是相同的，因此，享有同公安机关相同的侦查权，包括拘留、执行逮捕、预审等职权以及讯问犯罪嫌疑人、询问证人、勘验、检查、搜查、扣押物证、书证、鉴定等侦查手段。这里所说的军队内部发生的刑事案件，主要是指军队现役军人、文职干部、在编职工犯罪的案件。军队现役军人、文职干部、在编职工在地方上作案的，也属于军队内部的刑事案件，由军队保卫部门侦查。对于军队和地方互涉的案件，最高人民法院、最高人民检察院、公安部、总政治部于 1982 年 11 月 25 日作出了《关于军队和地方互涉案件几个问题的规定》，1987 年 12 月 21 日又作出了《关于军队和地方互涉案件侦查工作的补充规定》。这些规定对军地互涉案件军队和地方的分工处理作了明确规定。2012 年刑事诉讼法修改后，最高人民法院、最高人民检察院、公安部等的司法解释和规范性文件均明确要求军队和地方互涉刑事案件,按照有关规定确定管辖。

第二款是关于中国海警局履行海上维权执法职责,对海上发生的刑事案件行使侦查权的规定。在刑事诉讼法中增加中国海警局行使侦查权的条款,使全国人大常委会的决定与刑事诉讼法相衔接,确保国家法律体系的统一,也符合当前国际上关于海上刑事侦查权的通行做法。根据本款规定,中国海警局是履行海上维权执法职责,行使海上刑事案件侦查权的机关。对于在海上发生的刑事案件,包括走私、毒品、偷越国(边)境、非法捕捞、破坏海洋资源等刑事案件,可以依法行使侦查权。海警局的侦查权性质上同公安机关对刑事案件的侦查是相同的,享有同公安机关相同的侦查权,包括拘留、执行逮捕、预审等职权以及讯问犯罪嫌疑人、询问证人、勘验、检查、搜查、扣押物证、书证、鉴定等侦查手段。刑事诉讼法是公安机关等在办理案件中的重要依据,海警局对海上发生的案件行使刑事侦查权的过程中,要严格遵守刑事诉讼法规定的各种制度和程序。侦查终结后,海警局认为应当追究犯罪嫌疑人刑事责任的,应当写出起诉意见书,连同案卷材料、证据一并移送人民检察院审查起诉。

第三款是关于监狱对罪犯在监狱内犯罪的案件行使侦查权的规定。1994 年全国人大常委会通过的监狱法第六十条规定,对罪犯在监狱内犯罪的案件,由监狱进行侦查。1996 年修改刑事诉讼法时吸收了相关内容。根据本款的规定,监狱对监狱内发生的刑事案件进行侦查,也享有公安机关侦查案件的职权,包括预审、讯问犯罪嫌疑人、询问证人、勘验、检查、搜查、扣押物证、书证、鉴定等。侦查终结后,监狱认为应当追究犯罪嫌疑人刑事责任的,应当写出起诉意见书,连同案卷材料、证据一并移送人民检察院审查起诉。

第四款是关于军队保卫部门、中国海警局、监狱办理刑事案件适用本法有关规定的规定。本款规定共包含两层意思:一是军队保卫部门、中国海警局、监狱办理刑事案件,享有本法规定的侦查刑事案件的职权,可以行使本法规定的侦查案件的权力。二是军队保卫部门、中国海警局、监狱办理刑事案件,应当遵守本法关于侦查的有关规定,受本法有关规定的约束,如讯问犯罪嫌疑人时侦查人员不得少于二人;不得侵犯犯罪嫌疑人的诉讼权利;侦查实验,禁止一切足以造成危险、侮辱人格或者有伤风化的行为等。当然,人民检察院对案件进行审查起诉、人民法院对案件进行审判过程中,在适用程序、证据审查和采纳、事实认定等方面,对军队保卫部门、中国海警局、监狱要与对公安机关一样,严格适用刑事诉讼法的有关规定。